# CODE CIVIL

TEXTE FRANÇAIS ET TRADUCTION ALLEMANDE

AVEC LES DERNIÈRES MODIFICATIONS,

TABLE DES MATIÈRES ET TABLE ALPHABÉTIQUE

PUBLIÉ ET TRADUIT

PAR

## CHARLES SCHÆFFER

JUGE AU TRIBUNAL DE BAILLIAGE DE WISSEMBOURG

STRASBOURG
J. H. ED. HEITZ, IMPRIMEUR-ÉDITEUR
1922

# CODE CIVIL

## TEXTE FRANÇAIS ET TRADUCTION ALLEMANDE

# CODE CIVIL

## TEXTE FRANÇAIS ET TRADUCTION ALLEMANDE

AVEC LES DERNIÈRES MODIFICATIONS,

TABLE DES MATIÈRES ET TABLE ALPHABÉTIQUE

### PUBLIÉ ET TRADUIT

PAR

### CHARLES SCHÆFFER

JUGE AU TRIBUNAL DE BAILLIAGE DE WISSEMBOURG

STRASBOURG

J. H. ED. HEITZ, IMPRIMEUR-ÉDITEUR

1922

# LIVRES CONSULTÉS.

Fehner-Hermann, Dictionnaire. Imprimerie Strasbourgeoise.
Dalloz 1920—1922. Imprimerie Dalloz, Paris.
Sammlung elsaß-lothringischer Gesetze. K. J. Trübner 1880.
Journal officiel.
Gruber, Code civil de l'Empire. Imprimerie Strasbourgeoise.

# AVIS.

Le texte et la traduction de la loi sur l'introduction du Code civil en Alsace et en Lorraine avec les motifs paraîtront dès que ce projet de loi sera vôté par les Chambres.

# SOMMAIRE.

# TABLE DES MATIÈRES.

## INHALTSVERZEICHNIS.

Page
Seite

Code civil.

# CODE CIVIL



| | |
|---|---|
| **TITRE PRÉLIMINAIRE.** | **EINLEITENDER TITEL.** |

**De la publication, des effets et de l'application des lois en général.**

**Bekanntmachung, Wirkungen und Anwendung der Gesetze im Allgemeinen.**

**Article 1er.** Les lois sont exécutoires dans tout le territoire français, en vertu de la promulgation qui en est faite par le Roi [*le Président de la République*].

**Artikel 1.** Die Gesetze sind vollstreckbar im ganzen französischen Staatsgebiete auf Grund der Bekanntgabe, welche durch den König [*den Präsidenten der Republik*] erfolgt.

Elles seront exécutées dans chaque partie du Royaume [*de la République*], du moment où la promulgation en pourra être connue.

Sie werden vollstreckbar in jedem Teile des Königreiches [*der Republik*] in dem Augenblicke, in welchem die Bekanntgabe bekannt sein kann.

La promulgation faite par le Roi [*le Président de la République*] sera réputée connue dans le département de la résidence royale [*dans le département où siège le Gouvernement*], un jour après celui de la promulgation; et dans chacun des autres départements, après l'expiration du même délai, augmenté d'autant de jours qu'il y aura de fois 10 myriamètres (environ 20 lieues anciennes) entre la ville où la promulgation en aura été faite, et le chef-lieu de chaque département.

Die durch den König [*den Präsidenten der Republik*] erfolgte Bekanntgabe ist als bekannt anzusehen in dem Departement der königlichen Residenz [*in dem Departement des Sitzes der Regierung*], ein Tag nach demjenigen der Bekanntgabe; und in jedem anderen Departement nach Ablauf derselben Frist unter Zusatz von einem Tage für je 10 Myriameter (ungefähr 20 alte Meilen) Entfernung zwischen der Stadt, wo ihre Bekanntgabe erfolgte und dem Hauptorte jedes Departements.

**2.** La loi ne dispose que pour l'avenir; elle n'a point d'effet rétroactif.

**2.** Das Gesetz verfügt nur für die Zukunft; es hat keine rückwirkende Kraft.

**3.** Les lois de police et de sûreté obligent tous ceux qui habitent le territoire.

**3.** Die Polizei- und Sicherheitsgesetze sind verbindlich für alle diejenigen, welche sich im Staatsgebiete aufhalten.

Les immeubles, même ceux possédés par des étrangers, sont régis par la loi française.

Die Liegenschaften, selbst die im Besitze von Ausländern, unterstehen dem französischen Gesetz.

Les lois concernant l'état et la capacité des personnes régissent les Français, même résidant en pays étranger.

Die Franzosen unterstehen, selbst wenn sie sich im Auslande befinden, den Gesetzen betreffend Stand und Rechtsfähigkeit der Personen.

**4.** Le juge qui refusera de juger, sous prétexte du silence, de l'obscurité ou de l'insuffisance de la loi, pourra être poursuivi comme coupable de déni de justice.

**4.** Der Richter, welche unter dem Vorwande des Schweigens, der Unklarheit oder der Unzulänglichkeit des Gesetzes sich weigert, Recht zu sprechen, kann wegen Rechtsverweigerung verfolgt werden.

**5.** Il est défendu aux juges de prononcer par voie de disposition générale et réglementaire sur les causes qui leur sont soumises.

**5.** Es ist den Richtern verboten, über die ihnen vorliegenden Sachen im Wege von Verfügungen zu erkennen, welche allgemeine Vorschriften aufstellen.

**6.** On ne peut déroger, par des conventions particulières, aux loix qui intéressent l'ordre public et les bonnes mœurs.

**6.** Von den Gesetzen, welche die öffentliche Ordnung und die guten Sitten angehen, kann durch Privatverträge nicht abgewichen werden.

# LIVRE PREMIER.
## ERSTES BUCH.

## DES PERSONNES.
### PERSONEN.

### TITRE PREMIER.

**De la jouissance et de la privation des droits civils.**

#### CHAPITRE PREMIER.

**De la jouissance des droits civils.**

7. L'exercice des droits civils est indépendant de l'exercice des droits politiques, lesquels s'acquièrent et se conservent conformément aux lois constitutionnelles et électorales.

8. Tout Français jouira des droits civils.
Sont Français:
1° Tout individu né d'un Français, en France ou à l'étranger.
L'enfant naturel dont la filiation est établie pendant la minorité, par reconnaissance ou par jugement, suit la nationalité de celui des parents à l'égard duquel la preuve a d'abord été faite. Si elle résulte pour le père ou la mère du même acte ou du même jugement, l'enfant suivra la nationalité du père.

2° Tout individu né en France de parents inconnus ou dont la nationalité est inconnue;

3° Tout individu né en France de parents étrangers dont l'un y est lui-même né; sauf la faculté pour lui, si c'est la mère qui est née en France, de décliner dans l'année qui suivra sa majorité la qualité de Français, en se conformant aux dispositions du paragraphe 4 ci-après.

L'enfant naturel pourra, aux mêmes conditions que l'enfant légitime, décliner la qualité de Français quand le parent qui est né en France n'est pas celui dont il devrait, aux termes du paragraphe 1er, deuxième alinéa, suivre la nationalité;

4° Tout individu né en France d'un étranger et qui, à l'époque de sa majorité, est domicilié en France, à moins que, dans l'année qui suit sa majorité, telle qu'elle est réglée par la loi française, il n'ait décliné la qualité de Français et prouvé qu'il a conservé la nationalité de ses parents par une attestation en due forme de son Gouvernement; laquelle demeurera annexée à la déclaration, et qu'il n'ait en outre produit, s'il y a lieu, un certificat constatant qu'il a répondu à l'appel sous les drapeaux, conformément à la loi militaire de son pays, sauf les exceptions prévues aux traités;

### ERSTER TITEL.

**Genuss und Entziehung der bürgerlichen Rechte.**

#### ERSTES KAPITEL.

**Genuss der bürgerlichen Rechte.**

7. Die Ausübung der bürgerlichen Rechte ist unabhängig von der Ausübung der politischen Rechte, welch letztere gemäß der Verfassungs- und Wahlgesetze erworben und erhalten werden.

8. Jeder Franzose soll im Genusse der bürgerlichen Rechte sein.
Sind Franzosen:
1. Jedes von einem Franzosen in Frankreich oder im Ausland geborene Kind.
Das uneheliche Kind, dessen Kindschaft während der Minderjährigkeit durch Anerkennung oder durch Urteil festgestellt ist, folgt der Nationalität desjenigen Elternteils, bezüglich dessen der Beweis zuerst erbracht ist. Wenn er für den Vater oder die Mutter aus derselben Urkunde oder demselben Urteil hervorgeht, folgt das Kind der Nationalität des Vaters.

2. Jedes in Frankreich von unbekannten Eltern oder von Eltern, deren Nationalität unbekannt ist, geborene Kind.

3. Jedes in Frankreich von Ausländern, von denen einer selbst da geboren ist, geborene Kind; jedoch wenn die Mutter in Frankreich geboren ist, kann das Kind entsprechend den Bestimmungen des nachfolgenden Paragraphen 4 die Eigenschaft als Franzose ablehnen in dem Jahre, welches auf den Zeitpunkt seiner Großjährigkeit folgt.
Das uneheliche Kind kann unter denselben Bedingungen wie das eheliche, die Eigenschaft als Franzose ablehnen, wenn der Elternteil, der in Frankreich geboren ist, nicht derjenige ist, dessen Nationalität es nach Paragraph 1, zweiter Abschnitt, folgen sollte.

4. Jedes in Frankreich von einem Ausländer geborene Kind und das zur Zeit der Volljährigkeit in Frankreich seinen Wohnsitz hat, wenn es nicht in dem auf seine Volljährigkeit, wie sie durch das französische Gesetz geregelt ist, folgenden Jahre die Eigenschaft als Franzose ablehnt und durch eine in gehöriger Form von seiner Regierung ausgestellten Bescheinigung, die bei der Erklärung als Anlage bleibt, bewiesen hat, daß es die Nationalität seiner Eltern beibehalten hat und es gegebenenfalls außerdem ein Zeugnis über erfüllte Militärdienstpflicht gemäß dem Militärgesetz seines Landes, vorbehaltlich der in den Verträgen vorgesehenen Ausnahmen, beigebracht hat.

5⁰ Les étrangers naturalisés.

Peuvent être naturalisés :

1⁰ Les étrangers qui ont obtenu l'autorisation de fixer leur domicile en France, conformément à l'article 13 ci-dessous, après trois ans de domicile en France, à dater de l'enregistrement de leur demande au ministère de la justice ;

2⁰ Les étrangers qui peuvent justifier d'une résidence non interrompue pendant dix années ;

Est assimilé à la résidence en France le séjour en pays étranger pour l'exercice d'une fonction conférée par le Gouvernement français ;

3⁰ Les étrangers admis à fixer leur domicile en France, après un an, s'ils ont rendu des services importants à la France, s'ils y ont apporté des talents distingués ou s'ils y ont introduit soit une industrie, soit des inventions utiles, ou s'ils ont créé soit des établissements industriels ou autres, soit des exploitations agricoles, ou s'ils ont été attachés, à un titre quelconque, au service militaire dans les colonies et les protectorats français ;

4⁰ L'étranger qui a épousé une Française, aussi après une année de domicile autorisé.

Il est statué par décret sur la demande de naturalisation, après une enquête sur la moralité de l'étranger.

9. Tout individu né en France d'un étranger et qui n'y est pas domicilié à l'époque de sa majorité pourra, jusqu'à l'âge de vingt-deux ans accomplis, faire sa soumission de fixer en France son domicile, et, s'il l'y établit dans l'année à compter de l'acte de soumission, réclamer la qualité de Français par une déclaration qui sera, à peine de nullité, enregistrée au ministère de la justice.

L'enregistrement sera refusé s'il résulte des pièces produites que le déclarant n'est pas dans les conditions requises par la loi, sauf à lui à se pourvoir devant les tribunaux civils, dans la forme prescrite par les articles 855 et suivants du Code de procédure civile.

La notification motivée du refus devra être faite au réclamant dans le délai de deux mois à partir de sa déclaration.

L'enregistrement pourra en outre être refusé, pour cause d'indignité, au déclarant qui réunirait toutes les conditions légales ; mais, dans ce cas, il devra être statué, le déclarant dûment avisé, par décret rendu sur l'avis conforme du Conseil d'Etat, dans le délai de trois mois à partir de la déclaration, ou, s'il y a eu contestation, du jour où le jugement qui a admis la réclamation est devenu définitif.

Le déclarant aura la faculté de produire devant le Conseil d'Etat des pièces et des mémoires.

5. Die naturalisierten Ausländer.

Es können naturalisiert werden :

1. Die Ausländer, welche gemäß nachstehendem Artikel 13 die Genehmigung erhalten haben, in Frankreich ihren Wohnsitz zu nehmen, nach dreijährigem Aufenthalt in Frankreich, vom Tage der Einschreibung ihres Gesuches beim Justizministerium an gerechnet.

2. Die Ausländer, welche einen zehnjährigen ununterbrochenen Aufenthalt nachweisen können ;

Dem Aufenthalt in Frankreich ist gleichzuachten der Aufenthalt im Auslande zwecks Ausübung eines von der französischen Regierung übertragenen Amtes ;

3. Die Ausländer, die Aufenthaltserlaubnis in Frankreich haben, nach einem Jahre, wenn sie Frankreich wichtige Dienste geleistet haben, wenn sie dahin ausgezeichnete Talente gebracht, oder wenn sie daselbst Industrie oder nützliche Erfindungen eingeführt, oder wenn sie industrielle oder andere Anstalten, oder landwirtschaftliche Betriebe gegründet haben oder wenn sie in irgend einer Eigenschaft im Militärdienste in den Kolonien oder den französischen Schutzgebieten standen ;

4. Der Ausländer, welcher eine Französin geheiratet hat, ebenfalls nach einjährigem genehmigtem Aufenthalte.

Ueber das Gesuch um Naturalisation wird nach einer Untersuchung über die Moralität des Ausländers durch Dekret entschieden.

9. Jeder, der in Frankreich von einem Ausländer geboren ist und der daselbst zur Zeit seiner Volljährigkeit nicht wohnt, kann bis zum vollendeten zweiundzwanzigsten Lebensjahre sich verpflichten, seinen Wohnsitz in Frankreich zu nehmen, und wenn er daselbst im Jahre nach der Abgabe der Verpflichtung wohnt, die Eigenschaft als Franzose nachsuchen durch eine Erklärung, die, bei Strafe der Nichtigkeit, beim Justizministerium eingeschrieben sein muß.

Die Einschreibung wird verweigert, wenn aus den vorgelegten Schriftstücken hervorgeht, daß der Gesuchsteller die durch das Gesetz erforderten Bedingungen nicht erfüllt, mit dem Vorbehalte, daß er bei den Zivilgerichten in der durch Artikel 855 und folgende der Zivilprozeßordnung vorgeschriebenen Form Beschwerde einlegen kann. Die mit Gründen versehene Benachrichtigung der Ablehnung soll an den Gesuchsteller binnen einer Frist von zwei Monaten vom Tage seiner Erklärung ab, erfolgen.

Die Einschreibung kann außerdem dem Gesuchsteller, der die gesetzlichen Bedingungen erfüllt, wegen Unwürdigkeit verweigert werden ; aber in diesem Falle soll, nach gehöriger Benachrichtigung des Gesuchstellers, durch Dekret entschieden werden auf zustimmenden Vorschlag des Staatsrates hin binnen einer Frist von drei Monaten von der Erklärung, oder im Falle der Einwendung, von dem Tage ab, an dem das Urteil, welches das Gesuch angenommen hat, rechtskräftig geworden ist. Der Gesuchsteller kann dem Staatsrate Schriftstücke und Schriftsätze beibringen.

A défaut des notifications ci-dessus visées dans les délais sus-indiqués, et à leur expiration, le ministre de la justice remettra au déclarant, sur sa demande, une copie de sa déclaration, revêtue de la mention de l'enregistrement.

La déclaration produira ses effets du jour où elle aura été faite, sauf l'annulation qui pourra résulter du refus d'enregistrement.

Les règles relatives à l'enregistrement prescrites par les paragraphes 2 et 3 du présent article sont applicables aux déclarations faites en vue de décliner la nationalité française, conformément à l'article 8, paragraphes 3 et 4, et aux articles 12 et 18.

Les déclarations faites, soit pour réclamer, soit pour décliner la qualité de Français, doivent, après enregistrement, être insérées au *Bulletin des lois.* Néanmoins, l'omission de cette formalité ne pourra pas préjudicier aux droits des déclarants.

Si l'individu qui réclame la qualité de Français est âgé de moins de vingt et un ans accompli, la déclaration sera faite en son nom par son père; en cas de décès, par sa mère; en cas de décès du père et de la mère ou de leur exclusion de la tutelle, ou dans le cas prévus par les articles 141, 142 et 143 du Code civil, par le tuteur autorisé par délibération du conseil de famille.

Il devient également Français, si, ayant été porté sur le tableau de recensement, il prend part aux opérations de recrutement sans opposer son extranéité.

10. Tout individu né en France ou à l'étranger de parents dont l'un a perdu la qualité de Français pourra réclamer cette qualité à tout âge, aux conditions fixées par l'article 9, à moins que, domicilié en France et appelé sous les drapeaux, lors de sa majorité, il n'ait revendiqué la qualité d'étranger.

11. L'étranger jouira en France des mêmes droits civils que ceux qui sont ou seront accordés aux Français par les traités de la nation à laquelle cet étranger appartiendra.

12. L'étrangère qui aura épousé un Français suivra la condition de son mari.

La femme mariée à un étranger qui se fait naturaliser Français et les enfants majeurs de l'étranger naturalisé pourront, s'ils le demandent, obtenir la qualité de Français, sans condition de stage, soit par le décret qui confère cette qualité au mari ou au père ou à la mère, soit comme conséquence de la déclaration qu'ils feront dans les termes et sous les conditions de l'article 9.

Deviennent Français les enfants mineurs d'un père ou d'une mère survivant qui se font naturaliser Français, à moins que, dans l'année qui suivra leur majorité, ils ne dé-

---

Sind vorstehend genannte Benachrichtigungen innerhalb der oben angegebenen Fristen und nach deren Ablauf nicht erfolgt, so händigt der Justizminister dem Gesuchsteller auf dessen Antrag eine Abschrift seiner Erklärung mit dem Vermerk der Einschreibung aus.

Die Erklärung hat Wirkung vom Tage an, an dem sie erfolgt ist, vorbehaltlich der Nichtigkeit, die aus der Verweigerung der Einschreibung erfolgen könnte.

Die durch die Paragraphen 2 und 3 des gegenwärtigen Artikels vorgeschriebenen Regeln betreffend die Einschreibung sind anwendbar auf die Erklärungen zwecks Ablehnung der französischen Nationalität gemäß Art. 8, Paragraph 3 und 4, und Artikel 12 und 18.

Die Erklärungen zur Erlangung oder zur Ablehnung der Eigenschaft als Franzose, sollen, nach der Einschreibung im *Bulletin des lois*, eingerückt werden. Immerhin hat die Unterlassung dieser Formalität keinen Nachteil für den Gesuchsteller.

Wenn derjenige, welcher die Eigenschaft als Franzose nachsucht, weniger als einundzwanzig Jahre alt ist, wird die Erklärung in seinem Namen von seinem Vater abgegeben, bei dessen Tode, von seiner Mutter; sind Vater und Mutter verstorben, oder ist ihnen die Vormundschaft entzogen, oder in der durch die Artikel 141, 142 und 143 des Code civil vorgesehenen Fällen, von dem durch Beschluß des Familienrates ermächtigten Vormund.

Er wird gleichfalls Franzose, wenn er nach Eintragung in die Stammrolle an dem Rekrutierungsgeschäft teilnimmt, ohne sich auf seine Ausländereigenschaft zu berufen.

10. Jedes in Frankreich oder im Auslande von Eltern geborene Kind, von denen ein Teil die Eigenschaft als Franzose verloren hat, kann diese Eigenschaft in jedem Alter nach den in Artikel 9 bestimmten Bedingungen nachsuchen, wenn es, in Frankreich wohnend und zu den Fahnen gerufen, bei seiner Volljährigkeit nicht die Eigenschaft als Ausländer geltend gemacht hat.

11. Der Ausländer genießt in Frankreich dieselben bürgerlichen Rechte, welche der Staat, dem der Ausländer angehört, den Franzosen eingeräumt hat oder einräumen wird.

12. Die Ausländerin, die einen Franzosen geheiratet hat, folgt der Staatsangehörigkeit ihres Ehemannes.

Die Ehefrau eines Ausländers, der sich als Franzose hat naturalisieren lassen, und die volljährigen Kinder des naturalisierten Ausländers, können auf ihren Antrag die Eigenschaft eines Franzosen erlangen, ohne Wartezeit, entweder durch das Dekret, das dem Ehemann, oder dem Vater oder der Mutter diese Eigenschaft verleiht, oder in Verfolg der Erklärung, die sie nach dem Wortlaut und unter den Bedingungen des Artikels 9 abgeben.

Die minderjährigen Kinder eines überlebenden Vaters oder Mutter, die sich als Franzosen naturalisieren ließen, werden Franzosen, wenn sie nicht im Jahre nach ihrer Voll-

clinent cette qualité en se conformant aux dispositions de l'article 8, § 4.

13. L'étranger qui aura été autorisé par décret à fixer son domicile en France y jouira de tous les droits civils.

L'effet de l'autorisation cessera à l'expiration de cinq années, si l'étranger ne demande pas la naturalisation, ou si la demande est rejetée.

En cas de décès avant la naturalisation, l'autorisation et le temps de stage qui a suivi profiteront à la femme et aux enfants qui étaient mineurs au moment du décret d'autorisation.

14. L'étranger, même non résidant en France, pourra être cité devant les tribunaux français, pour l'exécution des obligations par lui contractées en France avec un Français; il pourra être traduit devant les tribunaux de France, pour les obligations par lui contractées en pays étranger envers des Français.

15. Un Français pourra être traduit devant un tribunal de France, pour des obligations par lui contractées en pays étranger, même avec un étranger.

16. En toutes matières, l'étranger qui sera demandeur principal ou intervenant sera tenu de donner caution pour le payement des frais et dommages-intérêts résultant du procès, à moins qu'il ne possède en France des immeubles d'une valeur suffisante pour assurer ce payement.

## CHAPITRE II.

**De la privation des droits civils.**

SECTION PREMIÈRE.

De la privation des droits civils par la perte de la qualité de Français.

17. Perdent la qualité de Français:

1º Le Français naturalisé à l'étranger ou celui qui acquiert, sur sa demande, la nationalité étrangère par l'effet de la loi.

S'il est encore soumis aux obligations du service militaire pour l'armée active, la naturalisation à l'étranger ne fera perdre la qualité de Français que si elle a été autorisée par le Gouvernement français;

2º Le Français qui a décliné la nationalité française dans les cas prévus au paragraphe 4 de l'article 8 et aux articles 12 et 18;

3º Le Français qui, ayant accepté des fonctions publiques conférées par un Gouvernement étranger, les conserve nonobstant l'injonction du Gouvernement français de les résigner dans un délai déterminé;

4º Le Français qui, sans autorisation du Gouvernement, prend du service militaire à

jährigkeit diese Eigenschaft unter Beobachtung des Artikels 8, § 4 ablehnen.

13. Der Ausländer, der durch Dekret ermächtigt worden ist, Wohnsitz in Frankreich zu nehmen, genießt daselbst alle bürgerlichen Rechte.

Die Wirkung der Ermächtigung endet nach Ablauf von fünf Jahren, wenn nicht der Ausländer die Naturalisation nachsucht oder wenn das Gesuch abgelehnt ist.

Im Falle des Versterbens vor der Naturalisation gereichen die Ermächtigung und die nachfolgende Wartezeit der Ehefrau und den zur Zeit des Ermächtigungsdekrets minderjährigen Kindern zum Vorteil.

14. Der Ausländer kann, selbst wenn er sich nicht in Frankreich aufhält, vor die französischen Gerichte wegen Erfüllung von Verbindlichkeiten geladen werden, welche er in Frankreich gegenüber einem Franzosen eingegangen hat; er kann vor die französischen Gerichte gezogen werden wegen Verpflichtungen, welche er im Auslande gegen Franzosen eingegangen ist.

15. Ein Franzose kann vor ein französisches Gericht gezogen werden wegen Verbindlichkeiten, welche er im Auslande, selbst gegen einen Ausländer, eingegangen ist.

16. In allen Sachen hat der Ausländer als Haupt- oder Nebenkläger Sicherheit zu leisten für die Zahlung der Prozeßkosten und des infolge des Prozesses zu leistenden Schadensersatzes, sofern er nicht in Frankreich Liegenschaften von einem genügenden Werte besitzt, um diese Zahlung zu sichern.

## ZWEITES KAPITEL.

**Entziehung der bürgerlichen Rechte.**

ERSTER ABSCHNITT.

Entziehung der bürgerlichen Rechte infolge Verlustes der Eigenschaft als Franzose.

17. Die Eigenschaft als Franzose verlieren:

1. Der im Auslande naturalisierte Franzose oder derjenige, welcher auf seinen Antrag hin die ausländische Nationalität durch Gesetzeskraft erwirbt.

Ist er noch der aktiven Militärdienstpflicht unterworfen, so läßt die Naturalisation im Auslande die Eigenschaft als Franzose nur verlieren, wenn sie von der französischen Regierung zugelassen worden ist.

2. Der Franzose, der die französische Nationalität in den Fällen des Paragraphen 4 des Artikels 8 und der Artikel 12 und 13 abgelehnt hat.

3. Der Franzose, welcher öffentliche ihm von einer fremden Regierung übertragene Aemter angenommen hat und sie beibehält trotz der Aufforderung der französischen Regierung, sie innerhalb einer bestimmten Frist niederzulegen.

4. Der Franzose, der ohne Genehmigung der Regierung fremde Militärdienste annimmt,

l'étranger, sans préjudice des lois pénales contre le Français qui se soustrait aux obligations de la loi militaire.

18. Le Français qui a perdu sa qualité de Français peut la recouvrer pourvu qu'il réside en France, en obtenant sa réintégration par décret. La qualité de Français pourra être accordée par le même décret à la femme et aux enfants majeurs s'ils en font la demande. Les enfants mineurs du père ou de la mère réintégrés deviennent Français, à moins que, dans l'année qui suivra leur majorité, ils ne déclinent cette qualité, en se conformant aux dispositions de l'article 8, paragraphe 4.

19. La femme française qui épouse un étranger suit la condition de son mari, à moins que son mariage ne lui confère pas la nationalité de son mari, auquel cas elle reste Française. Si son mariage est dissous par la mort du mari, ou le divorce, elle recouvre la qualité de Française, avec l'autorisation du Gouvernement, pourvu qu'elle réside en France ou qu'elle y rentre, en déclarant qu'elle veut s'y fixer.

Dans le cas où le mariage est dissous par la mort du mari, la qualité de Français peut être accordée par le même décret de réintégration, aux enfants mineurs, sur la demande de la mère, ou par un décret ultérieur, si la demande en est faite par le tuteur avec l'approbation du conseil de famille.

20. Les individus qui acquerront la qualité de Français dans les cas prévus par les articles 9, 10, 18 et 19 ne pourront s'en prévaloir que pour les droits ouverts à leur profit depuis cette époque.

Quand les personnes désignées à l'article 9, paragraphe 10, auront, au nom d'un mineur, renoncé à la faculté qui lui appartiendrait à sa majorité, dans le cas de l'article 8, paragraphes 3 et 4, de l'article 12, paragraphe 3, et de l'article 18, de décliner la qualité de Français, celui-ci ne sera plus recevable à user de cette faculté.

21. Le Français qui, sans autorisation du Gouvernement, prendrait du service militaire à l'étranger, ne pourra rentrer en France qu'en vertu d'une permission accordée par décret et recouvrer la qualité de Français qu'en remplissant les conditions imposées en France à l'étranger pour obtenir la naturalisation ordinaire.

---

unbeschadet der Strafgesetze gegen den Franzosen, der sich der Dienstpflicht entzieht.

18. Der Franzose, der seine Eigenschaft als Franzose verloren hat, kann sie wiedererlangen, vorausgesetzt, daß er in Frankreich wohnt, indem er seine Wiedereinsetzung durch Dekret erlangt. Die Eigenschaft als Franzose kann durch dasselbe Dekret der Ehefrau und den volljährigen Kindern auf Antrag zugebilligt werden. Die minderjährigen Kinder des wiedereingesetzten Vaters oder der wiedereingesetzten Mutter werden Franzosen, wenn sie nicht diese Eigenschaft im Jahre nach der Volljährigkeit in Anwendung der Bestimmungen des Artikels 8, Paragraph 4 ablehnen.

19. Die Französin, welche einen Ausländer heiratet, folgt der Staatsangehörigkeit ihres Mannes, es sei denn, daß ihre Heirat ihr die Nationalität ihres Mannes nicht überträgt, in diesem Falle verbleibt sie Französin. Wird die Ehe durch den Tod des Mannes oder durch Scheidung aufgelöst, so erlangt sie die Eigenschaft als Franzose wieder, mit Genehmigung der Regierung, vorausgesetzt, daß sie in Frankreich wohnt, oder dahin zurückkehrt und die Erklärung abgibt, sich daselbst niederlassen zu wollen.

Im Falle der Auflösung der Ehe durch den Tod des Mannes kann die Eigenschaft als Franzose durch dasselbe Wiedereinsetzungsdekret den minderjährigen Kindern auf Antrag der Mutter gewährt werden, oder durch ein späteres Dekret, wenn der Antrag durch den Vormund mit Genehmigung des Familienrates gestellt ist.

20. Wer die Eigenschaft als Franzose in den in den Artikeln 9, 10, 18 und 19 vorgesehenen Fällen erworben hat, kann sich nur auf die Rechte stützen, die zu seinen Gunsten nach diesem Zeitpunkt eröffnet sind.

Wenn die in Artikel 9, Paragraph 10, bezeichneten Personen im Namen eines Minderjährigen auf das Recht, die Eigenschaft als Franzose abzulehnen, verzichtet haben, welches Recht dem Minderjährigen bei seiner Volljährigkeit im Falle des Artikels 8, Paragraph 3 und 4, des Artikels 12, Paragraph 3, und des Artikels 18 zusteht, so kann dieser von diesem Rechte keinen Gebrauch mehr machen.

21. Der Franzose, der ohne Ermächtigung der Regierung fremden Kriegsdienst annimmt, kann nur auf Grund einer durch Dekret gewährten Erlaubnis nach Frankreich zurückkehren, er kann die Eigenschaft als Franzose nur dadurch wiedererlangen, daß er die Bedingungen erfüllt, welche in Frankreich einem Ausländer zur Erlangung der gewöhnlichen Naturalisation auferlegt sind.

## SECTION II.
### De la privation des droits civils par suite de condamnations judiciaires.

22 à 33. *Abrogés et remplacés par la loi du 31 mars 1854, portant abolition de la peine de mort.*

---

# TITRE DEUXIÈME.

## Des actes de l'état civil.

### CHAPITRE PREMIER.

#### Dispositions générales.

**34.** Les actes de l'état civil énonceront l'année, le jour et l'heure où ils seront reçus, les prénoms, noms, âge, profession et domicile de tous ceux qui y seront dénommés.

**35.** Les officiers de l'état civil ne pourront rien insérer dans les actes qu'ils recevront, soit par note, soit par énonciation quelconque, que ce qui doit être déclaré par les comparants.

**36.** Dans les cas où les parties intéressées ne seront point obligées de comparaître en personne, elles pourront se faire représenter par un fondé de procuration spéciale et authentique.

**37.** Les témoins produits aux actes de l'état civil devront être âgés de vingt et un ans au moins, parents ou autres, sans distinction de sexe ; ils seront choisis par les personnes intéressées.

**38.** L'officier de l'état civil donnera lecture des actes aux parties comparantes, ou à leur fondé de procuration, et aux témoins.

Il y sera fait mention de l'accomplissement de cette formalité.

**39.** Ces actes seront signés par l'officier de l'état civil, par les comparants et les témoins ; ou mention sera faite de la cause qui empêchera les comparants et les témoins de signer.

**40.** Les actes de l'état civil seront inscrits, dans chaque commune, sur un ou plusieurs registres tenus doubles.

**41.** Les registres seront cotés par première et dernière, et parafés sur chaque feuille, par le président du tribunal de première instance, ou par le juge qui le remplacera.

**42.** Les actes seront inscrits sur les registres, de suite, sans aucun blanc. Les ratures et les renvois seront approuvés et signés de la même manière que le corps de l'acte. Il n'y sera rien écrit par abréviation, et aucune date ne sera mise en chiffres.

**43.** Les registres seront clos et arrêtés par l'officier de l'état civil, à la fin de chaque année ; et dans le mois, l'un des doubles sera déposé aux archives de la commune, l'autre au greffe du tribunal de première instance.

---

## ZWEITER ABSCHNITT.
### Entziehung der bürgerlichen Rechte infolge gerichtlicher Verurteilung.

22 bis 33 *aufgehoben und ersetzt durch das Gesetz vom 31. Mai 1854 betr. Abschaffung des bürgerlichen Todes.*

---

# ZWEITER TITEL.

## Urkunden des Personenstandes.

### ERSTES KAPITEL.

#### Allgemeine Bestimmungen.]

**34.** Die Personenstandesurkunden haben zu enthalten Jahr, Tag und Stunde ihrer Aufnahme, Vor- und Familiennamen, Alter, Gewerbe und Wohnsitz aller derjenigen, welche darin genannt werden.

**35.** Die Standesbeamten dürfen in die Urkunden, welche sie errichten, sei es durch Anmerkung oder sonstige Vermerke, nur das aufnehmen, was von den Erschienenen erklärt werden muß.

**36.** In den Fällen, in denen die Beteiligten nicht verpflichtet sind persönlich zu erscheinen, können sie sich durch einen mit besonderer und öffentlicher Vollmacht versehenen Bevollmächtigten vertreten lassen.

**37.** Die bei der Beurkundung des Personenstandes zugezogenen Zeugen sollen mindestens einundzwanzig Jahre alt sein, Verwandte oder andere, ohne Unterschied des Geschlechts; sie werden von den Beteiligten ausgewählt.

**38.** Der Standesbeamte hat die Urkunden den erschienenen Beteiligten oder ihren Bevollmächtigten und den Zeugen vorzulesen.

Die Erfüllung dieser Förmlichkeit ist darin zu erwähnen.

**39.** Diese Urkunden sind von dem Standesbeamten, den Erschienenen und den Zeugen zu unterschreiben; oder es ist die Ursache anzugeben, die die Erschienenen und die Zeugen am Unterschreiben verhinderte.

**40.** Die Personenstandesurkunden sind in jeder Gemeinde in ein oder mehrere Register einzutragen, welche doppelt geführt werden.

**41.** Die Register sind von dem Präsidenten des Gerichts erster Instanz oder dem ihn vertretenden Richter auf dem ersten und dem letzten Blatte mit Seitenzahl und auf jedem anderen Blatte mit Namenszug zu versehen.

**42.** Die Urkunden sind in die Register hinter einander ohne jeden leeren Zwischenraum einzutragen. Streichungen und Zusätze sind in derselben Weise wie die Urkunde selbst zu genehmigen und zu unterschreiben. Abkürzungen sind unzulässig und kein Datum darf in Ziffern geschrieben werden.

**43.** Die Register sind am Schlusse jeden Jahres von dem Standesbeamten abzuschliessen und innerhalb eines Monats ist das eine der beiden Register bei den Archiven der Gemeinde, das andere auf der Gerichtsschreiberei des Gerichts erster Instanz zu hinterlegen.

**44.** Les procurations et les autres pièces qui doivent demeurer annexées aux actes de l'état civil seront déposées, après qu'elles auront été parafées par la personne qui les aura produites, et par l'officier de l'état civil, au greffe du tribunal, avec le double des registres dont le dépôt doit avoir lieu audit greffe.

**45.** Toute personne pourra, sauf l'exception prévue à l'article 57, se faire délivrer par les dépositaires des registres de l'état civil des copies des actes inscrits sur les registres.

Les copies délivrées conformes aux registres, portant en toutes lettres la date de leur délivrance, et revêtues de la signature et du sceau de l'autorité qui les aura délivrées, feront foi jusqu'à inscription de faux. Elles devront être, en outre, légalisées, sauf conventions internationales contraires, lorsqu'il y aura lieu de les produire devant les autorités étrangères.

Il pourra être délivré des extraits qui contiendront, outre le nom de la commune où l'acte a été dressé, la copie littérale de cet acte et des mentions et transcriptions mises en marge, à l'exception de tout ce qui est relatif aux pièces produites à l'officier de l'état civil qui l'a dressé et à la comparution des témoins. Ces extraits feront foi jusqu'à inscription de faux.

**46.** Lorsqu'il n'aura pas existé de registres, ou qu'ils seront perdus, la preuve en sera reçue tant par titres que par témoins; et dans ces cas, les mariages, naissances et décès, pourront être prouvés tant par les registres et papiers émanés des pères et mères décédés, que par témoins.

**47.** Tout acte de l'état civil des Français et des étrangers, fait en pays étranger, fera foi, s'il a été rédigé dans les formes usitées dans ledit pays.

Lorsqu'un de ces actes concernant des Français sera transmis au ministère des affaires étrangères, il y restera déposé pour en être délivré expédition.

**48.** Tout acte de l'état civil des Français en pays étranger sera valable, s'il a été reçu, conformément aux lois françaises, par les agents diplomatiques ou par les consuls.

Un double des registres de l'état civil tenus par ces agents sera adressé à la fin de chaque année au ministère des affaires étrangères, qui en assurera la garde et pourra en délivrer des extraits.

**49.** Dans tous les cas où la mention d'un acte relatif à l'état civil devra avoir lieu en marge d'un acte déjà inscrit, elle sera faite d'office.

---

**44.** Die Vollmachten und die andern Schriftstücke, welche den Personenstandsurkunden beigefügt bleiben müssen, sind, nachdem sie von der Person, die sie vorgelegt hat und von dem Standesbeamten mit Namenszug versehen sind, auf der Gerichtsschreiberei zu hinterlegen zugleich mit demjenigen Exemplar der Register, dessen Hinterlegung auf der erwähnten Gerichtsschreiberei erfolgen muß.

**45.** Jedermann kann sich, vorbehaltlich der in Artikel 57 vorgesehenen Ausnahme, von den Verwahrern der Personenstandsregister Abschriften der in den Registern eingetragenen Urkunden aushändigen lassen.

Die gleichlautend mit den Registern ausgefertigten Abschriften tragen das Datum ihrer Ausfertigung in Buchstaben und die Unterschrift und das Siegel der sie ausstellenden Behörde; sie haben Beweiskraft bis zur Anmeldung der Fälschungsklage. Abgesehen von internationalen gegenteiligen Abmachungen, sollen sie beglaubigt sein für den Fall, daß sie ausländischen Behörden vorzulegen sind.

Es können Auszüge erteilt werden, die außer dem Namen der Gemeinde, wo die Urkunde errichtet worden ist, die buchstäbliche Abschrift dieser Urkunde und der Randvermerke enthalten sollen, mit Ausnahme alles dessen, was Bezug hat auf die dem beurkundenden Standesbeamten vorgelegten Schriftstücke und auf das Erscheinen der Zeugen. Diese Auszüge haben Beweiskraft bis zur Anmeldung der Fälschungsklage.

**46.** Sind keine Register vorhanden gewesen, oder sind sie verloren gegangen, so ist der Beweis hierüber sowohl durch Urkunden wie durch Zeugen zulässig; in diesen Fällen können Heiraten, Geburten und Sterbefälle sowohl durch Aufzeichnungen und Papiere, die von den verstorbenen Eltern herrühren, als auch durch Zeugen bewiesen werden.

**47.** Jede im Auslande errichtete Urkunde über den Personenstand von Franzosen und von Ausländern hat volle Beweiskraft, wenn sie nach den in dem betreffenden Lande bestehenden Formen errichtet ist.

Wenn eine dieser, Franzosen betreffende, Urkunde dem Ministerium der Auswärtigen Angelegenheiten übermittelt wird, verbleibt sie dort in Verwahr um Ausfertigungen davon zu erteilen.

**48.** Jede im Auslande errichtete Urkunde über den Personenstand von Franzosen ist gültig, wenn sie von den diplomatischen Agenten oder den Konsuln in Gemäßheit der französischen Gesetze aufgenommen ist.

Ein Exemplar der von diesen Agenten geführten Personenstandsregister ist am Schlusse jeden Jahres dem Ministerium für auswärtige Angelegenheiten einzusenden, das dessen Aufbewahrung sichert und Auszüge daraus erteilen kann.

**49.** In allen Fällen, in denen die Erwähnung einer den Personenstand betreffenden Urkunde an dem Rande einer bereits eingetragenen Urkunde erfolgen muß, geschieht sie von Amtswegen.

L'officier de l'état civil qui aura dressé ou transcrit l'acte donnant lieu à mention effectuera cette mention, dans les trois jours, sur les registres qu'il détient.

Dans le même délai, il adressera un avis au procureur de la République de son arrondissement, et celui-ci veillera à ce que la mention soit faite, d'une façon uniforme, sur les registres existant dans les archives des communes ou des greffes, ou dans tous autres dépôts publics.

**50.** Toute contravention aux articles précédents, de la part des fonctionnaires y dénommés, sera poursuivie devant le tribunal de première instance, et punie d'une amende qui ne pourra excéder cent francs.

**51.** Tout dépositaire des registres sera civilement responsable des altérations qui y surviendront, sauf son recours, s'il y a lieu, contre les auteurs desdites altérations.

**52.** Toute altération, tout faux dans les actes de l'état civil, toute inscription de ces actes faite sur une feuille volante et autrement que sur les registres à ce destinés, donneront lieu aux dommages-intérêts des parties, sans préjudice des peines portées au Code pénal.

**53.** Le procureur du Roi [*le procureur de la République*] au tribunal de première instance sera tenu de vérifier l'état des registres lors du dépôt qui en sera fait au greffe; il dressera un procès-verbal sommaire de la vérification, dénoncera les contraventions ou délits commis par les officiers de l'état civil, et requerra contre eux la condamnation aux amendes.

**54.** Dans tous les cas où un tribunal de première instance connaîtra des actes relatifs à l'état civil, les parties intéressées pourront se pourvoir contre le jugement.

### CHAPITRE II.

#### Des actes de naissance.

**55.** Les déclarations de naissance seront faites, dans les trois jours de l'accouchement à l'officier de l'état civil du lieu.

Lorsqu'une naissance n'aura pas été déclarée dans le délai légal, l'officier de l'état civil ne pourra la relater sur ses registres qu'en vertu d'un jugement rendu par le tribunal de l'arrondissement dans lequel est né l'enfant, et mention sommaire sera faite en marge à la date de la naissance. Si le lieu de la naissance est inconnu, le tribunal compétent sera celui du domicile du requérant

En pays étranger, les déclarations aux agents diplomatiques ou aux consuls seront faites dans les dix jours de l'accouchement. Toutefois, ce délai pourra être prolongé dans certaines circonscriptions consulaires en vertu d'un décret du président de la République qui fixera la mesure et les conditions de cette prolongation.

Der Standesbeamte, der die Urkunde errichtet oder überschrieben hat, welche Anlaß zu dem Vermerk gibt, führt diesen Vermerk innerhalb dreier Tage in den Registern aus, die er in Verwahr hat.

In derselben Frist sendet er dem Staatsanwalt seines Kreises eine Benachrichtigung ein und dieser hat dafür zu sorgen, daß der Vermerk in einheitlicher Form in die Register eingetragen wird, die bei den Archiven der Gemeinden oder den Gerichtsschreibereien oder in jedem anderen öffentlichen Verwahr sich befinden.

**50.** Jede Zuwiderhandlung gegen vorstehende Artikel seitens der darin erwähnten Beamten wird von dem Gericht erster Instanz verfolgt und mit einer Geldstrafe bestraft, die hundert Franken nicht übersteigen darf.

**51.** Jeder Verwahrer der Register ist zivilrechtlich verantwortlich für alle späteren Aenderungen, unbeschadet seines etwaigen Rückgriffes gegen die Urheber solcher Aenderungen.

**52.** Jede Veränderung oder Fälschung in den Personenstandsurkunden, jede Eintragung dieser Urkunden, welche auf ein loses Blatt und anders als in die dazu bestimmten Register erfolgt ist, begründet für die Beteiligten einen Anspruch auf Schadenersatz, unbeschadet der im Strafgesetzbuch bestimmten Strafen.

**53.** Der königliche Prokurator [*der Prokurator der Republik*] beim Gericht erster Instanz ist verpflichtet, den Zustand der Register bei deren Hinterlegung auf der Gerichtsschreiberei zu prüfen; er hat über die Prüfung ein summarisches Protokoll aufzunehmen und die von den Standesbeamten begangenen Uebertretungen und Vergehen zur Anzeige zu bringen, sowie gegen sie die Verurteilung in Geldstrafen zu beantragen.

**54.** In allen Fällen, in denen das Gericht erster Instanz über Urkunden erkennt, die auf den Personenstand Bezug haben, können die Beteiligten das Urteil anfechten.

### ZWEITES KAPITEL

#### Geburtsurkunden.

**55.** Die Geburtsanzeigen sind innerhalb dreier Tage nach der Niederkunft dem Standesbeamten des Ortes zu erstatten.

Ist eine Geburt nicht innerhalb der gesetzlichen Frist angezeigt worden, so kann der Standesbeamte sie in seine Register nur eintragen auf Grund eines Urteils des Gerichtes desjenigen Kreises, in dem das Kind geboren ist, und ein summarischer Vermerk wird am Rande unter dem Geburtsdatum gemacht. Ist der Geburtsort unbekannt, so ist das Gericht des Wohnsitzes des Antragstellers zuständig.

Im Auslande sind die Anzeigen den diplomatischen Agenten oder den Konsuln innerhalb zehn Tagen nach der Niederkunft zu erstatten. Diese Frist jedoch kann in gewissen konsularischen Bezirken verlängert werden durch ein Dekret des Präsidenten der Republik, der die Zeit und die Bedingungen dieser Verlängerung festsetzt.

**56.** La naissance de l'enfant sera déclarée par le père, ou, à défaut du père, par les docteurs en médecine *ou en chirurgie*, sages-femmes, officiers de santé ou autres personnes qui auront assisté à l'accouchement; et lorsque la mère sera accouchée hors de son domicile, par la personne chez qui elle sera accouchée.

L'acte de naissance sera rédigé de suite, en présence de deux témoins.

**57.** L'acte de naissance énoncera le jour, l'heure et lieu de la naissance, le sexe de l'enfant, et les prénoms qui lui seront donnés, les prénoms, noms, profession et domicile des père et mère, et ceux des témoins.

Nul, à l'exception du procureur de la République, de l'enfant, de ses ascendants et descendants en ligne directe, de son conjoint, de son tuteur, ou de son représentant légal, s'il est mineur ou en état d'incapacité, ne pourra obtenir une copie conforme d'un acte de naissance autre que le sien, si ce n'est en vertu d'une autorisation délivrée sans frais par le juge de paix du canton où l'acte a été reçu et sur la demande écrite de l'intéressé.

Si cette personne ne sait ou ne peut signer, cette impossibilité est constatée par le maire ou le commissaire de police qui atteste, en même temps, que la demande est faite sur l'initiative de l'intéressé.

En cas de refus, la demande sera portée devant le président du tribunal civil de première instance, qui statuera par ordonnance de référé.

Les dépositaires des registres seront tenus de délivrer à tout requérant des extraits indiquant, sans autres renseignements, l'année, le jour, l'heure et le lieu de naissance, le sexe de l'enfant, les prénoms qui lui ont été donnés, les noms, prénoms et professions et domicile des père et mère tels qu'ils résultent des énonciations de l'acte de naissance ou des mentions contenues en marge de cet acte et reproduisant la mention prévue au dernier alinéa de l'article 76 du Code civil.

**58.** Toute personne qui aura trouvé un enfant nouveau-né, sera tenue de le remettre à l'officier de l'état-civil, ainsi que les vêtements et autres effets trouvés avec l'enfant, et de déclarer toutes les circonstances du temps et du lieu où il aura été trouvé.

Il en sera dressé un procès-verbal détaillé, qui énoncera en outre l'âge apparent de l'enfant, son sexe, les noms qui lui seront donnés, l'autorité civile à laquelle il sera remis. Ce procès-verbal sera inscrit sur les registres.

**59.** En cas de naissance pendant un voyage maritime, il en sera dressé acte dans les trois jours de l'accouchement, en présence du père s'il est à bord, et de deux témoins pris parmi les officiers du bâtiment, ou, à leur défaut, parmi les hommes de l'équipage.

**56.** Die Geburt des Kindes ist von dem Vater, oder in Ermangelung des Vaters, von den Aerzten oder Chirurgen, Hebammen, Hilfsärzten oder anderen Personen, welche der Niederkunft beigewohnt haben, anzuzeigen, und wenn die Mutter außerhalb ihrer Wohnung niedergekommen ist, von der Person, in deren Hause sie niedergekommen ist.

Die Geburtsurkunde ist sofort in Gegenwart zweier Zeugen aufzunehmen.

**57.** Die Geburtsurkunde hat zu enthalten: Tag, Stunde und Ort der Geburt, das Geschlecht des Kindes, ferner die Vornamen, die ihm gegeben werden, sowie Vor- und Familiennamen, Gewerbe und Wohnsitz der Eltern und diejenigen der Zeugen.

Außer dem Prokurator der Republik, dem Kinde, seinen Aszendenten und Deszendenten in gerader Linie, seines Ehegatten, seines Vormundes oder seines gesetzlichen Vertreters, wenn es minderjährig oder geschäftsunfähig ist, kann niemand eine beglaubigte Abschrift einer Geburtsurkunde außer der seinigen, erlangen, wenn er nicht im Besitze einer Ermächtigung ist, die von dem Friedensrichter des Kantons, in dem die Urkunde errichtet ist, ohne Kosten und auf schriftliches Gesuch des Beteiligten ausgehändigt wird.

Wenn diese Person nicht unterschreiben kann, so ist diese Unmöglichkeit durch den Bürgermeister oder den Polizeikommissar festzustellen, der zugleich bescheinigt, daß das Gesuch auf Veranlassung des Beteiligten angefertigt worden ist.

Im Falle der Zurückweisung ist das Gesuch dem Präsidenten des Zivilgerichts erster Instanz vorzulegen, der durch Beschluß im Dringlichkeitsverfahren entscheidet.

Die Verwahrer der Register haben jedem Gesuchsteller Auszüge zu erteilen, die, ohne anderweitige Angaben, enthalten: Jahr, Tag, Stunde und Ort der Geburt, das Geschlecht des Kindes, die ihm gegebenen Vornamen, Name, Vornamen, Gewerbe und Wohnsitz der Eltern, so wie sie sich aus den Angaben in der Geburtsurkunde oder den Randvermerken hierzu ergeben; ferner den im letzten Absatze des Artikels 76 des Code civil vorgesehenen Vermerk.

**58.** Wer ein neugeborenes Kind findet, ist verpflichtet, es dem Standesbeamten mit den bei ihm gefundenen Kleidern und andern Gegenständen zu überbringen und alle Umstände über Zeit und Ort der Auffindung anzugeben.

Es ist hierüber ein ausführliches Protokoll aufzunehmen, welches überdies das vermutliche Alter des Kindes, sein Geschlecht, die Namen, welche ihm gegeben werden, die Behörde, welcher es übergeben wird, zu enthalten hat. Dieses Protokoll ist in die Register einzutragen.

**59.** Erfolgt die Geburt während einer Seereise, so ist die Geburtsurkunde binnen dreier Tage nach der Niederkunft aufzunehmen in Gegenwart des Vaters, wenn er an Bord ist, und zweier Zeugen, welche aus den Offizieren des Schiffes, oder in deren Ermangelung aus

Si la naissance a lieu pendant un arrêt dans un port, l'acte sera dressé dans les mêmes conditions, lorsqu'il y aura impossibilité de communiquer avec la terre ou lorsqu'il n'existera pas dans le port, si l'on est à l'étranger, d'agent diplomatique ou consulaire français investi des fonctions d'officier de l'état civil.

Cet acte sera rédigé, savoir: sur les bâtiments de l'Etat, par l'officier du commissariat de la marine ou, à son défaut, par le commandant ou celui qui en remplit les fonctions; et sur les autres bâtiments, par le capitaine, maître ou patron, ou celui qui en remplit les fonctions.

Il y sera fait mention de celle des circonstances ci-dessus prévues, dans laquelle l'acte a été dressé. L'acte sera inscrit à la suite du rôle d'équipage.

60. Au premier port où le bâtiment abordera pour toute autre cause que celle de son désarmement, l'officier instrumentaire sera tenu de déposer deux expéditions de chacun des actes de naissance dressés à bord.

Ce dépôt sera fait, savoir: si le port est français, au bureau des armements par les bâtiments de l'Etat, et au bureau de l'inscription maritime par les autres bâtiments; si le port est étranger, entre les mains du consul de France. Au cas où il ne se trouverait pas dans ce port de bureau des armements, de bureau de l'inscription maritime ou de consul, le dépôt serait ajourné au plus prochain port d'escale ou de relâche.

L'une des expéditions déposées sera adressée au ministère de la marine, qui la transmettra à l'officier de l'état civil du dernier domicile du père de l'enfant ou de la mère si le père est inconnu, afin qu'elle soit transcrite sur les registres; si le dernier domicile ne peut être retrouvé ou s'il est hors de France, la transcription sera faite à Paris.

L'autre expédition restera déposée aux archives du consulat ou du bureau de l'inscription maritime.

Mention des envois et dépôts effectués conformément aux prescriptions du présent article sera portée en marge des actes originaux par les commissaires de l'inscription maritime ou par les consuls.

61. A l'arrivée du bâtiment dans le port de désarmement, l'officier instrumentaire sera tenu de déposer, en même temps que le rôle d'équipage, une expédition de chacun des actes de naissance dressés à bord dont copie n'aurait point été déjà déposée, conformément aux prescriptions de l'article précédent.

Ce dépôt sera fait, pour les bâtiments de l'Etat, au bureau des armements, et, pour

---

den Leuten der Besatzung genommen werden.

Hat die Geburt während eines Aufenthalts in einem Hafen stattgefunden, so wird die Urkunde in derselben Weise aufgenommen, wenn es unmöglich ist, an Land zu gehen, oder wenn sich in dem Hafen, falls man im Auslande ist, keine mit der Befugnis des Standesbeamten ausgestatteten französische diplomatische oder konsularische Beamten befinden.

Diese Urkunde wird aufgenommen, und zwar: auf den staatlichen Schiffen von dem Marineverwaltungsbeamten oder in dessen Ermangelung von dem Kommandanten oder demjenigen, der deren Funktion vertritt, und auf den andern Schiffen von dem Kapitän, dem ersten Offizier oder Schiffsherrn, oder von demjenigen, der deren Funktion versieht.

Es wird darin der obig vorgesehenen Umstände Erwähnung getan, unter denen die Urkunde aufgenommen worden ist. Die Urkunde ist am Ende der Liste der Schiffsbesatzung einzutragen.

60. In dem ersten Hafen, den das Schiff zu irgend einem anderen Zwecke als dem der Abtakelung anläuft, ist der beurkundende Offizier verpflichtet, zwei Ausfertigungen jeder an Bord aufgenommenen Geburtsurkunde niederzulegen.

Diese Hinterlegung geschieht und zwar: wenn der Hafen ein französischer ist, auf dem «bureau des armements» von den staatlichen Schiffen, und auf dem «bureau de l'inscription maritime» von den anderen Schiffen; ist der Hafen ein ausländischer, zu Händen des Konsuls von Frankreich. Für den Fall, daß sich in diesem Hafen kein «bureau des armements», «bureau de l'inscription maritime» oder Konsul befindet, ist die Hinterlegung bis zum nächsten Not- oder Aufenthaltshafen aufzuschieben.

Eine der hinterlegten Ausfertigungen ist an den Marineminister zu richten, der sie dem Standesbeamten des letzten Wohnsitzes des Vaters oder, wenn der Vater unbekannt ist, desjenigen der Mutter, zur Eintragung in die Register sendet; ist der letzte Wohnsitz nicht auffindbar oder liegt er außerhalb von Frankreich, so erfolgt die Einschreibung in Paris.

Die andere Ausfertigung verbleibt bei den Archiven des Konsulats oder des «bureau de l'inscription maritime».

Uebersendung und Hinterlegung gemäß den Vorschriften vorstehenden Artikels sind am Rande der Originalurkunden durch die Kommissare der «inscription maritime» oder die Konsuln zu vermerken.

61. Bei Ankunft des Schiffes in dem Heimathafen ist der beurkundende Offizier verpflichtet, mit der Liste der Schiffsbesatzung eine Ausfertigung jeder an Bord aufgenommenen Geburtsurkunde, von denen eine Abschrift nicht schon hinterlegt sein sollte, gemäß den Vorschriften vorstehenden Artikels zu hinterlegen.

Diese Hinterlegung geschieht für die staatlichen Schiffe beim «bureau des armements»

les autres bâtiments, au bureau de l'inscription-maritime.

L'expédition ainsi déposée sera adressée au ministre de la marine, qui la transmettra, comme il est dit à l'article précédent.

**62.** L'acte de reconnaissance d'un enfant naturel sera inscrit sur les registres à sa date, et il en sera fait mention en marge de l'acte de naissance, s'il en existe un.

Dans les circonstances prévues à l'article 58, la déclaration de reconnaissance pourra être reçue par les officiers instrumentaires désignés en cet article, et dans les formes qui y sont indiquées.

Les dispositions des articles 60 et 61, relatives au dépôt et aux transmissions, seront, dans ce cas, applicables. Toutefois, l'expédition adressée au ministre de la marine devra être transmise par lui, de préférence, à l'officier de l'état civil du lieu où l'acte de naissance de l'enfant aura été dressé ou transcrit, si ce lieu est connu.

## CHAPITRE III.

### Des actes de mariage.

**63.** Avant la célébration du mariage, l'officier de l'état civil fera une publication par voie d'affiche apposée à la porte de la maison commune.

Cette publication énoncera les prénoms, noms, professions, domiciles et résidences des futurs époux, leur qualité de majeur ou de mineur, ainsi que le lieu où le mariage devra être célébré.

Elle sera transcrite sur un registre coté et paraphé comme il est dit à l'article 41 du Code civil, et déposé, à la fin de chaque année, au greffe du tribunal de l'arrondissement.

**64.** L'affiche prévue en l'article précédent restera apposée à la porte de la maison commune pendant dix jours. Si l'affichage est interrompu avant l'expiration de ce délai, il en sera fait mention en marge de la transcription prévue à l'article précédent.

Le mariage ne pourra être célébré avant le dixième jour depuis et non compris celui de la publication.

**65.** Si le mariage n'a pas été célébré dans l'année, à compter de l'expiration du délai de la publication, il ne pourra plus être célébré qu'après une nouvelle publication faite dans la forme ci-dessus.

**66.** Les actes d'opposition au mariage seront signés sur l'original et sur la copie par les opposants ou par leurs fondés de procuration spéciale et authentique; ils seront signifiés, avec la copie de la procuration, à la personne ou au domicile des parties, et à l'officier de l'état civil, qui mettra son *visa* sur l'original.

**67.** L'officier de l'état civil fera, sans délai, une mention sommaire des oppositions sur le

und für die anderen Schiffe beim «bureau de l'inscription maritime».

Die also hinterlegte Ausfertigung wird an den Marineminister gerichtet, der sie gemäß vorstehendem Artikel weitergibt.

**62.** Die Urkunde über die Anerkennung eines unehelichen Kindes ist mit ihrem Datum in die Register einzutragen und es hat hiervon am Rande der Geburtsurkunde, wenn solche vorhanden ist, Erwähnung zu geschehen.

Unter den in Artikel 58 vorgesehenen Umständen kann die Erklärung über Anerkennung von den in diesem Artikel bezeichneten Offizieren und in den darin angegebenen Formen aufgenommen werden.

Die Bestimmungen der Artikel 60 und 61 betreffend Hinterlegung und Uebersendung sind in diesem Falle anwendbar. Immerhin ist die an den Marineminister gerichtete Ausfertigung durch ihn vorzugsweise an den Standesbeamten des Ortes zu senden, wo die Geburtsurkunde des Kindes aufgenommen oder eingetragen ist, falls dieser Ort bekannt ist.

## DRITTES KAPITEL.

### Heiratsurkunden.

**63.** Vor der Eheschließung hat der Standesbeamte an der Türe des Gemeindehauses ein Aufgebot zu erlassen.

Dieses Aufgebot enthält Vornamen, Namen, Gewerbe, Berufe, Wohnsitze und Aufenthaltsorte der künftigen Ehegatten, ihre Eigenschaft als Volljährige oder Minderjährige, ebenso den Ort, wo die Ehe geschlossen werden soll.

Es ist in ein Register einzutragen, welches in der in Art. 41 des Code civil angegebenen Weise mit Seitenzahl und Handzug zu versehen und am Ende jeden Jahres auf der Gerichtsschreiberei des Kreisgerichts zu hinterlegen ist.

**64.** Das in vorstehendem Artikel vorgesehene Aufgebot bleibt zehn Tage lang an der Türe des Gemeindehauses angeschlagen. Ist die Anschlagung vor Ablauf dieser Frist unterbrochen worden, so ist dies am Rande der in vorstehendem Artikel vorgesehenen Einschreibung zu vermerken.

Die Ehe darf nicht vor dem zehnten Tage nach dem Aufgebot, dieser letztere Tag nicht einbegriffen, geschlossen werden.

**65.** Ist die Ehe nicht binnen eines Jahres seit dem Ablauf der Frist für das Aufgebot geschlossen worden, so darf dieselbe nunmehr erst geschlossen werden, nachdem ein neues Aufgebot in der vorgeschriebenen Form erlassen ist.

**66.** Die Urkunden über Einspruch gegen eine Ehe sind auf der Urschrift und auf der Abschrift von den Einsprucherhebenden oder von deren mit einer besonderen Vollmacht versehenen Vertretern zu unterschreiben; sie sind nebst einer Abschrift der Vollmacht den Beteiligten persönlich oder in deren Wohnsitz zuzustellen, sowie dem Standesbeamten, welcher sein «Gesehen» auf die Urschrift setzt.

**67.** Der Standesbeamte hat unverzüglich einen kurzen Vermerk über die Einsprüche

registre des publications; il fera aussi mention, en marge de l'inscription desdites oppositions, des jugements ou des actes de mainlevée dont expédition lui aura été remise.

**68.** En cas d'opposition, l'officier de l'état civil ne pourra célébrer le mariage avant qu'on lui en ait remis la mainlevée, sous peine de trois cents francs d'amende, et de tous dommages-intérêts.

**69.** Si la publication a été faite dans plusieurs communes, l'officier de l'état civil de chaque commune transmettra sans délai à celui d'entre eux qui doit célébrer le mariage un certificat constatant qu'il n'existe point d'opposition.

**70.** L'officier de l'état civil se fera remettre l'acte de naissance de chacun des futurs époux. Cet acte ne devra pas avoir été délivré depuis plus de trois mois, s'il a été en France, et depuis plus de six mois, s'il a été délivré dans une colonie ou dans un consulat.

Celui des époux qui serait dans l'impossibilité de se le procurer pourra le suppléer, en rapportant un acte de notoriété délivré par un juge de paix du lieu de sa naissance, ou par celui de son domicile.

**71.** L'acte de notoriété contiendra la déclaration faite par sept témoins, de l'un ou de l'autre sexe, parents ou non parents, des prénoms, nom, profession et domicile du futur époux, et de ceux de ses pères et mère, s'ils sont connus; le lieu, et, autant que possible, l'époque de sa naissance. et les causes qui empêchent d'en rapporter l'acte Les témoins signeront l'acte de notoriété avec le juge de paix; et s'il en est qui ne puissent ou ne sachent signer, il en sera fait mention.

**72.** L'acte de notoriété sera présenté au tribunal de première instance du lieu où doit se célébrer le mariage. Le tribunal, après avoir entendu le procureur du Roi [*le procureur de la République*]. donnera ou refusera son homologation, selon qu'il trouvera suffisantes ou insuffisantes les déclarations des témoins, et les causes qui empêchent de rapporter l'acte de naissance.

**73.** L'acte authentique du consentement des père et mère ou aïeuls et aïeules, ou, à leur défaut, celui du conseil de famille, contiendra les prénoms, noms, professions et domicile du futur époux et de tous ceux qui auront concouru à l'acte, ainsi que leur degré de parenté.

Hors le cas prévu par l'article 159, cet acte de consentement pourra être donné, soit devant un notaire, soit devant l'officier

---

in dem Aufgebotsregister zu machen; er hat ebenfalls an dem Rande der Eintragung dieser Einsprüche einen Vermerk über die, eine Aufhebung enthaltende Urteile oder Urkunden zu machen, deren Ausfertigung ihm eingehändigt ist.

**68.** Im Falle des Einspruchs darf der Standesbeamte die Ehe nicht eher schließen, als bis ihm die Aufhebung des Einspruchs ausgehändigt ist, bei Strafe von dreihundert Franken und des vollen Schadenersatzes.

**69.** Ist das Aufgebot in verschiedenen Gemeinden erfolgt, so übersendet der Standesbeamte jeder Gemeinde unverzüglich demjenigen unter ihnen, der die Eheschließung vornehmen soll, eine Bescheinigung, daß kein Einspruch vorliegt.

**70.** Der Standesbeamte hat sich die Geburtsurkunde eines jeden der künftigen Ehegatten aushändigen zu lassen. Diese Urkunde darf nicht älter sein als drei Monate, wenn sie in Frankreich ausgefertigt ist, und sechs Monate, wenn sie es in einer Kolonie oder in einem Konsulat ist.

Der Ehegatte, der außer Stande ist, sich dieselbe zu verschaffen, kann sie ersetzen durch Beibringung einer Offenkundigkeitsurkunde, welche von dem Friedensrichter seines Geburtsortes oder dem seines Wohnsitzes ausgestellt ist.

**71.** Die Offenkundigkeitsurkunde hat zu enthalten, die von sieben Zeugen, welche männlichen oder weiblichen Geschlechts, verwandt oder nicht verwandt sein können, abgegebene Erklärung über Vor- und Familiennamen, Gewerbe und Wohnsitz des künftigen Ehegatten, sowie über diejenigen seiner Eltern, wenn sie bekannt sind; den Ort und soweit möglich die Zeit seiner Geburt und die Ursachen, welche die Beibringung der Geburtsurkunde verhindern. Die Zeugen haben die Offenkundigkeitsurkunde mit dem Friedensrichter zu unterschreiben; sind einzelne derselben am Unterschreiben verhindert oder dessen unkundig, so ist dies zu vermerken.

**72.** Die Offenkundigkeitsurkunde ist dem Gerichte erster Instanz des Ortes, wo die Ehe geschlossen werden soll, vorzulegen. Nach Anhörung des Prokurators des Königs [*Prokurators der Republik*] gibt oder versagt das Gericht seine Bestätigung, je nachdem es die Angaben der Zeugen und die Gründe, welche die Beibringung der Geburtsurkunde verhindern, für zureichend oder unzureichend findet.

**73.** Die öffentliche Urkunde über die Einwilligung der Eltern oder Großeltern, oder in deren Ermangelung über diejenige des Familienrates, hat zu enthalten: Vor- und Familiennamen, Gewerbe und Wohnsitz des künftigen Ehegatten und aller derjenigen, welche bei Aufnahme der Urkunde mitgewirkt haben, sowie deren Verwandtschaftsgrad.

Außer dem in Artikel 159 vorgesehenen Falle, ist diese Einwilligungsurkunde entweder vor einem Notar oder vor dem Stan-

de l'état civil du domicile ou de la résidence de l'ascendant, et, à l'étranger, devant les agents diplomatiques ou consulaires français.

**74.** Le mariage sera célébré dans la commune où l'un des deux époux aura son domicile ou sa résidence établie par un mois au moins d'habitation continue à la date de la publication prévue par la loi.

**75.** Le jour désigné par les parties après le délai de publications, l'officier de l'état civil, dans la maison commune, en présence de deux témoins, parents ou non parents, fera lecture aux parties des pièces ci-dessus mentionnées, relative à leur état et aux formalités du mariage, ainsi que des articles 212, 213 et 214 du Code civil.

Toutefois, en cas d'empêchement grave, le procureur de la République du lieu du mariage pourra requérir l'officier de l'état civil de se transporter au domicile ou à la résidence de l'une des parties pour célébrer le mariage. En cas de péril imminent de mort de l'un des futurs époux, l'officier de l'état civil pourra s'y transporter avant toute réquisition ou autorisation du procureur de la République, auquel il devra ensuite, dans le plus bref délai, faire part de la nécessité de cette célébration hors de la maison commune. Mention en sera faite dans l'acte de mariage.

L'officier de l'état civil interpellera les futurs époux, et, s'ils sont mineurs, leurs ascendants présents à la célébration et autorisant le mariage, d'avoir à déclarer s'il a été fait un contrat de mariage, et, dans le cas d'affirmative, la date de ce contrat, ainsi que les noms et lieu de résidence du notaire qui l'aura reçu.

Si les pièces produites par l'un des futurs époux ne concordent point entre elles quant aux prénoms ou quant à l'ortographe des noms, il interpellera celui qu'elles concernent, et, s'il est mineur, ses plus proches ascendants présents à la célébration, d'avoir à déclarer que le défaut de concordance résulte d'une ommission ou d'une erreur. En cas de non présence, les ascendants attesteront l'identité dans leur consentement donné en la forme légale. Le tribunal, qui exercera les fonctions de conseil de famille, donnera, s'il y a lieu, la même attestation dans son acte de consentement. En cas de décès des ascendants, l'idendité sera valablement attestée pour les mineurs par le conseil de famille et, pour les majeurs, par leurs propres déclarations.

Il recevra de chaque partie, l'une après l'autre, la déclaration qu'elles veulent se prendre pour mari et femme; il prononcera, au nom de la loi, qu'elles sont unies par le mariage, et il en dressera acte sur-le-champ.

desbeamten des Wohnortes oder Aufenthaltsortes des Aszendenten zu errichten und im Auslande vor dem französischen diplomatischen oder konsularischen Beamten.

**74.** Die Ehe ist in der Gemeinde zu schliessen, wo einer der beiden Ehegatten seinen Wohnort oder seinen Aufenthalt hat, der beim Tage des durch das Gesetz vorgesehenen Aufgebots durch mindestens einmonatige fortgesetzte Bewohnung begründet ist.

**75.** An dem von den Parteien nach Ablauf der Aufgebotsfrist bestimmten Tage hat der Standesbeamte in dem Gemeindehause in Gegenwart von zwei Zeugen, verwandt oder nicht verwandt, den Beteiligten die oben erwähnten auf ihren Stand und die Förmlichkeiten der Eheschließung bezüglichen Aktenstücke, sowie die Artikel 212, 213 und 214 des Code civil vorzulesen.

Im Falle ernster Verhinderung jedoch kann der Prokurator der Republik des Heiratsortes den Standesbeamten ersuchen, sich an den Wohn- oder Aufenthaltsort einer der Parteien zu begeben, um die Ehe zu schließen. Im Falle drohender Todesgefahr des einen der künftigen Ehegatten kann sich der Standesbeamte vor Ersuchen oder Ermächtigung des Prokurators der Republik dahin begeben, dem er alsdann in kürzester Frist von der Notwendigkeit dieser Eheschließung außerhalb des Gemeindehauses, Kenntnis geben soll. Dies ist in der Heiratsurkunde zu vermerken.

Der Standesbeamte hat die künftigen Ehegatten, und, wenn sie minderjährig sind, ihre Aszendenten, welche der Eheschließung beiwohnen und zur Ehe ermächtigen, aufzufordern, zu erklären, ob ein Ehevertrag errichtet worden ist, und bejahendenfalls, Name und Amtssitz des Notars, der ihn errichtet hat.

Sind die von einem der künftigen Gatten beigebrachten Schriftstücke hinsichtlich der Vornamen und hinsichtlich der Schreibweise der Namen untereinander nicht übereinstimmend, so hat er den Betreffenden, und, wenn er minderjährig ist, dessen nächste der Eheschließung beiwohnenden Aszendenten aufzufordern, zu erklären, daß der Mangel an Uebereinstimmung auf einer Unterlassung oder einem Irrtum beruht. Im Falle ihrer Nichtanwesenheit, bescheinigen die Aszendenten die Identität in ihrer in gesetzlicher Form abgegebenen Einwilligung. Das Gericht, das die Funktionen des Familienrates ausübt, gibt gegebenenfalls dieselbe Bescheinigung in seiner Genehmigungsurkunde. Im Falle des Todes der Aszendenten, wird die Identität rechtsgültig für die Minderjährigen von dem Familienrate, und für die Volljährigen durch ihre eigenen Erklärungen bescheinigt.

Er hat von jedem Teile, nach einander, die Erklärung entgegenzunehmen, daß sie sich zum Manne und zur Frau nehmen wollen; sodann hat er im Namen des Gesetzes auszusprechen, daß sie durch die Ehe verbunden sind, und hierüber sofort eine Urkunde aufzunehmen.

**76.** L'acte de mariage énoncera:

1º Les prénoms, noms, professions, dates et lieux de naissance, domiciles et résidences des époux;

2º S'ils sont majeurs ou mineurs, et, au cas où ils sont majeurs, s'ils ont ou non plus de trente ans révolus;

3º Les prénoms, noms, professions et domiciles des pères et mères;

4º Le consentement des pères et mères, aïeuls et aïeules, et celui du conseil de famille, dans les cas où ils sont requis;

5º Les prénoms et noms des précédents conjoints de chacun des époux, avec les dates des décès ou divorces ayant entraîné dissolution de leurs mariages;

6º La mention qu'il n'existe aucune opposition pouvant empêcher le mariage;

7º La déclaration des contractants de se prendre pour époux, et le prononcé de leur union par l'officier de l'état civil;

8º Les prénoms, noms, professions, domiciles des témoins et leur qualité de majeurs;

9º La déclaration faite sur l'interpellation prescrite par l'article précédent, qu'il a été ou qu'il n'a pas été fait de contrat de mariage, et, autant que possible, la date du contrat, s'il existe, ainsi que les nom et lieu de résidence du notaire qui l'aura reçu: le tout à peine contre l'officier de l'état civil de l'amende fixée par l'article 50.

Dans le cas où la déclaration aurait été omise ou serait erronée, la rectification de l'acte, en ce qui touche l'omission ou l'erreur, pourra être demandée par le procureur de la République, sans préjudice du droit des parties intéressées, conformément à l'article 99.

Il sera fait mention de la célébration du mariage en marge de l'acte de naissance des époux.

## CHAPITRE IV.

### Des actes de décès.

**77.** Aucune inhumation ne sera faite sans une autorisation, sur papier libre et sans frais de l'officier de l'état civil, qui ne pourra la délivrer qu'après s'être transporté auprès de la personne décédée, pour s'assurer du décès, et que vingt-quatre heures après le décès, hors les cas prévus par les règlements de police.

**78.** L'acte de décès sera dressé par l'officier de l'état civil, sur la déclaration de deux témoins. Ces témoins seront, s'il est possible, les deux plus proches parents ou voisins, ou, lorsqu'une personne sera décédée hors de son domicile, la personne chez laquelle elle sera décédée, et un parent ou autre.

---

**76.** Die Heiratsurkunde hat zu enthalten:

1. Vornamen, Namen, Berufe, Daten und Orte der Geburt, Wohnsitze und Aufenthaltsorte der Ehegatten;

2. ob sie volljährig oder minderjährig sind, und im Falle der Volljährigkeit, ob sie das dreißigste Lebensjahr vollendet haben oder nicht;

3. Die Vornamen, Namen, Berufe und Wohnsitze der Eltern;

4. Die Einwilligung der Eltern, Großeltern und diejenige des Familienrates in den Fällen, wo dieselbe erforderlich ist;

5. Vornamen und Namen der früheren Ehegatten eines jeden der Eheleute, unter Angabe der Daten des Todes oder der Ehescheidungen, die zur Auflösung ihrer Ehen führten;

6. Der Vermerk, daß kein die Ehe hindernder Einspruch vorhanden ist;

7. Die Erklärung der Eheschließenden, daß sie sich zu Ehegatten nehmen und der Ausspruch ihrer Verbindung durch den Standesbeamten;

8. Die Vornamen, Namen, Berufe, Wohnsitze der Zeugen und ihre Eigenschaft als Volljährige;

9. Die Erklärung, welche auf die im vorstehenden Artikel vorgeschriebene Aufforderung gemacht wurde, daß ein Ehevertrag errichtet worden ist oder nicht, und, soweit möglich, das Datum des Vertrags, wenn ein solcher vorhanden ist, sowie den Namen und den Amtssitz des Notars, der ihn aufgenommen hat; alles bei der gegen den Standesbeamten im Artikel 50 bestimmten Geldstrafe.

Falls die Erklärung ausgelassen oder irrtümlich ist, kann die Berichtigung der Urkunde bezüglich der Auslassung oder des Irrtums durch den Prokurator der Republik beantragt werden, unbeschadet des den Beteiligten gemäß dem Artikel 99 zustehenden Rechts.

Die Eheschließung ist am Rande der Geburtsurkunde der Ehegatten zu vermerken.

## VIERTES KAPITEL.

### Sterbeurkunden.

**77.** Keine Beerdigung darf ohne eine auf frei Papier und gebührenfrei auszufertigende Erlaubnis des Standesbeamten stattfinden, welcher dieselbe nicht eher erteilen darf, als bis er sich zu der verstorbenen Person hinbegeben hat, um sich von deren Tode zu überzeugen, und erst vierundzwanzig Stunden nach dem Tode, ausgenommen in den durch die Polizeiverordnung vorgesehenen Fällen.

**78.** Die Sterbeurkunde ist von dem Standesbeamten auf die Erklärung zweier Zeugen aufzunehmen. Diese Zeugen sollen, wenn möglich, die beiden nächsten Verwandten oder Nachbarn sein; oder, wenn eine Person außerhalb ihres Wohnsitzes verstorben ist, die Person, bei der sie verstorben ist, und ein Verwandter oder ein anderer.

**79.** L'acte de décès contiendra les prénoms, nom, âge, profession et domicile de la personne décédée; les prénoms et nom de l'autre époux, si la personne décédée était mariée, ou veuve; les prénoms, noms, âge, professions et domiciles des déclarants; et, s'ils sont parents, leur degré de parenté.

Le même acte contiendra de plus, autant qu'on pourra le savoir, les prénoms, noms, profession et domicile des père et mère du décédé, et le lieu de sa naissance.

**80.** Lorsqu'un décès se sera produit ailleurs que dans la commune où le défunt était domicilié, l'officier de l'état civil qui aura dressé l'acte de décès enverra, dans le plus bref délai, à l'officier de l'état civil du dernier domicile du défunt une expédition de cet acte, laquelle sera immédiatement transcrite sur les registres

En cas de décès dans les hôpitaux ou les formations sanitaires, les hôpitaux maritimes, coloniaux, civils ou autres établissements publics, soit en France, soit dans les colonies ou les pays de protectorat, les directeurs, administrateurs ou maîtres de ces hôpitaux ou établissements, devront en donner avis, dans les vingt-quatre heures, à l'officier de l'état civil ou à celui qui en remplit les fonctions.

Celui-ci s'y transportera pour s'assurer du décès et en dressera l'acte, conformément à l'article précédent, sur les déclarations qui lui auront été faites et sur les renseignements qu'il aura pris.

Il sera tenu, dans lesdits hôpitaux, formations sanitaires et établissements, un registre sur lequel seront inscrits ces déclarations et renseignements.

**81.** Lorsqu'il y aura des signes ou indices de mort violente, ou d'autres circonstances qui donneront lieu de le soupçonner, on ne pourra faire l'inhumation qu'après qu'un officier de police, assisté d'un docteur en médecine *ou en chirurgie*, aura dressé procès-verbal de l'état du cadavre et des circonstances y relatives, ainsi que des renseignements qu'il aura pu recueillir sur les prénoms, nom, âge, profession, lieu de naissance et domicile de la personne décédée.

**82.** L'officier de police sera tenu de transmettre de suite, à l'officier de l'état civil du lieu où la personne sera décédée, tous les renseignements énoncés dans son procès-verbal, d'après lesquels l'acte de décès sera rédigé.

L'officier de l'état civil en enverra une expédition à celui du domicile de la personne décédée, s'il est connu: cette expédition sera inscrite sur les registres.

**83.** Les greffiers criminels seront tenus d'envoyer, dans les vingt-quatre heures de l'exécution des jugements portant peine de mort, à l'officier de l'état civil du lieu où le con-

---

**79.** Die Sterbeurkunde hat zu enthalten: Vor- und Familiennamen, Alter, Gewerbe und Wohnsitz des Verstorbenen; Vor- und Familiennamen seines Ehegatten, wenn der Verstorbene verheiratet oder verwitwet war; Vor- und Familiennamen, Alter, Gewerbe und Wohnsitz der Anzeigenden, und wenn sie Verwandte sind, ihren Verwandtschaftsgrad.

Dieselbe Urkunde soll außerdem, so weit möglich, enthalten: Vor- und Familiennamen, Gewerbe und Wohnsitz der Eltern des Verstorbenen und seinen Geburtsort.

**80.** Wenn ein Sterbefall anderswo als in der Gemeinde, wo der Verstorbene seine Wohnung hatte, eintritt, so hat der Standesbeamte, der die Sterbeurkunde aufgenommen hat, innerhalb kürzester Frist dem Standesbeamten des letzten Wohnsitzes des Verstorbenen eine Ausfertigung dieser Urkunde zu übersenden, die sofort in die Register einzutragen ist.

Bei Sterbefällen in Militär-, Marine-, Kolonial-, Zivilkrankenhäusern, Sanitätsformationen oder anderen öffentlichen Anstalten, sei es in Frankreich oder in den Kolonien oder Protektoratsländern, haben die Direktoren, Verwalter oder Aufseher dieser Krankenhäuser oder Anstalten innerhalb vierundzwanzig Stunden den Standesbeamten oder dessen Stellvertreter zu benachrichtigen.

Dieser hat sich dorthin zu begeben, um sich von dem Tode zu überzeugen und darüber in Gemäßheit des vorstehenden Artikels nach den ihm gemachten Erklärungen und den von ihm eingezogenen Ermittelungen die Urkunde aufzunehmen.

In den erwähnten Krankenhäusern, Sanitätsformationen und Anstalten ist ein Register zu führen, in das diese Erklärungen und Auskünfte einzutragen sind.

**81.** Sind Spuren oder Anzeichen eines gewaltsamen Todes vorhanden oder andere Umstände, welche den Verdacht eines solchen begründen, so darf die Beerdigung nicht eher erfolgen, als bis ein Polizeibeamter unter Zuziehung eines Arztes oder Wundarztes ein Protokoll aufgenommen hat über den Zustand der Leiche und die darauf bezüglichen Umstände, sowie über den Inhalt der Ermittelungen über Vor- und Familiennamen, Alter, Gewerbe, Geburtsort und Wohnsitz des Verstorbenen.

**82.** Der Polizeibeamte ist verpflichtet, sofort dem Standesbeamten des Ortes, wo die Person verstorben ist, alle in seinem Protokoll enthaltenen Ermittelungen mitzuteilen, nach welchen sodann die Sterbeurkunde aufzunehmen ist.

Der Standesbeamte hat eine Ausfertigung derselben an den Standesbeamten des Wohnsitzes des Verstorbenen zu schicken: diese Ausfertigung ist in die Register einzutragen.

**83.** Die Gerichtsschreiber bei den Strafgerichten sind verpflichtet, binnen vierundzwanzig Stunden nach Vollstreckung eines Todesurteils dem Standesbeamten des Ortes,

damné aura été exécuté, tous les renseignements énoncés en l'article 79, d'après lesquels l'acte de décès sera rédigé.

84. En cas de décès dans les prisons ou maisons de reclusion et de détention, il en sera donné avis sur-le-champ, par les concierges ou gardiens, à l'officier de l'état civil, qui s'y transportera comme il est dit en l'article 80, et rédigera l'acte de décès.

85. Dans tous les cas de mort violente, ou dans les prisons et maisons de reclusion, ou d'exécution à mort, il ne sera fait sur les registres aucune mention de ces circonstances, et les actes de décès seront simplement rédigés dans la forme prescrite par l'article 79.

86. En cas de décès pendant un voyage maritime et dans les circonstances prévues à l'article 59, il en sera, dans les vingt-quatre heures et en présence de deux témoins, dressé acte par les officiers instrumentaires désignés en cet article et dans les formes qui y sont prescrites.

Les dépôts et transmissions des originaux et des expéditions seront effectués conformément aux distinctions prévues par les articles 60 et 61.

La transcription des actes de décès sera faite sur les registres de l'état civil du dernier domicile du défunt, ou, si ce domicile est inconnu, à Paris.

87. Si une ou plusieurs personnes inscrites au rôle d'équipage ou présentes à bord, soit sur un bâtiment de l'État, soit sur tout autre bâtiment, tombent à l'eau sans que leur corps puisse être retrouvé, il sera dressé un procès-verbal de disparition par l'autorité investie à bord des fonctions d'officier de l'état civil. Ce procès-verbal sera signé par l'officier instrumentaire et par les témoins de l'accident et inscrit à la suite du rôle d'équipage.

Les dispositions des articles 60 et 61, relatives au dépôt et à la transmission des actes et des expéditions, seront applicables à ces procès-verbaux.

88. En cas de présomption de perte totale d'un bâtiment, ou de disparition d'une partie de l'équipage ou des passagers, s'il n'a pas été possible de dresser les procès-verbaux de disparition prévus à l'article précédent, il sera rendu par le ministre de la marine, après une enquête administrative et sans formes spéciales, une décision déclarant la présomption de perte du bâtiment ou la disparition de tout ou partie de l'équipage ou des passagers.

89. La présomption de décès sera déclarée comme il est dit à l'article précédent, après une enquête administrative et sans formes spéciales, par le ministre de la marine, à l'égard

Code civil.

---

wo der Verurteilte hingerichtet wurde, alle die im Artikel 79 aufgeführten Angaben zu übermitteln, nach welchen sodann die Sterbeurkunde aufzunehmen ist.

84. Bei Sterbefällen in Gefängnissen oder Zuchthäusern ist seitens der Aufseher oder Wärter der Standesbeamte sofort zu benachrichtigen, welcher sich, wie in Artikel 80 angegeben, dorthin zu begeben und die Sterbeurkunde aufzunehmen hat.

85. Im Falle eines gewaltsamen Todes, oder wenn der Tod im Gefängnis oder Zuchthaus oder infolge gerichtlicher Vollstreckung eintritt, sind diese Umstände in den Registern nicht zu erwähnen und die Sterbeurkunden einfach in den durch Artikel 79 vorgeschriebenen Formen aufzunehmen.

86. Beim Todesfalle während einer Seereise und unter den in Artikel 79 vorgesehenen Umständen, ist innerhalb vierundzwanzig Stunden und in Gegenwart von zwei Zeugen durch die in diesem Artikel bezeichneten Urkundsoffizieren und in den darin vorgeschriebenen Formen eine Urkunde aufzunehmen.

Hinterlegung und Uebersendung der Originale und Ausfertigungen werden gemäß den in den Artikeln 60 und 61 vorgesehenen Unterscheidungen ausgeführt.

Die Eintragung der Todesurkunden ist in die Register des Standesamtes des letzten Wohnsitzes des Verstorbenen vorzunehmen, oder, wenn dieser Wohnsitz unbekannt ist, in Paris.

87. Ist eine oder mehrere in die Mannschaftsliste eingetragene oder an Bord eines Staats- oder anderen Schiffes anwesende Personen ins Wasser gefallen, ohne daß ihr Körper hätte gefunden werden können, so ist ein Protokoll über das Verschwinden durch die an Bord mit den Befugnissen eines Standesbeamten ausgestattete Behörde aufzunehmen. Dieses Protokoll ist von dem Urkundsoffizier und den Zeugen des Unfalles zu unterzeichnen und am Ende der Mannschaftsliste einzutragen.

Die Bestimmungen der Artikel 60 und 61 betreffend Hinterlegung und Uebersendung der Urkunden und Ausfertigungen, finden auf diese Protokolle Anwendung.

88. Im Falle der Vermutung des vollständigen Unterganges eines Schiffes oder des Verschwindens eines Teiles der Besatzung oder der Passagiere, ist, wenn es unmöglich war, die im vorstehenden Artikel vorgesehenen Protokolle über das Verschwinden zu errichten, von dem Kriegsminister nach einer auf dem Verwaltungswege und ohne besondere Formen vorgenommene Untersuchung eine Entscheidung zu erlassen, die die Vermutung des Unterganges des Schiffes oder das Verschwinden der ganzen oder eines Teils der Besatzung oder der Passagiere erklärt.

89. Die Vermutung des Todes wird, wie es in vorstehendem Artikel gesagt ist, nach einer auf dem Verwaltungswege und ohne besondere Formen vorgenommene Untersuchung,

des marins ou militaires morts aux colonies, dans les pays de protectorat ou lors des expéditions d'outre-mer, quand il n'aura pas été dressé d'acte régulier de décès.

90. Le ministre de la marine pourra transmettre une copie de ces procès-verbaux ou de ces décisions au procureur général du ressort dans lequel se trouve le tribunal, soit du dernier domicile du défunt, soit du port d'armement du bâtiment, soit enfin du lieu du décès, et requérir ce magistrat de poursuivre d'office la constatation judiciaire des décès.

Ceux-ci pourront être déclarés constants par un jugement collectif rendu par le tribunal du port d'armement, lorsqu'il s'agira de personnes disparues dans un même accident.

91. Les intéressés pourront également se pourvoir, à l'effet d'obtenir la déclaration judiciaire d'un décès, dans les formes prévues aux articles 855 et suivants du Code de procédure civile. Dans ce cas, la requête sera communiquée au ministre de la marine, à la diligence du ministère public.

92. Tout jugement déclaratif de décès sera transcrit à sa date sur les registres de l'état civil du dernier domicile, ou, si celui-ci est inconnu, à Paris. Il sera fait mention du jugement et de sa transcription, en marge des registres, à la date du décès, si l'original de l'acte de décès avait dû figurer sur ces registres à cette date; si la transcription seule de l'acte avait dû figurer sur les registres de l'état civil du dernier domicile, une mention sommaire du jugement figurera à la suite de la table annuelle des registres de l'année du décès, et s'il y a lieu, à la suite de la table décennale.

Les jugements collectifs seront transcrits sur les registres de l'état civil du port d'armement; il pourra en être délivré des extraits individuels.

Les jugements déclaratifs de décès tiendront lieu d'acte de l'état civil et ils seront opposables aux tiers, qui pourront seulement en obtenir la rectification conformément à l'art. 99.

## CHAPITRE V.

**Des actes de l'état civil concernant les militaires et marins dans certains cas spéciaux.**

93. Les actes de l'état civil concernant les militaires, les marins de l'Etat et les personnes employées à la suite des armées seront établis comme il est dit aux chapitres précédents.

Toutefois, hors de la France et dans les circonstances prévues au présent paragraphe, ils pourront, en tout temps, être également reçus par les autorités ci-après indiquées, en présence de deux témoins: 1° dans les formations de guerre mobilisées, par le tréso-

durch den Marineminister erklärt hinsichtlich der in den Kolonien den Protektoratsländern oder gelegentlich der überseeischen Expeditionen verstorbenen Seeleute oder Militärpersonen, wenn keine regelrechte Sterbeurkunde errichtet worden ist.

90. Der Marineminister kann eine Abschrift dieser Protokolle oder dieser Entscheidungen dem Generalprokurator übersenden, zu dessen Bezirk das Gericht des letzten Wohnsitzes des Verstorbenen, oder des Heimathafens des Schiffes, oder des Sterbeortes gehört, und den Generalprokurator ersuchen, von Amtswegen die gerichtliche Feststellung der Todesfälle zu betreiben.

Letztere können als unzweifelhaft erklärt werden durch ein Kollektivurteil, das von dem Gericht des Heimathafens erlassen wird, wenn es sich um Personen handelt, die bei demselben Unfall verschwunden sind.

91. Die Berechtigten können gleichfalls Beschwerde einlegen zum Zwecke der Erlangung der gerichtlichen Todeserklärung in den Formen des Artikels 855 und folgende der Zivilprozeßordnung. In diesem Falle ist das Gesuch auf Betreiben der Staatsanwaltschaft dem Marineminister mitzuteilen.

92. Jedes Urteil über Todeserklärung ist unter seinem Datum in die Standesregister des letzten Wohnsitzes, oder wenn dieser unbekannt ist, in Paris einzutragen. Das Urteil und seine Eintragung ist am Rande der Register unter dem Datum des Todes zu vermerken, wenn das Original der Todesurkunde in diesen Registern unter diesem Datum hätte erscheinen sollen; wenn allein die Einschreibung der Urkunde in den Registern des Standesamtes des letzten Wohnsitzes hätte erscheinen sollen, so ist ein summarischer Vermerk des Urteils am Ende der Jahrestabelle der Register des Todesjahres und gegebenenfalls am Ende der Dezennaltabelle zu machen.

Die Kollektivurteile sind in die Standesregister des Heimathafens einzutragen; es können einzelne Auszüge daraus erteilt werden.

Die Urteile über Todeserklärungen gelten als Standesurkunde und haben Wirkung gegenüber Dritten, die nur ihre Berichtigung gemäß Artikel 99 erlangen können.

## FÜNFTES KAPITEL.

**Standesurkunden betreffend Militärpersonen und Seeleute in gewissen Spezialfällen.**

93. Die Standesurkunden betreffend die Militärpersonen, die staatlichen Seeleute und die im Heeresgefolge verwendeten Personen sind zu errichten so wie es in den vorhergehenden Kapiteln gesagt ist.

Immerhin können außerhalb Frankreichs und unter den in diesem Paragraphen vorgesehenen Umständen die Standesurkunden jederzeit gleichfalls von den nachbezeichneten Behörden in Gegenwart zweier Zeugen aufgenommen werden: 1. bei den mobilisierten

rier ou l'officier qui en remplit les fonctions, quand l'organisation comporte cet emploi, et, dans le cas contraire, par l'officier commandant; 2⁰ dans les quartiers généraux ou états-majors, par les fonctionnaires de l'intendance ou, à défaut, par les officiers désignés pour les suppléer; 3⁰ pour les personnes non militaires employées à la suite des armées, par le prévôt ou l'officier qui en remplit les fonctions; 4⁰ dans les formations ou établissements sanitaires dépendant des armées, par les officiers d'administration gestionnaires de ces établissements; 5⁰ dans les hôpitaux maritimes et coloniaux, sédentaires ou ambulants, par le médecin directeur ou son suppléant; 6⁰ dans les colonies et les pays de protectorat et lors des expéditions d'outre-mer, par les officiers du commissariat ou les fonctionnaires de l'intendance, ou, à leur défaut, par les chefs d'expédition, de poste ou de détachement.

En France, les actes de l'état civil pourront également être reçus, en cas de mobilisation ou de siège, par les officiers énumérés aux cinq premiers numéros du paragraphe précédent. La compétence de ces officiers s'étendra, s'il est nécessaire, aux personnes non militaires qui se trouveront dans les forts et places fortes assiégées.

Les déclarations de naissances aux armées seront faites dans les dix jours qui suivront l'accouchement.

94. Dans tous les cas prévus à l'article précédent, l'officier qui aura reçu un acte en transmettra, dès que la communication sera possible et dans le plus bref délai, une expédition au ministre de la guerre ou de la marine, qui en assurera la transcription sur les registres de l'état civil du dernier domicile: du père ou, si le père est inconnu, de la mère, pour les actes de naissance; du mari, pour les actes du mariage; du défunt, pour les actes de décès. Si le lieu du dernier domicile est inconnu, la transcription sera faite à Paris.

95. Dans les circonstances énumérées à l'article 93, il sera tenu un registre de l'état civil: 1⁰ dans chaque corps de troupe ou formation de guerre mobilisée, pour les actes relatifs aux individus portés sur les contrôles du corps de troupes ou sur ceux des corps qui ont participé à la constitution de la formation de guerre; 2⁰ dans chaque quartier général ou état-major, pour les actes relatifs à tous les individus qui y sont employés ou qui en dépendent; 3⁰ dans les prévôtés, pour toutes les personnes non militaires employées à la suite des armées; 4⁰ dans chaque formation ou établissement sanitaire dépendant des armées et dans chaque hôpital maritime ou colonial, pour les individus en traitement ou employés dans ces établissements, de même que pour les morts appartenant à l'armée, qu'on y placerait à titre de dépôt; 5⁰ dans chaque unité opérant isolément aux colonies,

Kriegsformationen durch den Rendanten oder den mit diesem Geschäfte betrauten Offizier, wenn die Organisation die Verwendung zuläßt, andernfalls durch den kommandierenden Offizier; 2. bei den General- oder Stabsquartieren durch die Intendanturbeamten, oder mangels solcher, durch die sie vertretenden Offiziere; 3. für nicht militärische im Heeresgefolge verwendeten Personen durch den Quartiermeister oder den dessen Amt ausübenden Offizier; 4. bei den vom Heere abhängigen Sanitätsformationen oder Anstalten durch die Verwaltungsbeamten dieser Anstalten; 5. bei den stehenden oder fliegenden See- oder Kolonialkrankenhäusern durch den Chefarzt oder dessen Stellvertreter; 6. in den Kolonien oder in den Protektoratsländern und bei überseeischen Expeditionen durch die Beamten des Kommissariats oder die Intendanturbeamten, oder, mangels solcher, durch die Führer der Expedition, des Postens oder der Abteilung.

In Frankreich können im Falle der Mobilmachung oder des Belagerungszustandes die Standesurkunden ebenfalls von den in den fünf Nummern des vorgehenden Paragraphen bezeichneten Offizieren aufgenommen werden. Die Zuständigkeit dieser Offiziere erstreckt sich, nötigenfalls auf die nichtmilitärischen Personen, die sich in den Forts und belagerten festen Plätze befinden.

Die Geburtsanzeigen bei dem Heere sind innerhalb zehn Tagen nach der Niederkunft zu erstatten.

94. In allen in vorstehendem Artikel vorgesehenen Fällen hat der Offizier, der eine Urkunde aufgenommen hat, eine Ausfertigung hiervon, sobald die Mitteilung möglich wird und unverzüglich dem Kriegs- oder Marineminister zu übersenden, der deren Einschreibung in die Standesregister des letzten Wohnsitzes veranlaßt: des Vaters, oder wenn dieser unbekannt ist, der Mutter, hinsichtlich der Geburtsurkunde; des Ehegatten hinsichtlich der Heiratsurkunde; des Verstorbenen für die Sterbeurkunde. Ist der Ort des letzten Wohnsitzes unbekannt, so wird die Einschreibung in Paris erfolgen.

95. Unter den in Artikel 93 aufgeführten Umständen ist ein Standesregister zu führen: 1. bei jedem Truppenteil oder mobilisierten Kriegsformation für die Urkunden derjenigen Personen, die in den Kontrollisten des Truppenteils oder derjenigen Verbände geführt werden, welche an der Aufstellung der Kriegsformation beteiligt sind; 2. bei jedem General- oder Stabsquartier für die Urkunden derjenigen Personen, die daselbst beschäftigt oder davon abhängig sind; 3. bei den Quartiermeistereien für alle im Heeresgefolge beschäftigten nicht militärischen Personen; 4. bei jeder vom Heere abhängigen Sanitätsformation oder Anstalt und bei jedem Marine- oder Kolonialkrankenhaus für die in diesen Anstalten in Behandlung befindlichen oder beschäftigten Personen, auch für die dem Heere angehörigen Toten, die daselbst zur Aufbewahrung untergebracht sind; 5. bei jeder in den Kolonien, den Protektorats-

dans les pays de protectorat ou en cas d'expédition d'outre-mer.

Les actes concernant les individus éloignés du corps ou des états-majors auxquels ils appartiennent ou dont ils dépendent seront inscrits sur le registre du corps ou de l'état-major près duquel ils sont employés ou détachés.

Les registres seront arrêtés au jour du passage des armées sur le pied de paix ou de la levée du siège.

Ils seront adressés au ministre de la guerre ou de la marine, pour être déposés aux archives de leur département ministériel.

**96.** Les registres seront cotés et parafés: 1° par le chef d'état-major pour les unités mobilisées qui dépendent du commandement auquel il est attaché; 2° par l'officier commandant, pour les unités qui ne dépendent d'aucun état-major; 3° dans les places fortes ou forts, par le gouverneur de la place ou le commandant du fort; 4° dans les hôpitaux ou formations sanitaires dépendant des armées, par le médecin-chef de l'hôpital ou de la formation sanitaire; 5° dans les hôpitaux maritimes ou coloniaux et pour les unités opérant isolément aux colonies, dans les pays de protection et en cas d'expédition d'outre-mer, par le chef d'état-major ou par l'officier qui en remplit les fonctions.

**97.** Lorsqu'un mariage sera célébré dans l'une des circonstances prévues à l'article 93, les publications seront faites au lieu du dernier domicile du futur époux; elles seront mises, en outre, vingt-cinq jours avant la célébration du mariage, à l'ordre du jour du corps, pour les individus qui tiennent à un corps, et à celui de l'armée ou du corps d'armée, pour les officiers sans troupes et pour les employés qui en font partie.

**98.** Les dispositions des articles 93 et 94 seront applicables aux reconnaissances d'enfants naturels.

Toutefois, la transcription de ces actes sera faite, à la diligence du ministre de la guerre ou de la marine, sur les registres de l'état civil où l'acte de naissance de l'enfant aura été dressé ou transcrit, et, s'il n'y en a pas eu ou si le lieu est inconnu, sur les registres indiqués en l'article 94 pour la transcription des actes de naissance.

## CHAPITRE VI.

### De la rectification des actes de l'état civil.

**99.** La rectification des actes de l'état civil sera ordonnée par le président du tribunal de l'arrondissement dans lequel l'acte a été dressé, sauf appel. Lorsque la requête n'émanera pas du procureur de la République, elle devra lui être communiquée. Le président pourra toujours renvoyer l'affaire devant le tribunal; le procureur de la République sera entendu dans ses conclusions.

---

ländern oder überseeischen Expeditionen allein operierenden Einheit.

Die Urkunden betreffend diejenigen, welche von dem Truppenteil, oder den Generalstäben, denen sie angehören oder von denen sie abhängen, abkommandiert sind, sind in die Register desjenigen Truppenteils oder Generalstabes einzutragen, bei dem sie beschäftigt oder dem sie angegliedert sind.

Die Register sind am Tage des Uebergangs des Heeres auf den Friedensfuß oder am Tage der Aufhebung des Belagerungszustandes abzuschließen.

Sie sind an den Kriegs- oder Marineminister zu richten um in den Archiven ihrer Ministerialabteilung hinterlegt zu werden.

**96.** Die Register sind mit Seitenzahl und Handzug zu versehen: 1. durch den Chef des Generalstabes für die mobilisierten Einheiten, die von dem Kommando abhängen, dem er angehört; 2. durch die kommandierenden Offiziere für die Einheiten, die keinem Generalstabe angehören; 3. in den befestigten Plätzen oder Forts durch den Gouverneur des Platzes oder den Fortskommandanten; 4. bei den von den Heeren abhängigen Sanitätskrankenhäusern oder -formationen durch den Chefarzt des Krankenhauses oder der Formation; 5. in den Marine- oder Kolonialkrankenhäusern und bei den in den Kolonien oder bei überseeischen Expeditionen allein operierenden Einheiten durch den Chef des Generalstabes oder durch den diesen vertretenden Offizier.

**97.** Wird eine Ehe unter einem der in Artikel 93 vorgesehenen Umständen abgeschlossen, so ist das Aufgebot am Ort des letzten Wohnsitzes des künftigen Ehegatten zu erlassen; es ist außerdem fünfundzwanzig Tage vor der Eheschließung in den Korpstagesbefehl für diejenigen Personen aufzunehmen, die einem Korps angehören, und in den Armee- oder Armeekorpstagesbefehl für die Offiziere ohne Truppenteil und für die Beamten.

**98.** Die Bestimmungen der Artikel 93 und 94 sind auf die Anerkennung unehelicher Kinder anwendbar.

Immerhin ist die Einschreibung dieser Urkunden auf Betreiben des Kriegs- oder Marineministers in die Standesregister vorzunehmen, wo die Geburtsurkunde des Kindes errichtet oder eingetragen worden ist, und wenn keine vorhanden sind, oder der Ort unbekannt ist, in die in Art. 94 für die Einschreibung der Geburtsurkunden angegebenen Register.

## SECHSTES KAPITEL.

### Berichtigung der Standesurkunden.

**99.** Die Berichtigung der Standesurkunden wird von dem Präsidenten des Gerichts des Kreises angeordnet, in welchem die Urkunde errichtet worden ist, vorbehaltlich der Berufung. Geht das Ersuchen nicht von dem Prokurator der Republik aus, so soll es ihm mitgeteilt werden. Der Präsident kann immerhin die Sache an das Gericht verweisen; der Prokurator ist mit seinen Anträgen zu hören.

La rectification des actes de l'état civil dressés au cours d'un voyage maritime, aux armées ou à l'étranger, sera demandée au président du tribunal dans le ressort duquel l'acte a été transcrit; il en sera de même pour les actes de décès dont la transcription est ordonnée par l'article 80.

La rectification des jugements déclaratifs de naissance ou des décès sera demandée au tribunal qui aura déclaré la naissance ou le décès: toutefois, lorsque ce jugement n'aura pas été rendu par un tribunal de la métropole, la rectification en sera demandée au tribunal dans le ressort duquel le jugement déclaratif aura été transcrit.

**100.** Les ordonnances, jugements et arrêts portant rectification ne pourront dans aucun temps, être opposés aux parties intéressées qui ne l'auraient point requis, ou qui n'y auraient pas été appelées.

**101.** Les ordonnances, jugements et arrêts portant rectification seront transmis immédiatement par le procureur de la République à l'officier de l'état civil du lieu où se trouve inscrit l'acte réformé. Leur dispositif sera transcrit sur les registres, et mention en sera faite en marge de l'acte réformé.

---

## TITRE TROISIÈME.

### Du domicile.

**102.** Le domicile de tout Français, quant à l'exercice de ses droits civils, est au lieu où il a son principal établissement.

**103.** Le changement de domicile s'opérera par le fait d'une habitation réelle dans un autre lieu, joint à l'intention d'y fixer son principal établissement.

**104.** La preuve de l'intention résultera d'une déclaration expresse, faite tant à la municipalité du lieu que l'on quittera, qu'à celle du lieu où on aura transféré son domicile.

**105.** A défaut de déclaration expresse, la preuve de l'intention dépendra des circonstances.

**106.** Le citoyen appelé à une fonction publique temporaire ou révocable, conservera le domicile qu'il avait auparavant, s'il n'a pas manifesté d'intention contraire.

Die Berichtigung der im Laufe einer Seereise, bei den Armeen oder im Auslande aufgenommenen Standesurkunden ist bei dem Präsidenten des Gerichts zu verlangen, in dessen Bezirk die Urkunde eingetragen ist; das Gleiche gilt für die Sterbeurkunden, deren Eintragung durch Artikel 80 angeordnet ist.

Die Berichtigung der Urteile über Geburts- oder Todeserklärungen wird bei dem Gerichte verlangt, das die Geburts- oder Todeserklärung ausgesprochen hat; immerhin ist, wenn dieses Urteil nicht von einem Gerichte des Mutterlandes erlassen ist, diese Berichtigung bei dem Gericht zu verlangen, in dessen Bezirk das Urteil eingetragen worden ist.

**100.** Die die Berichtigung aussprechenden Entscheidungen, Urteile erster und zweiter Instanz können zu keiner Zeit den Beteiligten entgegengesetzt werden, welche nicht darauf angetragen haben oder nicht bestellt worden sind.

**101.** Die die Berichtigung aussprechenden Entscheidungen, Urteile erster und zweiter Instanz sind von dem Prokurator der Republik unverzüglich dem Standesbeamten des Ortes zu übersenden, wo sich die berichtigte Urkunde befindet. Ihr verfügender Teil ist in die Register einzutragen und am Rande der berichtigten Urkunde zu vermerken.

---

## DRITTER TITEL.

### Wohnsitz.

**102.** Der Wohnsitz eines jeden Franzosen ist in Ansehung der Ausübung seiner bürgerlichen Rechte an dem Orte, wo er seine Hauptniederlassung hat.

**103.** Die Veränderung des Wohnsitzes wird bewirkt durch die Tatsache des wirklichen Wohnens an einem andern Orte in der Absicht, daselbst seine Hauptniederlassung zu nehmen.

**104.** Der Beweis dieser Absicht geht aus einer ausdrücklichen Erklärung hervor, welche abgegeben wird sowohl bei der Gemeindebehörde des Ortes, den man verläßt, als bei derjenigen des Ortes, wohin man seinen Wohnsitz verlegt hat.

**105.** Mangels ausdrücklicher Erklärung hängt der Beweis der Absicht von den Umständen ab.

**106.** Ein Staatsbürger, welcher zu einem öffentlichen Amte auf Zeit oder Widerruf berufen ist, behält seinen bisherigen Wohnsitz, wenn er nicht eine entgegengesetzte Absicht an den Tag gelegt hat.

107. L'acceptation de fonctions conférées à vie emportera translation immédiate du domicile du fonctionnaire dans le lieu où il doit exercer ces fonctions.

108. La femme mariée n'a point d'autre domicile que celui de son mari. — Le mineur non émancipé aura son domicile chez ses père et mère ou tuteur : le majeur interdit aura le sien chez son tuteur.

La femme séparée de corps cesse d'avoir pour domicile légale le domicile de son mari.

Néanmoins, toute signification faite à la femme séparée, en matière de questions d'état, devra également être adressée au mari, à peine de nullité.

109. Les majeurs qui servent ou travaillent habituellement chez autrui, auront le même domicile que la personne qu'ils servent ou chez laquelle ils travaillent, lorsqu'ils demeureront avec elle dans la même maison.

110. Le lieu où la succession s'ouvrira sera déterminé par le domicile.

111. Lorsqu'un acte contiendra, de la part des parties ou de l'une d'elles, élection de domicile pour l'exécution de ce même acte dans un autre lieu que celui du domicile réel, les significations, demandes et poursuites relatives à cet acte, pourront être faites au domicile convenu, et devant le juge de ce domicile.

107. Die Annahme eines auf Lebenszeit verliehenen Amtes bewirkt unmittelbar die Verlegung des Wohnsitzes des Beamten nach dem Orte, wo er sein Amt ausüben muß.

108. Die Ehefrau hat keinen andern Wohnsitz als den ihres Mannes. Der nicht emanzipierte Minderjährige hat seinen Wohnsitz bei seinen Eltern oder seinem Vormunde, der entmündigte Großjährige bei seinem Vormunde.

Die von Tisch und Bett getrennte Ehefrau hört auf als gesetzlichen Wohnsitz den des Mannes zu haben.

Nichtsdestoweniger ist jede in Standessachen an die getrennte Ehefrau gemachte Zustellung bei Strafe der Nichtigkeit, gleichfalls an den Ehemann zu richten.

109. Großjährige, welche bei andern in Dienst oder Arbeit stehen, haben denselben Wohnsitz, wie die Person, welcher sie dienen oder bei der sie arbeiten, sofern sie mit dieser in demselben Hause wohnen.

110. Der Ort, wo eine Erbschaft eröffnet wird, bestimmt sich nach dem Wohnsitze.

111. Enthält eine Urkunde seitens der Beteiligten oder eines derselben in Bezug auf ihre Vollziehung die Erwählung eines Wohnsitzes an einem andern Ort als demjenigen des wirklichen Wohnsitzes, so können die auf diese Urkunde bezüglichen Zustellungen, und Rechtsverfolgungen an dem vereinbarten Wohnsitze und vor dem Richter dieses Wohnsitzes erfolgen.

---

# TITRE QUATRIÈME

## Des absents.

### CHAPITRE PREMIER.

#### De la présomption d'absence.

112. S'il y a nécessité de pourvoir à l'administration de tout ou partie des biens laissés par une personne présumée absente, et qui n'a point de procureur fondé, il y sera statué par le tribunal de première instance, sur la demande des parties intéressées.

113. Le tribunal, à la requète de la partie la plus diligente, commettra un notaire pour représenter les présumés absents, dans les inventaires, comptes, partages et liquidations dans lesquels ils seront intéressés.

114. Le ministère public est spécialement chargé de veiller aux intérêts des personnes présumées absentes; et il sera entendu sur toutes les demandes qui les concernent.

# VIERTER TITEL.

## Abwesende.

### ERSTES KAPITEL.

#### Vermutung der Abwesenheit.

112. Wenn die Notwendigkeit vorliegt, für die Verwaltung aller oder eines Teils der Güter zu sorgen, welche von einer Person zurückgelassen sind, die mutmaßlich abwesend ist und keinen bevollmächtigten Vertreter hat, so hat das Gericht erster Instanz auf Antrag der Beteiligten darüber Bestimmung zu treffen.

113. Das Gericht beauftragt auf Antrag der eifrigsten Partei einen Notar mit der Vertretung der mutmaßlich Abwesenden bei den Inventarien, Rechnungslegungen, Teilungen und Liquidationen, an welchen dieselben beteiligt sind.

114. Die Staatsanwaltschaft ist ganz besonders mit der Wahrung der Interessen der mutmaßlich abwesenden Personen betraut und muß bei allen diese betreffenden Klagen gehört werden.

## CHAPITRE II.

### De la déclaration d'absence.

**115.** Lorsqu'une personne aura cessé de paraître au lieu de son domicile ou de sa résidence, et que depuis quatre ans on n'en aura point eu de nouvelles, les parties intéressées pourront se pourvoir devant le tribunal de première instance, afin que l'absence soit déclarée.

**116.** Pour constater l'absence, le tribunal, d'après les pièces et documents produits, ordonnera qu'une enquête soit faite contradictoirement avec le procureur du Roi [*le procureur de la République*], dans l'arrondissement du domicile, et dans celui de la résidence, s'ils sont distincts l'un de l'autre.

**117.** Le tribunal, en statuant sur la demande, aura d'ailleurs égard aux motifs de l'absence, et aux causes qui ont pu empêcher d'avoir des nouvelles de l'individu présumé absent.

**118.** Le procureur du Roi [*le procureur de la République*] enverra, aussitôt qu'ils seront rendus, les jugements, tant préparatoires que définitifs, au ministre de la justice, qui les rendra publics.

**119.** Le jugement de déclaration d'absence ne sera rendu qu'un an après le jugement qui aura ordonné l'enquête.

### CHAPITRE III.

### Des effets de l'absence.

#### SECTION PREMIÈRE.

**Des effets de l'absence, relativement aux biens que l'absent possédait au jour de sa disparition.**

**120.** Dans le cas où l'absent n'aurait point laissé de procuration pour l'administration de ses biens, ses héritiers présomptifs, au jour de sa disparition ou de ses dernières nouvelles, pourront, en vertu du jugement définitif qui aura déclaré l'absence, se faire envoyer en possession provisoire des biens qui appartenaient à l'absent au jour de son départ ou de ses dernières nouvelles, à la charge de donner caution pour la sûreté de leur administration.

**121.** Si l'absent a laissé une procuration, ses héritiers présomptifs ne pourront poursuivre la déclaration d'absence et l'envoi en possession provisoire, qu'après dix années révolues depuis sa disparition ou depuis ses dernières nouvelles.

**122.** Il en sera de même si la procuration vient à cesser; et, dans ce cas, il sera pourvu à l'administration des biens de l'absent, comme il est dit au chapitre 1er du présent titre.

## ZWEITES KAPITEL.

### Abwesenheitserklärung.

**115.** Wenn jemand von dem Orte seines Wohnsitzes oder Aufenthalts verschwunden ist, und über ihn seit vier Jahren keine Nachrichten eingegangen sind, so können die Beteiligten das Gericht erster Instanz anrufen, um seine Abwesenheit erklären zu lassen.

**116.** Um die Abwesenheit festzustellen, hat das Gericht nach Maßgabe der vorgelegten Beweisstücke und Urkunden zu verordnen, daß kontradiktorisch mit dem Prokurator des Königs [*Prokurator der Republik*] eine Untersuchung in dem Bezirke des Wohnsitzes und in demjenigen des Aufenthaltsortes, wenn beide verschieden sind, angestellt werde.

**117.** Das Gericht hat, indem es über den Antrag erkennt, außerdem auf die Gründe der Abwesenheit und auf die Ursachen Bedacht zu nehmen, die verhindern konnten, Nachrichten von dem mutmaßlich Abwesenden zu erhalten.

**118.** Der Prokurator des Königs (*der Prokurator der Republik*) hat sowohl die Endurteile als die Vorbescheide, sobald sie erlassen sind, an den Justizminister einzusenden, welcher sie bekannt zu machen hat.

**119.** Das Urteil, welches die Erklärung der Abwesenheit enthält, darf erst ein Jahr nach dem Urteil erlassen werden, welches die Untersuchung angeordnet hat.

### DRITTES KAPITEL.

### Wirkungen der Abwesenheit.

#### ERSTER ABSCHNITT.

**Wirkungen der Abwesenheit in Bezug auf die Güter, welche der Abwesende am Tage seines Verschwindens besitzt.**

**120.** Falls der Abwesende keine Vollmacht zur Verwaltung seiner Güter zurückgelassen hat, können die am Tage seines Verschwindens oder des Eingehens der letzten Nachrichten vermutlichen Erben, kraft des die Abwesenheit aussprechenden Endurteils sich in den einstweiligen Besitz der Güter einweisen lassen, welche dem Abwesenden am Tage seiner Abreise oder der letzten Nachrichten gehörten, jedoch unter der Verpflichtung, Bürgschaft für ihre gute Verwaltung zu leisten.

**121.** Hat der Abwesende eine Vollmacht zurückgelassen, so können seine vermutlichen Erben die Erklärung der Abwesenheit und die Einweisung in den vorläufigen Besitz nicht eher betreiben, als nach Ablauf von zehn Jahren seit seinem Verschwinden oder seit seinen letzten Nachrichten.

**122.** Das gleiche gilt, wenn die Vollmacht aufhört; in diesem Falle ist für die Verwaltung der Güter des Abwesenden in der Weise Vorsorge zu treffen, wie es im ersten Kapitel dieses Titels bestimmt ist.

**123.** Lorsque les héritiers présomptifs auront obtenu l'envoi en possession provisoire, le testament, s'il en existe un, sera ouvert à la réquisition des parties intéressées, ou du procureur du Roi [*du procureur de la République*] près le tribunal; et les légataires, les donataires, ainsi que tous ceux qui avaient, sur les biens de l'absent, des droits subordonnés à la condition de son décès, pourront les exercer provisoirement, à la charge de donner caution.

**124.** L'époux commun en biens, s'il opte pour la continuation de la communauté, pourra empêcher l'envoi provisoire et l'exercice provisoire de tous les droits subordonnés à la condition du décès de l'absent, et prendre ou conserver par préférence l'administration des biens de l'absent. Si l'époux demande la dissolution provisoire de la communauté, il exercera ses reprises et tous ses droits légaux et conventionnels, à la charge de donner caution pour les choses susceptibles de restitution.

La femme, en optant pour la continuation de la communauté, conservera le droit d'y renoncer ensuite.

**125.** La possession provisoire ne sera qu'un dépôt, qui donnera, à ceux qui l'obtiendront, l'administration des biens de l'absent, et qui les rendra comptables envers lui, en cas qu'il reparaisse ou qu'on ait de ses nouvelles.

**126.** Ceux qui auront obtenu l'envoi provisoire, ou l'époux qui aura opté pour la continuation de la communauté, devront faire procéder à l'inventaire du mobilier et des titres de l'absent, en présence du procureur du Roi [*du procureur de la République*] près le tribunal de première instance, ou d'un juge de paix requis par ledit procureur du Roi [*ledit procureur de la République*].

Le tribunal ordonnera, s'il y a lieu, de vendre tout ou partie du mobilier. Dans le cas de vente, il sera fait emploi du prix, ainsi que des fruits échus.

Ceux qui auront obtenu l'envoi provisoire pourront requérir, pour leur sûreté, qu'il soit procédé, par un expert nommé par le tribunal, à la visite des immeubles, à l'effet d'en constater l'état. Son rapport sera homologué en présence du procureur du Roi [*du procureur de la République*]; les frais en seront pris sur les biens de l'absent.

**127.** Ceux qui, par suite de l'envoi provisoire, ou de l'administration légale, auront joui des biens de l'absent, ne seront tenus de lui rendre que le cinquième des revenus, s'il reparaît avant quinze ans révolus depuis le jour de sa disparition; et le dixième, s'il ne reparaît qu'après les quinze ans.

**123.** Wenn die vermutlichen Erben die Einweisung in den einstweiligen Besitz erlangt haben, so ist auf Antrag der Beteiligten oder des Prokurators des Königs [*des Prokurators der Republik*] beim Gericht das etwa vorhandene Testament zu eröffnen; die Vermächtnis- und Schenknehmer, sowie alle diejenigen, welche auf die Güter des Abwesenden durch seinen Tod bedingte Rechte haben, können dieselben gegen Bürgschaftsstellung einstweilen ausüben.

**124.** Der in Gütergemeinschaft stehende Ehegatte kann, wenn er sich für die Fortsetzung der Gütergemeinschaft erklärt, die einstweilige Einweisung in den Besitz und die einstweilige Ausübung aller durch den Tod des Abwesenden bedingten Rechte verhindern und die Verwaltung der Güter des Abwesenden mit Vorzug vor Allen übernehmen oder behalten. Verlangt der Ehegatte die einstweilige Auflösung der Gütergemeinschaft, so kann er gegen Bürgschaftsstellung für die der Herausgabe unterliegenden Sachen, seine Ersatzansprüche und alle seine gesetzlichen und vertragsmäßigen Rechte ausüben.

Die Ehefrau behält, wenn sie sich für die Fortsetzung der Gütergemeinschaft erklärt, das Recht später darauf zu verzichten.

**125.** Der einstweilige Besitz ist lediglich eine Hinterlegung, welche auf diejenigen, welche ihn erlangen, die Verwaltung der Güter des Abwesenden überträgt und sie diesem gegenüber zur Rechnungsablage verpflichtet im Falle, daß er wiederkehrt oder Nachrichten von ihm eingehen.

**126.** Diejenigen, welche die einstweilige Einweisung erlangt haben, oder der Ehegatte, welcher sich für die Fortsetzung der Gütergemeinschaft ausgesprochen hat, müssen über das Mobiliar und die Wertpapiere des Abwesenden in Gegenwart des Prokurators des Königs [*des Prokurators der Republik*] beim Gericht erster Instanz oder eines von diesem Prokurator beauftragten Friedensrichters ein Inventar aufnehmen lassen.

Das Gericht ordnet gegebenen Falls den Verkauf der beweglichen Güter oder eines Teils derselben an. Im Falle des Verkaufs müssen der Kaufpreis sowie die erfallenen Früchte angelegt werden.

Diejenigen, welche die einstweilige Einweisung erlangt haben, können zu ihrer Sicherheit beantragen, daß durch einen vom Gericht zu ernennenden Sachverständigen eine Besichtigung der Liegenschaften stattfindet, um deren Zustand festzustellen. Der Bericht desselben ist vom Gericht in Gegenwart des Prokurators des Königs [*des Prokurators der Republik*] zu bestätigen; die Kosten sind aus dem Vermögen des Abwesenden zu bestreiten.

**127.** Diejenigen, welche zu Folge der einstweiligen Einweisung oder der gesetzlichen Verwaltung die Güter des Abwesenden in Besitz gehabt haben, sind nur verpflichtet, ihm ein Fünftel der Einkünfte zu erstatten, falls er vor Ablauf von fünfzehn Jahren seines Verschwindens zurückkehrt und ein Zehntel,

Après trente ans d'absence, la totalité des revenus leur appartiendra.

**128.** Tous ceux qui ne jouiront qu'en vertu de l'envoi provisoire, ne pourront aliéner ni hypothéquer les immeubles de l'absent.

**129.** Si l'absence a duré pendant trente ans depuis l'envoi provisoire, ou depuis l'époque à laquelle l'époux commun aura pris l'administration des biens de l'absent, ou s'il est écoulé cent ans révolus depuis la naissance de l'absent, les cautions seront déchargées; tous les ayants droit pourront demander le partage des biens de l'absent, et faire prononcer l'envoi en possession définitif par le tribunal de première instance.

**130.** La succession de l'absent sera ouverte, du jour de son décès prouvé, au profit des héritiers les plus proches à cette époque; et ceux qui auraient joui des biens de l'absent, seront tenus de les restituer, sous la réserve des fruits par eux acquis en vertu de l'article 127.

**131.** Si l'absent reparaît, ou si son existence est prouvée pendant l'envoi provisoire, les effets du jugement qui aura déclaré l'absence cesseront, sans préjudice, s'il y a lieu, des mesures conservatoires prescrites au chapitre 1er du présent titre, pour l'administration de ses biens.

**132.** Si l'absent reparaît, ou si son existence est prouvée, même après l'envoi définitif, il recouvrera ses biens dans l'état où ils se trouveront, le prix de ceux qui auraient été aliénés, ou les biens provenant de l'emploi qui aurait été fait du prix de ses biens vendus.

**133.** Les enfants et descendants directs de l'absent pourront également, dans les trente ans, à compter de l'envoi définitif, demander la restitution de ses biens, comme il est dit en l'article précédent.

**134.** Après le jugement de déclaration d'absence, toute personne qui aurait des droits à exercer contre l'absent, ne pourra les poursuivre que contre ceux qui auront été envoyés en possession des biens, ou qui en auront l'administration légale.

SECTION II.

Des effets de l'absence, relativement aux droits éventuels qui peuvent compéter à l'absent.

**135.** Quiconque réclamera un droit échu à un individu dont l'existence ne sera pas reconnue, devra prouver que ledit individu existait quand le droit a été ouvert; jusqu'à cette preuve, il sera déclaré non recevable dans sa demande.

wenn er erst nach Ablauf jener fünfzehn Jahre wieder erscheint.

Nach dreißigjähriger Abwesenheit gehören ihnen die Einkünfte vollständig.

**128.** Diejenigen, welche den Genuß nur auf Grund der einstweiligen Einweisung haben, können die Liegenschaften der Abwesenden weder veräußern noch mit Hypotheken belasten.

**129.** Hat die Abwesenheit dreißig Jahre seit der einstweiligen Einweisung oder seit der Zeit, zu welcher der in Gütergemeinschaft stehende Ehegatte die Verwaltung der Güter des Abwesenden übernommen hat, gedauert, oder sind volle hundert Jahre seit der Geburt des Abwesenden verflossen, so sind die Bürgen befreit; alle Berechtigten können die Teilung der Güter des Abwesenden verlangen und von dem Gericht erster Instanz die endgültige Besitzeinweisung aussprechen lassen.

**130.** Die Erbschaft des Abwesenden ist am Tage seines erwiesenen Todes zu Gunsten der Erben eröffnet, welche zu dieser Zeit die nächsten sind; diejenigen, welche den Genuß der Güter des Abwesenden gehabt haben, sind verpflichtet, sie zurückzuerstatten mit Ausnahme der von ihnen in Gemäßheit des Art. 127 erworbenen Früchte.

**131.** Kehrt der Abwesende zurück oder wird während der einstweiligen Einweisung bewiesen, daß er noch am Leben ist, so hören die Wirkungen des Urteils, das die Abwesenheit erklärt hat, auf, unbeschadet jedoch etwaiger fürsorglicher Maßnahmen für die Verwaltung seiner Güter nach Maßgabe des ersten Kapitels dieses Titels.

**132.** Wenn selbst nach der endgültigen Einweisung der Abwesende zurückkehrt oder bewiesen wird, daß er noch am Leben ist, so erhält er seine Güter in dem Zustande zurück, in dem sie sich befinden, sowie der Preis etwa veräußerter Güter oder diejenigen Güter, welche aus der Anlage des Preises seiner verkauften Güter herrühren.

**133.** Die Kinder des Abwesenden und seine Nachkommen in gerader Linie können gleichfalls binnen dreißig Jahren nach der endgültigen Einweisung die Herausgabe seiner Güter nach Maßgabe der Bestimmung des vorhergehenden Artikels verlangen.

**134.** Nach dem Urteil der Abwesenheitserklärung kann jeder, welcher Rechte gegen den Abwesenden auszuüben hat, dieselben nur gegen diejenigen verfolgen, welche in den Besitz der Güter eingewiesen sind oder deren gesetzliche Verwaltung haben.

ZWEITER ABSCHNITT.

Wirkungen der Abwesenheit in Bezug auf die eventuellen Rechte, welche dem Abwesenden zufallen können.

**135.** Jeder, der ein Recht in Anspruch nimmt, welches einer Person zugefallen ist, deren Leben nicht anerkannt wird, muß beweisen, daß diese Person am Leben war, als das Recht anfiel; bis zur Erbringung dieses

**136.** S'il s'ouvre une succession à laquelle soit appelé un individu dont l'existence n'est pas reconnue, elle sera dévolue exclusivement à ceux avec lesquels il aurait eu le droit de concourir, ou à ceux qui l'auraient recueillie à son défaut.

**137.** Les dispositions des deux articles précédents auront lieu sans préjudice des actions en pétition d'hérédité et d'autres droits, lesquels compéteront à l'absent ou à ses représentants ou ayants cause, et ne s'éteindront que par le laps de temps établi pour la prescription.

**138.** Tant que l'absent ne se représentera pas, ou que les actions ne seront point exercées de son chef, ceux qui auront recueilli la succession, gagneront les fruits par eux perçus de bonne foi.

SECTION III.

Des effets de l'absence, relativement<br>au mariage.

**139.** L'époux absent, dont le conjoint a contracté une nouvelle union, sera seul recevable à attaquer ce mariage par lui-même, ou par son fondé de pouvoir, muni de la preuve de son existence.

**140.** Si l'époux absent n'a point laissé de parents habiles à lui succéder, l'autre époux pourra demander l'envoi en possession provisoire des biens.

CHAPITRE IV.

De la surveillance des enfants mineurs<br>du père qui a disparu.

**141.** Si le père a disparu laissant des enfants mineurs issus d'un commun mariage, la mère en aura la surveillance, et elle exercera tous les droits du mari, quant à leur éducation et à l'administration de leurs biens.

**142.** Six mois après la disparition du père, si la mère était décédée lors de cette disparition, ou si elle vient à décéder avant que l'absence du père ait été déclarée, la surveillance des enfants sera déférée, par le conseil de famille, aux ascendants les plus proches, et, à leur défaut, à un tuteur provisoire.

**143.** Il en sera de même dans le cas où l'un des époux qui aura disparu, laissera des enfants mineurs issus d'un mariage précédent.

---

Beweises ist seine Klage für unzulässig zu erklären.

**136.** Wird eine Erbschaft eröffnet, zu welcher jemand berufen ist, dessen Leben nicht anerkannt wird, so fällt sie ausschließlich an diejenigen, mit welchen er sie zu teilen berechtigt gewesen wäre, oder an diejenigen, welche in Ermangelung seiner zur Erbschaft gelangt wären.

**137.** Durch die Bestimmungen der beiden vorhergehenden Artikel werden die Klagen auf Herausgabe der Erbschaft und anderen Rechte, welche dem Abwesenden oder seinen Erben oder Rechtsnachfolgern zustehen und erst durch Ablauf der für die Verjährung erforderlichen Zeiten erlöschen, nicht berührt.

**138.** Solange der Abwesende nicht zurückkehrt oder auf Grund seines Rechtes keine Klagen angestrengt werden, erwerben diejenigen, welche die Erbschaft erhalten haben, die Früchte, die sie im guten Glauben gezogen haben.

DRITTER ABSCHNITT.

Wirkungen der Abwesenheit in Bezug<br>auf die Ehe.

**139.** Der abwesende Ehegatte, dessen Gatte eine neue Ehe eingegangen hat, ist allein berechtigt, diese Ehe anzufechten und zwar persönlich oder durch seinen Bevollmächtigten, welcher imstande ist, den Beweis seines Lebens zu führen.

**140.** Hat der abwesende Ehegatte keine erbfähigen Verwandten zurückgelassen, so kann der andere Ehegatte die Einweisung in den einstweiligen Besitz der Güter beantragen.

VIERTES KAPITEL.

Aufsicht über minderjährige Kinder,<br>deren Vater verschwunden ist.

**141.** Wenn der Vater verschwunden ist, so hat die Mutter die Aufsicht über die aus der gemeinschaftlichen Ehe entsprossenen Kinder, welche derselbe zurückgelassen hat; sie übt betreffs ihrer Erziehung und der Verwaltung ihrer Güter alle Rechte des Mannes aus.

**142.** Sechs Monate nach dem Verschwinden des Vaters wird, wenn die Mutter zur Zeit dieses Verschwindens gestorben war, oder wenn sie stirbt, bevor die Abwesenheit erklärt worden ist, die Aufsicht über die Kinder durch den Familienrat an die nächsten Verwandten aufsteigender Linie und in deren Ermangelung an einen vorläufigen Vormund übertragen.

**143.** Das gleiche gilt in dem Falle, wenn ein Ehegatte verschwunden ist und minderjährige Kinder zurückgelassen hat, die aus einer vorhergehenden Ehe entsprossen sind.

| | |
|---|---|
| **TITRE CINQUIÈME.** | **FÜNFTER TITEL.** |
| Du mariage. | Ehe. |

## CHAPITRE PREMIER.

**Des qualités et conditions requises
pour pouvoir contracter mariage.**

**144.** L'homme avant dix-huit ans révolus, la femme avant quinze ans révolus, ne peuvent contracter mariage.

**145.** Néanmoins il est loisible au Roi [*au président de la République*] d'accorder des dispenses d'âge pour des motifs graves.

**146.** Il n'y a pas de mariage lorsqu'il n'y a point de consentement.

**147.** On ne peut contracter un second mariage avant la dissolution du premier.

**148.** Le fils et la fille qui n'ont pas atteint l'âge de vingt et un ans accomplis, ne peuvent contracter mariage sans le consentement de leurs père et mère; en cas de dissentiment, le consentement du père suffit.

Le dissentiment visé par le présent article et les articles 150, 152 et 158 ci-après est constaté soit dans la forme de la notification prévue par l'article 154, soit par lettre adressée à l'officier de l'état civil et dont la signature est légalisée, par procès-verbal dressé par l'officier de l'état civil; par l'acte de célébration du mariage.

Les actes qui constatent le dissentiment dans les cas spécifiés au présent article et aux articles 150, 152 et 158, ainsi que les actes de procédure et de jugement dans l'instance prévue au deuxième paragraphe de l'article 152, sont visés pour timbre et enregistrés gratis.

**149.** Si l'un des deux est mort, ou s'il est dans l'impossibilité de manifester sa volonté, le consentement de l'autre suffit.

**150.** Si le père et la mère sont morts, ou s'ils sont dans l'impossibilité de manifester leur volonté, les aïeuls et aïeules les remplacent; s'il y a dissentiment entre l'aïeul et l'aïeule de la même ligne, il suffit du consentement de l'aïeul.

S'il y a dissentiment entre les deux lignes, ce partage emportera consentement.

**151.** Les enfants ayant atteint l'âge de vingt et un ans révolus et jusqu'à l'âge de trente ans révolus, sont tenus de justifier du consentement de leurs père et mère ou du survivant d'eux.

A défaut de ce consentement, l'intéressé fera notifier, dans les formes prévues en l'article 154, l'union projetée à ceux ou à celui dont le consentement n'est pas obtenu.

Quinze jours francs écoulés après justification de cette notification, il sera passé outre à la célébration du mariage.

Le présent article n'est pas applicable aux personnes qui contractent un second ou subséquent mariage.

## ERSTES KAPITEL.

**Erfordernisse der Eheschliessung.**

**144.** Der Mann kann nicht vor vollendetem achtzehnten, die Frau nicht vor vollendetem fünfzehnten Lebensjahre heiraten.

**145.** Es steht jedoch dem König [*dem Präsidenten der Republik*] frei, aus triftigen Gründen Befreiungen wegen des Alters zu gewähren.

**146.** Ohne Einwilligung gibt es keine Ehe.

**147.** Vor Auflösung der ersten Ehe kann man eine zweite nicht schließen.

**148.** Der Sohn und die Tochter, die das vollendete einundzwanzigste Lebensjahr nicht erreicht haben, können ohne Genehmigung der Eltern keine Ehe eingehen; bei Meinungsverschiedenheit, genügt die Einwilligung des Vaters.

Die durch diesen Artikel und die nachstehenden Artikel 150, 152 und 158 angeführte Meinungsverschiedenheit wird beurkundet entweder in der Form der in Artikel 154 vorgesehenen Bekanntgabe, oder durch einen an den Standesbeamten gerichteten Brief, dessen Unterschrift beglaubigt ist, oder durch ein vor dem Standesbeamten errichtetes Protokoll, oder durch die Heiratsurkunde.

Die Urkunden, die die Meinungsverschiedenheit in den in gegenwärtigem Artikel und in den Artikeln 150, 152 und 158 bezeichneten Fällen feststellen, ebenso die Prozeß- und Urteilsakten der im zweiten Paragraphen des Artikels 152 vorgesehenen Instanz sind zwecks Abstempelung vorzulegen und werden unentgeltlich registriert.

**149.** Ist einer der beiden Elternteile tot oder außer Stande seinen Willen kundzugeben, so genügt die Einwilligung des andern.

**150.** Sind beide Eltern tot oder außer Stande ihren Willen kundzugeben, so treten die Großeltern an deren Stelle; bei Meinungsverschiedenheit unter den Großeltern derselben Linie ist die Einwilligung des Großvaters genügend.

Bei Meinungsverschiedenheiten unter beiden Linien gilt diese Uneinigkeit als Einwilligung.

**151.** Die Kinder, welche das vollendete einundzwanzigste Lebensjahr erreicht haben, sind bis zum vollendeten dreißigsten Lebensjahre verpflichtet, die Einwilligung ihrer Eltern oder des Ueberlebenden von ihnen nachzuweisen.

Mangels dieser Einwilligung hat der Beteiligte die beabsichtigte Ehe in den in Artikel 154 vorgesehenen Formen denjenigen oder demjenigen, dessen Einwilligung nicht erlangt ist, bekannt zu geben.

Nach Ablauf von ganzen fünfzehn Tagen nach dem Nachweis dieser Bekanntgabe kann ohne weiteres zur Eheschließung geschritten werden.

Dieser Artikel ist nicht anwendbar auf die Personen, welche eine zweite oder folgende Ehe eingehen.

**152.** S'il y a dissentiment entre des parents divorcés ou séparés de corps, le consentement de celui des deux époux au profit duquel le divorce ou la séparation aura été prononcée et qui a la garde de l'enfant suffira.

Faute de réunir ces deux conditions, celui des père et mère qui consentira au mariage pourra citer l'autre devant le tribunal de première instance, siégant en chambre du conseil, le tribunal compétent sera celui du domicile de la personne qui a la garde de l'enfant, il statuera en audience publique et en dernier ressort.

**153.** Sera assimilé à l'ascendant dans l'impossibilité de manifester sa volonté l'ascendant subissant la peine de la relégation ou maintenu aux colonies en conformité de l'article 6 de la loi du 30 mai 1854 sur l'exécution de la peine des travaux forcés. Toutefois, les futurs époux auront toujours le droit de solliciter et de produire à l'officier de l'état civil le consentement donné par cet ascendant.

**154.** La notification prescrite par l'article 151 sera faite à la requête de l'intéressé par un notaire instrumentant sans le concours d'un deuxième notaire ni de témoins.

Cet acte, visé pour timbre et enregistré gratis, énoncera les prénoms, noms, professions, domiciles et résidences des futurs époux, de leurs pères et mères, ainsi que le lieu où sera célébré le mariage.

Il contiendra aussi déclaration que cette notification leur est faite en vue d'obtenir leur consentement et qu'à défaut il sera passé outre à la célébration du mariage à l'expiration du délai de quinze jours francs.

**155.** En cas d'absence des père et mère auxquels eût dû être faite la notification prévue à l'article 151, il sera passé outre à la célébration du mariage en représentant le jugement qui aurait été rendu pour déclarer l'absence, ou, à défaut de ce jugement, celui qui aurait ordonné l'enquête ou, s'il n'y a point encore eu de jugement, un acte de notoriété délivré par le juge de paix du lieu où les père et mère ont eu leur dernier domicile connu. Cet acte contiendra la déclaration de quatre témoins appelés d'office par le juge de paix.

Il n'est pas nécessaire de produire les actes de décès des pères et mères des futurs mariés lorsque les aïeuls ou aïeules, pour la branche à laquelle ils appartiennent, attestent ce décès; et, dans ce cas, il doit être fait mention de leur attestation sur l'acte de mariage.

A défaut de cette attestation, il sera procédé à la célébration du mariage des majeurs, sur leurs déclaration et serment que le lieu du décès et celui du dernier domicile de leurs ascendants leur sont inconnus.

---

**152.** Besteht Meinungsverschiedenheit zwischen geschiedenen oder von Tisch und Bett getrennten Eheleuten, so genügt die Einwilligung desjenigen der beiden Ehegatten, zu dessen Gunsten die Scheidung oder die Trennung von Tisch und Bett ausgesprochen ist und der die Obhut über das Kind hat.

Sind diese beiden Bedingungen nicht erfüllt, so kann derjenige Elternteil, der in die Ehe einwilligt, den andern vor das Gericht erster Instanz laden, das im Beratungszimmer tagt; zuständig ist das Gericht des Wohnsitzes der Person, die die Obhut über das Kind hat; es entscheidet in öffentlicher Sitzung und in letzter Instanz.

**153.** Dem Aszendenten, der sich in der Unmöglichkeit befindet, seinen Willen kundzutun, ist der Aszendent gleichzuachten, welcher die Strafe der Verbannung erleidet, oder welcher in Gemäßheit des Artikels 6 des Gesetzes vom 30. Mai 1854 über die Vollstreckung der Zwangsarbeitstrafe, in den Kolonien zurückgehalten ist. Jedoch haben die zukünftigen Ehegatten das Recht, die Einwilligung dieses Aszendenten nachzusuchen und dem Standesbeamten vorzulegen.

**154.** Die durch Artikel 151 vorgeschriebene Bekanntgabe geschieht auf Antrag des Beteiligten durch einen Notar, ohne Zuziehung eines zweiten Notars, noch von Zeugen.

Diese Urkunde, die zur Abstempelung vorgelegt und unentgeltlich registriert wird, hat zu enthalten die Vor- und Familiennamen, Beruf, Wohnsitz und Wohnort der künftigen Ehegatten, ihrer Eltern, sowie den Ort, wo die Ehe geschlossen werden soll.

Sie enthält auch die Erklärung, daß diese Bekanntgabe ihnen zum Zwecke der Erlangung der Einwilligung gemacht und daß bei Verweigerung ohne weiteres zur Eheschließung geschritten wird nach Ablauf der Frist von ganzen fünfzehn Tagen.

**155.** Im Falle der Abwesenheit der Eltern, denen die im Artikel 151 vorgesehene Bekanntgabe hätte gemacht werden müssen, kann ohne weiteres zur Eheschließung geschritten werden bei Vorlage des die Abwesenheit erklärenden Urteils, oder mangels dieses Urteils, desjenigen, das die Untersuchung angeordnet hat, oder, wenn noch kein Urteil vorhanden ist, wo die Eltern ihren letzten bekannten Wohnsitz gehabt haben. Dieser Akt enthält die Erklärung von vier durch den Friedensrichter von amtswegen bestellten Zeugen.

Die Vorlage der Sterbeurkunden der Eltern der künftigen Ehegatten ist unnötig, wenn die Großväter oder Großmütter für die Linie, der sie angehören, den Tod bescheinigen; und in diesem Falle ist ihre Bescheinigung auf der Heiratsurkunde zu vermerken.

Mangels dieser Bescheinigung kann zur Eheschließung von Volljährigen geschritten werden auf ihre Erklärung und ihren Eid hin, daß ihnen der Ort des Todes und derjenige des letzten Wohnsitzes ihrer Aszendenten unbekannt sind.

**156.** Les officiers de l'état civil qui auraient procédé à la célébration des mariages contractés par des fils ou filles n'ayant pas atteint l'âge de vingt et un ans accomplis sans que le consentement des pères et mères, celui des aïeuls et aïeules et celui du conseil de famille, dans le cas où il est requis, soit énoncé dans l'acte de mariage, seront, à la diligence des parties intéressées ou du procureur de la République près le tribunal civil de première instance de l'arrondissement où le mariage aura été célébré, condamnés à l'amende portée en l'article 192 du Code civil.

**157.** L'officier de l'état civil qui n'aura pas exigé la justification de la notification prescrite par l'article 151 sera condamné à l'amende prévue en l'article précédent.

**158.** L'enfant naturel légalement reconnu qui n'a pas atteint l'âge de vingt et un ans accomplis ne peut contracter mariage sans avoir obtenu le consentement de celui de ses père et mère qui l'a reconnu ou de l'un et de l'autre s'il a été reconnu par tous deux.

En cas de dissentiment, le consentement du parent qui exerce la puissance paternelle suffit.

Si l'un des deux est mort ou s'il est dans l'impossibilité de manifester sa volonté, le consentement de l'autre suffit.

Les dispositions contenues aux articles 151, 153, 154 et 155 sont applicables à l'enfant naturel après l'âge de vingt et un ans révolus.

**159.** S'il n'y a ni père, ni mère, ni aïeuls, ni aïeules, ou s'ils se trouvent tous dans l'impossibilité de manifester leur volonté, les mineurs de vingt et un ans ne peuvent contracter mariage sans le consentement du conseil de famille.

L'enfant naturel qui n'a point été reconnu, et celui qui, après l'avoir été, a perdu ses père et mère ou dont les père et mère ne peuvent manifester leur volonté, ne pourront, avant l'âge de vingt et un ans révolus, se marier qu'après avoir obtenu le consentement du conseil de famille prévu à l'article 389, paragraphe 13 du Code civil.

**160.** Le mineur de vingt et un ans qui ignorerait le lieu du décès ou du domicile de ceux de ses ascendants dont le consentement est requis pour son mariage, prêtera serment que le lieu du décès ou celui du dernier domicile de ses ascendants lui sont inconnus.

Si le mineur est enfant légitime, ce serment sera prêté devant le juge de paix, en présence des membres du conseil de famille réuni pour statuer sur la demande d'autorisation à mariage.

Si le mineur est enfant naturel, il prêtera le serment devant le juge de paix de sa résidence, assisté de son greffier, dans son cabinet; le juge de paix donnera acte du serment et

**156.** Die Standesbeamten, welche die Eheschließung vorgenommen haben zwischen Söhnen und Töchtern, die das vollendete einundzwanzigste Lebensjahr nicht erreicht haben, ohne daß die Einwilligung der Eltern, Großeltern und des Familienrates, wo solche erforderlich ist, in der Heiratsurkunde angeführt ist, sind auf Betreiben der Beteiligten oder des Prokurators der Republik beim Zivilgericht erster Instanz des Kreises, wo die Ehe geschlossen worden ist, zu der im Artikel 192 des Code civil angedrohten Geldstrafe zu verurteilen.

**157.** Der Standesbeamte, der den Nachweis der durch Artikel 151 vorgeschriebenen Bekanntgabe nicht verlangt hat, ist zu der im vorhergehenden Artikel vorgesehenen Geldstrafe zu verurteilen.

**158.** Das gesetzmäßig anerkannte uneheliche Kind, welches das einundzwanzigste Lebensjahr nicht erreicht hat, kann die Ehe nicht eingehen ohne Einwilligung desjenigen Elternteils, der es anerkannt hat oder des einen oder des andern, falls es von beiden anerkannt worden ist.

Bei Meinungsverschiedenheit genügt die Einwilligung des die elterliche Gewalt ausübenden Elternteils.

Ist einer der beiden tot oder außer Stande, seinen Willen kundzugeben, so genügt die Einwilligung des andern.

Die in den Artikeln 151, 153, 154 und 155 enthaltenen Bestimmungen sind anwendbar auf das uneheliche Kind nach vollendetem einundzwanzigsten Lebensjahr.

**159.** Sind weder Vater noch Mutter, noch Großvater noch Großmutter vorhanden oder sind sie außer Stande, ihren Willen kund zu geben, so können die einundzwanzigjährigen Minderjährigen die Ehe nicht ohne die Einwilligung des Familienrates eingehen.

Das uneheliche Kind, das nicht anerkannt worden ist, und dasjenige, das nach der Anerkennung die Eltern verloren hat oder dessen Eltern ihren Willen nicht kundgeben können, können sich vor vollendetem einundzwanzigsten Lebensjahre nur verheiraten, wenn sie die im Artikel 389 Paragraph 13 des Code civil vorgesehene Einwilligung des Familienrates erhalten haben.

**160.** Der einundzwanzigjährige Minderjährige, der den Ort des Todes oder des Wohnsitzes seiner Aszendenten nicht kennt, deren Einwilligung zu seiner Ehe erforderlich ist, leistet den Eid dahin, daß ihm der Ort des Todes oder derjenige des letzten Wohnsitzes seiner Aszendenten unbekannt sind.

Ist der Minderjährige ein eheliches Kind, so wird dieser Eid vor dem Friedensrichter geleistet in Gegenwart der Mitglieder des Familienrates, der zum Zwecke der Entscheidung über den Antrag auf Heiratsgenehmigung versammelt ist.

Ist der Minderjährige ein uneheliches Kind, so leistet er den Eid vor dem Friedensrichter seines Wohnortes, in Gegenwart seines Gerichtsschreibers in seinem Kabinett; der Frie-

le notifiera au tribunal de première instance désigné à l'article 389, paragraphe 13, du présent Code, lequel statuera sur la demande d'autorisation à mariage dans la même forme que pour les enfants naturels non reconnu.

161. En ligne directe, le mariage est prohibé entre tous les ascendants et descendants légitimes ou naturels, et les alliés dans la même ligne.

162. En ligne collatérale, le mariage est prohibé entre le frère et la sœur légitimes ou naturels. Il est prohibé entre les alliés au même degré lorsque le mariage qui produisait l'alliance, a été dissous par le divorce.

163. Le mariage est encore prohibé entre l'oncle et la nièce, la tante et le neveu.

164. Néanmoins il est loisible au roi [*au président de la République*] de lever, pour des causes graves les prohibitions portées par l'article 162 aux mariages entre beaux-frères et belles-sœurs, et par l'article 163 aux mariages entre l'oncle et la nièce, la tante et le neveu.

## CHAPITRE II.
### Des formalités relatives à la célébration du mariage.

165. Le mariage sera célébré publiquement devant l'officier de l'état civil de la commune où l'un des époux aura son domicile ou sa résidence à la date de la publication prévue par l'article 63, et, en cas de dispense de publication, à la date de la dispense prévue à l'article 169 ci-après.

166. La publication ordonnée par l'article 63 sera faite à la municipalité du lieu où chacune des parties contractantes aura son domicile ou sa résidence.

167. Si le domicile actuel ou la résidence actuelle n'ont pas été d'une durée continue de six mois, la publication sera faite en outre au lieu du dernier domicile, et, à défaut du domicile, au lieu de la dernière résidence, si cette résidence n'a pas une durée continue de six mois, la publication sera faite également au lieu de la naissance.

168. Si les futurs époux ou l'un d'eux, sont mineurs, la publication sera encore faite à la municipalité du domicile des ascendants sous la puissance desquels elles se trouvent relativement au mariage.

169. Le procureur de la République, dans l'arrondissement duquel sera célébré le mariage, peut dispenser, pour des causes graves, de la publication et de tout délai.

170. Le mariage contractée en pays étranger entre Français et entre Français et étranger sera valable, s'il a été célébré dans les formes usitées dans le pays, pourvu qu'il ait été précédé de la publication prescrite par l'article 63, au titre des *Actes de l'état civil*, et que le

---

densrichter beurkundet den Eid und teilt ihn dem in Artikel 389, Paragraph 13 des Code civil bezeichneten Gerichte erster Instanz, das über den Antrag auf Heiratsgenehmigung in derselben Form wie für die nicht anerkannten unehelichen Kinder entscheidet.

161. In der geraden Linie ist die Ehe verboten zwischen allen Aszendenten und Deszendenten, ehelichen oder unehelichen, und zwischen Verschwägerten in derselben Linie.

162. In der Seitenlinie ist die Ehe verboten zwischen ehelichen oder unehelichen Geschwistern. Sie ist verboten zwischen den Verschwägerten desselben Grades, wenn die Ehe, die die Schwägerschaft begründete, durch Scheidung aufgelöst ist.

163. Die Ehe ist ferner verboten zwischen Onkel und Nichte, Tante und Neffen.

164. Es steht jedoch dem König [*dem Präsidenten der Republik*] frei, aus triftigen Gründen von den Verboten zu entbinden, welche durch Art. 162 wider Ehen zwischen Schwägern und Schwägerinnen und durch Art. 163 zwischen Onkel und Nichte, Tante und Neffen aufgestellt sind.

## ZWEITES KAPITEL.
### Förmlichkeiten der Eheschliessung.

165. Die Ehe ist öffentlich von dem Standesbeamten der Gemeinde zu schließen, wo einer der beiden Ehegatten seinen Wohnsitz oder Aufenthalt zur Zeit des in Artikel 63 vorgesehenen Aufgebots hat, und, im Falle der Entbindung von dem Aufgebot, zur Zeit des in nachstehendem Artikel 169 vorgesehenen Dispenses.

166. Das durch Art. 63 angeordnete Aufgebot ist bei der Gemeindebehörde des Ortes zu erlassen, wo jedes der beiden Eheschliessenden seinen Wohnsitz oder Aufenthaltsort hat.

167. Hat der gegenwärtige Wohnsitz oder der gegenwärtige Aufenthalt nicht ununterbrochen sechs Monate gedauert, so ist das Aufgebot außerdem am Orte des letzten Wohnsitzes, oder mangels eines Wohnsitzes, am Ort des letzten Aufenthalts zu erlassen, wenn dieser Aufenthalt nicht ununterbrochen sechs Monate gedauert hat, so ist das Aufgebot gleichfalls am Geburtsorte zu erlassen.

168. Sind die künftigen Ehegatten oder einer derselben minderjährig, so ist das Aufgebot außerdem bei der Gemeindebehörde des Wohnsitzes der Aszendenten zu erlassen, unter deren Gewalt sie sich in Ansehung der Eheschließung befinden.

169. Der Prokurator der Republik in dessen Bezirk die Eheschließung stattfindet, kann aus triftigen Gründen von dem Aufgebot und jeder Frist Dispens erteilen.

170. Eine im Auslande zwischen Franzosen oder zwischen Franzosen und Ausländern geschlossene Ehe ist gültig, wenn sie nach der in dem Lande bestehenden Form abgeschlossen worden ist, vorausgesetzt, daß das in Art. 63 in dem Titel Standesurkunden vorgeschriebene

Français n'ait point contrevenu aux dispositions contenues au chapitre précédent.

Il en sera de même du mariage contracté en pays étranger entre un Français et une étrangère, s'il a été célébré par les agents diplomatiques ou par les consuls de France, conformément aux lois françaises.

Toutefois, les agents diplomatiques ou les consuls ne pourront procéder à la célébration du mariage entre un Français et une étrangère que dans les pays qui seront désignés par décrets du président de la République.

171. Dans les trois mois après le retour du Français sur le territoire de la République, l'acte de célébration du mariage contracté en pays étranger, dans les conditions prévues par le paragraphe 1er de l'article précédent, sera transcrit sur les registres publics des mariage du lieu de son domicile.

Il sera fait mention de cette transcription en marge de l'acte de naissance de chacun des époux.

## CHAPITRE III.

### Des oppositions au mariage.

172. Le droit de former opposition à la célébration du mariage, appartient à la personne engagée par mariage avec l'une des deux parties contractantes.

173. Le père, la mère, et, à défaut de père et de mère, les aïeuls et aïeules peuvent former opposition au mariage de leurs enfants et descendants, même majeurs.

Après mainlevée judiciaire d'une opposition au mariage formée par un ascendant, aucune nouvelle opposition formée par un ascendant n'est recevable ni ne peut retarder la célébration

174. A défaut d'aucun ascendant, le frère ou la sœur, l'oncle ou la tante, le cousin ou la cousine germains, majeurs, ne peuvent former aucune opposition que dans les deux cas suivants:

1º Lorsque le consentement du conseil de famille, requis par l'article 160, n'a pas été obtenu;

2º Lorsque l'opposition est fondée sur l'état de démence du futur époux; cette opposition, dont le tribunal pourra prononcer mainlevée pure et simple, ne sera jamais reçue qu'à la charge, par l'opposant, de provoquer l'interdiction, et d'y faire statuer dans le délai qui sera fixé par le jugement.

175. Dans les deux cas prévus par le précédent article, le tuteur ou curateur ne pourra, pendant la durée de la tutelle ou curatelle, former opposition qu'autant qu'il y aura été autorisé par un conseil de famille, qu'il pourra convoquer.

Aufgebot vorhergegangen ist, und daß der Franzose den in dem vorgehenden Kapitel enthaltenen Bestimmungen nicht zuwider gehandelt hat.

Das gleiche gilt von der zwischen einem Franzosen und einer Ausländerin im Auslande eingegangenen Ehe, wenn sie durch die diplomatischen Beamten oder die Konsuln von Frankreich gemäß den französischen Gesetzen geschlossen worden ist.

Die diplomatischen Beamten oder die Konsuln können jedoch zur Eheschließung zwischen einem Franzosen und einer Ausländerin nur in den Ländern schreiten, die durch Dekret von dem Präsidenten der Republik bezeichnet sind.

171. Binnen drei Monaten nach Rückkehr des Franzosen in das Gebiet der Republik ist die Urkunde über die im Auslande, unter den in Paragraph 1 des vorhergehenden Artikels vorgesehenen Bedingungen geschlossene Ehe in die öffentlichen Heiratsregister des Ortes des Wohnsitzes einzutragen.

Diese Eintragung ist am Rande der Geburtsurkunde jedes der Ehegatten zu vermerken.

## DRITTES KAPITEL.

### Einspruch gegen die Eheschließung.

172. Das Recht gegen die Eheschließung Einspruch zu erheben, steht der Person zu, welche mit einem der beiden Eheschließenden verheiratet ist.

173. Der Vater, die Mutter und in Ermangelung des Vaters und der Mutter die Großeltern, können gegen die Heirat ihrer Kinder und Abkömmlinge Einspruch erheben, selbst wenn diese volljährig sind.

Nach der gerichtlichen Aufhebung eines von den Aszendenten gegen die Heirat eingelegten Einspruchs kann kein neuer Einspruch von einem Aszendenten mehr eingelegt werden, noch kann der Einspruch die Eheschließung verzögern.

174. In Ermangelung jedes Aszendenten können der Bruder oder die Schwester, der Onkel oder die Tante, die Geschwisterkinder, wenn sie volljährig sind, nur in den zwei folgenden Fällen Einspruch erheben:

1. wenn die nach Art. 160 erforderliche Einwilligung des Familienrates nicht eingeholt ist;

2. wenn der Einspruch auf den Zustand des Wahnsinnes des künftigen Ehegatten gegründet ist: dieser Einspruch, dessen unbedingte Aufhebung das Gericht aussprechen kann, ist stets nur unter den dem Einspruchserheber obliegenden Verpflichtung zulässig, daß er die Entmündigung beantragt und die Entscheidung über dieselbe innerhalb der im Urteil zu bestimmenden Frist erwirkt.

175. In den beiden durch den vorstehenden Artikel vorgesehenen Fällen kann der Vormund oder Pfleger während der Dauer der Vormundschaft oder Pflegschaft nur dann Einspruch erheben, wenn er dazu durch den Familienrat, welchen er berufen kann, ermächtigt worden ist.

**176.** Tout acte d'opposition énoncera la qualité qui donne à l'opposant le droit de la former : il contiendra élection de domicile dans le lieu où le mariage devra être célébré : il devra également, à moins qu'il ne soit fait à la requête d'un ascendant, contenir les motifs de l'opposition : le tout à peine de nullité, et de l'interdiction de l'officier ministériel qui aurait signé l'acte contenant opposition.

**177.** Le tribunal de première instance prononcera dans les dix jours sur la demande en mainlevée.

**178.** S'il y a appel, il y sera statué dans les dix jours de la citation.

**179.** Si l'opposition est rejetée, les opposants, autres néanmoins que les ascendants, pourront être condamnés à des dommages-intérêts.

Les jugements et arrêts par défaut rejetant les oppositions à mariage ne sont pas susceptibles d'opposition.

## CHAPITRE IV.

### Des demandes en nullité de mariage.

**180.** Le mariage qui a été contracté sans le consentement libre des deux époux, ou de l'un d'eux, ne peut être attaqué que par les époux, ou par celui des deux dont le consentement n'a pas été libre.

Lorsqu'il y a eu erreur dans la personne, le mariage ne peut être attaqué que par celui des deux époux qui a été induit en erreur.

**181.** Dans le cas de l'article précédent, la demande en nullité n'est plus recevable, toutes les fois qu'il y a eu cohabitation continuée pendant six mois depuis que l'époux a acquis sa pleine liberté ou que l'erreur a été par lui reconnue.

**182.** Le mariage contracté sans le consentement des père et mère, des ascendants, ou du conseil de famille, dans les cas où ce consentement était nécessaire, ne peut être attaqué que par ceux dont le consentement était requis, ou par celui des deux époux qui avait besoin de ce consentement.

**183.** L'action en nullité ne peut plus être intentée ni par les époux, ni par les parents dont le consentement était requis, toutes les fois que le mariage a été approuvé expressément ou tacitement par ceux dont le consentement était nécessaire, ou lorsqu'il s'est écoulé une année sans réclamation de leur part, depuis qu'ils ont eu connaissance du mariage. Elle ne peut être intentée non plus par l'époux, lorsqu'il s'est écoulé une année sans réclamation de sa part, depuis qu'il a atteint l'âge compétent pour consentir par lui-même au mariage.

**176.** Jede Urkunde über einen Einspruc hat die Eigenschaft anzugeben die dem Einsp.rucherhebenden das Recht gibt, ihn einzulegen; sie hat die Wahl eines Wohnsitzes an dem Orte, wo die Ehe geschlossen werden soll, zu enthalten; sie muß ferner, sofern sie nicht auf Ansuchen eines Aszendenten aufgenommen wird, die Gründe des Einspruchs enthalten; alles bei Strafe der Nichtigkeit und der Amtsenthebung des Beamten, welcher die den Einspruch enthaltende Urkunde unterzeichnet hat.

**177.** Das Gericht erster Instanz hat innerhalb zehn Tagen über die Klage auf Aufhebung zu erkennen.

**178.** Wird Berufung eingelegt, so ist über dieselbe innerhalb zehn Tagen nach der Ladung zu entscheiden.

**179.** Wird der Einspruch verworfen, so können die Erheber desselben mit Ausnahme der Aszendenten, zum Schadensersatze verurteilt werden.

Die die Einsprüche gegen die Eheschließung verwerfenden Versäumnis-Urteile und Entscheidungen unterliegen keinem Einspruch.

## VIERTES KAPITEL.

### Klagen auf Nichtigkeit der Ehe.

**180.** Eine Ehe, welche ohne freie Einwilligung beider Ehegatten oder eines derselben abgeschlossen ist, kann nur von den Ehegatten, oder von demjenigen von ihnen, dessen Einwilligung nicht frei war, angefochten werden.

Hat ein Irrtum in der Person vorgelegen, so kann die Ehe nur von demjenigen Ehegatten angefochten werden, bei welchem der Irrtum erregt worden ist.

**181.** In dem Falle des vorstehenden Artikels ist die Klage auf Nichtigkeit nicht mehr zulässig, wenn ein fortgesetztes Beisammenwohnen während sechs Monaten seit der Zeit stattgefunden hat, in welcher der Ehegatte seine völlige Freiheit erlangt oder seinen Irrtum erkannt hat.

**182.** Eine Ehe, welche ohne Einwilligung der Eltern, der Aszendenten oder des Familienrates in den Fällen, in denen diese Einwilligung notwendig war, geschlossen worden ist, kann nur von denjenigen angefochten werden, deren Einwilligung erforderlich war, oder von dem Ehegatten, welcher dieser Einwilligung bedurfte.

**183.** Die Klage auf Nichtigkeit kann sowohl von den Ehegatten als auch von den Verwandten, deren Einwilligung erforderlich war, nicht mehr angestrengt werden, wenn die Ehe von denjenigen, deren Einwilligung notwendig war, ausdrücklich oder stillschweigend genehmigt worden ist, oder wenn, seitdem sie Kenntnis von der Ehe erlangt haben, ein Jahr verflossen ist, ohne daß sie Widerspruch erhoben haben. Ebenso wenig kann sie von dem Ehegatten angestrengt werden, wenn, ohne daß er Widerspruch erhoben hat, ein Jahr verflossen ist, seitdem er das Alter erreicht hat, welches zur selbstständigen Eheschließung berechtigt.

**184.** Tout mariage contracté en contravention aux dispositions contenues aux articles 144, 147, 161, 162 et 163, peut être attaqué soit par les époux eux-mêmes, soit par tous ceux qui y ont intérêt, soit par le ministère public.

**185.** Néanmoins le mariage contracté par des époux qui n'avaient point encore l'âge requis, ou dont l'un des deux n'avait point atteint cet âge, ne peut plus être attaqué, 1° lorsqu'il s'est écoulé six mois depuis que cet époux ou les époux ont atteint l'âge compétent; 2° lorsque la femme qui n'avait point cet âge, a conçu avant l'échéance de six mois.

**186.** Le père, la mère, les ascendants et la famille qui ont consenti au mariage contracté dans le cas de l'article précédent, ne sont point recevables à en demander la nullité.

**187.** Dans tous les cas où, conformément à l'article 184, l'action en nullité peut être intentée par tous ceux qui y ont un intérêt, elle ne peut l'être par les parents collatéraux, ou par les enfants nés d'un autre mariage, du vivant des deux époux, mais seulement lorsqu'ils y ont un intérêt né et actuel.

**188.** L'époux au préjudice duquel a été contracté un second mariage, peut en demander la nullité, du vivant même de l'époux qui était engagé avec lui.

**189.** Si les nouveaux époux opposent la nullité du premier mariage, la validité ou la nullité de ce mariage doit être jugée préalablement.

**190.** Le procureur du Roi [*le procureur de la République*], dans tous les cas auxquels s'applique l'article 184, et sous les modifications portées en l'article 185, peut et doit demander la nullité du mariage, du vivant des deux époux, et les faire condamner à se séparer.

**191.** Tout mariage qui n'a point été contracté publiquement, et qui n'a point été célébré devant l'officier public compétent, peut être attaqué par les époux eux-mêmes, par les père et mère, par les ascendants, et par tous ceux qui y ont un intérêt né et actuel, ainsi que par le ministère public.

**192.** Si le mariage n'a point été précédé de la publication requise ou s'il n'a pas été obtenu des dispenses permises par la loi ou si les intervalles prescrits entre les publications n'ont point été observés, le procureur de la République fera prononcer contre l'officier public une amende qui ne pourra excéder trois cents francs (300 fr.) et contre les parties contractantes, ou ceux sous la puissance desquels elles ont agi, une amende proportionnée à leur fortune.

**193.** Les peines prononcées par l'article précédent seront encourues par les personnes

**Code civil.**

**184.** Jede in Zuwiderhandlung gegen die Bestimmungen der Art. 144, 147, 161, 162 und 163 geschlossene Ehe kann sowohl von den Ehegatten selbst, als auch von allen, die ein Interesse daran haben, und von der Staatsanwaltschaft angefochten werden.

**185.** Es kann jedoch eine Ehe, welche von solchen Ehegatten geschlossen ist, von denen beide oder der eine noch nicht das erforderliche Alter hatten, nicht mehr angefochten werden, wenn 1. sechs Monate verflossen sind, nachdem der Ehegatte oder die Ehegatten das erforderliche Alter erreicht haben; 2. die Frau, welche noch nicht dieses Alter hatte, vor Ablauf von sechs Monaten empfangen hat.

**186.** Der Vater, die Mutter, die Aszendenten und die Familie, welche in dem im vorstehenden Artikel vorgesehenen Falle in die Ehe eingewilligt haben, können nicht auf deren Nichtigkeit klagen.

**187.** In allen Fällen, in denen in Gemäßheit des Art. 184 die Nichtigkeitsklage von allen denjenigen, welche daran ein Interesse haben, angestrengt werden kann, kann sie von den Seitenverwandten oder von den Kindern aus einer anderen Ehe bei Lebzeiten beider Ehegatten nicht angestrengt werden, sondern nur dann, wenn sie daran ein schon vorhandenes und gegenwärtiges Interesse haben.

**188.** Der Ehegatte, zu dessen Nachteil eine zweite Ehe geschlossen worden ist, kann auf Nichtigkeit derselben klagen und zwar selbst bei Lebzeiten des mit ihm verheirateten Gatten.

**189.** Berufen sich die neuen Ehegatten auf die Nichtigkeit der ersten Ehe, so muß über die Gültigkeit oder Nichtigkeit dieser Ehe vorab entschieden werden.

**190.** Der Prokurator des Königs [*der Prokurator der Republik*] kann und muß in allen Fällen, in welchen Art. 184 Anwendung findet, jedoch unter den im Art. 185 bestimmten Einschränkungen, bei Lebzeiten der beiden Ehegatten auf Nichtigkeit der Ehe klagen und ein Urteil auf deren Trennung erwirken.

**191.** Jede Ehe, welche nicht öffentlich eingegangen und welche nicht vor dem zuständigen öffentlichen Beamten abgeschlossen worden ist, kann von den Ehegatten selbst, von den Eltern, von den Aszendenten und von allen, welche daran ein schon vorhandenes und gegenwärtiges Interesse haben, sowie von der Staatsanwaltschaft angefochten werden.

**192.** Wenn der Eheschließung das erforderliche Aufgebot nicht vorausgegangen ist oder wenn die gesetzlich zulässigen Dispensen nicht erwirkt wurden, oder wenn die vorgeschriebenen Fristen zwischen den Aufgeboten nicht beachtet wurden, so hat der Prokurator der Republik gegen den öffentlichen Beamten eine Geldstrafe, welche dreihundert Franken (300 fr.) nicht übersteigen darf, und gegen die Eheschließenden oder gegen diejenigen, unter deren Gewalt diese gehandelt haben, eine ihrem Vermögen angemessene Geldstrafe zu beantragen.

**193.** Die in vorstehendem Artikel angedrohten Strafen sind von den daselbst erwähnten

qui y sont désignées, pour toute contravention aux règles prescrites par l'article 165, lors même que ces contraventions ne seraient pas jugées suffisantes pour faire prononcer la nullité du mariage.

**194.** Nul ne peut réclamer le titre d'époux et les effets civils du mariage, s'il ne représente un acte de célébration inscrit sur le registre de l'état civil; sauf les cas prévus par l'article 46, au titre *Des actes de l'état civil.*

**195.** La possession d'état ne pourra dispenser les prétendus époux qui l'invoqueront respectivement, de représenter l'acte de célébration du mariage devant l'officier de l'état civil.

**196.** Lorsqu'il y a possession d'état, et que l'acte de célébration du mariage devant l'officier de l'état civil est représenté, les époux sont respectivement non recevables à demander la nullité de cet acte.

**197.** Si néanmoins, dans le cas des articles 194 et 195, il existe des enfants issus de deux individus qui ont vécu publiquement comme mari et femme, et qui soient tous deux décédés, la légitimité des enfants ne peut être contestée sous le seul prétexte du défaut de representation de l'acte de célébration, toutes les fois que cette légitimité est prouvée par une possession d'état qui n'est point contredite par l'acte de naissance.

**198.** Lorsque la preuve d'une célébration légale du mariage se trouve acquise par le résultat d'une procédure criminelle, l'inscription du jugement sur les registres de l'état civil assure au mariage, à compter du jour de sa célébration, tous les effets civils, tant à l'égard des époux, qu'à l'égard des enfants issus de ce mariage.

**199.** Si les époux ou l'un d'eux sont décédés sans avoir découvert la fraude, l'action criminelle peut être intentée par tous ceux qui ont intérêt de faire déclarer le mariage valable, et par le procureur du Roi [*le procureur de la République*].

**200.** Si l'officier public est décédé lors de la découverte de la fraude, l'action sera dirigée au civil contre ses héritiers, par le procureur du Roi [*le procureur de la République*], en présence des parties intéressées et sur leur dénonciation.

**201.** Le mariage qui a été déclaré nul produit néanmoins les effets civils, tant à l'égard des époux qu'à l'égard des enfants, lorsqu'il a été contracté de bonne foi.

**202.** Si la bonne foi n'existe que de la part de l'un des deux époux, le mariage ne produit les effets civils qu'en faveur de cet époux, et des enfants issus du mariage.

Personen wegen einer jeden Zuwiderhandlung gegen die in Art. 165 enthaltenen Vorschriften verwirkt, selbst wenn diese Zuwiderhandlungen nicht hinreichend befunden werden, um die Nichtigkeitserklärung der Ehe zu erwirken.

**194.** Niemand kann die Eigenschaft eines Ehegatten und die bürgerlichen Wirkungen der Ehe in Anspruch nehmen, wenn er nicht eine in das Personenstandsregister eingetragene Heiratsurkunde beibringt; vorbehaltlich der in dem Art. 46 in dem Titel *Standesurkunden* vorgesehenen Fälle.

**195.** Der Standesbesitz kann die angeblichen Ehegatten, welche sich gegenseitig darauf berufen, nicht von der Verpflichtung befreien, die Urkunde über die Eheschließung vor dem Standesbeamten vorzulegen.

**196.** Ist der Standesbesitz vorhanden, und wird die Urkunde über die Eheschließung vor dem Standesbeamten vorgelegt, so können die Ehegatten gegen einander keine Klage auf Nichtigkeitserklärung dieser Urkunde erheben.

**197.** Wenn jedoch in den Fällen der Art. 194 und 195 Kinder von zwei Personen vorhanden sind, die öffentlich als Mann und Frau gelebt haben und die beide gestorben sind, so kann die eheliche Geburt dieser Kinder niemals lediglich unter dem Vorwande bestritten werden, daß sie die Heiratsurkunde nicht beibringen können, sofern diese eheliche Geburt durch einen Besitzstand erwiesen wird, mit welchem die Geburtsurkunde nicht in Widerspruch steht.

**198.** Wird der Beweis einer gesetzmäßigen Eheschließung durch das Ergebnis eines Strafverfahrens erbracht, so sichert die Eintragung des Urteils in die Standesregister der Ehe, von dem Tage ihrer Abschließung an, alle bürgerlichen Wirkungen, sowohl in Ansehung der Ehegatten selbst, als in Ansehung der aus dieser Ehe entsprossenen Kinder.

**199.** Sind beide Ehegatten oder ist einer derselben verstorben ohne den Betrug entdeckt zu haben, so kann die Strafklage von Allen, welche an der Gültigkeitserklärung der Ehe ein Interesse haben, und von dem Prokurator des Königs [*dem Prokurator der Republik*] angestrengt werden.

**200.** Ist der öffentliche Beamte zur Zeit der Entdeckung des Betrugs verstorben, so ist die Klage im Wege des Zivilprozesses gegen seine Erben durch den Prokurator des Königs [*den Prokurator der Republik*] in Gegenwart der Beteiligten und auf deren Anzeige zu richten.

**201.** Eine Ehe, die für nichtig erklärt worden ist, erzeugt dennoch die bürgerlichen Wirkungen sowohl in Ansehung der Ehegatten als in Ansehung der Kinder, falls sie in gutem Glauben geschlossen ist.

**202.** War nur einer der beiden Ehegatten im guten Glauben, so erzeugt die Ehe die bürgerlichen Wirkungen nur zu Gunsten dieses Ehegatten und der Kinder aus dieser Ehe.

## CHAPITRE V.

### Des obligations qui naissent du mariage.

203. Les époux contractent ensemble, par le seul fait du mariage, l'obligation de nourrir, entretenir et élever leurs enfants.

204. L'enfant n'a pas d'action contre ses père et mère pour un établissement par mariage ou autrement.

205. Les enfants doivent des aliments à leurs père et mère ou autres ascendants qui sont dans le besoin. La succession de l'époux prédécédé en doit, dans le même cas, à l'époux survivant. Le délai pour les réclamer est d'un an à partir du décès et se prolonge, en cas de partage, jusqu'à son achèvement.

La pension alimentaire est prélevée sur l'hérédité. Elle est supportée par tous les héritiers, et en cas d'insuffisance, par tous les légataires particuliers, proportionnellement à leur émolument.

Toutefois, si le défunt a expressément déclaré que tel legs sera acquitté de préférence aux autres, il sera fait application de l'article 927 du Code civil.

206. Les gendres et belles-filles doivent également, et dans les mêmes circonstances, des aliments à leurs beau-père et belle-mère; mais cette obligation cesse, lorsque celui des époux qui produisait l'affinité, et les enfants issus de son union avec l'autre époux, sont décédés.

207. Les obligations résultant de ces dispositions sont réciproques.

208. Les aliments ne sont accordés que dans la proportion du besoin de celui qui les réclame, et de la fortune de celui qui les doit.

209. Lorsque celui qui fournit ou celui qui reçoit des aliments est replacé dans un état tel, que l'un ne puisse plus en donner, ou que l'autre n'en ait plus besoin en tout ou en partie, la décharge ou réduction peut en être demandée.

210. Si la personne qui doit fournir des aliments justifie qu'elle ne peut payer la pension alimentaire, le tribunal pourra, en connaissance de cause, ordonner qu'elle recevra dans sa demeure, qu'elle nourrira et entretiendra celui auquel elle devra des aliments.

211. Le tribunal prononcera également si le père ou la mère qui offrira de recevoir, nourrir et entretenir dans sa demeure, l'enfant à qui il devra des aliments, devra dans ce cas être dispensé de payer la pension alimentaire.

## FÜNFTES KAPITEL.

### Verpflichtungen, welche aus der Ehe erwachsen.

203. Die Ehegatten verpflichten sich gemeinsam durch die bloße Tatsache der Eheschließung, ihre Kinder zu ernähren, zu unterhalten und zu erziehen.

204. Das Kind hat gegen die Eltern kein Recht auf Klage wegen Versorgung sei es durch Verheiratung oder in anderer Weise.

205. Die Kinder sind ihren Eltern und anderen Aszendenten gegenüber im Bedürfnisfalle unterhaltspflichtig. Im gleichen Falle ist der Nachlaß des verstorbenen Ehegatten dem überlebenden Ehegatten gegenüber unterhaltspflichtig. Die Frist den Unterhalt zu verlangen beträgt ein Jahr vom Tode ab und wird im Falle der Teilung bis zu deren Beendigung verlängert.

Die Unterhaltsrente ist aus der Erbschaft vorwegzunehmen. Sie ist von allen Erben zu tragen, und im Falle der Unzulänglichkeit, vor allen Partikularlegataren im Verhältnis zu ihrem Bezug.

Hat der Verstorbene jedoch ausdrücklich erklärt, daß ein solches Legat vorzugsweise vor den andern entrichtet werden soll, findet Art. 927 des Code civil Anwendung.

206. Schwiegersöhne und Schwiegertöchter sind ebenfalls unter denselben Umständen ihren Schwiegereltern Unterhalt schuldig; diese Verbindlichkeit hört jedoch auf, wenn derjenige Ehegatte, durch den die Verschwägerung entstand, sowie die Kinder verstorben sind, welche aus seiner Verbindung mit dem anderen Ehegatten hervorgegangen sind.

207. Die durch diese Bestimmungen begründeten Verbindlichkeiten sind gegenseitige.

208. Der Unterhalt wird nur gewährt nach Maßgabe der Bedürftigkeit dessen, der ihn beansprucht, und des Vermögens dessen, der ihn schuldet.

209. Kommt derjenige, welcher den Unterhalt gibt, oder der, welcher ihn erhält, in eine solche Lage, daß jener ihn nicht mehr leisten kann, oder dieser desselben, sei es ganz oder zum Teil nicht mehr bedarf, so kann die Aufhebung oder Minderung gefordert werden.

210. Wenn derjenige, welcher den Unterhalt gewähren muß, nachweist, daß er nicht imstande ist, die Rente für den Unterhalt zu zahlen, so kann das Gericht nach Prüfung der Sache anordnen, daß er den, welchem er den Unterhalt schuldet, in seine Wohnung aufzunehmen, ihn dort zu ernähren und zu erhalten hat.

211. In gleicher Weise hat das Gericht zu entscheiden, ob der Vater oder die Mutter, wenn sie sich erbieten, das Kind, dem sie Unterhalt schulden, in ihre Wohnung aufzunehmen und dort zu ernähren und zu erhalten, in diesem Falle von der Zahlung einer Unterhaltsrente zu entbinden sind.

## CHAPITRE VI.

### Des droits et des devoirs respectifs des époux.

212. Les époux se doivent mutuellement fidélité, secours, assistance.

213. Le mari doit protection à sa femme, la femme obéissance à son mari.

214. La femme est obligée d'habiter avec le mari, et le suivre partout où il juge à propos de résider; le mari est obligé de la recevoir, et de lui fournir tout ce qui est nécessaire pour les besoins de la vie, selon ses facultés et son état.

215. La femme ne peut ester en jugement sans l'autorisation de son mari, quand même elle serait marchande publique, ou non commune, ou séparée des biens.

216. L'autorisation du mari n'est pas nécessaire lorsque la femme est poursuivie en matière criminelle ou de police.

217. La femme, même non commune ou séparée de biens, ne peut donner, aliéner, hypothéquer, acquérir à titre gratuit ou onéreux, sans le concours du mari dans l'acte, ou son consentement par écrit.

218. Si le mari refuse d'autoriser sa femme à ester en jugement, le juge peut donner l'autorisation.

219. Si le mari refuse d'autoriser sa femme à passer un acte, la femme peut faire citer son mari directement devant le tribunal de première instance de l'arrondissement du domicile commun, qui peut donner ou refuser son autorisation, après que le mari aura été entendu ou dûment appelé en la chambre du conseil.

220. La femme, si elle est marchande publique, peut, sans l'autorisation de son mari, s'obliger pour ce qui concerne son négoce; et, audit cas, elle oblige aussi son mari, s'il y a communauté entre eux.

Elle n'est pas réputée marchande publique, si elle ne fait que détailler les marchandises du commerce de son mari, mais seulement quand elle fait un commerce séparé.

221. Lorsque le mari est frappé d'une condamnation emportant peine afflictive ou infamante, encore qu'elle n'ait été prononcée que par contumace, la femme, même majeure, ne peut, pendant la durée de la peine, ester en jugement, ni contracter, qu'après s'être fait autoriser par le juge, qui peut, en ce cas, donner l'autorisation, sans que le mari ait été entendu ou appelé.

222. Si le mari est interdit ou absent, le juge peut, en connaissance de cause, autoriser la femme, soit pour ester en jugement, soit pour contracter.

## SECHSTES KAPITEL.

### Rechte und Pflichten der Ehegatten gegen einander.

212. Die Ehegatten sind einander Treue, Hülfe und Beistand schuldig.

213. Der Mann ist seiner Frau Schutz, die Frau ihrem Manne Gehorsam schuldig.

214. Die Frau ist verpflichtet bei dem Manne zu wohnen und ihm überall hin zu folgen, wo er seinen Aufenthalt zu nehmen für gut findet; der Mann ist verpflichtet, sie aufzunehmen und ihr nach Maßgabe seines Vermögens und seines Standes Alles zu gewähren, was zu den Bedürfnissen des Lebens notwendig ist.

215. Die Frau kann ohne Ermächtigung ihres Mannes nicht vor Gericht stehen, selbst wenn sie Handelsfrau ist, oder nicht in Gütergemeinschaft oder in Gütertrennung lebt.

216. Die Ermächtigung des Mannes ist nicht erforderlich, wenn die Frau in Straf- oder Polizeisachen verfolgt wird.

217. Die Frau kann, selbst wenn sie nicht in Gütergemeinschaft, oder in Gütertrennung lebt, ohne die Mitwirkung des Mannes bei dem Rechtsgeschäft oder ohne seine schriftliche Einwilligung nicht schenken, veräußern, Hypotheken bestellen, erwerben, sei es durch unentgeltliche oder entgeltliche Verfügung.

218. Verweigert der Mann seiner Frau die Ermächtigung vor Gericht zu stehen, so kann der Richter die Ermächtigung erteilen.

219. Verweigert der Mann seiner Frau die Ermächtigung, ein Rechtsgeschäft abzuschließen, so kann die Frau ihn unmittelbar vor das Gericht erster Instanz des Bezirks ihres gemeinschaftlichen Wohnsitzes laden lassen, welches die Ermächtigung erteilen oder versagen kann, nachdem der Mann in der Ratskammer gehört oder vor dieselbe ordnungsmäßig geladen ist.

220. Die Frau kann, wenn sie eine Handelsfrau ist, in Ansehung ihres Gewerbes ohne Ermächtigung ihres Mannes sich verpflichten; in diesem Falle verpflichtet sie zugleich auch ihren Mann, wenn Gütergemeinschaft zwischen ihnen besteht.

Sie gilt nicht als Handelsfrau, wenn sie nur die Waren, mit welchen ihr Mann Handel treibt, im Kleinen verkauft, sondern nur dann, wenn sie einen selbständigen Handel treibt.

221. Ist der Mann zu einer Leibes- oder Ehrenstrafe verurteilt, wäre sie auch nur im Versäumnisverfahren ausgesprochen, so kann die Frau, selbst wenn sie großjährig ist, während der Dauer der Strafe nur vor Gericht stehen oder Verträge schließen, nachdem sie sich von dem Richter hat ermächtigen lassen, welcher in diesem Falle die Ermächtigung erteilen kann, ohne daß der Mann gehört oder geladen worden ist.

222. Ist der Mann entmündigt oder abwesend, so kann der Richter nach Prüfung der Sachlage die Frau ermächtigen, sowohl vor Gericht zu stehen als auch Verträge zu schließen.

**223.** Toute autorisation générale, même stipulée par contrat de mariage, n'est valable que quant à l'administration des biens de la femme.

**224.** Si le mari est mineur, l'autorisation du juge est nécessaire à la femme, soit pour ester en jugement, soit pour contracter.

**225.** La nullité fondée sur le défaut d'autorisation ne peut être opposée que par la femme, par le mari, ou par les héritiers.

**226.** La femme peut tester sans l'autorisation de son mari.

### CHAPITRE VII.

**De la dissolution du mariage.**

**227.** Le mariage se dissout:
1º Par la mort de l'un des époux;
2º Par le divorce légalement prononcé.

### CHAPITRE VIII.

**Des seconds mariages.**

**228.** La femme ne peut contracter un nouveau mariage qu'après trois cents jours révolus depuis la dissolution du mariage précédent.

---

## TITRE SIXIÈME.

### Du divorce.

### CHAPITRE PREMIER.

**Des causes du divorce.**

**229.** Le mari pourra demander le divorce pour cause d'adultère de sa femme.

**230.** La femme pourra demander le divorce pour cause d'adultère de son mari.

**231.** Les époux pourront réciproquement demander le divorce pour excès, sévices ou injures graves, de l'un d'eux envers l'autre.

**232.** La condamnation de l'un des époux à une peine afflictive et infamante sera pour l'autre époux une cause de divorce.

**233.** *Abrogé.*

### CHAPITRE II.

**De la procédure du divorce.**

#### SECTION PREMIÈRE.

**Des formes du divorce**

**234.** L'époux qui veut former une demande en divorce présente, en personne, sa requête au président du tribunal ou au juge qui en fait fonction.

En cas d'empêchement dûment constaté, le magistrat se transporte, assisté de son greffier, au domicile de l'époux demandeur.

**223.** Jede generelle Ermächtigung, selbst eine im Ehevertrage erteilte, ist nur gültig hinsichtlich der Verwaltung der Güter der Frau.

**224.** Ist der Ehemann minderjährig, so bedarf die Frau der Ermächtigung des Richters, sowohl um vor Gericht zu stehen als um Verträge abzuschließen.

**225.** Auf die auf den Mangel der Ermächtigung gegründete Nichtigkeit, können sich nur die Frau, der Mann oder deren Erben berufen.

**226.** Die Frau kann ohne die Ermächtigung ihres Mannes ein Testament errichten.

### SIEBENTES KAPITEL.

**Auflösung der Ehe.**

**227.** Die Ehe wird aufgelöst:
1. durch den Tod eines der Ehegatten;
2. durch die gesetzmäßig ausgesprochene Ehescheidung.

### ACHTES KAPITEL.

**Zweite Ehe.**

**228.** Die Frau kann eine neue Ehe erst nach Ablauf von dreihundert Tagen nach Auflösung der früheren eingehen.

---

## SECHSTER TITEL.

### Ehescheidung.

### ERSTES KAPITEL.

**Gründe der Ehescheidung.**

**229.** Der Mann kann wegen Ehebruchs seiner Frau auf Ehescheidung klagen.

**230.** Die Frau kann wegen Ehebruchs ihres Mannes auf Ehescheidung klagen.

**231.** Jeder der Ehegatten kann wegen Exzessen, groben Mißhandlungen oder schwerer Beleidigungen seitens des andern auf Ehescheidung klagen.

**232.** Die Verurteilung des einen der Gatten zu einer Leibes- und Ehrenstrafe bildet für den anderen Gatten einen Scheidungsgrund.

**233.** *Aufgehoben.*

### ZWEITES KAPITEL.

**Verfahren bei Ehescheidungen.**

#### ERSTER ABSCHNITT.

**Formen der Ehescheidung.**

**234.** Der Ehegatte, der Klage auf Ehescheidung erheben will, überreicht in Person sein Gesuch dem Präsidenten des Gerichts oder dessen Stellvertreter.

Im Falle ordnungsmäßig festgestellter Verhinderung, begibt sich der Richter in Begleitung seines Gerichtsschreibers in die Wohnung des klägerischen Ehegatten.

En cas d'interdiction légale résultant d'une condamnation, la requête à fin de divorce ne peut être présentée par le tuteur que sur la réquisition ou avec l'autorisation de l'interdit.

235. Le juge, après avoir entendu le demandeur et lui avoir fait les observations qu'il croit convenables, ordonne au bas de la requête que les parties comparaîtront devant lui au jour et à l'heure qu'il indique, et commet un huissier pour notifier la citation.

236. Le juge peut, par l'ordonnance permettant de citer, autoriser l'époux demandeur à résider séparément en indiquant, s'il s'agit de la femme, le lieu de la résidence provisoire.

237. La requête et l'ordonnance sont signifiées, en tête de la citation donnée à l'époux défendeur, trois jours au moins avant le jour fixé pour la comparution, outre les délais de distance, le tout à peine de nullité.

Cette citation est délivrée par huissier commis et sous pli fermé.

238. Au jour indiqué, le juge entend les parties en personne; si l'une d'elles se trouve dans l'impossibilité de se rendre auprès du juge, ce magistrat détermine le lieu où sera tentée la conciliation, ou donne commission pour entendre le défendeur; en cas de non-conciliation ou de défaut, il rend une ordonnance qui constate la non-conciliation ou le défaut, et autorise le demandeur à assigner devant le tribunal.

Le juge statue à nouveau, s'il y a lieu, sur la résidence de l'époux demandeur, sur la garde provisoire des enfants, sur la remise des effets personnels, et il a la faculté de statuer également, s'il y a lieu, sur la demande d'aliments.

Cette ordonnance est exécutoire par provision; elle est susceptible d'appel dans les délais fixés par l'article 809 du Code de procédure civile.

Par le fait de cette ordonnance, la femme est autorisée à faire toutes procédures pour la conservation de ses droits, et à ester en justice jusqu'à la fin de l'instance et des opérations qui en sont les suites.

Lorsque le tribunal est saisi, les mesures provisoires prescrites par le juge peuvent être modifiées ou complétées au cours de l'instance, par jugement du tribunal, sans préjudice du droit qu'a toujours le juge de statuer, en tout état de cause, en référé, sur la résidence de la femme.

Le juge, suivant les circonstances, avant d'autoriser le demandeur à citer, peut ajourner les parties à un délai qui n'excède pas vingt jours, sauf à ordonner les mesures provisoires nécessaires.

Im Falle der gesetzlichen Entmündigung durch Urteil kann der Antrag auf Ehescheidung durch den Vormund nur auf Ersuchen oder mit Ermächtigung des Entmündigten gestellt werden.

235. Nachdem der Richter den Kläger gehört und ihm die Bemerkungen gemacht hat, die er für angebracht erachtet, ordnet er am Fuße des Antrags an, daß die Parteien vor ihm zu einem von ihm bestimmten Termine zu erscheinen haben und beauftragt einen Gerichtsvollzieher mit der Zustellung der Ladung.

236. In der Verfügung über die Erlaubnis zu laden, kann der Richter den klägerischen Ehegatten ermächtigen, getrennt zu wohnen, indem er, wenn es sich um die Frau handelt, den Ort des vorläufigen Aufenthalts angibt.

237. Der Antrag und die Verfügung sind am Kopfe der Ladung des beklagtischen Ehegatten mindestens drei Tage, außer den Entfernungsfristen, vor dem Termin zum Erscheinen zuzustellen, alles bei Strafe der Nichtigkeit.

Diese Ladung wird durch den beauftragten Gerichtsvollzieher im verschlossenen Umschlage ausgehändigt.

238. Am festgesetzten Tage hört der Richter die Parteien in Person; befindet sich eine derselben in der Unmöglichkeit sich zum Richter zu begeben, so bestimmt dieser den Ort, wo der Sühneversuch stattfinden soll, oder gibt Auftrag, den Beklagten zu hören; im Falle der Nichtversöhnung oder des Ausbleibens, erläßt er eine Verfügung, die die Nichtversöhnung oder das Ausbleiben feststellt, und ermächtigt den Kläger vor das Gericht zu laden.

Der Richter entscheidet, gegebenfalls aufs Neue, über den Wohnort des klägerischen Ehegatten, über die vorläufige Obhut über die Kinder, über die Herausgabe der persönlichen Gegenstände, und er hat das Recht, gegebenfalls auch über den Antrag auf Unterhalt zu entscheiden.

Dieser Beschluß ist vorläufig vollstreckbar; er unterliegt der Berufung in den durch Art. 809 der Zivilprozeßordnung bestimmten Fristen.

Durch diesen Beschluß ist die Frau ohne weiteres ermächtigt, alle Verfahren zur Erhaltung ihrer Rechte einzuschlagen, und bis zur Beendigung der Instanz und der daraus folgenden Handlungen vor Gericht zu stehen.

Ist das Gericht mit der Sache befaßt, so können die von dem Richter erlassenen vorläufigen Maßnahmen im Laufe der Instanz durch Urteil des Gerichts geändert oder ergänzt werden, unbeschadet des dem Richter zustehenden Rechts, jederzeit, im beschleunigten Verfahren über den Aufenthalt der Frau zu entscheiden.

Je nach den Umständen kann der Richter, bevor er den Kläger zur Ladung ermächtigt, die Parteien binnen einer Frist, die zwanzig Tage nicht übersteigt, laden, vorbehaltlich der Anordnung der notwendigen vorläufigen Maßnahmen.

L'époux demandeur en divorce devra user de la permission de citer qui lui a été accordée par l'ordonnance du président, dans un délai de vingt jours à partir de cette ordonnance.

Faute par l'époux demandeur d'avoir usé de cette permission dans ledit délai, les mesures provisoires ordonnées à son profit cesseront de plein droit.

239. La cause est instruite et jugée dans la forme ordinaire, le ministère public entendu.

Le demandeur peut, en tout état de cause, transformer sa demande en divorce en demande en séparation de corps.

Les demandes reconventionnelles en divorce peuvent être introduites par un simple acte de conclusions.

Les tribunaux peuvent ordonner les huis clos.

La reproduction des débats par la voie de la presse, dans les instances en divorce, est interdite, sous peine de l'amende de 100 à 2000 francs édictée par l'article 39 de la loi du 30 juillet 1881.

240. Le tribunal peut, soit sur la demande de l'une des parties intéressées, soit sur celle de l'un des membres de la famille, soit sur les réquisitions du ministère public, soit même d'office, ordonner toutes les mesures provisoires qui lui paraissent nécessaires dans l'intérêt des enfants.

Il statue aussi sur les demandes relatives aux aliments pour la durée de l'instance, sur les provisions et sur toutes les autres mesures urgentes.

241. La femme est tenue de justifier de sa résidence dans la maison indiquée, toutes les fois qu'elle en est requise; à défaut de cette justification, le mari peut refuser la provision alimentaire, et, si la femme est demanderesse en divorce, la faire déclarer non recevable à continuer ses poursuites.

242. L'un ou l'autre des époux peut, dès la première ordonnance, et sur l'autorisation du juge, donnée à la charge d'en référer, prendre pour la garantie de ses droits des mesures conservatoires, notamment requérir l'apposition des scellés sur les biens de la communauté.

Le même droit appartient à la femme, même non commune, pour la conservation de ceux de ses biens dont le mari a l'administration ou la jouissance.

Les scellés sont levés à la requête de la partie la plus diligente; les objets et valeurs sont inventoriés et prisés; l'époux qui est en possession en est constitué gardien judiciaire, à moins qu'il n'en soit décidé autrement.

243. Toute obligation contractée par le mari à la charge de la communauté, toute aliénation par lui faite des immeubles qui en dépendent, postérieurement à la date de l'ordonnance dont il est fait mention à l'article

---

Der klägerische Ehegatte hat von der ihm durch Beschluß des Präsidenten gegebenen Erlaubnis zur Ladung innerhalb einer Frist von zwanzig Tagen von diesem Beschluß ab, Gebrauch zu machen.

Macht der klägerische Ehegatte von dieser Erlaubnis innerhalb der genannten Frist keinen Gebrauch, so hören die zu seinen Gunsten angeordneten vorläufigen Maßnahmen von Rechtswegen auf.

239. Die Sache wird in der gewöhnlichen Form nach Anhörung der Staatsanwaltschaft instruiert und entschieden.

Der Kläger kann in jeder Lage des Rechtsstreites die Ehescheidungsklage in eine Klage auf Trennung von Tisch und Bett umwandeln.

Die Widerklage auf Ehescheidung kann auf einfachen Antrag hin eingeleitet werden.

Die Gerichte können den Ausschluß der Oeffentlichkeit anordnen.

Die Wiedergabe der Verhandlungen in Ehescheidungsprozessen durch die Presse ist untersagt bei Bestrafung zu einer Geldstrafe von 100—2000 francs, verordnet durch Art. 39 des Gesetzes vom 30. Juli 1881.

240. Das Gericht kann, entweder auf Antrag eines der Beteiligten, oder auf Antrag eines Familienmitgliedes, oder auf Antrag der Staatsanwaltschaft, oder selbst von Amtswegen alle vorläufigen Maßnahmen anordnen, die ihm im Interesse der Kinder notwendig erscheinen.

Es entscheidet ebenfalls über Anträge auf Unterhalt für die Dauer des Prozesses, über Vorschüsse und über alle anderen eiligen Maßnahmen.

241. Die Frau ist verpflichtet ihre Wohnung in dem angegebenen Hause nachzuweisen, sobald sie darum ersucht wird; mangels dieses Nachweises kann der Mann die Alimentengelder verweigern, und, wenn die Frau Scheidungsklägerin ist, kann er Abweisung ihrer Klage als unzulässig beantragen.

242. Der eine oder der andere der Ehegatten kann schon bei dem ersten Beschluß und mit diesbezüglicher Ermächtigung des Richters zur Sicherheit seiner Rechte Maßnahmen ergreifen, die zu deren Erhaltung dienen, insbesondere kann er die Anlegung von Siegeln an die Güter der Gemeinschaft verlangen.

Dasselbe Recht steht selbst der nicht in Gütergemeinschaft lebenden Ehefrau zu zur Erhaltung derjenigen ihrer Güter, die der Verwaltung und Nutznießung des Mannes unterliegen.

Die Siegelanlage ist auf Betreiben der eifrigsten Partei aufzuheben; die Gegenstände und Werte sind zu inventarisieren und abzuschätzen; der in deren Besitz befindliche Ehegatte ist zum gerichtlichen Hüter zu bestellen, falls nicht anders entschieden wird.

243. Jede nach dem Datum des in Artikel 235 erwähnten Beschlusses von dem Ehemanne zu Lasten der Gütergemeinschaft eingegangene Verpflichtung, jede von ihm vorgenommene Veräußerung von zur Güterge-

235, sera déclarée nulle, s'il est prouvé d'ailleurs qu'elle a été faite ou contractée en fraude des droits de la femme.

**244.** L'action en divorce s'éteint par la réconciliation des époux survenue, soit depuis les faits allégués dans la demande, soit depuis cette demande.

Dans l'un et l'autre cas, le demandeur est déclaré non recevable dans son action; il peut néanmoins en intenter une nouvelle pour cause survenue ou découverte depuis la réconciliation, et se prévaloir des anciennes causes à l'appui de sa nouvelle demande.

L'action en divorce s'éteint également par le décès de l'un des époux survenu avant que le jugement ou l'arrêt prononçant le divorce soit devenu définitif.

**245.** Lorsqu'il y a lieu à enquête, elle est faite conformément aux dispositions des articles 252 et suivants du Code de procédure civile.

Les parents, à l'exception des descendants, et les domestiques des époux peuvent être entendus comme témoins.

**246.** Lorsque la demande en divorce a été formée pour toute autre cause que celle qui est prévue par l'article 232, le tribunal, encore que cette demande soit bien établie, peut ne pas prononcer immédiatement le divorce.

Dans ce cas, il maintient ou prescrit l'habitation séparée et les mesures provisoires, pendant un délai qui ne peut excéder six mois.

Après le délai fixé par le tribunal, si les époux ne se sont pas réconciliés, chacun d'eux peut faire citer l'autre à comparaître devant le tribunal, dans le délai de la loi pour entendre prononcer le jugement de divorce.

**247.** Lorsque l'assignation n'a pas été délivrée à la partie défenderesse en personne et que cette partie fait défaut, le tribunal peut, avant de prononcer le jugement sur le fond, ordonner l'insertion dans les journaux d'un avis destiné à faire connaître à cette partie la demande dont elle a été l'objet.

Le jugement ou l'arrêt qui prononce le divorce par défaut est signifié par huissier commis.

Si cette signification n'a pas été faite à personne, le président ordonne, sur simple requête, la publication du jugement par extrait dans les journaux qu'il désigne. L'opposition est recevable dans le mois de la signification, si elle a été faite à personne, et, dans le cas contraire, dans les huit mois qui suivront le dernier acte de publicité.

**248.** L'appel est recevable pour les jugements contradictoires, dans les délais fixés par les articles 443 et suivants du Code de procédure civile.

S'il s'agit d'un jugement par défaut, le délai ne commence à courir qu'à partir du jour où l'opposition n'est plus recevable.

meinschaft gehörigen Grundstücken, ist für nichtig zu erklären, wenn außerdem nachgewiesen ist, daß sie unter Umgehung der Rechte der Frau vorgenommen oder eingegangen ist.

**244.** Die Ehescheidungsklage erlischt durch die seit den in der Klage behaupteten Tatsachen oder seit dieser Klage eingetretene Wiederaussöhnung der Eheleute.

In beiden Fällen ist der Kläger mit seiner Klage als unzulässig abzuweisen; er kann jedoch eine neue Klage anstrengen aus Gründen, die seit der Wiederaussöhnung eingetreten oder bekannt geworden sind, und er kann sich zur Unterstützung seiner neuen Klage auf die alten Gründe berufen.

Die Ehescheidungsklage erlischt gleichfalls durch den, vor dem das die Ehescheidung aussprechende Urteil erster oder zweiter Instanz rechtskräftig geworden ist, eingetretenen Tode eines der Ehegatten.

**245.** Wird zu einer Beweisaufnahme geschritten, so geschieht sie in Gemäßheit der Bestimmungen des Artikels 252 und folgende der Zivilprozeßordnung.

Die Verwandten, mit Ausnahme der Abkömmlinge, und die Dienstboten der Eheleute können als Zeugen vernommen werden.

**246.** Ist die Ehescheidungsklage aus einer anderen als der im Artikel 232 vorgesehenen Ursache angestrengt, so braucht das Gericht, selbst wenn diese Klage gut begründet ist, die Ehescheidung nicht sofort auszusprechen.

In diesem Falle hält es die getrennte Wohnung und die vorläufigen Maßnahmen aufrecht oder schreibt sie vor, während einer Frist, die sechs Monate nicht übersteigen kann.

Nach Ablauf der vom Gericht festgesetzten Frist kann jeder der Ehegatten, wenn sie sich nicht wieder ausgesöhnt haben, den andern innerhalb der gesetzlichen Frist zum Erscheinen vor das Gericht laden, um das Ehescheidungsurteil verkünden zu hören.

**247.** Ist die Ladung der beklagten Partei nicht in Person zugestellt und erscheint diese Partei nicht, so kann das Gericht vor Verkündung des Urteils zur Hauptsache, die Einrückung in Zeitungen einer zum Zwecke der Bekanntgabe der Klage an diese Partei bestimmte Benachrichtigung anordnen.

Das Urteil oder das die Ehescheidung aussprechende Versäumnisurteil ist durch einen beauftragten Gerichtsvollzieher zuzustellen.

Ist diese Zustellung nicht in Person erfolgt, so ordnet der Präsident auf einfachen Antrag hin die Veröffentlichung des Urteils im Auszug in den von ihm bestimmten Zeitungen an. Der Einspruch ist zulässig innerhalb eines Monats nach Zustellung, wenn sie in Person erfolgt ist, und andernfalls innerhalb den acht Monaten, die auf die letzte Veröffentlichung folgen.

**248.** Die Berufung gegen kontradiktorische Urteile ist zulässig innerhalb der durch die Artikel 443 und folgende der Zivilprozeßordnung bestimmten Fristen.

Handelt es sich um ein Versäumnisurteil, so läuft die Frist erst von dem Tage ab, an dem der Einspruch nicht mehr zulässig ist.

En cas d'appel, la cause s'instruit à l'audience ordinaire et comme affaire urgente.

Les demandes reconventionnelles peuvent se produire en appel, sans être considérées comme demandes nouvelles.

Le délai pour se pourvoir en cassation court du jour de la signification à partie, pour les arrêts contradictoires, et pour les arrêts par défaut, du jour où l'opposition n'est plus recevable.

Le pourvoi est suspensif en matière de divorce et en matière de séparation de corps.

**249.** Le jugement ou l'arrêt qui prononce le divorce n'est pas susceptible d'acquiescement.

**250.** Extrait du jugement ou de l'arrêt qui prononce le divorce est inséré aux tableaux exposés tant dans l'auditoire des tribunaux civils et de commerce, que dans les chambres des avoués et des notaires.

Pareil extrait est inséré dans l'un des journaux qui se publient dans le lieu où siège le tribunal, ou s'il n'y en a pas, dans l'un de ceux publiés dans le département.

**251.** Le dispositif du jugement ou de l'arrêt est transcrit sur les registres de l'état civil du lieu où le mariage a été célébré.

Mention est faite de ce jugement ou arrêt en marge de l'acte de mariage, conformément à l'article 49 du Code civil. Si le mariage a été célébré à l'étranger, la transcription est faite sur les registres de l'état civil du lieu où les époux avaient leur dernier domicile, et mention est faite en marge de l'acte de mariage, s'il a été transcrit en France.

**252.** La transcription est faite au nom de la partie qui a obtenu le divorce, et à la diligence de son avoué, sous peine d'une amende de cent francs (100 fr.) à la charge de ce dernier.

A cet effet, la décision est signifiée, dans un délai de quinze jours, à compter de la date où elle est devenue définitive, à l'officier de l'état civil compétent, pour être transcrite sur les registres. A cette signification doivent être joints les certificats énoncés en l'article 548 du Code de procédure civile et en outre, s'il y a eu arrêt, un certificat de non-pourvoi.

En cas de rejet d'un pourvoi formé contre un arrêt prononçant le divorce, le greffier de la cour de cassation doit, dans le mois du prononcé de l'arrêt, adresser un extrait du dit arrêt à l'avoué de la partie qui a obtenu la décision définitive prononçant le divorce. Le délai prévu pour la réquisition de la transcription ne courra, dans ce cas, qu'à partir de la réception par l'avoué de l'extrait de l'arrêt de rejet.

Im Falle der Berufung wird die Sache in gewöhnlicher Sitzung und als eilige Sache behandelt.

Widerklagen können in der Berufung erhoben werden, ohne als neue Klagen angesehen zu werden.

Die Frist zur Einlegung der Kassation beginnt am Tage der Zustellung in Person für die kontradiktorischen Urteile und für die Versäumnisurteile am Tage, an dem der Einspruch nicht mehr zulässig ist.

Die Einlegung hat in Sachen betreffend Ehescheidung und betreffend Trennung von Tisch und Bett aufschiebende Wirkung.

**249.** Das Urteil erster oder zweiter Instanz, das die Ehescheidung ausspricht, ist der Zustimmung nicht unterworfen.

**250.** Auszug aus dem Urteil oder der Entscheidung, die die Ehescheidung ausspricht, ist sowohl an den im Gerichtssaale der Zivil- und Handelsgerichte, wie auch an den in den Zimmern der Anwälte und Notare befindlichen Tafeln anzuschlagen.

Gleicher Auszug ist in einer der am Sitze des Gerichts erscheinenden Zeitung und falls es daselbst keine gibt, in einer der im Department erscheinenden zu veröffentlichen.

**251.** Der verordnende Teil des Urteils oder der Entscheidung ist in die Standesregister des Ortes einzutragen, an dem die Ehe geschlossen worden ist.

Dieses Urteil oder diese Entscheidung ist am Rande der Heiratsurkunde zu vermerken gemäß Artikel 49 des Code civil. Ist die Ehe im Auslande geschlossen, so erfolgt die Einschreibung in die Standesregister desjenigen Ortes, wo die Ehegatten ihren letzten Wohnsitz hatten, und Erwähnung wird am Rande der Heiratsurkunde getan, wenn diese in Frankreich eingeschrieben ist.

**252.** Die Eintragung erfolgt im Namen der Partei, die die Scheidung erwirkt hat und auf Betreiben ihres Anwalts bei Strafe einer Geldbuße von einhundert Franken zu Lasten des Letzteren.

Zu diesem Zwecke ist die Entscheidung innerhalb einer Frist von fünfzehn Tagen von dem Tage ab gerechnet, an dem sie endgültig geworden ist, dem zuständigen Standesbeamten zuzustellen zwecks Eintragung in dessen Register. Dieser Zustellung sind die in Artikel 548 der Zivilprozeßordnung angeführten Bescheinigungen beizufügen und außerdem, wenn es sich um ein Urteil zweiter Instanz handelt, eine Bescheinigung, daß Kassation nicht eingelegt ist.

Im Falle der Verwerfung der gegen ein die Ehescheidung aussprechendes Urteil zweiter Instanz eingelegte Kassation hat der Gerichtsschreiber des Kassationshofes innerhalb des Monats der Verkündung des Urteils, einen Auszug des genannten Urteils dem Anwalt der Partei zu übersenden, die das endgültige Ehescheidungsurteil erlangt hat. Die Frist, die zur Beantragung der Eintragung vorgesehen ist, läuft in diesem Falle erst von der Empfangnahme des Auszugs des Abweisungsurteils durch den Anwalt.

La transcription est faite par les soins de l'officier de l'état civil, dans un délai de cinq jours à compter de la réquisition, non compris les jours fériés, sous les peines édictées par l'article 50 du Code civil.

A défaut par l'avoué de la partie qui a obtenu le divorce, de faire la signification, dans le délai de quinze jours, l'autre partie a le droit de faire cette signification et de requérir la transcription.

Le jugement ou l'arrêt devenu définitif remontera quant à ses effets entre époux, en ce qui touche leurs biens, au jour de la demande. Mais il ne produira effet au regard du tiers que du jour de la transcription.

**253 à 274.** *Abrogés par loi du 18 avril 1886.*

**275 à 294.** *Abrogés par loi du 27 juillet 1884.*

### CHAPITRE III (NOUVEAU).
#### Des effets du divorce.

**295.** Les époux divorcés ne pourront plus se réunir si l'un ou l'autre a, postérieurement au divorce, contracté un nouveau mariage suivi d'un second divorce. Au cas de réunion des époux, une nouvelle célébration du mariage sera nécessaire.

Les époux ne pourront adopter un régime matrimonial autre que celui qui réglait originairement leur union.

**296.** La femme divorcée pourra se remarier aussitôt après la transcription du jugement ou de l'arrêt ayant prononcé le divorce, si toutefois il s'est déjà écoulé trois cents jours depuis qu'est intervenue, dans l'instance qui aura abouti au divorce, l'ordonnance qui a autorisé l'époux demandeur à avoir une résidence séparée.

Toutefois lorsque l'ordonnance sera muette, sur la question de résidence séparée, le délai de trois cents jours devra être compté à partir du premier jugement préparatoire, interlocutoire, ou au fond, rendu dans la cause.

**297.** Lorsque le jugement de séparation de corps aura été converti en jugement de divorce, conformément à l'article 310 du Code civil, la femme divorcée pourra contracter un nouveau mariage aussitôt après la transcription de la décision de conversion.

**298.** *Abrogé par loi du 15 décembre 1904.*

**299.** L'époux contre lequel le divorce aura été prononcé perdra tous les avantages que l'autre époux lui avait faits, soit par contrat de mariage, soit depuis le mariage.

Par l'effet du divorce, chacun des époux reprend l'usage de son nom.

**300.** L'époux qui aura obtenu le divorce, conservera les avantages à lui faits par l'autre époux, encore qu'ils aient été stipulés réciproques et que la réciprocité n'ait pas lieu.

Die Eintragung erfolgt durch den Standesbeamten den fünften Tag nach dem Ersuchen, die Feiertage nicht inbegriffen, bei den in Artikel 50 des Code civil ausgesprochenen Strafen.

Hat es der Anwalt der obsiegenden Partei versäumt, die Zustellung innerhalb der Frist von fünfzehn Tagen zu machen, so hat die andere Partei das Recht, diese Zustellung zu machen und die Eintragung zu beantragen.

Das endgültig gewordene Urteil erster oder zweiter Instanz hat hinsichtlich der Ehegatten untereinander, soweit es ihre Güter betrifft, Wirkung vom Klagetage an. Dritten gegenüber hat es erst Wirkung vom Tage der Einschreibung an.

**253—274.** *Aufgehoben durch Gesetz vom 18. April 1886.*

**275—294.** *Aufgehoben durch Gesetz vom 27. Juli 1884.*

### DRITTES KAPITEL (NEU).
#### Wirkungen der Ehescheidung.

**295.** Die geschiedenen Ehegatten können einander nicht mehr heiraten, wenn der eine oder der andere nach der Scheidung eine neue Heirat eingegangen ist, auf die eine zweite Scheidung folgte. Im Falle die Eheleute einander heiraten, ist eine neue Eheschließung erforderlich.

Die Ehegatten können kein anderes Güterrecht annehmen als das, welches ursprünglich ihre Heirat regelte.

**296.** Die geschiedene Ehefrau kann sich unmittelbar nach der Einschreibung des Urteils erster oder zweiter Instanz, das die Scheidung ausgesprochen hat, wieder verheiraten, es müssen jedoch dreihundert Tage verstrichen sein seit der in der zur Ehescheidung führenden Instanz erlassenen Verfügung, welche den klägerischen Ehegatten zum getrennten Wohnsitz ermächtigte.

Wenn jedoch die Verfügung sich über die Frage des getrennten Wohnsitzes nicht ausgesprochen hat, ist die Frist von dreihundert Tagen von dem ersten in dieser Sache ergangenen vorbereitenden Urteile, Zwischen- oder Endurteile ab zu rechnen.

**297.** Ist das Urteil auf Trennung von Tisch und Bett in ein Ehescheidungsurteil gemäß Artikel 310 des Code civil umgewandelt worden, so kann die geschiedene Ehefrau unmittelbar nach der Einschreibung der Umwandlungsentscheidung eine neue Ehe eingehen.

**298.** *Aufgehoben durch Gesetz vom 15. Dezember 1904.*

**299.** Der Ehegatte, gegen den die Ehescheidung ausgesprochen ist, verliert alle die Vorteile, die ihm von dem andern Ehegatten durch Ehevertrag oder während der Ehe gegeben worden sind.

Die Ehescheidung bewirkt, daß jeder der Ehegatten den Gebrauch seines Namens wieder aufnimmt.

**300.** Der Ehegatte, welcher die Ehescheidung erwirkt hat, behält die von dem andern Ehegatten ihm zugewendeten Vorteile, selbst wenn sie gegenseitig ausbedungen waren und nunmehr die Gegenseitigkeit nicht stattfindet.

301. Si les époux ne s'étaient fait aucun avantage, ou si ceux stipulés ne paraissaient pas suffisants pour assurer la subsistance de l'époux qui a obtenu le divorce, le tribunal pourra lui accorder, sur les biens de l'autre époux, une pension alimentaire, qui ne pourra excéder le tiers des revenus de cet autre époux. Cette pension sera révocable dans le cas où elle cesserait d'être nécessaire.

302. Les enfants seront confiés à l'époux qui a obtenu le divorce, à moins que le tribunal, sur la demande de la famille, ou du ministère public, n'ordonne, pour le plus grand avantage des enfants, que tous ou quelques-uns d'eux seront confiés aux soins soit de l'autre époux, soit d'une tierce personne.

303. Quelle que soit la personne à laquelle les enfants seront confiés, les père et mère conserveront respectivement le droit de surveiller l'entretien et l'éducation de leurs enfants, et seront tenus d'y contribuer à proportion de leurs facultés.

304. La dissolution du mariage par le divorce admis en justice ne privera les enfants nés de ce mariage, d'aucun des avantages qui leur étaient assurés par les lois, ou par les conventions matrimoniales de leurs père et mère; mais il n'y aura d'ouverture aux droits des enfants que de la même manière et dans les mêmes circonstances où ils se seraient ouverts s'il n'y avait pas eu divorce.

305. *Abrogé par loi du 27 juillet 1884.*

## CHAPITRE IV.

### De la séparation de corps.

306. Dans le cas où il y a lieu à demande en divorce, il sera libre aux époux de former une demande en séparation de corps.

307. Elle [*séparation de corps*] sera intentée, instruite et jugée de la même manière que toute autre action civile; néanmoins, les articles 236 à 244 lui seront applicables : elle ne pourra avoir lieu par le consentement mutuel des époux.

Le tuteur de la personne judiciairement interdite peut, avec l'autorisation du conseil de famille, présenter la requête et suivre l'instance à fin de séparation.

308. L'article 247 du Code civil est applicable à la procédure de séparation de corps.

309. *Abrogé par loi du 27 juillet 1884.*

310. Lorsque la séparation de corps aura duré trois ans, le jugement sera de droit converti en jugement de divorce, sur la demande formée par l'un des époux.

Les dépens relatifs à cette demande seront mis pour le tout à la charge de celui des époux, même demandeur, contre lequel la séparation de corps a été prononcée, et pour moitié à la charge de chacun des époux si la séparation a été prononcée contre eux à leurs torts réciproques.

301. Haben die Ehegatten sich keine Vorteile zugewendet, oder erscheinen die ausbedungenen nicht hinreichend, um den Unterhalt des Ehegatten, welcher die Ehescheidung erwirkt hat, zu sichern, so kann ihm das Gericht aus den Gütern des andern Ehegatten eine Unterhaltsrente zuerkennen, die jedoch ein Drittel der Einkünfte des andern Ehegatten nicht übersteigen darf. Diese Rente kann wieder aufgehoben werden, wenn die Notwendigkeit derselben wegfällt.

302. Die Kinder sind dem Ehegatten, welcher die Ehescheidung erwirkt hat, anzuvertrauen, sofern nicht das Gericht auf Antrag der Familie oder der Staatsanwaltschaft zum Besten der Kinder anordnet, daß alle oder einige derselben der Fürsorge des anderen Ehegatten oder einer dritten Person anvertraut werden sollen.

303. Wem auch immer die Kinder anvertraut sein mögen, die Eltern behalten beiderseits das Recht, den Unterhalt und die Erziehung ihrer Kinder zu beaufsichtigen, und sie sind verpflichtet, hierzu nach Verhältnis ihres Vermögens beizutragen.

304. Die Auflösung der Ehe durch gerichtlich zugelassene Scheidung entzieht den Kindern dieser Ehe keinen der Vorteile, die ihnen durch die Gesetze oder durch die Eheberedung ihrer Eltern zugesichert waren; der Anfall dieser Rechte tritt jedoch für die Kinder nur in derselben Weise und unter denselben Umständen ein, wie er stattgefunden hätte, wenn keine Ehescheidung eingetreten wäre.

305. *Aufgehoben durch Gesetz vom 27. Juli 1884.*

## VIERTES KAPITEL.

### Trennung von Tisch und Bett.

306. Im Falle der Klage auf Ehescheidung steht es den Ehegatten frei, Klage auf Trennung von Tisch und Bett zu stellen.

307. Sie [*Klage auf Trennung von Tisch und Bett*] wird ebenso wie jede andere zivilgerichtliche Klage eingeleitet, verhandelt und entschieden; die Artikel 236 bis 244 sind jedoch auf sie anwendbar; sie findet nicht statt auf Grund gegenseitiger Einwilligung der Ehegatten.

Der Vormund der gerichtlich entmündigten Person kann zum Zweck der Trennung mit Genehmigung des Familienrates den Antrag einreichen und das Verfahren betreiben.

308. Der Artikel 247 des Code civil ist auf das Verfahren bei Trennung von Tisch und Bett anwendbar.

309. *Aufgehoben durch Gesetz vom 27. Juli 1884.*

310. Hat die Trennung von Tisch und Bett drei Jahre gedauert, so ist das Urteil auf Klage eines der Ehegatten hin von amtswegen in ein Ehescheidungsurteil umzuwandeln.

Die Kosten dieser Klage werden ganz demjenigen der Ehegatten, selbst dem klägerischen, auferlegt, gegen den die Trennung von Tisch und Bett ausgesprochen ist, und zur Hälfte jedem der Ehegatten, wenn die Trennung aus beiderseitigem Verschulden ausgesprochen ist.

Les dispositions du jugement de séparation de corps accordant une pension alimentaire à l'époux qui a obtenu la séparation conservent en tous cas leur effet.

Cette nouvelle demande sera introduite par assignation, à huit jours francs, en vertu d'une ordonnance rendue par le président.

Elle sera débattue en chambre du conseil.

L'ordonnance nommera un juge rapporteur, ordonnera la communication au ministère public et fixera le jour de la comparution.

Le jugement sera rendu en audience publique.

La cause en appel sera débattue et jugée en chambre du conseil, sur rapport, le ministère public entendu. L'arrêt sera rendu en audience publique.

**311.** Le jugement qui prononce la séparation de corps ou un jugement postérieur peut interdire à la femme de porter le nom de son mari, ou l'autoriser à ne pas le porter. Dans le cas où le mari aurait joint à son nom le nom de sa femme, celle-ci pourra également demander qu'il soit interdit au mari de le porter.

La séparation de corps emporte toujours la séparation de biens.

Elle a, en outre, pour effet de rendre à la femme le plein exercice de sa capacité civile, sans qu'elle ait besoin de recourir à l'autorisation de son mari ou de justice.

S'il y a cessation de la séparation de corps par la réconciliation des époux, la capacité de la femme est modifiée pour l'avenir et réglée par les dispositions des articles 1449. Cette modification n'est opposable aux tiers que si la reprise de la vie commune a été constatée par acte passé devant notaire avec minute, dont un extrait devra être affiché en la forme indiquée par l'article 1445, et, de plus, par la mention en marge : 1⁰ de l'acte de mariage ; 2⁰ du jugement ou de l'arrêt qui a prononcé la séparation, et enfin par la publication en extrait dans l'un des journaux du département recevant les publications légales.

---

## TITRE SEPTIÈME.
### De la paternité et de la filiation.
### CHAPITRE PREMIER.
**De la filiation des enfants légitimes ou nés dans le mariage.**

**312.** L'enfant conçu pendant le mariage a pour père le mari.

Néanmoins, celui-ci pourra désavouer l'enfant, s'il prouve que, pendant le temps qui a couru depuis le trois centième jusqu'au cent quatre-vingtième jour avant la naissance de cet enfant, il était, soit par cause d'éloignement, soit par l'effet de quelque accident, dans l'impossibilité physique de cohabiter avec sa femme.

**313.** Le mari ne pourra, en alléguant son impuissance naturelle, désavouer l'enfant : il

---

Die Verfügungen des Urteils auf Trennung von Tisch und Bett, welche dem obsiegenden Gatten eine Unterhaltsrente gewährt haben, behalten auf jeden Fall ihre Wirkung.

Diese neue Klage wird durch Ladung auf freie acht Tage in Gemäßheit eines Beschlusses des Präsidenten eingeleitet.

Sie ist im Beratungszimmer zu verhandeln.

Der Beschluß ernennt einen Berichterstatter, ordnet die Mitteilung an die Staatsanwaltschaft an und bestimmt den Tag des Erscheinens.

Das Urteil wird in öffentlicher Sitzung erlassen.

In der Berufungsinstanz wird die Sache im Beratungszimmer nach Berichterstattung verhandelt und entschieden nach Anhörung der Staatsanwaltschaft.

Das Urteil ist in öffentlicher Sitzung zu erlassen.

**311.** Das Urteil auf Trennung von Tisch und Bett oder ein späteres Urteil kann der Frau untersagen den Namen ihres Gatten zu tragen, oder sie ermächtigen, ihn nicht zu tragen. Hat der Ehemann seinem Namen den seiner Frau beigefügt, so kann diese gleichfalls verlangen, daß dem Ehemann untersagt werde, ihn zu tragen.

Die Trennung von Tisch und Bett zieht stets die Gütertrennung nach sich.

Sie bewirkt außerdem, daß die Ehefrau die volle Ausübung ihrer bürgerlichen Fähigkeit zurückerhält, ohne daß sie die Genehmigung ihres Gatten oder des Gerichts benötigt.

Hört die Trennung von Tisch und Bett infolge Wiederversöhnung der Ehegatten auf, so wird die Fähigkeit der Frau für die Zukunft abgeändert und geregelt durch die Bestimmungen des Artikels 1449. Diese Aenderung hat nur Wirkung gegenüber Dritten, wenn die Wiederaufnahme des Zusammenlebens festgestellt ist durch eine vor dem Notar errichteten Urkunde, von der ein Auszug in der durch Artikel 1445 angegebenen Form ausgehängt wird, und außerdem durch den Vermerk am Rande: 1. der Heiratsurkunde, 2. des Urteils oder der Entscheidung, welche die Trennung ausgesprochen hat, und endlich durch auszugsweise Veröffentlichung in einer der für die gesetzlichen Bekanntmachungen bestimmten Zeitungen.

---

## SIEBENTER TITEL.
### Vaterschaft und Kinderschaft.
### ERSTES KAPITEL.
**Kinderschaft ehelicher oder in der Ehe geborener Kinder.**

**312.** Das während der Ehe empfangene Kind hat den Ehemann zum Vater.

Dieser kann jedoch das Kind nicht anerkennen, wenn er beweist, daß er während der Zeit vom dreihundertsten bis zum hundertachtzigsten Tage vor der Geburt des Kindes, sei es wegen Entfernung oder infolge irgend eines Unfalles sich in der natürlichen Unmöglichkeit befand, seiner Frau beizuwohnen.

**313.** Der Mann kann nicht unter Berufung auf sein natürliches Unvermögen das Kind

ne pourra le désavouer même pour cause d'adultère, à moins que la naissance ne lui ait été cachée, auquel cas il sera admis à proposer tous les faits propres à justifier qu'il n'en est pas le père.

En cas de jugement ou même de demande soit de divorce, soit de séparation de corps, le mari peut désavouer l'enfant né trois cents jours après la décision qui a autorisé la femme à avoir un domicile séparé, et moins de cent quatre-vingts jours depuis le rejet définitif depuis la demande ou depuis la réconciliation.

La présomption de paternité établie par l'article précédent ne s'applique pas à cet enfant, même en l'absence de désaveu, s'il a été légitimé par un nouveau mariage de sa mère, conformément aux dispositions de l'article 331.

L'action en désaveu n'est pas admise s'il y a eu réunion de fait entre les époux.

**314.** L'enfant né avant le cent quatre-vingtième jour du mariage, ne pourra être désavoué par le mari, dans les cas suivants: 1º s'il a eu connaissance de la grossesse avant le mariage; 2º s'il a assisté à l'acte de naissance, et si cet acte est signé de lui, ou contient sa déclaration qu'il ne sait signer; 3º si l'enfant n'est pas déclaré viable.

**315.** La légitimité de l'enfant né trois cents jours après la dissolution du mariage pourra être contestée.

**316.** Dans les divers cas où le mari est autorisé à réclamer, il devra le faire, dans le mois, s'il se trouve sur les lieux de la naissance de l'enfant.

Dans les deux mois après son retour, si, à la même époque, il est absent;
Dans les deux mois après la découverte de la fraude, si on lui avait caché la naissance de l'enfant.

**317.** Si le mari est mort avant d'avoir fait sa réclamation, mais étant encore dans le délai utile pour la faire, les héritiers auront deux mois pour contester la légitimité de l'enfant, à compter de l'époque où cet enfant se serait mis en possession des biens du mari, ou de l'époque où les héritiers seraient troublés par l'enfant dans cette possession.

**318.** Tout acte extrajudiciaire contenant le désaveu de la part du mari ou de ses héritiers, sera comme non avenu, s'il n'est suivi, dans le délai d'un mois, d'une action en justice, dirigée contre un tuteur *ad hoc* donné à l'enfant, et en présence de sa mère.

verleugnen, wenn ihm nicht etwa die Geburt verheimlicht worden ist, in diesem Falle ist es ihm gestattet, alle Tatsachen anzuführen, welche geeignet sind, nachzuweisen, daß er nicht der Vater desselben ist.

Im Falle des Urteils oder selbst der Klage auf Ehescheidung oder Trennung von Tisch und Bett, kann der Ehemann das Kind verleugnen, wenn dasselbe dreihundert Tage nach der Entscheidung geboren ist, die die Ehefrau ermächtigt hat, getrennte Wohnung zu haben, und weniger als hundertachtzig nach der entgültigen Abweisung der Klage oder nach der Wiederaussöhnung.

Die durch den vorstehenden Artikel aufgestellte Vermutung der Vaterschaft findet keine Anwendung auf dieses Kind, selbst wenn eine Nichtanerkennung nicht vorliegt, wenn es durch eine neue Ehe seiner Mutter legitimiert ist in Gemäßheit der Bestimmung des Artikels 331.

Die Klage auf Nichtanerkennung ist nicht zulässig, wenn die Ehegatten tatsächlich Umgang gepflogen hatten.

**314.** Ein vor dem hundertachzigsten Tage vor der Ehe geborenes Kind, kann in folgenden Fällen von dem Manne nicht verleugnet werden: 1. wenn er vor der Ehe von der Schwangerschaft Kenntnis hatte: 2. wenn er bei der Aufnahme der Geburtsurkunde gegenwärtig war, und wenn dieselbe von ihm unterzeichnet worden ist, oder seine Erklärung enthält, daß er des Schreibens unkundig ist; 3. wenn das Kind nicht für lebensfähig erklärt worden ist.

**315.** Die Ehelichkeit eines Kindes, welches dreihundert Tage nach der Auflösung der Ehe geboren ist, kann angefochten werden.

**316.** In den verschiedenen Fällen, in denen der Mann Widerspruch zu erheben berechtigt ist, muß er dies binnen einem Monat tun, wenn er sich am Orte der Geburt des Kindes befindet;
binnen zwei Monaten nach seiner Rückkehr, wenn er zur Zeit der Geburt abwesend ist;
binnen zwei Monaten nach Entdeckung des Betrugs, wenn man ihm die Geburt des Kindes verheimlicht hatte.

**317.** Ist der Mann vor der Einlegung des Widerspruchs, aber noch während der hierzu festgesetzten Frist gestorben, so stehen seinen Erben zur Bestreitung der ehelichen Geburt des Kindes zwei Monate zu, von dem Zeitpunkt an gerechnet, in welchem das Kind sich in den Besitz der Güter des Mannes gesetzt hat, oder von dem Zeitpunkt an, in welchem die Erben in diesem Besitze von dem Kinde gestört worden sind.

**318.** Jeder außergerichtliche Akt, welcher die Nichtanerkennung seitens des Mannes oder seiner Erben enthält, ist als nicht geschehen zu betrachten, wenn darauf nicht binnen einem Monat eine gerichtliche Klage erfolgt, die gegen einen dem Kinde eigens zu diesem Zwecke bestellten Vormund und bei Anwesenheit der Mutter zu richten ist.

## CHAPITRE II.

**Des preuves de la filiation des enfants légitimes.**

**319.** La filiation des enfants légitimes se prouve par les actes de naissance inscrits sur les registres de l'état civil.

**320.** A défaut de ce titre, la possession constante de l'état d'enfant légitime suffit.

**321.** La possession d'état s'établit par une réunion suffisante de faits qui indiquent le rapport de filiation et de parenté entre un individu et la famille à laquelle il prétend appartenir.

Les principaux de ces faits sont :
Que l'individu a toujours porté le nom du père auquel il prétend appartenir ;
Que le père l'a traité comme son enfant, et a pourvu, en cette qualité, à son éducation, à son entretien et à son établissement ;

Qu'il a été reconnu constamment pour tel dans la société ;
Qu'il a été reconnu pour tel par la famille.

**322.** Nul ne peut réclamer un état contraire à celui que lui donnent son titre de naissance et la possession conforme à ce titre ;

Et réciproquement, nul ne peut contester l'état de celui qui a une possession conforme à son titre de naissance.

**323.** A défaut de titre et de possession constante, ou si l'enfant a été inscrit, soit sous de faux noms, soit comme né de père et mère inconnus, la preuve de filiation peut se faire par témoins.

Néanmoins, cette preuve ne peut être admise que lorsqu'il y a commencement de preuve par écrit, ou lorsque les présomptions ou indices résultant de faits dès lors constants, sont assez graves pour déterminer l'admission.

**324.** Le commencement de preuve par écrit résulte des titres de famille, des registres et papiers domestiques du père ou de la mère, des actes publics et même privés émanés d'une partie engagée dans la contestation, ou qui y aurait intérêt si elle était vivante.

**325.** La preuve contraire pourra se faire par tous les moyens propres à établir que le réclamant n'est pas l'enfant de la mère qu'il prétend avoir, ou même, la maternité prouvée, qu'il n'est pas l'enfant du mari de la mère.

**326.** Les tribunaux civils seront seuls compétents pour statuer sur les réclamations d'état.

## ZWEITES KAPITEL.

**Beweis der Kindschaft ehelicher Kinder.**

**319.** Die Kindschaft ehelicher Kinder wird durch die in das Standesregister eingetragenen Geburtsurkunden bewiesen.

**320.** In Ermangelung dieser Urkunde genügt der ständige Besitz des Standes eines ehelichen Kindes.

**321.** Der Besitz des Standes wird durch eine hinreichende Vereinigung von Tatsachen begründet, welche auf das Verhältnis der Kindschaft und Verwandtschaft zwischen einer Person und der Familie, welcher anzugehören sie behauptet, schließen lassen.
Die hauptsächlichsten dieser Tatsachen sind:
daß die Person stets den Namen des Vaters getragen hat, dem sie anzugehören behauptet;
daß der Vater sie als sein Kind behandelt und in dieser Eigenschaft für ihre Erziehung, ihren Unterhalt und ihre Ausstattung gesorgt hat;
daß sie als solches beständig in der Gesellschaft anerkannt worden ist;
daß sie als solches von der Familie ständig anerkannt worden ist.

**322.** Niemand kann einen Stand in Anspruch nehmen, der demjenigen widerspricht, welchen ihm seine Geburtsurkunde und ein mit derselben übereinstimmender Besitz verleihen;
und umgekehrt kann niemand den Stand desjenigen bestreiten, der in einem mit seiner Geburtsurkunde übereinstimmenden Besitz sich befindet.

**323.** In Ermangelung einer Geburtsurkunde und eines beständigen Besitzes, oder wenn das Kind entweder unter falschem Namen oder als von unbekannten Eltern geboren eingetragen ist, kann der Beweis der Kindschaft durch Zeugen geführt werden.
Jedoch kann dieser Beweis nur dann zugelassen werden, wenn der Anfang eines Schriftenbeweises vorhanden ist, oder wenn die Vermutungen oder Anzeichen, die sich aus bereits erwiesenen Tatsachen ergeben, gewichtig genug sind, um die Zulassung zu rechtfertigen.

**324.** Der Anfang eines Schriftenbeweises ergibt sich aus den Urkunden der Familien, aus den Hausbüchern und Papieren des Vaters oder der Mutter, aus öffentlichen und selbst aus Privaturkunden, welche entweder von einer an dem Rechtsstreite beteiligten Partei oder von Jemanden herrühren, der, wenn er noch lebte, daraus ein Interesse haben würde.

**325.** Der Gegenbeweis kann durch alle Mittel geführt werden, welche geeignet sind darzutun, daß der Kläger nicht das Kind der Mutter ist, die er zu haben behauptet, oder, wenn selbst die Mutterschaft bewiesen wäre, daß er nicht das Kind des Ehemannes der Mutter ist.

**326.** Die Zivilgerichte sind allein zuständig über Klagen zu entscheiden, durch welche

ein Personenstand in Anspruch genommen wird.

**327.** L'action criminelle contre un délit de suppression d'état, ne pourra commencer qu'après le jugement définitif sur la question d'état.

**327.** Die Strafklage wegen Vergehens gegen die Unterdrückung des Personenstandes kann erst nach dem entgültigen Urteile über die Standesfrage angestrengt werden.

**328.** L'action en réclamation d'état est imprescriptible à l'égard de l'enfant.

**328.** Die Klage, durch welche ein Stand in Anspruch genommen wird, ist hinsichtlich des Kindes unverjährbar.

**329.** L'action ne peut être intentée par les héritiers de l'enfant qui n'a pas réclamé, qu'autant qu'il est décédé mineur, ou dans les cinq années après sa majorité.

**329.** Die Klage kann von den Erben des Kindes, welches seine Ansprüche nicht geltend gemacht hat, nur in dem Falle angestrengt werden, wenn dasselbe in der Minderjährigkeit oder binnen fünf Jahren nach erreichter Volljährigkeit verstorben ist.

**330.** Les héritiers peuvent suivre cette action lorsqu'elle a été commencée par l'enfant, à moins qu'il ne s'en fût désisté formellement, ou qu'il n'eût laissé passer trois années sans poursuites, à compter du dernier acte de la procédure.

**330.** Die Erben können diese Klage weiterbetreiben, wenn sie schon von dem Kinde angestrengt war, es sei denn, daß das Kind dieselbe förmlich zurückgenommen hat, oder daß es von der letzten Prozeßhandlung an drei Jahre hat verstreichen lassen, ohne die Sache zu betreiben.

## CHAPITRE III.

### Des enfants naturels.

#### SECTION PREMIÈRE.

##### De la légitimation des enfants naturels.

## DRITTES KAPITEL.

### Uneheliche Kinder.

#### ERSTER ABSCHNITT.

##### Legitimation der unehelichen Kinder.

**331.** Les enfants nés hors mariage, autres que ceux nés d'un commerce adultérin, sont légitimés par le mariage subséquent de leurs père et mère, lorsque ceux-ci les ont légalement reconnus avant leur mariage ou qu'ils les reconnaissent au moment de sa célébration. Dans ce dernier cas, l'officier de l'état civil qui procède au mariage, constate la reconnaissance et la légitimation dans un acte séparé.

Lorsqu'un enfant naturel aura été reconnu par ses père et mère ou par l'un d'eux postérieurement à leur mariage, cette reconnaissance n'emportera légitimation qu'en vertu d'un jugement rendu en audience publique après enquête et débat en chambre du conseil, lequel jugement devra constater que l'enfant a eu, depuis la célébration du mariage, la possession d'état d'enfant commun.

Les enfants adultérins sont légitimés, dans les cas suivants, par le mariage subséquent de leurs père et mère, lorsque ceux-ci les reconnaissent au moment de la célébration du mariage dans les formes déterminées par le premier paragraphe du présent article:

1º Les enfants nés du commerce adultérin du père ou de la mère lorsqu'ils sont désavoués par le mari ou ses héritiers;

2º Les enfants nés du commerce adultérin du père ou de la mère lorsqu'ils sont réputés conçus à une époque où le père ou la mère avait un domicile distinct en vertu de l'ordonnance rendu conformément à l'article 878 du Code de procédure civile et antérieurement à un désistement de l'instance ou rejet de la demande ou à une réconciliation judiciairement constatée.

**331.** Die außerehelich geborenen Kinder mit Ausnahme der im Ehebruch erzeugten, werden durch die nachfolgende Ehe ihrer Eltern legitimiert, wenn diese sie vor ihrer Ehe anerkannt haben oder im Augenblick der Eheschließung anerkennen. In diesem letzteren Falle stellt der die Eheschließung vornehmende Standesbeamte die Anerkennung und Legitimation in einem besonderen Akte fest.

Ist ein uneheliches Kind von seinen Eltern oder von einem der beiden nach ihrer Heirat anerkannt, so zieht diese Anerkennung die Legitimation nur nach sich auf Grund eines in öffentlicher Sitzung nach Untersuchung und Verhandlung im Beratungszimmer erlassenen Urteils, das festzustellen hat, daß das Kind seit der Eheschließung den Stand eines gemeinschaftlichen Kindes besessen hat.

Die im Ehebruch erzeugten Kinder werden in folgenden Fällen durch die nachfolgende Ehe ihrer Eltern legitimiert, wenn diese sie bei der Eheschließung in der durch den ersten Paragraphen des gegenwärtigen Artikels bestimmten Form anerkennen:

1. Die im Ehebruch der Mutter erzeugten Kinder, wenn diese von dem Ehemann oder seinen Erben nicht anerkannt sind;

2. Die im Ehebruch des Vaters oder der Mutter erzeugten, wenn sie als zu einer Zeit gezeugt anzusehen sind, wo der Vater oder die Mutter getrennten Wohnsitz hatten auf Grund einer in Gemäßheit des Art. 878 Zivilprozeßordnung erlassenen Entscheidung und vor Klagerückzug oder Klageabweisung oder gerichtlich festgestellter Wiederaussöhnung.

Toutefois, la reconnaissance et la légitimation pourront être annulées si l'enfant a la possession d'état d'enfant légitime ; ,

3° Les enfants nés du commerce adultérin du mari, dans tous les autres cas, s'il n'existe pas, au moment du mariage subséquent, d'enfants ou de descendants légitimes issus du mariage au cours duquel l'enfant adultérin est né ou a été conçu.

Toute légitimation sera mentionnée en marge de l'acte de naissance de l'enfant légitimé.

Cette mention sera faite à la diligence de l'officier de l'état civil qui aura procédé au mariage, s'il a connaissance de l'existence des enfants, sinon, à la diligence de tout intéressé.

**332.** La légitimation peut avoir lieu, même en faveur des enfants décédés qui ont laissé des descendants ; et, dans ce cas, elle profite à ces descendants.

**333.** Les enfants légitimés par le mariage subséquent auront les mêmes droits que s'ils étaient nés de ce mariage.

SECTION II.

De la reconnaissance des enfants naturels.

**334.** La reconnaissance d'un enfant naturel sera faite par un acte authentique, lorsqu'elle ne l'aura pas été dans son acte de naissance.

**335.** Cette reconnaissance ne pourra avoir lieu au profit des enfants nés d'un commerce incestueux ou adultérin, sous réserves des dispositions de l'article 331.

**336.** La reconnaissance du père, sans l'indication et l'aveu de la mère, n'a d'effet qu'à l'égard du père.

**337.** La reconnaissance faite pendant le mariage, par l'un des époux, au profit d'un enfant naturel qu'il aurait eu, avant son mariage, d'un autre que de son époux, ne pourra nuire ni à celui-ci, ni aux enfants nés de ce mariage.

Néanmoins, elle produira son effet après la dissolution de ce mariage, s'il n'en reste pas d'enfants.

**338.** L'enfant naturel reconnu ne pourra réclamer les droits d'enfant légitime. Les droits des enfants naturels seront réglés au titre *Des successions.*

**339.** Toute reconnaissance de la part du père ou de la mère, de même que toute réclamation de la part de l'enfant, pourra être contestée par tous ceux qui y auront intérêt.

**340.** La paternité hors mariage peut être judiciairement déclarée :

1° Dans le cas d'enlèvement ou de viol, lorsque l'époque de l'enlèvement ou du viol se rapportera à celle de la conception ;

---

Die Anerkennung und die Legitimation können jedoch für nichtig erklärt werden, wenn das Kind den Stand eines ehelichen Kindes besitzt ;

3. Die im Ehebruch des Mannes erzeugten Kinder in allen andern Fällen, wenn im Augenblick der nachfolgenden Eheschließung, eheliche Kinder oder Abkömmlinge nicht vorhanden sind, die aus der Ehe hervorgegangen sind, während derselben das im Ehebruch erzeugte Kind geboren oder empfangen worden ist.

Jede Legitimation ist am Rande der Geburtsurkunde des legitimierten Kindes zu vermerken.

Dieser Vermerk ist auf Betreiben des Standesbeamten zu machen, der die Eheschließung vornimmt, wenn er Kenntnis von den Kindern hat, wenn nicht, auf Betreiben jedes Beteiligten.

**332.** Die Legitimation kann selbst zu Gunsten verstorbener Kinder, welche Nachkommen hinterlassen haben, stattfinden ; in diesem Falle nützt sie diesen Nachkommen.

**333.** Die durch eine nachfolgende Ehe legitimierten Kinder haben dieselben Rechte, als wenn sie aus dieser Ehe geboren wären.

ZWEITER ABSCHNITT.

Anerkennung unehelicher Kinder.

**334.** Die Anerkennung eines unehelichen Kindes hat in einer öffentlichen Urkunde zu erfolgen, wenn sie nicht in seiner Geburtsurkunde erfolgt ist.

**335.** Diese Anerkennung kann zu Gunsten der in Blutschande oder im Ehebruch erzeugten Kinder nicht stattfinden, vorbehaltlich der Bestimmungen des Art. 331.

**336.** Die Anerkennung des Vaters ohne die Angabe und das Geständnis der Mutter, hat nur Wirkung in Ansehung des Vaters.

**337.** Die Anerkennung, welche während der Ehe seitens eines der Ehegatten zum Vorteile eines unehelichen Kindes erfolgt, das er vor der Ehe mit einem andern als seinem Ehegatten erzeugt hatte, kann weder diesem letzteren noch den Kindern aus dieser Ehe zum Nachteile gereichen.

Jedoch erzeugt sie ihre Wirkung nach Auflösung dieser Ehe, wenn aus derselben keine Kinder vorhanden sind.

**338.** Das anerkannte uneheliche Kind kann auf die Rechte eines ehelichen keinen Anspruch machen. Die Rechte des unehelichen Kindes werden in dem Titel «Erbschaft» bestimmt.

**339.** Jede Anerkennung von Seiten des Vaters oder der Mutter, sowie jeder Anspruch von Seiten des Kindes kann von allen denjenigen, die daran ein Interesse haben, bestritten werden.

**340.** Die außereheliche Vaterschaft kann gerichtlich erklärt werden :

1. Im Falle der Entführung und der Notzucht, wenn der Zeitpunkt der Entführung oder der Notzucht mit dem der Empfängnis zusammenfällt.

2º Dans le cas de séduction accomplie à l'aide de manœuvres dolosives, abus d'autorité, promesse de mariage ou fiançailles, et s'il existe un commencement de preuve par écrit, dans les termes de l'article 1347.

3º Dans le cas où il existe des lettres ou quelque autre écrit privé émanant du père prétendu et desquels il résulte un aveu non équivoque de paternité;

4º Dans le cas où le père prétendu et la mère ont vécu en état de concubinage notoire pendant la période légale de la conception;

5º Dans le cas où le père prétendu a pourvu ou participé à l'entretien et à l'éducation de l'enfant en qualité de père.

L'action en reconnaissance de parenté ne sera pas recevable:
1º S'il est établi que, pendant la période légale de la conception, la mère était d'une inconduite notoire ou a eu commerce avec un autre individu.

2º Si le père prétendu était, pendant la même période, soit par suite d'éloignement, soit par l'effet de quelque accident, dans l'impossibilité physique d'être le père de l'enfant.

L'action n'appartient qu'à l'enfant. Pendant la minorité de l'enfant, la mère, même mineure, a seule qualité pour l'intenter.

Elle devra, à peine de déchéance, être intentée dans les deux années qui suivront l'accouchement.

Toutefois, dans les cas prévus aux paragraphes 4 et 5 ci-dessus, l'action pourra être intentée jusqu'à l'expiration des deux années qui suivront la cessation, soit du concubinage, soit de la participation du prétendu père à l'entretien et à l'éducation de l'enfant.
A défaut de reconnaissance par la mère, ou si elle est décédée, interdite ou absente, l'action sera intentée conformément aux dispositions de l'article 389.
Si l'action n'a pas été intentée pendant la minorité de l'enfant, celui-ci pourra l'intenter pendant toute l'année qui suivra sa majorité.

341. La recherche de la maternité est admise.
L'enfant qui réclamera sa mère, sera tenu de prouver qu'il est identiquement le même que l'enfant dont elle est accouchée.

Il ne sera reçu à faire cette preuve par témoins, que lorsqu'il y aura déjà un commencement de preuve par écrit.

342. Un enfant ne sera jamais admis à la recherche soit de la paternité, soit de la maternité, dans les cas où, suivant l'article 335, la reconnaissance n'est pas admise.

2. Im Falle der vermittelst arglistiger Täuschung, Mißbrauch der Amtsgewalt, Versprechung der Ehe oder des Verlöbnisses vollführten Verführung, und wenn der Anfang des Schriftenbeweises nach dem Wortlaut des Artikels 1347 besteht.
3. Wenn von Seiten des behaupteten Vaters Briefe oder irgend ein anderes Privatschriftstück vorhanden sind, aus denen ein zweifelsfreies Geständnis der Vaterschaft hervorgeht.
4. Wenn der behauptete Vater und die Mutter während der gesetzlichen Empfängniszeit in offenkundigem Konkubinat gelebt haben;
5. Wenn der behauptete Vater in seiner Eigenschaft als Vater den Unterhalt und die Erziehung des Kindes bestritten oder dazu beigetragen hat.
Die Klage auf Anerkennung der Vaterschaft ist unzulässig:
1. Wenn festgestellt ist, daß die Mutter während der gesetzlichen Empfängniszeit einen offenkundig schlechten Lebenswandel geführt oder mit einem anderen Verkehr gehabt hat.
2. Wenn der behauptete Vater während derselben Zeit, sei es infolge Entfernung oder infolge irgend eines Unfalls sich in der natürlichen Unmöglichkeit befand, der Vater des Kindes zu sein.
Die Klage steht nur dem Kinde zu. Während der Minderjährigkeit des Kindes steht nur der Mutter, selbst wenn sie minderjährig ist, das Recht der Klageerhebung zu.
Sie ist, bei Strafe der Verwirkung des Klagerechts, innerhalb der zwei auf die Niederkunft folgenden Jahre, anzustrengen.
Die Klage kann jedoch in den in obigen Paragraphen 4 und 5 vorgesehenen Fällen angestrengt werden bis zum Ablauf der zwei Jahre, die auf das Aufhören des Konkubinats oder der Teilnahme des behaupteten Vaters am Unterhalt und der Erziehung des Kindes, folgen.
Hat die Mutter nicht anerkannt oder ist sie gestorben, entmündigt oder abwesend, so ist die Klage gemäß den Bestimmungen des Artikels 389 einzuleiten.
Ist die Klage nicht während der Minderjährigkeit des Kindes erhoben worden, so kann dieses sie erheben während des auf seine Volljährigkeit folgenden Jahres.

341. Die Erforschung der Mutterschaft ist zulässig.
Das Kind, welches jemanden als seine Mutter in Anspruch nimmt, muß beweisen, daß es ebendaselbe Kind ist, von welchem diese entbunden worden ist.
Zur Führung dieses Beweises durch Zeugen ist es nur dann zugelassen, wenn der Anfang des Schriftenbeweises schon vorhanden ist.

342. Ein Kind wird weder zur Erforschung der Vaterschaft noch zu der der Mutterschaft jemals in den Fällen zugelassen, in welchen gemäß Artikel 335 die Anerkennung nicht zulässig ist.

# TITRE HUITIÈME.

### De l'adoption et de la tutelle officieuse.

## CHAPITRE PREMIER.

### De l'adoption.

#### SECTION PREMIÈRE.

##### De l'adoption et de ses effets.

**343.** L'adoption n'est permise qu'aux personnes de l'un ou de l'autre sexe, âgées de plus de cinquante ans, qui n'auront à l'époque de l'adoption, ni enfants ni descendants légitimes, et qui auront au moins quinze ans de plus que les individus qu'elles se proposent d'adopter.

**344.** Nul ne peut être adopté par plusieurs, si ce n'est par deux époux.

Hors le cas de l'article 366, nul époux ne peut adopter qu'avec le consentement de l'autre conjoint.

**345.** La faculté d'adopter ne pourra être exercée qu'envers l'individu à qui l'on aura, dans sa minorité et pendant six ans au moins, fourni des secours et donné des soins non interrompus, ou envers celui qui aurait sauvé la vie à l'adoptant, soit dans un combat, soit en le retirant des flammes ou des flots.

Il suffira, dans ce deuxième cas, que l'adoptant soit majeur, plus âgé que l'adopté, sans enfants ni descendants légitimes et s'il est marié, que son conjoint consente à l'adoption.

**346.** L'adoption ne pourra, en aucun cas, avoir lieu avant la majorité de l'adopté. Si l'adopté, ayant encore ses père et mère, ou l'un des deux, n'a point accompli sa vingt-cinquième année, il sera tenu de rapporter le consentement donné à l'adoption par ses père et mère, ou par le survivant; et s'il est majeur de vingt-cinq ans, de requérir leur conseil.

**347.** L'adoption conférera le nom de l'adoptant à l'adopté, en l'ajoutant au nom propre de ce dernier.

Toutefois, si l'adopté est un enfant naturel non reconnu, le nom de l'adoptant pourra, par l'acte même d'adoption, et du consentement des parties, lui être conféré purement et simplement, sans être ajouté à son propre nom.

**348.** L'adopté restera dans sa famille naturelle et y conservera tous ses droits; néanmoins le mariage est prohibé,

---

# ACHTER TITEL.

### Annahme an Kindesstatt und pflegeelterliche Vormundschaft.

## ERSTES KAPITEL.

### Annahme an Kindesstatt.

#### ERSTER ABSCHNITT.

##### Annahme an Kindesstatt und deren Wirkungen.

**343.** Die Annahme an Kindesstatt ist nur solchen Personen des einen oder des andern Geschlechts gestattet, welche über fünfzig Jahre alt sind und zur Zeit der Annahme weder eheliche Kinder noch Nachkommen haben, außerdem wenigstens fünfzehn Jahre älter sind als diejenigen, die sie annehmen wollen.

**344.** Niemand kann von mehreren Personen an Kindesstatt angenommen werden, es sei denn von zwei Ehegatten.

Außer dem Falle des Artikels 366 kann kein Ehegatte ohne Einwilligung des andern Ehegatten ein Kind annehmen.

**345.** Die Fähigkeit zur Annahme an Kindesstatt kann nur in Ansehung einer Person ausgeübt werden, welcher man während ihrer Minderjährigkeit und wenigstens sechs Jahre lang ununterbrochen Unterstützung gewährt und Fürsorge gewidmet hat; oder in Ansehung desjenigen, der dem Annehmer das Leben gerettet hat, sei es in einem Kampfe, oder daß er ihn aus dem Feuer oder Wasser gezogen hat.

In diesem zweiten Falle genügt es, daß der Annehmer großjährig und älter als der Angenommene sowie ohne eheliche Kinder und Nachkommen ist, und außerdem, wenn er verheiratet ist, daß sein Ehegatte in die Annahme einwilligt.

**346.** Die Annahme an Kindesstatt kann in keinem Falle vor der Großjährigkeit des Angenommenen stattfinden. Wenn der Angenommene, falls er noch beide Eltern oder einen von beiden hat, noch nicht das fünfundzwanzigste Lebensjahr vollendet hat, so ist er verpflichtet, die Einwilligung seiner Eltern oder des Ueberlebenden zu der Annahme beizubringen, und, wenn er älter als fünfundzwanzig Jahre ist, ihren Rat zu erbitten.

**347.** Die Annahme an Kindesstatt überträgt den Namen des Annehmenden auf den Angenommenen, indem er dem Familiennamen dieses letzteren beigefügt wird.

Ist der Angenommene jedoch ein nicht anerkanntes uneheliches Kind, so kann der Name des Annehmenden in der Urkunde über die Annahme an Kindesstatt selbst und im Einverständnis der Parteien, ihm ohne weiteres übertragen werden, ohne seinem eigenen Namen beigefügt zu werden.

**348.** Der Angenommene bleibt in seiner natürlichen Familie und behält darin alle seine Rechte: jedoch ist die Ehe verboten:

Entre l'adoptant, l'adopté et ses descendants ;

Entre les enfants adoptifs du même individu ;

Entre l'adopté et les enfants qui pourraient survenir à l'adoptant ;

Entre l'adopté et le conjoint de l'adoptant, et réciproquement entre l'adoptant et le conjoint de l'adopté.

349. L'obligation naturelle, qui continuera d'exister entre l'adopté et ses père et mère, de se fournir des aliments dans les cas déterminés par la loi, sera considérée comme commune à l'adoptant et à l'adopté, l'un envers l'autre.

350. L'adopté n'acquerra aucun droit de successibilité sur les biens des parents de l'adoptant ; mais il aura sur la succession de l'adoptant, les mêmes droits que ceux qu'y aurait l'enfant né en mariage, même quand il y aurait d'autres enfants de cette dernière qualité nés depuis l'adoption.

351. Si l'adopté meurt sans descendants légitimes, les choses données par l'adoptant, ou recueillies dans sa succession, et qui existeront en nature lors du décès de l'adopté, retourneront à l'adoptant ou à ses descendants, à la charge de contribuer aux dettes, et sans préjudice des droits des tiers.

Le surplus des biens de l'adopté appartiendra à ses propres parents ; et ceux-ci excluront toujours, pour les objets même spécifiés au présent article, tous héritiers de l'adoptant autres que ses descendants.

352. Si, du vivant de l'adoptant, et après le décès de l'adopté, les enfants ou descendants laissés par celui-ci mouraient eux-mêmes sans postérité, l'adoptant succédera aux choses par lui données, comme il est dit en l'article précédent ; mais ce droit sera inhérent à la personne de l'adoptant, et non transmissible à ses héritiers, même en ligne descendante.

### SECTION II.

#### Des formes de l'adoption.

353. La personne qui se proposera d'adopter, et celle qui voudra être adoptée, se présenteront devant le juge de paix du domicile de l'adoptant, pour y passer acte de leurs consentements respectifs.

Dans les cas prévus par l'article 93, l'acte sera dressé par un fonctionnaire de l'intendance ou par un officier du commissariat.

354. Une expédition de cet acte sera remise, dans les dix jours suivants, par la par-

---

Zwischen dem Annehmer, dem Angenommenen und seinen Nachkommen ;

zwischen den angenommenen Kindern derselben Person ;

zwischen dem Angenommenen und den Kindern, welche der Annehmer etwa später bekommt ;

zwischen dem Angenommenen und dem Ehegatten des Annehmenden sowie auch zwischen dem Annehmenden und dem Ehegatten des Angenommenen.

349. Die natürliche Verbindlichkeit, in den gesetzlich bestimmten Fällen einander den Unterhalt zu gewähren, welche zwischen dem Angenommenen und dessen Vater und Mutter weiter bestehen bleibt, besteht ebenfalls gegenseitig zwischen dem Annehmer und dem Angenommenen.

350. Der Angenommene erwirbt kein Erbfolgerecht auf die Güter der Verwandten des Annehmers ; dagegen hat er auf die Erbschaft des Annehmers dieselben Rechte, welche ein eheliches Kind haben würde, selbst wenn andere Kinder dieser letzteren Art, die nach der Annahme geboren sind, vorhanden sein sollten.

351. Stirbt der Angenommene ohne eheliche Nachkommen, so fallen die Sachen, die er vom Annehmer geschenkt oder aus dessen Erbschaft erhalten hat, wenn sie zur Zeit des Todes des Angenommenen noch in Natur vorhanden sind, an den Annehmer oder dessen Nachkommen zurück, jedoch mit der Verpflichtung, zu den Schulden beizutragen, und unbeschadet der Rechte Dritter.

Die übrigen Güter des Angenommenen kommen seinen eigenen Verwandten zu ; diese schließen stets, selbst in Ansehung der in diesem Artikel bezeichneten Gegenstände, alle Erben des Annehmers aus, die nicht dessen Nachkommen sind.

352. Sterben bei Lebzeiten des Annehmers und nach dem Tode des Angenommenen die von letzterem hinterlassenen Kinder oder Nachkommen selbst ohne Nachkommenschaft, so erbt der Annehmer die von ihm geschenkten Sachen, wie es im vorstehenden Artikel angegeben ist ; dieses Recht ist jedoch an die Person des Annehmers geknüpft und geht nicht auf seine Erben, selbst in absteigender Linie, über.

### ZWEITER ABSCHNITT.

#### Formen der Annahme an Kindesstatt.

353. Derjenige, welcher ein Kind annehmen will, und der, welcher angenommen werden will, haben sich vor dem Friedensrichter des Wohnsitzes des Annehmers zu begeben, um über ihre beiderseitige Einwilligung eine Urkunde aufnehmen zu lassen.

In den durch Art. 93 vorgesehenen Fällen, wird die Urkunde von einem Intendanturbeamten oder einem Kommissariatsoffizier errichtet.

354. Eine Ausfertigung dieser Urkunde ist in den nächsten zehn Tagen durch den fleis-

tie la plus diligente, au procureur du Roi [*au procureur de la République*] près le tribunal de première instance dans le ressort duquel se trouvera le domicile de l'adoptant, pour être soumise à l'homologation de ce tribunal.

Le fonctionnaire de l'intendance ou l'officier du commissariat qui aura reçu un acte d'adoption en adressera, dans le plus bref délai, une expédition au ministre de la guerre où au ministre de la marine, qui la transmettra au procureur de la République.

355. Le tribunal, réuni en la chambre du conseil, et après s'être procuré les renseignements convenables, vérifiera : 1⁰ si toutes les conditions de la loi sont remplies ; 2⁰ si la personne qui se propose d'adopter jouit d'une bonne réputation.

356. Après avoir entendu le procureur du Roi [*le procureur de la République*], et sans aucune autre forme de procédure, le tribunal prononcera, sans énoncer de motifs, en ces termes : *Il y a lieu*, ou *Il n'y a pas lieu à l'adoption.*

357. Dans le mois qui suivra le jugement du tribunal de première instance, ce jugement sera, sur les poursuites de la partie la plus diligente, soumis à la cour royale [*la cour d'appel*], qui instruira dans les mêmes formes que le tribunal de première instance, et prononcera, sans énoncer de motifs : *Le jugement est confirmé*, ou *Le jugement est réformé ; en conséquence, il y a lieu*, ou *il n'y a pas lieu à l'adoption.*

358. Tout arrêt de la cour royale [*la cour d'appel*] qui admettra une adoption, sera prononcé à l'audience et affiché en tels lieux et en tel nombre d'exemplaires que le tribunal [*la cour*] jugera convenables.

359. Dans les trois mois qui suivront ce jugement, l'adoption sera inscrite, à la réquisition de l'une ou de l'autre des parties, sur le registre de l'état civil du lieu où l'adoptant sera domicilié.

Cette inscription n'aura lieu que sur le vu d'une expédition, en forme, du jugement de la cour royale [*la cour d'appel*] ; et l'adoption restera sans effet si elle n'a été inscrite dans ce délai.

Il sera fait mention de l'adoption ainsi inscrite en marge de l'acte de naissance de l'adopté.

360. Si l'adoptant venait à mourir après que l'acte constatant la volonté de former le contrat d'adoption a été reçu par le juge de paix et porté devant les tribunaux, et avant que ceux-ci eussent définitivement prononcé, l'instruction sera continuée et l'adoption admise, s'il y a lieu.

Les héritiers de l'adoptant pourront, s'ils croient l'adoption inadmissible, remettre au procureur du Roi [*au procureur de la République*] tous mémoires et observations à ce sujet.

---

sigsten Teil dem Prokurator des Königs [*Prokurator der Republik*] am Gerichte erster Instanz zuzustellen, in dessen Bezirk der Annehmer seinen Wohnsitz hat, damit dieselbe diesem Gerichte zur Bestätigung vorgelegt werde.

Der Intendanturbeamte oder der Offizier des Kommissariats, der einen Akt auf Annahme an Kindesstatt aufgenommen hat, übersendet hiervon unverzüglich eine Ausfertigung an den Kriegsminister oder Marineminister, der sie dem Prokurator der Republik übersendet.

355. Das Gericht, im Beratungszimmer versammelt, untersucht, nachdem es sich die geeigneten Auskünfte verschafft hat: 1. ob alle gesetzlichen Bedingungen erfüllt sind ; 2. ob die Person, welche das Kind annehmen will, in einem guten Rufe steht.

356. Nach Anhörung des Prokurators des Königs [*des Prokurators der Republik*] und ohne andere Förmlichkeiten des Verfahrens, erkennt das Gericht ohne Angabe von Gründen in folgenden Ausdrücken: Die Annahme an Kindesstatt hat statt oder hat nicht statt.

357. Innerhalb eines Monats nach dem Urteile des Gerichts erster Instanz wird dieses Urteil auf Betreiben des fleissigsten Teiles dem Appelhof vorgelegt, welcher in denselben Formen wie das Gericht erster Instanz verfährt und ohne Gründe anzugeben erkennt: das Urteil wird bestätigt, oder, das Urteil wird aufgehoben ; demgemäß hat die Annahme an Kindesstatt statt, oder demgemäß hat die Annahme an Kindesstatt nicht statt.

358. Jedes Urteil des Appellhofes, welches eine Annahme an Kindesstatt zuläßt, wird in der Sitzung verkündet und an den Orten und in der Anzahl von Exemplaren, wie das Gericht es für angemessen erachtet, angeschlagen.

359. In den nächsten drei Monaten nach diesem Urteile ist die Annahme an Kindesstatt auf Anstehen des einen oder des andern Teils in die Standesregister des Ortes einzutragen, wo der Annehmer seinen Wohnsitz hat.

Diese Eintragung darf nur stattfinden nach Einsicht einer vorschriftsmäßigen Ausfertigung des Urteils des Appellhofes ; die Annahme an Kindesstatt bleibt ohne Wirkung, wenn sie nicht binnen dieser Frist eingetragen worden ist.

Vermerk der so eingetragenen Annahme an Kindesstatt ist am Rande der Geburtsurkunde des Angenommenen zu machen.

360. Stirbt der Annehmer, nachdem die Urkunde, welche seinen Willen, den Vertrag auf Annahme an Kindesstatt einzugehen, festlegt, von dem Friedensrichter aufgenommen und den Gerichten vorgelegt worden ist, und bevor diese darüber endgültig erkannt haben, so wird das Verfahren fortgesetzt und die Annahme an Kindesstatt gegebenen Falls zugelassen.

Die Erben des Annehmers können, wenn sie die Annahme für unzulässig halten, an den Prokurator des Königs [*den Prokurator der Republik*] ihre Bemerkungen darüber schriftlich oder mündlich gelangen lassen.

<table>
<tr><td>

## CHAPITRE II.

### De la tutelle officieuse.

**361.** Tout individu âgé de plus de cinquante ans, et sans enfants ni descendants légitimes, qui voudra, durant la minorité d'un individu, se l'attacher par un titre légal, pourra devenir son tuteur officieux, en obtenant le consentement des père et mère de l'enfant, ou du survivant d'entre eux, ou, à leur défaut, d'un conseil de famille, ou enfin, si l'enfant n'a point de parents connus, en obtenant le consentement des administrateurs de l'hospice où il aura été recueilli, ou de la municipalité du lieu de sa résidence.

**362.** Un époux ne peut devenir tuteur officieux qu'avec le consentement de l'autre conjoint.

**363.** Le juge de paix du domicile de l'enfant dressera procès-verbal des demandes et consentements relatifs à la tutelle officieuse.

**364.** Cette tutelle ne pourra avoir lieu qu'au profit d'enfants âgés de moins de quinze ans.

Elle emportera avec soi, sans préjudice de toutes stipulations particulières, l'obligation de nourrir le pupille, de l'élever, de le mettre en état de gagner sa vie.

**365.** Si le pupille a quelque bien, et s'il était antérieurement en tutelle, l'administration de ses biens, comme celle de sa personne, passera au tuteur officieux, qui ne pourra néanmoins imputer les dépenses de l'éducation sur les revenus du pupille.

**366.** Si le tuteur officieux, après cinq ans révolus depuis la tutelle, et dans la prévoyance de son décès avant la majorité du pupille, lui confère l'adoption par acte testamentaire, cette disposition sera valable, pourvu que le tuteur officieux ne laisse point d'enfants légitimes.

**367.** Dans le cas où le tuteur officieux mourrait, soit avant les cinq ans, soit après ce temps, sans avoir adopté son pupille, il sera fourni à celui-ci, durant sa minorité, des moyens de subsister, dont la quotité et l'espèce, s'il n'y a été antérieurement pourvu par une convention formelle, seront réglées soit amiablement entre les représentants respectifs du tuteur et du pupille, soit judiciairement en cas de contestation.

**368.** Si, à la majorité du pupille, son tuteur officieux veut l'adopter, et que le premier y consente, il sera procédé à l'adoption selon les formes prescrites au chapitre précédent, et les effets en seront, en tous points, les mêmes.

</td><td>

## ZWEITES KAPITEL.

### Pflegeelterliche Vormundschaft.

**361.** Jede über fünfzig Jahre alte Person ohne eheliche Kinder und Nachkommen, welche während der Minderjährigkeit einer Person dieselbe auf eine gesetzmäßig anerkannte Weise an sich fesseln will, kann deren pflegelterlicher Vormund werden durch Erwirkung der Einwilligung seitens der Eltern des Kindes oder des Ueberlebenden von ihnen oder in deren Ermangelung seitens des Familienrates oder endlich, wenn das Kind keine bekannten Verwandten hat, durch Erwirkung der Einwilligung der Verwalter des Pflegehauses, in dem dasselbe aufgenommen ist, oder der Gemeindebehörde des Aufenthaltsortes desselben.

**362.** Ein Ehegatte kann nur mit Genehmigung des andern Ehegatten pflegelterlicher Vormund werden.

**363.** Der Friedensrichter des Wohnsitzes des Kindes hat über die auf die pflegelterliche Vormundschaft bezüglichen Gesuche und Einwilligungen Protokoll aufzunehmen.

**364.** Diese Vormundschaft kann nur zum Vorteile von Kindern stattfinden, welche unter fünfzehn Jahren alt sind.

Sie zieht, unbeschadet jeder besonderen Uebereinkunft die Verbindlichkeit nach sich, den Mündel zu ernähren, ihn zu erziehen und ihn in den Stand zu setzen, sich seinen Lebensunterhalt zu verdienen.

**365.** Wenn der Mündel Vermögen hat und vorher unter Vormundschaft stand, so geht die Fürsorge für seine Güter ebenso wie diejenige für seine Person auf den pflegelterlichen Vormund über; derselbe darf jedoch die Erziehungskosten nicht auf die Einkünfte des Pfleglings anrechnen.

**366.** Wenn der pflegelterliche Vormund nach fünfjährigem Bestehen der Vormundschaft, in der Besorgnis seines Ablebens vor der Großjährigkeit des Mündels, letzterem durch testamentarische Verfügung, die Annahme an Kindesstatt erteilt, so ist diese Verfügung gültig, vorausgesetzt, daß der pflegelterliche Vormund keine ehelichen Kinder hinterläßt.

**367.** Stirbt der pflegelterliche Vormund vor Ablauf von fünf Jahren oder nach dieser Zeit ohne seinen Mündel an Kindesstatt angenommen zu haben, so sind demselben während seiner Minderjährigkeit Mittel zum Unterhalt zu gewähren, deren Betrag und Art, wenn hierfür nicht durch förmliche Uebereinkunft vorgesorgt ist, entweder gütlich zwischen den beiderseitigen Vertretern des Vormundes und des Mündels, oder im Streitfalle gerichtlich, zu bestimmen ist.

**368.** Wenn nach erreichter Großjährigkeit des Mündels sein pflegelterlicher Vormund ihn an Kindesstatt annehmen will und ersterer darin einwilligt, so erfolgt die Annahme in den im vorstehenden Kapitel vorgeschriebenen Formen; die Wirkungen derselben sind in jeder Hinsicht dieselben.

</td></tr>
</table>

**369.** Si, dans les trois mois qui suivront la majorité du pupille, les réquisitions par lui faites à son tuteur officieux, à fin d'adoption, sont restées sans effet, et que le pupille ne se trouve pas en état de gagner sa vie, le tuteur officieux pourra être condamné à indemniser le pupille de l'incapacité où celui-ci pourrait se trouver de pourvoir à sa subsistance.

Cette indemnité se résoudra en secours propres à lui procurer un métier; le tout sans préjudice des stipulations qui auraient pu avoir lieu dans la prévoyance de ce cas.

**370.** Le tuteur officieux qui aurait eu l'administration de quelques biens pupillaires, en devra rendre compte dans tous les cas.

---

# TITRE NEUVIÈME.

### De la puissance paternelle.

**371.** L'enfant, à tout âge, doit honneur et respect à ses père et mère.

**372.** Il reste sous leur autorité jusqu'à sa majorité ou son émancipation.

**373.** Le père seul exerce cette autorité durant le mariage.

**374.** L'enfant ne peut quitter la maison paternelle sans la permission de son père, si ce n'est pour enrôlement volontaire, après l'âge de dix-huit ans révolus.

**375.** Le père qui aura des sujets de mécontentement très graves sur la conduite d'un enfant, aura les moyens de correction suivants.

**376.** Si l'enfant est âgé de moins de seize ans commencés, le père pourra le faire détenir pendant un temps qui ne pourra excéder un mois; et, à cet effet, le président du tribunal d'arrondissement devra, sur sa demande, délivrer l'ordre d'arrestation.

**377.** Depuis l'âge de seize ans commencés jusqu'à la majorité ou l'émancipation, le père pourra seulement requérir la détention de son enfant pendant six mois au plus; il s'adressera au président dudit tribunal, qui, après en avoir conféré avec le procureur du Roi [*le procureur de la République*], délivrera l'ordre d'arrestation ou le refusera, et pourra, dans le premier cas, abréger le temps de la détention requis par le père.

**378.** Il n'y aura, dans l'un et l'autre cas, aucune écriture ni formalité judiciaire, si ce n'est l'ordre même d'arrestation, dans lequel les motifs n'en seront pas énoncés.

---

**369.** Sind während der ersten drei Monate nach der Großjährigkeit des Mündels die von ihm an seinen pflegelterlichen Vormund behufs Annahme an Kindesstatt gerichteten Aufforderungen ohne Erfolg geblieben, und ist der Mündel nicht im Stande, seinen Lebensunterhalt zu verdienen, so kann der pflegelterliche Vormund verurteilt werden, den Mündel dafür zu entschädigen, daß er unfähig ist, für seinen Unterhalt zu sorgen.

Diese Entschädigung löst sich in eine Unterstützung auf, welche geeignet ist, dem Mündel zu einem Gewerbe zu verhelfen: alles unbeschadet der Verabredungen, die etwa in Voraussicht dieses Falles bereits getroffen worden sind.

**370.** Der pflegelterliche Vormund, welcher die Verwaltung über Mündelgelder geführt hat, muß darüber in allen Fällen Rechnung legen.

---

# NEUNTER TITEL.

### Elterliche Gewalt.

**371.** Das Kind ist in jedem Alter seinen Eltern Ehrerbietung und Achtung schuldig.

**372.** Es bleibt unter ihrer Gewalt bis zu seiner Volljährigkeit oder Emanzipation.

**373.** Der Vater allein übt diese Gewalt aus während der Ehe.

**374.** Das Kind darf das elterliche Haus ohne Erlaubnis des Vaters nicht verlassen, außer zum Zwecke des freiwilligen Eintritts in das Heer nach vollendetem achtzehnten Lebensjahre.

**375.** Hat der Vater besonders wichtige Ursachen, mit der Aufführung seines Kindes unzufrieden zu sein, so stehen ihm folgende Zuchtmittel zur Verfügung.

**376.** Hat das Kind das sechzehnte Lebensjahr noch nicht angetreten, so kann der Vater es einige Zeit, jedoch nicht länger als einen Monat einsperren lassen; zu diesem Zwecke muß auf Verlangen desselben der Präsident des Gerichts erster Instanz den Haftbefehl erlassen.

**377.** Vom Beginn des sechzehnten Lebensjahres an bis zur Großjährigkeit oder Emanzipation kann der Vater die Einsperrung seines Kindes nur auf höchstens sechs Monate beantragen; er hat sich deshalb an den Präsidenten des besagten Gerichts zu wenden, welcher nach vorheriger Beratung mit dem Prokurator des Königs [*Prokurator der Republik*] den Haftbefehl entweder erteilt oder verweigert; ersteren Falls kann er die vom Vater beantragte Zeit der Einsperrung abkürzen.

**378.** In beiden Fällen findet weder ein schriftliches Verfahren noch eine gerichtliche Förmlichkeit statt, ausgenommen den Haftbefehl selbst, in welchem Gründe nicht angegeben sind.

Le père sera seulement tenu de souscrire une soumission de payer tous les frais, et de fournir les aliments convenables.

379. Le père est toujours maître d'abréger la durée de la détention par lui ordonnée ou requise. Si, après sa sortie, l'enfant tombe dans des nouveaux écarts, la détention pourra être de nouveau ordonnée de la manière prescrite aux articles précédents.

380. Si le père est remarié, il sera tenu, pour faire détenir son enfant du premier lit, lors même qu'il serait âgé de moins de seize ans, de se conformer à l'article 377.

381. La mère survivante et non remariée ne pourra faire détenir un enfant qu'avec le concours des deux plus proches parents paternels, et par voie de réquisition, conformément à l'article 377.

382. Lorsque l'enfant aura des biens personnels, ou lorsqu'il exercera un état, sa détention ne pourra, même au-dessous de seize ans, avoir lieu que par voie de réquisition, en la forme prescrite par l'article 377.

L'enfant détenu pourra adresser un mémoire au procureur général près la cour royale [*la cour d'appel*]. Celui-ci se fera rendre compte par le procureur du Roi [*le procureur de la République*] près le tribunal de première instance, et fera son rapport au président de la cour royale [*la cour d'appel*], qui, après en avoir donné avis au père, et après avoir recueilli tous les renseignements, pourra révoquer ou modifier l'ordre délivré par le président du tribunal de première instance.

383. La puissance paternelle sur les enfants naturels légalement reconnus est exercée par celui de leurs père et mère qui les aura reconnus le premier; en cas de reconnaissance simultanée par le père et la mère, le père seul exerce l'autorité attachée à la puissance paternelle; en cas de prédécès de celui des parents auquel appartient la puissance paternelle, le survivant en est investi de plein droit.

Le tribunal peut toutefois, si l'intérêt de l'enfant l'exige, confier la puissance paternelle à celui des parents qui n'en est pas investi par la loi.

Sous ces réserves, et sauf ce qui sera dit à l'article 389 de l'administration des biens, la puissance paternelle sur les enfants naturels est régie comme celle relative aux enfants légitimes.

384. Le père durant le mariage, et, après la dissolution du mariage, le survivant des père et mère, auront la jouissance des biens de leurs enfants jusqu'à l'âge de dix-huit ans accomplis, ou jusqu'à l'émancipation qui pourrait avoir lieu avant l'âge de dix-huit ans.

Der Vater ist nur gehalten eine Verpflichtung zu unterschreiben, daß er alle Kosten bezahlen und den angemessenen Unterhalt liefern werde.

379. Dem Vater steht jederzeit die Macht zu, die Dauer der von ihm angeordneten und beantragten Einsperrung abzukürzen. Gerät das Kind nach seiner Entlassung auf neue Abwege, so kann die Einsperrung auf die in den vorstehenden Artikeln vorgeschriebene Weise von neuem angeordnet werden.

380. Ist der Vater wieder verheiratet, so muß er, um sein Kind aus erster Ehe, selbst wenn es weniger als sechzehn Jahre alt ist, einsperren zu lassen, sich nach den Vorschriften des Art. 377 richten.

381. Die überlebende und nicht wieder verheiratete Mutter kann nur unter Mitwirkung der zwei nächsten Verwandten der väterlichen Seite und auf dem Wege des Antrages nach Maßgabe des Art. 377 ein Kind einsperren lassen.

382. Hat das Kind persönliches Vermögen, oder übt es einen Beruf aus, so kann seine Einsperrung, selbst wenn es unter sechzehn Jahre alt ist, nur auf dem Wege des Antrages in der in Art. 377 vorgeschriebenen Form erfolgen.

Das eingesperrte Kind kann an den Generalprokurator am Appellhofe eine Denkschrift einreichen. Dieser fördert von dem Prokurator des Königs [*Prokurator der Republik*] beim Gericht erster Instanz Bericht ein und erstattet seinerseits Bericht an den Präsidenten des Appellhofes, welcher, nachdem er den Vater hiervon benachrichtigt und alle Erkundigungen eingezogen hat, den von dem Präsidenten des Gerichts erster Instanz erteilten Befehl aufheben oder beschränken kann.

383. Die elterliche Gewalt über uneheliche gesetzesmäßig anerkannte Kinder wird von demjenigen Elternteil ausgeübt, der sie zuerst anerkannt hat; bei gleichzeitiger Anerkennung durch den Vater und die Mutter, übt der Vater allein die der elterlichen Gewalt beigegebenen Autorität aus; im Falle des Vorversterbens desjenigen Elternteils, dem die elterliche Gewalt zusteht, geht sie von rechtswegen auf den Ueberlebenden über.

Erfordert es das Interesse des Kindes, so kann jedoch das Gericht die elterliche Gewalt demjenigen der Eltern anvertrauen, der von Gesetzeswegen nicht mit ihr betraut ist.

Unter diesen Vorbehalten und ausgenommen das, was in Art. 389 von der Vermögensverwaltung gesagt ist, wird die elterliche Gewalt über uneheliche Kinder in der gleichen Weise wie die über eheliche Kinder geleitet.

384. Während der Ehe hat der Vater, und nach Auflösung derselben, der Ueberlebende von beiden Eltern den Genuß an den Gütern ihrer Kinder bis zu deren vollendetem achtzehnten Lebensjahre oder bis zu deren vor dem Alter von achtzehn Jahren etwa erfolgenden Emanzipation.

Celui des père et mère qui exerce la puissance paternelle aura la jouissance légale des biens de son enfant légalement reconnu, dans les mêmes conditions que les père et mère légitimes, sauf ce qui sera dit à l'article 389.

385. Les charges de cette jouissance seront:

1º Celles auxquelles sont tenus les usufruitiers;

2º La nourriture, l'entretien et l'éducation des enfants, selon leur fortune;

3º Le payement des arrérages ou intérêts des capitaux;

4º Les frais funéraires et ceux de dernière maladie.

386. Cette jouissance n'aura pas lieu au profit de celui des père et mère contre lequel le divorce aurait été prononcé.

387. Elle ne s'étendra pas aux biens que les enfants pourront acquérir par un travail et une industrie séparés, ni à ceux qui leur seront donnés ou légués sous la condition expresse que les père et mère n'en jouiront pas.

---

## TITRE DIXIÈME.

### De la minorité, de la tutelle et de l'émancipation.

### CHAPITRE PREMIER.

#### De la minorité.

388. Le mineur est l'individu de l'un et de l'autre sexe qui n'a point encore l'âge de vingt-et-un ans accomplis.

### CHAPITRE II.

#### De la tutelle.

##### SECTION PREMIÈRE.

###### De la tutelle des père et mère.

389. Le père est, du vivant des époux, administrateur légal des biens de leurs enfants mineurs non émancipés, à l'exception de ce qui leur aurait été donné ou légué sous la condition expresse d'être administré par un tiers.

Lorsque le père est déchu de l'administration, la mère devient de droit administratrice en ses lieu et place avec les mêmes pouvoirs que lui, sans avoir besoin de son autorisation maritale.

En cas de divorce ou de séparation de corps, l'administration appartient à celui des deux époux auquel est confié la garde de l'enfant, s'il n'en est autrement ordonné.

---

Derjenige Elternteil, der die elterliche Gewalt ausübt, hat den gesetzlichen Genuß an den Gütern seines gesetzmäßig anerkannten Kindes unter denselben Bedingungen wie die ehelichen Eltern vorbehaltlich des im Art. 389 Gesagten.

385. Die mit diesem Genusse verbundenen Lasten sind:
1. Diejenigen, welche den Nießbrauchern obliegen;
2. Die Ernährung, der Unterhalt und die Erziehung der Kinder nach Verhältnis ihres Vermögens;
3. Die Zahlung der Renten oder Zinsen der Kapitalien;
4. Die Kosten der Beerdigung und die der letzten Krankheit.

386. Dieser Genuß steht demjenigen Elternteil nicht zu, gegen den die Ehescheidung ausgesprochen worden ist.

387. Derselbe erstreckt sich weder auf die Güter, welche die Kinder selbständig durch ihre Arbeit oder ihr Gewerbe erwerben, noch auf dasjenige, was ihnen unter der ausdrücklichen Bedingung, daß die Eltern den Genuß daran nicht haben sollen, geschenkt oder vermacht worden ist.

---

## ZEHNTER TITEL.

### Minderjährigkeit, Vormundschaft und Emanzipation.

### ERSTES KAPITEL.

#### Minderjährigkeit.

388. Minderjährig ist jede Person männlichen oder weiblichen Geschlechts, welche noch nicht das einundzwanzigste Lebensjahr vollendet hat.

### ZWEITES KAPITEL.

#### Vormundschaft.

##### ERSTER ABSCHNITT.

###### Vormundschaft der Eltern.

389. Der Vater ist, bei Lebzeiten der Ehegatten, der gesetzliche Verwalter der Güter ihrer minderjährigen nicht emanzipierten Kinder, mit Ausnahme der Güter, die ihnen unter der ausdrücklichen Bedingung geschenkt oder vermacht worden sind, daß sie von einem Dritten verwaltet werden sollen.

Hat der Vater die Verwaltung verloren, so wird die Mutter von rechtswegen an seiner Stelle Verwalterin mit denselben Befugnissen wie er, ohne seine ehemännliche Genehmigung nötig zu haben.

Bei Ehescheidung oder Trennung von Tisch und Bett, steht die Verwaltung demjenigen der Ehegatten zu, dem die Sorge für das Kind übertragen ist, wenn nichts anderes angeordnet ist.

S'il y a opposition d'intérêts entre l'administrateur et le mineur, il est nommé à ce dernier un administrateur ad hoc par le tribunal statuant sur requête en chambre du conseil, le ministère public entendu. Il est procédé de même si le père et la mère, tous deux vivants, sont déchus de l'administration légale, sauf application des dispositions de la loi du 24 juillet 1889 au cas où les deux époux seraient déchus de la puissance paternelle.

L'administrateur légal doit administrer en bon père de famille et est responsable de son administration dans les termes de droit commun.

Il accomplit seul les actes que le tuteur peut faire seul ou autorisé par le conseil de famille et, avec l'autorisation du tribunal, statuant comme il vient d'être dit, les actes que le tuteur ne peut accomplir sans cette autorisation.

Il est tenu toutefois de faire, en bon administrateur, emploi des capitaux appartenant à l'enfant lorsqu'ils s'élèvent à plus de 1500 francs et de convertir en titres nominatifs les titres au porteur des valeurs mobilières lui appartenant, à moins que, par leur nature ou en raison de conventions, les titres ne soient pas susceptibles de cette conversion, sans que les tiers aient à surveiller cet emploi ou cette conversion.

Sont applicables à l'administration légale, avec les modalités résultant de ce qu'elle ne comporte ni conseil de famille, ni tutelle et subrogé tutelle, les articles 457, 458, 460, 461 in fine, 462, 466, 467, dernier alinéa, du Code civil, 953 et suivants, livre II, titre VI du Code de procédure civile, 2, 3, 10 et 11 de la loi du 27 février 1880.

L'administration légale cesse de droit d'appartenir à toute personne interdite pourvue d'un conseil judiciaire, en état d'absence ou déchue de la puissance paternelle; elle peut être retirée pour cause grave, par le tribunal statuant comme il est dit au paragraphe 4, à la requête de celui des père et mère qui n'en est pas investi, d'un parent ou allié de l'enfant, ou du ministère public.

L'administrateur est comptable quant à la propriété et aux revenus des biens dont il n'a pas la jouissance, et quant à la propriété seulement de ceux des biens dont la loi lui donne l'usufruit.

Les articles 469, 471, 472, 473, 474 et 475 du Code civil sont applicables au compte qu'il a à rendre.

Celui des parents naturels qui exercera la puissance paternelle n'administrera toutefois les biens de son enfant mineur qu'en qualité de tuteur légal et sous le contrôle d'un subrogé tuteur qu'il devra faire nommer dans les trois mois de son entrée en fonctions ou

Bestehen widerstreitende Interessen zwischen dem Verwalter und dem Minderjährigen, so kann dem Letzteren zu diesem Zwecke ein Verwalter vom Gericht ernannt werden, das auf Antrag und nach Anhörung der Staatsanwaltschaft im Beratungszimmer entscheidet. Ebenso ist zu verfahren, wenn der Vater und die Mutter, beide lebend, die gesetzliche Verwaltung verloren haben, unbeschadet der Anwendung der Bestimmungen des Gesetzes vom 24. Juli 1889 in dem Falle, in dem die beiden Ehegatten die elterliche Gewalt verloren haben.

Der gesetzliche Verwalter soll als guter Hausvater verwalten, er ist für seine Verwaltung nach den Grundsätzen des gemeinen Rechts verantwortlich.

Er kann allein die Handlungen vornehmen, welche der Vormund allein oder mit Genehmigung des Familienrates vornehmen kann, und er kann mit Genehmigung des Gerichts, das wie soeben gesagt erkennt, die Handlungen vornehmen, die der Vormund nicht ohne diese Genehmigung vornehmen kann.

Er ist jedoch verpflichtet, als guter Verwalter die dem Kinde gehörigen Kapitalien anzulegen, wenn sie 1500 Franken übersteigen und die dem Kinde gehörigen Mobiliarwerte an Inhaberpapieren in Namenspapiere umzuwandeln, es sei denn, daß diese Umwandlung der Natur der Papiere nach oder aus deren Vertragsverhältnis heraus nicht möglich ist, ohne daß Dritte diese Anlegung oder Umwandlung zu überwachen hätten.

Die Artikel 457, 458, 460, 461 in fine, 462, 466, 467 letzter Absatz des Code civil, 953 und folgende II. Buch, VI. Titel der Zivilprozeßordnung, 2, 3, 10 und 11 des Gesetzes vom 27. Februar 1880 sind anwendbar auf die gesetzliche Verwaltung mit den Abweichungen, die daraus folgen, daß die gesetzliche Verwaltung weder Familienrat noch Vormundschaft oder Gegenvormundschaft zuläßt.

Die gesetzliche Verwaltung hört von Rechtswegen auf der gerichtlich verbeistandeten entmündigten Person, bei Abwesenheit oder Entziehung der elterlichen Gewalt, anzugehören; sie kann aus wichtigen Gründen durch das Gericht entzogen werden, das, wie es im Paragraphen 4 gesagt ist, erkennt und zwar auf Antrag desjenigen Elternteils, der mit der Verwaltung nicht betraut ist, eines Verwandten oder Verschwägerten des Kindes oder der Staatsanwaltschaft.

Der Verwalter ist zur Rechnungslegung verpflichtet hinsichtlich des Eigentums und der Einkünfte der Güter, an denen er den Nutzgenuß nicht hat, und nur hinsichtlich des Eigentums an den Gütern, an denen ihm das Gesetz den Nießbrauch gibt.

Die Artikel 469, 471, 472, 473, 474 und 475 des Code civil sind anwendbar auf die Rechnung, die er zu legen hat.

Derjenige uneheliche Elternteil, der die elterliche Gewalt ausübt, verwaltet jedoch die Güter seines minderjährigen Kindes nur als gesetzlicher Vormund und unter der Aufsicht eines Gegenvormundes, den er innerhalb drei Monate nach Uebernahme seines Amtes

qui sera nommé d'office, conformément aux dispositions du paragraphe suivant; il n'aura droit à la jouissance légale qu'à partir de la nomination du subrogé tuteur, si elle n'a pas eu lieu dans le délai ci-dessus fixé.

Les fonctions dévolues au conseil de famille des enfants légitimes sont remplies à l'égard des enfants naturels par le tribunal de première instance du lieu du domicile légal du parent investi de la tutelle, au moment où il a reconnu son enfant, et du tribunal du lieu de la résidence de l'enfant, s'il n'est pas reconnu; le tribunal statue en chambre du conseil, après avoir entendu ou appelé le père et la mère de l'enfant, s'il a été reconnu, soit à la requête de l'un d'eux, soit à la requête du ministère public, soit d'office, sur toutes les questions relatives à l'organisation ou à la surveillance de la tutelle des mineurs.

Sous ces réserves et à l'exception des articles 394 et 402 à 416, toutes les dispositions du présent titre sont applicables à la tutelle des enfants naturels mineurs.

Sont applicables aux actes et jugements nécessaires pour l'organisation et la surveillance de la tutelle des enfants naturels, les dispositions et dispenses de droits déterminées, en ce qui concerne la tutelle des enfants légitimes et interdits, par l'article 12, paragraphe 2, de la loi de finances du 26 janvier 1892.

390. Après la dissolution du mariage arrivée par la mort naturelle ou civile? de l'un des époux, la tutelle des enfants mineurs et non émancipés appartient de plein droit au survivant des père et mère.

391. Pourra néanmoins le père nommer à la mère survivante et tutrice, un conseil spécial, sans l'avis duquel elle ne pourra faire aucun acte relatif à la tutelle.

Si le père spécifie les actes pour lesquels le conseil sera nommé, la tutrice sera habile à faire les autres sans son assistance.

392. Cette nomination de conseil ne pourra être faite que de l'une des manières suivantes:

1º Par acte de dernière volonté;
2º Par une déclaration faite ou devant le juge de paix, assisté de son greffier, ou devant notaires.

393. Si, lors du décès du mari, la femme est enceinte, il sera nommé un curateur au ventre par le conseil de famille.

A la naissance de l'enfant, la mère en deviendra la tutrice, et le curateur en sera de plein droit le subrogé tuteur.

394. La mère n'est point tenue d'accepter la tutelle; néanmoins, et en cas qu'elle la refuse, elle devra en remplir les devoirs

ernennen zu lassen hat, oder der von Amtswegen gemäß den Bestimmungen des folgenden Paragraphen ernannt wird; er hat Anspruch auf die gesetzliche Nutznießung nur von dem Zeitpunkte der Ernennung des Gegenvormundes ab, wenn diese nicht innerhalb der oben festgesetzten Frist erfolgt ist.

Die dem Familienrat der ehelichen Kinder zugewiesenen Verrichtungen werden hinsichtlich der unehelichen Kinder von dem Gerichte erster Instanz des gesetzlichen Wohnsitzes des mit der Vormundschaft betrauten Elternteils zur Zeit der Anerkennung des Kindes, vorgenommen und von dem Gericht des Ortes der Niederlassung des Kindes, wenn es nicht anerkannt ist; das Gericht entscheidet im Beratungszimmer nach Anhörung oder Bestellung der Eltern des Kindes, wenn es anerkannt ist, entweder auf Antrag eines der Beiden, oder auf Antrag der Staatsanwaltschaft, oder von Amtswegen über alle Fragen, die die Einrichtung oder die Beaufsichtigung der Vormundschaft über Minderjährige betreffen.

Mit diesen Vorbehalten und mit Ausnahme des Artikel 394 und 402 bis 416, finden alle Bestimmungen dieses Titels Anwendung auf die Vormundschaft über uneheliche minderjährige Kinder.

Auf alle zur Einrichtung und Beaufsichtigung der Vormundschaft über uneheliche Kinder nötigen Urkunden und Urteile sind die Bestimmungen und Gebührenfreiheit des Artikels 12 Paragraph 2 des Finanzgesetzes vom 26. Januar 1892 hinsichtlich der Vormundschaft über eheliche Kinder und Entmündigte anwendbar.

390. Nach Auflösung der Ehe durch den leiblichen oder bürgerlichen? Tod eines Ehegatten steht die Vormundschaft über die minderjährigen und nicht emanzipierten Kinder von Rechtswegen dem Ueberlebenden der Eltern zu.

391. Es kann jedoch der Vater der überlebenden Mutter und Vormünderin einen besonderen Beistand ernennen, ohne dessen Gutachten sie keine auf die Vormundschaft bezüglichen Handlungen vornehmen darf.

Führt der Vater die Handlungen, für welche der Beistand ernannt ist, einzeln auf, so ist die Vormünderin befugt, die übrigen ohne dessen Verbeistandung vorzunehmen.

392. Diese Ernennung eines Beistandes kann nur auf eine der folgenden Arten erfolgen:

1. durch letztwillige Verfügung;
2. durch eine vor dem Friedensrichter unter Zuziehung seines Gerichtsschreibers oder vor Notaren abgegebene Erklärung.

393. Ist die Frau bei dem Tode des Ehemannes schwanger, so ist der Leibesfrucht von dem Familienrate ein Pfleger zu ernennen.

Bei der Geburt des Kindes wird die Mutter Vormünderin desselben und der Pfleger wird von Rechtswegen Gegenvormund.

394. Die Mutter ist nicht verpflichtet, die Vormundschaft anzunehmen, jedoch muß sie, auch wenn sie dieselbe ablehnt, deren Pflich-

jusqu'à ce qu'elle ait fait nommer un tuteur.

395. Si la mère tutrice veut se remarier, elle devra. avant l'acte de mariage, convoquer le conseil de famille qui décidera si la tutelle doit lui être conservée.

A défaut de cette convocation, elle perdra la tutelle de plein droit, et son mari sera responsable des suites de la tutelle indûment conservée.

La même obligation est imposée, sous les mêmes sanctions, à la tutrice, autre que la mère, si ladite tutrice se marie ou se remarie.

396. Lorsque le conseil, dûment convoqué, conservera la tutelle à la mère ou à la tutrice autre que la mère, il lui donnera nécessairement pour cotuteur le mari, qui deviendra solidairement responsable avec sa femme de la gestion postérieure au mariage.

En cas de décès, d'interdiction ou d'internement du mari, de divorce ou de séparation de corps, la tutrice conservera sa fonction; la cotutelle prendre fin.

SECTION II.

De la tutelle déférée par le père ou la mère.

397. Le droit individuel de choisir un tuteur ou une tutrice, parent ou parente, étranger ou étrangère, n'appartient qu'au survivant des père et mère.

398. Ce droit ne peut être exercé que dans les formes prescrites par l'article 392 et sous les exceptions et modifications ci-après.

399. La mère remariée, et non maintenue dans la tutelle des enfants de son premier mariage, ne peut leur choisir un tuteur ni une tutrice.

400. Lorsque la mère remariée et maintenue dans la tutelle aura fait choix d'un tuteur ou d'une tutrice aux enfants de son premier mariage, ce choix ne sera valable qu'autant qu'il sera confirmé par le conseil de famille.

401. Le tuteur élu par le père ou la mère n'est pas tenu d'accepter la tutelle, s'il n'est d'ailleurs dans la classe des personnes qu'à défaut de cette élection spéciale le conseil de famille eût pu en charger.

SECTION III.

De la tutelle des ascendants.

402. Lorsqu'il n'a pas été choisi au mineur un tuteur ou une tutrice par le dernier mourant des père et mère, la tutelle appartient à celui des aïeux ou à celle des aïeules qui sont du degré le plus rapproché.

ten so lange erfüllen, bis sie einen Vormund hat ernennen lassen.

395. Will die Vormünderin-Mutter sich wieder verheiraten, so muß sie vor der Eheschließung den Familienrat einberufen, welcher darüber zu beschließen hat, ob ihr die Vormundschaft erhalten bleiben soll.

Mangels dieser Einberufung verliert sie die Vormundschaft von Rechtswegen und ihr Ehemann ist verantwortlich für die aus der gesetzwidrig beibehaltenen Vormundschaft entstehenden Folgen.

Die gleiche Verpflichtung ist bei gleicher Strafe der Vormünderin, die nicht die Mutter ist, auferlegt, wenn sie sich verheiratet oder wiederverheiratet.

396. Behält der gehörig einberufene Rat die Vormundschaft der Mutter oder der Vormünderin, die nicht die Mutter ist, bei, so gibt er ihr notwendigerweise den Ehemann als Mitvormund bei, dieser ist, samtverbindlich mit seiner Frau, für die nach der Heirat geführte Verwaltung verantwortlich.

Im Falle des Todes, der Entmündigung oder der Internierung des Mannes, der Ehescheidung oder der Trennung von Tisch und Bett, behält die Vormünderin ihr Amt bei; die Mitvormundschaft wird beendet.

ZWEITER ABSCHNITT.

Durch den Vater oder die Mutter übertragene Vormundschaft.

397. Das persönliche Recht, einen Vormund oder eine Vormünderin, Verwandter oder Verwandte, Fremder oder Fremde, zu wählen, steht nur dem Längstlebenden der Eltern zu.

398. Dieses Recht kann nur in den durch Artikel 392 vorgeschriebenen Formen und unter den nachstehenden Ausnahmen und Einschränkungen ausgeübt werden.

399. Die wiederverheiratete, jedoch nicht in der Vormundschaft über ihre Kinder erster Ehe belassene Mutter kann ihnen weder Vormund noch Vormünderin erwählen.

400. Wenn die wiederverheiratete und in der Vormundschaft belassene Mutter ihren Kindern erster Ehe einen Vormund oder eine Vormünderin erwählt hat, so ist diese Wahl nur gültig, wenn sie von dem Familenrate bestätigt worden ist.

401. Ein von dem Vater oder der Mutter erwählter Vormund ist nicht verpflichtet, die Vormundschaft anzunehmen, wenn er nicht sonst schon in die Klasse der Personen gehört, welchen der Familienrat dieselbe auch mangels dieser besonderen Erwählung hätte auferlegen können.

DRITTER ABSCHNITT.

Vormundschaft der Aszendenten.

402. Hat der zuletzt gestorbene Elternteil dem Minderjährigen keinen Vormund oder Vormünderin erwählt, so steht die Vormundschaft demjenigen der Aszendenten zu, der am nächsten verwandt ist.

**403.** En cas de concurrence entre des aïeux ou des aïeules du même degré, le conseil de famille désignera le tuteur ou la tutrice, sans tenir compte de la branche à laquelle ils appartiennent.

**404.** Si la même concurrence a lieu entre deux bisaïeuls de la ligne maternelle, la nomination sera faite par le conseil de famille qui ne pourra néanmoins que choisir l'un de ces deux ascendants.

### SECTION IV.
#### De la tutelle déférée par le conseil de famille.

**405.** Lorsqu'un enfant mineur et non émancipé restera sans père ni mère, ni tuteur ou tutrice élue par ses père et mère, ni ascendants, comme aussi lorsque le tuteur ou la tutrice se trouvera dans le cas des exclusions dont il sera parlé ci-après, il sera pourvu par le conseil de famille à la nomination d'un tuteur ou d'une tutrice.

La femme mariée devra obtenir l'autorisation de son mari. Celui-ci sera nécessairement cotuteur.

**406.** Ce conseil sera convoqué soit sur la réquisition et à la diligence des parents du mineur, de ses créanciers ou d'autres parties intéressées, soit même d'office et à la poursuite du juge de paix du domicile du mineur. Toute personne pourra dénoncer à ce juge de paix le fait qui donnera lieu à la nomination d'un tuteur.

**407.** Le conseil de famille sera composé, non compris le juge de paix, de six parents ou alliés de l'un ou de l'autre sexe, pris tant dans la commune où la tutelle sera ouverte que dans la distance de deux myriamètres, moitié du côté paternel, moitié du côté maternel, suivant l'ordre de proximité dans chaque ligne.

Le mari et la femme ne pourront faire partie ensemble du même conseil de famille. La préférence sera donnée à celui des deux dont le degré de parenté est le plus rapproché. A égalité de degré, le plus âgé sera préféré.

**408.** Les frères ou sœurs germains du mineur sont exceptés de la limitation de nombre posée en l'article précédent; s'ils sont six ou au delà, ils seront tous membres du conseil de famille, qu'ils composeront seuls avec les ascendants veuves, et les ascendants valablement excusés, s'il y en a.

S'ils sont en nombre inférieure, ces autres parents ne seront appelés que pour compléter le conseil.

**409.** Lorsque les parents ou alliés de l'une ou de l'autre ligne se trouveront en nombre insuffisant sur les lieux, ou dans la distance désignée par l'article 407, le juge de paix

---

**403.** Treffen Voreltern desselben Grades zusammen, so bestimmt der Familienrat den Vormund oder die Vormünderin, ohne dem Zweige, dem sie angehören, Rechnung zu tragen.

**404.** Treffen auf solche Weise zwei Urgroßväter der mütterlichen Linie zusammen, so hat die Ernennung durch den Familienrat zu erfolgen, der jedoch nur einen von diesen beiden Aszendenten erwählen kann.

### VIERTER ABSCHNITT.
#### Durch den Familienrat übertragene Vormundschaft.

**405.** Hat ein minderjähriger und nicht emanzipiertes Kind weder Eltern, noch von diesen erwählten Vormund oder Vormünderin, noch Aszendenten, ebenso wenn ein Vormund oder Vormünderin sich in den nachher erwähnten Ausschließungsfällen sich befindet, so hat der Familienrat für die Ernennung eines Vormundes oder einer Vormünderin zu sorgen.

Die verheiratete Frau hat die Ermächtigung ihres Mannes einzuholen. Dieser wird notwendigerweise Mitvormund.

**406.** Dieser Familienrat ist zu berufen entweder auf Ansuchen und Betreiben der Verwandten des Minderjährigen, seiner Gläubiger oder anderer Beteiligten oder selbst von Amtswegen und auf Betreiben des Friedensrichters des Wohnsitzes des Minderjährigen. Jedermann kann diesem Friedensrichter die Tatsache anzeigen, welche zur Ernennung eines Vormundes Anlaß gibt.

**407.** Der Familienrat wird, außer von dem Friedensrichter, aus sechs Verwandten oder Verschwägerten des einen oder des andern Geschlechts gebildet, welche aus der Gemeinde, wo die Vormundschaft eröffnet worden ist, oder aus einem Umkreise von zwei Myriametern zu nehmen sind, und zwar zur Hälfte von der väterlichen, zur Hälfte von der mütterlichen Seite und nach Maßgabe der Nähe des Grades in jeder Linie.

Der Ehemann und die Ehefrau können nicht zusammen am selben Familienrate teilnehmen. Der Vorzug gebührt demjenigen von ihnen, dessen Verwandschaftsgrad der nächste ist. Bei Gradgleichheit wird der Aeltere vorgezogen.

**408.** Die vollbürtigen Brüder oder Schwestern des Minderjährigen sind von der in dem vorstehenden Artikel enthaltenen Beschränkung der Anzahl ausgenommen; sind es sechs oder mehr, so sind sie alle Mitglieder des Familienrates, den sie allein mit den verwitweten weiblichen Aszendenten und gegebenenfalls den gültig entschuldigten Aszendenten bilden.

Sind ihrer weniger, so werden die übrigen Verwandten nur berufen, um den Rat vollzählig zu machen.

**409.** Befinden sich an dem Orte selbst oder innerhalb der im Artikel 407 bestimmten Entfernung keine Verwandten oder Verschwägerten der einen oder der andern Linie in hin-

appellera, soit des parents ou alliés domiciliés à de plus grandes distances, soit, dans la commune même, des citoyens connus pour avoir eu des relations habituelles d'amitié avec le père ou la mère du mineur.

410. Le juge de paix pourra, lors même qu'il y aurait sur les lieux un nombre suffisant de parents ou alliés, permettre de citer, à quelque distance qu'ils soient domiciliés, des parents ou alliés plus proches en degrés ou de mêmes degrés que les parents ou alliés présents; de manière toutefois que cela s'opère en retranchant quelques uns de ces derniers et sans excéder le nombre réglé par les précédents articles.

411. Le délai pour comparaître sera réglé par le juge de paix à jour fixe, mais de manière qu'il y ait toujours, entre la citation notifiée et le jour indiqué pour la réunion du conseil, un intervalle de trois jours au moins, quand toutes les parties citées résideront dans la commune, ou dans la distance de deux myriamètres.

Toutes les fois que, parmi les parties citées, il s'en trouvera de domiciliés au delà de cette distance, le délai sera augmenté d'un jour par cinq myriamètres.

412. Les parents alliés ou amis ainsi convoqués seront tenus de se rendre en personne ou de se faire représenter par un mandataire spécial. Le fondé de pouvoir ne peut représenter plus d'une personne.
Le mari pourra représenter sa femme, ou réciproquement. Le mandataire devra présenter une procuration écrite et sans frais.

413. Tout parent, allié ou ami, convoqué, et qui, sans excuse légitime, ne comparaîtra point, encourra une amende qui ne pourra excéder cinquante francs, et sera prononcée sans appel par le juge de paix.

414. S'il y a excuse suffisante, et qu'il convienne, soit d'attendre le membre absent, soit de le remplacer; en ce cas, comme en tout autre où l'intérêt du mineur semblera l'exiger le juge de paix pourra ajourner l'assemblée ou la proroger.

415. Cette assemblée se tiendra de plein droit chez le juge de paix, à moins qu'il ne désigne lui-même un autre local. La présence des trois quarts au moins de ses membres convoqués sera nécessaire pour qu'elle délibère.

416. Le conseil de famille sera présidé par le juge de paix, qui y aura voix délibérative et prépondérante en cas de partage.

länglicher Anzahl, so beruft der Friedensrichter entweder Verwandte oder Verschwägerte, die in einer weiteren Entfernung wohnen, oder auch Bürger aus derselben Gemeinde, von denen bekannt ist, daß sie mit dem Vater oder der Mutter des Minderjährigen in einem dauernden Freundschaftsverhältnisse standen.

410. Der Friedensrichter kann, auch wenn an dem Ort selbst eine hinlängliche Anzahl von Verwandten oder Verschwägerten vorhanden ist, erlauben, daß ohne Rücksicht auf die Entfernung andere Verwandte und Verschwägerte näheren Grades oder desselben Grades wie die anwesenden Verwandten und Verschwägerten vorgeladen werden und zwar in der Weise, daß dies unter Hinweglassung einiger dieser Letzteren und ohne Ueberschreitung der in den vorstehenden Artikeln bestimmten Anzahl geschieht.

411. Der Termin zum Erscheinen wird von dem Friedensrichter auf einen bestimmten Tag festgesetzt, jedoch so, daß zwischen der Zustellung der Ladung und dem für die Versammlung des Familienrates bestimmten Tage mindestens eine Zwischenzeit von drei Tagen liegt, wenn alle geladenen Teile in der Gemeinde oder innerhalb der Entfernung von zwei Myriametern wohnen.
So oft sich unter den geladenen Teilen solche befinden, die über diese Entfernung hinaus ihren Wohnsitz haben, wird die Frist für je fünf Myriameter um einen Tag verlängert.

412. Die einberufenen Verwandten, Verschwägerten oder Freunde sind verpflichtet, in Person zu erscheinen oder sich durch einen besonderen Bevollmächtigten vertreten zu lassen. Der Bevollmächtigte kann nicht mehr als eine Person vertreten.
Der Mann kann seine Frau vertreten und umgekehrt. Der Bevollmächtigte hat eine schriftliche kostenlose Vollmacht vorzulegen.

413. Jeder einberufene Verwandte, Verschwägerte oder Freund, der ohne genügende Entschuldigung ausbleibt, verwirkt eine Geldstrafe, die nicht über fünfzig Franken betragen darf und von dem Friedensrichter, mit Ausschluß der Berufung, ausgesprochen wird.

414. Liegt eine hinreichende Entschuldigung vor und ist es angemessen, das abwesende Mitglied abzuwarten oder es zu ersetzen, so kann in diesem Falle wie in jedem andern, in welchem das Interesse des Minderjährigen es zu erfordern scheint, der Friedensrichter die Versammlung aussetzen oder sie auf eine andere Zeit anberaumen.

415. Diese Versammlung wird von Rechtswegen bei dem Friedensrichter gehalten, sofern derselbe nicht selbst einen andern Ort bestimmt. Die Gegenwart von wenigstens drei Vierteln der einberufenen Mitglieder ist zu ihrer Beschlußfähigkeit erforderlich.

416. Den Vorsitz im Familienrate hat der Friedensrichter, welcher darin eine beschliessende und im Falle der Stimmengleichheit die ausschlaggebende Stimme führt.

**417.** Quand le mineur, domicilié en France, possédera des biens dans les colonies, ou réciproquement, l'administration spéciale de ces biens sera donnée à un protuteur.

En ce cas, le tuteur et le protuteur seront indépendants, et non responsables l'un envers l'autre, pour leur gestion respective.

**418.** Le tuteur agira et administrera, en cette qualité, du jour de sa nomination, si elle a lieu en sa présence; sinon, du jour qu'elle lui aura été notifiée.

**419.** La tutelle est une charge personnelle qui ne passe point aux héritiers du tuteur. Ceux-ci seront seulement responsables de la gestion de leur auteur, et, s'ils sont majeurs, ils seront tenus de la continuer jusqu'à la nomination d'un nouveau tuteur.

SECTION V.

**Du subrogé tuteur.**

**420.** Dans toute tutelle, il y aura un subrogé tuteur ou une subrogée tutrice.

La femme pourra être nommée subrogée tutrice avec l'autorisation de son mari.

**421.** Lorsque les fonctions du tuteur seront dévolues à une personne de l'une des qualités exprimées aux sections I, II et III du présent chapitre, ce tuteur devra, avant d'entrer en fonction, faire convoquer, pour la nomination du subrogé tuteur, un conseil de famille composé comme il est dit en la section IV.

S'il est ingéré dans la gestion avant d'avoir rempli cette formalité, le conseil de famille, convoqué, soit sur la réquisition des parents, créanciers ou autres parties intéressées, soit d'office par le juge de paix, pourra, s'il y a eu dol de la part du tuteur, lui retirer la tutelle, sans préjudice des indemnités dues au mineur.

**422.** Dans les autres tutelles, la nomination du subrogé tuteur aura lieu immédiatement après celle du tuteur.

**423.** En aucun cas le tuteur ne votera pour la nomination du subrogé tuteur, lequel sera pris, hors le cas de frères germains, dans celle des deux lignes à laquelle le tuteur n'appartiendra point.

**424.** Le subrogé tuteur ne remplacera pas de plein droit le tuteur, lorsque la tutelle deviendra vacante, ou qu'elle sera abandonné par absence; mais il devra, en ce cas, sous peine de dommages-intérêts qui pourraient en résulter pour le mineur, provoquer la nomination d'un nouveau tuteur.

**417.** Besitzt der Minderjährige, welcher in Frankreich seinen Wohnsitz hat, Vermögen in den Kolonien, oder umgekehrt, so wird die besondere Verwaltung dieses Vermögens einem Beivormund übertragen.

In diesem Falle sind der Vormund und der Beivormund von einander unabhängig und für ihre Verwaltung einander nicht verantwortlich.

**418.** Der Vormund handelt und verwaltet als solcher vom Tage seiner Ernennung an, wenn dieselbe in seiner Gegenwart erfolgt, anderseits von dem Tage an, an welchem ihm dieselbe bekannt gegeben wurde.

**419.** Die Vormundschaft ist eine persönliche Pflicht, welche auf die Erben des Vormundes nicht übergeht. Diese sind nur für die Verwaltung ihres Erblassers verantwortlich; und wenn sie großjährig sind, verpflichtet, sie bis zur Ernennung eines neuen Vormundes fortzuführen.

FÜNFTER ABSCHNITT.

**Gegenvormund.**

**420.** Bei jeder Vormundschaft muß ein Gegenvormund oder eine Gegenvormünderin sein.

Die Ehefrau kann mit Ermächtigung ihres Mannes Gegenvormünderin werden.

**421.** Fällt das Amt eines Vormundes an eine Person aus einer der im Abschnitt I, II und III dieses Kapitels bezeichneten Klassen, so muß dieser Vormund, bevor er seine Amtsführung beginnt, zur Ernennung des Gegenvormundes einen Familienrat einberufen lassen, welcher in der in Abschnitt 4 angegebenen Weise gebildet wird.

Hat er sich, ehe er diese Förmlichkeit erfüllt hat, mit der Verwaltung befaßt, so kann der Familienrat, welcher sowohl auf Ansuchen der Verwandten, Gläubiger oder anderer Beteiligten, als auch von Amtswegen vom Friedensrichter zu berufen ist, dem Vormunde, sofern auf dessen Seite Arglist vorliegt, die Vormundschaft entziehen; die dem Minderjährigen gebührende Schadloshaltung wird nicht berührt.

**422.** Bei den übrigen Vormundschaften hat die Ernennung des Gegenvormundes unmittelbar nach derjenigen des Vormundes zu geschehen.

**423.** In keinem Falle darf der Vormund bei der Ernennung des Gegenvormundes mitstimmen, welcher, ausgenommen bei vollbürtigen Brüdern, aus derjenigen von beiden Linien zu nehmen ist, welcher der Vormund nicht angehört.

**424.** Der Gegenvormund tritt nicht von Rechtswegen in die Stelle des Vormundes, wenn die Stelle erledigt oder durch Abwesenheit verlassen wird, sondern er muß in diesem Falle bei Strafe des Ersatzes des dem Minderjährigen daraus erwachsenden Schadens die Ernennung eines neuen Vormundes veranlassen,

425. Les fonctions du subrogé tuteur cessent à la même époque que la tutelle.

426. Les dispositions contenues dans les sections VI et VII du présent chapitre s'appliqueront aux subrogés tuteurs.

Néanmoins le tuteur ne pourra provoquer la destitution du subrogé tuteur, ni voter dans les conseils de famille qui seront convoqués pour cet objet.

## SECTION VI

### Des causes qui dispensent de la tutelle.

427. Sont dispensés de la tutelle:

Les personnes désignées dans les titres III, V, VI, VIII, IX, X et XI de l'acte du 18 mai 1804;

Les présidents et conseillers à la Cour de cassation, le procureur général et les avocats généraux en la même Cour;

Les préfets;

Tous citoyens exerçant une fonction publique dans un département autre que celui où la tutelle s'établit.

428. Sont également dispensés de la tutelle:

Les militaires;

Les femmes qui ne veulent l'accepter.

429. Si la mission est non authentique, et contestée, la dispense ne sera prononcée qu'après la représentation, faite par le réclamant, du certificat du ministre dans le département duquel se placera la mission articulée comme cause.

430. Les citoyens de la qualité exprimée aux articles précédents, qui ont accepté la tutelle postérieurement aux fonctions, services ou missions qui en dispensent, ne seront plus admis à s'en faire décharger pour cette cause.

431. Ceux, au contraire, à qui lesdites fonctions, services ou missions, auront été conférés postérieurement à l'acceptation et gestion d'une tutelle, pourront, s'ils ne veulent la conserver, faire convoquer, dans le mois, un conseil de famille, pour y être procédé à leur remplacement.

Si, à l'expiration de ces fonctions, services ou missions, le nouveau tuteur réclame sa décharge, ou que l'ancien redemande la tutelle, elle pourra lui être rendue par le conseil de famille.

432. Tout citoyen non parent ni allié ne peut être forcé d'accepter la tutelle, que dans le cas où il n'existerait pas, dans la distance de quatre myriamètres, des parents ou alliés en état de gérer la tutelle.

433. Tout individu âgé de soixante-cinq ans accomplis peut refuser d'être tuteur. Celui qui aura été nommé avant cet âge pourra,

---

425. Das Amt des Gegenvormundes endigt zu gleicher Zeit mit der Vormundschaft.

426. Die in Abschnitt VI und VII dieses Kapitels enthaltenen Bestimmungen finden auch auf die Gegenvormünder Anwendung.

Jedoch kann der Vormund weder auf die Absetzung des Gegenvormundes antragen, noch in dem zu diesem Zwecke berufenen Familienrate mitstimmen.

## SECHSTER ABSCHNITT.

### Gründe, welche von der Vormundschaft entbinden.

427. Entbunden von der Vormundschaft sind: die in Titel III, V, VI, VIII, IX, X und XI der Verfassungsurkunde vom 18. Mai 1804 genannten Personen;

Die Präsidenten und Räte am Kassationshofe, der Generalstaatsanwalt und die Generaladvokaten desselben Gerichtshofes;

Die Präfekten;

Die Bürger, welche ein öffentliches Amt in einem andern Bezirke bekleiden, als in demjenigen, wo die Vormundschaft bestellt ist.

428. Ebenfalls entbunden von der Vormundschaft sind:

Die Militärpersonen;

Die Ehefrauen, die sie nicht annehmen wollen.

429. Ist der Auftrag nicht authentisch, und bestritten, so ist die Entbindung nicht eher auszusprechen, als bis der sie Beanspruchende eine Bescheinigung desjenigen Ministers vorlegt, in dessen Geschäftskreis der als Entschuldigungsgrund angeführte Auftrag fällt.

430. Die Bürger der in den vorstehenden Artikeln bezeichneten Art, welche die Vormundschaft später als die von denselben entbindenden Aemter, Dienste oder Aufträge angenommen haben, sind nicht mehr befugt, sich wegen dieses Grundes von der Vormundschaft befreien zu lassen.

431. Diejenigen hingegen, welchen die erwähnten Aemter, Dienste oder Aufträge erst nach der Annahme und Führung einer Vormundschaft übertragen wurden, können, wenn sie dieselbe nicht behalten wollen, binnen Monatsfrist einen Familienrat zusammenrufen lassen, um einen andern Vormund ernennen zu lassen.

Fordert nach Beendigung dieser Aemter, Dienste oder Aufträge der neue Vormund seine Entlassung oder verlangt der frühere, die Vormundschaft zurück, so kann sie letzterem von dem Familienrat wieder übertragen werden.

432. Kein Bürger, der nicht verwandt oder verschwägert ist, kann gezwungen werden, die Vormundschaft anzunehmen, außer in dem Falle, daß in der Entfernung von vier Myriameter keine Verwandte oder Verschwägerte vorhanden sind, welche im Stande sind, die Vormundschaft zu führen.

433. Nach vollendetem fünfundsechzigsten Lebensjahre kann jedermann sich weigern Vormund zu werden. Wer vor diesem Alter er-

à soixante-dix ans, se faire décharger de la tutelle.

**434.** Tout individu atteint d'une infirmité grave et dûment justifiée, est dispensé de la tutelle.

Il pourra même s'en faire décharger, si cette infirmité est survenue depuis sa nomination.

**435.** Deux tutelles sont, pour toutes personnes, une juste dispense d'en accepter une troisième.

Celui qui, époux ou père, sera déjà chargé d'une tutelle, ne pourra être tenu d'en accepter une seconde, excepté celle de ses enfants.

**436.** Ceux qui ont cinq enfants légitimes, sont dispensés de toute tutelle autre que celle desdits enfants.

Les enfants morts en activité de service dans les armées du Roi [*de la République*] seront toujours comptés pour opérer cette dispense.

Les autres enfants morts ne seront comptés qu'autant qu'ils auront eux-mêmes laissé des enfants actuellement existants.

**437.** La survenance d'enfants pendant la tutelle ne pourra autoriser à l'abdiquer.

**438.** Si le tuteur nommé est présent à la délibération qui lui défère la tutelle, il devra sur-le-champ, et sous peine d'être déclaré non recevable dans toute réclamation ultérieure, proposer ses excuses, sur lesquelles le conseil de famille délibérera.

**439.** Si le tuteur nommé n'a pas assisté à la délibération qui lui a déféré la tutelle, il pourra faire convoquer le conseil de famille pour délibérer sur ses excuses.

Ses diligences à ce sujet devront avoir lieu dans le délai de trois jours, à partir de la notification qui lui aura été faite de sa nomination; lequel délai sera augmenté d'un jour par *trois* myriamètres de distance du lieu de son domicile à celui de l'ouverture de la tutelle: passé ce délai, il sera non recevable.

**440.** Si ses excuses sont rejetées, il pourra se pourvoir devant les tribunaux pour les faire admettre; mais il sera, pendant le litige, tenu d'administrer provisoirement.

**441.** S'il parvient à se faire exempter de la tutelle, ceux qui auront rejeté l'excuse, pourront être condamnés aux frais de l'instance.

S'il succombe, il y sera condamné lui-même.

nannt worden ist, kann sich mit siebzig Jahren von der Vormundschaft befreien lassen.

**434.** Jeder, der an einem schweren und gehörig nachgewiesenen Gebrechen leidet, ist von der Vormundschaft entbunden.

Er kann sich sogar davon befreien lassen, wenn dieses Gebrechen erst nach seiner Ernennung eingetreten ist.

**435.** Zwei Vormundschaften sind für jedermann ein triftiger Grund, die Annahme einer dritten abzulehnen.

Wer Ehegatte oder Vater ist und schon mit einer Vormundschaft betraut ist, kann nicht genötigt werden, eine zweite anzunehmen, die über seine Kinder ausgenommen.

**436.** Wer fünf eheliche Kinder hat, ist von jeder andern Vormundschaft als derjenigen über diese Kinder entbunden.

Kinder, welche im aktiven Dienste in dem Heere des Königs [*der Republik*] gestorben sind, werden stets mitgezählt, um diese Entbindung zu bewirken.

Andere verstorbene Kinder werden nur insoweit mitgezählt, als sie selbst augenblicklich lebende Kinder hinterlassen haben.

**437.** Die Geburt von Kindern während der Vormundschaft berechtigt nicht diese niederzulegen.

**438.** Ist der ernannte Vormund bei dem Beschlusse, durch welchen ihm die Vormundschaft übertragen wird, zugegen, so muß er auf der Stelle und bei Strafe der Unzulässigkeit jeder späteren Einwendung seine Entschuldigungsgründe vorbringen, über welche der Familienrat zu beschließen hat.

**439.** War der ernannte Vormund bei dem Beschlusse, welcher ihm die Vormundschaft übertragen hat, nicht zugegen, so kann er den Familienrat zusammenberufen lassen, um über seine Entschuldigungsgründe zu beschließen.

Seine diesbezüglichen Schritte müssen binnen einer Frist von drei Tagen nach der an ihn erfolgten Zustellung seiner Ernennung getan werden; diese Frist ist um einen Tag für je fünf Myriameter Entfernung zwischen dem Ort seines Wohnsitzes und dem der Eröffnung der Vormundschaft zu verlängern; nach Ablauf dieser Frist, wird er nicht mehr zugelassen.

**440.** Werden seine Entschuldigungsgründe verworfen, so kann er sich an die Gerichte wenden, um deren Annahme zu erwirken, während des Rechtsstreits ist er jedoch einstweilen zur Verwaltung verpflichtet.

**441.** Setzt er seine Entbindung von der Vormundschaft durch, so können diejenigen, welche seine Entschuldigung verworfen haben, in die Kosten des Verfahrens verurteilt werden.

Unterliegt er, so ist er selbst in dieselben zu verurteilen.

## SECTION VII.

De l'incapacité, des exclusions et destitutions de la tutelle.

**442.** Ne peuvent être tuteurs, ni membres du conseil de famille:

1º Les mineurs, excepté le père ou la mère;

2º Les interdits;

3º Tous ceux qui ont, ou dont les père et mère ont, avec le mineur un procès dans lequel l'état de ce mineur, sa fortune ou partie notable de ses biens sont compromis.

**443.** La condamnation à une peine afflictive ou infamante emporte de plein droit l'exclusion de la tutelle. Elle emporte de même la destitution, dans le cas où il s'agirait d'une tutelle antérieurement déférée.

**444.** Sont aussi exclus de la tutelle, et même destituables, s'ils sont en exercice:

1º Les gens d'une inconduite notoire;

2º Ceux dont la gestion attesterait l'incapacité ou l'infidélité.

**445.** Tout individu qui aura été exclu ou destitué d'une tutelle, ne pourra être membre d'un conseil de famille.

**446.** Toutes les fois qu'il y aura lieu à une destitution de tuteur, elle sera prononcée par le conseil de famille, convoqué à la diligence du subrogé tuteur, ou d'office par le juge de paix.

Celui-ci ne pourra se dispenser de faire cette convocation, quand elle sera formellement requise par un ou plusieurs parents ou alliés du mineur, au degré de cousin germain ou à des degrés plus proches.

**447.** Toute délibération du conseil de famille qui prononcera l'exclusion ou la destitution du tuteur, sera motivée, et ne pourra être prise qu'après avoir entendu ou appelé le tuteur.

**448.** Si le tuteur adhère à la délibération, il en sera fait mention, et le nouveau tuteur entrera aussitôt en fonctions.

S'il y a réclamation, le subrogé tuteur poursuivra l'homologation de la délibération devant le tribunal de première instance, qui prononcera sauf l'appel.

Le tuteur exclu ou destitué peut lui-même, en ce cas, assigner le subrogé tuteur pour se faire déclarer maintenu en la tutelle.

**449.** Les parents ou alliés qui auront requis la convocation pourront intervenir dans la cause, qui sera instruite et jugée comme affaire urgente.

Code civil.

## SIEBENTER ABSCHNITT.

Von der Unfähigkeit, den Ausschliessungen und den Absetzungen der Vormundschaft.

**442.** Weder Vormünder noch Mitglieder eines Familienrates können sein:

1. Minderjährige mit Ausnahme des Vaters oder der Mutter;

2. Entmündigte;

3. alle die, welche selbst, oder deren Eltern mit dem Minderjährigen in einem Prozesse stehen, bei welchem der Personenstand des Minderjährigen, sein Vermögen oder ein beträchtlicher Teil seiner Güter in Frage steht.

**443.** Die Verurteilung zu einer Leibesstrafe oder entehrenden Strafe bewirkt von Rechtswegen die Ausschließung von der Vormundschaft. Sie bewirkt ebenso die Absetzung, falls es sich um eine schon früher übertragene Vormundschaft handelt.

**444.** Des weiteren sind von der Vormundschaft ausgeschlossen und selbst absetzbar, wenn sie dieselbe bereits führen:

1. Leute von offenkundig schlechter Führung;

2. diejenigen, deren Verwaltung ihre Unfähigkeit oder Untreue beweist.

**445.** Wer von einer Vormundschaft ausgeschlossen oder abgesetzt worden ist, kann auch nicht Mitglied eines Familienrates sein.

**446.** So oft Anlaß zur Absetzung eines Vormundes vorliegt, ist sie von dem Familienrate auszusprechen, der auf Betreiben des Gegenvormundes oder von Amtswegen durch den Friedensrichter zu berufen ist.

Dieser kann die Berufung nicht ablehnen, wenn sie von einem oder von mehreren Verwandten oder Verschwägerten des Minderjährigen, welche zu diesem in dem Grade vollbürtiger Geschwisterkinder oder in näheren Graden stehen, ausdrücklich beantragt wird.

**447.** Jeder Beschluß des Familienrates, welcher die Ausschließung oder Absetzung des Vormundes ausspricht, hat die Gründe anzugeben und darf nur nach Anhörung oder Vorladung des Vormundes gefaßt werden.

**448.** Fügt sich der Vormund in den Beschluß, so geschieht hiervon Erwähnung und der neue Vormund tritt sofort sein Amt an.

Erhebt er Widerspruch, so hat der Gegenvormund die Bestätigung des Beschlusses bei dem Gerichte erster Instanz zu betreiben, welches vorbehaltlich der Berufung entscheidet.

Der ausgeschlossene oder abgesetzte Vormund selbst kann in diesem Falle den Gegenvormund vorladen, um seine Belassung in der Vormundschaft durch richterliche Entscheidung zu erreichen.

**449.** Die Verwandten oder Verschwägerten, welche die Einberufung des Familienrates beantragt haben, können in dem Rechtsstreit intervenieren; letzterer ist als dringende Sache zu verhandeln und zu entscheiden.

SECTION VIII.

De l'administration du tuteur.

**450.** Le tuteur prendra soin de la personne du mineur, et le représentera dans tous les actes civils.

Il administrera ses biens en bon père de famille, et répondra des dommages-intérêts qui pourraient résulter d'une mauvaise gestion.

Il ne peut ni acheter les biens du mineur, ni les prendre à ferme, à moins que le conseil de famille n'ait autorisé le subrogé tuteur à lui en passer bail, ni accepter la cession d'aucun droit ou créance contre son pupille.

**451.** Dans les dix jours qui suivront celui de sa nomination, dûment connue de lui, le tuteur requerra la levée des scellés, s'ils ont été apposés, et fera procéder immédiatement à l'inventaire des biens du mineur, en présence du subrogé tuteur.

S'il lui est dû quelque chose par le mineur, il devra le déclarer dans l'inventaire, à peine de déchéance, et ce, sur la réquisition que l'officier public sera tenu de lui en faire, et dont mention sera faite au procès-verbal.

**452.** Dans le mois qui suivra la clôture de l'inventaire, le tuteur fera vendre, en présence du subrogé tuteur, aux enchères reçues par un officier public, et après des affiches ou publications dont le procès-verbal de vente fera mention, tous les meubles autres que ceux que le conseil de famille l'aurait autorisé à conserver en nature.

**453.** Les père et mère, tant qu'ils ont la jouissance propre et légale des biens du mineur, sont dispensés de vendre les meubles, s'ils préfèrent les garder pour les remettre en nature.

Dans ce cas, ils en feront faire, à leurs frais une estimation à juste valeur, par un expert qui sera nommé par le subrogé tuteur et prêtera serment devant le juge de paix. Ils rendront la valeur estimative de ceux des meubles qu'ils ne pourraient représenter en nature.

**454.** Lors de l'entrée en exercice de toute tutelle, autre que celle des père et mère, le conseil de famille réglera par aperçu, et selon l'importance des biens régis, la somme à laquelle pourra s'élever la dépense annuelle du mineur, ainsi que celle d'administration de ses biens.

ACHTER ABSCHNITT.

Verwaltung des Vormundes.

**450.** Der Vormund hat für die Person des Minderjährigen Sorge zu tragen und ihn in allen bürgerlichen Rechtshandlungen zu vertreten.

Er hat die Güter des Minderjährigen als ein guter Hausvater zu verwalten und ist für allen aus einer schlechten Geschäftsführung erwachsenden Schaden verantwortlich.

Er kann die Güter des Minderjährigen weder kaufen noch pachten, sofern nicht der Familienrat den Gegenvormund ermächtigt hat, sie ihm zu verpachten; er kann ferner nicht die Abtretung irgend eines Rechtes oder einer Forderung gegen seinen Mündel annehmen.

**451.** Binnen zehn Tagen nach seiner ihm gehörig bekannt gewordenen Ernennung hat der Vormund die Abnahme der Siegel, wenn dieselben angelegt waren, zu beantragen, und unmittelbar darauf im Beisein des Gegenvormunds die Errichtung eines Inventars über die Güter des Minderjährigen vornehmen zu lassen.

Ist ihm der Minderjährige etwas schuldig, so muß er dies bei Verlust seines Rechtes in dem Inventar erklären und zwar auf die Aufforderung, welche der öffentliche Beamte an ihn deshalb zu richten verpflichtet ist, und von welcher in dem Protokoll Erwähnung zu geschehen hat.

**452.** Binnen Monatsfrist nach Abschluß des Inventars hat der Vormund sämtliche Fahrnisgegenstände mit Ausnahme derjenigen, welche ihn der Familienrat in Natur aufzubewahren ermächtigt hat, zu verkaufen und zwar im Beisein des Gegenvormundes und in einer von einem öffentlichen Beamten abzuhaltenden Versteigerung nach vorhergegangenen öffentlichen Anschlägen oder Bekanntmachungen, deren im Versteigerungsprotokoll Erwähnung zu geschehen hat.

**453.** Die Eltern sind, so lange sie den ihnen gesetzlich zustehenden Genuß an den Gütern des Minderjährigen haben, nicht verpflichtet, die Fahrnisgegenstände zu verkaufen, wenn sie dieselben lieber aufbewahren wollen, um sie in Natur zurückzugeben.

In diesem Falle haben sie über dieselben auf ihre Kosten eine Schätzung nach richtigem Werte durch einen Sachverständigen aufnehmen zu lassen, welcher vom Gegenvormund ernannt wird und vor dem Friedensrichter den Eid leistet. Sie haben den abgeschätzten Wert derjenigen Fahrnisgegenstände zu erstatten, welche sie nicht in Natur zurückgeben können.

**454.** Bei dem Antritte einer jeden Vormundschaft, die der Eltern ausgenommen, hat der Familienrat nach einem ungefähren Ueberschlage und mit Rücksicht auf die Größe des zu verwaltenden Vermögens die Summe zu bestimmen, bis zu welcher die jährliche Ausgabe sowohl für den Minderjährigen als für die Verwaltung seines Vermögens sich belaufen darf.

Le même acte spécifiera si le tuteur est autorisé à s'aider, dans sa gestion, d'un ou plusieurs administrateurs particuliers, salariés, et gérant sous sa responsabilité.

455. Le conseil déterminera positivement la somme à laquelle commencera, pour le tuteur, l'obligation d'employer l'excédent des revenus sur la dépense: cet emploi devra être fait dans le délai de six mois, passé lequel le tuteur devra les intérêts à défaut d'emploi.

456. Si le tuteur n'a pas fait déterminer par le conseil de famille la somme à laquelle doit commencer l'emploi, il devra, après le délai exprimé dans l'article précédent, les intérêts de toute somme non employée, quelque modique qu'elle soit.

457. Le tuteur, même le père ou la mère, ne peut emprunter pour le mineur, ni aliéner ou hypothéquer ses biens immeubles, sans y être autorisé par un conseil de famille.

Cette autorisation ne devra être accordée que pour cause d'une nécessité absolue, ou d'un avantage évident.

Dans le premier cas, le conseil de famille n'accordera son autorisation qu'après qu'il aura été constaté, par un compte sommaire présenté par le tuteur, que les deniers, effets mobiliers et revenus du mineur sont insuffisants.

Le conseil de famille indiquera, dans tous les cas, les immeubles qui devront être vendus de préférence, et toutes les conditions qu'il jugera utiles.

458. Les délibérations du conseil de famille relatives à cet objet ne seront exécutées qu'après que le tuteur en aura demandé et obtenu l'homologation devant le tribunal de première instance, qui y statuera en la chambre du conseil, et après avoir entendu le procureur du Roi [le *procureur de la République*].

459. La vente se fera publiquement, en présence du subrogé tuteur, aux enchères qui seront reçues par un membre du tribunal de première instance ou par un notaire à ce commis, et à la suite de trois affiches apposées, par trois dimanches consécutifs, aux lieux accoutumés dans le canton.

Chacune de ces affiches sera visée et certifiée par le maire des communes où elles auront été apposées.

460. Les formalités exigées par les articles 457 et 458, pour l'aliénation des biens du mineur, ne s'appliquent point au cas où un jugement aurait ordonné la licitation sur la provocation d'un copropriétaire par indivis.

---

In demselben Beschlusse ist zu bestimmen, ob der Vormund ermächtigt ist, sich bei seiner Geschäftsführung eines oder mehrerer besonderen und bezahlten Verwalter zu bedienen, welche unter seiner Verantwortung handeln.

455. Dieser Familienrat muß eine bestimmte Summe festsetzen, bei welcher für den Vormund die Verpflichtung beginnen soll, den Ueberschuß der Einnahmen über die Ausgaben wieder anzulegen; die Anlage muß binnen einer Frist von sechs Wochen bewirkt werden; nach Ablauf dieser Frist schuldet der Vormund mangels Anlage Zinsen.

456. Hat der Vormund von dem Familienrat die Summe nicht bestimmen lassen, bei welcher die Anlegung beginnen soll, so schuldet er nach dem Ablaufe der im vorhergehenden Artikel angegebenen Frist Zinsen von jeder nicht angelegten Summe, so gering sie auch sein mag.

457. Der Vormund, selbst wenn es Vater oder Mutter ist, kann ohne Ermächtigung des Familienrates, weder für den Minderjährigen ein Darlehen aufnehmen, noch seine unbeweglichen Güter veräußern oder hypothekarisch belasten.

Diese Ermächtigung kann nur wegen unbedingter Notwendigkeit oder offenbaren Nutzens erteilt werden.

Im ersten Falle darf der Familienrat seine Ermächtigung erst erteilen, nachdem durch eine von dem Vormunde vorzulegende summarische Berechnung festgestellt ist, daß die Gelder, beweglichen Sachen und Einkünfte des Minderjährigen unzureichend sind.

Der Familienrat hat in allen Fällen die Liegenschaften, welche vorzugsweise verkauft werden sollen, sowie alle ihm zweckdienlich erscheinenden Bedingungen anzugeben.

458. Die auf diesen Gegenstand bezüglichen Beschlüsse des Familienrates sind nicht eher vollstreckbar, als bis der Vormund ihre Bestätigung bei dem Gerichte erster Instanz beantragt und erhalten hat; dasselbe entscheidet darüber im Beratungszimmer und nach Anhörung des Prokurators des Königs [*des Prokurators der Republik*].

459. Der Verkauf hat öffentlich im Beisein des Gegenvormundes durch Versteigerung zu erfolgen, welche durch ein Mitglied des Gerichts erster Instanz oder durch einen damit beauftragten Notar abzuhalten ist, nachdem vorher drei Anschläge an drei aufeinander folgenden Sonntagen an den im Kanton üblichen Orten angeheftet sind.

Jeder dieser Anschläge ist von den Bürgermeistern der Gemeinden, in welchen sie angeheftet wurden, als gesehen zu bescheinigen und zu beglaubigen.

460. Die zur Veräußerung der Güter eines Minderjährigen in den Artikeln 457 und 458 vorgeschriebenen Förmlichkeiten finden in dem Falle keine Anwendung, wenn auf Betreiben eines in ungeteilter Gemeinschaft stehenden Miteigentümers die Versteigerung durch ein Urteil angeordnet wurde.

Seulement, et en ce cas, la licitation ne pourra se faire que dans la forme prescrite par l'article précédent: les étrangers y seront nécessairement admis.

**461.** Le tuteur ne pourra accepter ni répudier une succession échue au mineur, sans une autorisation préalable du conseil de famille. L'acceptation n'aura lieu que sous bénéfice d'inventaire.

**462.** Dans le cas où la succession répudiée au nom du mineur n'aurait pas été acceptée par un autre, elle pourra être reprise soit par le tuteur autorisé à cet effet par une nouvelle délibération du conseil de famille, soit par le mineur devenu majeur, mais dans l'état où elle se trouvera lors de la reprise, et sans pouvoir attaquer les ventes et autres actes qui auraient été légalement faits durant la vacance.

**463.** La donation faite au mineur ne pourra être acceptée par le tuteur qu'avec l'autorisation du conseil de famille.

Elle aura, à l'égard du mineur, le même effet qu'à l'égard du majeur.

**464.** Aucun tuteur ne pourra introduire en justice une action relative aux droits immobiliers du mineur, ni acquiescer à une demande relative aux mêmes droits, sans l'autorisation du conseil de famille.

**465.** La même autorisation sera nécessaire au tuteur pour provoquer un partage; mais il pourra, sans cette autorisation, répondre à une demande en partage dirigée contre le mineur.

**466.** Pour obtenir à l'égard du mineur tout l'effet qu'il aurait entre majeurs, le partage devra être fait en justice, et précédé d'une estimation faite par experts nommés par le tribunal de première instance du lieu de l'ouverture de la succession.

Les experts, après avoir prêté devant le président du même tribunal, ou autre juge par lui délégué, le serment de bien fidèlement remplir leur mission, procéderont à la division des héritages et à la formation des lots, qui seront tirés au sort, et en présence soit d'un membre du tribunal, soit d'un notaire par lui commis, lequel fera la délivrance des lots.

Tout autre partage ne sera considéré que comme provisionnel.

**467.** Le tuteur ne pourra transiger au nom du mineur, qu'après y avoir été autorisé par le conseil de famille, et de l'avis de trois jurisconsultes désignés par le procureur du Roi

---

Doch kann auch in diesem Falle die Versteigerung nur in der im vorhergehenden Artikel bestimmten Form erfolgen.

Fremde sind bei derselben notwendig zuzulassen.

**461.** Der Vormund kann eine dem Minderjährigen anerfallene Erbschaft ohne vorgängige Ermächtigung des Familienrates weder annehmen noch ausschlagen. Die Annahme kann nur unter der Rechtswohltat des Inventars stattfinden.

**462.** Ist eine im Namen des Minderjährigen ausgeschlagene Erbschaft nicht von einem andern angenommen worden, so kann sie sowohl von dem Vormunde, nachdem er dazu durch einen neuen Familienratsbeschluß ermächtigt worden ist, als auch von dem Minderjährigen nach erreichter Großjährigkeit noch angetreten werden, jedoch nur in dem Zustande, in welchem sie sich bei der Annahme befindet, und ohne daß die Verkäufe und andere während der Erledigung gesetzmäßig vorgenommenen Rechtsgeschäfte angefochten werden können.

**463.** Eine dem Minderjährigen gemachte Schenkung kann von dem Vormunde nur mit Genehmigung des Familienrates angenommen werden.

Sie hat hinsichtlich eines Minderjährigen dieselbe Wirkung, wie hinsichtlich eines Volljährigen.

**464.** Kein Vormund kann ohne Ermächtigung des Familienrates eine auf unbewegliche Rechte des Minderjährigen bezügliche Klage anhängig machen oder eine dergleichen Rechte betreffende Klage anerkennen.

**465.** Der gleichen Ermächtigung bedarf der Vormund, um eine Teilung herbeizuführen; aber er kann ohne diese Ermächtigung sich auf eine gegen den Minderjährigen gerichtete Klage auf Teilung einlassen.

**466.** Um in Ansehung des Minderjährigen alle Wirkungen hervorzubringen, die sie unter Großjährigen haben würde, muß die Teilung gerichtlich geschehen und zwar nach vorgängiger Abschätzung durch Sachverständige, welche von dem Gerichte erster Instanz des Ortes ernannt werden, an dem die Eröffnung der Erbschaft erfolgte.

Die Sachverständigen schreiten, nachdem sie vor dem Präsidenten desselben Gerichtes oder von einem anderen von ihm beauftragten Richter den Eid geleistet haben, ihren Auftrag gut und gewissenhaft auszuführen, zur Teilung der Erbschaftsgüter und zur Bildung der Lose; letztere sind auszulosen und zwar in Gegenwart eines Mitgliedes des Gerichts oder eines von letzterem beauftragten Notars, welcher die Lose zu verabfolgen hat.

Jede andere Teilung gilt nur als eine vorläufige.

**467.** Der Vormund kann im Namen des Minderjährigen einen Vergleich nur schließen, nachdem er dazu durch den Familienrat ermächtigt worden ist, und auf ein Gutachten

[*le procureur de la République*] près le tribunal de première instance.

La transaction ne sera valable qu'autant qu'elle aura été homologuée par le tribunal de première instance, après avoir entendu le procureur du Roi [*le procureur de la République*].

468. Le tuteur qui aura des sujets de mécontentement graves sur la conduite du mineur, pourra porter ses plaintes à un conseil de famille, et, s'il y est autorisé par ce conseil, provoquer la reclusion du mineur. conformément à ce qui est statué à ce sujet au titre *De la puissance paternelle.*

### SECTION IX.

#### Des comptes de la tutelle.

469. Tout tuteur est comptable de sa gestion lorsqu'elle finit.

470. Tout tuteur autre que le père et la mère peut être tenu, même durant la tutelle, de remettre au subrogé tuteur des états de situation de sa gestion, aux époques que le conseil de famille aurait jugé à propos de fixer, sans néanmoins que le tuteur puisse être astreint à en fournir plus d'un chaque année.

Ces états de situation seront rédigés et remis, sans frais, sur papier non timbré, et sans aucune formalité de justice.

471. Le compte définitif de tutelle sera rendu aux dépens du mineur, lorsqu'il aura atteint sa majorité ou obtenu son émancipation. Le tuteur en avancera les frais.

On y allouera au tuteur toutes dépenses suffisamment justifiées, et dont l'objet sera utile.

472. Tout traité qui pourra intervenir entre le tuteur et le mineur devenu majeur, sera nul, s'il n'a été précédé de la reddition d'un compte détaillé, et de la remise des pièces justificatives; le tout constaté par un récépissé de l'oyant compte, dix jours au moins avant le traité.

473. Si le compte donne lieu à des contestations, elles seront poursuivies, et jugées comme les autres contestations en matière civile.

474. La somme à laquelle s'élèvera le reliquat dû par le tuteur. portera intérêt, sans demande, à compter de la clôture du compte.

Les intérêts de ce qui sera dû au tuteur par le mineur, ne courront que du jour de la sommation de payer qui aura suivi la clôture du compte.

---

dreier von dem Prokurator des Königs [*Prokurator der Republik*] am Gerichte erster Instanz bezeichneten Rechtskundigen.

Der Vergleich ist nur dann gültig, wenn er von dem Gerichte erster Instanz nach Anhörung des Prokurators des Königs [*Prokurators der Republik*] bestätigt worden ist.

468. Hat der Vormund wichtige Ursachen, mit der Aufführung des Minderjährigen unzufrieden zu sein, so kann er seine Beschwerden vor einen Familienrat bringen, und, wenn er von diesem Rat dazu ermächtigt wird, die Einsperrung des Minderjährigen in Gemäßheit der Bestimmungen des Titels Elterliche Gewalt veranlassen.

### NEUNTER ABSCHNITT.

#### Vormundschaftsrechnungen.

469. Jeder Vormund hat über seine Geschäftsführung bei Beendigung derselben Rechnung zu legen.

470. Jeder Vormund, mit Ausnahme des Vaters und der Mutter, kann selbst während der Vormundschaft angehalten werden, dem Gegenvormunde eine Aufstellung über die Lage seiner Geschäftsführung zu den Zeiten zu übergeben, welche der Familienrat zu bestimmen für gut findet; der Vormund kann jedoch nicht gezwungen werden, jährlich mehr als eine zu geben.

Diese Aufstellungen werden kostenfrei auf ungestempeltem Papier und ohne jede gerichtliche Förmlichkeit gefertigt und übergeben.

471. Die Schlußrechnung über die Vormundschaft ist auf Kosten des Minderjährigen dann abzulegen, wenn er seine Großjährigkeit erreicht oder die Emanzipation erlangt hat. Der Vormund hat die Kosten derselben vorzuschießen.

Hierbei sind alle hinreichend belegten Ausgaben, deren Zweck ein nützlicher war, dem Vormund zuzubilligen.

472. Jeder Vertrag, der zwischen dem Vormunde und dem großjährig gewordenen Minderjährigen etwa eingegangen wird, ist nichtig, wenn ihm nicht eine detaillierte Rechnungsablage und die Einhändigung der Belege vorausgegangen ist; dies alles ist festzustellen durch Empfangsbescheinigung des Rechnungsabnehmers und zwar wenigstens zehn Tage vor dem Vertrage,

473. Gibt die Rechnung Anlaß zu Streitigkeiten, so sind dieselben wie alle anderen bürgerlichen Rechtsstreitigkeiten zu betreiben und zu entscheiden.

474. Die Summe, auf welche sich der vom Vormund geschuldete Rechnungsrückstand beläuft, trägt auch ohne Anforderung vom Abschlusse der Rechnung an Zinsen.

Die Zinsen von dem, was dem Vormunde vom Minderjährigen geschuldet wird, laufen erst vom Tage der nach dem Abschlusse der Rechnung erfolgten Zahlungsaufforderung.

**475.** Toute action du mineur contre son tuteur, relativement aux faits de la tutelle, se prescrit par dix ans, à compter de la majorité.

## CHAPITRE III.

### De l'émancipation.

**476.** Le mineur est émancipé de plein droit par le mariage.

**477.** Le mineur, même non marié, pourra être émancipé par son père, ou, à défaut de père, par sa mère, lorsqu'il aura atteint l'âge de quinze ans révolus.

Cette émancipation s'opérera par la seule déclaration du père ou de la mère, reçue par le juge de paix assisté de son greffier.

**478.** Le mineur resté sans père ni mère pourra aussi, mais seulement à l'âge de dix-huit ans accomplis, être émancipé, si le conseil de famille l'en juge capable.

En ce cas, l'émancipation résultera de la délibération qui l'aura autorisée, et de la déclaration que le juge de paix, comme président du conseil de famille, aura faite dans le même acte, *que le mineur est émancipé*.

**479.** Lorsque le tuteur n'aura fait aucune diligence pour l'émancipation du mineur dont il est parlé dans l'article précédent, et qu'un ou plusieurs parents ou alliés de ce mineur, au degré de cousin germain ou à des degrés plus proches, le jugeront capable d'être émancipé, ils pourront requérir le juge de paix de convoquer le conseil de famille pour délibérer à ce sujet.

Le juge de paix devra déférer à cette réquisition.

**480.** Le compte de tutelle sera rendu au mineur émancipé assisté d'un curateur de l'un ou l'autre sexe nommé par le conseil de famille.

Si la curatrice est mariée, elle devra obtenir l'autorisation de son mari.

**481.** Le mineur émancipé passera les baux dont la durée n'excédera point neuf ans; il recevra ses revenus, en donnera décharge, et fera tous les actes qui ne sont que de pure administration, sans être restituable contre ces actes dans tous les cas où le majeur ne le serait pas lui-même.

**482.** Il ne pourra intenter une action immobilière, ni y défendre, même recevoir et donner décharge d'un capital mobilier, sans l'assistance de son curateur, qui, au dernier cas, surveillera l'emploi du capital reçu.

---

**475.** Jede Klage des Minderjährigen gegen seinen Vormund wegen Angelegenheiten der Vormundschaft verjährt in zehn Jahren von der Großjährigkeit an gerechnet.

## DRITTES KAPITEL.

### Emanzipation.

**476.** Der Minderjährige wird von Rechtswegen durch die Eheschließung emanzipiert.

**477.** Der Minderjährige, auch ein nicht verheirateter, kann von seinem Vater oder in Ermangelung des Vaters, von seiner Mutter emanzipiert werden, wenn er das fünfzehnte Lebensjahr vollendet hat.

Diese Emanzipation erfolgt einfach durch eine von dem Friedensrichter unter Zuziehung seines Gerichtsschreibers aufgenommene Erklärung des Vaters oder der Mutter.

**478.** Auch der elternlose Minderjährige kann, jedoch erst nach Vollendung des achtzehnten Lebensjahres, emanzipiert werden, wenn der Familienrat ihn dazu für fähig erachtet.

In diesem Falle wird die Emanzipation bewirkt durch den Beschluß, der sie gestattet, und durch die Erklärung, welche der Friedensrichter als Vorsitzender des Familienrates in derselben Urkunde dahin abgibt: *«daß der Minderjährige emanzipiert ist».*

**479.** Hat der Vormund zur Herbeiführung der Emanzipation des Minderjährigen, von der im vorstehenden Artikel gesprochen wird, keine Schritte getan, und wenn einer oder mehrere der mit dem Minderjährigen im Grade eines vollbürtigen Geschwisterkindes oder in einem näheren Grade Verwandten oder Verschwägerten denselben für fähig halten, emanzipiert zu werden, so können sie bei dem Friedensrichter beantragen, daß er den Familienrat einberufe, um darüber Beschluß zu fassen.

Der Friedensrichter muß diesem Antrage stattgeben.

**480.** Die Vormundschaftsrechnung ist dem emanzipierten Minderjährigen unter Zuziehung eines von dem Familienrate ernannten Pflegers des einen oder anderen Geschlechts abzulegen.

Ist die Pflegerin verheiratet, so hat sie die Ermächtigung ihres Mannes einzuholen.

**481.** Der emanzipierte Minderjährige schließt Pachtverträge ab von einer Dauer bis zu neun Jahren; er erhebt seine Einkünfte, stellt Quittung darüber aus und nimmt alle Geschäfte vor, welche zur bloßen Verwaltung gehören; er kann jedoch gegen diese Geschäfte in allen denjenigen Fällen nicht wieder in den vorigen Stand eingesetzt werden, in denen es auch ein Volljähriger nicht kann.

**482.** Er kann eine Klage, welche unbewegliche Rechte betrifft, nicht anstrengen, noch sich dagegen verteidigen, ein bewegliches Kapital nicht in Empfang nehmen, noch darüber quittieren ohne Beistand seines Pflegers, welcher letzteren Falles auch die Wiederanlage des empfangenen Kapitals zu überwachen hat.

483. Le mineur émancipé ne pourra faire d'emprunts, sous aucun prétexte, sans une délibération du conseil de famille, homologuée par le tribunal de première instance, après avoir entendu le procureur du Roi [*le procureur de la République*].

484. Il ne pourra non plus vendre ni aliéner ses immeubles, ni faire aucun acte autre que ceux de pure administration, sans observer les formes prescrites au mineur non émancipé.

A l'égard des obligations qu'il aurait contractées par voie d'achats ou autrement, elles seront réductibles en cas d'excès: les tribunaux prendront, à ce sujet, en considération la fortune du mineur, la bonne ou mauvaise foi des personnes qui auront contracté avec lui, l'utilité ou l'inutilité des dépenses.

485. Tout mineur émancipé dont les engagements auraient été réduits en vertu de l'article précédent, pourra être privé du bénéfice de l'émancipation, laquelle lui sera retirée en suivant les mêmes formes que celles qui auront eu lieu pour la lui conférer.

486. Dès le jour où l'émancipation aura été révoquée, le mineur rentrera en tutelle, et y restera jusqu'à sa majorité accomplie.

487. Le mineur émancipé qui fait un commerce, est réputé majeur pour les faits à ce commerce.

---

## TITRE ONZIÈME.

### De la majorité, de l'interdiction et du conseil judiciaire.

### CHAPITRE PREMIER.

#### De la majorité.

488. La majorité est fixée à vingt et un ans accomplis; à cet âge on est capable de tous les actes de la vie civile, sauf la restriction portée au titre *Du mariage*.

### CHAPITRE II.

#### De l'interdiction.

489. Le majeur qui est dans un état habituel d'imbécillité, de démence ou de fureur, doit être interdit, même lorsque cet état présente des intervalles lucides.

490. Tout parent est recevable à provoquer l'interdiction de son parent. Il en est de l'un des époux à l'égard de l'autre.

483. Der emanzipierte Minderjährige kann unter keinem Vorwande ein Darlehen aufnehmen ohne einen vom Gerichte erster Instanz nach Anhörung des Prokurators des Königs [*des Prokurators der Republik*] bestätigten Familienratsbeschluß.

484. Er kann ebensowenig seine Liegenschaften verkaufen oder veräußern, noch irgend ein Rechtsgeschäft, das nicht zur bloßen Verwaltung gehört, vornehmen, ohne die für einen nicht emanzipierten Minderjährigen vorgeschriebenen Formen zu beachten.

Was die Verbindlichkeiten betrifft, die er durch Ankauf oder andere Weise eingegangen ist, so können sie im Falle der Uebermäßigkeit gemindert werden; die Gerichte haben hierbei in Betracht zu ziehen: das Vermögen des Minderjährigen, den guten oder bösen Glauben der Personen, die mit ihm Geschäfte geschlossen haben, die Zweckmäßigkeit oder Unzweckmäßigkeit der Ausgaben.

485. Jeder emanzipierte Minderjährige, dessen Verbindlichkeiten auf Grund des vorstehenden Artikels gemindert worden sind, kann der Wohltat der Emanzipation verlustig erklärt werden; die Entziehung derselben hat unter Beobachtung der nämlichen Formen zu erfolgen, unter welchen sie ihm erteilt wurde.

486. Von dem Tage an, an welchem die Emanzipation widerrufen worden ist, tritt der Minderjährige wieder unter Vormundschaft und bleibt darunter bis zur erreichten Volljährigkeit.

487. Der emanzipierte Minderjährige, welcher ein Handelsgewerbe betreibt, gilt für die zum Betriebe dieses Handelsgewerbes gehörigen Geschäfte als großjährig.

---

## ELFTER TITEL.

### Volljährigkeit, Entmündigung und gerichtlicher Beistand.

### ERSTES KAPITEL.

#### Volljährigkeit.

488. Die Großjährigkeit ist auf das Alter von vollen einundzwanzig Jahren festgesetzt; mit diesem Alter ist man zu allen Handlungen des bürgerlichen Lebens fähig, vorbehaltlich der in dem Titel «Ehe» enthaltenen Einschränkung.

### ZWEITES KAPITEL.

#### Entmündigung.

489. Ein Volljähriger, der sich fortdauernd in einem Zustande des Blödsinns, des Wahnsinns oder der Tobsucht befindet, muß entmündigt werden, selbst wenn sein Zustand lichte Zwischenräume aufweist.

490. Jeder Verwandte ist befugt, die Entmündigung seines Verwandten zu beantragen. Dasselbe gilt von dem einen Ehegatten in Ansehung des anderen.

491. Dans le cas de fureur, si l'interdiction n'est provoquée ni par l'époux ni par les parents, elle doit l'être par le procureur du Roi [*le procureur de la République*] qui, dans les cas d'imbécillité ou de démence, peut aussi la provoquer contre un individu qui n'a ni époux, ni épouse, ni parents connus.

492. Toute demande en interdiction sera portée devant le tribunal de première instance.

493. Les faits d'imbécillité, de démence ou de fureur, seront articulés par écrit. Ceux qui poursuivront l'interdiction, présenteront les témoins et les pièces.

494. Le tribunal ordonnera que le conseil de famille, formé selon le mode déterminé à la section 4 du chapitre 2 du titre *De la minorité, de la tutelle et de l'émancipation*, donne son avis sur l'état de la personne dont l'interdiction est demandée.

495. Ceux qui auront provoqué l'interdiction, ne pourront faire partie du conseil de famille : cependant l'époux ou l'épouse, et les enfants de la personne dont l'interdiction sera provoquée, pourront y être admis sans y avoir voix délibérative.

496. Après avoir reçu l'avis du conseil de famille, le tribunal interrogera le défendeur à la chambre du conseil : s'il ne peut s'y présenter, il sera interrogé dans sa demeure, par l'un des juges à ce commis assisté du greffier. Dans tous le cas, le procureur du Roi [*le procureur de la République*] sera présent à l'interrogatoire.

497. Après le premier interrogatoire, le tribunal commetra, s'il y a lieu, un administrateur provisoire, pour prendre soin de la personne et des biens du défendeur.

498. Le jugement sur une demande en interdiction ne pourra être rendu qu'à l'audience publique, les parties entendues ou appelées.

499. En rejetant la demande en interdiction, le tribunal pourra néanmoins, si les circonstances l'exigent, ordonner que le défendeur ne pourra désormais plaider, transiger, emprunter, recevoir un capital mobilier, ni en donner décharge, aliéner, ni grever ses biens d'hypothèques, sans l'assistance d'un conseil qui lui sera nommé par le même jugement.

500. En cas d'appel du jugement rendu en première instance, la cour royale [*la cour d'appel*] pourra, si elle le juge nécessaire, interroger de nouveau, ou faire interroger par un commissaire, la personne dont l'interdiction est demandée.

---

491. Wenn im Falle der Tobsucht die Entmündigung weder von dem Ehegatten noch von den Verwandten beantragt wird, so muß dies durch den Prokurator des Königs [*Prokurator der Republik*] geschehen, welcher sie auch in den Fällen des Blödsinns oder des Wahnsinnes gegen eine Person beantragen kann, die weder einen Ehegatten noch bekannte Verwandte hat.

492. Jede Klage auf Entmündigung ist bei dem Gerichte erster Instanz anzubringen.

493. Die Tatsachen über das Bestehen des Blödsinns, Wahnsinns oder der Tobsucht sind schriftlich einzeln anzugeben. Diejenigen, welche die Entmündigung betreiben, haben die Zeugen und Beweisstücke beizubringen.

494. Das Gericht ordnet an, daß der Familienrat, welcher auf die im vierten Abschnitt des zweiten Kapitels in dem Titel «*Minderjährigkeit, Vormundschaft und Emanzipation*» bestimmte Weise gebildet wird, sein Gutachten über den Zustand desjenigen abgebe, dessen Entmündigung beantragt wird.

495. Diejenigen, welche die Entmündigung betreiben, können nicht Mitglieder des Familienrates sein, doch können der Ehegatte und die Kinder desjenigen, dessen Entmündigung betrieben wird, dabei zugelassen werden, ohne jedoch darin beschließende Stimme zu haben.

496. Nachdem das Gericht das Gutachten des Familienrates erhalten hat, hat es den Beklagten im Beratungszimmer zu vernehmen; kann derselbe dort nicht erscheinen, so ist er in seiner Wohnung durch einen dazu beauftragten Richter unter Zuziehung des Gerichtsschreibers zu vernehmen. In allen Fällen hat der Prokurator des Königs [*Prokurator der Republik*] der Vernehmung beizuwohnen.

497. Nach der ersten Vernehmung ernennt das Gericht gegebenen Falles einen vorläufigen Verwalter, um für die Person und das Vermögen des Beklagten Sorge zu tragen.

498. Das Urteil über eine Klage auf Entmündigung kann nur in der öffentlichen Sitzung nach Anhörung oder Vorladung der Parteien erlassen werden.

499. Bei Abweisung der Klage auf Entmündigung kann das Gericht dennoch, wenn es die Umstände erfordern, anordnen, daß der Beklagte fortan nicht vor Gericht auftreten, keinen Vergleich abschließen, kein Darlehen aufnehmen, kein bewegliches Kapital erheben oder darüber quittieren, nicht veräußern und seine Güter nicht hypothekarisch belasten darf, ohne Zuziehung eines Beistandes, welcher ihm in demselben Urteil ernannt wird.

500. Im Falle der Berufung gegen ein in erster Instanz erlassenes Urteil kann der Appellhof, wenn er dies für nötig hält, denjenigen, dessen Entmündigung beantragt worden ist, von neuem vernehmen oder durch einen beauftragten Richter vernehmen lassen.

**501.** Tout arrêt ou jugement portant interdiction, ou nomination d'un conseil, sera, à la diligence des demandeurs, levé, signifié à partie, et inscrit, dans les dix jours, sur les tableaux qui doivent être affichés dans la salle de l'auditoire et dans les études des notaires de l'arrondissement.

Un extrait sommaire du jugement ou arrêt sera en outre transmis, par l'avoué qui l'aura obtenu, au greffe du tribunal du lieu de naissance du défendeur, dans le mois du jour où la décision aura acquis l'autorité de la chose jugée. Cet extrait sera mentionné par le greffier, dans un délai de quinze jours, sur un registre spécial dont toute personne pourra prendre communication et se faire délivrer copie. Le greffier, dans un nouveau délai de quinze jours, adressera à l'avoué un certificat constatant l'accomplissement de la formalité.

A l'égard des individus nés à l'étranger, les décisions seront mentionnées, dans les mêmes formes et délais, sur un registre tenu au greffe du tribunal de la Seine; ce registre mentionnera également les décisions relatives aux individus nés dans les colonies françaises, indépendamment du registre qui sera tenu au greffe de leur lieu d'origine.

Toute contravention aux dispositions ci-dessus, commise par les greffiers ou avoués, sera punie d'une amende de 50 francs, sans préjudice de tous dommages-intérêts.

**502.** L'interdiction ou la nomination d'un conseil aura son effet du jour du jugement. Tous actes passés postérieurement par l'interdit, ou sans l'assistance du conseil, seront nuls de droit.

**503.** Les actes antérieurs à l'interdiction pourront être annulés, si la cause de l'interdiction existait notoirement à l'époque où ces actes ont été faits.

**504.** Après la mort d'un individu, les actes par lui faits ne pourront être attaqués pour cause de démence, qu'autant que son interdiction aurait été prononcée ou provoquée avant son décès; à moins que la preuve de la démence ne résulte de l'acte même qui est attaqué.

**505.** S'il n'y a pas d'appel du jugement d'interdiction rendu en première instance, ou s'il est confirmé sur l'appel, il sera pourvu à la nomination d'un tuteur et d'un subrogé tuteur à l'interdit, suivant les règles prescrites au titre *De la minorité, de la tutelle et de l'émancipation.* L'administrateur provisoire

---

**501.** Jedes Urteil zweiter oder erster Instanz, welches die Entmündigung oder die Ernennung eines Beistandes ausspricht, ist auf Betreiben der Kläger zu erheben, der Partei zuzustellen und binnen zehn Tagen in die Verzeichnisse einzutragen, welche in dem Sitzungssaale des Gerichts und in den Schreibstuben der Notare des Bezirks angeschlagen sein müssen.

Ein kurz zusammenfassender Auszug des Urteils erster oder zweiter Instanz ist außerdem von dem Anwalt, der es erwirkt hat, der Gerichtsschreiberei des Gerichtes des Geburtsortes des Beklagten zu übermitteln und zwar innerhalb eines Monats vom Tage der Rechtskraft der Entscheidung ab.

Dieser Auszug ist von dem Gerichtsschreiber innerhalb einer Frist von fünfzehn Tagen in einem Spezialregister zu vermerken, von dem jedermann Einsicht nehmen und sich Abschriften ausstellen lassen kann. Innerhalb weiterer fünfzehn Tagen hat der Gerichtsschreiber dem Anwalt ein die Erfüllung dieser Formalität feststellendes Zeugnis zu übersenden.

Hinsichtlich der im Auslande geborenen Personen sind die Entscheidungen in denselben Formen und Fristen in ein von der Gerichtsschreiberei des Seinegerichts geführtes Register zu vermerken; dieses Register vermerkt gleichfalls die Entscheidungen hinsichtlich der in den französischen Kolonien geborenen Personen, unabhängig von dem Register, das auf der Gerichtsschreiberei ihres Geburtsortes geführt wird.

Jede von den Gerichtsschreibern oder Anwälten begangene Zuwiderhandlung gegen die obigen Bestimmungen wird mit einer Geldstrafe von fünfzig Franken bestraft, unbeschadet des Schadenersatzes.

**502.** Die Entmündigung oder Ernennung eines Beistandes hat von dem Tage des Urteils erster Instanz ihre Wirkung. Alle später von dem Entmündigten oder ohne Zuziehung des Beistandes vorgenommenen Rechtsgeschäfte sind von Rechtswegen nichtig.

**503.** Vor der Entmündigung vorgenommene Rechtsgeschäfte können für nichtig erklärt werden, wenn die Ursache der Entmündigung schon zur Zeit ihres Stattfindens offenkundig bestanden hat.

**504.** Nach dem Tode einer Person können die von ihr vorgenommenen Rechtsgeschäfte wegen Wahnsinnes nur dann angefochten werden, wenn ihre Entmündigung schon vor ihrem Tode ausgesprochen oder beantragt war, es sei denn, daß der Beweis des Wahnsinnes sich aus dem angefochtenen Geschäft selbst ergibt.

**505.** Ist gegen das in erster Instanz erlassene Urteil auf Entmündigung keine Berufung eingelegt oder ist dasselbe in der Berufung bestätigt worden, so ist nach den in dem Titel *«Minderjährigkeit, Vormundschaft und Emanzipation»* vorgeschriebenen Regeln dem Entmündigten ein Vormund und

cessera ses fonctions et rendra compte au tuteur, s'il ne l'est pas lui-même.

**506.** Le mari est, de droit, le tuteur de sa femme interdite.

**507.** La femme pourra être nommée tutrice de son mari. En ce cas, le conseil de famille réglera la forme et les conditions de l'administration, sauf le recours devant les tribunaux de la part de la femme qui se croirait lésée par l'arrêté de la famille.

**508.** Nul, à l'exception des époux, des ascendants et descendants, ne sera tenu de conserver la tutelle d'un interdit au delà de dix ans. A l'expiration de ce délai, le tuteur pourra demander et devra obtenir son remplacement.

**509.** L'interdit est assimilé au mineur, pour sa personne et pour ses biens: les lois sur la tutelle des mineurs s'appliqueront à la tutelle des interdits.

**510.** Les revenus d'un interdit doivent être essentiellement employés à adoucir son sort et accélérer sa guérison.

Selon le caractère de sa maladie et l'état de sa fortune, le conseil de famille pourra arrêter qu'il sera traité dans son domicile, ou qu'il sera placé dans une maison de santé, et même dans un hospice.

**511.** Lorsqu'il sera question du mariage de l'enfant d'un interdit, la dot, ou l'avancement d'hoirie, et les autres conventions matrimoniales, seront réglés par un avis du conseil de famille, homologué par le tribunal, sur les conclusions du procureur du Roi [*du procureur de la République*].

**512.** L'interdiction cesse avec les causes qui l'ont déterminée: néanmoins la mainlevée ne sera prononcée qu'en observant les formalités prescrites pour parvenir à l'interdiction, et l'interdit ne pourra reprendre l'exercice de ses droits qu'après le jugement de mainlevée.

## CHAPITRE III.

### Du conseil judiciaire.

**513.** Il peut être défendu aux prodigues de plaider, de transiger, d'emprunter, de recevoir un capital mobilier et d'en donner décharge, d'aliéner, ni de grever leurs biens d'hypothèques, sans l'assistance d'un conseil qui leur est nommé par le tribunal.

---

ein Gegenvormund zu ernennen. Der vorläufige Verwalter hat seine Verrichtungen einzustellen und dem Vormunde, wenn er dies nicht selbst ist, Rechnung zu legen.

**506.** Der Ehemann ist von Rechtswegen Vormund seiner entmündigten Frau.

**507.** Die Ehefrau kann zur Vormünderin ihres Mannes ernannt werden. Der Familienrat hat in diesem Falle die Form und die Bedingungen der Verwaltung zu bestimmen, vorbehaltlich der Anrufung der Gerichte seitens der Frau, wenn sie sich durch den Beschluß des Familienrats verletzt glaubt.

**508.** Niemand, mit Ausnahme der Ehegatten, der Aszendenten und der Nachkommen, ist verpflichtet, die Vormundschaft über einen Entmündigten länger als zehn Jahre zu behalten. Nach dem Ablaufe dieser Zeit kann der Vormund seine Ersetzung verlangen, und muß dieselbe gewährt werden.

**509.** Der Entmündigte steht in Ansehung seiner Person und in Ansehung seines Vermögens einem Minderjährigen gleich; die gesetzlichen Bestimmungen über die Vormundschaft der Minderjährigen finden auf die Vormundschaft der Entmündigten Anwendung.

**510.** Die Einkünfte eines Entmündigten müssen hauptsächlich zur Erleichterung seines Loses und zur Beschleunigung seiner Heilung verwendet werden. Je nach der Beschaffenheit seiner Krankheit und dem Stande seines Vermögens kann der Familienrat bestimmen, daß er in seinem Wohnsitz behandelt, oder daß er in eine Heilanstalt oder selbst in ein öffentliches Pflegehaus gebracht werden soll.

**511.** Erhebt sich die Frage der Verheiratung eines Kindes des Entmündigten, so sind das Heiratsgut oder der Vorschuß auf den künftigen Erbteil und die übrigen Eheberedungen durch Gutachten des Familienrates festzustellen, welches nach dem Antrage des Prokurators des Königs [*des Prokurators der Republik*] der Bestätigung durch das Gericht unterliegt.

**512.** Die Entmündigung hört mit den Ursachen auf, die sie veranlaßt haben; jedoch ist auf die Aufhebung nur unter Beachtung der zur Erwirkung der Entmündigung vorgeschriebenen Förmlichkeiten zu erkennen, und kann der Entmündigte erst nach dem Aufhebungsurteile die Ausübung seiner Rechte wieder erlangen.

## DRITTES KAPITEL.

### Gerichtlicher Beistand.

**513.** Es kann den Verschwendern untersagt werden, vor Gericht aufzutreten, Vergleiche zu schließen, Darlehen aufzunehmen, bewegliches Kapital zu erheben und darüber zu quittieren, zu veräußern oder ihre Güter hypothekarisch zu belasten, ohne Zuziehung eines Beistandes, welcher ihnen von dem Gerichte bestellt wird.

**514.** La défense de procéder sans l'assistance d'un conseil, peut être provoquée par ceux qui ont droit de demander l'interdiction; leur demande doit être instruite et jugée de la même manière.

Cette défense ne peut être levée qu'en observant les mêmes formalités.

**515.** Aucun jugement, en matière d'interdiction, ou de nomination de conseil, ne pourra être rendu, soit en première instance, soit en cause d'appel, que sur les conclusions du ministère public.

**514.** Das Verbot, ohne Zuziehung eines Beistandes zu handeln, kann von denjenigen beantragt werden, welche das Recht haben, auf Entmündigung zu klagen; ihre Klage muß auf dieselbe Weise verhandelt und entschieden werden.

**515.** Jedes Urteil, welches eine Entmündigung oder die Bestellung eines Beistandes zum Gegenstande hat, kann sowohl in der ersten als auch in der Berufungsinstanz nur auf die Anträge der Staatsanwaltschaft hin erlassen werden.

# LIVRE DEUXIÈME.

## ZWEITES BUCH.

### DES BIENS, ET DES DIFFÉRENTES MODIFICATIONS DE LA PROPRIÉTÉ.

### GÜTER UND DIE VERSCHIEDENEN BESCHRÄNKUNGEN DES EIGENTUMS.

## TITRE PREMIER.

### De la distinction des biens.

**516.** Tous les biens sont meubles ou immeubles.

## ERSTER TITEL.

### Einteilung der Güter.

**516.** Alle Güter sind bewegliche oder unbewegliche.

### CHAPITRE PREMIER.

#### Des immeubles.

**517.** Les biens sont immeubles, ou par leur nature, ou par leur destination, ou par l'objet auquel ils s'appliquent.

**518.** Les fonds de terre et les bâtiments sont immeubles par leur nature.

**519.** Les moulins à vent ou à eau, fixés sur piliers et faisant partie du bâtiment, sont aussi immeubles par leur nature.

**520.** Les récoltes pendantes par les racines et les fruits des arbres non encore recueillis, sont pareillement immeubles.

Dès que les grains sont coupés et les fruits, détachés, quoique non enlevés, ils sont meubles.

Si une partie seulement de la récolte est coupée cette partie seule est meuble.

**521.** Les coupes ordinaires des bois taillis ou de futaies mises en coupes réglées, ne deviennent meubles qu'au fur et à mesure que les arbres sont abattus.

**522.** Les animaux que le propriétaire du fonds livre au fermier ou au métayer pour la culture, estimés ou non, sont censés immeubles

### ERSTES KAPITEL.

#### Unbewegliche Güter.

**517.** Die Güter sind unbeweglich entweder ihrer Natur nach oder vermöge ihrer Bestimmung oder wegen des Gegenstandes, auf welchen sie sich beziehen.

**518.** Grundstücke und Gebäude sind unbeweglich ihrer Natur nach.

**519.** Windmühlen und Wassermühlen, welche auf Pfeilern befestigt sind und einen Teil eines Gebäudes ausmachen, sind ebenfalls ihrer Natur nach unbeweglich.

**520.** Früchte auf dem Halm und Baumfrüchte, die noch nicht eingesammelt sind, sind gleichfalls unbeweglich.

Sobald die Feldfrüchte geschnitten und die Baumfrüchte getrennt sind, sind sie beweglich, wenn sie auch noch nicht weggebracht sind.

Ist nur ein Teil der Ernte geschnitten, so ist nur dieser Teil beweglich.

**521.** Die ordentlichen Holzschläge vom Schlagholze oder von dem in regelmäßige Schläge eingeteilten Hochwalde werden nur in dem Maße beweglich, als die Bäume gefällt sind.

**522.** Vieh, welches der Eigentümer eines Grundstückes dem Pächter oder Teilpächter, es mag abgeschätzt sein oder nicht, für die

tant qu'ils demeurent attachés au fonds par l'effet de la convention.

Ceux qu'il donne à cheptel à d'autres qu'au fermier ou métayer, sont meubles.

**523.** Les tuyaux servant à la conduite des eaux dans une maison ou autre héritage, sont immeubles et font partie du fonds auquel ils sont attachés.

**524.** Les objets que le propriétaire d'un fonds y a placés pour le service et l'exploitation de ce fonds, sont immeubles par destination.

Ainsi, sont immeubles par destination, quand ils ont été placés par le propriétaire pour le service et l'exploitation du fonds:

Les animaux attachés à la culture;

Les ustensiles aratoires;
Les semences données aux fermiers ou colons partiaires;
Les pigeons des colombiers;
Les lapins des garennes;
Les ruches à miel;
Les poissons des étangs;
Les pressoirs, chaudières, alambics, cuves et tonnes;
Les ustensiles nécessaires à l'exploitation des forges, papeteries et autres usines;

Les pailles et engrais.
Sont aussi immeubles par destination, tous effets mobiliers que le propriétaire a attachés au fonds à perpétuelle demeure.

**525.** Le propriétaire est censé avoir attaché à son fonds des objets mobiliers à perpétuelle demeure, quand ils y sont scellés en plâtre ou à chaux ou à ciment, ou lorsqu'ils ne peuvent être détachés sans être fracturés et détériorés, ou sans briser ou détériorer la partie du fonds à laquelle ils sont attachés.

Les glaces d'un appartement sont censées mises à perpétuelle demeure, lorsque le parquet sur lequel elles sont attachées fait corps avec la boiserie.
Il en est de même des tableaux et autres ornements.
Quant aux statues, elles sont immeubles lorsqu'elles sont placées dans une niche pratiquée exprès pour les recevoir, encore qu'elles puissent être enlevées sans fracture ou détérioration.

**526.** Sont immeubles, par l'objet auquel ils s'appliquent:
L'usufruit des choses immobilières;
Les servitudes ou services fonciers;
Les actions qui tendent à revendiquer un immeuble.

---

Bewirtschaftung übergibt, gilt als unbeweglich, solange dasselbe zufolge der Uebereinkunft bei dem Grundstücke verbleibt.

Dasjenige, welches er andern als dem Pächter oder Teilpächter in Viehpacht gibt, ist beweglich.

**523.** Röhren, welche in einem Hause oder einem andern Grundstück zur Leitung des Wassers dienen, sind unbeweglich und bilden einen Teil des Grundstücks, auf welchem sie gelegt sind.

**524.** Gegenstände, welche der Eigentümer eines Grundstücks zum Dienste und zur Bewirtschaftung dieses Grundstücks auf dasselbe gebracht hat, sind vermöge ihrer Bestimmung unbeweglich.

So sind unbeweglich vermöge ihrer Bestimmung, wenn sie von dem Eigentümer zum Dienste und zur Bewirtschaftung des Grundstücks auf dasselbe gebracht sind:
Vieh, das zum Wirtschaftsbetriebe bestimmt ist;
Ackerbaugerätschaften;
Saatkorn, welches dem Pächter oder Teilpächter gegeben worden ist;
Tauben eines Taubenhauses;
Kaninchen in Gehegen;
Bienenstöcke;
Fische in den Teichen;
Kelter, Kessel, Brennkolben, Bütten und Fässer;
Gerätschaften, die zum Betriebe von Hammerwerken, Papiermühlen und sonstigen Fabriken notwendig sind;
Stroh und Dünger.
Auch sind vermöge ihrer Bestimmung unbeweglich alle beweglichen Sachen, welche der Eigentümer mit einem Grundstück zu dauerndem Verbleib verbunden hat.

**525.** Daß der Eigentümer bewegliche Sachen mit seinem Grundstück zu dauerndem Verbleibe verbunden hat, wird dann angenommen, wenn sie darin mit Gyps, Kalk oder Zement befestigt sind oder nicht weggenommen werden können, ohne zerbrochen oder beschädigt zu werden, oder ohne daß derjenige Teil des Grundstücks, an welchem sie befestigt sind, zerbrochen oder beschädigt wird.

Spiegel in einer Wohnung gelten als zu dauerndem Verbleibe angebracht, wenn die Einfassung, auf der sie befestigt sind, mit der Wandbekleidung ein Stück ausmacht.
Dasselbe gilt von Gemälden und anderen Verzierungen.
Bildsäulen sind unbeweglich, wenn sie in einer eigens zu ihrer Aufnahme angebrachten Nische aufgestellt sind, auch wenn sie ohne Bruch oder Beschädigung weggenommen werden können.

**526.** Unbeweglich wegen des Gegenstandes, auf welchen sie sich beziehen, sind:
Der Nießbrauch an unbeweglichen Sachen;
Servituten oder Gründdienstbarkeiten;
Klagen, in denen eine Liegenschaft in Anspruch genommen wird.

## CHAPITRE II.
### Des meubles.

**527.** Les biens sont meubles par leur nature, ou par la détermination de la loi.

**528.** Sont meubles par leur nature, les corps qui peuvent se transporter d'un lieu à un autre, soit qu'ils se meuvent par eux-mêmes, comme les animaux, soit qu'ils ne puissent changer de place que par l'effet d'une force étrangère, comme les choses inanimées.

**529.** Sont meubles par la détermination de la loi, les obligations et actions qui ont pour objet des sommes exigibles ou des effets mobiliers, les actions ou intérêts dans les compagnies de finance, de commerce ou d'industrie, encore que des immeubles dépendant de ces entreprises appartiennent aux compagnies. Ces actions ou intérêts sont réputés meubles à l'égard de chaque associé seulement, tant que dure la société.

Sont aussi meubles par la détermination de la loi, les rentes perpétuelles ou viagères, soit sur l'Etat, soit sur des particuliers.

**530.** Toute rente établie à perpétuité pour le prix de la vente d'un immeuble, ou comme condition de la cession à titre onéreux ou gratuit d'un fonds immobilier, est essentiellement rachetable.

Il est néanmoins permis au créancier de régler les clauses et conditions du rachat.

Il lui est aussi permis de stipuler que la rente ne pourra lui être remboursée qu'après un certain terme, lequel ne peut jamais excéder trente ans: toute stipulation contraire est nulle.

**531.** Les bateaux, bacs, navires, moulins et bains sur bateaux, et généralement toutes usines non fixées par des piliers, et ne faisant point partie de la maison, sont meubles: la saisie de quelques-uns de ces objets peut cependant, à cause de leur importance, être soumise à des formes particulières, ainsi qu'il sera expliqué dans le Code de la procédure civile.

**532.** Les matériaux provenant de la démolition d'un édifice, ceux assemblés pour en construire un nouveau, sont meubles jusqu'à ce qu'ils soient employés par l'ouvrier dans une construction.

**533.** Le mot *meuble*, employé seul dans les dispositions de la loi ou de l'homme, sans autre addition ni désignation, ne comprend pas l'argent comptant, les pierreries, les dettes actives, les livres, les médailles, les instruments des sciences, des arts et métiers, le linge de corps, les chevaux, équipages, armes, grains, vins, foins et autres denrées; il ne comprend pas aussi ce qui fait l'objet d'un commerce.

## ZWEITES KAPITEL.
### Bewegliche Güter.

**527.** Die Güter sind beweglich entweder ihrer Natur nach oder kraft gesetzlicher Bestimmung.

**528.** Beweglich ihrer Natur nach sind die Körper, die von einem Ort zum andern gelangen können, sei es, daß sie sich selbst fortbewegen, wie die Tiere, sei es, daß sie nur durch eine fremde Kraft ihren Platz wechseln können, wie die leblosen Sachen.

**529.** Beweglich kraft gesetzlicher Bestimmung sind: Verbindlichkeiten und Klagen, welche einklagbare Summen oder bewegliche Sachen zum Gegenstande haben, Aktien oder Anteile an Finanz-, Handels- oder Industriegesellschaften, selbst wenn diesen Gesellschaften unbewegliche Güter gehören, welche zu diesen Unternehmungen in Beziehung stehen. Diese Aktien oder Anteile gelten bezüglich eines Gesellschafters nur so lange die Gesellschaft dauert als beweglich.

Ferner sind kraft gesetzlicher Bestimmung beweglich: Erb- oder Leibrenten, sei es, daß der Staat oder daß Privatpersonen sie schulden.

**530.** Jede Rente, welche als Kaufpreis einer Liegenschaft, oder als Bedingung der entgeltlichen oder unentgeltlichen Abtretung einer solchen ist ihrem Wesen nach rückkaufbar.

Es ist jedoch dem Gläubiger gestattet, die Bestimmungen und Bedingungen des Rückkaufs zu regeln.

Es ist ihm gleichfalls gestattet, sich auszubedingen, daß die Rente erst nach einer bestimmten Frist abgelöst werden könne, welche jedoch niemals 30 Jahre übersteigen darf; jede entgegenstehende Verabredung ist nichtig.

**531.** Kähne, Fähren, Schiffe, Mühlen und Bäder auf Schiffen, und überhaupt alle Werke, die nicht auf Pfeilern ruhen und keinen Teil eines Hauses bilden, sind beweglich; die Pfändung einiger dieser Gegenstände kann jedoch ihrer Wichtigkeit wegen besonderen Formen unterworfen werden, wie dies in der Zivilprozeßordnung bestimmt werden wird.

**532.** Materialien, welche von dem Abbruch eines Gebäudes herrühren, sowie diejenigen, welche zur Errichtung eines neuen zusammengebracht worden sind, sind bewegliche Sachen, bis sie von dem Arbeiter zu einem Bau verwendet sind.

**533.** Das Wort «*Meuble*» (Fahrnis), wenn es allein ohne weiteren Zusatz oder Bezeichnung in Verfügungen des Gesetzes oder eines Menschen gebraucht ist, begreift nicht in sich: bares Geld, Edelsteine, ausstehende Forderungen, Bücher, Denkmünzen, Werkzeuge für Wissenschaften, Künste und Handwerker, Leibwäsche, Pferde, Wagen, Waffen, Getreide, Wein, Heu und andere Lebensmittel; es begreift gleichfalls nicht in sich, was den Gegenstand eines kaufmännischen Geschäftes ausmacht.

534. Les mots *meubles meublants* ne comprennent que les meubles destinés à l'usage et à l'ornement des appartements, comme tapisseries, lits, sièges, glaces, pendules, tables, porcelaines et autres objets de cette nature.

Les tableaux et les statues qui font partie du meuble d'un appartement y sont aussi compris, mais non les collections de tableaux qui peuvent être dans les galeries ou pièces particulières.

Il en est de même des porcelaines: celles seulement qui font partie de la décoration d'un appartement, sont comprises sous la dénomination de *meubles meublants*.

535. L'expression *biens meubles*, celle de *mobilier* ou d'*effets mobiliers*, comprennent généralement tout ce qui est censé meuble d'après les règles ci-dessus établies.

La vente ou le don d'une maison meublée ne comprend que les meubles meublants.

536. La vente ou le don d'une maison, avec tout ce qui s'y trouve, ne comprend pas l'argent comptant, ni les dettes actives et autres droits dont les titres peuvent être déposés dans la maison; tous les autres effets mobiliers y sont compris.

## CHAPITRE III.
### Des biens dans leurs rapports avec ceux qui les possèdent.

537. Les particuliers ont la libre disposition des biens qui leur appartiennent, sous les modifications établies par les lois.

Les biens qui n'appartiennent pas à des particuliers, sont administrés et ne peuvent être aliénés que dans les formes et suivant les règles qui leur sont particulières.

538. Les chemins, routes, et rues à la charge de l'Etat, les fleuves et rivières navigables ou flottables, les rivages, lais et relais de la mer, les ports, les havres, les rades, et généralement toutes les portions du territoire français qui ne sont pas susceptibles d'une propriété privée, sont considérés comme des dépendances du domaine public.

539. Tous les biens vacants et sans maître, et ceux des personnes qui décèdent sans héritiers, ou dont les successions sont abandonnées, appartiennent au domaine public.

540. Les portes, murs, fossés, remparts des places de guerre et des forteresses, font aussi partie du domaine public.

541. Il en est de même des terrains, des fortifications et remparts des places qui ne sont plus places de guerre, ils appartiennent à l'Etat, s'ils n'ont été valablement aliénés, ou si la propriété n'en a pas été prescrite contre lui.

534. Die Worte: «*Meubles meublants*» (Hausgeräte) begreifen nur in sich die Fahrnis, welche zum Gebrauch oder zur Verzierung der Wohnungen bestimmt ist, als Teppiche, Betten, Stühle, Spiegel, Uhren, Tische, Porzellan und andere Gegenstände dieser Art.

Gemälde und Bildsäulen, welche einen Teil des Hausgerätes einer Wohnung ausmachen, sind gleichfalls darunter begriffen, nicht aber Sammlungen von Gemälden, die sich in Galerien oder in besonderen Räumen befinden.

Dasselbe gilt von dem Porzellan; nur dasjenige, welches einen Teil der Verzierung einer Wohnung ausmacht, ist unter der Benennung: *meubles meublants* begriffen.

535. Die Ausdrücke: *Biens meubles, mobilier* oder *effets mobiliers* (bewegliche Güter, fahrende Habe oder bewegliche Sachen) begreifen überhaupt alles, was nach den oben aufgestellten Regeln als beweglich gilt.

Der Verkauf oder die Schenkung eines möblierten Hauses begreift nur das Hausgerät in sich.

536. Der Verkauf oder die Schenkung eines Hauses mit allem, was sich darin befindet, begreift weder das bare Geld in sich, noch die ausstehenden Forderungen oder sonstige Rechte, worüber die Urkunden in dem Hause aufbewahrt werden; alle übrigen beweglichen Sachen sind darunter begriffen.

## DRITTES KAPITEL.
### Die Güter in ihren Beziehungen zu ihren Besitzern.

537. Die Privatpersonen haben die freie Verfügung über die Güter, welche ihnen gehören, unter den durch die Gesetze aufgestellten Beschränkungen.

Güter, welche nicht Privaten gehören, werden verwaltet und können nur veräußert werden in den Formen und nach den Regeln, welche ihnen eigentümlich sind.

538. Die Wege, Landstraßen und andere Straßen, welche der Staat zu unterhalten hat, die Ströme und Flüsse, welche schiffbar oder flößbar sind, die Ufer des Meeres und das von ihm angeschwemmte oder verlassene Land, die Häfen und Rheden und überhaupt alle Teile des französischen Staatsgebietes, welche nicht im Privateigentum stehen können, gelten als zum öffentlichen Gut gehörig.

539. Alle ledigen und herrenlose Güter sowie diejenigen von Personen, welche ohne Erben verstorben sind oder deren Erbschaften nicht angetreten werden, gehören zum öffentlichen Gut.

540. Die Tore, Mauern, Gräben, Wälle der festen Plätze und Festungen machen ebenfalls einen Teil des öffentlichen Gutes aus.

541. Dasselbe gilt von dem Gelände, den Festungswerken und Wällen der Plätze, die nicht mehr Kriegsplätze sind; sie gehören dem Staate, wenn sie nicht gültig veräußert worden sind, oder das Eigentum daran wider denselben nicht verjährt ist.

## SECTION PREMIÈRE.

### Du droit d'accession relativement aux choses immobilières.

**552.** La propriété du sol emporte la propriété du dessus et du dessous.

Le propriétaire peut faire au-dessus toutes les plantations et constructions qu'il juge à propos, sauf les exceptions établies au titre *des Servitudes ou Services fonciers.*

Il peut faire au-dessous toutes les constructions et fouilles qu'il jugera à propos, et tirer de ces fouilles tous les produits qu'elles peuvent fournir, sauf les modifications résultant des lois et règlements relatifs aux mines, et des lois et règlements de police.

**553.** Toutes constructions, plantations et ouvrages sur un terrain ou dans l'intérieur, sont présumés faits par le propriétaire à ses frais et lui appartenir, si le contraire n'est prouvé; sans préjudice de la propriété qu'un tiers pourrait avoir acquise ou pourrait acquérir par prescription, soit d'un souterrain sous le bâtiment d'autrui, soit de toute autre partie du bâtiment.

**554.** Le propriétaire du sol qui a fait des constructions, plantations et ouvrages avec des matériaux qui ne lui appartenaient pas, doit en payer la valeur; il peut aussi être condamné à des dommages-intérêts, s'il y a lieu: mais le propriétaire des matériaux n'a pas le droit de les enlever.

**555.** Lorsque les plantations, constructions et ouvrages ont été faits par un tiers et avec ses matériaux, le propriétaire du fonds a droit ou de les retenir, ou d'obliger ce tiers à les enlever.

Si le propriétaire du fonds demande la suppression des plantations et constructions, elle est aux frais de celui qui les a faites, sans aucune indemnité pour lui; il peut même être condamné à des dommages-intérêts, s'il y a lieu, pour le préjudice que peut avoir éprouvé le propriétaire du fonds.

Si le propriétaire préfère conserver ces plantations et constructions, il doit le remboursement de la valeur des matériaux et du prix de la main-d'œuvre, sans égard à la plus ou moins grande augmentation de valeur que le fonds a pu recevoir. Néanmoins, si les plantations, constructions et ouvrages ont été faits par un tiers évincé, qui n'aurait pas été condamné à la restitution des fruits, attendu sa bonne foi, le propriétaire ne pourra demander la suppression desdits ouvrages, plantations et constructions; mais il aura le choix, ou de rembourser la valeur des matériaux et du prix de la main-d'œuvre, ou de rembourser une somme égale à celle dont le fonds a augmenté de valeur.

## ERSTER ABSCHNITT.

### Zuwachsrecht in Beziehung auf unbewegliche Sachen.

**552.** Das Eigentum des Bodens umfaßt das Eigentum an dem, was sich über und unter demselben befindet.

Der Eigentümer kann auf dem Boden alle Pflanzungen und Bauten vornehmen, welche er für gut findet, vorbehaltlich der in dem Titel «Servituten oder Grunddienstbarkeiten» aufgestellten Ausnahmen.

Er kann unter dem Boden alle Bauten und Nachgrabungen vornehmen, welche er für gut findet, und aus diesen Nachgrabungen alle Erträge ziehen, welche sie erbringen können, vorbehaltlich der Beschränkungen, die sich aus den die Bergwerke betreffenden Gesetzen und Verordnungen, und aus den Polizeigesetzen und Polizeiverordnungen ergeben.

**553.** Von allen Bauten, Pflanzungen und Anlagen auf einem Grundstücke oder unter demselben wird vermutet, daß sie von dem Eigentümer auf seine Kosten gemacht sind und ihm angehören, wenn nicht das Gegenteil bewiesen wird; das Eigentum, welches ein Dritter etwa durch Verjährung an einem unterirdischen Bau unter dem Gebäude eines andern oder an irgend einem andern Teile des Gebäudes erworben hat oder erwerben kann, wird hierdurch nicht berührt.

**554.** Der Eigentümer des Bodens, welcher Bauten, Pflanzungen und Anlagen mit Materialien gemacht hat, die ihm nicht gehören, muß den Wert derselben bezahlen; er kann auch gegebenenfalls zum Schadenersatze verurteilt werden; der Eigentümer der Materialien hat jedoch nicht das Recht, sie wegzunehmen.

**555.** Sind die Pflanzungen, Bauten und Anlagen von einem Dritten und mit dessen Materialien gemacht worden, so hat der Eigentümer des Grundstücks das Recht, sie entweder zu behalten, oder den Dritten zu zwingen sie wegzunehmen.

Verlangt der Eigentümer des Grundstücks die Beseitigung der Pflanzungen und Bauten, so erfolgt sie auf Kosten dessen, der sie gemacht hat, ohne irgend eine Entschädigung für ihn; er kann sogar gegebenenfalls zum Schadensersatz verurteilt werden für den Nachteil, den der Eigentümer des Grundstücks etwa erlitten hat.

Zieht es der Eigentümer vor, diese Pflanzungen und Bauten zu behalten, so schuldet er Ersatz für den Wert der Materialien und den Arbeitslohn, ohne Rücksicht auf den mehr oder weniger großen Wertzuwachs des Grundstücks. Wenn jedoch die Pflanzungen, Bauten und Anlagen von einem Dritten errichtet sind, dem das Grundstück entzogen wird, der aber in Anbetracht seines guten Glaubens nicht zur Erstattung der Früchte verurteilt worden ist, so kann der Eigentümer die Beseitigung der gedachten Anlagen, Pflanzungen und Bauten nicht verlangen; er hat jedoch die Wahl, entweder den Wert der Materialien und des Arbeitslohnes oder eine dem Wertzuwachs des Grundstücks gleichkommende Summe zu ersetzen.

**556.** Les atterrissements et accroissements qui se forment successivement et imperceptiblement aux fonds riverains d'un fleuve ou d'une rivière, s'appellent *alluvion*.

L'alluvion profite au propriétaire riverain, soit qu'il s'agisse d'un fleuve ou d'une rivière navigable, flottable ou non ; à la charge, dans le premier cas, de laisser le marchepied ou chemin de halage, conformément aux règlements.

**557.** Il en est de même des relais que forme l'eau courante qui se retire insensiblement de l'une de ses rives en se portant sur l'autre : le propriétaire de la rive découverte profite de l'alluvion, sans que le riverain du côté opposé y puisse venir réclamer le terrain qu'il a perdu.

Ce droit n'a pas lieu à l'égard des relais de la mer.

**558.** L'alluvion n'a pas lieu à l'égard des lacs et étangs, dont le propriétaire conserve toujours le terrain que l'eau couvre quand elle est à la hauteur de la décharge de l'étang, encore que le volume de l'eau vienne à diminuer.

Réciproquement, le propriétaire de l'étang n'acquiert aucun droit sur les terres riveraines que son eau vient à couvrir dans des crues extraordinaires.

**559.** Si un fleuve ou une rivière, navigable ou non, enlève par une force subite une partie considérable et reconnaissable d'un champ riverain, et la porte vers un champ inférieur ou sur la rive opposée, le propriétaire de la partie enlevée peut réclamer sa propriété ; mais il est tenu de former sa demande dans l'année : après ce délai, il n'y sera plus recevable, à moins que le propriétaire du champ auquel la partie enlevée a été unie, n'eût pas encore possession de celle-ci.

**560.** Les îles, îlots, atterrissements, qui se forment dans le lit des fleuves ou des rivières navigables ou flottables, appartiennent à l'Etat s'il n'y a titre ou prescription contraire.

**561.** Les îles et atterrissements qui se forment dans les rivières non navigables et non flottables, appartiennent aux propriétaires riverains du côté où l'île s'est formée : si l'île n'est pas formée d'un seul côté, elle appartient aux propriétaires riverains des deux côtés, à partir de la ligne qu'on suppose tracée au milieu de la rivière.

**562.** Si une rivière ou un fleuve, en se formant un bras nouveau, coupe et embrasse le champ d'un propriétaire riverain, et en fait une île, ce propriétaire conserve la propriété de son champ, encore que l'île se soit formée dans un fleuve ou dans une rivière navigable ou flottable.

Code civil.

**556.** Landbildungen und Vergrößerungen, die sich allmählich und unmerklich an Grundstücken bilden, welche an einen Strom oder Fluß angrenzen, heißen «Anschwemmungen».

Die Anschwemmung kommt dem angrenzenden Eigentümer zugut, mag der Fluß oder Strom, um den es sich handelt, schiffbar oder flößbar sein oder nicht; jedoch in dem ersten Falle mit der Verpflichtung, den Leinpfad den Verordnungen gemäß frei zu lassen.

**557.** Dasselbe gilt von dem Lande, welches das fließende Wasser bildet, indem es sich unmerklich von einem Ufer zurückzieht und auf das andere übertritt; der Eigentümer des verlassenen Ufers hat den Vorteil von der Anschwemmung, ohne daß der angrenzende Eigentümer der entgegengesetzten Seite dort den Boden, welchen er verloren hat, in Anspruch nehmen kann.

Dieses Recht besteht nicht in Ansehung des vom Meer verlassenen Landes.

**558.** Die Anschwemmung findet bei Seen und Teichen nicht statt; der Eigentümer derselben behält immer den Boden, welchen das Wasser bedeckt, wenn es auf der Abflußhöhe des Teiches steht, selbst wenn der Wasserstand sinkt.

Umgekehrt erwirbt der Eigentümer des Teiches kein Recht auf die angrenzenden Stellen, welche sein Wasser bei außerordentlichen Anschwellungen bedeckt.

**559.** Wenn ein Strom oder Fluß, er sei schiffbar oder nicht, durch plötzliche Gewalt ein beträchtliches und erkennbares Stück eines angrenzenden Feldes fortreißt und an ein unterhalb oder am entgegengesetzten Ufer gelegenes Feld antreibt, so kann der Eigentümer des fortgerissenen Stückes sein Eigentum in Anspruch nehmen; er muß aber seine Klage binnen einem Jahre anstrengen, nach dieser Frist ist sie nicht mehr zulässig, es sei denn, daß der Eigentümer des Feldes, mit welchem das abgerissene Stück vereinigt worden ist, von demselben noch nicht Besitz genommen hat.

**560.** Inseln, Werder und Landstücke, die sich in dem Bette der schiffbaren oder flößbaren Ströme oder Flüsse bilden, gehören dem Staate, wenn kein Titel oder keine Verjährung entgegensteht.

**561.** Inseln und Landstücke, die sich in nicht schiffbaren und nicht flößbaren Flüssen bilden, gehören den Ufereigentümern der Seite, wo die Insel sich gebildet hat. Hat sich die Insel nicht allein auf einer Seite gebildet, so gehört sie den Ufereigentümern beider Seiten, von der Linie angerechnet, welche man sich durch die Mitte des Flusses gezogen denkt.

**562.** Wenn ein Fluß oder Strom, indem er sich einen neuen Arm bildet, das Feld eines angrenzenden Eigentümers abschneidet und umgibt, und daraus eine Insel macht, so behält dieser Eigentümer das Eigentum seines Feldes, selbst wenn die Insel sich in einem schiffbaren oder flößbaren Strom oder Fluß gebildet hat.

6

**563.** Si un fleuve ou une rivière navigable ou flottable se forme un nouveau cours en abandonnant son ancien lit, les propriétaires riverains peuvent acquérir la propriété de cet ancien lit, chacun en droit soi, jusqu'à une ligne qu'on suppose tracée au milieu de la rivière. Le prix de l'ancien lit est fixé par des experts nommés par le président du tribunal de la situation des lieux, à la requête du préfet du département.

A défaut par les propriétaires riverains de déclarer, dans les trois mois de la notification qui leur sera faite par le préfet, l'intention de faire l'acquisition aux prix fixés par les experts, il est procédé à l'aliénation de l'ancien lit selon les règles qui président aux aliénations du domaine de l'Etat.

Le prix provenant de la vente est distribué aux propriétaires des fonds occupés par le nouveau cours, à titre d'indemnité, dans la proportion de la valeur du terrain enlevé à chacun d'eux.

**564.** Les pigeons, lapins, poissons, qui passent dans un autre colombier, garenne ou étang, appartiennent au propriétaire de ces objets, pourvu qu'ils n'y aient point été attirés par fraude et artifice.

## SECTION II.
### Du droit d'accession relativement aux choses mobilières.

**565.** Le droit d'accession, quand il a pour objet deux choses mobilières appartenant à deux maîtres différents, est entièrement subordonné aux principes de l'équité naturelle.

Les règles suivantes serviront d'exemple au juge pour se déterminer, dans le cas non prévus, suivant les circonstances particulières.

**566.** Lorsque deux choses appartenant à différents maîtres, qui ont été unies de manière à former un tout, sont néanmoins séparables, en sorte que l'une puisse subsister sans l'autre, le tout appartient au maître de la chose qui forme la partie principale, à la charge de payer à l'autre la valeur de la chose qui a été unie.

**567.** Est réputée partie principale celle à laquelle l'autre n'a été unie que pour l'usage, l'ornement ou le complément de la première.

**568.** Néanmoins, quand la chose unie est beaucoup plus précieuse que la chose principale, et quand elle a été employée à l'insu du propriétaire, celui-ci peut demander que la chose unie soit séparée pour lui être rendue, même quand il pourrait en résulter quelque dégradation de la chose à laquelle elle a été jointe.

**569.** Si de deux choses unies pour former un seul tout, l'une ne peut point être regardée comme l'accessoire de l'autre, celle-là est

**563.** Wenn ein Fluß oder Strom, schiffbar oder flößbar, unter Verlassen seines früheren Bettes seinen Lauf ändert, so können die Ufereigentümer das Eigentum an diesem alten Bette erwerben, jeder für seinen Teil, bis zu einer Linie, welche man sich durch die Mitte des Flusses gezogen denkt. Der Preis des alten Bettes wird von Sachverständigen festgesetzt, welche von dem Präsidenten des Gerichts, wo das Bett belegen ist, auf Antrag des Präfekten des Bezirks ernannt werden.

Versäumen es die Ufereigentümer innerhalb dreier Monate nach der ihnen durch den Präfekten gemachten Bekanntgabe, zu erklären, daß sie die Absicht haben den Erwerb zu dem von den Sachverständigen festgesetzten Preise vorzunehmen, so wird zum Verkaufe des alten Bettes nach den für den Verkauf von Staatseigentum geltenden Regeln geschritten.

Der aus dem Verkauf erlöste Preis ist unter die Eigentümer der von dem neuen Lauf bedeckten Grundstücke als Entschädigung im Verhältnis des Wertes des jedem von ihnen weggeschwemmten Grundes verteilt.

**564.** Tauben, Kaninchen und Fische, die in ein anderes Taubenhaus, Gehege oder in einen andern Teich übergehen, gehören dem Eigentümer dieser Gegenstände, vorausgesetzt, daß sie nicht durch Arglist und Kunstgriffe angelockt worden sind.

## ZWEITER ABSCHNITT.
### Zuwachsrecht in Beziehung auf bewegliche Sachen.

**565.** Das Zuwachsrecht steht, wenn es zwei bewegliche Sachen zum Gegenstande hat, welche zwei verschiedenen Eigentümern gehören, ganz unter den Grundsätzen der natürlichen Billigkeit.

Nachstehende Regeln sollen dem Richter zum Anhalt dienen, um in den nicht vorgesehenen Fällen nach den besonderen Umständen zu entscheiden.

**566.** Wenn zwei Sachen, welche verschiedenen Eigentümern gehören, derart miteinander vereinigt worden sind, daß sie ein Ganzes bilden, jedoch so getrennt werden können, daß die eine ohne die andere bestehen kann, so gehört das Ganze dem Eigentümer der Sache, welche den Hauptbestandteil ausmacht.

**567.** Als Hauptbestandteil gilt derjenige, mit welchem der andere nur zum Gebrauch, zur Verzierung oder Ergänzung vereinigt worden ist.

**568.** Wenn jedoch die verbundene Sache weit wertvoller als die Hauptsache ist und wenn sie ohne Wissen des Eigentümers verwendet worden ist, so kann dieser verlangen, daß die verbundene Sache getrennt und ihm zurückgegeben werde, selbst wenn dadurch eine Beschädigung der Sache entstehen sollte, mit welcher sie verbunden worden ist.

**569.** Wenn von zwei Sachen, welche miteinander zu einem Ganzen vereinigt worden sind, die eine nicht als Zubehör der andern

réputée principale qui est la plus considérable en valeur, on en volume, si les valeurs sont à peu près égales.

**570.** Si un artisan ou une personne quelconque a employé une matière qui ne lui appartenait pas, à former une chose d'une nouvelle espèce, soit que la matière puisse ou non reprendre sa première forme, celui qui en était le propriétaire a le droit de réclamer la chose qui en a été formée, en remboursant le prix de la main-d'œuvre.

**571.** Si cependant la main-d'œuvre était tellement importante qu'elle surpassât de beaucoup la valeur de la matière employée, l'industrie serait alors réputée la partie principale, et l'ouvrier aurait le droit de retenir la chose travaillée, en remboursant le prix de la matière au propriétaire.

**572.** Lorsqu'une personne a employé en partie la matière qui lui appartenait, et en partie celle qui ne lui appartenait pas, à former une chose d'une espèce nouvelle, sans que ni l'une ni l'autre des deux matières soit entièrement détruite, mais de manière qu'elles ne puissent pas se séparer sans inconvénient, la chose est commune aux deux propriétaires, en raison, quant à l'un, de la matière qui lui appartenait, quant à l'autre, en raison à la fois et de la matière qui lui appartenait, et du prix de sa main-d'œuvre.

**573.** Lorsqu'une chose a été formée par le mélange de plusieurs matières appartenant à différents propriétaires, mais dont aucune ne peut être regardée comme la matière principale, si les matières peuvent être séparées, celui à l'insu duquel les matières ont été mélangées peut en demander la division.

Si les matières ne peuvent plus être séparées sans inconvénient, ils en acquièrent en commun la propriété dans la proportion de la quantité, de la qualité et de la valeur des matières appartenant à chacun d'eux.

**574.** Si la matière appartenant à l'un des propriétaires était de beaucoup supérieure à l'autre par la quantité et le prix, en ce cas le propriétaire de la matière supérieure en valeur pourrait réclamer la chose provenue du mélange, en remboursant à l'autre la valeur de sa matière.

**575.** Lorsque la chose reste en commun entre les propriétaires des matières dont elle a été formée, elle doit être licitée au profit commun.

**576.** Dans tous les cas où le propriétaire dont la matière a été employée, à son insu, à former une chose d'une autre espèce, peut réclamer la propriété de cette chose, il a le choix de demander la restitution de sa matière en même nature, quantité, poids, mesure et bonté, ou sa valeur.

angesehen werden kann, so gilt diejenige als Hauptsache, welche dem Werte nach, oder, wenn die Werte ungefähr gleich sind, die, welche dem Umfange nach die bedeutendste ist.

**570.** Wenn ein Handwerker oder sonst irgend jemand einen Stoff, der ihm nicht gehörte, verwendet hat, um daraus eine Sache einer andern Art herzustellen; sei es daß der Stoff seine vorige Form wieder annehmen kann oder nicht, so hat derjenige, welcher Eigentümer desselben war, das Recht, die daraus gefertigten Sachen gegen Vergütung des Arbeitslohnes zu verlangen.

**571.** War indessen die Arbeit so bedeutend, daß sie den Wert des verwendeten Stoffes bei weitem überstieg, dann soll die Arbeit als Hauptsache gelten und der Verfertiger das Recht haben, die gefertigte Sache zu behalten, indem er dem Eigentümer den Preis des Stoffes vergütet.

**572.** Wenn jemand teils eigenen, teils fremden Stoff verwendet hat, um eine Sache von einer anderen Art herzustellen, ohne weder den einen noch den anderen von beiden Stoffen gänzlich zu zerstören, aber doch in der Weise, daß sie nicht ohne Nachteil getrennt werden können, so gehört die Sache beiden Eigentümern gemeinschaftlich, und zwar dem einen im Verhältnisse des Stoffes, der ihm gehörte, und dem andern nach dem Verhältnisse des Stoffes der ihm gehörte, mit Zurechnung des Preises für seine Arbeit.

**573.** Wenn eine Sache hergestellt worden ist durch Vermischung mehrerer verschiedenen Eigentümern gehörigen Stoffe, von welchen jedoch keiner als der Hauptstoff angesehen werden kann, so kann, wenn die Stoffe voneinander getrennt werden können, derjenige, ohne dessen Wissen dieselben vermischt worden sind, ihre Scheidung verlangen.

Können die Stoffe nicht mehr ohne Nachteil getrennt werden, so erwerben sie daran gemeinschaftlich das Eigentum nach Verhältnis der Menge, der Beschaffenheit und des Wertes des einem jeden gehörigen Stoffes.

**574.** War der dem einen der Eigentümer gehörende Stoff der Menge und dem Werte nach bei weitem bedeutender als der andere, so kann der Eigentümer des an Wert bedeutenderen Stoffes die aus der Mischung entstandene Sache beanspruchen, indem er dem anderen den Wert seines Stoffes vergütet.

**575.** Bleibt die Sache den Eigentümern der Stoffe, aus welchen sie entstanden ist, gemeinschaftlich, so muß sie für gemeinschaftliche Rechnung versteigert werden.

**576.** In allen Fällen, in welchen der Eigentümer, dessen Stoff ohne sein Wissen zur Anfertigung einer Sache von einer andern Art verwendet worden ist, das Eigentum dieser Sache in Anspruch nehmen kann, hat er die Wahl, die Erstattung seines Stoffes in derselben Art, Menge, Gewicht, Maß und Güte, oder den Wert desselben zu verlangen.

577. Ceux qui auront employé des matières appartenant à d'autres, et à leur insu, pourront aussi être condamnés à des dommages-intérêts, s'il y a lieu, sans préjudice des poursuites par voie extraordinaire, si le cas y échet.

---

## TITRE TROISIÈME.

### De l'usufruit, de l'usage et de l'habitation.

#### CHAPITRE PREMIER.

##### De l'usufruit.

578. L'usufruit est le droit de jouir des choses dont un autre a la propriété, comme le propriétaire lui-même, mais à la charge d'en conserver la substance.

579. L'usufruit est établi par la loi, ou par la volonté de l'homme.

580. L'usufruit peut être établi, ou purement, ou à certain jour, ou à condition.

581. Il peut être établi sur toute espèce de biens meubles ou immeubles.

##### SECTION PREMIÈRE.

###### Des droits de l'usufruitier.

582. L'usufruitier a le droit de jouir de toute espèce de fruits, soit naturels, soit industriels, soit civils, que peut produire l'objet dont il a l'usufruit.

583. Les fruits naturels sont ceux qui sont le produit spontané de la terre. Le produit et le croît des animaux sont aussi des fruits naturels.
Les fruits industriels d'un fonds sont ceux qu'on obtient par la culture.

584. Les fruits civils sont les loyers des maisons, les intérêts des sommes exigibles, les arrérages des rentes.
Les prix des baux à ferme sont aussi rangés dans la classe des fruits civils.

585. Les fruits naturels et industriels, pendants par branches ou par racines au moment où l'usufruit est ouvert, appartiennent à l'usufritier.
Ceux qui sont dans le même état au moment où finit l'usufruit, appartiennent au propriétaire, sans récompense de part ni d'autre des labours et des semences, mais aussi sans préjudice de la portion des fruits qui pourrait être acquise au colon partiaire, s'il en existait un au commencement ou à la cessation de l'usufruit.

586. Les fruits civils sont réputés s'acquérir jour par jour, et appartiennent à l'usufruitier, à proportion de la durée de son

577. Wer einem anderen gehörenden Stoffe ohne dessen Wissen gebraucht hat, kann auch gegebenen Falles zum Schadensersatze verurteilt werden, unbeschadet der strafrechtlichen Verfolgung, wenn der Fall dazu Anlaß gibt.

---

## DRITTER TITEL.

### Niessbrauch, Gebrauchsrecht und Wohnungsrecht.

#### ERSTES KAPITEL.

##### Niessbrauch.

578. Der Nießbrauch ist das Recht, Sachen, an welchen ein anderer das Eigentum hat, wie der Eigentümer selbst zu benutzen, jedoch mit der Verpflichtung, die Substanz derselben zu erhalten.

579. Der Nießbrauch wird durch Gesetz oder durch den Willen des Menschen begründet.

580. Der Nießbrauch kann entweder schlechthin oder bis zu einem gewissen Tage oder unter einer Bedingung begründet werden.

581. Er kann an jeder Art von beweglichen oder unbeweglichen Gütern begründet werden.

##### ERSTER ABSCHNITT.

###### Recht des Niessbrauchers.

582. Der Nießbraucher hat den Genuß an jeder Art von Früchten, welche der Gegenstand, an dem er den Nießbrauch hat, hervorbringen kann, seien es natürliche, erarbeitete oder bürgerliche Früchte.

583. Natürliche Früchte sind diejenige, welche die Erde von selbst hervorbringt. Die Erzeugnisse und der Nachwuchs der Tiere sind gleichfalls natürliche Früchte.
Erarbeitete Früchte eines Grundstückes sind diejenigen, welche man durch die Bebauung gewinnt.

584. Bürgerliche Früchte sind die Mietzinsen von Häusern, die Zinsen von einklagbaren Forderungen, die Gefälle der Renten.
Pachtzinsen werden ebenfalls zu den bürgerlichen Früchten gerechnet.

585. Natürliche und erarbeitete Früchte, die zu der Zeit, zu welcher der Nießbrauch beginnt, an den Zweigen hängen oder auf dem Halme stehen, gehören dem Nießbraucher.
Diejenigen, die zur Zeit der Beendigung des Nießbrauchs, in demselben Zustande sind, gehören dem Eigentümer, ohne Vergütung für Arbeit und Aussaat von einer oder der anderen Seite, aber auch unbeschadet des Anteils an den Früchten, welche der Teilpächter etwa erworben hat, wenn ein solcher bei Beginn oder bei Endigung des Nießbrauchs vorhanden war.

586. Bei bürgerlichen Früchten wird angenommen, daß sie Tag für Tag erworben werden; sie gehören dem Nießbraucher nach

usufruit. Cette règle s'applique aux prix des baux à ferme, comme aux loyers des maisons et aux autres fruits civils.

587. Si l'usufruit comprend des choses dont on ne peut faire usage sans les consommer, comme l'argent, les grains, les liqueurs, l'usufruitier a le droit de s'en servir, mais à la charge d'en rendre de pareille quantité, qualité et valeur, ou leur estimation, à la fin de l'usufruit.

588. L'usufruit d'une rente viagère donne aussi à l'usufruitier, pendant la durée de son usufruit, le droit d'en percevoir les arrérages, sans être tenu à aucune restitution.

589. Si l'usufruit comprend des choses qui, sans se consommer de suite, se détériorent peu à peu par l'usage, comme du linge, des meubles meublants, l'usufruitier a le droit de s'en servir pour l'usage auquel elles sont destinées, et n'est obligé de les rendre, à la fin de l'usufruit, que dans l'état où elles se trouvent, non détériorées par son dol ou par sa faute.

590. Si l'usufruit comprend des bois taillis, l'usufruitier est tenu d'observer l'ordre et la quotité des coupes, conformément à l'aménagement ou à l'usage constant des propriétaires, sans indemnité toutefois en faveur de l'usufruitier ou de ses héritiers, pour les coupes ordinaires, soit de taillis, soit de baliveaux, soit de futaie, qu'il n'aurait pas faites pendant sa jouissance.

Les arbres qu'on peut tirer d'une pépinière sans la dégrader, ne font aussi partie de l'usufruit qu'à la charge par l'usufruitier de se conformer aux usages des lieux pour le remplacement.

591. L'usufruitier profite encore, toujours en se conformant aux époques et à l'usage des anciens propriétaires, des parties de bois de haute futaie qui ont été mises en coupes réglées, soit que ces coupes se fassent périodiquement sur une certaine étendue de terrain, soit qu'elles se fassent d'une certaine quantité d'arbres pris indistinctement sur toute la surface du domaine.

592. Dans tous les autres cas, l'usufruitier ne peut toucher aux arbres de haute futaie; il peut seulement employer, pour faire les réparations dont il est tenu, les arbres arrachés ou brisés par accident; il peut même, pour cet objet, en faire abattre, s'il est nécessaire, mais à la charge d'en faire constater la nécessité avec le propriétaire.

---

Verhältnis der Dauer seines Nießbrauchs. Diese Regel findet Anwendung auf Pachtzinsen wie auf Mietzinsen von Häusern und auf die übrigen bürgerlichen Früchte.

587. Bei Nießbrauch an Sachen, die man nicht gebrauchen kann, ohne sie zu verbrauchen, wie Geld, Getreide, Getränke hat der Nießbraucher das Recht, sich derselben zu bedienen, jedoch unter der Verpflichtung, bei Beendigung des Nießbrauchs Sachen von gleicher Menge und Beschaffenheit und von gleichem Werte oder ihren Schätzungspreis zu erstatten.

588. Der Nießbraucher an einer Leibrente gibt ebenfalls dem Nießbraucher während der Dauer seines Nießbrauchs das Recht die Gefälle davon zu beziehen, ohne zu einer Wiedererstattung verbunden zu sein.

589. Bei Nießbrauch an Sachen, die ohne sogleich verbraucht zu werden sich durch den Gebrauch allmählich verschlechtern, wie Wäsche und Hausgerät, hat der Nießbraucher das Recht sich derselben zu dem Gebrauche, zu welchem sie bestimmt sind, zu bedienen und ist nur verpflichtet, bei Beendigung des Nießbrauchs dieselben in dem Zustande zurückzugeben, in welchem sie sich, nicht verschlechtert durch seine Arglist oder sein Verschulden, befinden.

590. Bei Nießbrauch an Schlagholz ist der Nießbraucher verpflichtet, die Ordnung und den Umfang der Schläge gemäß dem Betriebsplan oder dem ständigen Gebrauche der Eigentümer zu beachten, jedoch steht dem Nießbraucher oder seinen Erben für die ordentlichen Schläge des Schlagholzes, der Laßreiser oder des Hochwaldes, welche er während seines Genusses nicht vorgenommen hat, eine Entschädigung nicht zu.

Bäume, die man aus einer Baumschule nehmen kann, ohne dieselbe zu schädigen, sind gleichfalls Gegenstand des Nießbrauchs, nur unter der Verpflichtung seitens des Nießbrauchers, sich hinsichtlich des Ersatzes nach den Ortsgebräuchen zu richten.

591. Der Nießbraucher zieht ferner, wobei er sich jedoch stets nach den Schlagzeiten und dem Gebrauche der früheren Eigentümer zu richten hat, den Nutzen aus den Teilen des Hochwaldes, welche in regelmäßige Schläge geteilt sind, sei es daß diese Schläge sich zu bestimmten Zeiten auf eine bestimmte Fläche des Bodens erstrecken, oder daß sie sich auf eine bestimmte Anzahl Bäume erstreckten, welche ohne Unterschied aus dem ganzen Umfang der Besitzung genommen werden.

592. In allen andern Fällen darf der Nießbraucher die Bäume des Hochwaldes nicht angreifen; er darf bloß die durch Zufall entwurzelten oder gebrochenen Bäume zu den ihm obliegenden Ausbesserungen verwenden und nötigenfalls sogar zu diesem Zwecke Bäume fällen lassen, jedoch mit der Verpflichtung, diese Notwendigkeit mit dem Eigentümer feststellen zu lassen.

**593.** Il peut prendre, dans les bois, des échalas pour les vignes; il peut aussi prendre, sur les arbres, des produits annuels ou périodiques; le tout suivant l'usage du pays ou la coutume des propriétaires.

**594.** Les arbres fruitiers qui meurent, ceux même qui sont arrachés ou brisés par accident, appartiennent à l'usufruitier, à la charge de les remplacer par d'autres.

**595.** L'usufruitier peut jouir par lui-même, donner à ferme à un autre, ou même vendre ou céder son droit à titre gratuit. S'il donne à ferme, il doit se conformer, pour les époques où les baux doivent être renouvelés, et pour leur durée, aux règles établies pour le mari à l'égard des biens de la femme, au titre *Du contrat de mariage et des droits respectifs des époux.*

**596.** L'usufruitier jouit de l'augmentation survenue par alluvion à l'objet dont il a l'usufruit.

**597.** Il jouit des droits de servitude, de passage, et généralement de tous les droits dont le propriétaire peut jouir, et il en jouit comme le propriétaire.

**598.** Il jouit aussi, de la même manière que le propriétaire, des mines et carrières qui sont en exploitation à l'ouverture de l'usufruit; et néanmoins, s'il s'agit d'une exploitation qui ne puisse être faite sans une concession, l'usufruitier ne pourra en jouir qu'après en avoir obtenu la permission du Roi [*du président de la République*].

Il n'a aucun droit aux mines et carrières non encore ouvertes, ni aux tourbières dont l'exploitation n'est point encore commencée, ni au trésor qui pourrait être découvert pendant la durée de l'usufruit.

**599.** Le propriétaire ne peut, par son fait, ni de quelque manière que ce soit, nuire aux droits de l'usufruitier.

De son côté, l'usufruitier ne peut, à la cessation de l'usufruit, réclamer aucune indemnité pour les améliorations qu'il prétendrait avoir faites, encore que la valeur de la chose en fût augmentée.

Il peut cependant, ou ses héritiers, enlever les glaces, tableaux et autres ornements qu'il aurait fait placer, mais à la charge de rétablir les lieux dans leur premier état.

### SECTION II.

#### Des obligations de l'usufruitier.

**600.** L'usufruitier prend les choses dans l'état où elles sont; mais il ne peut entrer en jouissance qu'après avoir fait dresser, en présence du propriétaire, ou lui dûment appelé, un inventaire des meubles et un état des immeubles sujets à l'usufruit.

---

**593.** Er darf aus den Holzungen Pfähle für die Rebpflanzungen nehmen, er darf auch von den Bäumen jährliche oder periodische Erträgnisse beziehen, alles nach dem Ortsgebrauche oder der Gewohnheit der Eigentümer.

**594.** Die Obstbäume, welche absterben, selbst diejenigen, welche durch Zufall entwurzelt oder gebrochen sind, gehören dem Nießbraucher unter der Verpflichtung sie durch andere zu ersetzen.

**595.** Der Nießbraucher kann sein Recht selbst ausüben, es einem andern verpachten oder sogar verkaufen oder unentgeltlich übertragen. Verpachtet er es, so muß er sich hinsichtlich der Zeit, wann die Pachtverträge zu erneuern sind, und hinsichtlich der Dauer derselben nach den Regeln richten, welche für den Ehemann in Bezug auf die Güter der Ehefrau in dem Titel «Ehevertrag und Rechte der Ehegatten gegeneinander» aufgestellt sind.

**596.** Der Nießbraucher hat den Genuß an der Vergrößerung, welche durch Anschwemmung bei dem Gegenstande seines Nießbrauchs eintritt.

**597.** Er hat den Genuß der Grunddienstbarkeiten und Wegerechte und überhaupt aller Rechte, welche der Eigentümer genießen kann, und genießt dieselben wie der Eigentümer selbst.

**598.** Er genießt ferner in derselben Weise wie der Eigentümer die Bergwerke und Steinbrüche, welche beim Beginne des Nießbrauchs in Betrieb sind; handelt es sich jedoch um einen Betrieb, der nicht ohne Verleihung stattfinden darf, so darf der Nießbraucher nicht in den Genuß treten, bis er dazu die Erlaubnis des Königs [*des Präsidenten der Republik*] hat.

Er hat jedoch kein Recht auf Bergwerke und Steinbrüche, die noch nicht eröffnet sind, noch auf Torfgruben, deren Betrieb noch nicht begonnen hat, ebensowenig auf einen Schatz, der etwa während der Dauer des Nießbrauchs gefunden wird.

**599.** Der Eigentümer darf weder durch seine Handlungen noch auf irgend eine andere Weise die Rechte des Nießbrauchers beeinträchtigen.

Der Nießbraucher seinerseits kann bei Beendigung des Nießbrauches keine Entschädigung für die Verbesserungen fordern, die er gemacht zu haben behauptet, wenn auch der Wert der Sache dadurch erhöht sein sollte.

Er oder seine Erben können indessen die Spiegel, Gemälde und andere Verzierungen, die er hat anbringen lassen, wegnehmen, jedoch unter der Verpflichtung, den früheren Zustand der Oertlichkeiten wieder herzustellen

### ZWEITER ABSCHNITT.

#### Verbindlichkeiten des Niessbrauchers.

**600.** Der Nießbraucher übernimmt die Sachen in dem Zustande, in welchem sie sich befinden; er darf jedoch den Genuß nicht eher antreten, als bis er in Gegenwart des Eigentümers, oder nach gehöriger Ladung desselben ein Inventar über die beweglichen

601. Il donne caution de jouir en bon père de famille, s'il n'en est dispensé par l'acte constitutif de l'usufruit; cependant, les père et mère ayant l'usufruit légal du bien de leurs enfants, le vendeur ou le donateur, sous réserve d'usufruit, ne sont pas tenus de donner caution.

602. Si l'usufruitier ne trouve pas de caution, les immeubles sont donnés à ferme ou mis en séquestre;

Les sommes comprises dans l'usufruit sont placées;

Les denrées sont vendues, et le prix en provenant est pareillement placé;

Les intérêts de ces sommes et le prix des fermes appartiennent, dans ce cas, à l'usufruitier.

603. A défaut d'une caution de la part de l'usufruitier, le propriétaire peut exiger que les meubles qui dépérissent par l'usage soient vendus, pour le prix en être placé comme celui des denrées; et alors l'usufruitier jouit de l'intérêt pendant son usufruit; cependant l'usufruitier pourra demander, et les juges pourront ordonner, suivant les circonstances, qu'une partie des meubles nécessaires pour son usage lui soit délaissé, sous sa simple caution juratoire, et à la charge de les représenter à l'extinction de l'usufruit.

604. Le retard de donner caution ne prive pas l'usufruitier des fruits auxquels il peut avoir droit; ils lui sont dus du moment où l'usufruit a été ouvert.

605. L'usufruitier n'est tenu qu'aux réparations d'entretien.

Les grosses réparations demeurent à la charge du propriétaire, à moins qu'elles n'aient été occasionnées par le défaut de réparation d'entretien, depuis l'ouverture de l'usufruit, auquel cas l'usufruitier en est aussi tenu.

606. Les grosses réparations sont celles des gros murs et des voûtes, le rétablissement des poutres et des couvertures entières;

Celui des digues et des murs de soutènement et de clôture aussi en entier.

Toutes les autres réparations sont d'entretien.

607. Ni le propriétaire, ni l'usufruitier, ne sont tenus de rebâtir ce qui est tombé de vétusté, ou ce qui a été détruit par cas fortuit.

Güter und eine Beschreibung des Zustandes der Liegenschaften, welche dem Nießbrauche unterworfen sind, hat aufnehmen lassen.

601. Er stellt Bürgschaft dafür, daß er wie ein guter Hausvater den Nießbrauch ausüben werde, sofern er nicht durch die den Nießbrauch bestellende Rechtshandlung davon entbunden ist; indessen sind die Eltern, welche den gesetzlichen Nießbrauch an dem Vermögen ihrer Kinder haben, der Verkäufer oder Schenker, welche sich den Nießbrauch vorbehalten, nicht verpflichtet, Bürgschaft zu stellen.

602. Findet der Nießbraucher keinen Bürgen, so werden die Liegenschaften in Pacht gegeben oder unter Sequester gestellt;

die von dem Nießbrauch erfaßten Gelder werden angelegt;

die Lebensmittel werden verkauft und der Erlös wird ebenfalls angelegt.

Die Zinsen dieser Gelder und die Pachtzinsen gehören in diesem Falle dem Nießbraucher.

603. Mangels einer Bürgschaft seitens des Nießbrauchers kann der Eigentümer verlangen, daß die Fahrnisgegenstände, welche durch den Gebrauch schlechter werden, verkauft werden, damit der Kaufpreis derselben gleich dem der Lebensmittel angelegt werde; der Nießbraucher zieht alsdann den Zins während seines Nießbrauchs. Doch kann je nach den Umständen der Nießbraucher verlangen und das Gericht anordnen, daß ihm ein Teil der Fahrnisgegenstände, welche für seinen Gebrauch notwendig sind, lediglich gegen seine eidliche Bürgschaft und unter der Verpflichtung belassen werde, sie bei Erlöschen des Nießbrauches zurückzuerstatten.

604. Die Verzögerung in der Stellung der Bürgschaft entzieht dem Nießbraucher die Früchte nicht, auf welche er sonst etwa ein Anrecht hat; sie gebühren ihm von dem Augenblicke an, in welchem der Nießbrauch begonnen hat.

605. Der Nießbraucher ist nur zu den Ausbesserungen behufs Instandhaltung verpflichtet.

Hauptausbesserungen bleiben dem Eigentümer zur Last, sofern sie nicht durch die Unterlassung der zur Instandhaltung nötigen Ausbesserungen seit Eröffnung des Nießbrauchs veranlaßt worden sind, in welchem Falle auch sie dem Nießbraucher obliegen.

606. Hauptausbesserungen sind die der Hauptmauern und Gewölbe, die Wiedereinsetzung von Balken und ganzer Bedachungen;

diejenigen von Dämmen, Futtermauern und Einfriedigungsmauern, wenn sie gleichfalls im Ganzen erfolgt.

Alle übrigen Ausbesserungen sind zur Instandsetzung dienende.

607. Weder der Eigentümer noch der Nießbraucher ist verpflichtet, wieder aufzubauen, was altershalber zusammengefallen oder durch Zufall zerstört worden ist.

**608.** L'usufruitier est tenu, pendant sa jouissance, de toutes les charges annuelles de l'héritage, telles que les contributions et autres qui dans l'usage sont censées charges des fruits.

**609.** A l'égard des charges qui peuvent être imposées sur la propriété pendant la durée de l'usufruit, l'usufruitier et le propriétaire y contribuent ainsi qu'il suit:

Le propriétaire est obligé de les payer, et l'usufruitier doit lui tenir compte des intérêts;

Si elles sont avancées par l'usufruitier, il a la répétition du capital à la fin de l'usufruit.

**610.** Le legs fait par un testateur, d'une rente viagère ou pension alimentaire, doit être acquitté par le légataire universel de l'usufruit dans son intégrité, et par le légataire à titre universel de l'usufruit dans la proportion de sa jouissance, sans aucune répétition de leur part.

**611.** L'usufruitier à titre particulier n'est pas tenu des dettes auxquelles le fonds est hypothéqué: s'il est forcé de les payer, il a son recours contre le propriétaire, sauf ce qui est dit à l'article 1020, au titre *Des donations entre vifs et des testaments.*

**612.** L'usufruitier, ou universel, ou à titre universel, doit contribuer avec le propriétaire au payement des dettes, ainsi qu'il suit:

On estime la valeur du fonds sujet à usufruit; on fixe ensuite la contribution aux dettes à raison de cette valeur.

Si l'usufruitier veut avancer la somme pour laquelle le fonds doit contribuer, le capital lui en est restitué à la fin de l'usufruit, sans aucun intérêt.

Si l'usufruitier ne veut pas faire cette avance, le propriétaire a le choix, ou de payer cette somme, et, dans ce cas, l'usufruitier lui tient compte des intérêts pendant la durée de l'usufruit, ou de faire vendre jusqu'à due concurrence une portion des biens soumis à l'usufruit.

**613.** L'usufruit n'est tenu que des frais des procès qui concernent la jouissance, et des autres condamnations auxquelles ces procès pourraient donner lieu.

**614.** Si, pendant la durée de l'usufruit, un tiers commet quelque usurpation sur le fonds, ou attente autrement aux droits du propriétaire, l'usufruitier est tenu de le dénoncer à celui-ci: faute de ce, il est responsable de tout le dommage qui peut en résulter pour le propriétaire, comme il le serait de dégradations commises par lui-même.

**608.** Der Nießbraucher hat während des Genusses alle jährliche Lasten des Grundstücks zu tragen, wie Steuern und andere, welche dem Gebrauche nach als auf den Früchten ruhend angesehen werden.

**609.** Zu den Lasten, welche dem Eigentümer etwa während der Dauer des Nießbrauches auferlegt werden, tragen der Nießbraucher und der Eigentümer auf folgende Weise bei:

Der Eigentümer ist verpflichtet, sie zu zahlen, und der Nießbraucher muß ihm die Zinsen vergüten.

Hat sie der Nießbraucher vorgeschossen, so hat er das Recht, das Kapital bei Beendigung des Nießbrauchs zurückzufordern.

**610.** Das von einem Erblasser hinterlassene Vermächtnis einer Leibrente oder Unterhaltsrente muß von dem Erbnehmer des Nießbrauchs ganz und von dem Erbteilnehmer des Nießbrauchs im Verhältnisse seiner Nutzung entrichtet werden, ohne Rückforderungsrecht ihrerseits.

**611.** Wer den Nießbrauch als Teilvermächtnis erhalten hat, haftet nicht für die Schulden, für welche das Grundstück zur Hypothek gestellt ist; wird er gezwungen, sie zu bezahlen, so hat er seinen Rückgriff gegen den Eigentümer, vorbehaltlich dessen, was in dem Artikel 1020 in dem Titel «Schenkungen unter Lebenden und Testamente» bestimmt ist.

**612.** Wer als Erbnehmer oder Erbteilnehmer den Nießbrauch hat, muß dem Eigentümer zur Zahlung der Schulden auf folgende Weise beitragen:

Man schätzt den Wert des dem Nießbrauch unterworfenen Grundstücks und bestimmt hierauf, nach Verhältnis dieses Wertes, den Beitrag zu den Schulden.

Will der Nießbraucher die Summe vorschießen, welche das Grundstück beitragen muß, so wird ihm bei Beendigung des Nießbrauchs das Kapital ohne jeden Zins zurückerstattet.

Will der Nießbraucher diesen Vorschuß nicht leisten, so hat der Eigentümer die Wahl, entweder diese Summe selbst zu bezahlen, und in diesem Falle vergütet ihm der Nießbraucher während der Dauer des Nießbrauchs die Zinsen, oder einen Teil der dem Nießbrauche unterworfenen Güter bis zu dem geschuldeten Betrage verkaufen zu lassen.

**613.** Der Nießbraucher hat nur für die Kosten der Prozesse zu haften, welche den Genuß betreffen, sowie die sonstigen Verurteilungen, zu welchen diese Prozesse Anlaß geben können.

**614.** Wenn während der Dauer des Nießbrauches ein Dritter sich in Bezug auf das Grundstück einen Angriff erlaubt, oder sonst den Rechten des Eigentümers zu nahe kommt, so ist der Nießbraucher verpflichtet, diesem davon Anzeige zu machen; mangels derselben ist er für allen Schaden, der dadurch für den Eigentümer entsteht, verantwortlich, geradeso wie er es für von ihm selbst verursachte Beschädigung sein würde.

**615.** Si l'usufruit n'est établi que sur un animal qui vient à périr sans la faute de l'usufruitier, celui-ci n'est pas tenu d'en rendre un autre, ni d'en payer l'estimation.

**616.** Si le troupeau sur lequel un usufruit a été établi, périt entièrement par accident ou par maladie, et sans la faute de l'usufruitier, celui-ci n'est tenu envers le propriétaire que de lui rendre compte des cuirs ou de leur valeur.

Si le troupeau ne périt pas entièrement, l'usufruitier est tenu de remplacer, jusqu'à concurrence du croît, les têtes des animaux qui ont péri.

### SECTION III.

#### Comment l'usufruit prend fin.

**617.** L'usufruit s'éteint :

Par la mort naturelle de l'usufruitier ;

Par l'expiration du temps pour lequel il a été accordé ;

Par la consolidation ou la réunion sur la même tête, des deux qualités d'usufruitier et de propriétaire ;

Par le non-usage du droit pendant trente ans ;

Par la perte totale de la chose sur laquelle l'usufruit est établi.

**618.** L'usufruit peut aussi cesser par l'abus que l'usufruitier fait de sa jouissance, soit en commettant des dégradations sur le fonds ; soit en le laissant dépérir faute d'entretien.

Les créanciers de l'usufruitier peuvent intervenir dans les contestations, pour la conservation de leur droits ; ils peuvent offrir la réparation des dégradations commises, et des garanties pour l'avenir.

Les juges peuvent, suivant la gravité des circonstances, ou prononcer l'extinction absolue de l'usufruit, ou n'ordonner la rentrée du propriétaire dans la jouissance de l'objet qui en est grevé, que sous la charge de payer annuellement à l'usufruitier, ou à ses ayants cause, une somme déterminée, jusqu'à l'instant où l'usufruit aurait dû cesser.

**619.** L'usufruit qui n'est pas accordé à des particuliers, ne dure que trente ans.

**620.** L'usufruit accordé jusqu'à ce qu'un tiers ait atteint un âge fixe dure jusqu'à cette époque, encore que le tiers soit mort avant l'âge fixé.

**621.** La vente de la chose sujette à usufruit ne fait aucun changement dans le droit de l'usufruitier ; il continue de jouir de son usufruit s'il n'y a pas formellement renoncé.

**622.** Les créanciers de l'usufruitier peuvent faire annuler la renonciation qu'il aurait faite à leur préjudice.

**615.** Ist der Nießbrauch nur an einem Tiere bestellt worden, und geht dieses ohne Verschulden des Nießbrauchers zugrunde, so ist letzterer weder verpflichtet dafür ein anderes zurückzugeben, noch den Wert zu bezahlen.

**616.** Geht eine Herde, an welcher ein Nießbrauch bestellt worden ist, durch Unfall oder Krankheit und ohne Verschulden des Nießbrauchers ganz zugrunde, so ist dieser dem Eigentümer gegenüber nur verpflichtet, für die Häute und deren Wert aufzukommen.

Geht die Herde nicht ganz zugrunde, so ist der Nießbraucher verpflichtet, die gefallenen Stücke mit dem Nachwuchse, soweit derselbe reicht, zu ersetzen.

### DRITTER ABSCHNITT.

#### Beendigung des Niessbrauchs.

**617.** Der Nießbrauch erlischt:

durch den leiblichen Tod des Nießbrauchers ;

durch den Ablauf der Zeit, für welche er eingeräumt worden ist ;

durch Konsolidation oder Vereinigung der Eigenschaften des Nießbrauchers und des Eigentümers in derselben Person ;

durch Nichtgebrauch des Rechtes während dreißig Jahren ;

durch den gänzlichen Untergang der Sache an welcher der Nießbrauch bestellt ist.

**618.** Der Nießbrauch kann auch durch den Mißbrauch endigen, welchen der Nießbraucher von seiner Nutzung macht, sei es daß er die Sache beschädigt oder dieselbe aus Mangel an Instandhaltung verfallen läßt.

Die Gläubiger des Nießbrauchers können zur Wahrung ihrer Rechte in den Rechtsstreitigkeiten intervenieren: sie können Ersatz für die verursachten Beschädigungen und Gewährleistung für die Zukunft anbieten.

Die Richter können nach Erheblichkeit der Umstände, entweder auf vollständiges Erlöschen des Nießbrauchs erkennen oder nur den Wiedereintritt des Eigentümers in die Nutzung des mit dem Nießbrauch beschwerten Gegenstandes unter der Verpflichtung anordnen, dem Nießbraucher oder dessen Rechtsnachfolgern jährlich eine bestimmte Summe bis zu dem Zeitpunkt zu zahlen, zu welchem der Nießbrauch hätte endigen sollen.

**619.** Der Nießbrauch, welcher andern als Privatpersonen eingeräumt ist, dauert nur dreißig Jahre.

**620.** Der Nießbrauch, welcher bis zu einem Zeitpunkt eingeräumt ist, an welchem ein Dritter ein gewisses Alter erreicht haben wird, dauert bis zu dieser Zeit, selbst wenn der Dritte vor Erreichung des bestimmten Alters stirbt.

**621.** Der Verkauf der dem Nießbrauche unterworfenen Sache bewirkt keine Aenderung in dem Rechte des Nießbrauchers ; er übt seinen Nießbrauch auch ferner aus, wenn er nicht ausdrücklich darauf verzichtet hat.

**622.** Die Gläubiger des Nießbrauchers können die Verzichtleistung für nichtig erklären lassen, welche derselbe zu ihrem Nachteile vorgenommen hat.

**623.** Si une partie seulement de la chose soumise à l'usufruit est détruite, l'usufruit se conserve sur ce qui reste.

**624.** Si l'usufruit n'est établi que sur un bâtiment, et que ce bâtiment soit détruit par un incendie ou autre accident, ou qu'il s'écroule de vétusté, l'usufruitier n'aura le droit de jouir ni du sol ni des matériaux.

Si l'usufruit était établi sur un domaine dont le bâtiment faisait partie, l'usufruitier jouirait du sol et des matériaux.

## CHAPITRE II.
### De l'usage et de l'habitation.

**625.** Les droits d'usage et d'habitation s'établissent et se perdent de la même manière que l'usufruit.

**626.** On ne peut en jouir, comme dans le cas de l'usufruit, sans donner préalablement caution, et sans faire des états et inventaires.

**627.** L'usager, et celui qui a un droit d'habitation, doivent jouir en bons pères de famille.

**628.** Les droits d'usage et d'habitation se règlent par titre qui les a établis, et reçoivent, d'après ses dispositions, plus ou moins d'étendue.

**629.** Si le titre ne s'explique pas sur l'étendue de ces droits, ils sont réglés ainsi qu'il suit:

**630.** Celui qui a l'usage des fruits d'un fonds, ne peut en exiger qu'autant qu'il lui en faut pour ses besoins et ceux de sa famille.

Il peut en exiger pour les besoins même des enfants qui lui sont survenus depuis la concession de l'usage.

**631.** L'usager ne peut céder ni louer son droit à un autre.

**632.** Celui qui a un droit d'habitation dans une maison, peut y demeurer avec sa famille, quand même il n'aurait pas été marié à l'époque où ce droit lui a été donné.

**633.** Le droit d'habitation se restreint à ce qui est nécessaire pour l'habitation de celui à qui ce droit est concédé et de sa famille.

**634.** Le droit d'habitation ne peut être ni cédé ni loué.

**635.** Si l'usager absorbe tous les fruits du fonds, ou s'il occupe la totalité de la maison, il est assujetti aux frais de culture, aux réparations d'entretien, et au payement de contributions, comme l'usufruitier.

---

**623.** Wird nur ein Teil der dem Nießbrauche unterworfenen Sache zerstört, so besteht der Nießbrauch an dem Ueberrest fort.

**624.** Ist der Nießbrauch nur an einem Gebäude bestellt worden und wird dieses Gebäude durch eine Feuersbrunst oder durch einen anderen Unfall zerstört, oder stürzt es Alters halber zusammen, so hat der Nießbraucher weder an dem Boden noch an den Materialien das Genußrecht.

War der Nießbrauch an einem Gute bestellt, von welchem das Gebände einen Teil ausmachte, so steht dem Nießbraucher das Genußrecht an dem Boden und den Materialien zu.

## ZWEITES KAPITEL.
### Gebrauchsrecht und Wohnungsrecht.

**625.** Die Gebrauchs- und Wohnungsrechte entstehen und erlöschen auf dieselbe Weise wie der Nießbrauch.

**626.** Man kann sie nicht ausüben, ohne vorher Bürgschaft zu stellen, und ohne eine Beschreibung des Gegenstandes und ein Inventar aufnehmen zu lassen.

**627.** Der Gebrauchsberechtigte und der, welcher ein Wohnungsrecht hat, muß die Rechte wie ein guter Hausvater ausüben.

**628.** Die Gebrauchs- und Wohnungsrechte richten sich nach der Bewilligung und haben nach deren Bestimmungen mehr oder weniger Umfang.

**629.** Wenn diese Bewilligung keine Bestimmungen über den Umfang der Rechte trifft, so stehen diese unter nachfolgenden Regeln.

**630.** Wer den Gebrauch an den Früchten eines Grundstücks hat, kann davon nur soviel verlangen, als er für seine Bedürfnisse und die seiner Familie nötig hat.

Er kann davon für die Bedürfnisse selbst der Kinder verlangen, welche er nach Einräumung des Gebrauchsrechts bekommen hat.

**631.** Der Gebrauchsberechtigte kann sein Recht einem andern weder übertragen noch vermieten.

**632.** Wer das Wohnungsrecht in einem Hause hat, kann mit seiner Familie darin wohnen, auch wenn er zu der Zeit, als ihm dieses Recht übertragen wurde, nicht verheiratet war.

**633.** Das Wohnungsrecht beschränkt sich auf das, was zu der Wohnung desjenigen, welchem dieses Recht eingeräumt ist, und zu der seiner Familie notwendig ist.

**634.** Das Wohnungsrecht kann weder übertragen noch vermietet werden.

**635.** Wenn der Gebrauchsberechtigte alle Früchte des Grundstücks aufbraucht oder das ganze Haus bewohnt, so liegen ihm in derselben Weise wie dem Nießbraucher die Kosten der Bebauung, die Ausbesserungen zur Instandhaltung und die Zahlung der Steuern ob.

S'il ne prend qu'une partie des fruits, ou s'il n'occupe qu'une partie de la maison, il contribue au prorata de ce dont il jouit.

636. L'usage des bois et forêts est réglé par des lois particulières.

---

## TITRE QUATRIÈME.

### Des servitudes ou services fonciers.

637. Une servitude est une charge imposée sur un héritage pour l'usage et l'utilité d'un héritage appartenant à un autre propriétaire.

638. La servitude n'établit aucune prééminence d'un héritage sur l'autre.

639. Elle dérive ou de la situation naturelle des lieux, ou des obligations imposées par la loi, ou des conventions entre les propriétaires.

### CHAPITRE PREMIER.

#### Des servitudes qui dérivent de la situation des lieux.

640. Les fonds inférieurs sont assujettis envers ceux qui sont plus élevés, à recevoir les eaux qui en découlent naturellement sans que la main de l'homme y ait contribué.

Le propriétaire inférieur ne peut point élever de digue qui empêche cet écoulement.

Le propriétaire supérieur ne peut rien faire qui aggrave la servitude du fonds inférieur.

641. Tout propriétaire a le droit d'user et de disposer des eaux pluviales qui tombent sur son fonds.

Si l'usage de ces eaux ou la direction qui leur est donnée aggrave la servitude naturelle d'écoulement établie par l'article 640, une indemnité est due au propriétaire du fonds inférieur.

La même disposition est applicable aux eaux de sources nées sur un fonds.

Lorsque, par des sondages ou des travaux souterrains, un propriétaire fait surgir des eaux dans son fonds, les propriétaires des fonds inférieurs doivent les recevoir; mais ils ont droit à une indemnité en cas de dommages résultant de leur écoulement.

Les maisons, cours, jardins, parcs et enclos attenant aux habitations ne peuvent être assujettis à aucune aggravation de la servitude d'écoulement dans les cas prévus dans les paragraphes précédents.

---

Bezieht er nur einen Teil der Früchte oder bewohnt er nur einen Teil des Hauses, so trägt er nach Verhältnis dessen, was er im Genusse hat, bei.

636. Das Gebrauchsrecht an Wäldern und Forsten wird durch besondere Gesetze bestimmt.

---

## VIERTER TITEL.

### Servituten oder Grunddienstbarkeiten.

637. Eine Grunddienstbarkeit ist eine Last, welche einem Grundstück zum Gebrauche und zum Nutzen eines einem andern Eigentümer gehörenden Grundstücks auferlegt ist.

638. Die Grunddienstbarkeit begründet keinen Vorrang des einen Grundstückes vor dem andern.

639. Sie entsteht entweder aus der natürlichen Lage der Orte oder aus den durch das Gesetz auferlegten Verbindlikhkeiten oder durch Verträge zwischen den Eigentümern.

### ERSTES KAPITEL.

#### Dienstbarkeiten, welche aus der Lage der Orte entstehen.

640. Die tiefer liegenden Grundstücke sind gegenüber den höher gelegenen verpflichtet, das Wasser aufzunehmen, welches von diesen in seinem natürlichen Laufe, ohne daß Menschenhand dazu beigetragen hat, abfließt.

Der Eigentümer des tiefer gelegenen darf keinen Damm aufwerfen, der diesen Abfluß hindert.

Der Eigentümer des höher gelegenen darf nichts vornehmen, was die Dienstbarkeit des tiefer gelegenen erschwert.

641. Jeder Eigentümer hat das Recht das auf sein Grundstück fallende Regenwasser zu verwenden und darüber zu verfügen.

Wenn die Verwendung dieses Wassers oder die ihm gegebene Richtung die im Artikel 640 besagte natürliche Dienstbarkeit des Ablaufes verschlimmert, so ist dem Eigentümer des tiefer gelegenen Grundstückes eine Entschädigung geschuldet.

Dieselbe Bestimmung ist auf die auf einem Grundstücke entspringenden Quellen anwendbar.

Hat ein Eigentümer durch Bohrungen oder unterirdische Arbeiten Wasser aus seinem Grundstücke hervorquellen machen, so haben die Eigentümer der tiefer gelegenen Grundstücke dies Wasser anzunehmen; sie haben aber Anspruch auf eine Entschädigung im Falle eines durch den Ablauf des Wassers verursachten Schadens.

Häuser, Höfe, Gärten, Parkanlagen und Einfriedigungen, die an Wohnstätten grenzen, können keinerlei Verschlimmerung der in den vorgehenden Paragraphen vorgesehenen Fällen die Dienstbarkeit des Ablaufes unterworfen werden.

Les contestations auxquelles peuvent donner lieu l'établissement et l'exercice des servitudes prévues par ces paragraphes et le règlement, s'il y a lieu, des indemnités dues aux propriétaires des fonds inférieurs, sont portées, en premier ressort, devant le juge de paix du canton, qui, en prononçant, doit concilier les intérêts de l'agriculture et de l'industrie avec le respect dû à la propriété.

S'il y a lieu à expertise, il peut n'être nommé qu'un seul expert.

642. Celui qui a une source dans son fonds peut toujours user des eaux à sa volonté dans les limites et pour les besoins de son héritage.

Le propriétaire d'une source ne peut plus en user au préjudice des propriétaires des fonds inférieures qui, depuis plus de trente ans, ont fait et terminé, sur le fonds où jaillit la source, des ouvrages apparents et permanents destinés à utiliser les eaux ou à en faciliter le passage dans léur propriété.

Il ne peut pas non plus en user de manière à enlever aux habitants d'une commune, village où hameau, l'eau qui leur est nécessaire; mais si les habitants n'en ont pas acquis ou prescrit l'usage, le propriétaire peut réclamer une indemnité, laquelle est réglée par experts.

643. Si, dès la sortie du fonds où elles surgissent, les eaux de source forment un cours d'eau offrant le caractère d'eaux publiques et courantes, le propriétaire ne peut les détourner de leur cours naturel au préjudice des usagers inférieurs.

644. Celui dont la propriété borde une eau courante, autre que celle qui est déclarée dépendance du domaine public par l'article 538 au titre *De la distinction des biens*, peut s'en servir à son passage pour l'irrigation de ses propriétés.

Celui dont cette eau traverse l'héritage, peut même en user dans l'intervalle qu'elle y parcourt, mais à la charge de la rendre, à la sortie de ses fonds, à son cours ordinaire.

645. S'il s'élève une contestation entre les propriétaires auxquels ces eaux peuvent être utiles, les tribunaux, en prononçant, doivent concilier l'intérêt de l'agriculture avec le respect dû à la propriété, et, dans tous les cas, les règlements particuliers et locaux sur le cours et l'usage des eaux doivent être observés.

646. Tout propriétaire peut obliger son voisin au bornage de leurs propriétés con-

Die Streitigkeiten, zu welchen die Feststellung und die Ausübung der in diesen Paragraphen vorgesehenen Dienstbarkeiten Anlaß geben können, sowie gegebenenfalls die Regelung der an die Besitzer der tiefer liegenden Grundstücke geschuldete Entschädigung werden in erster Instanz von dem Friedensrichter des Kantons ausgetragen, der bei seiner Entscheidung die Interessen der Landwirtschaft und der Industrie mit der Achtung vor dem Eigentum vereinbaren soll.

Findet eine Begutachtung statt, so kann nur ein einziger Sachverständiger ernannt werden.

642. Wer eine Quelle auf seinem Grundstück hat, kann dieselbe jederzeit nach seinem Belieben in den Grenzen und zum Bedarf seines Grundstückes benutzen.

Der Eigentümer einer Quelle kann sie nicht mehr benutzen zum Nachteile der Eigentümer der tiefer gelegenen Grundstücke, die seit mehr als dreißig Jahren auf dem Grundstücke, wo die Quelle entspringt, in die Augen fallende und dauernde Arbeiten verrichtet und beendigt haben, die bestimmt sind, das Wasser zu verwerten oder dessen Durchlauf durch ihr Eigentum zu erleichtern.

Er kann sie ebenfalls nicht in der Weise benutzen, daß den Bewohnern einer Gemeinde, eines Dorfes oder Weilers das für sie notwendige Wasser entzogen wird; haben jedoch die Bewohner die Benutzung nicht erworben oder ersessen, so kann der Eigentümer eine durch Sachverständige zu regelnde Entschädigung beanspruchen.

643. Wenn das Quellwasser schon beim Austritt aus dem Grundstücke, aus dem es hervorquillt, einen Wasserlauf bildet, der die Merkmale eines öffentlichen und laufenden Gewässers aufweist, so kann es der Eigentümer nicht von seinem natürlichen Laufe zum Nachteile der tiefer liegenden Gebrauchsberechtigten ableiten.

644. Derjenige, dessen Eigentum an ein fließendes Wasser grenzt, außer an ein solches, welches in dem Artikel 538 in dem Titel «Einteilung der Güter» als zu dem öffentlichen Gut gehörig erklärt ist, kann sich desselben da, wo es vorbeifließt, zur Bewässerung seiner Besitzungen bedienen.

Derjenige, durch dessen Grundstück das Wasser fließt, kann dasselbe sogar auf der Strecke, welche es daselbst durchläuft, verwenden, jedoch unter der Verpflichtung, es beim Austritt aus seiner Besitzung in seinen gewöhnlichen Lauf zurückzuleiten.

645. Erhebt sich unter den Eigentümern, welchen solche Gewässer nützlich sein können, ein Rechtsstreit, so sollen die Gerichte bei ihren Entscheidungen das Interesse der Landwirtschaft mit der dem Eigentum schuldigen Achtung in Einklang bringen; in allen Fällen müssen die besonderen und örtlichen Verordnungen über den Lauf und den Gebrauch der Gewässer beobachtet werden.

646. Jeder Eigentümer kann seinen Nachbar zur Abmarkung ihrer aneinander stoßen-

tiguës. Le bornage se fait à frais communs.

647. Tout propriétaire peut clore son héritage, sauf l'exception portée en l'article 682.

648. Le propriétaire qui veut se clore, perd son droit au parcours et vaine pâture, en proportion du terrain qu'il y soustrait.

## CHAPITRE II.

### Des servitudes établies par la loi.

649. Les servitudes établies par la loi ont pour objet l'utilité publique ou communale, ou l'utilité des particuliers.

650. Celles établies pour l'utilité publique ou communale ont pour objet le marchepied le long des rivières navigables ou flottables, la construction ou réparation des chemins et autres ouvrages publics ou communaux.

Tout ce qui concerne cette espèce de servitude, est déterminé par des lois ou des règlements particuliers.

651. La loi assujettit les propriétaires à différentes obligations l'un à l'égard de l'autre, indépendamment de toute convention.

652. Partie de ces obligations est réglée par les lois sur la police rurale;

Les autres sont relatives au mur et au fossé mitoyens, au cas où il y a lieu à contre-mur, aux vues sur la propriété du voisin, à l'égout des toits, au droit de passage.

### SECTION PREMIÈRE.

#### Du mur et du fossé mitoyens.

653. Dans les villes et les campagnes, tout mur servant de séparation entre bâtiments jusqu'à l'héberge, ou entre cours et jardins, et même entre enclos dans les champs, est présumé mitoyen, s'il n'y a titre ou marque du contraire.

654. Il y a marque de non-mitoyenneté lorsque la sommité du mur est droite et à plomb de son parement d'un côté, et présente de l'autre un plan incliné;
Lors encore qu'il n'y a que d'un côté ou un chaperon ou des filets et corbeaux de pierre qui y auraient été mis en bâtissant le mur.

Dans ces cas, le mur est censé appartenir exclusivement au propriétaire du côté duquel sont l'égout ou les corbeaux et filets de pierre.

---

den Besitzungen nötigen. Die Abmarkung erfolgt auf gemeinschaftliche Kosten.

647. Jeder Eigentümer ist berechtigt, sein Grundstück einzufriedigen, vorbehaltlich der in dem Artikel 682 bestimmten Ausnahme.

648. Der Eigentümer, der sein Grundstück einfriedigen will, verliert das Triftrecht und das Recht auf die Stoppelweide nach dem Verhältnisse des Bodens, welchen er der Weide entzieht.

## ZWEITES KAPITEL.

### Durch das Gesetz begründete Dienstbarkeiten.

649. Die durch das Gesetz begründeten Dienstbarkeiten haben den öffentlichen Nutzen, oder denjenigen einer Gemeinde, oder denjenigen der Privatpersonen zum Zwecke.

650. Die zum öffentlichen Nutzen oder zu demjenigen einer Gemeinde begründeten Dienstbarkeiten haben den Leinpfad längs der schiffbaren oder flößbaren Flüsse, den Bau oder die Ausbesserung der Wege und anderer öffentlichen oder Gemeindeanlagen zum Gegenstand.
Alles, was diese Art von Dienstbarkeiten anlangt, wird durch besondere Gesetze oder Verordnungen bestimmt.

651. Das Gesetz legt den Eigentümern, unabhängig von jedem Vertrag, verschiedene Verbindlichkeiten gegeneinander auf.

652. Ein Teil dieser Verbindlichkeiten wird durch die Gesetze über die Feldpolizei geregelt.
Die übrigen beziehen sich auf die gemeinschaftlichen Mauern und Gräben, auf die Fälle, wo Gegenmauern zu bauen sind, auf die Aussicht auf das Eigentum des Nachbars, auf die Dachtraufe und auf das Wegerecht.

### ERSTER ABSCHNITT.

#### Gemeinschaftliche Mauern und Gräben.

653. In den Städten und auf dem Lande wird von jeder Mauer, welche zwischen Gebäuden oder zwischen Höfen und Gärten und selbst zwischen eingefriedigten Plätzen auf dem Felde zur Scheidung dient, vermutet, daß sie, und zwar bei Gebäuden bis zur Höhe des niedrigeren Daches, eine gemeinschaftliche ist, wenn nicht ein Titel oder äußeres Merkmal für das Gegenteil vorliegt.

654. Ein Merkmal der Nichtgemeinschaftlichkeit ist vorhanden, wenn die Mauer oben auf der einen Seite gerade und senkrecht mit der Außenseite ist, und auf der andern Seite eine abhängige Fläche bildet; ferner, wenn nur auf einer Seite eine Mauerkappe oder Gesimsleisten und Kragsteine sich befinden, welche bei der Erbauung der Mauer daselbst angebracht worden sind.
In diesen Fällen wird angenommen, daß die Mauer ausschließlich dem Eigentümer gehört, auf dessen Seite sich die Traufe, die Kragsteine oder die Gesimsleisten befinden.

655. La réparation et la reconstruction du mur mitoyen sont à la charge de tous ceux qui y ont droit, et proportionnellement au droit de chacun.

656. Cependant tout copropriétaire d'un mur mitoyen peut se dispenser de contribuer aux réparations et reconstructions en abandonnant le droit de mitoyenneté, pourvu que le mur mitoyen ne soutienne pas un bâtiment qui lui appartienne.

657. Tout copropriétaire peut faire bâtir contre un mur mitoyen, et y faire placer des poutres ou solives dans toute l'épaisseur du mur, à cinquante-quatre millimètres [deux pouces] près, sans préjudice du droit qu'a le voisin de faire réduire à l'ébouchoir la poutre jusqu'à la moitié du mur, dans le cas où il voudrait lui-même asseoir des poutres dans le même lieu, ou y adosser une cheminée.

658. Tout copropriétaire peut faire exhausser le mur mitoyen; mais il doit payer seul la dépense de l'exhaussement, les réparations d'entretien au-dessus de la hauteur de la clôture commune, et en outre l'indemnité de la charge en raison de l'exhaussement et suivant la valeur.

659. Si le mur mitoyen n'est pas en état de supporter l'exhaussement, celui qui veut l'exhausser doit le faire reconstruire en entier à ses frais, et l'excédent d'épaisseur doit se prendre de son côté.

660. Le voisin qui n'a pas contribué à l'exhaussement peut en acquérir la mitoyenneté en payant la moitié de la dépense qu'il a coûté, et la valeur de la moitié du sol fourni pour l'excédent d'épaisseur, s'il y en a.

661. Tout propriétaire joignant un mur, a de même la faculté de le rendre mitoyen en tout ou en partie, en remboursant au maître du mur la moitié de sa valeur, ou la moitié de la valeur de la portion qu'il veut rendre mitoyenne, et moitié de la valeur du sol sur lequel le mur est bâti.

662. L'un des voisins ne peut pratiquer dans le corps d'un mur mitoyen aucun enfoncement, ni y appliquer ou appuyer aucun ouvrage sans le consentement de l'autre, ou sans avoir, à son refus, fait régler par experts les moyens nécessaires pour que le nouvel ouvrage ne soit pas nuisible aux droits de l'autre.

663. Chacun peut contraindre son voisin, dans les villes et faubourgs, à contribuer aux constructions et réparations de la clôture faisant séparation de leurs maisons, cours et jardins assis èsdites villes et faubourgs: la hauteur de la clôture sera fixée suivant les

655. Die Ausbesserung und Wiederaufbauung der gemeinschaftlichen Mauer haben alle diejenigen zu tragen, welchen ein Recht daran zusteht, und zwar nach dem Verhältnisse des Rechtes eines jeden.

656. Indessen kann jeder Miteigentümer einer gemeinschaftlichen Mauer sich von dem Beitrage zur Ausbesserung und Wiederaufbauung dadurch befreien, daß er das Recht der Gemeinschaftlichkeit aufgibt, vorausgesetzt, daß die gemeinschaftliche Mauer nicht ein Gebäude stützt, welches ihm gehört.

657. Jeder Miteigentümer darf an eine gemeinschaftliche Mauer anbauen und durch die ganze Dicke der Mauer bis auf vierundfünfzig Millimeter (zwei Zoll) Balken aller Art legen lassen, unbeschadet des Rechts des Nachbars die Balken bis zur Mitte der Mauer mit dem Meißel verkürzen zu lassen, falls er selbst an derselben Stelle Balken einlegen oder daselbst einen Schornstein anlehnen will.

658. Jeder Miteigentümer darf die gemeinschaftliche Mauer erhöhen lassen; er hat jedoch die Kosten der Erhöhung und die Instandhaltung der Mauer über der bisherigen gemeinschaftlichen Höhe allein zu bestreiten und außerdem eine Entschädigung für die Belastung im Verhältnisse der Erhöhung und nach Maßgabe des Wertes zu leisten.

659. Ist die gemeinschaftliche Mauer nicht stark genug um die Erhöhung zu tragen, so muß derjenige, der sie erhöhen will, sie ganz neu und auf seine Kosten aufbauen lassen. Die Verbreiterung der Mauer muß auf seiner Seite vorgenommen werden.

660. Der Nachbar, welcher zur Erhöhung nicht beigetragen hat, kann die Gemeinschaft daran erwerben, wenn er die Hälfte der darauf verwendeten Kosten zahlt und den Wert der Hälfte des Bodens, welcher etwa für die Verbreiterung der Mauer hergegeben worden ist.

661. Jeder an eine Mauer angrenzende Eigentümer hat ebenfalls das Recht, sie ganz oder zum Teil gemeinschaftlich zu machen, wenn er dem Eigentümer der Mauer die Hälfte ihres Wertes oder die Hälfte des Wertes von demjenigen Teil, welchen er gemeinschaftlich machen will, erstattet, sowie die Hälfte des Wertes des Bodens, auf welchem die Mauer gebaut ist.

662. Der eine Nachbar darf in die gemeinschaftliche Mauer keine Vertiefung machen und daselbst keine Anlage anbringen oder stützen, ohne die Einwilligung des anderen, oder ohne daß er, bei dessen Weigerung, durch Sachverständige die Maßregeln hat bestimmen lassen, welche erforderlich sind, damit die neue Anlage den Rechten des andern nicht schade.

663. In den Städten und Vorstädten kann jeder seinen Nachbar zwingen, daß er zur Erbauung und Ausbesserung der Einfriedigung mit beitrage, welche ihre in diesen Städten und Vorstädten gelegenen Häuser, Höfe und Gärten voneinander trennt. Die Höhe der Ein-

règlements particuliers ou les usages constants et reconnus; et, à défaut d'usages et de règlements, tout mur de séparation entre voisins, qui sera construit ou rétabli à l'avenir, doit avoir au moins trente-deux décimètres [dix pieds] de hauteur, compris le chaperon, dans les villes de cinquante mille âmes et au-dessus, et vingt-six décimètres [huit pieds] dans les autres.

664. Lorsque les différents étages d'une maison appartiennent à divers propriétaires, si les titres de propriété ne règlent pas le mode de réparations et reconstructions, elles doivent être faites ainsi qu'il suit:

Les gros murs et le toit sont à la charge de tous les propriétaires, chacun en proportion de la valeur à l'étage qui lui appartient.

Le propriétaire de chaque étage fait le plancher sur lequel il marche.

Le propriétaire du premier étage fait l'escalier qui y conduit; le propriétaire du second étage fait, à partir du premier, l'escalier qui conduit chez lui, et ainsi de suite.

665. Lorsqu'on reconstruit un mur mitoyen ou une maison, les servitudes actives et passives se continuent à l'égard du nouveau mur ou de la nouvelle maison, sans toutefois qu'elles puissent être aggravées, et pourvu que la reconstruction se fasse avant que la prescription soit acquise.

666. Toute clôture qui sépare des héritages est réputée mitoyenne, à moins qu'il n'y ait qu'un seul des héritages en état de clôture, ou s'il n'y a titre, prescription ou marque contraire.

Pour les fossés, il y a marque de non-mitoyenneté lorsque la levée ou le rejet de la terre se trouve d'un côté seulement du fossé.

Le fossé est censé appartenir exclusivement à celui du côté duquel le rejet se trouve.

667. La clôture mitoyenne doit être entretenue à frais communs; mais le voisin peut se soustraire à cette obligation en renonçant à la mitoyenneté.

Cette faculté cesse si le fossé sert habituellement à l'écoulement des eaux.

668. Le voisin dont l'héritage joint un fossé ou une haie non mitoyens ne peut contraindre le propriétaire de ce fossé ou de cette haie à lui céder la mitoyenneté.

Le copropriétaire d'une haie mitoyenne peut la détruire jusqu'à la limite de sa propriété, à la charge de construire un mur sur cette limite.

friedigung ist nach den besondern Verordnungen oder nach den beständigen und anerkannten Gebräuchen zu bestimmen; und in Ermangelung von Verordnungen muß jede Scheidemauer zwischen Nachbarn, die in Zukunft gebaut oder wiederhergestellt wird, in den Städten von fünfzigtausend Seelen und darüber unter Einschluß der Mauerkappe mindestens zweiunddreißig Dezimeter (zehn Fuß) Höhe haben und in den andern Städten sechsundzwanzig Dezimeter (acht Fuß).

664. Wenn die verschiedenen Stockwerke eines Hauses verschiedenen Eigentümern gehören, und die Eigentumstitel die Art und Weise der Ausbesserung und der Wiedererbauung nicht bestimmen, so müssen sie in der folgenden Weise geschehen:
Die Hauptmauer und das Dach fallen sämtlichen Eigentümern zur Last, jedem nach Verhältnis des Wertes des ihm gehörigen Stockwerks.
Der Eigentümer eines jeden Stockwerks macht den Fußboden auf dem er geht.
Der Eigentümer des ersten Stockwerks macht die Treppe, welche zu ihm führt; der Eigentümer des zweiten Stockwerks macht die Treppe, welche von dem ersten zu ihm führt usw.

665. Wird eine gemeinschaftliche Mauer oder ein Haus wieder aufgebaut, so dauern die Dienstbarkeiten sowohl auf dem herrschenden, als auf dem dienenden Grundstücke in Ansehung der neuen Mauer oder des neuen Hauses fort; sie dürfen jedoch nicht erschwert werden und es wird vorausgesetzt, daß der Wiederaufbau erfolgt, ehe die Verjährung vollendet ist.

666. Jede Einfriedigung, die Grundstücke trennt, wird als gemeinschaftlich angesehen, außer wenn nur ein einziges Grundstück eingefriedigt ist, oder wenn nicht Erwerb oder Ersitzung oder Merkmale des Gegenteils vorliegen.
Hinsichtlich der Gräben liegt ein Merkmal der Nichtgemeinschaftlichkeit vor, wenn der Aushub oder Auswurf der Erde sich allein auf der einen Seite des Grabens befindet.
Der Graben gilt als ausschließlich demjenigen gehörig, auf dessen Seite sich der Auswurf befindet.

667. Die gemeinschaftliche Einfriedigung ist auf gemeinsame Kosten zu unterhalten; der Nachbar jedoch kann sich dieser Verpflichtung entziehen, wenn er auf die Gemeinschaftlichkeit verzichtet.
Diese Befugnis hört auf, wenn der Graben für gewöhnlich zum Ablaufe der Gewässer dient.

668. Der Nachbar, dessen Grundstück an einen Graben oder eine Hecke, die nicht gemeinschaftlich sind, grenzt, kann den Eigentümer dieses Grabens oder dieser Hecke nicht zwingen, ihm die Gemeinschaftlichkeit abzutreten.
Der Miteigentümer einer gemeinschaftlichen Hecke kann sie bis zur Grenze seines Eigentums entfernen unter der Auflage auf dieser Grenze eine Mauer zu errichten.

La même règle est applicable au copropriétaire d'un fossé mitoyen qui ne sert qu'à la clôture.

669. Tant que dure la mitoyenneté de la haie, les produits en appartiennent aux propriétaires par moitié.

670. Les arbres qui se trouvent dans la haie mitoyenne sont mitoyens comme la haie. Les arbres plantés sur la ligne séparative de deux héritages sont aussi réputés mitoyens. Lorsqu'ils meurent ou lorsqu'ils sont coupés ou arrachés, ces arbres sont partagés par moitié. Les fruits sont recueillis à frais communs et partagés aussi par moitié, soit qu'ils tombent naturellement, soit que la chute en ait été provoquée, soit qu'ils aient été cueillis.

Chaque propriétaire a le droit d'exiger que les arbres mitoyens soient arrachés.

671. Il n'est permis d'avoir des arbres, arbrisseaux et arbustes près de la limite de la propriété voisine qu'à la distance prescrite par les règlements particuliers actuellement existants, ou par des usages constants et reconnus, et, à défaut de règlements et usages, qu'à la distance de deux mètres de la ligne séparative des deux héritages pour les plantations dont la hauteur dépasse deux mètres, et à la distance d'un demi-mètre pour les autres plantations.

Les arbres, arbustes et arbrisseaux de toute espèce peuvent être plantés en espaliers, de chaque côté du mur séparatifs, sans que l'on soit tenu d'observer aucune distance, mais ils ne pourront dépasser la crête du mur.

Si le mur n'est pas mitoyen, le propriétaire seul a le droit d'y appuyer ses espaliers.

672. Le voisin peut exiger que les arbres, arbrisseaux et arbustes, plantés à une distance moindre que la distance légale, soient arrachés ou réduits à la hauteur déterminée dans l'article précédent, à moins qu'il n'y ait titre, destination du père de famille ou prescription trentenaire.

Si les arbres meurent, ou s'ils sont coupés ou arrachés, le voisin ne peut les remplacer qu'en observant les distances légales.

673. Celui sur la propriété duquel avancent les branches des arbres, arbustes et arbrisseaux du voisin peut contraindre celui-ci à les couper. Les fruits tombés naturellement de ces branches lui appartiennent.

Si ce sont des racines, ronces ou brindelles qui avancent sur son héritage, il a le droit de les couper lui-même à la limite de la ligne séparative.

Le droit de couper les racines, ronces ou brindelles ou de faire couper les branches des arbres, arbustes et arbrisseaux est imprescriptible.

Dieselbe Vorschrift ist anwendbar auf den Miteigentümer eines gemeinschaftlichen Grabens, der nur zu Einfriedigungszwecken dient.

669. Solange die Gemeinschaftlichkeit an der Hecke dauert, gehören deren Erträgnisse den Eigentümern zur Hälfte.

670. Die in der gemeinschaftlichen Hecke befindlichen Bäume sind gemeinschaftlich wie die Hecke. Die auf der Grenzlinie der beiden Grundstücke gepflanzten Bäume sind ebenfalls als gemeinschaftlich anzusehen. Sterben sie ab, oder werden sie gefällt oder ausgerissen, so werden diese Bäume hälftig geteilt. Die Früchte werden auf gemeinsame Kosten gesammelt und gleichfalls hälftig geteilt, sei es daß sie natürlich fallen, oder daß ihr Abfallen hervorgerufen wird, oder daß sie gepflückt werden.

Jeder Eigentümer kann verlangen, daß die gemeinschaftlichen Bäume entfernt werden.

671. Es ist nur gestattet hochstämmige Bäume, andere Bäume und Sträucher nahe der Grenze des Nachbareigentums in einer Entfernung zu haben, die durch gegenwärtig bestehende besondere Verordnungen oder anerkannte ständige Gebräuche vorgeschrieben ist, und, in Ermangelung von Verordnungen und Gebräuchen nur in der Entfernung von zwei Meter von der Grenzlinie der beiden Grundstücke für Pflanzungen deren Höhe zwei Meter übersteigt und in der Entfernung von einem halben Meter für andere Pflanzungen.

Hochstämmige Bäume, andere Bäume und Sträucher jeder Art können in Spalierform auf jeder Seite der Trennungsmauer gepflanzt werden, ohne an eine Entfernung gebunden zu sein, sie dürfen jedoch die obere Kante der Mauer nicht überragen.

Ist die Mauer nicht gemeinschaftlich, so hat der Eigentümer allein das Recht seine Spaliere daran zu befestigen.

672. Der Nachbar kann verlangen, daß die unter der gesetzlichen Entfernung gepflanzten Bäume und Sträucher ausgerissen oder bis zu der im vorstehenden Artikel bestimmten Höhe abgeschnitten werden, es sei denn daß Erwerb, Bestimmung des Familienvaters oder dreißigjährige Ersitzung vorliegt.

Sterben die Bäume ab, oder werden sie gefällt oder ausgerissen, so kann sie der Nachbar nur in der gesetzlichen Entfernung ersetzen.

673. Derjenige auf dessen Eigentum die Zweige von Bäumen, Bäumchen oder Sträuchern des Nachbars überragen, kann diesen zwingen, sie abzuschneiden. Die auf natürlichem Wege abgefallenen Früchte dieser Zweige gehören ihm.

Sind es Wurzeln, Brombeersträucher oder Reisig, die auf sein Grundstück vordringen, so hat er das Recht sie selbst bis zur Grenzlinie abzuschneiden.

Das Recht die Wurzeln, Brombeersträucher und Reisig abzuschneiden und die Aeste der Bäume, Bäumchen und Sträucher abschneiden zu lassen, verjährt nicht.

## SECTION II.

### De la distance et des ouvrages intermédiaires requis pour certaines constructions.

674. Celui qui fait creuser un puits ou une fosse d'aisances près d'un mur mitoyen ou non;

Celui qui veut y construire cheminée ou âtre, forge, four ou fourneau,

Y adosser une étable,

Ou établir contre ce mur un magasin de sel ou amas de matières corrosives,

Est obligé à laisser la distance prescrite par les règlements et usages particuliers sur ces objets, ou à faire les ouvrages prescrits par les mêmes règlements et usages, pour éviter de nuire au voisin.

## SECTION III.

### Des vues sur la propriété de son voisin.

675. L'un des voisins ne peut, sans le consentement de l'autre, pratiquer dans le mur mitoyen aucune fenêtre ou ouverture, en quelque manière que ce soit, même à verre dormant.

676. Le propriétaire d'un mur non mitoyen, joignant immédiatement l'héritage d'autrui, peut pratiquer dans ce mur des jours ou fenêtres à fer maillé et verre dormant.

Ces fenêtres doivent être garnies d'un treillis de fer, dont les mailles auront un décimètre [environ trois pouces huit lignes] d'ouverture au plus, et d'un châssis à verre dormant.

677. Ces fenêtres ou jours ne peuvent être établis qu'à vingt-six décimètres [huit pieds] au-dessus du plancher ou sol de la chambre qu'on veut éclairer, si c'est à rez-de-chaussé, et à dix-neuf décimètres [six pieds] au-dessus du plancher pour les étages supérieurs.

678. On ne peut avoir des vues droites ou fenêtres d'aspect, ni balcons ou autres semblables saillies sur l'héritage clos ou non clos de son voisin, s'il n'y a dix-neuf décimètres [six pieds] de distance entre le mur où on les pratique et ledit héritage.

679. On ne peut avoir des vues par côté ou obliques sur le même héritage, s'il n'y a six décimètres [deux pieds] de distance.

680. La distance dont il est parlé dans les deux articles précédents, se compte depuis le parement extérieur du mur où l'ouverture se fait, et, s'il y a balcons ou autres semblables saillies, depuis leur ligne extérieure jusqu'à la ligne de séparation des deux propriétés.

Code civil.

## ZWEITER ABSCHNITT.

### Entfernung und Zwischenwerke, welche bei gewissen Anlagen erforderlich sind.

674. Wer einen Brunnen oder eine Abtrittgrube neben einer Mauer graben läßt, sei sie gemeinschaftlich oder nicht;

wer dort einen Schornstein, einen Feuerherd, eine Schmiede, einen Backofen oder sonstigen Ofen errichten,

einen Stall an dieselbe anlehnen,

oder gegen diese Mauer ein Salzmagazin oder eine Niederlage ätzender Stoffe anlegen will,

ist verpflichtet, den durch die besondern Verordnungen und Gebräuche bezüglich dieser Gegenstände vorgeschriebenen Abstand einzuhalten, oder diejenigen Anlagen zu machen, welche durch eben diese Verordnungen und Gebräuche zur Verhütung eines Nachteils für den Nachbar vorgeschrieben sind.

## DRITTER ABSCHNITT.

### Aussicht auf das Eigentum des Nachbars.

675. Ein Nachbar darf ohne Einwilligung des andern in der gemeinschaftlichen Mauer keine Fenster oder Oeffnungen irgend welcher Art anbringen selbst nicht ein Fenster, das nicht geöffnet werden kann.

676. Der Eigentümer einer nicht gemeinschaftlichen Mauer, die unmittelbar an das Grundstück eines andern grenzt, darf in dieser Mauer Lichtöffnungen oder Fenster anbringen, welche mit einem Eisengitter versehen sind und sich nicht öffnen lassen.

Diese Fenster müssen mit einem eisernen Gitter versehen sein, dessen Stäbe höchstens einen Dezimeter (ungefähr drei Zoll und acht Linien) voneinander entfernt sind, und mit einem Rahmen, der nicht geöffnet werden kann.

677. Diese Fenster- und Lichtöffnungen dürfen nur sechsundzwanzig Dezimeter (acht Fuß) über dem Fußboden oder der Diele des Zimmers, welchem man Licht verschaffen will, angebracht werden, wenn es im Erdgeschoße ist, und neunzehn Dezimeter (sechs Fuß) über dem Fußboden in den höheren Stockwerken.

678. Man darf nach dem Grundstücke seines Nachbars, mag dies eingefriedigt sein oder nicht, keine Aussicht in gerader Richtung, kein Aussichtsfenster, keinen Balkon oder andere ähnliche Vorsprünge haben, wenn nicht ein Abstand von neunzehn Dezimeter (sechs Fuß) zwischen der Mauer, wo man sie anbringt, und jenem Grundstücke vorhanden ist.

679. Man darf keine Aussicht von der Seite oder in schräger Richtung auf ein solches Grundstück haben, wenn nicht ein Abstand von sechs Dezimeter (zwei Fuß) vorhanden ist.

680. Der Abstand, von welchem in den beiden vorstehenden Artikeln die Rede ist, wird gerechnet von der äußeren Seitenfläche der Mauer, in welcher die Oeffnung angebracht sind, und, wenn Balkone oder andere ähnliche Vorsprünge vorhanden sind, von deren äußerste Kante bis zu der Grenzlinie der beiden Besitzungen.

7

### SECTION IV.
#### De l'égout des toits.

**681.** Tout propriétaire doit établir des toits de manière que les eaux pluviales s'écoulent sur son terrain ou sur la voie publique; il ne peut les faire verser sur le fonds de son voisin.

### SECTION V.
#### Du droit de passage.

**682.** Le propriétaire dont les fonds sont enclavés et qui n'a sur la voie publique aucune issue, ou qu'une issue insuffisante pour l'exploitation, soit agricole, soit industrielle, de sa propriété, peut réclamer un passage sur les fonds de ses voisins, à la charge d'une indemnité proportionnée au dommage qu'il peut occasionner.

**683.** Le passage doit régulièrement être pris du côté où le trajet est le plus court du fonds enclavé à la voie publique.

Néanmoins il doit être fixé dans l'endroit le moins dommageable à celui sur le fonds duquel il est accordé.

**684.** Si l'enclave résulte de la division d'un fonds par suite d'une vente, d'un échange, d'un partage ou de tout autre contrat, le passage ne peut être demandé que sur les terrains qui ont fait l'objet de ces actes.

Toutefois, dans le cas où un passage suffisant ne pourrait être établi sur les fonds divisés, l'article 682 serait applicable.

**685.** L'assiette et le mode de servitude de passage pour cause d'enclave sont déterminés par trente ans d'usage continu.

L'action en indemnité, dans le cas prévu par l'article 682, est prescriptible, et le passage peut être continué, quoique l'action en indemnité ne soit plus recevable.

### CHAPITRE III.
#### Des servitudes établies par le fait de l'homme.

#### SECTION PREMIÈRE.
##### Des diverses espèces de servitudes qui peuvent être établies sur les biens.

**686.** Il est permis aux propriétaires d'établir sur leurs propriétés, ou en faveur de leurs propriétés, telles servitudes que bon leur semble, pourvu néanmoins que les services établis ne soient imposés ni à la personne, ni en faveur de la personne, mais seulement à un fonds et pour un fonds, et pourvu que ces services n'aient d'ailleurs rien de contraire à l'ordre public.

### VIERTER ABSCHNITT.
#### Dachtraufe.

**681.** Jeder Eigentümer muß seine Dächer so einrichten, daß das Regenwasser auf seinen eigenen Grund und Boden oder auf die öffentliche Straße läuft; er darf es nicht auf das Grundstück seines Nachbars fließen lassen.

### FÜNFTER ABSCHNITT.
#### Wegerecht.

**682.** Der Eigentümer, dessen Grundstücke von allen Seiten eingeschlossen sind, und der keinen Ausweg auf die öffentliche Straße oder nur einen ungenügenden Ausweg hat, kann zum landwirtschaftlichen oder industriellen Betriebe seines Eigentums, einen Weg über die Grundstücke seines Nachbars verlangen gegen eine Entschädigung, welche dem dadurch veranlaßten Schaden entspricht.

**683.** Der Weg muß in der Regel auf der Seite genommen werden, wo der Uebergang von dem eingeschlossenen Grundstücke auf die öffentliche Straße am kürzesten ist.

Er soll jedoch an der Stelle des belasteten Grundstückes genommen werden, auf der am wenigsten Schaden verursacht wird.

**684.** Wenn die Einschließung auf eine Teilung von Grundstücken zurückzuführen ist, die infolge Kaufs, Tausches, Teilung oder irgend eines andern Vertrags vorgenommen wurde, kann der Weg nur auf den Grundstücken verlangt werden, die Gegenstand dieser Urkunden gebildet haben.

Für den Fall jedoch, daß ein genügender Weg auf den geteilten Grundstücken nicht angelegt werden könnte, wäre Artikel 682 anwendbar.

**685.** Die örtliche Lage und die Art der Ausübung des Wegerechts wegen Einschließung sind durch dreißigjährigen ununterbrochenen Gebrauch bestimmt.

Die Klage auf Entschädigung in dem durch den Artikel 682 vorgesehenen Falle ist verjährbar; und es muß der Weg weiter belassen werden, wenn auch die Klage auf Entschädigung nicht mehr zulässig ist.

### DRITTES KAPITEL.
#### Dienstbarkeiten, welche durch den Eigentümer bestellt werden.

#### ERSTER ABSCHNITT.
##### Verschiedene Arten der Dienstbarkeiten, welche an Gütern bestellt werden können.

**686.** Es ist den Eigentümern gestattet, an ihrem Eigentum oder zu Gunsten ihres Eigentums jede beliebige Dienstbarkeit zu bestellen, vorausgesetzt jedoch, daß die so begründeten Lasten weder einer Person noch zugunsten einer Person, sondern nur einem Grundstücke und zugunsten eines Grundstückes auferlegt werden, und daß außerdem diese Lasten nichts enthalten, was der öffentlichen Ordnung zuwider ist.

* L'usage et l'étendue des servitudes ainsi établies se règlent par le titre qui les constitue; à défaut de titre, par les règles ci-après.

687. Les servitudes sont établies ou pour l'usage des bâtiments, ou pour celui des fonds de terre.

Celles de la première espèce s'appellent *urbaines*, soit que les bâtiments auxquels elles sont dues, soient situés à la ville ou à la campagne.

Celles de la seconde espèce se nomment *rurales*.

688. Les servitudes sont ou continues, ou discontinues.

Les servitudes continues sont celles dont l'usage est ou peut être continuel sans avoir besoin du fait actuel de l'homme : tels sont les conduites d'eau, les égouts, les vues et autres de cette espèce.

Les servitudes discontinues sont celles qui ont besoin du fait actuel de l'homme pour être exercées : tels sont les droits de passage, puisage, pacage, et autres semblables.

689. Les servitudes sont apparentes, ou non apparentes.

Les servitudes apparentes sont celles qui s'annoncent par des ouvrages extérieurs, tels qu'une porte, une fenêtre, un aqueduc.

Les servitudes non apparentes sont celles qui n'ont pas de signe extérieur de leur existence, comme, par exemple, la prohibition de bâtir sur un fonds, ou de ne bâtir qu'à une hauteur déterminée.

## SECTION II.

### Comment s'établissent les servitudes.

690. Les servitudes continues et apparentes s'acquièrent par titre, ou par la possession de trente ans.

691. Les servitudes continues non apparentes, et les servitudes discontinues, apparentes ou non apparentes, ne peuvent s'établir que par titres.

La possession même immémoriale ne suffit pas pour les établir; sans cependant qu'on puisse attaquer aujourd'hui les servitudes de cette nature déjà acquises par la possession, dans les pays où elles pouvaient s'acquérir de cette manière.

692. La destination du père de famille vaut titre à l'égard des servitudes continues et apparentes.

693. Il n'y a destination du père de famille que lorsqu'il est prouvé que les deux fonds actuellement divisés ont appartenu au même propriétaire, et que c'est par lui que les choses ont été mises dans l'état duquel résulte la servitude.

---

Die Ausübung und der Umfang der so bestellten Dienstbarkeiten richtet sich nach dem Titel, welcher sie begründet, und in Ermangelung eines Titels nach den nachfolgenden Regeln.

687. Die Dienstbarkeiten werden entweder zum Nutzen von Gebäuden oder zum Nutzen des Grundes und Bodens errichtet.

Die der ersten Art heißen «städtische» Dienstbarkeiten, mögen die Gebäude, welchen sie zustehen, in der Stadt oder auf dem Lande gelegen sein.

Die der zweiten Art werden «ländliche» Dienstbarkeiten genannt.

688. Die Dienstbarkeiten sind entweder ständige oder nicht ständige.

Ständige Dienstbarkeiten sind diejenigen, deren Ausübung beständig ist, oder doch beständig sein kann, ohne daß es jedesmal der Handlung eines Menschen bedarf. Dergleichen sind Wasserleitungen, Dachtraufen, Aussichten und andere dieser Art.

Nicht ständige Dienstbarkeiten sind diejenigen, welche zu ihrer Ausübung jedesmal der Handlung eines Menschen bedürfen. Dergleichen sind das Wegerecht, das Recht Wasser zu schöpfen, das Weiderecht und andere ähnliche.

689. Die Dienstbarkeiten sind sichtbare oder nicht sichtbare.

Sichtbare Dienstbarkeiten sind diejenigen, welche kein äußeres Zeichen, z. B. durch eine Türe, ein Fenster, eine Wasserleitung kundgeben.

Nichtsichtbare Dienstbarkeiten sind diejenigen, welche kein äußeres Zeichen ihres Bestehens haben, wie z. B. das Verbot, auf einem Grundstücke zu bauen, oder über eine bestimmte Höhe zu bauen.

## ZWEITER ABSCHNITT.

### Wie die Dienstbarkeiten begründet werden.

690. Die ständigen und sichtbaren Dienstbarkeiten werden durch einen Titel oder durch dreißigjährigen Besitz erworben.

691. Die ständigen, nicht sichtbaren Dienstbarkeiten und die nichtständigen, sie mögen sichtbar sein oder nicht, können nur durch einen Titel begründet werden.

Selbst der unvordenkliche Besitz ist nicht hinreichend, um sie zu begründen; jedoch können Dienstbarkeiten dieser Art in den Landstrichen, wo sie auf diese Weise erworben werden könnten, heute nicht mehr angefochten werden, wenn sie durch den Besitz bereits erworben worden sind.

692. Die Bestimmung des Familienvaters gilt als Titel hinsichtlich der ständigen und sichtbaren Dienstbarkeiten.

693. Eine Bestimmung des Familienvaters ist nur dann vorhanden, wenn es erwiesen wird, daß zwei gegenwärtig getrennte Grundstücke demselben Eigentümer gehört haben und daß durch ihn die Dinge in den Zustand versetzt worden sind, aus welchem sich die Dienstbarkeit ergibt.

694. Si le propriétaire de deux héritages entre lesquels il existe un signe apparent de servitude, dispose de l'un des héritages sans que le contrat contienne aucune convention relative a la servitude, elle continue d'exister activement ou passivement en faveur du fonds aliéné ou sur le fonds aliéné.

695. Le titre constitutif de la servitude, à l'égard de celles qui ne peuvent s'acquérir par la prescription, ne peut être remplacé que par un titre récognitif de la servitude, et émané du propriétaire du fonds asservi.

696. Quand on établit une servitude, on est censé accorder tout ce qui est nécessaire pour en user.

Ainsi la servitude de puiser de l'eau à la fontaine d'autrui, emporte nécessairement le droit de passage.

SECTION III.

Des droits du propriétaire du fonds auquel la servitude est due.

697. Celui auquel est due une servitude, a droit de faire tous les ouvrages nécessaires pour en user et pour la conserver.

698. Ces ouvrages sont à ses frais, et non à ceux du propriétaire du fonds assujetti, à moins que le titre d'établissement de la servitude ne dise le contraire.

699. Dans le cas même où le propriétaire du fonds assujetti est chargé par le titre de faire à ses frais les ouvrages nécessaires pour l'usage ou la conservation de la servitude, il peut toujours s'affranchir de la charge, en abandonnant le fonds assujetti au propriétaire du fonds auquel la servitude est due.

700. Si l'héritage pour lequel la servitude a été établie vient à être divisé, la servitude reste due pour chaque portion, sans néanmoins que la condition du fonds assujetti soit aggravée.

Ainsi, par exemple, s'il s'agit d'un droit de passage, tous les copropriétaires seront obligés de l'exercer par le même endroit.

701. Le propriétaire du fonds débiteur de la servitude ne peut rien faire qui tende à en diminuer l'usage ou à le rendre plus incommode.

Ainsi, il ne peut changer l'état des lieux, ni transporter l'exercice de la servitude dans un endroit différent de celui où elle a été primitivement assignée.

Mais cependant, si cette assignation primitive était devenue plus onéreuse au propriétaire du fonds assujetti, ou si elle empêchait

694. Veräußert der Eigentümer zweier Grundstücke, zwischen denen ein sichtbares Zeichen einer Dienstbarkeit vorhanden ist, eines von beiden, ohne daß der Vertrag irgend eine auf die Dienstbarkeit bezügliche Vereinbarung enthält, so dauert dieselbe als Gerechtigkeit oder als Last zugunsten des veräußerten Grundstückes oder an dem veräußerten Grundstücke fort. —

695. Der die Dienstbarkeit begründende Titel kann bei denjenigen Dienstbarkeiten, welche durch Verjährung nicht erworben werden können, nur durch einen Titel ersetzt werden, welcher dieselben anerkennt und von dem Eigentümer des belastenden Grundstücks ausgeht.

696. Wenn man eine Dienstbarkeit bestellt, so wird angenommen, daß man alles einräumt, was zu ihrer Ausübung erforderlich ist.

So enthält die Dienstbarkeit, Wasser aus einem fremden Brunnen zu schöpfen, notwendigerweise das Wegerecht.

DRITTER ABSCHNITT.

Rechte des Eigentümers des Grundstückes, welchem die Dienstbarkeit zusteht.

697. Derjenige, dem eine Dienstbarkeit zusteht, hat das Recht alle Anlagen zu machen, welche notwendig sind, um sie auszuüben und zu erhalten.

698. Diese Anlagen geschehen auf seine Kosten und nicht auf Kosten des Eigentümers des dienenden Grundstücks, sofern nicht der Bewilligungstitel der Dienstbarkeit das Gegenteil bestimmt.

699. Selbst für den Fall, daß der Eigentümer des dienenden Grundstückes durch den Titel verpflichtet ist, die zur Ausübung oder zur Erhaltung der Dienstbarkeit notwendigen Anlagen auf seine Kosten zu machen, kann er sich jederzeit von dieser Verpflichtung dadurch befreien, daß er das dienende Grundstück dem Eigentümer des herrschenden Grundstückes überläßt.

700. Wird das Grundstück, für welches die Dienstbarkeit errichtet worden ist, geteilt, so bleibt die Dienstbarkeit für jeden Anteil bestehen; es darf jedoch die Lage des dienenden Grundstücks nicht verschlimmert werden.

So sind z. B., wenn es sich um ein Wegerecht handelt, alle Miteigentümer verpflichtet, es an derselben Stelle auszuüben.

701. Der Eigentümer des dienenden Grundstücks darf nichts unternehmen, was dahin zielt, die Ausübung der Dienstbarkeit zu schmälern oder unbequemer zu gestalten.

So darf er den Zustand der Oertlichkeiten nicht verändern, und ebensowenig die Ausübung der Dienstbarkeit auf eine andere Stelle verlegen als die, worauf sie ursprünglich angewiesen worden ist.

Wenn indessen diese ursprüngliche Anweisung dem Eigentümer des dienenden Grundstücks lästiger geworden ist, oder wenn sie

d'y faire des réparations avantageuses, il pourrait offrir au propriétaire de l'autre fonds un endroit aussi commode pour l'exercice de ses droits, et celui-ci ne pourrait pas le refuser.

**702.** De son côté, celui qui a un droit de servitude, ne peut en user que suivant son titre, sans pouvoir faire ni dans le fonds à qui elle est due, de changement qui aggrave la condition du premier.

### SETCION IV.
#### Comment les servitudes s'éteignent.

**703.** Les servitudes cessent lorsque les choses se trouvent en tel état qu'on ne peut plus en user.

**704.** Elles revivent si les choses sont rétablies de manière qu'on puisse en user; à moins qu'il ne se soit déjà écoulé un espace de temps suffisant pour faire présumer l'extinction de la servitude, ainsi qu'il est dit à l'article 707.

**705.** Toute servitude est éteinte lorsque le fonds à qui elle est due, et celui qui la doit, sont réunis dans la même main.

**706.** La servitude est éteinte par le non-usage pendant trente ans.

**707.** Les trente ans commencent à courir, selon les diverses espèces de servitudes, ou du jour où l'on a cessé d'en jouir, lorsqu'il s'agit de servitudes discontinues, ou du jour où il a été fait un acte contraire à la servitude, lorsqu'il s'agit de servitudes continues.

**708.** Le mode de la servitude peut se prescrire comme la servitude même, et de la même manière.

**709.** Si l'héritage en faveur duquel la servitude est établie appartient à plusieurs par indivis, la jouissance de l'un empêche la prescription à l'égard de tous.

**710.** Si parmi les copropriétaires il s'en trouve un contre lequel la prescription n'ait pu courir, comme un mineur, il aura conservé le droit de tous les autres.

ihn verhindert, daselbst vorteilhafte Ausbesserungen vorzunehmen, so kann er dem Eigentümer des andern Grundstücks eine zur Ausübung seiner Rechte eben so bequeme Stelle anbieten, und dieser darf sie nicht ausschlagen.

**702.** Seinerseits kann derjenige, welcher zu einer Dienstbarkeit berechtigt ist, dieselbe nur seinem Titel gemäß ausüben, ohne auf dem dienenden oder auf dem herrschenden Grundstücke eine Veränderung vornehmen zu dürfen, welche die Lage des ersteren verschlimmert.

### VIERTER ABSCHNITT.
#### Erlöschen der Dienstbarkeiten.

**703.** Die Dienstbarkeiten hören auf, wenn die Sachen sich in einem solchen Zustande befinden, daß man sie nicht mehr ausüben kann.

**704.** Sie leben wieder auf, wenn die Sachen so wiederhergestellt sind, daß man sie ausüben kann, sofern nicht ein hinreichender Zeitraum verstrichen ist, um die Annahme des Erlöschens der Dienstbarkeit zu begründen, wie dieses in dem Art. 707 bestimmt ist.

**705.** Jede Dienstbarkeit erlischt, wenn das herrschende und das dienende Grundstück in derselben Hand vereinigt werden.

**706.** Die Dienstbarkeit erlischt durch Nichtausübung während dreißig Jahren.

**707.** Die dreißig Jahre beginnen je nach den verschiedenen Arten der Dienstbarkeiten, entweder mit dem Tage, an dem man aufgehört hat sie auszuüben, wenn es sich um nicht ständige Dienstbarkeiten handelt; oder mit dem Tage, an welchem eine der Dienstbarkeit entgegengesetzte Handlung vorgenommen worden ist, wenn es sich um ständige Dienstbarkeiten handelt.

**708.** Die Art der Ausübung einer Dienstbarkeit kann wie die Dienstbarkeit selbst und auf dieselbe Weise verjähren.

**709.** Gehört das Grundstück, zu dessen Gunsten die Dienstbarkeit errichtet worden ist, mehreren in ungeteilter Gemeinschaft, so verhindert die Ausübung des einen die Verjährung in Ansehung aller.

**710.** Befindet sich unter den Miteigentümern einer, gegen welchen die Verjährung nicht laufen konnte, wie z. B. als Minderjähriger, so wird durch ihn das Recht aller übrigen erhalten.

---

# LIVRE TROISIÈME.
## DRITTES BUCH.

## DES DIFFÉRENTES MANIÈRES DONT ON ACQUIERT LA PROPRIÉTÉ.
### DIE VERSCHIEDENEN ERWERBSARTEN DES EIGENTUMS.

## DISPOSITIONS GÉNÉRALES.
## ALLGEMEINE BESTIMMUNGEN.

**711.** La propriété des biens s'acquiert et se transmet par succession, par donation entre vifs ou testamentaire, et par l'effet des obligations.

**711.** Das Eigentum an den Gütern wird erworben und übertragen durch Erbschaft, durch Schenkung unter Lebenden oder mittels Testaments, und durch die Wirkung von Verbindlichkeiten.

712. La propriété s'acquiert aussi par accession ou incorporation, et par prescription.

713. Les biens qui n'ont pas de maître, appartiennent à l'Etat.

714. Il est des choses qui n'appartiennent à personne et dont l'usage est commun à tous.

Des lois de police règlent la manière d'en jouir.

715. La faculté de chasser ou de pêcher est également réglée par des lois particulières.

716. La propriété d'un trésor appartient à celui qui le trouve dans son propre fonds : si le trésor est trouvé dans le fonds d'autrui, il appartient par moitié à celui qui l'a découvert, et pour l'autre moitié au propriétaire du fonds.

Le trésor est toute chose cachée ou enfouie sur laquelle personne ne peut justifier sa propriété, et qui est découverte par le pur effet du hasard.

717. Les droits sur les effets jetés à la mer, sur les objets que la mer rejette, de quelque nature qu'ils puissent être, sur les plantes et herbages qui croissent sur les rivages de la mer, sont aussi réglés par des lois particulières.

Il en est de même des choses perdues dont le maître ne se représente pas.

---

# TITRE PREMIER.

## Des successions.

### CHAPITRE PREMIER.

**De l'ouverture des successions,
et de la saisine des héritiers.**

718. Les successions s'ouvrent par la mort naturelle.

719. *Abrogé par la loi du 31 mai 1854.*

720. Si plusieurs personnes respectivement appelées à la succession l'une de l'autre, périssent dans un même événement, sans qu'on puisse reconnaître laquelle est décédée la première, la présomption de survie est déterminée par les circonstances du fait, et, à leur défaut, par la force de l'âge ou du sexe.

721. Si ceux qui ont péri ensemble avaient moins de quinze ans, le plus âgé sera présumé avoir survécu.

S'ils étaient tous au-dessus de soixante ans, le moins âgé sera présumé avoir survécu.

Si les uns avaient moins de quinze ans et les autres plus de soixante, les premiers seront présumés avoir survécu.

712. Das Eigentum wird ferner erworben durch Zuwachs oder Einverleibung, und durch Verjährung.

713. Herrenlose Güter gehören dem Staate.

714. Es gibt Sachen, welche niemanden gehören, und deren Gebrauch für alle gemeinsam ist.

Polizeigesetze regeln die Art und Weise ihrer Benutzung.

715. Das Recht zu jagen oder zu fischen wird gleichfalls durch besondere Gesetze geregelt.

716. Das Eigentum eines Schatzes gehört demjenigen, welcher ihn in seinem eigenen Grundstücke findet; wird der Schatz in dem Grundstücke eines andern gefunden, so gehört er zur Hälfte demjenigen, der ihn entdeckt hat, und zur andern Hälfte dem Eigentümer des Grundstücks.

Schatz ist jede verborgene oder vergrabene Sache, an welcher niemand sein Eigentum nachweisen kann, und die lediglich durch Zufall entdeckt wird.

717. Die Rechte auf ins Meer geworfene Sachen, auf Gegenstände, welche das Meer auswirft, von welcher Art sie auch sein mögen, auf Pflanzen und Kräuter, die an den Meeresufern wachsen, werden ebenfalls durch besondere Gesetze geregelt.

Dasselbe gilt von verlorenen Sachen, deren Eigentümer sich nicht meldet.

---

# ERSTER TITEL.

## Erbschaft.

### ERSTES KAPITEL.

**Eröffnung der Erbschaft und Besitzantritt der Erben.**

718. Erbschaften werden eröffnet durch den leiblichen Tod.

719. *Aufgehoben durch Gesetz vom 31. Mai 1854.*

720. Wenn mehrere Personen, welche gegenseitig zur Beerbung untereinander berufen sind, bei demselben Ereignisse umkommen, ohne daß man erkennen kann, welche zuerst verstorben ist, so bestimmt sich die Vermutung für das Ueberleben nach den tatsächlichen Umständen und in deren Ermangelung nach der Kraft des Alters oder des Geschlechts.

721. Wenn diejenigen, welche zusammen umgekommen sind, noch nicht fünfzehn Jahre alt waren, so wird vermutet, daß der älteste am längsten gelebt habe.

Wenn sie alle über sechzig Jahre alt waren, so wird vermutet, daß der jüngste am längsten gelebt habe.

Wenn die einen noch nicht fünfzehn, die andern über sechzig Jahre alt waren, so wird vermutet, daß die ersteren am längsten gelebt haben.

722. Si ceux qui ont péri ensemble avaient quinze ans accomplis et moins de soixante, le mâle est toujours présumé avoir survécu, lorsqu'il y a égalité d'âge, ou si la différence qui existe n'excède pas une année.

S'ils étaient du même sexe, la présomption de survie, qui donne ouverture à la succession dans l'ordre de la nature, doit être admise: ainsi le plus jeune est présumé avoir survécu au plus âgé.

723. La loi règle l'ordre de succéder entre les héritiers légitimes et les héritiers naturels. A leur défaut, les biens passent à l'époux survivant, et, s'il n'y en a pas, à l'État.

724. Les héritiers légitimes et les héritiers naturels sont saisis de plein droit des biens, droits et actions du défunt, sous l'obligation d'acquitter toutes les charges de la succession.

L'époux survivant et l'Etat doivent se faire envoyer en possession.

## CHAPITRE II.

### Des qualités requises pour succéder.

725. Pour succéder, il faut nécessairement exister à l'instant de l'ouverture de la succession.

Ainsi, sont incapables de succéder:

1º Celui qui n'est pas encore conçu;

2º L'enfant qui n'est pas né viable.

726. *Abrogé par la loi du 14 juillet 1819.*

727. Sont indignes de succéder, et, comme tels, exclus des successions:

1º Celui qui sera condamné pour avoir donné ou tenté de donner la mort au défunt;

2º Celui qui a porté contre le défunt une accusation capitale jugée calomnieuse;

3º L'héritier majeur qui, instruit du meurtre du défunt, ne l'aura pas dénoncé à la justice.

728. Le défaut de dénonciation ne peut être opposé aux ascendants et descendants du meurtrier, ni à ses alliés au même degré, ni à son époux ou à son épouse, ni à ses frères ou sœurs, ni à ses oncles et tantes, ni à ses neveux et nièces

729. L'héritier exclu de la succession pour cause d'indignité, est tenu de rendre tous les fruits et les revenus dont il a eu la jouissance depuis l'ouverture de la succession.

730. Les enfants de l'indigne, venant à la succession de leur chef, et sans le secours de la représentation, ne sont pas exclus pour la faute de leur père; mais celui-ci ne peut, en

---

722. Wenn diejenigen, welche zusammen umgekommen sind, volle fünfzehn Jahre, aber unter sechzig Jahre alt waren, so wird stets vermutet, daß der Mann am längsten gelebt habe, wenn Gleichheit des Alters oder ein Unterschied vorhanden ist, welcher nicht mehr als ein Jahr beträgt.

Wenn sie gleichen Geschlechts waren, so muß die Vermutung hinsichtlich des Ueberlebens eintreten, wonach die Eröffnung der Erbschaft dem Laufe der Natur gemäß erfolgt; es wird daher vermutet, daß der jüngere den älteren überlebt habe.

723. Das Gesetz regelt die Erbfolgeordnung zwischen den ehelichen Erben und den unehelichen. In deren Ermangelung gehen die Güter auf den überlebenden Ehegatten über, und wenn kein solcher vorhanden, auf den Staat.

724. Die ehelichen Erben und die unehelichen treten von Rechtswegen in den Besitz der Güter, Rechte und Klagen des Verstorbenen unter der Verpflichtung, alle Lasten der Erbschaft zu berichtigen.

Der überlebende Ehegatte und der Staat müssen sich in den Besitz einweisen lassen.

## ZWEITES KAPITEL.

### Zur Erbfolge erforderliche Eigenschaften.

725. Um erben zu können, muß man notwendigerweise in dem Augenblicke der Eröffnung der Erbschaft am Leben sein.

Daher ist unfähig zu erben:

1. wer noch nicht empfangen ist,

2. das Kind, welches nicht lebensfähig geboren wird.

726. *Aufgehoben durch Gesetz vom 14. Juli 1819.*

727. Unwürdig zu erben und als solcher von der Erbschaft ausgeschlossen ist:

1. wer verurteilt worden ist, weil er den Erblasser getötet oder zu töten versucht hat;

2. wer gegen den Erblasser eine Kapitalanklage erhoben hat, die durch ein Urteil für verleumderisch erklärt worden ist;

3. der großjährige Erbe, welcher von der Ermordung des Verstorbenen Kenntnis hatte, dieselbe jedoch nicht gerichtlich angezeigt hat.

728. Die Unterlassung der Anzeige kann nicht entgegengehalten werden den Verwandten des Mörders in auf- und absteigender Linie, den mit ihm im selben Grade Verschwägerten, seinem Ehegatten, seinen Geschwistern, seinen Oheimen und Tanten, seinen Neffen und Nichten.

729. Der wegen Unwürdigkeit von der Erbschaft ausgeschlossene Erbe ist verpflichtet, alle Früchte und Einkünfte herauszugeben, deren Genuß er seit Eröffnung der Erbschaft gehabt hat.

730. Kinder des Unwürdigen, die kraft eigenen Rechts und nicht infolge der Erbvertretung zur Erbschaft gelangen, werden wegen des Verschuldens ihres Vaters nicht ausge-

aucun cas, réclamer, sur les biens de cette succession, l'usufruit que la loi accorde aux pères et mères sur les biens de leurs enfants.

schlossen; doch kann dieser in keinem Falle an den Gütern dieser Erbschaft den Nießbrauch beanspruchen, welchen das Gesetz den Eltern an den Gütern ihrer Kinder gewährt.

## CHAPITRE III.

### Des divers ordres de succession.

#### SECTION PREMIÈRE.

##### Dispositions générales.

## DRITTES KAPITEL.

### Die verschiedenen Erbfolgeordnungen.

#### ERSTER ABSCHNITT.

##### Allgemeine Bestimmungen.

731. Les successions sont déférées aux enfants et descendants du défunt, à ses ascendants et à ses parents collatéraux, dans l'ordre et suivant les règles ci-après déterminées.

731. Die Erbschaften fallen den Kindern und Nachkommen des Erblassers, seinen Aszendenten und Seitenverwandten in der Ordnung und nach den Regeln an, welche nachstehend bestimmt sind.

732. La loi ne considère ni la nature ni l'origine des biens pour en régler la succession.

732. Das Gesetz berücksichtigt bei der Bestimmung der Erbfolge weder Art noch Ursprung der Güter.

733. Toute succession échue à des ascendants ou à des collatéraux, se divise en deux parts égales: l'une pour les parents de la ligne paternelle, l'autre pour les parents de la ligne maternelle.

Les parents utérins ou consanguins ne sont pas exclus par les germains; mais ils ne prennent part que dans leur ligne, sauf ce qui sera dit à l'article 752. Les germains prennent par dans les deux lignes.

733. Jede Erbschaft, welche an Aszendenten oder Seitenverwandte fällt, wird in zwei gleiche Teile geteilt: einen für die Verwandten der väterlichen, den andern für die Verwandten der mütterlichen Linie.

Die halbbürtigen Verwandten von der mütterlichen oder von der väterlichen Seite werden durch die vollbürtigen nicht ausgeschlossen; aber sie erhalten nur in ihrer Linie einen Anteil, vorbehaltlich dessen was in dem Artikel 752 bestimmt werden wird. Vollbürtige Verwandte erhalten in beiden Linien einen Anteil.

Il ne se fait aucune dévolution d'une ligne à l'autre, que lorsqu'il ne se trouve aucun ascendant ni collatéral de l'une des deux lignes.

Eine Uebertragung von der einen Linie auf die andere findet nur statt, wenn sich in der einen von beiden Linien weder ein Aszendent noch ein Seitenverwandter befindet.

734. Cette première division opérée entre les lignes paternelle et maternelle, il ne se fait plus de division entre les diverses branches; mais la moitié dévolue à chaque ligne appartient à l'héritier ou aux héritiers les plus proches en degrés, sauf le cas de la représentation, ainsi qu'il sera dit ci-après.

734. Nach dieser ersten Verteilung unter die väterliche und mütterliche Linie findet keine weitere Verteilung unter die verschiedenen Nebenlinien statt, sondern die einer jeden Linie angefallene Hälfte gebührt dem oder den Erben, welche dem Grade nach die nächsten sind, vorbehaltlich des Falles der Erbvertretung, wie unten bestimmt werden wird.

735. La proximité de parenté s'établit par le nombre de générations; chaque génération s'appelle un *degré*.

735. Die Nähe der Verwandtschaft wird nach der Zahl der Zeugungen bestimmt; jede Zeugung heißt ein Grad.

736. La suite des degrés forme la ligne: on appelle *ligne directe* la suite des degrés entre personnes qui descendent l'une de l'autre; *ligne collatérale*, la suite des degrés entre personnes qui ne descendent pas les unes des autres, mais qui descendent d'un auteur commun.

On distingue la ligne directe, en ligne directe descendante et ligne directe ascendante.

La première est celle qui lie le chef avec ceux qui descendent de lui; la deuxième est celle qui lie une personne avec ceux dont elle descend.

736. Die Reihenfolge der Grade bildet die Linie; gerade Linie heißt die Reihenfolge der Grade zwischen Personen, deren eine von der andern abstammt; Seitenlinie, die Folge der Grade zwischen Personen, welche nicht voneinander abstammen, aber einen gemeinschaftlichen Stammvater haben.

Die gerade Linie wird in die absteigende gerade Linie und in die aufsteigende gerade Linie eingeteilt.

Die erstere ist diejenige, welche den Stammvater mit denjenigen verbindet, die von ihm abstammen; die zweite ist diejenige, welche eine Person mit demjenigen verbindet, von welchem sie abstammt.

737. En ligne directe, on compte autant de degrés qu'il y a de générations entre les personnes: ainsi le fils est, à l'égard du père,

737. In der geraden Linie zählt man so viel Grade als Zeugungen zwischen den Personen liegen: so steht der Sohn zum Vater

au premier degré; le petit-fils, au second; et réciproquement du père et de l'aïeul à l'égard des fils et petits-fils.

**738.** En ligne collatérale, les degrés se comptent par les générations, depuis l'un des parents jusques et non compris l'auteur commun, et depuis celui-ci jusqu'à l'autre parent.

Ainsi, deux frères sont au deuxième degré; l'oncle et le neveu sont au troisième degré; les cousins germains au quatrième; ainsi de suite.

SECTION II.

De la représentation.

**739.** La représentation est une fiction de la loi, dont l'effet est de faire entrer les représentants dans la place, dans le degré et dans les droits du représenté.

**740.** La représentation a lieu à l'infini dans la ligne directe descendante.

Elle est admise dans tous les cas, soit que les enfants du défunt concourent avec les descendants d'un enfant prédécédé, soit que tous les enfants du défunt étant morts avant lui, les descendants desdits enfants se trouvent entre eux en degrés égaux ou inégaux.

**741.** La représentation n'a pas lieu en faveur des ascendants; le plus proche, dans chacune des deux lignes, exclut toujours le plus éloigné.

**742.** En ligne collatérale, la représentation est admise en faveur des enfants et descendants de frères et sœurs du défunt, soit qu'ils viennent à sa succession concurremment avec des oncles ou tantes, soit que tous les frères et sœurs du défunt étant prédécédés, la succession se trouve dévolue à leurs descendants en degrés égaux ou inégaux.

**743.** Dans tous les cas où la représentation est admise, le partage s'opère par souche: si une même souche a produit plusieurs branches, la subdivision se fait aussi par souche dans chaque branche, et les membres de la même branche partagent entre eux par tête.

**744.** On ne représente pas les personnes vivantes, mais seulement celles qui sont mortes naturellement.

On peut représenter celui à la succession duquel on a renoncé.

SECTION III.

Des successions déférées aux descendants.

**745.** Les enfants ou leurs descendants succèdent à leurs père et mère, aïeuls, aïeules, ou autres ascendants, sans distinction de sexe ni de promogéniture, et encore qu'ils soient issus de différents mariages.

Ils succèdent par égales portions et par tête, quand ils sont tous au premier degré et appelés de leur chef: ils succèdent par souche,

im ersten Grad, der Enkel im zweiten und umgekehrt der Vater und Großvater zu den Söhnen und Enkeln.

**738.** In der Seitenlinie werden die Grade gezählt nach den Zeugungen von einem der Verwandten bis zu dem gemeinschaftlichen Stammvater, diesen nicht mitinbegriffen, und von diesem bis zu dem andern Verwandten. So stehen zwei Brüder im zweiten Grade, Oheim und Neffe im dritten Grade, vollbürtige Geschwisterkinder im vierten und so weiter.

ZWEITER ABSCHNITT.

Erbvertretung.

**739.** Die Erbvertretung ist eine Rechtsfiktion, deren Wirkung darin besteht, daß die Vertreter in die Stelle, in den Grad und in die Rechte des Vertretenen eintreten.

**740.** Die Erbvertretung findet in der geraden absteigenden Linie unbegrenzt statt.

Sie wird in allen Fällen zugelassen, mögen die Kinder des Erblassers mit den Nachkommen eines vorverstorbenen Kindes zusammentreffen, oder mögen alle Kinder des Erblassers vor ihm verstorben sein, und die Nachkommen dieser Kinder zu einander in gleichen oder in ungleichen Graden stehen.

**741.** Die Erbvertretung findet zum Vorteile der Aszendenten nicht statt; der nähere schließt in jeder der beiden Linien stets den entfernteren aus.

**742.** In der Seitenlinie wird die Erbvertretung zu Gunsten der Kinder und Nachkommen der Geschwister des Erblassers zugelassen, mögen dieselben zusammen mit Oheimen oder Tanten zur Erbfolge gelangen, oder mag, wenn alle Geschwister des Erblassers früher gestorben sind, die Erbschaft deren Nachkommen in gleichen oder ungleichen Graden anfallen.

**743.** In allen Fällen, in denen die Erbvertretung zugelassen wird, erfolgt die Teilung nach Stämmen. Wenn einem Stamm mehrere Nebenlinien entsprossen sind; so erfolgt die weitere Verteilung gleichfalls nach Stämmen; die Glieder derselben Nebenlinie teilen unter sich nach Köpfen.

**744.** Eine Erbvertretung findet bezüglich lebender Personen nicht statt, sondern nur bezüglich derjenigen, welche leiblich tot sind.

Man kann denjenigen vertreten, auf dessen Erbschaft man verzichtet hat.

DRITTER ABSCHNITT.

Erbfolge der Nachkommen.

**745.** Die Kinder oder deren Nachkommen beerben ihre Eltern, Großeltern oder andere Aszendenten ohne Unterschied des Geschlechts oder der Erstgeburt, auch wenn sie aus verschiedenen Ehen stammen.

Sie erben zu gleichen Teilen und nach Köpfen, wenn sie alle im ersten Grade stehen und kraft eigenen Rechtes berufen sind; sie

lorsqu'ils viennent tous ou en partie par représentation.

## SECTION IV.

**Des successions déférées aux ascendants.**

746. Si le défunt n'a laissé ni postérité, ni frère, ni sœur, ni descendants d'eux, la succession se divise par moitié entre les ascendants de la ligne paternelle et les ascendants de la ligne maternelle.

L'ascendant qui se trouve au degré le plus proche recueille la moitié affectée à sa ligne, à l'exclusion de tous autres.

Les ascendants au même degré succèdent par tête.

747. Les ascendants succèdent, à l'exclusion de tous autres, aux choses par eux données à leurs enfants ou descendants décédés sans postérité, lorsque les objets donnés se retrouvent en nature dans la succession.

Si les objets ont été aliénés, les ascendants recueillent le prix qui peut en être dû. Ils succèdent aussi à l'action en reprise que pouvait avoir le donataire.

748. Lorsque les père et mère d'une personne morte sans postérité lui ont survécu, si elle a laissé des frères, sœurs, ou des descendants d'eux, la succession se divise en deux portions égales, dont moitié seulement est déférée au père et à la mère, qui la partagent entre eux également.

L'autre moitié appartient aux frères, sœurs ou descendants d'eux, ainsi qu'il sera expliqué dans la section 5 du présent chapitre.

749. Dans le cas où la personne morte sans postérité laisse des frères, sœurs, ou des descendants d'eux, si le père ou la mère est prédécédé, la portion qui lui aurait été dévolue conformément au précédent article, se réunit à la moitié déférée aux frères, sœurs ou à leurs représentants, ainsi qu'il sera expliqué à la section 5 du présent chapitre.

## SECTION V.

**Des successions collatérales.**

750. En cas de prédécès des père et mère d'une personne morte sans postérité, ses frères, sœurs ou leurs descendants sont appelés à la succession, à l'exclusion des ascendants et des autres collatéraux.

Ils succèdent, ou de leur chef, ou par représentation, ainsi qu'il a été réglé dans la section 2 du présent chapitre.

751. Si les père et mère de la personne morte sans postérité lui ont survécu, ses frères, sœurs ou leurs représentants ne sont appelés

---

erben nach Stämmen, wenn sie alle oder zum Teil durch Erbvertretung zur Erbfolge gelangen.

## VIERTER ABSCHNITT.

**Erbfolge der Aszendenten.**

746. Hat der Erblasser weder Nachkommenschaft noch Geschwister noch Nachkommen von diesen hinterlassen, so wird die Erbschaft unter die Aszendenten der väterlichen Linie und die Aszendenten der mütterlichen Linie nach Hälften geteilt.

Der Aszendent, welcher in dem nächsten Grade steht, erhält die seiner Linie zugefallene Hälfte mit Ausschluß aller anderen.

Aszendenten desselben Grades erben nach Köpfen.

747. Die Aszendenten erben mit Ausschluß aller anderen die Sachen, welche sie ihren ohne Nachkommenschaft verstorbenen Kindern oder Nachkommen geschenkt haben, wenn die geschenkten Gegenstände sich noch in Natur in der Erbschaft vorfinden.

Sind die Gegenstände veräußert worden, so erhalten die Aszendenten den etwa noch geschuldeten Kaufpreis. Sie erben auch die dem Beschenkten etwa zustehende Klage auf Rücknahme der Sachen.

748. Wenn der Vater und die Mutter einer ohne Nachkommenschaft verstorbenen Person dieselbe überlebt haben, und diese Geschwister oder Nachkommen von solchen hinterlassen hat, so wird die Erbschaft in zwei gleiche Teile geteilt; davon fällt nur die eine Hälfte dem Vater und der Mutter zu, welche dieselbe unter sich gleichmäßig teilen.

Die andere Hälfte gehört den Geschwistern oder deren Nachkommen, wie dies in Abschnitt 5 dieses Kapitels angegeben werden wird.

749. Ist in dem Falle, da die ohne Nachkommenschaft verstorbene Person Geschwister oder Nachkommen von solchen hinterläßt, der Vater oder die Mutter schon vorher gestorben, so wird der Anteil, welcher dem letzteren oder der letzteren in Gemäßheit des vorstehenden Artikels zugefallen wäre, mit der den Geschwistern oder deren Erbvertretern angefallenen Hälfte vereinigt, wie dies in Abschnitt 5 dieses Kapitels angegeben werden wird.

## FÜNFTER ABSCHNITT.

**Erbfolge der Seitenverwandten.**

750. Sind die Eltern einer ohne Nachkommenschaft verstorbenen Person schon vor derselben gestorben, so werden die Geschwister der letzteren oder deren Nachkommen zur Erbschaft berufen unter Ausschluß der Aszendenten und der anderen Seitenverwandten.

Sie erben entweder kraft eigenen Rechtes oder durch Erbvertretung, wie dies in dem zweiten Abschnitte dieses Kapitels geregelt worden ist.

751. Haben beide Eltern der ohne Nachkommenschaft verstorbenen Person dieselbe überlebt, so werden die Geschwister der letz-

qu'à la moitié de la succession. Si le père ou la mère seulement a survécu, ils sont appelés à recueillir les trois quarts.

752. Le partage de la moitié ou des trois quarts dévolus aux frères ou sœurs, aux termes de l'article précédent, s'opère entre eux par égales portions, s'ils sont tous du même lit; s'ils sont de lits différents, la division se fait par moitié entre les deux lignes paternelle et maternelle du défunt; les germains prennent part dans les deux lignes, et les utérins ou consanguins chacun dans leur ligne seulement: s'il n'y a de frères ou sœurs que d'un côté, ils succèdent à la totalité, à l'exclusion de tous autres parents de l'autre ligne.

753. A défaut de frères ou sœurs ou de descendants d'eux, et à défaut d'ascendants dans l'une ou l'autre ligne, la succession est déférée pour moitié aux ascendants survivants; et pour l'autre moitié, aux parents les plus proches de l'autre ligne.

S'il y a concours de parents collatéraux au même degré, ils partagent par tête.

754. Dans le cas de l'article précédent, le père ou la mère survivant a l'usufruit du tiers des biens auxquels il ne succède pas en propriété.

755. Les parents collatéraux au delà du sixième degré ne succèdent pas, à l'exception toute fois, des descendants des frères et sœurs du défunt.

Toutefois, les parents collatéraux succèdent jusqu'au douzième degré lorsque le défunt n'était pas capable de tester et n'était pas frappé d'interdiction légale.

A défaut de parents au degré successible dans une ligne, les parents de l'autre ligne succèdent pour le tout.

SECTION VI.

**Des successions déférées aux enfants naturels légalement reconnus et des droits de leurs père et mère dans leur succession.**

756. La loi n'accorde de droits aux enfants naturels sur les biens de leurs père ou mère décédés que lorsqu'ils ont été légalement reconnus. Les enfants naturels légalement reconnus sont appelés en qualité d'héritiers à la succession de leur père ou de leur mère décédés.

757. La loi n'accorde aucun droit aux enfants naturels sur les biens des parents de leur père ou de leur mère.

758. Le droit héréditaire de l'enfant naturel dans la succession de ses père ou mère est fixé ainsi qu'il suit:

Si le père ou la mère a laissé des descendants légitimes, ce droit est de la moitié de

---

teren oder deren Erbvertreter nur zu der Hälfte der Erbschaft berufen. Sie werden jedoch zu drei Viertel berufen, wenn nur der Vater oder die Mutter den Erblasser überlebt hat.

752. Die Teilung der Hälfte oder der drei Viertel, welche laut vorstehendem Artikel den Geschwistern zufallen, erfolgt unter ihnen zu gleichen Teilen, wenn sie alle aus derselben Ehe stammen. Stammen sie aus verschiedenen Ehen, so geschieht die Teilung zu gleichen Hälften unter die väterliche und unter die mütterliche Linie des Erblassers; die vollbürtigen erhalten in beiden Linien einen Anteil, die halbbürtigen von der Mutter oder von dem Vater her jeder nur in seiner Linie. Sind nur Geschwister von einer Seite vorhanden, so erben sie das Ganze unter Ausschluß aller übrigen Verwandten der andern Linie.

753. In Ermangelung von Geschwistern oder Nachkommen derselben, und in Ermangelung von Aszendenten in der einen oder in der andern Linie, fällt die Erbschaft zur Hälfte den überlebenden Aszendenten und zur andern Hälfte den nächsten Verwandten der andern Linie an.

Wenn Seitenverwandte gleichen Grades zusammentreffen, so teilen sie nach Köpfen.

754. Im Falle des vorstehenden Artikels hat der überlebende Vater oder die überlebende Mutter den Nießbrauch an einem Drittel derjenigen Güter, welche er nicht dem Eigentum nach erbt.

755. Seitenverwandte über den sechsten Grad hinaus erben nicht, mit Ausnahme jedoch der Abkömmlinge von Geschwistern des Verstorbenen.

Immerhin erben die Seitenverwandten bis zum zwölften Grad, wenn der Verstorbene außer Stande war zu testieren und nicht gesetzlich entmündigt war.

In Ermangelung von Verwandten erbfähigen Grades in der einen Linie erben die Verwandten der andern Linie das Ganze.

SECHSTER ABSCHNITT.

**Erbrechte der unehelichen Kinder, die gesetzmässig anerkannt sind und Rechte der Eltern an dem Nachlass dieser Kinder.**

756. Das Gesetz gewährt den unehelichen Kindern Rechte an den Gütern ihres verstorbenen Vaters oder ihrer verstorbenen Mutter nur, wenn sie gesetzesmäßig anerkannt sind. Die gesetzesmäßig anerkannten unehelichen Kinder sind als Erben am Nachlasse ihres verstorbenen Vaters oder ihrer verstorbenen Mutter berufen.

757. Das Gesetz gewährt den unehelichen Kindern kein Recht auf die Güter der Verwandten ihres Vaters oder ihrer Mutter.

758. Das Erbrecht des unehelichen Kindes am Nachlasse seines Vaters oder seiner Mutter ist wie folgt festgesetzt:

Hat der Vater oder die Mutter eheliche Nachkommen hinterlassen, so besteht dieses

la portion héréditaire qu'il aurait eue s'il eût été légitime.

759. Le droit est des trois quarts, lorsque les père ou mère ne laissent pas de descendants, mais bien des ascendants ou des frères ou sœurs ou des descendants légitimes de frères ou sœurs.

760. L'enfant naturel a droit à la totalité des biens lorsque ses père ou mère ne laissent ni descendants, ni ascendants, ni frères ou sœurs, ni descendants légitimes de frères ou sœurs.

761. En cas de prédécès des enfants naturels, leurs enfants et descendants peuvent réclamer les droits fixés par les articles précédents.

762. Les dispositions des articles 756, 758, 759 et 760 ne sont pas applicables aux enfants adultérins ou incestueux.

La loi ne leur accorde que des aliments.

763. Ces aliments sont réglés eu égard aux facultés du père et de la mère, au nombre et à la qualité des héritiers légitimes.

764. Lorsque le père ou la mère de l'enfant adultérin ou incestueux lui auront fait apprendre un art mécanique, ou lorsque l'un d'eux lui aura assuré des aliments de son vivant, l'enfant ne pourra élever aucune réclamation contre leur succession.

765. La succession de l'enfant naturel décédé sans postérité est dévolue au père ou à la mère qui l'a reconnu, ou, par moitié, à tous les deux, s'il a été reconnu par les deux.

## CHAPITRE VI.

### Des successions irrégulières.

#### SECTION PREMIÈRE.

Des droits des frères et sœurs sur les biens des enfants naturels.

766. En cas de prédécès des père et mère de l'enfant naturel décédé sans postérité, les biens qu'il en avait reçus passent aux frères et sœurs légitimes, s'ils se retrouvent en nature dans la succession; les actions en reprise, s'il en existe, ou le prix des biens aliénés, s'il en est encore dû, retournent également aux frères et sœurs légitimes. Tous les autres biens passent aux frères et sœurs naturels ou à leurs descendants.

#### SECTION II.

Des droits du conjoint survivant et de l'Etat.

767. Lorsque le défunt ne laisse ni parents au degré successible, ni enfants naturels, les biens de sa succession appartiennent en pleine

---

Recht in der Hälfte des Erbanteils, den es erhalten hätte, wenn es ehelich gewesen wäre.

759. Dieses Recht besteht in drei Viertel, wenn der Vater oder die Mutter Abkömmlinge nicht hinterlassen haben, wohl aber Aszendenten oder Geschwister oder eheliche Abkömmlinge der Geschwister.

760. Das uneheliche Kind hat ein Recht auf das ganze Vermögen, wenn sein Vater oder seine Mutter weder Abkömmlinge, noch Aszendenten, noch Geschwister, noch eheliche Abkömmlinge von Geschwistern hinterlassen hat.

761. Im Falle des Vorversterbens der unehelichen Kinder können ihre Kinder und Abkömmlinge die in den vorstehenden Artikeln bestimmten Rechte geltend machen.

762. Die Bestimmungen der Art. 756, 758, 759 und 760 sind nicht anwendbar auf die im Ehebruch oder in der Blutschande erzeugten Kinder.

Das Gesetz billigt ihnen nur Unterhaltsmittel zu.

763. Dieser Unterhalt wird unter Berücksichtigung des Vermögens des Vaters und der Mutter, sowie der Zahl und Eigenschaft der gesetzlichen Erben bestimmt.

764. Hat der Vater oder die Mutter des in Ehebruch oder in Blutschande erzeugten Kindes dasselbe ein Handwerk erlernen lassen, oder hat einer von ihnen demselben Unterhalt bei seinen Lebzeiten zugesichert, so kann das Kind gegen ihre Erbschaft keinen Anspruch erheben.

765. Der Nachlaß des ohne Abkömmlinge verstorbenen unehelichen Kindes fällt dem Vater oder der Mutter zu, welcher oder welche es anerkannt hat, oder beiden zur Hälfte, wenn es von beiden anerkannt war.

## SECHSTES KAPITEL.

### Außerordentliche Erbfolgen.

#### ERSTER ABSCHNITT.

Rechte der Geschwister an den Gütern der unehelichen Kinder.

766. Im Falle des Vorversterbens der Eltern des ohne Abkömmlinge verstorbenen unehelichen Kindes, gehen die Güter, welche dasselbe von ihnen erhalten hat, auf die ehelichen Geschwister über, wenn sie sich noch in Natur in der Erbschaft befinden; die etwaigen Klagen auf Rücknahme, oder der etwa noch geschuldete Preis von verkauften Gütern fallen gleichfalls an die ehelichen Geschwister zurück. Alle übrigen Güter gehen auf die unehelichen Geschwister oder deren Nachkommen über.

#### ZWEITER ABSCHNITT.

Rechte des überlebenden Ehegatten und des Staats.

767. Wenn der Erblasser weder Verwandte erbfähigen Grades, noch uneheliche Kinder hinterläßt, so gehören die Güter seines Nach-

propriété au conjoint non divorcé qui lui survit et contre lequel n'existe pas de jugement de séparation de corps passé en force de chose jugée.

Le conjoint survivant non divorcé qui ne succède pas à la pleine propriété, et contre lequel n'existe pas de jugement de séparation de corps passé en force de chose jugée, a, sur la succession du prédécédé, un droit d'usufruit qui est:

D'un quart, si le défunt laisse un ou plusieurs enfants issus du mariage;

D'une part d'enfant légitime le moins prenant, sans qu'elle puisse excéder le quart, si le défunt a des enfants nés d'un précédent mariage;

De moitié dans tous les autres cas, quels que soient le nombre et la qualité des héritiers.

Le calcul sera opéré sur une masse faite de tous les biens existant au décès du *de cujus*, auxquels seront réunis fictivement ceux dont il aurait disposé, soit par acte entre vifs, soit par acte testamentaire, au profit de successibles, sans dispense de rapport.

Mais l'époux survivant ne pourra exercer son droit que sur les biens dont le prédécédé n'aura disposé ni par acte entre vifs, ni par acte testamentaire, et sans préjudicier aux droits de réserve ni aux droits de retour.

Il cessera de l'exercer dans le cas où il aurait reçu du défunt des libéralités, même faites par préciput et hors part, dont le montant atteindrait celui des droits que la présente loi lui attribue, et, si ce montant était inférieur, il ne pourrait réclamer que le complément de son usufruit.

Jusqu'au partage définitif, les héritiers peuvent exiger, moyennant sûretés suffisantes, que l'usufruit de l'époux survivant soit converti en une rente viagère équivalente. S'ils sont en désaccord, la conversion sera facultative pour les tribunaux.

768. A défaut de conjoint survivant, la succession est acquise à l'Etat.

769. Le conjoint survivant et l'administration des Domaines qui prétendent droit à la succession, sont tenus de faire apposer les scellés, et de faire faire inventaire dans les formes prescrites pour l'acceptation des successions sous bénéfice d'inventaire.

770. Ils doivent demander l'envoi en possession au tribunal de première instance dans le ressort duquel la succession est ouverte. Le tribunal ne peut statuer sur la demande qu'après trois publications et affiches dans les formes usitées, et après avoir entendu le le procureur du Roi [*le procureur de la République*].

771. L'époux survivant est encore tenu de faire emploi du mobilier, ou de donner cau-

lasses in vollem Eigentum seinem ihn überlebenden nicht geschiedenen Ehegatten, gegen den kein rechtskräftiges Urteil auf Trennung von Tisch und Bett vorliegt.

Der überlebende nicht geschiedene Ehegatte, der nicht den gesamten Nachlaß erbt und gegen den kein rechtskräftiges Urteil auf Trennung von Tisch und Bett vorliegt, hat an dem Nachlaß des Vorverstorbenen ein Nießbrauchsrecht, welches besteht in:

einem Viertel, wenn der Verstorbene eines oder mehrere aus der Ehe hervorgegangene Kinder hinterläßt;

einem Kinderteil des am wenigsten empfangenden Kindes, ohne daß dieser Teil das Viertel übersteigen darf, wenn der Verstorbene Kinder aus einer früheren Ehe hat;

der Hälfte in allen ändern Fällen; welches auch die Anzahl und die Eigenschaft der Erben sein mögen.

Die Berechnung erfolgt aus einer Masse, die gebildet wird aus allen beim Tode des Erblassers vorhandenen Gütern, denen fiktiv diejenigen beigefügt werden, über die er, sei es durch Rechtsgeschäft unter Lebenden, sei es durch Testament zugunsten von Erbfähigen ohne Entbindung von Rückbringen verfügt hat.

Der überlebende Ehegatte kann jedoch sein Recht nur bezüglich derjenigen Güter ausüben, über die der Vorverstorbene weder durch Rechtsgeschäft unter Lebenden noch durch Testament verfügt hat und ohne Nachteil für die Vorbehalts- und Rückbringrechte.

Er hört auf das Recht auszuüben in dem Falle, wo er von dem Verstorbenen Freigebigkeiten, selbst im Voraus und außer Teil, empfangen hat und deren Betrag denjenigen der Rechte erreicht, die ihm das gegenwärtige Gesetz zuschreibt, und ist dieser Betrag geringer, so kann er nur eine Ergänzung seines Nießbrauchs verlangen.

Bis zur endgültigen Teilung können die Erben verlangen, mittels genügenden Sicherheiten, daß der Nießbrauch des überlebenden Ehegatten in eine entsprechende Leibrente umgewandelt werde.

Sind sie darüber nicht einig, so ist die Umwandlung dem Belieben des Gerichts überlassen.

768. In Ermangelung eines überlebenden Ehegatten gehört die Erbschaft dem Staate.

769. Der überlebende Ehegatte und die Verwaltung der Staatsgüter, welche Anspruch auf die Erbschaft erheben, sind verpflichtet, die Siegel anlegen und ein Inventar in den Formen errichten zu lassen, welche für die Annahme einer Erbschaft unter der Rechtswohltat des Inventars vorgeschrieben sind.

770. Sie müssen bei dem Gerichte erster Instanz, in dessen Bezirke die Erbschaft eröffnet ist, die Einweisung in den Besitz beantragen: Das Gericht kann über den Antrag erst erkennen nach dreimaliger Bekanntmachung und dreimaligem Anschlag in den üblichen Formen und nachdem es den Prokurator des Königs [*den Prokurator der Republik*] gehört hat.

771. Der überlebende Ehegatte ist außerdem verpflichtet die fahrende Habe anzulegen

tion suffisante pour en assurer la restitution, au cas où il se présenterait des héritiers du défunt, dans l'intervalle de trois ans: après ce délai, la caution est déchargée.

**772.** L'époux survivant ou l'administration des Domaines qui n'auraient pas rempli les formalités qui leur sont respectivement prescrites, pourront être condamnés aux dommages et intérêts envers les héritiers, s'il s'en représente.

**773.** *Abrogé par la loi du 25 mars 1896.*

## CHAPITRE V.

### De l'acceptation et de la répudiation des successions.

#### SECTION PREMIÈRE.

#### De l'acceptation.

**774.** Une succession peut être acceptée purement et simplement, ou sous bénéfice d'inventaire.

**775.** Nul n'est tenu d'accepter une succession qui lui est échue.

**776.** Les femmes mariées ne peuvent pas valablement accepter une succession sans l'autorisation de leur mari ou de justice, conformément aux dispositions du chapitre 6 du titre *Du mariage.*

Les successions échues aux mineurs et aux interdits ne pourront être valablement acceptées que conformément aux dispositions du titre *De la minorité, de la tutelle et de l'émancipation.*

**777.** L'effet de l'acceptation remonte au jour de l'ouverture de la succession.

**778.** L'acceptation peut être expresse ou tacite: elle est expresse, quand on prend le titre ou la qualité d'héritier dans un acte authentique ou privé; elle est tacite, quand l'héritier fait un acte qui suppose nécessairement son intention d'accepter, et qu'il n'aurait droit de faire qu'en sa qualité d'héritier.

**779.** Les actes purement conservatoires, de surveillance et d'administration provisoire, ne sont pas des actes d'adition d'hérédité, si l'on n'y a pas pris le titre ou la qualité d'héritier.

**780.** La donation, vente ou transport que fait de ses droits successifs un des cohéritiers, soit à quelques-uns d'eux, emporte de sa part acceptation de la succession.

Il en est de même: 1º de la renonciation, même gratuite, que fait un des héritiers au profit d'un ou de plusieurs de ses cohéritiers;

2º De la renonciation qu'il fait même au profit de tous ses cohéritiers indistinctement, lorsqu'il reçoit le prix de sa renonciation.

---

oder hinreichende Bürgschaft zu stellen, um ihre Zurückgabe für den Fall zu sichern, daß binnen drei Jahren sich Erben des Verstorbenen melden sollten; nach dieser Zeit ist die Bürgschaft entlastet.

**772.** Der überlebende Ehegatte oder die Verwaltung der Staatsgüter können, wenn sie die jedem von ihnen vorgeschriebenen Förmlichkeiten nicht beobachtet haben, zum Schadensersatze gegenüber den Erben verurteilt werden; wenn sich ein solcher meldet.

**773.** *Aufgehoben durch Gesetz vom 25. März 1896.*

## FÜNFTES KAPITEL.

### Annahme und Ausschlagung der Erbschaften.

#### ERSTER ABSCHNITT.

#### Annahme.

**774.** Eine Erbschaft kann ohne Vorbehalt oder unter der Rechtswohltat des Inventars angenommen werden.

**775.** Niemand ist verpflichtet, eine ihm angefallene Erbschaft anzunehmen.

**776.** Ehefrauen können eine Erbschaft ohne die Ermächtigung ihres Ehemannes oder des Gerichts, gemäß den Bestimmungen des sechsten Kapitels im Titel «Ehe», nicht gültig annehmen.

Die den Minderjährigen und den Entmündigten angefallenen Erbschaften können nur gültig angenommen werden, in Gemäßheit der Bestimmungen des Titels «Minderjährigkeit, Vormundschaft und Emanzipation».

**777.** Die Annahme wirkt zurück bis zum Tage der Eröffnung der Erbschaft.

**778.** Die Annahme kann eine ausdrückliche oder eine stillschweigende sein; sie ist eine ausdrückliche, wenn man in einer öffentlichen oder privaten Urkunde den Namen oder die Eigenschaft eines Erben annimmt; sie ist eine stillschweigende, wenn der Erbe eine Handlung vornimmt, welche seine Absicht anzunehmen notwendig voraussetzt und welche er lediglich in seiner Eigenschaft als Erbe vorzunehmen das Recht haben würde.

**779.** Rein fürsorgliche Maßregeln, solche zwecks Obhut und einstweiliger Verwaltung sind nicht Handlungen der Erbschaftantretung, wenn man dabei nicht den Namen oder die Eigenschaft eines Erben angenommen hat.

**780.** Die Schenkungen, der Verkauf oder die Uebertragung, welche einer der Miterben hinsichtlich seiner Erbrechte eingeht, sei es mit einem Fremden, sei es mit allem oder einigen seiner Miterben, enthält seinerseits die Annahme der Erbschaft.

Dasselbe gilt: 1. von dem selbst unentgeltlichen Verzichte eines Erben zu Gunsten eines oder mehrerer seiner Miterben;

2. selbst von dem Verzichte zu Gunsten aller seiner Miterben ohne Unterschied, wenn er für seinen Verzicht eine Vergütung erhält.

781. Lorsque celui à qui une succession est échue, est décédé sans l'avoir répudiée ou sans l'avoir acceptée expressément ou tacitement, ses héritiers peuvent l'accepter ou la répudier de son chef.

782. Si ces héritiers ne sont pas d'accord pour accepter ou pour répudier la succession, elle doit être acceptée sous bénéfice d'inventaire.

783. Le majeur ne peut attaquer l'acceptation expresse ou tacite qu'il a faite d'une succession, que dans le cas où cette acceptation aurait été la suite d'un dol pratiqué envers lui: il ne peut jamais réclamer sous prétexte de lésion, excepté seulement dans le cas où la succession se trouverait absorbée ou diminuée de plus de moitié, par la découverte d'un testament inconnu au moment de l'acceptation.

## SECTION II.

### De la renonciation aux successions.

784. La renonciation à une succession ne se présume pas; elle ne peut plus être faite qu'au greffe du tribunal de première instance dans l'arrondissement duquel la succession s'est ouverte, sur un registre particulier tenu à cet effet.

785. L'héritier qui renonce, est censé n'avoir jamais été héritier.

786. La part du renonçant accroît à ses cohéritiers; s'il est seul, elle est dévolue au degré subséquent.

787. On ne vient jamais par représentation d'un héritier qui a renoncé: si le renonçant est seul héritier de son degré, ou si tous ses cohéritiers renoncent, les enfants viennent de leur chef et succèdent par tête.

788. Les créanciers de celui qui renonce au préjudice de leurs droits, peuvent se faire autoriser en justice à accepter la succession du chef de leur débiteur, en son lieu et place.

Dans ce cas, la renonciation n'est annulée qu'en faveur des créanciers, et jusqu'à concurrence seulement de leurs créances: elle ne l'est pas au profit de l'héritier qui a renoncé.

789. La faculté d'accepter ou de répudier une succession se prescrit par le laps de temps requis pour la prescription la plus longue des droits immobiliers.

790. Tant que la prescription du droit d'accepter n'est pas acquise contre les héritiers qui ont renoncé, ils ont la faculté d'accepter encore la succession, si elle n'a pas été déjà acceptée par d'autres héritiers; sans préjudice néanmoins des droits qui peuvent être acquis à des tiers sur les biens de la succession, soit par prescription, soit par actes va-

781. Wenn der, welchem eine Erbschaft angefallen war, gestorben ist, ohne sie auszuschlagen oder ohne sie ausdrücklich oder stillschweigend angenommen zu haben, so können seine Erben sie auf Grund seines Rechtes annehmen oder ausschlagen.

782. Sind diese Erben über die Annahme oder die Ausschlagung der Erbschaft nicht einig, so muß sie unter der Rechtswohltat des Inventars angenommen werden.

783. Ein Großjähriger kann die ausdrücklich oder stillschweigend von ihm erfolgte Annahme einer Erbschaft nur in dem Falle anfechten, wenn diese Annahme die Folge eines gegen ihn verübten Betruges gewesen ist; er kann niemals unter Berufung auf eine Verletzung dagegen Widerspruch erheben, ausgenommen in dem einzigen Falle, daß die Erbschaft durch die Auffindung eines zur Zeit der Annahme noch unbekannten Testamentes erschöpft oder über die Hälfte vermindert würde.

## ZWEITER ABSCHNITT.

### Verzicht auf die Erbschaft.

784. Der Verzicht auf eine Erbschaft wird nicht vermutet; er kann fernerhin nur auf der Gerichtsschreiberei des Gerichts erster Instanz, in dessen Bezirk die Erbschaft eröffnet worden ist, in einem zu diesem Zwecke geführten Register erfolgen.

785. Der Erbe, welcher verzichtet, wird so angesehen, als wäre er nie Erbe gewesen.

786. Der Anteil des Verzichtenden wächst seinen Miterben an; hat er keine, so fällt der Anteil auf den nächstfolgenden Grad.

787. Man gelangt niemals zur Erbschaft mittels Vertretung eines Erben, der verzichtet hat; wenn der Verzichtende einziger Erbe in seinem Grade ist, oder wenn alle seine Miterben verzichten, so gelangen die Kinder kraft eigenen Rechtes zur Erbschaft und Erben nach Köpfen.

788. Die Gläubiger desjenigen, der zum Nachteil ihrer Rechte verzichtet hat, können sich gerichtlich ermächtigen lassen, auf Grund des Rechtes ihres Schuldners und an seiner Stelle die Erbschaft anzunehmen.

In diesem Falle wird der Verzicht nur zu Gunsten der Gläubiger und nur bis zu dem Betrage ihrer Forderungen nichtig; er wird es nicht zum Vorteil des Erben, welcher verzichtet hat.

789. Die Befugnis eine Erbschaft anzunehmen oder auszuschlagen verjährt durch den Ablauf der Zeit, welche zu der längsten Verjährung von unbeweglichen Rechten erfordert wird.

790. Solange die Verjährung des Rechtes zur Annahme gegen die Erben, welche verzichtet haben, nicht eingetreten ist, haben sie die Befugnis die Erbschaft noch anzunehmen, wenn dieselbe nicht bereits von andern Erben angenommen worden ist; davon werden jedoch diejenigen Rechte nicht berührt, welche Dritte an den Gütern der Erbschaft etwa er-

lablement faits avec le curateur à la succession vacante.

worben haben, sei es durch Verjährung, sei es durch in gültiger Weise mit dem Pfleger der ledigen Erbschaft abgeschlossenen Rechtsgeschäfte.

**791.** On ne peut, même par contrat de mariage, renoncer à la succession d'un homme vivant, ni aliéner les droits éventuels qu'on peut avoir à cette succession.

**791.** Man kann, selbst in einem Ehevertrage, weder auf die Erbschaft einer noch lebenden Person verzichten, noch die eventuellen Rechte veräußern, welche man etwa auf eine solche Erbschaft hat.

**792.** Les héritiers qui auraient diverti ou recélé des effets d'une succession, sont déchus de la faculté d'y renoncer: ils demeurent héritiers purs et simples, nonobstant leur renonciation, sans pouvoir prétendre aucune part dans les objets divertis ou recélés.

**792.** Die Erben, welche Sachen der Erbschaft entwendet oder verheimlicht haben, sind des Rechtes darauf zu verzichten verlustig; sie bleiben ungeachtet ihres Verzichtes unbedingt und schlechthin Erben, ohne einen Anteil an den entwendeten oder verheimlichten Gegenständen beanspruchen zu können.

SECTION III.

Du bénéfice d'inventaire, de ses effets, et des obligations de l'héritier bénéficiaire.

DRITTER ABSCHNITT.

Rechtswohltat des Inventars. Wirkungen derselben und Verbindlichkeiten des Benefizialerben.

**793.** La déclaration d'un héritier, qu'il entend ne prendre cette qualité que sous bénéfice d'inventaire, doit être faite au greffe du tribunal de première instance dans l'arrondissement duquel la succession s'est ouverte: elle doit être inscrite sur le registre destiné à recevoir les actes de renonciation.

**793.** Die Erklärung eines Erben, daß er diese Eigenschaft nur unter der Rechtswohltat des Inventars annehmen wolle, muß abgegeben werden auf der Gerichtsschreiberei des Gerichts erster Instanz, in dessen Bezirk die Erbschaft eröffnet ist: sie muß in das zur Aufnahme der Erbverzichte bestimmte Register eingetragen werden.

**794.** Cette déclaration n'a d'effet qu'autant qu'elle est précédée ou suivie d'un inventaire fidèle et exact des biens de la succession, dans les formes réglées par les lois sur la procédure, et dans les délais qui seront ci-après déterminés.

**794.** Diese Erklärung hat nur dann Wirkung, wenn vor oder nach derselben ein getreues und genaues Inventar über die Güter der Erbschaft in den durch die Gesetze über den Prozeß geregelten Formen und in den unten zu bestimmenden Fristen errichtet wird.

**795.** L'héritier a trois mois pour faire inventaire, à compter du jour de l'ouverture de la succession.

**795.** Der Erbe hat zur Errichtung des Inventars eine Frist von drei Monaten von dem Tage der Eröffnung der Erbschaft an gerechnet.

Il a de plus, pour délibérer sur son acceptation ou sur sa renonciation, un délai de quarante jours, qui commencent à courir du jour de l'expiration des trois mois donnés pour l'inventaire, ou du jour de la clôture de l'inventaire s'il a été terminé avant les trois mois.

Er hat ferner, um sich die Annahme oder den Verzicht zu überlegen, eine Frist von vierzig Tagen, welche zu laufen beginnen von dem Tage des Ablaufs der zur Errichtung des Inventars gestatteten drei Monate oder von dem Tage des Abschlusses des Inventars, wenn dieses vor dem Ablauf der drei Monate beendigt worden ist.

**796.** Si cependant il existe dans la succession des objets susceptibles de dépérir ou dispendieux à conserver, l'héritier peut, en sa qualité d'habile à succéder, et sans qu'on puisse en induire de sa part une acceptation, se faire autoriser par justice à procéder à la vente de ces effets.

**796.** Befinden sich indessen in dem Nachlasse Gegenstände, die dem Verderben ausgesetzt sind, oder deren Aufbewahrung kostspielig ist, so kann der Erbe in seiner Eigenschaft als Erbberechtigter und ohne daß man daraus eine Annahme von seiner Seite ableiten darf, sich gerichtlich ermächtigen lassen, zum Verkaufe dieser Sachen zu schreiten.

Cette vente doit être faite par officier public, après les affiches et publications réglées par les lois sur la procédure.

Dieser Verkauf muß durch einen öffentlichen Beamten vorgenommen werden, nachdem die durch die Prozeßgesetze vorgeschriebenen Anschläge und Bekanntmachungen vorausgegangen sind.

**797.** Pendant la durée des délais pour faire inventaire et pour délibérer, l'héritier ne peut être contraint à prendre qualité, et il ne peut être obtenu contre lui de condamnation: s'il renonce lorsque les délais sont expirés ou avant, les frais par lui faits légitimement

**797.** Während des Laufes der Frist für die Inventarerrichtung und die Ueberlegung kann der Erbe nicht genötigt werden, sich über seine Eigenschaft zu erklären, und es kann gegen ihn keine Verurteilung erwirkt werden. Verzichtet er, nachdem die Fristen

jusqu'à cette époque sont à la charge de la succession.

798. Après l'expiration des délais ci-dessus, l'héritier, en cas de poursuite dirigée contre lui, peut demander un nouveau délai, que le tribunal saisi de la contestation accorde ou refuse suivant les circonstances.

799. Les frais de poursuite, dans le cas de l'article précédent, sont à la charge de la succession, si l'héritier justifie, ou qu'il n'avait pas eu connaissance du décès, ou que les délais ont été insuffisants, soit à raison de la situation des biens, soit à raison des contestations survenues: s'il n'en justifie pas, les frais restent à sa charge personnelle.

800. L'héritier conserve néanmoins, après l'expiration des délais accordés par l'article 795, même de ceux donnés par le juge, conformément à l'article 798, la faculté de faire encore inventaire et de se porter héritier bénéficiaire, s'il n'a pas fait d'ailleurs acte d'héritier, ou s'il n'existe pas contre lui de jugement passé en force de chose jugée, qui le condamne en qualité d'héritier pur et simple.

801. L'héritier qui s'est rendu coupable de recélé, ou qui a omis, sciemment et de mauvaise foi, de comprendre dans l'inventaire des effets de la succession, est déchu du bénéfice d'inventaire.

802. L'effet du bénéfice d'inventaire est de donner à l'héritier l'avantage:

1º De n'être tenu du payement des dettes de la succession que jusqu'à concurrence de la valeur des biens qu'il a recueillis, même de pouvoir se décharger du payement des dettes en abandonnant tous les biens de la succession aux créanciers et aux légataires;

2º De ne pas confondre ses biens personnels avec ceux de la succession, et de conserver contre elle le droit de réclamer le payement de ses créances.

803. L'héritier bénéficiaire est chargé d'administrer les biens de la succession, et doit rendre compte de son administration aux créanciers et aux légataires.

Il ne peut être contraint sur ses biens personnels qu'après avoir été mis en demeure de présenter son compte, et faute d'avoir satisfait à cette obligation.

Après l'apurement du compte, il ne peut être contraint sur ses biens personnels que jusqu'à concurrence seulement des sommes dont il se trouve reliquataire.

804. Il n'est tenu que des fautes graves dans l'administration dont il est chargé.

805. Il ne peut vendre les meubles de la succession que par le ministère d'un officier

Code civil.

abgelaufen sind, oder vorher, so fallen die bis zu diesem Zeitpunkt rechtmäßig veranlaßten Kosten dem Nachlasse zur Last.

798. Nach dem Ablaufe der oben erwähnten Fristen kann der Erbe in dem Falle einer gegen ihn gerichteten Rechtsverfolgung eine neue Frist nachsuchen, welche das mit dem Rechtsstreite befaßte Gericht je nach den Umständen bewilligt oder versagt.

799. In dem Falle des vorstehenden Artikels fallen die Kosten des Verfahrens dem Nachlasse zur Last, wenn der Erbe nachweist, daß er von dem Sterbefalle keine Kenntnis gehabt hatte, oder daß die Fristen unzulänglich gewesen sind, sei es wegen der Lage der Güter oder wegen eingetretener Streitigkeiten; weist er dieses nicht nach, so bleiben ihm die Kosten persönlich zur Last.

800. Der Erbe behält jedoch nach dem Ablaufe der in dem Artikel 795 gewährten Fristen, selbst nach Ablauf derjenigen, welche ihm in Gemäßheit des Artikels 798 von dem Richter bewilligt worden sind, das Recht, noch Inventar zu errichten und als Benefizialerbe aufzutreten, sofern er übrigens keine nur einem Erben zustehende Handlung vorgenommen hat, oder kein rechtskräftiges Urteil gegen ihn vorliegt, welches ihn als unbedingten und vorbehaltslosen Erben verurteilt.

801. Ein Erbe, der sich der Unterschlagung schuldig gemacht, oder wissentlich und in bösem Glauben unterlassen hat, Nachlaßgegenstände in das Inventar aufzunehmen, ist der Rechtswohltat des Inventars verlustig.

802. Die Wirkung der Rechtswohltat des Inventars besteht darin, daß sie dem Erben den Vorteil verschafft:

1. daß er für die Zahlung der Nachlaßschulden nur bis zum Betrage des Wertes der Güter haftet, welche er erhalten hat, und daß er sich sogar von der Zahlung der Schulden ganz befreien kann, indem er den Gläubigern und Vermächtnisnehmern alle Güter des Nachlasses überläßt.

2. daß sein persönliches Vermögen nicht mit den Nachlaßgütern vereinigt wird, und daß er gegen diese das Recht behält, die Zahlung seiner Forderung zu beanspruchen.

803. Der Benefizialerbe ist verpflichtet die Nachlaßgüter zu verwalten, und er muß über seine Verwaltung den Gläubigern und Vermächtnisnehmern Rechnung legen.

Sein persönliches Vermögen kann erst herangezogen werden, wenn er in Ansehung der Rechnungslegung in Verzug gesetzt worden ist, und wenn er dieser Verpflichtung nicht Genüge geleistet hat.

Nach Abschluß der Rechnung kann sein persönliches Vermögen nur bis zu dem Betrage derjenigen Summe angegriffen werden, hinsichtlich deren er Schuldner des Nachlasses ist.

804. Er haftet bei der ihm obliegenden Verwaltung nur für grobes Verschulden.

805. Er kann die Fahrnis des Nachlasses nur durch einen öffentlichen Beamten in einer

8

public, aux enchères, et après les affiches et publications accoutumées.

S'il les représente en nature, il n'est tenu que de la dépréciation ou de la détérioration causée par sa négligence.

806. Il ne peut vendre les immeubles que dans les formes prescrites par les lois sur la procédure; il est tenu d'en déléguer le prix aux créanciers hypothécaires qui se sont fait connaître.

807. Il est tenu, si les créanciers ou autres personnes intéressées l'exigent, de donner caution bonne et solvable de la valeur du mobilier compris dans l'inventaire, et de la portion du prix des immeubles, non délégué aux créanciers hypothécaires.

Faute par lui de fournir cette caution, les meubles sont vendus, et leur prix est déposé, ainsi que la portion non déléguée du prix des immeubles, pour être employés à l'acquit des charges de la succession.

808. S'il y a des créanciers opposants, l'héritier bénéficiaire ne peut payer que dans l'ordre et de la manière réglés par le juge.

S'il n'y a pas de créanciers opposants, il paye les créanciers et les légataires à mesure qu'ils se présentent.

809. Les créanciers non opposants qui ne se présentent qu'après l'apurement du compte et le payement du reliquat. n'ont de recours à exercer que contre les légataires.

Dans l'un et l'autre cas, le recours se prescrit par le laps de trois ans, à compter du jour de l'apurement du compte et du payement du reliquat.

810. Les frais de scellés, s'il en a été apposé, d'inventaire et de compte, sont à la charge de la succession.

### SECTION IV.

#### Des successions vacantes.

811. Lorsqu'après l'expiration des délais pour faire inventaire et pour délibérer, il ne se présente personne qui réclame une succession, qu'il n'y a pas d'héritiers connus, ou que les héritiers connus y ont renoncé, cette succession est réputée vacante.

812. Le tribunal de première instance dans l'arrondissement duquel elle est ouverte, nomme un curateur sur la demande des personnes intéressées, ou sur la réquisition du procureur du Roi [*du procureur de la République*].

813. Le curateur à une succession vacante est tenu, avant tout, d'en faire constater l'état par un inventaire; il en exerce et poursuit les droits; il répond aux demandes for-

Versteigerung und nach den gewöhnlichen Anschlägen und Bekanntmachungen verkaufen lassen.

Liefert er sie in Natur zurück, so haftet er nur für die durch seine Nachlässigkeit verursachte Wertverminderung oder Verschlechterung.

806. Er kann die Liegenschaften nur in der durch die Gesetze über das Prozeßverfahren vorgeschriebenen Formen verkaufen; er ist verpflichtet, den Kaufpreis derselben den Hypothekargläubigern, die sich gemeldet haben, zu überweisen.

807. Er ist verpflichtet auf Verlangen der Gläubiger oder anderer Beteiligten, für den Wert der in dem Inventar enthaltenen Fahrnis und für den Teil des Preises der Liegenschaften, welcher den Hypothekargläubigern nicht überwiesen ist, gute und zahlungsfähige Bürgschaft zu stellen

Stellt er diese Bürgschaft nicht, so wird die Fahrnis verkauft und der Preis derselben sowie der nicht überwiesene Teil des Preises der Liegenschaften hinterlegt, um zur Tilgung der Nachlaßschulden verwendet zu werden.

808. Haben Gläubiger Einspruch eingelegt, so kann der Benefizialerbe nur nach der gerichtlich bestimmten Rangordnung und Weise zahlen.

Wurde von keinem Gläubiger Einspruch eingelegt, so bezahlt er die Gläubiger und Vermächtnisnehmer je nachdem sie sich melden.

809. Gläubiger, die keinen Einspruch eingelegt hatten, sich jedoch erst nach dem Abschlusse der Rechnung und nach der Auszahlung des Ueberschusses melden, haben nur gegen die Vermächtnisnehmer einen Rückgriff.

In dem einen und dem andern Fall verjährt der Rückgriff durch den Ablauf von drei Jahren, von dem Tage des Abschlusses der Rechnung und der Auszahlung des Ueberschusses an gerechnet.

810. Die Kosten der etwa angelegten Siegel, des Inventars und der Rechnungsablage fallen dem Nachlasse zur Last.

### VIERTER ABSCHNITT.

#### Ledige Erbschaften.

811. Wenn nach dem Ablaufe der Fristen für die Errichtung des Inventars und die Ueberlegung sich niemand meldet, welcher einen Nachlaß in Anspruch nimmt, kein bekannter Erbe vorhanden ist, oder die bekannten Erben verzichtet haben, so wird diese Erbschaft als ledig betrachtet.

812. Das Gericht erster Instanz, in dessen Bezirk sie eröffnet ist, ernennt auf Antrag der Beteiligten oder des Prokurators des Königs [*des Prokurators der Republik*] einen Pfleger.

813. Der Pfleger einer ledigen Erbschaft ist vor allen Dingen verpflichtet, den Bestand derselben durch ein Inventar feststellen zu lassen: er übt die Rechte derselben aus und

mées contre elle; il administre, sous la charge de faire verser le numéraire qui se trouve dans la succession, ainsi que les deniers provenant du prix des meubles ou immeubles vendus, dans la caisse du receveur de la Régie royale [*nationale*], pour la conservation des droits, et à la charge de rendre compte à qui il appartiendra.

814. Les dispositions de la section 3 du présent chapitre, sur les formes de l'inventaire, sur le mode d'administration et sur les comptes à rendre de la part de l'héritier bénéficiaire, sont, au surplus, communes aux curateurs à successions vacantes.

## CHAPITRE VI.

### Du partage et des rapports.

#### SECTION PREMIÈRE.

##### De l'action en partage et de sa forme.

815. Nul ne peut être contraint à demeurer dans l'indivision; et le partage peut être toujours provoqué, nonobstant prohibitions et conventions contraires.

On peut cependant convenir de suspendre le partage pendant un temps limité: cette convention ne peut être obligatoire au delà de cinq ans; mais elle peut être renouvelée.

816. Le partage peut être demandé, même quand l'un des cohéritiers aurait joui séparément de partie des biens de la succession, s'il n'y a eu un acte de partage, ou possession suffisante pour acquérir la prescription.

817. L'action en partage, à l'égard des cohéritiers mineurs ou interdits, peut être exercée par leurs tuteurs, spécialement autorisés par un conseil de famille.

A l'égard des cohéritiers absents, l'action appartient aux parents envoyés en possession.

818. Le mari peut, sans le concours de sa femme, provoquer le partage des objets meubles ou immeubles à elle échus qui tombent dans la communauté: à l'égard des objets qui ne tombent pas en communauté, le mari ne peut en provoquer le partage sans le concours de sa femme; il peut seulement, s'il a le droit de jouir de ses biens, demander un partage provisionnel.

Les cohéritiers de la femme ne peuvent provoquer le partage définitif qu'en mettant en cause le mari et la femme.

819. Si tous les héritiers sont présents et majeurs, l'apposition de scellés sur les effets de la succession n'est pas nécessaire, et le partage peut être fait dans la forme et par tel acte que les parties intéressées jugent convenable.

---

macht sie vor Gericht geltend; er beantwortet die gegen sie angestrengten Klagen; er führt die Verwaltung unter der Verpflichtung, die in dem Nachlasse befindliche Barschaft sowie die von dem Verkaufe der Fahrnis oder der Liegenschaften herrührenden Gelder in die Kasse der Einnehmer der königlichen [*nationalen*] Regie einzuzahlen, zur Sicherung der Rechte der Beteiligten und unter der Verpflichtung jedem, den es angeht, Rechnung zu legen.

814. Die Bestimmungen des Abschnittes 3 dieses Kapitels über die Formen des Inventars, die Art der Verwaltung, und über die seitens des Benefizialerben zu legenden Rechnungen sind überdies auf den Pfleger einer ledigen Erbschaft gleichfalls anwendbar.

## SECHSTES KAPITEL.

### Teilung und Rückbringen.

#### ERSTER ABSCHNITT.

##### Teilungsklage und ihre Form.

815. Niemand kann gezwungen werden in ungeteilter Gemeinschaft zu bleiben, und es kann jederzeit auf Teilung angetragen werden, ungeachtet aller entgegenstehenden Verbote und Vereinbarungen.

Man kann indessen vereinbaren die Teilung auf bestimmte Zeit auszusetzen; diese Vereinbarung ist nicht über fünf Jahre hinaus verbindlich; sie kann jedoch erneuert werden.

816. Die Teilung kann selbst dann verlangt werden, wenn einer der Miterben einen Teil der Nachlaßgüter abgesondert in Genuß gehabt hat, sofern nicht eine Teilung stattgefunden hat, oder ein zur erwerbenden Verjährung hinreichender Besitz vorhanden ist.

817. Die Teilungsklage kann in Ansehung minderjähriger oder entmündigter Miterben von ihren Vormündern angestrengt werden, nachdem sie hierzu durch einen Familienrat besonders ermächtigt sind.

In Ansehung der abwesenden Miterben steht die Klage den in den Besitz eingewiesenen Verwandten zu.

818. Der Mann kann ohne Mitwirkung seiner Frau auf Teilung der ihr angefallenen beweglichen oder unbeweglichen Sachen antragen, welche in die Gütergemeinschaft fallen. In Ansehung der Sachen, welche nicht in die Gütergemeinschaft fallen, kann der Mann ohne Mitwirkung seiner Frau auf Teilung nicht antragen; er kann nur, wenn ihm der Genuß an ihren Gütern zusteht, eine einstweilige Teilung verlangen.

Die Miterben der Frau können auf eine endgültige Teilung nicht anders antragen, als indem sie den Mann und die Frau in den Prozeß ziehen.

819. Sind alle Erben gegenwärtig und großjährig, so ist die Anlegung der Siegel an den Nachlaß nicht notwendig, und es kann die Teilung in der Form und Weise erfolgen, wie es die Beteiligten für angemessen erachten.

Si tous les héritiers ne sont pas présents, s'il y a parmi eux des mineurs ou des interdits, le scellé doit être apposé dans le plus bref délai, soit à la requête des héritiers, soit à la diligence du procureur du Roi [*du procureur de la République*] près le tribunal de première instance, soit d'office par le juge de paix dans l'arrondissement duquel la succession est ouverte.

820. Les créanciers peuvent aussi requérir l'apposition des scellés, en vertu d'un titre exécutoire ou d'une permission du juge.

821. Lorsque le scellé a été apposé, tous créanciers peuvent y former opposition, encore qu'ils n'aient ni titre exécutoire ni permission du juge.

Les formalités pour la levée des scellés et la confection de l'inventaire, sont réglées par les lois sur la procédure.

822. L'action en partage, et les contestations qui s'élèvent dans le cours des opérations, sont soumises au tribunal du lieu de l'ouverture de la succession.

C'est devant ce tribunal qu'il est procédé aux licitations, et que doivent être portées les demandes relatives à la garantie des lots entre copartageants et celles en rescision du partage.

823. Si l'un des cohéritiers refuse de consentir au partage, ou s'il s'élève des contestations soit sur le mode d'y procéder, soit sur la manière de le terminer, le tribunal prononce comme en matière sommaire, ou commet, s'il y a lieu, pour les opérations de partage, un des juges, sur le rapport duquel il décide les contestations.

824. L'estimation des immeubles est faite par experts choisis par les parties intéressées, ou, à leur refus, nommés d'office.

Le procès-verbal des experts doit présenter les bases de l'estimation; il doit indiquer si l'objet estimé peut être commodément partagé; de quelle manière; fixer enfin, en cas de division, chacune des parts qu'on peut en former, et leur valeur.

825. L'estimation des meubles, s'il n'y a pas eu de prisée faite dans un inventaire régulier, doit être faite par gens à ce conaissant, à juste prix et sans crue.

826. Chacun des cohéritiers peut demander sa part en nature des meubles et immeubles de la succession: néanmoins, s'il y a des créanciers saisissants ou opposants, ou si la majorité des cohéritiers juge la vente nécessaire pour l'acquit des dettes et charges de la succession, les meubles sont vendus publiquement en la forme ordinaire.

827. Si les immeubles ne peuvent pas se partager commodément, il doit être procédé à la vente par licitation devant le tribunal.

Sind nicht alle Erben gegenwärtig, sind unter ihnen Minderjährige oder Entmündigte, so müssen die Siegel in kürzester Frist angelegt werden, sei es auf Anstehen der Erben oder auf Betreiben des Prokurators des Königs [*des Prokurators der Republik*] bei dem Gerichte erster Instanz, oder von Amtswegen von dem Friedensrichter, in dessen Bezirk die Erbschaft eröffnet ist.

820. Die Gläubiger können ebenfalls auf Grund einer vollstreckbaren Urkunde oder einer gerichtlichen Erlaubnis die Anlegung der Siegel beantragen.

821. Sind die Siegel angelegt worden, so können alle Gläubiger Einspruch erheben, auch wenn sie weder eine vollstreckbare Urkunde noch gerichtliche Erlaubnis haben.

Die Förmlichkeiten, welche bei der Abnahme der Siegel und die Errichtung des Inventars zu beobachten sind, werden durch die Prozeßgesetze geregelt.

822. Die Teilungsklage und die Streitigkeiten, welche sich im Laufe der Verhandlungen ergehen, gehören vor das Gericht des Ortes, wo die Erbschaft eröffnet worden ist.

Vor diesem Gerichte wird auch zu den Versteigerungen geschritten, und werden vor dasselbe die Klagen auf Gewährleistung für die Loose unter den Teilenden sowie diejenige auf Anfechtung der Teilung gebracht.

823. Weigert sich einer der Miterben in die Teilung einzuwilligen, oder erheben sich Streitigkeiten über die Weise, wie dieselbe vorzunehmen, oder über die Art, wie dieselbe zu beendigen sei, so erkennt das Gericht wie in summarischen Sachen oder beauftragt gegebenen Falls für die Teilungsverhandlungen einen der Richter, auf dessen Bericht es die Streitigkeit entscheidet.

824. Die Schätzung der Liegenschaften erfolgt durch Sachverständige, welche von den Beteiligten gewählt, oder, bei deren Weigerung, von Amtswegen ernannt werden.

Das Protokoll der Sachverständigen muß die Grundlagen der Schätzung enthalten; es muß angeben, ob der geschätzte Gegenstand sich reinlich teilen läßt und auf welche Weise; es muß endlich im Falle der Teilbarkeit jeden der Teile, welche sich aus demselben bilden und deren Wert bestimmen.

825. Die Schätzung der Fahrnis muß, wenn über dieselbe nicht ein Preisanschlag in einem ordnungsmäßigen Inventar stattgefunden hat, durch sachkundige Leute nach ihrem wahren Werte ohne Zuschlag erfolgen.

826. Jeder Miterbe kann seinen Anteil an Fahrnis und Liegenschaft des Nachlasses in Natur verlangen; sind jedoch Gläubiger vorhanden, welche gepfändet haben oder Einspruch erhoben haben, oder hält die Mehrheit der Miterben den Verkauf für nötig, um die Schulden und Lasten des Nachlasses zu tilgen, so wird die Fahrnis öffentlich in der gewöhnlichen Form verkauft.

827. Lassen sich die Liegenschaften nicht reinlich teilen, so muß vor dem Gerichte zu ihrer Teilungssteigerung geschritten werden.

Cependant les parties, si elles sont toutes majeures, peuvent consentir que la licitation soit faite devant un notaire, sur le choix duquel elles s'accordent.

828. Après que les meubles et immeubles ont été estimés et vendus, s'il y a lieu, le juge-commissaire renvoie les parties devant un notaire dont elles conviennent, ou nommé d'office, si les parties ne s'accordent pas sur le choix.

On procède, devant cet officier, aux comptes que les copartageants peuvent se devoir, à la formation de la masse générale, à la composition des lots, et aux fournissements à faire à chacun des copartageants.

829. Chaque cohéritier fait rapport à la masse, suivant les règles qui seront ci-après établies, des dons qui lui ont été faits, et des sommes dont il est débiteur.

830. Si le rapport n'est pas fait en nature, les cohéritiers à qui il est dû, prélèvent une portion égale sur la masse de la succession.

Les prélèvements se font, autant que possible, en objets de même nature, qualité et bonté que les objets non rapportés en nature.

831. Après ces prélèvements, il est procédé, sur ce qui reste dans la masse, à la composition d'autant de lots égaux qu'il y a d'héritiers copartageants, ou de souches copartageantes.

832. Dans la formation et composition des lots, on doit éviter, autant que possible, de morceler les héritages et de diviser les exploitations; et il convient de faire entrer dans chaque lot, s'il se peut, la même quantité de meubles, d'immeubles, de droits ou de créances de même nature et valeur.

833. L'inégalité des lots en nature se compense par un retour, soit en rente, soit en argent.

834. Les lots sont faits par l'un des cohéritiers, s'ils peuvent convenir entre eux sur le choix, et si celui qu'ils avaient choisi accepte la commission: dans le cas contraire, les lots sont faits par un expert que le juge-commissaire désigne.

Ils sont ensuite tirés au sort.

835. Avant de procéder au tirage des lots, chaque copartageant est admis à proposer ses réclamations contre leur formation.

836. Les règles établies pour la division des masses à partager, sont également observées dans la subdivision à faire entre les souches copartageantes.

837. Si, dans les opérations renvoyées devant un notaire, il s'élève des contestations, le notaire dressera procès-verbal des difficultés et des dires respectifs des parties, les renverra devant le commissaire nommé pour

Jedoch können die Parteien, wenn sie alle großjährig sind, dahin übereinkommen, daß die Versteigerung vor einem Notar geschehe, über dessen Wahl sie sich einigen.

828. Nachdem die Fahrnis und die Liegenschaften geschätzt und gegebenenfalls verkauft sind, verweist der beauftragte Richter die Parteien vor einen Notar, der von ihnen gewählt, oder, wenn sie sich über die Wahl nicht einigen, von Amtswegen ernannt wird.

Vor diesem Beamten schreitet man zur Rechnungslegung, zu welcher die Teilenden einander etwa verbunden sind, zur Bildung der Gesamtmasse, zur Zusammensetzung der Loose und zur Festsetzung der an einen jeden der Teilenden zu zahlenden Ergänzungen.

829. Jeder Miterbe bringt, nach den unten aufgestellten Regeln, in die Masse die Geschenke zurück, welche er erhalten hat, sowie die Summen, welche er schuldig ist.

830. Geschieht das Rückbringen nicht in Natur, so nehmen die Miterben, welchen dasselbe geschuldet wird, einen gleichen Teil aus der Erbschaftsmasse vorweg.

Die Vorwegnahmen geschehen womöglich in Gegenständen derselben Art, Beschaffenheit und Güte, als diejenigen sind, deren Rückbringen nicht in Natur erfolgt.

831. Nach diesen Vorwegnahmen werden aus der noch übrigen Masse so viel gleiche Loose gebildet als teilende Erben oder teilende Stämme vorhanden sind.

832. Bei der Bildung und der Zusammensetzung der Loose muß man womöglich die Zerstückelung der Grundstücke und die Trennung der Bewirtschaftung vermeiden, und es ist angebracht, in jedes Loos womöglich eine gleiche Menge an Fahrnis, Liegenschaften, Rechten oder an Forderungen derselben Art und von gleichem Werte hinein zu bringen.

833. Die Ungleichheit der Loose in Natur wird durch eine Herausgabe in Renten oder in Geld ausgeglichen.

834. Die Loose werden von einem Miterben gebildet, wenn sie sich unter einander über die Wahl einigen können und der Gewählte den Auftrag annimmt; andernfalls werden die Loose von einem durch den beauftragten Richter bezeichneten Sachverständigen gebildet.

Hierauf werden sie ausgelost.

835. Ehe zur Ziehung der Lose geschritten wird, ist jeder Teilende befugt, seine Einwendungen gegen die Bildung derselben vorzubringen.

836. Die für die Teilung der Nachlaßmasse aufgestellten Regeln sind auch bei der weiteren Teilung zu beobachten, welche innerhalb der teilenden Stämme vorgenommen wird.

837. Wenn sich bei den vor einen Notar verwiesenen Verhandlungen Streitigkeiten erheben, so hat der Notar über die strittigen Punkte und die darauf bezüglichen Erklärungen der Beteiligten ein Protokoll aufzunehmen und

le partage; et, au surplus, il sera procédé suivant les formes prescrites par les lois sur la procédure.

838. Si tous les cohéritiers ne sont pas présents, ou s'il y a parmi eux des interdits, ou des mineurs, même émancipés, le partage doit être fait en justice, conformément aux règles prescrites par les articles 819 et suivants, jusques et compris l'article précédent. S'il y a plusieurs mineurs qui aient des intérêts opposés dans le partage, il doit leur être donné à chacun un tuteur spécial et particulier.

839. S'il y a lieu à licitation, dans le cas du précédent article, elle ne peut être faite qu'en justice avec les formalités prescrites pour l'aliénation des biens des mineurs. Les étrangers y sont toujours admis.

840. Les partages faits conformément aux règles ci-dessus prescrites, soit par les tuteurs, avec l'autorisation d'un conseil de famille soit par les mineurs émancipés, assistés de leurs curateurs, soit au nom des absents ou non présents, sont définitifs: ils ne sont que provisionnels, si les règles prescrites n'ont pas été observées.

841. Toute personne, même parente du défunt, qui n'est pas successible, et à laquelle un cohéritier aurait cédé son droit à la succession, peut être écartée du partage, soit par tous les cohéritiers, soit par un seul, en lui remboursant le prix de la cession.

842. Après le partage, remise doit être faite à chacun des copartageants, des titres particuliers aux objets qui lui seront échus.

Les titres d'une propriété divisée restent à celui qui a la plus grande part, à la charge d'en aider ceux de ses copartageants qui y auront intérêt, quand il en sera requis.

Les titres communs à toute l'hérédité seront remis à celui que tous les héritiers ont choisi pour en être le dépositaire, à la charge d'en aider les copartageants, à toute réquisition. S'il y a difficulté sur ce choix, il est réglé par le juge.

### SECTION II.

#### Des rapports.

843. Tout héritier, même bénéficiaire, venant à une succession, doit rapporter à ses cohéritiers tout ce qu'il a reçu du défunt, par donations entre vifs, directement ou indirectement: il ne peut retenir les dons à lui faits par le défunt, à moins qu'ils ne lui aient été

dieselben vor den für die Teilung beauftragten Richter zu verweisen; im übrigen ist nach den in den Prozeßgesetzen vorgeschriebenen Formen zu verfahren.

838. Sind nicht alle Miterben gegenwärtig, oder befinden sich unter ihnen Entmündigte oder Minderjährige, selbst emanzipierte, so muß die Teilung nach Maßgabe der in dem Art. 819 und den folgenden bis zu dem vorstehenden Artikel einschließlich aufgestellten Regeln gerichtlich erfolgen. Sind mehrere Minderjährige vorhanden, die bei der Teilung ein widerstreitendes Interesse haben, so muß einem jeden derselben hierzu ein eigener und besonderer Vormund bestellt werden.

839. Hat in dem Falle des vorstehenden Artikels eine Versteigerung stattzufinden, so kann dieselbe nur gerichtlich unter Beobachtung der zur Veräußerung der Güter der Minderjährigen vorgeschriebenen Förmlichkeiten erfolgen. Fremde werden dabei stets zugelassen.

840. Eine Teilung, welche den oben vorgeschriebenen Regeln gemäß entweder von Vormündern mit Ermächtigung eines Familienrates oder von emanzipierten Minderjährigen unter dem Beistande ihrer Pfleger oder im Namen von Abwesenden oder nicht Gegenwärtigen erfolgt ist, ist eine endgültige; sie ist nur eine einstweilige, wenn die vorgeschriebenen Regeln nicht beobachtet worden sind.

841. Jeder nicht Erbfolgeberechtigte, welchem ein Miterbe sein Recht auf die Erbschaft übertragen hat, kann, selbst wenn er ein Verwandter des Erblassers ist, von sämtlichen Miterben oder von einem derselben gegen Ersatz des Preises der Uebertragung von der Teilung ausgeschlossen werden.

842. Nach der Teilung müssen jedem Teilenden die Urkunden ausgeliefert werden, welche sich auf die ihm zugefallenen Gegenstände besonders beziehen.

Die Urkunden über ein geteiltes Eigentum verbleiben in den Händen desjenigen, welcher den größten Teil hat, unter der Verpflichtung, denjenigen der Teilenden, die daran ein Interesse haben, damit auszuhelfen, so oft es von ihm verlangt wird.

Die Urkunden, welche sich auf den ganzen Nachlaß beziehen, werden demjenigen übergeben, den alle zum Verwalter derselben gewählt haben, unter der Verpflichtung den übrigen Teilenden auf jedesmaliges Verlangen damit auszuhelfen.

Erheben sich Schwierigkeiten über diese Wahl, so werden sie gerichtlich geregelt.

### ZWEITER ABSCHNITT.

#### Rückbringen.

843. Jeder Erbe, selbst ein Benefizialerbe, der zu einer Erbschaft gelangt, ist seinen Miterben gegenüber zum Rückbringen alles desjenigen verpflichtet, was er von dem Erblasser durch Schenkung unter Lebenden unmittelbar oder mittelbar erhalten hat. Er kann

faits expressément par préciput et hors part, ou avec dispense du rapport.

Les legs faits à un héritier sont réputés faits par préciput et hors part, à moins que le testateur n'ait exprimé la volonté contraire, auquel cas le légataire ne peut réclamer son legs qu'en moins prenant.

844. Les dons faits par préciput ou avec dispense de rapport ne peuvent être retenus ni les legs réclamés par l'héritier venant à partage que jusqu'à concurrence de la quotité disponible: l'excédent est sujet à rapport.

845. L'héritier qui renonce à la succession, peut cependant retenir le don entre vifs, ou réclamer le legs à lui fait, jusqu'à concurrence de la portion disponible.

846. Le donataire qui n'était pas héritier présomptif lors de la donation, mais qui se trouve successible au jour de l'ouverture de la succession, doit également le rapport, à moins que le donateur ne l'en ait dispensé.

847. Les dons et legs faits au fils de celui qui se trouve successible à l'époque de l'ouverture de la succession, sont toujours réputés faits avec dispense du rapport.

Le père venant à la succession du donateur, n'est pas tenu de les rapporter.

848. Pareillement, le fils venant de son chef à la succession du donateur, n'est pas tenu de rapporter le don fait à son père, même quand il aurait accepté la succession de celui-ci: mais si le fils ne vient que par représentation, il doit rapporter ce qui avait été donné à son père, même dans le cas où il aurait répudié sa succession.

849. Les dons et legs faits au conjoint d'un époux successible, sont réputés faits avec dispense du rapport.

Si les dons et legs sont faits conjointement à deux époux, dont l'un seulement est successible, celui-ci en rapporte la moitié; si les dons sont faits à l'époux successible, il les rapporte en entier.

850. Le rapport ne se fait qu'à la succession du donateur.

851. Le rapport est dû de ce qui a été employé pour l'établissement d'un des cohéritiers, ou pour le payement de ses dettes.

852. Les frais de nourriture, d'entretien, d'éducation, d'apprentissage, les frais ordinaires d'équipement, ceux de noces et présents d'usage, ne doivent pas être rapportés.

weder die Geschenke behalten noch die Vermächtnisse in Anspruch nehmen, welche der Verstorbene ihm zugewendet hat, es sei denn, daß die Geschenke oder Vermächtnisse ihm ausdrücklich als Vorempfang und außer Erbteil, oder mit Befreiung von dem Rückbringen zugewendet worden sind.

Die einem Erben gemachten Vermächtnisse sind als Vorempfang und außer Erbteil anzusehen, wenn nicht der Erblasser gegenteiligen Willen bekundet hat, in welchem Falle der Legatar sein Vermächtnis nur als Minderempfang beanspruchen kann.

844. Die als Vorempfang oder mit Befreiung vom Rückbringen gemachten Geschenke und Vermächtnisse kann der Erbe, welcher zur Teilung kommt nur bis zum Betrage des verfügbaren Vermögensteils behalten, der Mehrbetrag unterliegt dem Rückbringen.

845. Der Erbe, welcher auf die Erbschaft verzichtet, kann jedoch bis zum Betrage des verfügbaren Vermögensteils die Schenkung unter Lebenden behalten, sowie das ihm hinterlassene Vermächtnis in Anspruch nehmen.

846. Der Beschenkte, welcher zur Zeit der Schenkung nicht vermutlicher Erbe war, aber am Tage der Erbschaft erbberechtigt ist, ist ebenfalls zum Rückbringen verpflichtet, sofern der Schenker ihn nicht davon befreit hat.

847. Die Geschenke und Vermächtnisse an den Sohn desjenigen, der zur Zeit der Eröffnung der Erbschaft erbberechtigt ist, gelten stets als unter Befreiung von dem Rückbringen gegeben.

Der Vater, der zur Erbschaft des Schenkers gelangt, ist nicht verpflichtet sie zurückzubringen.

848. Auf gleiche Weise ist der Sohn, welcher kraft eigenen Rechts zur Erbschaft des Schenkers gelangt, nicht verpflichtet, das seinem Vater gemachte Geschenk zurückzubringen, selbst wenn er die Erbschaft dieses letzteren angenommen hat; gelangt aber der Sohn nur durch Erbvertretung zur Erbschaft, so muß er alles, was seinem Vater geschenkt worden ist, zurückbringen, selbst im Falle er dessen Erbschaft ausgeschlagen hat.

849. Schenkungen und Vermächtnisse an den Ehegatten eines Erbberechtigten gelten als unter Befreiung vom Rückbringen erfolgt.

Sind Schenkungen und Vermächtnisse an zwei Ehegatten, von denen nur der eine erbberechtigt ist, gemacht, so bringt dieser letztere die Hälfte derselben zurück; sind die Schenkungen an den erbberechtigten Ehegatten gemacht, so bringt er sie ganz zurück.

850. Das Rückbringen erfolgt nur zur Erbschaft des Schenkers.

851. Dem Rückbringen ist unterworfen, was zur Einrichtung eines der Miterben oder zur Bezahlung seiner Schulden verwendet worden ist.

852. Die Kosten der Ernährung, des Unterhalts, der Erziehung, der Lehre, die gewöhnlichen Kosten der militärischen Ausrüstung, die der Hochzeit und übliche Geschenke brauchen nicht zurückgebracht zu werden.

**853.** Il en est de même des profits que l'héritier a pu retirer de conventions passées avec le défunt, si ces conventions ne présentaient aucun avantage indirect, lorsqu'elles ont été faites.

**854.** Pareillement, il n'est pas dû de rapport pour les associations faites sans fraude entre le défunt et l'un de ses héritiers, lorsque les conditions en ont été réglées par un acte authentique.

**855.** L'immeuble qui a péri par cas fortuit et sans la faute du donataire, n'est pas sujet à rapport.

**856.** Les fruits et les intérêts des choses sujettes à rapport ne sont dus qu'à compter du jour de l'ouverture de la succession.

**857.** Le rapport n'est dû que par le cohéritier à son cohéritier; il n'est pas dû aux légataires ni aux créanciers de la succession.

**858.** Le rapport se fait en nature ou en moins prenant.

**859.** Il peut être exigé en nature, à l'égard des immeubles, toutes les fois que l'immeuble donné n'a pas été aliéné par le donataire, et qu'il n'y a pas, dans la succession, d'immeubles de même nature, valeur et bonté, dont on puisse former des lots à peu près égaux pour les autres cohéritiers.

**860.** Le rapport n'a lieu qu'en moins prenant, quand le donataire a aliéné l'immeuble avant l'ouverture de la succession; il est dû de la valeur de l'immeuble à l'époque de l'ouverture.

**861.** Dans tous les cas, il doit être tenu compte au donataire, des impenses qui ont amélioré la chose, eu égard à ce dont sa valeur se trouve augmentée au temps du partage.

**862.** Il doit être pareillement tenu compte au donataire, des impenses nécessaires qu'il a faites pour la conservation de la chose, encore qu'elles n'aient point amélioré le fonds.

**863.** Le donataire, de son côté, doit tenir compte des dégradations et détériorations qui ont diminué la valeur de l'immeuble, par son fait ou par sa faute et négligence.

**864.** Dans le cas où l'immeuble a été aliéné par le donataire, les améliorations ou dégradations faites par l'acquéreur doivent être imputées comformément aux trois articles précédents.

**853.** Dasselbe gilt von dem Gewinn, welchen der Erbe etwa aus mit dem Erblasser abgeschlossenen Verträgen gezogen hat, wenn diese Verträge zu der Zeit ihrer Eingehung nicht eine mittelbare Begünstigung enthielten.

**854.** Ebenso ist das Rückbringen nicht geschuldet für die zwischen dem Erblasser und einem seiner Erben ohne Betrug abgeschlossenen Gesellschaftsverträge, wenn die Bedingungen derselben in einer öffentlichen Urkunde festgesetzt worden sind.

**855.** Eine Liegenschaft, welche durch Zufall und ohne Verschulden des Beschenkten zu Grunde gegangen ist, unterliegt dem Rückbringen nicht.

**856.** Früchte und Zinsen der dem Rückbringen unterliegenden Sachen werden erst von dem Tage der Eröffnung der Erbschaft an geschuldet.

**857.** Das Rückbringen wird nur seitens des einen Miterben gegenüber dem andern Miterben geschuldet; es wird weder den Vermächtnisnehmern noch den Erbschaftsgläubigern geschuldet.

**858.** Das Rückbringen geschieht entweder in Natur oder durch Minderempfang.

**859.** Es kann in Ansehung von Liegenschaften stets in Natur gefordert werden, wenn die geschenkte Liegenschaft von dem Beschenkten nicht veräußert worden ist, und sich in der Erbschaft nicht Liegenschaften derselben Art und Güte und gleichem Werte befinden, aus welchen man annähernd gleiche Lose für die übrigen Miterben bilden könnte.

**860.** Das Rückbringen erfolgt nur durch Minderempfang, wenn der Beschenkte die Liegenschaft vor Eröffnung der Erbschaft veräussert hat; es wird nach dem Werte der Liegenschaft zur Zeit der Eröffnung der Erbschaft geschuldet.

**861.** In allen Fällen müssen dem Beschenkten die Verwendungen angerechnet werden, durch welche die Sache verbessert worden ist, und zwar in dem Betrage, um welchen der Wert derselben zur Zeit der Teilung sich erhöht hat.

**862.** Es müssen dem Beschenkten ferner die notwendigen Verwendungen angerechnet werden, welche er zur Erhaltung der Sache gemacht hat, auch wenn das Grundstück dadurch nicht verbessert worden ist.

**863.** Der Beschenkte muß sich seinerseits die Beschädigungen und Verschlechterungen anrechnen lassen, welche durch seine Handlung oder sein Verschulden oder seine Nachlässigkeit den Wert der Liegenschaft vermindert haben.

**864.** Falls die Liegenschaft von dem Beschenkten veräußert worden ist, müssen die von dem Erwerber geschehenen Verbesserungen oder Verschlechterungen nach Maßgabe der drei vorhergehenden Artikel angerechnet werden.

865. Lorsque le rapport se fait en nature, les biens se réunissent à la masse de la succession, francs et quittes de toutes charges créées par le donataire; mais les créanciers ayant hypothèque peuvent intervenir au partage, pour s'opposer à ce que le rapport se fasse en fraude de leurs droits.

866. Lorsque le don d'un immeuble fait à un successible avec dispense du rapport excède la portion disponible, le rapport de l'excédent se fait en nature, si le retranchement de cet excédent peut s'opérer commodément.

Dans le cas contraire, si l'excédent est de plus de moitié de la valeur de l'immeuble le donataire doit rapporter l'immeuble en totalité, sauf à prélever sur la masse la valeur de la portion disponible: si cette portion excède la moitié de la valeur de l'immeuble, le donataire peut retenir l'immeuble en totalité, sauf à moins prendre, et à récompenser ses cohéritiers en argent ou autrement.

867. Le cohéritier qui fait le rapport en nature d'un immeuble, peut en retenir la possession jusqu'au remboursement effectif des sommes qui lui sont dues pour impenses ou améliorations.

868. Le rapport du mobilier ne se fait qu'en moins prenant. Il se fait sur le pied de la valeur du mobilier lors de la donation, d'après l'état estimatif annexé à l'acte: et, à défaut de cet état, d'après une estimation par experts, à juste prix et sans crue.

869. Le rapport de l'argent donné se fait en moins prenant dans le numéraire de la succession.

En cas d'insuffisance, le donataire peut se dispenser de rapporter du numéraire' en abandonnant, jusqu'à due concurrence, du mobilier, et à défaut de mobilier, des immeubles de la succession.

SECTION III.

Du payement des dettes.

870. Les cohéritiers contribuent entre eux au payement des dettes et charges de la succession, chacun dans la proportion de ce qu'il y prend.

871. Le légataire à titre universel contribue avec les héritiers, au prorata de son émolument; mais le légataire particulier n'est pas tenu des dettes et charges, sauf toutefois l'action hypothécaire sur l'immeuble légué.

872. Lorsque des immeubles d'une succession sont grevés de rentes par hypothèque spéciale, chacun des cohéritiers peut exiger

865. Erfolgt das Rückbringen in Natur, so werden die Güter, frei von allen Lasten, mit welchen sie der Beschenkte beschwert hat, mit der Erbmasse vereinigt; doch können die Hypothekargläubiger bei der Teilung intervenieren, um Einspruch dagegen zu erheben, daß das Rückbringen zur Beeinträchtigung ihrer Rechte geschehe.

866. Wenn die an einen Erbberechtigten mit Befreiung von Rückbringen gemachte Schenkung einer Liegenschaft den verfügbaren Vermögensteil überschreitet, so wird der Ueberschuß in Natur zurückgebracht, wenn die Trennung dieses Ueberschusses reinlich geschehen kann.

Andernfalls muß der Beschenkte, wenn der Ueberschuß größer ist als der halbe Wert der Liegenschaft, die ganze Liegenschaft zurückbringen, vorbehaltlich des Rechtes, den Wert des verfügbaren Vermögensteils aus der Masse vorwegzunehmen. Wenn dieser Vermögensteil größer ist als der halbe Wert der Liegenschaft, so kann der Beschenkte die Liegenschaft ganz behalten, vorbehaltlich des Minderempfangs und der Entschädigung an seine Miterben in Geld oder auf andere Weise.

867. Der Miterbe, welcher eine Liegenschaft in Natur zurückbringt, kann den Besitz derselben bis zur baaren Auszahlung der Summen zurückhalten, welche ihm für Verwendungen oder Verbesserungen geschuldet sind.

868. Das Rückbringen von fahrender Habe erfolgt nur durch Minderempfang. Es erfolgt nach Maßgabe des Wertes der fahrenden Habe zur Zeit der Schenkung nach dem der Urkunde beigefügten Schätzungsverzeichnis, und in Ermangelung eines solchen Verzeichnisses nach einer von Sachverständigen nach dem wahren Werte und ohne Zuschlag vorgenommenen Schätzung.

869. Das Rückbringen von geschenktem Gelde erfolgt durch Minderempfang aus den Barschaften des Nachlasses.

Im Falle der Unzulänglichkeit kann der Beschenkte sich von dem Rückbringen dadurch befreien, daß er sein Anrecht auf fahrende Habe oder in Ermangelung solcher auf Liegenschaften der Erbschaft bis zur Höhe des geschuldeten Betrags aufgibt.

DRITTER ABSCHNITT.

Zahlung der Schulden.

870. Die Miterben tragen untereinander jeder nach Verhältnis dessen, was er empfängt, zur Zahlung der Schulden und Lasten des Nachlasses bei.

871. Der Erbteilnehmer trägt mit den Erben nach dem Verhältnisse seines Vorteils bei; der Sondervermächtnisnehmer dagegen haftet nicht für die Schulden und Lasten, jedoch vorbehaltlich der hypothekarischen Klage bezüglich der vermachten Liegenschaft.

872. Sind Liegenschaften eines Nachlasses mittels besonderer Hypothek mit Renten belastet, so kann jeder Miterbe verlangen, daß

que les rentes soient remboursées et les immeubles rendus libres avant qu'il soit procédé à la formation des lots. Si les cohéritiers partagent la succession dans l'état où elle se trouve, l'immeuble grevé doit être estimé au même taux que les autres immeubles; il est fait déduction du capital de la rente sur le prix total; l'héritier dans le lot duquel tombe cet immeuble, demeure seul chargé du service de la rente, et il doit en garantir ses cohéritiers.

**873.** Les héritiers sont tenus des dettes et charges de la succession, personnellement pour leur part et portion virile, et hypothécairement pour le tout; sauf leur recours, soit contre leurs cohéritiers, soit contre les légataires universels, à raison de la part pour laquelle ils doivent y contribuer.

**874.** Le légataire particulier qui a acquitté la dette dont l'immeuble légué était grevé, demeure subrogé aux droits du créancier contre les héritiers et successeurs à titre universel.

**875.** Le cohéritier ou successeur à titre universel, qui, par l'effet de l'hypothèque, a payé au delà de sa part de la dette commune, n'a de recours contre les autres cohéritiers ou successeurs à titre universel, que pour la part que chacun d'eux doit personnellement en supporter, même dans le cas où le cohéritier qui a payé la dette se serait fait subroger aux droits des créanciers; sans préjudice néanmoins des droits d'un cohéritier qui, par l'effet du bénéfice d'inventaire, aurait conservé la faculté de réclamer le payement de sa créance personnelle, comme tout autre créancier.

**876.** En cas d'insolvabilité d'un des cohéritiers ou successeurs à titre universel, sa part dans la dette hypothécaire est répartie sur tous les autres, au marc le franc.

**877.** Les titres exécutoires contre le défunt sont pareillement exécutoires contre l'héritier personnellement; et néanmoins les créanciers ne pourront en poursuivre l'exécution que huit jours après la signification de ces titres à la personne ou au domicile de l'héritier.

**878.** Ils peuvent demander, dans tous les cas, et contre tout créancier, la séparation du patrimoine du défunt d'avec le patrimoine de l'héritier.

**879.** Ce droit ne peut cependant plus être exercé, lorsqu'il y a novation dans la créance contre le défunt, par l'acceptation de l'héritier pour débiteur.

**880.** Il se prescrit, relativement aux meubles, par le laps de trois ans.

À l'égard des immeubles, l'action peut être exercée tant qu'ils existent dans la main de l'héritier.

ehe zur Bildung der Lose geschritten wird, die Renten abgelöst und die Liegenschaften frei gemacht werden. Teilen die Erben den Nachlaß in dem Zustande, in welchem er sich befindet, so wird die belastete Liegenschaft zu eben dem Grundwerte geschätzt wie die andern Liegenschaften, das Kapital der Rente wird von dem ganzen Werte abgezogen; der Erbe, in dessen Los die Liegenschaft fällt, bleibt mit der Entrichtung der Rente allein belastet und muß seinen Miterben dafür Gewähr leisten.

**873.** Die Erben haften für die Schulden und Lasten der Erbschaft und zwar persönlich nach Verhältnis ihres Anteils und Erbteils und hypothekarisch für das Ganze; vorbehaltlich ihres Rückgriffes gegen ihre Miterben oder gegen die Erbnehmer wegen des Anteils, für welchen dieselben dazu beitragen müssen.

**874.** Der Erbstücknehmer, welcher die Schuld getilgt hat, womit die vermachte Liegenschaft beschwert war, tritt in die Rechte des Gläubigers gegen die Erben und die Erbteilnehmer ein.

**875.** Der Miterbe oder der Erbteilnehmer, welcher infolge einer Hypothek mehr als seinen Anteil an der gemeinschaftlichen Schuld gezahlt hat, hat gegen die anderen Miterben oder Erbteilnehmer nur für den Anteil einen Rückgriff, welchen jeder derselben persönlich tragen muß, und zwar selbst in dem Falle, daß der Miterbe, welcher die Schuld getilgt hat, sich in die Rechte der Gläubiger hat einsetzen lassen; jedoch bleiben die Rechte eines Miterben unberührt, welcher kraft der Rechtswohltat des Inventars das Recht behalten hat, auf Zahlung seiner persönlichen Forderung gleich jedem anderen Gläubiger Anspruch zu machen.

**876.** Bei Zahlungsunfähigkeit eines der Miterben oder Erbteilnehmer wird dessen Anteil an der hypothekarischen Schuld auf alle anderen verhältnismäßig verteilt.

**877.** Die Urkunden, welche gegen den Erblasser vollstreckbar waren, sind auch gegen den Erben persönlich vollstreckbar; jedoch können die Gläubiger erst acht Tege, nachdem diese Urkunden, dem Erben in Person oder in seinem Wohnsitz zugestellt worden sind, deren Vollstreckung betreiben.

**878.** Sie können in allen Fällen und wider jeden Gläubiger die Absonderung des Vermögens des Erblassers von dem Vermögen des Erben verlangen.

**879.** Dieses Recht kann indessen nicht mehr ausgeübt werden, wenn durch die Annahme des Erben als Schuldner mit der Forderung gegen den Erblasser eine Novation vorgenommen worden ist. [*Novation = Umwandlung der alten Schuld in eine neue.*]

**880.** Es verjährt in Ansehung der Fahrnis durch den Ablauf von drei Jahren.

In Ansehung der Liegenschaften kann die Klage solange eingeleitet werden, als sich dieselben in der Hand des Erben befinden.

**881.** Les créanciers de l'héritier ne sont point admis à demander la séparation des patrimoines contre les créanciers de la succession.

**882.** Les créanciers d'un copartageant, pour éviter que le partage ne soit fait en fraude de leurs droits, peuvent s'opposer à ce qu'il y soit procédé hors de leur présence: ils ont le droit d'y intervenir à leurs frais; mais ils ne peuvent attaquer un partage consommé, à moins toutefois qu'il n'y ait été procédé sans eux et au préjudice d'une opposition qu'ils auraient formée.

## SECTION IV.
### Des effets du partage, et de la garantie des lots.

**883.** Chaque cohéritier est censé avoir succédé seul et immédiatement à tous les effets compris dans son lot, ou à lui échus sur licitation, et n'avoir jamais eu la propriété des autres effets de la succession.

**884.** Les cohéritiers demeurent respectivement garants, les uns envers les autres, des troubles et évictions seulement qui procèdent d'une cause antérieure au partage.

La garantie n'a pas lieu, si l'espèce d'éviction soufferte a été exceptée par une clause particulière et expresse de l'acte de partage; elle cesse, si c'est par sa faute que le cohéritier souffre l'éviction.

**885.** Chacun des cohéritiers est personnellement obligé, en proportion de sa part héréditaire, d'indemniser son cohéritier de la perte que lui a causée l'éviction.

Si l'un des cohéritiers se trouve insolvable, la portion dont il est tenu doit être également répartie entre le garanti et tous les cohéritiers solvables.

**886.** La garantie de solvabilité du débiteur d'une rente ne peut être exercée que dans les cinq ans qui suivent le partage. Il n'y a pas lieu à garantie à raison de l'insolvabilité du débiteur, quand elle n'est survenue que depuis le partage consommé.

## SECTION V.
### De la rescision en matière de partage.

**887.** Les partages peuvent être rescindés pour cause de violence ou de dol.

Il peut aussi y avoir lieu à rescision, lorsqu'un des cohéritiers établit, à son préjudice, une lésion de plus du quart. La simple omission d'un objet de la succession ne donne pas ouverture à l'action en rescision, mais seulement à un supplément à l'acte de partage.

---

**881.** Die Gläubiger des Erben sind nicht berechtigt, die Absonderung der Vermögensmassen gegen die Gläubiger der Erbschaft zu verlangen.

**882.** Die Gläubiger eines Miterben können, um zu verhüten, daß die Teilung nicht zur Beeinträchtigung ihrer Rechte geschehe, Einspruch erheben, daß außer ihrer Gegenwart dazu geschritten werde. Sie haben das Recht, auf ihre Kosten dabei zu intervenieren; sie können jedoch eine vollzogene Teilung nicht anfechten, es sei denn, daß ohne sie und ungeachtet eines von ihnen erhobenen Einspruches dazu geschritten worden wäre.

## VIERTER ABSCHNITT.
### Wirkung der Teilung und Gewährleistung für die Lose.

**883.** Jeder Miterbe wird so angesehen, als habe er alle in seinem Lose begriffenen oder ihm bei der Versteigerung zugefallenen Sachen allein und unmittelbar geerbt, und als habe er an den andern Erbschaftssachen niemals Eigentum gehabt.

**884.** Die Miterben bleiben sich gegenseitig zur Gewährleistung nur wegen der Störungen und Entwährungen verpflichtet, die aus einer der Teilung vorhergegangenen Ursache entspringen.

Die Gewährleistung findet nicht statt, wenn die Art der erlittenen Entwährung durch eine besondere und ausdrückliche Bestimmung der Teilungsurkunde ausgenommen worden ist; sie fällt weg, wenn der Miterbe durch eigenes Verschulden die Entwährung erleidet.

**885.** Jeder Miterbe ist persönlich verpflichtet, nach Verhältnis seines Erbteiles seinen Miterben für den Verlust zu entschädigen, welchen demselben die Entwährung verursacht hat.

Ist einer der Miterben zahlungsunfähig, so muß der Teil, für welchen er haftet, zwischen demjenigen, dem die Gewährleistung gebührt, und allen zahlungsfähigen Miterben gleichmäßig verteilt werden.

**886.** Das Recht auf Gewährleistung für die Zahlungsfähigkeit des Schuldners einer Rente kann nur innerhalb der auf die Teilung folgenden fünf Jahre geltend gemacht werden. Es findet keine Gewährleistung für die Zahlungsunfähigkeit des Schuldners statt, wenn dieselbe erst nach vollzogener Teilung eingetreten ist.

## FÜNFTER ABSCHNITT.
### Aufhebungen in Teilungssachen.

**887.** Teilungen können wegen Zwangs oder Betrugs aufgehoben werden.

Die Aufhebung kann auch dann erfolgen, wenn einer der Miterben eine zu seinem Nachteile um mehr als ein Viertel betragende Verletzung feststellt. Das bloße Auslassen einer Sache des Nachlasses begründet die Klage auf Aufhebung nicht, sondern nur eine solche auf Ergänzung der Teilung.

**888.** L'action en rescision est admise contre tout acte qui a pour objet de faire cesser l'indivision entre cohéritiers, encore qu'il fût qualifié de vente, d'échange et de transaction, ou de toute autre manière.

Mais après le partage, ou l'acte qui en tient lieu, l'action en rescision n'est plus admissible contre la transaction faite sur les difficultés réelles que présentait le premier acte, même quand il n'y aurait pas eu à ce sujet de procès commencé.

**889.** L'action n'est pas admise contre une vente de droits successifs faite sans fraude à l'un des cohéritiers, à ses risques et périls, par ses autres cohéritiers, ou par l'un d'eux.

**890.** Pour juger s'il y a eu lésion, on estime les objets suivant leur valeur à l'époque du partage.

**891.** Le défendeur à la demande en rescision peut en arrêter le cours et empêcher un nouveau partage, en offrant et en fournissant au demandeur le supplément de sa portion héréditaire, soit en numéraire, soit en nature.

**892.** Le cohéritier qui a aliéné son lot en tout ou partie, n'est plus recevable à intenter l'action en rescision pour dol ou violence, si l'aliénation qu'il a faite est postérieure à la découverte du dol, ou à la cessation de la violence.

---

## TITRE DEUXIÈME.

### Des donations entre vifs et des testaments.

### CHAPITRE PREMIER.

#### Dispositions générales.

**893.** On ne pourra disposer de ses biens, à titre gratuit, que par donation entre vifs ou par testament, dans les formes ci-après établies.

**894.** La donation entre vifs est un acte par lequel le donateur se dépouille actuellement et irrévocablement de la chose donnée, en faveur du donataire qui l'accepte.

**895.** Le testament est un acte par lequel le testateur dispose, pour le temps où il n'existera plus, de tout ou partie de ses biens, et qu'il peut révoquer.

**896.** Les substitutions sont prohibées.

Toute disposition par laquelle le donataire, l'héritier institué, ou le légataire, sera chargé de conserver et de rendre à un tiers, sera nulle, même à l'égard du donataire, de l'héritier institué, ou du légataire.

**888.** Die Klage auf Aufhebung wird gegen jedes Rechtsgeschäft zugelassen, welches die Beendigung der Gemeinschaft unter den Miterben bezweckt, auch wenn es als Kauf, Tausch oder Vergleich oder auf irgend eine andere Weise bezeichnet worden ist.

Nach der Teilung oder nach dem Rechtsgeschäft, das an deren Stelle tritt, ist die Klage auf Aufhebung indessen gegen einen Vergleich nicht mehr zulässig, welcher über die wirklichen Streitigkeiten, die das erste Geschäft darbot, abgeschlossen worden ist, auch wenn deshalb kein Prozeß angestrengt worden ist.

**889.** Die Klage ist nicht zulässig gegen einen Verkauf des Erbrechtes, welcher ohne Betrugsabsicht an einen der Miterben auf dessen eigene Gefahr hin seitens der übrigen Miterben oder seitens eines derselben geschehen ist.

**890.** Um zu beurteilen, ob eine Verletzung vorliegt, werden die Gegenstände nach ihrem Werte zur Zeit der Teilung geschätzt.

**891.** Der Beklagte bei der Klage auf Aufhebung kann den Fortgang derselben hemmen und eine neue Teilung verhindern, wenn er dem Kläger die Ergänzung seines Erbteiles in barem Gelde oder in Natur anbietet und leistet.

**892.** Ein Miterbe, welcher sein Los ganz oder zum Teil veräußert hat, kann die Klage auf Wiederaufhebung wegen Betrugs oder Zwangs nicht mehr anstellen, wenn er die Veräußerung erst nach der Entdeckung des Betruges oder nach Anfhörung des Zwanges vorgenommen hat.

---

## ZWEITER TITEL.

### Schenkungen unter Lebenden und Testamente.

### ERSTES KAPITEL.

#### Allgemeine Bestimmungen.

**893.** Man kann über sein Vermögen unentgeltlich nur durch Schenkung unter Lebenden oder durch Testament in den nachstehend angegebenen Formen verfügen.

**894.** Eine Schenkung unter Lebenden ist ein Rechtsgeschäft, durch welches der Schenker sich der geschenkten Sache sofort und unwiderruflich zu Gunsten des Beschenkten begibt, welcher dieselbe annimmt.

**895.** Ein Testament ist ein Rechtsgeschäft, durch welches der Erblasser für die Zeit, da er nicht mehr am Leben sein wird, über sein Vermögen ganz oder teilweise verfügt, und welches er widerrufen kann.

**896.** Substitutionen sind verboten.

Jede Verfügung, durch welche dem Beschenkten, dem eingesetzten Erben oder dem Vermächtnisnehmer auferlegt wird, etwas einem Dritten zu erhalten und herauszugeben, ist nichtig, selbst in Ansehung des Beschenkten, des eingesetzten Erben oder des Vermächtnisnehmers.

897. Sont exceptées des deux premiers paragraphes de l'article précédent les dispositions permises aux pères et mères et aux frères et sœurs au chapitre 6 du présent titre.

898. La disposition par laquelle un tiers serait appelé à recueillir le don, l'hérédité ou le legs, dans le cas où le donataire, l'héritier institué ou le légataire, ne le recueillerait pas, ne sera pas regardée comme une substitution, et sera valable.

899. Il en sera de même de la disposition entre vifs ou testamentaire par laquelle l'usufruit sera donné à .l'un, et. la nue propriété à l'autre.

900. Dans toute disposition entre vifs ou testamentaire, les conditions impossibles, celles qui seront contraires aux lois ou aux mœurs, seront réputées non écrites.

## CHAPITRE II.

**De la capacité de disposer ou de recevoir par donation entre vifs ou par testament.**

901. Pour faire une donation entre vifs ou un testament, il faut être sain d'esprit.

902. Toutes personnes peuvent disposer et recevoir, soit par donation entre vifs, soit par testament, excepté celles que la loi en déclare incapables.

903. Le mineur âgé de moins de seize ans ne pourra aucunement disposer, sauf ce qui est réglé au chapitre 9 du présent titre.

904. Le mineur parvenu à l'âge de seize ans ne pourra disposer que par testament, et jusqu'à concurrence seulement de la moitié des biens dont la loi permet au majeur de disposer.

Toutefois, s'il est appelé sous les drapeaux pour une campagne de guerre, il pourra, pendant la durée des hostilités, disposer de la même quotité que s'il était majeur, en faveur de l'un quelconque de ses parents ou de plusieurs d'entre eux jusqu'au sixième degré inclusivement ou encore en faveur de son conjoint survivant.

A défaut de parents au sixième degré inclusivement, le mineur pourra disposer comme le ferait un majeur.

905. La femme mariée ne pourra donner entre vifs sans l'assistance ou le consentement spécial de son mari, ou sans y être autorisée par la justice, conformément à ce qui est prescrit par les articles 217 et 219, au titre *Du mariage*.

Elle n'aura besoin ni de consentement du mari, ni d'autorisation de la justice, pour disposer par testament.

---

897. Ausgenommen von den zwei ersten Paragraphen des vorstehenden Artikels sind die Verfügungen, welche im sechsten Kapitel dieses Titels den Eltern und Geschwistern gestattet sind.

898. Eine Verfügung, durch welche ein Dritter zu einer Schenkung, einer Erbschaft oder einem Vermächtnisse auf den Fall berufen wird, daß der Beschenkte, der eingesetzte Erbe oder der Vermächtnisnehmer dieselben nicht erhalten würde, ist nicht als Substitution anzusehen und ist gültig.

899. Dasselbe gilt von der Verfügung unter Lebenden oder mittels Testaments, durch welche dem einen der Nießbrauch und dem andern das nackte Eigentum gegeben wird.

900. Bei jeder Verfügung unter Lebenden oder mittels Testaments gelten die unmöglichen Bedingungen und diejenigen, welche den Gesetzen oder Sitten zuwider sind, als nicht geschrieben.

## ZWEITES KAPITEL.

**Fähigkeit, durch Schenkung unter Lebenden oder durch Testament zu verfügen oder zu erwerben.**

901. Um eine Schenkung unter Lebenden oder ein Testament zu machen, muß man geistig gesund sein.

902. Jedermann kann sowohl durch Schenkung unter Lebenden als durch Testament verfügen oder erwerben, ausgenommen diejenigen, welche das Gesetz dazu für unfähig erklärt.

903. Ein Minderjähriger unter sechzehn Jahren kann auf keine Weise verfügen, vorbehaltlich der im neunten Kapitel dieses Titels enthaltenen Bestimmungen.

904. Ein Minderjähriger, welcher das Alter von sechzehn Jahren erreicht hat, kann nur durch Testament verfügen und nur bis zum Betrage der Hälfte des Vermögens, über welches das Gesetz einem Großjährigen zu verfügen erlaubt.

Ist er jedoch zu einem Feldzuge unter die Fahnen gerufen, so kann er während der Dauer der Feindseligkeiten, über denselben Teil verfügen als wenn er volljährig wäre, zu Gunsten irgend eines seiner Verwandten oder zu Gunsten mehrerer unter ihnen bis einschließlich zum sechsten Grade, oder auch noch zu Gunsten seines überlebenden Gatten.

Mangels Verwandter bis zum sechsten Grade einschließlich, kann der Minderjährige verfügen so wie es ein Volljähriger tun könnte.

905. Eine Ehefrau kann nur unter dem Beistande oder mit der besonderen Einwilligung ihres Mannes oder mit gerichtlicher Ermächtigung unter Lebenden schenken, in Gemäßheit der Vorschriften der Art. 217 und 219 in dem Titel «Ehe».

Sie bedarf weder der Einwilligung des Mannes noch der gerichtlichen Ermächtigung, um durch Testament zu verfügen.

**906.** Pour être capable de recevoir entre vifs, il suffit d'être conçu au moment de la donation.

Pour être capable de recevoir par testament, il suffit d'être conçu à l'époque du décès du testateur.

Néanmoins la donation ou le testament n'auront leur effet qu'autant que l'enfant sera né viable.

**907.** Le mineur, quoique parvenu à l'âge de seize ans, ne pourra, même par testament, disposer au profit de son tuteur.

**906.** Um fähig zu sein durch Schenkung unter Lebenden zu erwerben, ist es hinreichend, daß man im Augenblicke der Schenkung empfangen ist.

Um fähig zu sein durch Testament zu erwerben, ist es hinreichend, daß man zur Zeit des Todes des Erblassers empfangen ist.

Die Schenkung oder das Testament hat jedoch nur dann Wirkung, wenn das Kind lebensfähig geboren wird.

**907.** Ein Minderjähriger kann, auch wenn er das Alter von sechzehn Jahren erreicht hat, zu Gunsten seines Vormundes nicht verfügen, und zwar selbst nicht durch Testament.

**910.** Les dispositions entre vifs ou par testament, au profit des hospices, des pauvres d'une commune, ou d'établissements d'utilité publique, n'auront leur effet qu'autant qu'elles seront autorisées par une ordonnance royale [*un décret du président de la République*].

**911.** Toute disposition au profit d'un incapable sera nulle, soit qu'on la déguise sous la forme d'un contrat onéreux, soit qu'on la fasse sous le nom de personnes interposées.

Seront réputées personnes interposées les père et mère, les enfants et descendants, et l'époux de la personne incapable.

**912.** *Abrogés par loi du 14 juillet 1819.*

<h3 style="text-align:center">CHAPITRE III.</h3>

**De la portion de biens disponible, et de la réduction.**

SECTION PREMIÈRE.

De la portion de biens disponible.

**913.** Les libéralités, soit par actes entre vifs, soit par testament, ne pourront excéder la moitié des biens du disposant, s'il ne laisse à son décès qu'un enfant légitime; le tiers, s'il laisse deux enfants; le quart, s'il en laisse trois ou un plus grand nombre.

L'enfant naturel légalement reconnu a droit à une réserve. Cette réserve est une quotité de celle qu'il aurait eue s'il eût été légitime, calculée en observant la proportion qui existe entre la portion attribuée à l'enfant naturel au cas de succession *ab intestat* et celle qu'il aurait eue dans le même cas s'il eût été légitime.

Sont compris dans le présent article, sous le nom d'enfants, les descendants en quelque degré que ce soit. Néanmoins, ils ne sont comptés que pour l'enfant qu'ils représentent dans la succession du disposant.

**914.** Les libéralités, par actes entre vifs ou par testament, ne pourront excéder la moitié des biens, si, à défaut d'enfant, le défaut laisse un ou plusieurs ascendants dans chacune des lignes paternelle et maternelle, et les trois quarts, s'il ne laisse d'ascendants que dans une ligne.

Les biens ainsi réservés au profit des ascendants seront par eux recueillis dans l'ordre où la loi les appelle à succéder, ils auront seuls droit à cette réserve, dans tous les cas où un partage en concurrence avec des collatéraux ne leur donnerait pas la quotité de biens à laquelle elle est fixée.

**915.** Lorsque, à défaut d'enfants légitimes, le défunt laisse à la fois un ou plusieurs en-

---

**910.** Verfügungen unter Lebenden oder durch Testament zum Vorteile der Pflegehäuser, der Armen einer Gemeinde oder von gemeinnützigen Anstalten haben nur insoweit Wirkung, als sie durch ein königliches Dekret [*ein Dekret des Präsidenten der Republik*] genehmigt werden.

**911.** Jede Verfügung zum Vorteil eines Unfähigen ist nichtig, man mag dieselbe in die Form eines entgeltlichen Vertrages verkleiden, oder sie auf den Namen von Zwischenpersonen machen.

Als Zwischenpersonen gelten Eltern, Kinder und Nachkommen sowie der Ehegatte des Unfähigen.

**912.** *Aufgehoben durch Gesetz vom 14. Juli 1819.*

<h3 style="text-align:center">DRITTES KAPITEL.</h3>

**Verfügbarer Vermögensteil und Minderung.**

ERSTER ABSCHNITT.

Verfügbarer Vermögensteil.

**913.** Freigebigkeiten, sei es durch Rechtsgeschäft unter Lebenden oder durch Testament, dürfen nicht übersteigen: Die Hälfte des Vermögens des Verfügenden, wenn derselbe bei seinem Ableben nur ein eheliches Kind hinterläßt; ein Drittel, wenn er zwei Kinder hinterläßt; ein Viertel, wenn er deren drei oder mehr hinterläßt.

Das gesetzesmäßig anerkannte uneheliche Kind hat Anrecht auf einen Vorbehalt. Dieser Vorbehalt besteht aus einem Teile desjenigen, den es erhalten haben würde, wenn es ehelich gewesen wäre, berechnet unter Beobachtung des Verhältnisses zwischen dem dem unehelichen Kinde im Falle der gesetzlichen Erbfolge zugesprochenen Teils und desjenigen, den es im selben Falle erhalten hätte, wenn es ehelich gewesen wäre.

Unter dem Namen «Kinder» sind im gegenwärtigen Artikel alle Nachkommen begriffen, welchen Grades sie auch sein mögen; sie werden jedoch nur für das Kind gerechnet, welches sie bei der Beerbung des Verfügenden vertreten.

**914.** Freigebigkeiten durch Rechtsgeschäft unter Lebenden oder Testament dürfen nicht die Hälfte des Vermögens übersteigen, wenn der Verstorbene in Ermangelung von Kindern einen oder mehrere Aszendenten in beiden Linien, der väterlichen und der mütterlichen, hinterläßt, und nicht drei Vierteile, wenn er nur Aszendenten in einer Linie hinterläßt.

Das auf diese Weise zum Vorteile der Aszendenten vorbehaltene Vermögen erhalten dieselben in der Ordnung, in welcher das Gesetz sie zur Erbschaft beruft; sie haben allein ein Recht auf diesen Vorbehalt in allen Fällen, in welchen eine Teilung mit Seitenverwandten ihnen den Vermögensteil nicht verschaffen würde, auf welchen der Vorbehalt festgesetzt ist.

**915.** Sind keine ehelichen Kinder vorhanden und hat der Verstorbene ein oder mehrere

fants naturels et des ascendants dans les deux lignes ou dans une seule, les libéralités par actes entre vifs et par testament ne pourront excéder la moitié des biens du disposant s'il n'y a qu'un enfant naturel, le tiers s'il y en a deux, le quart s'il y en a trois ou un plus grand nombre. Les biens ainsi réservés seront recueillis par les ascendants jusqu'à concurrence d'un huitième de la succession, et le surplus par les enfants naturels.

916. A défaut d'ascendants et de descendants, les libéralités par actes entre vifs ou testamentaires pourront épuiser la totalité des biens.

917. Si la disposition par acte entre vifs ou par testament est d'un usufruit ou d'une rente viagère dont la valeur excède la quotité disponible, les héritiers au profit desquels la loi fait une réserve, auront l'option, ou d'exécuter cette disposition, ou de faire l'abandon de la propriété de la quotité disponible.

918. La valeur en pleine propriété des biens aliénés, soit à charge de rente viagère, soit à fonds perdu, ou avec réserve d'usufruit, à l'un des successibles en ligne directe, sera imputée sur la portion disponible; et l'excédent, s'il y en a, sera rapporté à la masse. Cette imputation et ce rapport ne pourront être demandés par ceux des autres successibles en ligne directe qui auraient consenti à ces aliénations, ni, dans aucun cas, par les successibles en ligne collatérale.

919. La quotité disponible pourra être donnée en tout ou en partie, soit par acte entre vifs, soit par testament aux enfants ou autres successibles du donateur, sans être sujette au rapport par le donataire ou le légataire venant à la succession, pourvu qu'en ce qui touche les dons la disposition ait été faite expressément à titre de préciput et hors part.

La déclaration que le don est à titre de préciput et hors part pourra être faite, soit par l'acte qui contiendra la disposition, soit postérieurement dans la forme des dispositions entre vifs ou testamentaires.

SECTION II.

De la reduction des donations et legs.

920. Les dispositions soit entre vifs, soit à cause de mort, qui excéderont la quotité disponible, seront réductibles à cette quotité lors de l'ouverture de la succession.

---

uneheliche Kinder hinterlassen zusammen mit Aszendenten beider oder nur einer Linie, so können die Freigebigkeiten durch Rechtsgeschäfte unter Lebenden oder durch Testament nicht übersteigen: die Hälfte der Güter des Verfügenden, wenn nur ein uneheliches Kind vorhanden ist; ein Drittel wenn deren zwei; ein Viertel wenn deren drei oder mehr vorhanden sind. Die also vorbehaltenen Güter werden von den Aszendenten bis zu einem Achtel des Nachlasses und der Ueberrest von den unehelichen Kindern angetreten.

916. In Ermangelung von Aszendenten und Nachkommen können die Freigebigkeiten durch Rechtsgeschäfte unter Lebenden oder mittels Testaments das ganze Vermögen erschöpfen.

917. Ist der Gegenstand einer Verfügung unter Lebenden oder durch Testament ein Nießbrauch oder eine Leibrente, wovon der Wert den verfügbaren Teil übersteigt, so haben die Erben, zu deren Vorteil das Gesetz einen Vorbehalt gewährt, die Wahl, entweder diese Verfügung zu vollziehen oder dem Eigentum an dem verfügbaren Vermögensteile zu entsagen.

918. Der volle Eigentumswert der Güter, welche, sei es gegen eine Leibrente, sei es als verlorenes Kapital oder unter Vorbehalt des Nießbrauchs, an einen Erbberechtigten der geraden Linie veräußert worden ist, ist auf den verfügbaren Vermögensteil anzurechnen; ein etwaiger Ueberschuß ist in die Masse zurückzubringen. Diese Anrechnung und dieses Zurückbringen kann weder von denjenigen unter den übrigen Erbberechtigten der geraden Linie gefordert werden, welche in jene Veräußerungen eingewilligt haben, noch in irgend einem Falle von den Erbberechtigten der Seitenlinie.

919. Der verfügbare Vermögensteil kann ganz oder zum Teil sowohl durch Rechtsgeschäft unter Lebenden als durch Testament an die Kinder des Schenkers oder an die anderen Erbberechtigten vergeben werden, ohne daß er dem Rückbringen seitens des zur Erbschaft kommenden Schenknehmers oder Vermächtnisnehmers unterliegt, vorausgesetzt nur, daß die Verfügung ausdrücklich als Vorempfang oder außer dem Erbteile gemacht ist.

Die Erklärung, daß die Schenkung oder das Vermächtnis als Vorempfang oder außer dem Erbteil erfolge, kann abgegeben werden sowohl in der Urkunde, welche die Verfügung enthält, als auch späterhin in der Form der Verfügungen unter Lebenden oder mittels Testaments.

ZWEITER ABSCHNITT.

Minderung der Schenkungen und Vermächtnisse.

920. Verfügungen unter Lebenden sowohl als von Todeswegen unterliegen, wenn sie den verfügbaren Vermögensteil überschreiten, bei Eröffnung der Erbschaft der Minderung bis auf diesen Vermögensteil.

**921.** La réduction des dispositions entre vifs ne pourra être demandée que par ceux au profit desquels la loi fait la réserve, par leurs héritiers ou ayants cause: les donataires, les légataires, ni les créanciers du défunt, ne pourront demander cette réduction, ni en profiter.

**922.** La réduction se détermine en formant une masse de tous les biens existants au décès du donateur ou testateur. On y réunit fictivement ceux dont il a été disposé par donations entre vifs, d'après leur état à l'époque des donations et leur valeur au temps du décès du donateur. On calcule sur tous ces biens, après en avoir déduit les dettes, quelle est, eu égard à la qualité des héritiers qu'il laisse, la quotité dont il a pu disposer.

**923.** Il n'y aura jamais lieu à réduire les donations entre vifs, qu'après avoir épuisé la valeur de tous les biens compris dans les dispositions testamentaires; et lorsqu'il y aura lieu à cette réduction, elle se fera en commençant par la dernière donation, et ainsi de suite en remontant des dernières aux plus anciennes.

**924.** Si la donation entre vifs réductible a été faite à l'un des successibles, il pourra retenir, sur les biens donnés, la valeur de la portion qui lui appartiendrait, comme héritier, dans les biens non disponibles, s'ils sont de la même nature.

**925.** Lorsque la valeur des donations entre vifs excédera ou égalera la quotité disponible, toutes les dispositions testamentaires seront caduques.

**926.** Lorsque les dispositions testamentaires excéderont, soit la quotité disponible, soit la portion de cette quotité qui resterait après avoir déduit la valeur des donations entre vifs, la réduction sera faite au marc le franc, sans aucune distinction entre les legs universels et les legs particuliers.

**927.** Néanmoins dans tous les cas où le testateur aura expressément déclaré qu'il entend que tel legs soit acquitté de préférence aux autres, cette préférence aura lieu; et le legs qui en sera l'objet, ne sera réduit qu'autant que la valeur des autres ne remplirait pas la réserve légale.

**928.** Le donataire restituera les fruits de ce qui excédera la portion disponible, à compter du jour du décès du donateur, si la demande en réduction a été faite dans l'année; sinon, du jour de la demande.

**929.** Les immeubles à recouvrer par l'effet de la réduction, le seront sans charge de dettes ou hypothèques créées par le donataire.

Code civil.

**921.** Die Minderung der Verfügungen unter Lebenden kann nur von denjenigen verlangt werden, zu deren Vorteil das Gesetz den Vorbehalt gewährt, von deren Erben oder Rechtsnachfolgern; die Schenknehmer und Vermächtnisnehmer sowie die Gläubiger des Erblassers können diese Minderung nicht verlangen, noch daraus Vorteil ziehen.

**922.** Die Minderung wird so bestimmt, daß aus allen bei des Schenkers oder Erblassers Tode vorhandenen Gütern eine Masse gebildet wird. Man denkt sich hiermit die Güter vereinigt, über welche durch Schenkungen unter Lebenden verfügt worden ist, und zwar nach dem Zustande zur Zeit des Todes des Schenkers. Nach diesem Gesamtvermögen berechnet man nach vorherigem Abzuge der Schulden mit Rücksicht auf die Eigenschaft der hinterlassenen Erben, wie groß der Vermögensteil ist, über welchen er verfügen konnte.

**923.** Die Minderung der Schenkungen unter Lebenden tritt nie eher ein, als nachdem der Wert aller unter den testamentarischen Verfügungen begriffenen Güter erschöpft worden ist; und hat diese Minderung einzutreten, so erfolgt sie so, daß mit der letzten Schenkung begonnen und so weiter von den späteren auf die früheren zurückgegangen wird.

**924.** Ist die der Minderung unterworfene Schenkung unter Lebenden an einen Erbberechtigten gemacht worden, so kann derselbe von den geschenkten Gütern den Wert des Anteils zurückbehalten, welcher ihm als Erben an den nicht verfügbaren Gütern zukommt, sofern sie von gleicher Art sind.

**925.** Wenn der Wert der Schenkungen unter Lebenden den verfügbaren Teil überschreitet, oder demselben gleichkommt, so sind alle testamentarischen Verfügungen hinfällig.

**926.** Ueberschreiten die testamentarischen Verfügungen den verfügbaren Teil oder dasjenige, was von diesem Teile nach Abzug des Wertes der Schenkungen unter Lebenden, übrig bleibt, so erfolgt die Minderung verhältnismäßig, ohne irgend einen Unterschied zwischen Erb- und Stückvermächtnissen.

**927.** In allen Fällen jedoch, in welchen der Erblasser im Testamente ausdrücklich erklärt hat, daß es sein Wille sei, daß ein gewisses Vermächtnis mit Vorzug vor den übrigen entrichtet werde, hat dieser Vorzug einzutreten; das Vermächtnis, welches Gegenstand desselben ist, wird nur insoweit gemindert, als der Wert der übrigen den gesetzlichen Vorbehalt nicht deckt.

**928.** Der Beschenkte hat die Früchte desjenigen was den verfügbaren Teil überschreitet, zu erstatten, und zwar von dem Sterbetage des Schenkers an; wenn die Klage auf Minderung binnen Jahresfrist angestrengt worden ist; anderen Falles von dem Tage der Klage an.

**929.** Liegenschaften, welche vermöge der Minderung zurückgefordert werden können, fallen frei von Schulden oder Hypotheken zurück, welche von dem Beschenkten herrühren.

9

930. L'action en réduction ou revendication pourra être exercée par les héritiers contre les tiers détenteurs des immeubles faisant partie des donations et aliénés par les donataires, de la même manière et dans le même ordre que contre les donataires eux-mêmes, et discussion préalablement faite de leurs biens. Cette action devra être exercée suivant l'ordre des dates des aliénations, en commençant par la plus récente.

## CHAPITRE IV.

### Des donations entre vifs.

#### SECTION PREMIÈRE.

##### De la forme des donations entre vifs.

931. Tous actes portant donation entre vifs seront passés devant notaires, dans la forme ordinaire des contrats; et il en restera minute, sous peine de nullité.

932. La donation entre vifs n'engagera le donateur, et ne produira aucun effet, que du jour qu'elle aura été acceptée en termes exprès.

L'acceptation pourra être faite du vivant du donateur, par un acte postérieur et authentique, dont il restera minute; mais alors la donation n'aura d'effet, à l'égard du donateur, que du jour où l'acte qui constatera cette acceptation lui aura été notifié.

933. Si le donataire est majeur, l'acceptation doit être faite par lui, ou, en son nom, par la personne fondée de sa procuration, portant pouvoir d'accepter la donation faite, ou un pouvoir général d'accepter les donations qui auraient été ou qui pourraient être faites.

Cette procuration devra être passée devant notaires; et une expédition devra en être annexée à la minute de la donation, ou à la minute de l'acceptation qui serait faite par acte séparé.

934. La femme mariée ne pourra accepter une donation sans le consentement de son mari, ou, en cas de refus du mari, sans autorisation de la justice, conformément à ce qui est prescrit par les articles 217 et 219, au titre *Du mariage*.

935. La donation faite à un mineur non émancipé ou à un interdit, devra être acceptée par son tuteur, conformément à l'article 463, au titre *De la minorité, de la tutelle et de l'émancipation*.

Le mineur émancipé pourra accepter avec l'assistance de son curateur.

Néanmoins les père et mère du mineur émancipé ou non émancipé, ou les autres ascendants, même du vivant des père et mère,

---

930. Die Klage auf Minderung oder Einziehung kann von den Erben gegen dritte Besitzer der Liegenschaften, welche einen Teil der Schenkungen ausmachten und von dem Beschenkten veräußert sind, auf dieselbe Weise und in derselben Ordnung, wie gegen die Beschenkten selbst, geltend gemacht werden, nachdem letztere vorher in ihrem eigenen Vermögen ausgeklagt worden sind. Diese Klage muß nach der Zeitfolge der Veräußerungen angestellt und mit der jüngsten der Anfang gemacht werden.

## VIERTES KAPITEL.

### Schenkungen unter Lebenden.

#### ERSTER ABSCHNITT.

##### Form der Schenkungen unter Lebenden.

931. Jede Urkunde, welche eine Schenkung unter Lebenden enthält, ist von Notaren in der gewöhnlichen Form der Verträge zu errichten; die Urschrift derselben ist bei Strafe der Nichtigkeit zurückzubehalten.

932. Eine Schenkung unter Lebenden verpflichtet den Schenker und hat Wirkung erst von dem Tage an, an welchem sie mit ausdrücklichen Worten angenommen ist.

Die Annahme kann bei Lebzeiten des Schenkers in einer späteren öffentlichen Urkunde geschehen, von welcher die Urschrift zurückbleibt; alsdann hat aber die Schenkung in Ansehung des Schenkers erst von dem Tage an Wirkung, an welchem die Urkunde, welche diese Annahme enthält, ihm zugestellt worden ist.

933. Ist der Beschenkte volljährig, so muß die Annahme von ihm selbst oder in seinem Namen von einer Person geschehen, die von ihm mit einer Vollmacht versehen ist, welche die Ermächtigung enthält, die gemachte Schenkung anzunehmen, oder die allgemeine Ermächtigung, alle Schenkungen anzunehmen, die gemacht worden sind oder gemacht werden können.

Diese Vollmacht muß vor Notaren errichtet werden; eine Ausfertigung derselben muß der Urschrift der Schenkung oder der Urschrift der Annahme beigefügt werden, wenn letztere in einer besonderen Urkunde erfolgt ist.

934. Eine Ehefrau kann nicht ohne Einwilligung ihres Mannes oder im Falle der Weigerung des Mannes nicht ohne gerichtliche Ermächtigung eine Schenkung annehmen, in Gemäßheit der Artikel 207 und 219 des Titels «Ehe».

935. Die einem nicht emanzipierten Minderjährigen oder einem Entmündigten gemachte Schenkung muß von dessen Vormunde angenommen werden, in Gemäßheit des Artikels 463 in dem Titel «Minderjährigkeit, Vormundschaft und Emanzipation».

Ein emanzipierter Minderjähriger kann unter dem Beistande seines Pflegers annehmen.

Es können jedoch der Vater oder die Mutter des Minderjährigen, er mag emanzipiert sein oder nicht, oder dessen Aszendenten, selbst

quoiqu'ils ne soient ni tuteurs ni curateurs du mineur, pourront accepter pour lui.

**936.** Le sourd-muet qui saura écrire, pourra accepter lui-même ou par un fondé de pouvoir.

S'il ne sait pas écrire, l'acceptation doit être faite par un curateur nommé à cet effet, suivant les règles établies au titre *De la minorité, de la tutelle et de l'émancipation*.

**937.** Les donations faites au profit d'hospices, des pauvres d'une commune, ou d'établissements d'utilité publique, seront acceptées par les administrateurs de ces communes, ou établissements, après y avoir été dûment autorisés.

**938.** La donation dûment acceptée sera parfaite par le seul consentement des parties; et la propriété des objets donnés sera transférée au donataire, sans qu'il soit besoin d'autre tradition.

**939.** Lorsqu'il y aura donation de biens susceptibles d'hypothèques, la transcription des actes contenant la donation et l'acceptation, ainsi que la notification de l'acceptation qui aurait eu lieu par acte séparé, devra être faite aux bureaux des hypothèques dans l'arrondissement desquels les biens sont situés.

**940.** Cette transcription sera faite à la diligence du mari, lorsque les biens auront été donnés à sa femme; et si le mari ne remplit pas cette formalité, la femme pourra y faire procéder sans autorisation.

Lorsque la donation sera faite à des mineurs, à des interdits, ou à des établissements publics, la transcription sera faite à la diligence des tuteurs, curateurs ou administrateurs.

**941.** Le défaut de transcription pourra être opposé par toutes personnes ayant intérêt, excepté toutefois celles qui sont chargées de faire faire la transcription, ou leurs ayants cause, et le donateur.

**942.** Les mineurs, les interdits, les femmes mariées, ne sont point restitués contre le défaut d'acceptation ou de transcription des donations; sauf leur recours contre leurs tuteurs ou maris, s'il y échet, et sans que la restitution puisse avoir lieu, dans le cas même où lesdits tuteurs et maris se trouveraient insolvables.

**943.** La donation entre vifs ne pourra comprendre que les biens présents du donateur; si elle comprend des biens à venir, elle sera nulle à cet égard.

bei Lebzeiten der Eltern, und wenn sie auch weder Vormünder noch Pfleger des Minderjährigen sind, für denselben annehmen.

**936.** Ein Taubstummer, welcher des Schreibens kundig ist, kann entweder selbst oder durch einen Bevollmächtigten annehmen.

Ist er des Schreibens unkundig, so muß die Annahme durch einen Pfleger erfolgen, welcher zu diesem Zwecke nach Maßgabe der in dem Titel «Minderjährigkeit, Vormundschaft und Emanzipation» aufgestellten Regeln ernannt wird.

**937.** Schenkungen zu Gunsten von Pflegehäusern, von Armen einer Gemeinde oder von gemeinnützigen Anstalten sind von den Verwaltern dieser Gemeinden oder Anstalten anzunehmen, nachdem dieselben dazu gehörig ermächtigt worden sind.

**938.** Eine gehörig angenommene Schenkung ist durch die bloße Einwilligung der Parteien abgeschlossen; das Eigentum der geschenkten Gegenstände geht auf den Beschenkten über, ohne daß es einer weiteren Uebergabe bedarf.

**939.** Findet eine Schenkung von Gütern statt, an welchen Hypotheken bestehen können, so muß die Ueberschreibung der Urkunden, welche die Schenkung und die Annahme sowie die Zustellung der etwa in einer besonderen Urkunde erfolgten Annahme enthalten, in denjenigen Hypothekenämtern geschehen, in deren Bezirk die Güter liegen.

**940.** Diese Ueberschreibung hat auf Betreiben des Ehemannes zu geschehen, wenn die Güter seiner Frau geschenkt worden sind; erfüllt der Mann diese Förmlichkeit nicht, so kann die Frau ohne Ermächtigung dieselbe vornehmen lassen.

Ist die Schenkung Minderjährigen, Entmündigten oder öffentlichen Anstalten gemacht worden, so hat die Ueberschreibung auf Betreiben der Vormünder, der Pfleger oder Verwalter zu geschehen.

**941.** Auf den Mangel der Ueberschreibung kann sich jeder berufen, der ein Interesse daran hat, mit Ausnahme derjenigen, welche die Ueberschreibung vornehmen zu lassen verpflichtet sind, oder ihrer Rechtsnachfolger sowie des Schenkers.

**942.** Minderjährige, Entmündigte und Ehefrauen werden wegen Unterlassung der Annahme oder der Ueberschreibung der Schenkungen nicht wieder in den vorigen Stand eingesetzt; es bleibt ihnen gegebenen Falles der Rückgriff gegen ihre Vormünder oder Ehemänner vorbehalten; es kann jedoch selbst in dem Falle, daß jene Vormünder oder Ehemänner zahlungsunfähig sein sollten, die Wiedereinsetzung in den vorigen Stand nicht stattfinden.

**943.** Eine Schenkung unter Lebenden kann sich nur auf das gegenwärtige Vermögen des Schenkers erstrecken; erstreckt es sich auf zukünftiges Vermögen, so ist sie in dieser Hinsicht nichtig.

**944.** Toute donation entre vifs faite sous des conditions dont l'exécution dépend de la seule volonté du donateur, sera nulle.

**945.** Elle sera pareillement nulle, si elle a été faite sous la condition d'acquitter d'autres dettes ou charges que celles qui existaient à l'époque de la donation, ou qui seraient exprimées, soit dans l'acte de donation, soit dans l'état qui devrait y être annexé.

**946.** En cas que le donateur se soit réservé la liberté de disposer d'un effet compris dans la donation, ou d'une somme fixe sur les biens donnés, s'il meurt sans en avoir disposé, ledit effet ou ladite somme appartiendra aux héritiers du donateur, nonobstant toutes clauses et stipulations à ce contraires.

**947.** Les quatre articles précédents ne s'appliquent point aux donations dont est mention aux chapitres 8 et 9 du présent titre.

**948.** Tout acte de donation d'effets mobiliers ne sera valable que pour les effets dont un état estimatif, signé du donateur, et du donataire, ou de ceux qui acceptent pour lui, aura été annexé à la minute de la donation.

**949.** Il est permis au donateur de faire la réserve à son profit, où de disposer au profit d'un autre, de la jouissance ou de l'usufruit des biens meubles ou immeubles donnés.

**950.** Lorsque la donation d'effets mobiliers aura été faite avec réserve d'usufruit, le donataire sera tenu, à l'expiration de l'usufruit, de prendre les effets donnés qui se trouveront en nature, dans l'état où ils seront; et il aura action contre le donateur ou ses héritiers, pour raison des objets non existants, jusqu'à concurrence de la valeur qui leur aura été donnée dans l'état estimatif.

**951.** Le donateur pourra stipuler le droit de retour des objets donnés, soit pour le cas du prédécès du donataire seul, soit pour le cas du prédécès du donataire et de ses descendants.

Ce droit ne pourra être stipulé qu'au profit du donateur seul.

**952.** L'effet du droit de retour sera de résoudre toutes les aliénations des biens donnés, et de faire revenir ces biens au donateur, francs et quittes de toutes charges et hypothèques, sauf néanmoins l'hypothèque de la dot et des conventions matrimoniales, si les autres biens de l'époux donataire ne suffisent pas, et dans le cas seulement où la donation lui aura été faite par le même contrat de mariage duquel résultent ces droits et hypothèques.

**944.** Jede Schenkung unter Lebenden, die unter Bedingungen geschehen ist, deren Erfüllung lediglich von dem Willen des Schenkers abhängt, ist nichtig.

**945.** Sie ist gleichfalls nichtig, wenn sie unter der Bedingung geschehen ist, andere Schulden oder Lasten zu tilgen als diejenigen, welche zur Zeit der Schenkung vorhanden waren oder in der Schenkungsurkunde oder in dem derselben beizufügenden Verzeichnisse aufgeführt sind.

**946.** Hat der Schenker sich die Befugnis vorbehalten, über eine in der Schenkung inbegriffene Sache oder über eine bestimmte aus den geschenkten Gütern zu zahlende Summe zu verfügen, so gehört diese Sache oder Summe ungeachtet aller entgegenstehenden Bestimmungen und Verabredungen den Erben des Schenkers, wenn letzterer stirbt ohne darüber verfügt zu haben.

**947.** Die vier vorhergehenden Artikel finden keine Anwendung auf die im achten und neunten Kapitel dieses Titels erwähnten Schenkungen.

**948.** Jede Schenkungsurkunde über bewegliche Sachen ist nur in Ansehung derjenigen Sachen gültig, über welche ein Schätzungsverzeichnis, das von dem Schenker und dem Beschenkten oder denen, die statt seiner annehmen, unterschrieben ist, der Urschrift der Schenkung beigefügt worden ist.

**949.** Es ist dem Schenker gestattet, zu seinen Gunsten den Genuß oder den Nießbrauch der geschenkten beweglichen oder unbeweglichen Sachen vorzubehalten oder darüber zum Vorteil eines anderen zu verfügen.

**950.** Wurde eine Schenkung von beweglichen Sachen unter dem Vorbehalte des Nießbrauches gemacht, so ist der Beschenkte verpflichtet, bei Beendigung des Nießbrauchs die geschenkten Sachen, die sich in Natur vorfinden, in dem Zustande anzunehmen, in dem sie sich befinden; in Ansehung der nicht mehr vorhandenen Gegenstände hat er eine Klage gegen den Schenker oder dessen Erben bis zum Betrage des Wertes, welcher in dem Schätzungsverzeichnisse angegeben ist.

**951.** Der Schenker kann sich das Rückfallsrecht an den geschenkten Gegenständen ausbedingen, sowohl für den Fall, daß der Beschenkte und die Nachkommen desselben vor ihm sterben sollten.

Dieses Recht darf nur zum Vorteile des Schenkers ausbedungen werden.

**952.** Die Wirkung des Rückfallrechts besteht darin, daß jede Veräußerung der geschenkten Güter aufgehoben wird und daß diese an den Schenker frei und ledig von allen Lasten und Hypotheken zurückfallen; es bleibt jedoch bestehen die Hypothek wegen des Heiratsgutes und wegen der Eheberedungen, wenn die übrigen Güter des beschenkten Ehegatten nicht hinreichen und wenn zugleich die Schenkung ihm in demselben Ehevertrage gemacht worden ist, durch welchen jene Rechte und Hypotheken begründet sind.

SECTION II.

**Des exceptions à la règle de l'irrévocabilité
des donations entre vifs.**

953. La donation entre vifs ne pourra être
révoquée que pour cause d'inexécution des
conditions sous lesquelles elle aura été faite,
pour cause d'ingratitude, et pour cause de
survenance d'enfants.

954. Dans le cas de la révocation pour
cause d'inexécution des conditions, les biens
rentreront dans les mains du donateur, libres
de toutes charges et hypothèques du chef du
donataire; et le donateur aura, contre les
tiers détenteurs des immeubles donnés, tous
les droits qui l'aurait contre le donataire lui-
même.

955. La donation entre vifs ne pourra être
révoquée par cause d'ingratitude que dans les
cas suivants:

1º Si le donataire a attenté à la vie du
donateur:

2º S'il s'est rendu coupable envers lui de
sévices, délits ou injures graves;

3º S'il lui refuse des aliments.

956. La révocation pour cause d'inexécution des conditions, ou pour cause d'ingratitude, n'aura jamais lieu de plein droit.

957. La demande en révocation pour cause
d'ingratitude devra être formée dans l'année,
à compter du jour du délit imputé par le donateur au donataire, ou du jour que le délit
aura pu être connu par le donateur.

Cette révocation ne pourra être demandée
par le donateur contre les héritiers du donataire, ni par les héritiers du donateur contre
le donataire, à moins que, dans ce dernier
cas, l'action n'ait été intentée par le donateur, ou qu'il ne soit décédé dans l'année du
délit.

958. La révocation pour cause d'ingratitude ne préjudiciera ni aux aliénations faites
par le donataire, ni aux hypothèques et autres
charges réelles qu'il aura pu imposer sur l'objet de la donation, pourvu que le tout soit
antérieur à l'inscription qui aurait été faite
de l'extrait de la demande en révocation, en
marge de la transcription prescrite par l'article 939.

Dans le cas de révocation, le donataire sera
condamné à restituer la valeur des objets
aliénés, eu égard au temps de la demande,
et les fruits, à compter du jour de cette
demande.

959. Les donations en faveur de mariage
ne seront pas révocables pour cause d'ingratitude.

960. Toutes donations entre vifs faites par
personnes qui n'avaient point d'enfants ou de
descendants actuellement vivants dans le
temps de la donation, de quelque valeur que
ces donations puissent être, et à quelque titre

SECTION II.

**Ausnahmen von der Regel der Unwiderruf-
lichkeit der Schenkungen unter Lebenden.**

953. Eine Schenkung unter Lebenden kann
nur widerrufen werden wegen Nichterfüllung
der Bedingungen, unter denen sie gemacht
worden ist, wegen Undanks und wegen nachheriger Geburt von Kindern.

954. Im Falle des Widerrufs wegen Nichterfüllung der Bedingungen fallen die Güter
in die Hände des Schenkers frei von allen von
dem Beschenkten herrührenden Lasten und
Hypotheken zurück und es hat der Schenker
gegen dritte Besitzer der geschenkten Liegenschaften alle die Rechte, die er gegen den
Beschenkten selbst haben würde.

955. Eine Schenkung unter Lebenden kann
wegen Undanks in folgenden Fällen widerrufen
werden:

1. Wenn der Beschenkte dem Schenker nach
dem Leben getrachtet hat;

2. Wenn er sich gegen ihn grobe Mißhandlungen, Vergehen oder schwere Beleidigungen
zu schulden kommen ließ;

3. wenn er ihm den Unterhalt versagt.

956. Der Widerruf wegen Nichterfüllung
der Bedingungen oder wegen Undanks findet
niemals schon von Rechtswegen statt.

957. Die Klage auf Widerruf wegen Undanks muß binnen Jahresfrist angestrengt
werden, gerechnet von dem Tage des Vergehens an, dessen der Schenker den Beschenkten
beschuldigt, oder von dem Tage an, da dasselbe dem Schenker bekannt sein konnte.
Dieser Widerruf kann weder von dem Schenker gegen die Erben des Beschenkten noch
von den Erben des Schenkers gegen den Beschenkten geltend gemacht werden, es sei denn,
daß in diesem letzteren Falle die Klage schon
von dem Schenker angestrengt worden wäre,
oder daß derselbe in dem Jahre des Vergehens
gestorben wäre.

958. Der Widderruf wegen Undanks ist
weder den von dem Beschenkten vorgenommenen Veräußerungen noch den Hypotheken
und anderen dinglichen Belastungen von Nachteil, mit welcher dieser den Gegenstand der
Schenkung etwa belastet hat, vorausgesetzt
nur, daß alles dieses der Eintragung des Auszugs der Widerrufsklage am Rande der im
Artikel 939 vorgeschriebenen Ueberschreibung
vorausgegangen ist.
Im Falle des Widerrufs ist der Beschenkte
zu verurteilen, den Wert der veräußerten
Gegenstände nach dem Betrage zur Zeit der
Klage und die Früchte von dem Tage dieser
Klage an zu erstatten.

959. Schenkungen zu Gunsten einer Ehe
sind nicht wegen Undanks widerruflich.

960. Alle Schenkungen unter Lebenden,
welche von Personen gemacht wurden, die
zur Zeit der Schenkung keine am Leben befindlichen Kinder oder Nachkommen hätten,
von welchem Werte diese Schenkungen auch

qu'elles aient été faites, et encore qu'elles fussent mutuelles ou rémunératoires, même celles qui auraient été faites en faveur de mariage par autres que par les ascendants aux conjoints, ou par les conjoints l'un à l'autre, demeureront révoquées de plein droit par la survenance d'un enfant légitime du donateur, même d'un posthume, ou par la légitimation d'un enfant naturel par mariage subséquent, s'il est né depuis la donation.

961. Cette révocation aura lieu, encore que l'enfant du donateur ou de la donatrice fût conçu au temps de la donation.

962. La donation demeurera pareillement révoquée, lors même que le donataire serait entré en possession des biens donnés, et qu'il y aurait été laissé par le donateur depuis la survenance de l'enfant; sans néanmoins que le donataire soit tenu de restituer les fruits par lui perçus, de quelque nature qu'ils soient, si ce n'est du jour que la naissance de l'enfant ou sa légitimation par mariage subséquent lui aura été notifiée par exploit ou autre acte en bonne forme; et ce, quand même la demande pour rentrer dans les biens donnés n'aurait été formée que postérieurement à cette notification.

963. Les biens compris dans la donation révoquée de plein droit, rentreront dans le patrimoine du donateur, libres de toutes charges et hypothèques du chef du donataire, sans qu'ils puissent demeurer affectés, même subsidiairement, à la restitution de la dot de la femme de ce donataire, de ses reprises ou autres conventions matrimoniales; ce qui aura lieu quand même la donation aurait été faite en faveur du mariage du donataire et insérée dans le contrat, et que le donateur se serait obligé comme caution, par la donation, à l'exécution du contrat de mariage.

964. Les donations ainsi révoquées ne pourront revivre ou avoir de nouveau leur effet, ni par la mort de l'enfant du donateur, ni par aucun acte confirmatif; et si le donateur veut donner les mêmes biens au même donataire, soit avant ou après la mort de l'enfant par la naissance duquel la donation avait été révoquée, il ne le pourra faire que par une nouvelle disposition.

965. Toute clause ou convention par laquelle le donateur aurait renoncé à la révocation de la donation pour survenance d'enfant, sera regardée comme nulle, et ne pourra produire aucun effet.

966. Le donataire, ses héritiers ou ayants cause, ou autres détenteurs des choses données, ne pourront opposer la prescription pour

sein mögen oder unter welchem Titel sie gemacht worden seien, wären sie auch gegenseitig oder remuneratorisch, selbst diejenigen, welche zu Gunsten einer Ehe von anderen als Aszendenten an die Ehegatten oder von den Ehegatten untereinander gemacht worden sind, — werden dadurch von Rechtswegen widerrufen, daß dem Schenker nachher, wenn auch erst nach seinem Tode, ein eheliches Kind geboren wird, oder daß ein uneheliches Kind durch nachfolgende Ehe legitimiert wird, sofern letzteres nach der Schenkung geboren ist.

961. Dieser Widerruf findet statt, wenn auch das Kind des Schenkers oder der Schenkerin zur Zeit der Schenkung schon empfangen war.

962. Die Schenkung bleibt ferner selbst dann widerrufen, wenn der Beschenkte in den Besitz der geschenkten Güter getreten und darin seit der Geburt des Kindes von dem Schenker belassen ist; jedoch ist der Beschenkte nicht verpflichtet, die von ihm gezogenen Früchte, von welcher Art sie auch sein mögen, zu erstatten, ausgenommen die Früchte von dem Tage an, an welchem ihm die Geburt des Kindes oder dessen durch nachfolgende Ehe erfolgte Legitimation durch eine Gerichtsvollzieherurkunde oder durch eine andere Urkunde in gehöriger Form bekannt gemacht worden ist, und zwar dieses selbst dann, wenn die Klage auf Wiedererlangung der geschenkten Güter erst nach dieser Bekanntmachung erhoben worden wäre.

963. Die unter einer von Rechtswegen widerrufenen Schenkung begriffenen Güter fallen in das Vermögen des Schenkers zurück, frei von allen Lasten und Hypotheken, welche von dem Beschenkten herrühren; dieselben können nicht einmal auch nur subsidiarisch für die Wiederherstellung des Heiratsgutes der Ehefrau des Beschenkten für deren Ersatzforderungen oder andere Eheberedungen haftbar bleiben; dieses findet selbst dann statt, wenn die Schenkung zu Gunsten der Ehe des Beschenkten gemacht und in den Ehevertrag aufgenommen worden ist, und wenn der Schenker sich in der Schenkung als Bürge für die Erfüllung des Ehevertrags verpflichtet hat.

964. Die auf solche Weise widerrufenen Schenkungen können weder durch den Tod des Kindes des Schenkers noch durch irgend eine Bestätigungshandlung wieder aufleben oder von neuem wirksam werden; wenn der Schenker demselben Beschenkten die nämlichen Güter schenken will, sei es vor, sei es nach dem Tode des Kindes, durch dessen Geburt die Schenkung widerrufen wurde, so kann er dies nur durch eine neue Verfügung tun.

965. Jede Bestimmung oder Uebereinkunft, wodurch der Schenker auf den Widerruf der Schenkung wegen nachheriger Geburt von Kindern verzichtet hat, ist als nichtig anzusehen und kann keine Wirkung hervorbringen.

966. Der Beschenkte, dessen Erben oder Rechtsnachfolger oder andere Inhaber der geschenkten Sachen können sich zum Zwecke

faire valoir la donation révoquée par la survenance d'enfant, qu'après une possession de trente années, qui ne pourront commencer à courir que du jour de la naissance du dernier enfant du donateur, même posthume; et ce, sans préjudice des interruptions, telles que de droit.

der Aufrechterhaltung der durch die nachherige Geburt von Kindern widerrufenen Schenkung auf die Verjährung nicht eher berufen als nach einem Besitze von dreißig Jahren, welche erst von dem Tage an ihren Anfang nehmen können, an dem das letzte Kind des Schenkers, sei es auch nach dessen Tode, geboren wurde; und zwar dies unbeschadet der gesetzlichen Unterbrechung der Verjährung.

## CHAPITRE V.

### Des dispositions testamentaires.

#### SECTION PREMIÈRE.

**Des règles générales sur la forme des testaments.**

967. Toute personne pourra disposer par testament, soit sous le titre d'institution d'héritier, soit sous le titre de legs, soit sous toute autre dénomination propre à manifester sa volonté.

968. Un testament ne pourra être fait dans le même acte par deux ou plusieurs personnes, soit au profit d'un tiers, soit à titre de disposition réciproque et mutuelle.

969. Un testament pourra être olographe, ou fait par acte public ou dans la forme mystique.

970. Le testament olographe ne sera point valable, s'il n'est écrit en entier, daté et signé de la main du testateur: il n'est assujetti à aucune autre forme.

971. Le testament par acte public est celui qui est reçu par deux notaires, en présence de deux témoins, ou par un notaire, en présence de quatre témoins.

972. Si le testament est reçu par deux notaires, il leur est dicté par le testateur, et il doit être écrit par l'un de ces notaires, tel qu'il est dicté.

S'il n'y a qu'un notaire, il doit également être dicté par le testateur, et écrit par ce notaire.

Dans l'un est l'autre cas, il doit en être donné lecture au testateur, en présence des témoins.

Il est fait du tout mention expresse.

973. Ce testament doit être signé par le testateur: s'il déclare qu'il ne sait ou ne peut signer, il sera fait dans l'acte mention expresse de sa déclaration, ainsi que de la cause qui l'empêche de signer.

974. Le testament devra être signé par les témoins; et néanmoins dans les campagnes, il suffira qu'un des deux témoins signe, si le testament est reçu par deux notaires, et que deux des quatre témoins signent, s'il est reçu par un notaire.

## FÜNFTES KAPITEL.

### Testamentarische Verfügungen.

#### ERSTER ABSCHNITT.

**Allgemeine Regeln über die Form der Testamente.**

967. Jedermann kann durch Testament verfügen, sei es unter dem Titel einer Erbeinsetzung oder unter dem Titel eines Vermächtnisses oder unter jeder anderen Benennung, die geeignet ist, seinen Willen an den Tag zu legen.

968. Ein Testament kann nicht von zwei oder mehreren Personen in derselben Urkunde errichtet werden, mag es zum Vorteile eines Dritten oder unter dem Titel einer gegenseitigen Verfügung geschehen.

969. Ein Testament kann ein eigenhändiges sein oder durch öffentliche Urkunde oder in der mystischen Form errichtet werden.

970. Das eigenhändige Testament ist nur gültig, wenn es von der Hand des Erblassers ganz geschrieben, datiert und unterschrieben ist; einer weiteren Form ist es nicht unterworfen.

971. Ein durch öffentliche Urkunde errichtetes Testament ist dasjenige, welches aufgenommen wird von zwei Notaren in Gegenwart zweier Zeugen oder von einem Notar in Gegenwart von vier Zeugen.

972. Wird das Testament von zwei Notaren aufgenommen, so wird es ihnen von dem Erblasser diktiert und es muß von einem dieser Notare so, wie es diktiert wird, niedergeschrieben werden.

Ist nur ein Notar zugezogen, so muß es ebenfalls von dem Erblasser diktiert und von dem Notar niedergeschrieben werden.

In dem einen wie in dem andern Falle muß es in Gegenwart der Zeugen dem Erblasser vorgelesen werden.

Alles dies ist ausdrücklich zu erwähnen.

973. Dieses Testament muß von dem Erblasser unterschrieben werden; erklärt er, daß er des Schreibens unkundig oder dazu außer Stande sei, so hat in der Urkunde von seiner Erklärung sowie von der Ursache, welche ihn zu unterschreiben verhindert, ausdrückliche Erwähnung zu geschehen.

974. Das Testament muß von den Zeugen unterschrieben werden; auf dem Lande genügt es jedoch, wenn einer der beiden Zeugen unterschreibt, falls das Testament von zwei Notaren aufgenommen wird, und wenn zwei von den vier Zeugen unterschreiben, falls es von einem Notar aufgenommen wird.

**975.** Ne pourront être pris pour témoins du testament par acte public, ni les légataires, à quelque titre qu'ils soient, ni leurs parents ou alliés jusqu'au quatrième degré inclusivement, ni les clercs des notaires par lesquels les actes seront reçus.

**976.** Lorsque le testateur voudra faire un testament mystique ou secret, il sera tenu de signer ses dispositions, soit qu'il les ait écrites lui-même, ou qu'il les ait fait écrire par un autre. Sera le papier qui contiendra ses dispositions, ou le papier qui servira d'enveloppe, s'il y en a une, clos et scellé. Le testateur le présentera ainsi clos et scellé au notaire, et à six témoins au moins, ou il le fera clore et sceller en leur présence; et il déclarera que le contenu en ce papier est son testament écrit et signé de lui, ou écrit par un autre et signé de lui: le notaire en dressera l'acte de suscription, qui sera écrit sur ce papier ou sur la feuille qui servira d'enveloppe; cet acte signé tant par le testateur que par le notaire, ensemble par les témoins. Tout ce que dessus sera fait de suite et sans divertir à autres actes; et en cas que le testateur, par un empêchement survenu depuis la signature du testament, ne puisse signer l'acte de suscription, il sera fait mention de la déclaration qu'il en aura faite, sans qu'il soit besoin, en ce cas, d'augmenter le nombre des témoins.

**977.** Si le testateur ne sait signer, ou s'il n'a pu le faire lorsqu'il a fait écrire ses dispositions, il sera appelé à l'acte de suscription un témoin, outre le nombre porté par l'article précédent, lequel signera l'acte avec les autres témoins; et il y sera fait mention de la cause pour laquelle ce témoin aura été appelé.

**978.** Ceux qui ne savent ou ne peuvent lire, ne pourront faire de dispositions dans la forme du testament mystique.

**979.** En cas que le testateur ne puisse parler, mais qu'il puisse écrire, il pourra faire un testament mystique, à la charge que le testament sera entièrement écrit, daté et signé de sa main, qu'il le présentera au notaire et aux témoins, et qu'au haut de l'acte de suscription, il écrira, en leur présence, que le papier qu'il présente est son testament: après quoi le notaire écrira l'acte de suscription, dans lequel il sera fait mention que le testateur a écrit ces mots en présence du notaire

**975.** Bei Testamenten, welche durch eine öffentliche Urkunde errichtet werden, können weder die Vermächtnisnehmer, unter welchem Titel sie es auch sein mögen, zu Zeugen genommen werden, noch deren Verwandte und Verschwägerte bis zum vierten Grade einschließlich, noch die Schreiber der Notare, von welchen die Urkunden aufgenommen werden.

**976.** Will der Erblasser ein mystisches oder geheimes Testament errichten, so ist er verpflichtet seine Verfügungen zu unterschreiben, mag er sie selbst geschrieben haben oder durch einen andern haben schreiben lassen. Das Papier, welches seine Verfügungen enthält, oder das Papier, welches zum Umschlage dient, wenn ein solcher vorhanden ist, muß verschlossen und versiegelt werden. Der Erblasser hat es also verschlossen und versiegelt dem Notar und wenigstens sechs Zeugen vorzulegen oder in deren Gegenwart verschließen und versiegeln zu lassen; er hat zu erklären, daß das in diesem Papier Enthaltene sein Testament sei, welches er selbst geschrieben und unterschrieben oder welches ein anderer geschrieben und er selbst unterschrieben habe: Der Notar hat hierüber eine Aufschriftsurkunde aufzunehmen, die auf eben dieses Papier oder auf das zum Umschlage dienende Blatt geschrieben wird; diese Urkunde ist sowohl von dem Erblasser als von dem Notar nebst den Zeugen zu unterschreiben. Alles Obige hat nacheinander und ohne daß dazwischen andere Handlungen vorgenommen werden zu geschehen; falls der Erblasser wegen eines nach der Unterzeichnung des Testamentes eingetretenen Hindernisses die Aufschriftsurkunde zu unterschreiben außer Stande sein sollte, so hat von der durch ihn darüber abgegebenen Erklärung Erwähnung zu geschehen, ohne daß es in diesem Falle nötig wäre, die Anzahl der Zeugen zu vermehren.

**977.** Ist der Erblasser des Schreibens unkundig oder war er, als er seine Verfügungen niederschreiben ließ, außer Stande zu unterschreiben, so ist zu der Aufschriftsurkunde außer der im vorstehenden Artikel bestimmten Zahl noch ein Zeuge zuzuziehen, welcher mit den übrigen Zeugen die Urkunde zu unterschreiben hat; und es hat in derselben Erwähnung von der Ursache zu geschehen, aus welcher dieser Zeuge hinzugezogen wurde.

**978.** Diejenigen, welche des Lesens unkundig oder zu lesen außer Stande sind, können Verfügungen in Form eines mystischen Testamentes nicht treffen.

**979.** Kann der Erblasser nicht sprechen, aber schreiben, so kann er ein mystisches Testament unter der Bedingung errichten, daß dasselbe von seiner Hand ganz geschrieben, datiert und unterschrieben ist und daß er es dem Notar und den Zeugen vorgelegt und in ihrer Gegenwart oben auf die Aufschriftsurkunde hinschreibt, daß das von ihm vorgelegte Papier sein Testament sei, worauf sodann der Notar die Aufschriftsurkunde aufnimmt und darin erwähnt, daß der Erblasser

et des témoins; et sera, au surplus, observé tout ce qui est prescrit par l'article 976.

980. Les témoins appelés pour être présents aux testaments devront être majeurs, Français, sans distinction de sexe. Toutefois le mari et la femme ne pourront être témoins ensemble dans le même testament.

### SECTION II.

#### Des règles particulières sur la forme de certains testaments.

981. Les testaments des militaires, des marins de l'Etat et des personnes employées à la suite des armées pourront être reçus, dans les cas et conditions prévus à l'article 93, soit par un officier supérieur ou médecin militaire d'un grade correspondant, en présence de deux témoins ; soit par deux fonctionnaires de l'intendance ou officiers du commissariat; soit par un de ces fonctionnaires ou officiers, en présence de deux témoins; soit, enfin, dans un détachement isolé, par l'officier commandant ce détachement, assisté de deux témoins, s'il n'existe pas dans le détachement d'officier supérieur ou médecin militaire d'un grade correspondant, de fonctionnaire de l'intendance ou d'officier du commissariat.

Le testament de l'officier commandant un détachement isolé pourra être reçu par l'officier qui vient après lui dans l'ordre du service.

La faculté de tester dans les conditions prévues au présent article s'étendra aux prisonniers chez l'ennemi.

982. Les testaments mentionnés à l'article précédent pourront encore, si le testateur est malade ou blessé, être reçus, dans les hôpitaux ou les formations sanitaires militaires, telles que les définissent les règlements de l'armée, par le médecin chef, quel que soit son grade, assisté de l'officier d'administration gestionnaire.

A défaut de cet officier d'administration, la présence de deux témoins sera nécessaire.

983. Dans tous les cas, il sera fait un double original des testaments mentionnés aux deux articles précédents.

Si cette formalité n'a pu être remplie à raison de l'état de santé du testateur, il sera dressé une expédition du testament pour tenir lieu du second original; cette expédition sera signée par les témoins et par les officiers instrumentaires. Il y sera fait mention des causes qui ont empêché de dresser le second original.

Dès que la communication sera possible, et dans le plus bref délai, les deux originaux ou l'original et l'expédition du testament seront adressés, séparément et par courriers différents, sous pli clos et cacheté, au ministre

---

in Gegenwart des Notars und der Zeugen diese Worte niedergeschrieben habe. Außerdem muß alles das beachtet werden, was im Art. 976 vorgeschrieben ist.

980. Die Zeugen, welche berufen werden bei einem Testamente gegenwärtig zu sein, müssen volljährig und Franzosen sein, ohne Unterschied des Geschlechts. Ehemann und Ehefrau können jedoch zusammen im selben Testament nicht Zeugen sein.

### ZWEITER ABSCHNITT.

#### Besondere Regeln über die Form gewisser Testamente.

981. Die Testamente der Militärpersonen, der Staatsseeleute und der im Heeresgefolge beschäftigten Personen können aufgenommen werden in den in Art. 63 vorgesehenen Fällen und unter den darin angegebenen Bedingungen, entweder von einem höheren Offiziere oder einem diesem Grade entsprechenden Militärarzte in Gegenwart von zwei Zeugen ; oder von zwei Intendanturbeamten oder Offizieren des Kommissariats; oder von einem dieser Beamten oder Offiziere in Gegenwart von zwei Zeugen ; oder endlich bei einer abgetrennten Abteilung von dem Offizier, der die Abteilung kommandiert, verbeistandet durch zwei Zeugen, wenn in dieser Abteilung kein höherer Offizier oder kein diesem Grade entsprechender Militärarzt, kein Intendanturbeamter oder kein Offizier des Kommissariats sich befindet.

Das Testament des Offiziers, der eine abgetrennte Abteilung kommandiert, wird von dem Offizier aufgenommen, der ihm im Dienstrange nachfolgt.

Die Fähigkeit zu testieren unter den in diesem Artikel vorgesehenen Bedingungen erstreckt sich auf Gefangene beim Feinde.

982. Die in vorstehendem Artikel erwähnten Testamente können noch, wenn der Testator krank oder verwundet ist, in den Spitälern oder militärischen Sanitätsformationen, wie sie in den Armeereglements bezeichnet sind, durch den Chefarzt, welches auch sein Grad sein möge, unter Zuziehung des Verwaltungsoffiziers aufgenommen werden.

In Ermangelung dieses Verwaltungsoffiziers ist die Gegenwart zweier Zeugen notwendig.

983. In allen Fällen ist eine zweifache Urschrift der in beiden vorstehenden Artikeln erwähnten Testamente anzufertigen.

Konnte diese Förmlichkeit infolge des Gesundheitszustandes des Testators nicht erfüllt werden, so ist eine Ausfertigung des Testamentes anzufertigen, die als zweites Original gilt; diese Ausfertigung ist von den Zeugen und den Urkundsoffizieren zu unterzeichnen. Es sind darin die Gründe anzugeben, die die Errichtung eines zweiten Originals verhinderten.

Sobald die Verbindung möglich wird, sind die beiden Originale oder das Original und die Ausfertigung des Testaments unverzüglich, getrennt und durch verschiedene Kuriere unter verschlossenem und versiegeltem Umschlag an

de la guerre ou de la marine, pour être déposés chez le notaire indiqué par le testateur ou, à défaut d'indication, chez le président de la chambre des notaires de l'arrondissement du dernier domicile.

**984.** Le testament fait dans la forme ci-dessus établie sera nul six mois après que le testateur sera venu dans un lieu où il aura la liberté d'employer les formes ordinaires, à moins que, avant l'expiration de ce délai, il n'ait été de nouveau placé dans une des situations spéciales prévues à l'article 93. Le testament sera alors valable pendant la durée de cette situation spéciale et pendant un nouveau délai de six mois après son expiration.

**985.** Les testaments faits dans un lieu avec lequel toute communication sera interceptée à cause de la peste ou autre maladie contagieuse pourront être faits devant le juge de paix ou devant l'un des officiers municipaux de la commune en présence de deux témoins.

Cette disposition aura lieu tant à l'égard de ceux qui seraient attaqués de ces maladies que de ceux qui seraient dans les lieux qui en sont infectés, encore qu'ils ne fussent pas actuellement malades.

**986.** Les testaments faits dans une île du territoire européen de la France où il n'existe pas d'office notarial, quand il y aura impossibilité de communiquer avec le continent, pourront être reçus ainsi qu'il est dit dans l'article précédent. L'impossibilité des communications sera attestée dans l'acte par le juge de paix ou l'officier municipal qui aura reçu le testament.

**987.** Les testaments mentionnés aux deux précédents articles deviendront nuls six mois après que les communications auront été rétablies dans le lieu où le testateur se trouve, ou six mois après qu'il aura passé dans un lieu où elles ne seront point interrompues.

**988.** Au cours d'un voyage maritime, soit en route, soit pendant un arrêt dans un port, lorsqu'il y aura impossibilité de communiquer avec la terre ou lorsqu'il n'existera pas dans le port, si l'on est à l'étranger, d'agent diplomatique ou consulaire français investi des fonctions de notaire, les testaments des personnes présentes à bord seront reçus, en présence de deux témoins: sur les bâtiments de l'Etat, par l'officier d'administration ou, à son défaut, par le commandant ou celui qui en remplit les fonctions, et sur les autres bâtiments, par le capitaine, maître ou patron, assisté du second navire, ou, à leur défaut, par ceux qui les remplacent.

L'acte indiquera celle des circonstances ci-dessus prévues dans laquelle il aura été reçu.

den Kriegs- oder Marineminister einzusenden um bei dem von dem Testator bezeichneten Notar hinterlegt zu werden, oder mangels der Bezeichnung eines solchen, bei dem Präsidenten der Notariatskammer des Kreises des letzten Wohnsitzes.

**984.** Das Testament, das in der oben festgesetzten Form gemacht ist, wird nichtig sechs Monate nachdem der Testator an einen Ort gekommen ist, wo er die gewöhnlichen Formen beobachten kann, wenn er nicht von Neuem vor Ablauf dieser Frist in eine der besonderen im Art. 93 vorgesehenen Lagen kommt. Das Testament ist alsdann für die Dauer dieser besonderen Lage gültig und während einer neuen Frist von sechs Monaten nach ihrem Ablauf.

**985.** Testamente, welche an einem Orte gemacht werden, mit dem wegen der Pest oder einer anderen ansteckenden Krankheit jede Verbindung abgebrochen ist, können vor dem Friedensrichter oder einem Gemeindebeamten der betreffenden Gemeinde in Gegenwart zweier Zeugen errichtet werden.

Diese Bestimmung trifft sowohl auf die Personen zu, die von dieser Krankheit befallen sind, als auch auf die, welche in den angesteckten Orten sich befinden, ohne daß sie bereits krank sind.

**986.** Die Testamente, die auf einer Insel des europäischen Gebietes Frankreichs gemacht werden, auf der kein Notariatsbureau sich befindet, können, wenn eine Verbindung mit dem Festlande unmöglich ist, errichtet werden, so wie es im vorstehenden Artikel gesagt ist. Die Unmöglichkeit der Verbindungen ist in der Urkunde von dem Friedensrichter oder dem Gemeindebeamten, der das Testament errichtet hat, zu bescheinigen.

**987.** Die in den beiden vorstehenden Artikeln erwähnten Testamente werden nichtig sechs Monate, nachdem die Verbindungen mit dem Orte, wo der Testator sich befindet, wiederhergestellt sind, oder sechs Monate, nachdem er sich an einen Ort begeben hat, mit welchem sie nicht unterbrochen sind.

**988.** Während einer Seereise, sei es während der Fahrt oder während eines Aufenthalts in einem Hafen, wenn die Unmöglichkeit besteht mit dem Lande in Verbindung zu treten, oder wenn in dem Hafen, falls man im Auslande ist, keine französischen mit den Funktionen eines Notars ausgestatteten diplomatische oder Konsularagenten sich befinden, sind die Testamente der an Bord befindlichen Personen in Gegenwart zweier Zeugen aufzunehmen: auf den staatlichen Schiffen von dem Verwaltungsoffizier oder in dessen Ermangelung von dem Kommandanten oder demjenigen, der diese Funktionen ausübt, und auf den andern Schiffen durch den Kapitän, den ersten Offizier oder den Schiffsherrn unter Zuziehung des zweiten Offiziers des Schiffes, oder bei deren Fehlen durch diejenigen, die sie vertreten.

Die Urkunde hat denjenigen der oben erwähnten Umstände anzugeben, unter dem sie aufgenommen ist.

989. Sur les bâtiments de l'Etat, le testament de l'officier d'administration sera, dans les circonstances prévues à l'article précédent, reçu par le commandant ou par celui qui en remplit les fonctions, et, s'il n'y a pas d'officier d'administration, le testament du commandant sera reçu par celui qui vient après lui dans l'ordre du service.

Sur les autres bâtiments, le testament du capitaine, maître ou patron, ou celui du second, seront, dans les mêmes circonstances, reçus par les personnes qui viennent après eux dans l'ordre du service.

990. Dans tous les cas, il sera fait un double original des testaments mentionnés aux deux articles précédents.

Si cette formalité n'a pu être remplie à raison de l'état de santé du testateur, il sera dressé une expédition du testament pour tenir lieu du second original; cette expédition sera signée par les témoins et par les officiers instrumentaires. Il y sera fait mention des causes qui ont empêché de dresser le second original.

991. Au premier arrêt dans un port étranger où se trouve un agent diplomatique ou consulaire français, il sera fait remise, sous pli clos et cacheté, de l'un des originaux ou de l'expédition du testament entre les mains de ce fonctionnaire, qui l'adressera au ministre de la marine afin que le dépôt puisse en être effectué comme il est dit à l'article 983.

992. A l'arrivée du bâtiment dans un port de France, les deux originaux du testament, ou l'original et son expédition, ou l'original qui reste, en cas de transmission ou de remise effectuée pendant le cours du voyage, seront déposés, sous pli clos et cachetés, pour les bâtiments de l'Etat, au bureau des armements, et pour les autres bâtiments, au bureau de l'inscription maritime. Chacune de ces pièces sera adressée, séparément et par courriers différents, au ministre de la marine, qui en opérera la transmission comme il est dit à l'article 983.

993. Il sera fait mention sur le rôle du bâtiment, en regard du nom du testateur, de la remise des originaux ou expédition du testament faite, conformément aux prescriptions des articles précédents, au consulat, au bureau des armements ou au bureau de l'inscription maritime.

994. Le testament fait au cours d'un voyage maritime, en la forme prescrite par les articles 988 et suivants, ne sera valable qu'autant que le testateur mourra à bord ou dans les six mois après qu'il sera débarqué dans un lieu où il aura pu le refaire dans les formes ordinaires.

989. Auf den staatlichen Schiffen wird das Testament des Verwaltungsoffiziers unter den in vorstehendem Artikel vorgesehenen Umständen von dem Kommandanten oder demjenigen, der dessen Funktionen versieht, aufgenommen, und falls kein Verwaltungsoffizier vorhanden ist, wird das Testament des Kommandanten von demjenigen aufgenommen, der ihm in der dienstlichen Rangordnung folgt.

Auf den andern Schiffen ist das Testament des Kapitäns, des ersten Offiziers oder des Schiffsherrn oder dasjenige des zweiten Offiziers unter denselben Umständen von den Personen aufzunehmen, die ihnen in der dienstlichen Rangordnung folgen.

990. In allen Fällen ist eine zweifache Urschrift von den in den beiden vorstehenden Artikeln erwähnten Testamenten aufzunehmen.

Konnte diese Förmlichkeit infolge des Gesundheitszustandes des Testators nicht erfüllt werden, so ist eine Ausfertigung des Testaments anzufertigen, die als zweite Urschrift gilt; diese Ausfertigung ist von den Zeugen und den Urkundsoffizieren zu unterzeichnen.

Es sind darin die Gründe anzugeben, die die Errichtung einer zweiten Urschrift verhinderten.

991. Beim ersten Aufenthalt in einem fremden Hafen, wo sich ein französischer diplomatischer oder Konsularagent befindet, ist eine der Urschriften oder die Ausfertigung des Testamentes unter verschlossenem und versiegeltem Umschlage diesem Beamten auszuhändigen, der sie dem Marineminister übersendet, zwecks Hinterlegung, wie es im Artikel 983 gesagt ist.

992. Bei der Ankunft des Schiffes in einem französischen Hafen sind die beiden Urschriften des Testaments, oder die Urschrift und die Ausfertigung, oder die übrigbleibende Urschrift im Falle der während der Reise vollzogenen Uebersendung oder Aushändigung, in verschlossenem und versiegeltem Umschlage zu hinterlegen, und zwar für die staatlichen Schiffe auf dem «bureau des armements» und für die anderen Schiffe auf dem «bureau de l'inscription maritime». Jedes dieser Schriftstücke wird getrennt und durch besonderen Kurier dem Marineminister übersandt, der die Uebermittelung bewerkstelligt so wie es im Artikel 983 gesagt ist.

993. In der Schiffsliste hat neben dem Namen des Testators von der gemäß den Vorschriften vorstehender Artikel an das Konsulat, das «bureau des armements» oder das «bureau de l'inscription maritime» erfolgten Aushändigung der Urschriften oder der Ausfertigung Erwähnung zu geschehen.

994. Das im Verlaufe einer Seereise in der durch die Artikel 988 und folgende errichtete Testament ist nur gültig, sobald der Testator an Bord des Schiffes oder innerhalb sechs Monaten stirbt, nachdem er an einem Orte ausgeschifft worden ist, an welchem er das Testament in den gewöhnlichen Formen wieder von neuem hätte errichten können.

Toutefois, si le testateur entreprend un nouveau voyage maritime avant l'expiration de ce délai, le testament sera valable pendant la durée de ce voyage et pendant un nouveau délai de six mois après que le testateur sera de nouveau débarqué.

995. Les dispositions insérées dans un testament fait, au cours d'un voyage maritime, au profit des officiers du bâtiment autres que ceux qui seraient parents ou alliés du testateur, seront nulles et non avenues.

Il en sera ainsi, que le testament soit fait en la forme olographe ou qu'il soit reçu conformément aux articles 988 et suivants.

496. Il sera donné lecture au testateur, en présence des témoins, des dispositions de l'article 984, 987 ou 994, suivant les cas, et mention de cette lecture sera faite dans le testament.

997. Les testaments compris dans les articles ci-dessus de la présente section seront signés par le testateur, par ceux qui les auront reçus et par les témoins.

998. Si le testateur déclare qu'il ne peut ou ne sait signer, il sera fait mention de sa déclaration, ainsi que de la cause qui l'empêche de signer.

Dans les cas où la présence de deux témoins est requise, le testament sera signé au moins par l'un d'eux, et il sera fait mention de la cause pour laquelle l'autre n'aura pas signé.

999. Un Français qui se trouvera en pays étranger, pourra faire ses dispositions testamentaires par acte sous signature privée, ainsi qu'il est prescrit en l'article 970, ou par acte authentique, avec les formes usitées dans le lieu ou cet acte sera passé.

1000. Les testaments faits en pays étranger ne pourront être exécutés sur les biens situés en France, qu'après avoir été enregistrés au bureau du domicile du testateur, s'il en a conservé un, sinon au bureau de son dernier domicile connu en France; et dans le cas où le testament contiendrait des dispositions d'immeubles qui y seraient situés, il devra être, en outre, enregistré au bureau de la situation de ces immeubles, sans qu'il puisse être exigé un double droit.

1001. Les formalités auxquelles les divers testaments sont assujettis par les dispositions de la présente section et de la précédente, doivent être observées à peine de nullité.

Unternimmt jedoch der Testator eine neue Seereise vor Ablauf dieser Frist, so ist das Testament während der Dauer dieser Reise und während einer neuen Frist von sechs Monaten, nachdem der Testator wieder ausgeschifft worden ist, gültig.

995. Die in einem während einer Seereise gemachten Testamente enthaltenen Verfügungen zu Gunsten der Offiziere des Schiffes, wenn sie nicht mit dem Testator verwandt oder verschwägert sind, sind null und nichtig.

Dasselbe gilt bei eigenhändigen oder gemäß den Artikeln 988 und folgende aufgenommenen Testamenten.

996. Dem Testator sind je nach Lage der Sache die Bestimmungen des Artikels 984, 987 oder 994 in Gegenwart der Zeugen vorzulesen; diese Vorlesung ist im Testament zu erwähnen.

997. Die in den obigen Artikeln dieses Abschnittes begriffenen Testamente sind von dem Testator, von den sie aufnehmenden Personen und von den Zeugen zu unterschreiben.

998. Erklärt der Erblasser, daß er des Schreibens unkundig oder außerstande ist zu schreiben, so hat von seiner Erklärung sowie von der Ursache, welche ihn zu unterschreiben verhindert, Erwähnung zu geschehen.

In den Fällen, wo die Gegenwart zweier Zeugen erforderlich ist, ist das Testament wenigstens von einem der beiden zu unterschreiben und es hat Erwähnung von der Ursache zu geschehen, aus welcher der andere nicht unterschrieben hat.

999. Ein Franzose, der sich im Auslande befindet, kann seine testamentarischen Verfügungen in einer Urkunde unter Privatunterschrift nach Maßgabe der Vorschriften des Artikels 970 oder in einer öffentlichen Urkunde in der Form, welche an dem Orte der Aufnahme der Urkunde besteht, treffen.

1000. Im Auslande errichtete Testamente können in Ansehung der in Frankreich gelegenen Güter nicht eher in Vollzug gesetzt werden, als bis sie auf dem Enregistrement des Wohnsitzes des Erblassers, wenn er einen solchen beibehalten hat, anderenfalls auf dem Enregistrement seines letzten bekannten Wohnsitzes in Frankreich, registriert worden sind; falls das Testament Verfügungen über in Frankreich gelegene Liegenschaften enthält, muß es überdies auf dem Enregistrement des Bezirkes, in welchem die Liegenschaften gelegen sind, registriert werden, ohne daß jedoch doppelte Gebühren erhoben werden dürfen.

1001. Die Förmlichkeiten, welchen die verschiedenen Testamente durch die Bestimmungen dieses und des vorhergehenden Abschnittes unterworfen sind, müssen bei Strafe der Nichtigkeit beobachtet werden.

<table>
<tr><td width="50%" valign="top">

### SECTION III.

#### Des institutions d'héritier, et des legs en général.

**1002.** Les dispositions testamentaires sont ou universelles, ou à titre universelle, ou à titre particulier.

Chacune de ces dispositions, soit qu'elle ait été faite sous la dénomination d'institution d'héritier, soit qu'elle ait été faite sous la dénomination de legs, produira son effet suivant les règles ci-après établies pour les legs universels, pour les legs à titre universel et pour les legs particuliers.

### SECTION IV.

#### Du legs universel.

**1003.** Le legs universel est la disposition testamentaire par laquelle le testateur donne à une ou plusieurs personnes l'universalité des biens qu'il laissera à son décès.

**1004.** Lorsqu'au décès du testateur il y a des héritiers auxquels une quotité de ses biens est reservée par la loi, ces héritiers sont saisis de plein droit, par sa mort, de tous les biens de la succession; et le légataire universel est tenu de leur demander la délivrance des biens compris dans le testament.

**1005.** Néanmoins, dans les mêmes cas, le légataire universel aura la jouissance des biens compris dans le testament, à compter du jour du décès, si la demande en délivrance a été faite dans l'année, depuis cette époque; sinon, cette jouissance ne commencera que du jour de la demande formée en justice, ou du jour que la délivrance aurait été volontairement consentie.

**1006.** Lorsqu'au décès du testateur il n'y aura pas d'héritiers auxquels une quotité de ses biens soit réservée par la loi, le légataire universel sera saisi de plein droit par la mort du testateur, sans être tenu de demander la délivrance.

**1007.** Tout testament olographe sera, avant d'être mis à exécution, présenté au président du tribunal de première instance de l'arrondissement dans lequel la succession est ouverte. Ce testament sera ouvert, s'il est cacheté. Le président dressera procès-verbal de la présentation, de l'ouverture et de l'état du testament, dont il ordonnera le dépôt entre les mains du notaire par lui commis.

Dans les colonies françaises et les pays de protectorat, le testament olographe des personnes ayant conservé leur domicile en France ou dans une autre colonie sera présenté au président du tribunal de première instance du lieu du décès ou au président du tribunal le plus voisin. Ce magistrat procédera à l'ouverture du testament et en constatera l'état dans un procès-verbal.

</td><td width="50%" valign="top">

### DRITTER ABSCHNITT.

#### Erbeinsetzungen und Vermächtnisse im Allgemeinen.

**1002.** Die testamentarischen Verfügungen sind entweder Erbverfügungen oder Erbteilverfügungen oder Erbstückverfügungen.

Jede dieser Verfügungen, sie mag unter dem Namen einer Erbeinsetzung oder unter dem eines Vermächtnisses geschehen sein, hat ihre Wirkung nach den für die Erbvermächtnisse, für die Erbteilvermächtnisse und für die Erbstückvermächtnisse nachstehend aufgestellten Regeln.

### VIERTER ABSCHNITT.

#### Erbvermächtnisse.

**1003.** Ein Erbvermächtnis ist diejenige testamentarische Verfügung, durch welche der Erblasser einer oder mehreren Personen die Gesamtheit der Güter gibt, welche er bei seinem Tode hinterlassen wird.

**1004.** Sind beim Absterben des Erblassers Erben vorhanden, denen das Gesetz einen Teil seines Vermögens vorbehält, so treten diese Erben durch seinen Tod von Rechtswegen in den Vollbesitz aller Güter der Erbschaft; der Erbnehmer muß die Auslieferung der in dem Testamente begriffenen Güter von ihnen verlangen.

**1005.** Jedoch hat in diesen Fällen der Erbnehmer den Genuß der in dem Testamente begriffenen Güter von dem Sterbetage an, wenn die Klage auf Auslieferung innerhalb eines Jahres nach diesem Zeitpunkte erhoben worden ist; andernfalls beginnt dieser Genuß erst mit dem Tage der gerichtlich angestellten Klage oder mit dem Tage, an welchem die Auslieferung freiwillig zugestanden worden ist.

**1006.** Sind bei dem Tode des Erblassers keine Erben vorhanden, denen das Gesetz einen Teil seines Vermögens vorbehalten hat, so tritt der Erbnehmer durch den Tod des Erblassers schon von Rechtswegen in den Vollbesitz des Vermögens, ohne daß er die Auslieferung zu verlangen braucht.

**1007.** Jedes eigenhändige Testament ist, bevor es vollzogen wird, dem Präsidenten des Gerichts erster Instanz vorzulegen, in dessen Bezirk die Erbschaft eröffnet ist. Das Testament ist, falls versiegelt, zu eröffnen. Der Präsident nimmt ein Protokoll auf über die Vorlegung, die Eröffnung und den Zustand des Testamentes und verordnet dessen Hinterlegung in die Hände eines von ihm beauftragten Notars.

In den französischen Kolonien und in den Protektoratsländern ist das Testament derjenigen Personen, welche ihren Wohnsitz in Frankreich oder in einer andern Kolonie beibehalten haben, dem Präsidenten des Gerichtes erster Instanz des Todesortes oder dem Präsidenten des nächsten Gerichts vorzulegen. Dieser Richter eröffnet das Testament und stellt dessen Zustand in einem Protokolle fest.

</td></tr>
</table>

Le greffier dressera une copie figurée du testament et le déposera dans les minutes du greffe. Le testament et une expédition du procès-verbal d'ouverture seront ensuite transmis, sous pli scellé, au président du tribunal du domicile du défunt, qui se conformera, pour l'ouverture et le dépôt, aux prescriptions contenues dans le paragraphe 1er. Les mêmes règles s'appliqueront au décès, en France, des personnes ayant leur domicile dans les colonies.

Si le testament est dans la forme mystique, sa présentation, son ouverture, sa description et son dépôt, seront faits de la même manière; mais l'ouverture ne pourra se faire qu'en présence de ceux des notaires et des témoins, signataires de l'acte de suscription, qui se trouveront sur les lieux, ou eux appelés.

**1008.** Dans le cas de l'article 1006, si le testament est olographe ou mystique, le légataire universel sera tenu de se faire envoyer en possession, par une ordonnance du président, mise au bas d'une requête à laquelle sera joint l'acte de dépôt.

**1009.** Le légataire universel qui sera en concours avec un héritier auquel la loi réserve une quotité des biens, sera tenu des dettes et charges de la succession du testateur, personnellement pour sa part et portion, et hypothécairement pour le tout; et il sera tenu d'acquitter tous les legs, sauf le cas de réduction, ainsi qu'il est expliqué aux articles 926 et 927.

### SECTION V.

#### Du legs à titre universel.

**1010.** Le legs à titre universel est celui par lequel le testateur lègue une quotepart des biens dont la loi lui permet de disposer, telle qu'une moitié, un tiers, ou tous ses immeubles, ou tout son mobilier, ou une quotité fixe de tous ses immeubles ou de tout son mobilier.

Tout autre legs ne forme qu'une disposition à titre particulier.

**1011.** Les légataires à titre universel seront tenus de demander la délivrance aux héritiers auxquels une quotité des biens est réservée par la loi; à leur défaut, aux légataires universels; et à défaut de ceux-ci, aux héritiers appelés dans l'ordre établi au titre *Des successions*.

**1012.** Le légataire à titre universel sera tenu, comme le légataire universel, des dettes et charges de la succession du testateur, personnellement pour sa part et portion, et hypothécairement pour le tout.

**1013.** Lorsque le testateur n'aura disposé que d'une quotité de la portion disponible, et

Der Gerichtsschreiber fertigt eine ganz genaue Abschrift des Testamentes an und hinterlegt sie bei den Urkunden der Gerichtsschreiberei. Das Testament und eine Ausfertigung des Eröffnungsprotokolles sind alsdann in versiegeltem Umschlage dem Präsidenten des Gerichts des Wohnsitzes des Verstorbenen, der den im Paragraphen 1 enthaltenen Vorschriften gemäß verfährt. Dieselben Regeln sind anwendbar beim Tode von Personen in Frankreich, die ihren Wohnsitz in den Kolonien haben.

Ist das Testament in mystischer Form errichtet, so hat dessen Vorlegung, Eröffnung, Beschreibung und Hinterlegung in derselben Weise zu erfolgen; die Eröffnung darf jedoch nur geschehen in Gegenwart derjenigen Notare und Zeugen, welche die Aufschriftsurkunde unterzeichnet haben, sofern dieselben sich an Ort und Stelle befinden, oder nach Vorladung derselben.

**1008.** Ist das Testament ein eigenhändiges oder mystisches, so ist der Erbnehmer im Falle des Artikels 1006 verpflichtet, sich in den Besitz einweisen zu lassen durch eine Verfügung des Präsidenten, welche unter ein Gesuch gesetzt wird, dem die Urkunde über die Hinterlegung beigefügt sein muß.

**1009.** Der Erbnehmer, welcher mit einem Erben zusammentrifft, dem das Gesetz einen Teil des Vermögens vorbehält, haftet für die Schulden und Lasten des Nachlasses des Erblassers persönlich nach dem Verhältnisse seines Anteiles und hypothekarisch für das Ganze; er ist verpflichtet, alle Vermächtnisse zu entrichten, vorbehaltlich des Falles der Minderung, wie es in den Artikeln 926 und 927 auseinandergesetzt ist.

### FÜNFTER ABSCHNITT.

#### Erbteilvermächtnis.

**1010.** Ein Erbteilvermächtnis ist dasjenige, durch welches der Erblasser einen Bruchteil des Vermögens, worüber ihm das Gesetz zu verfügen gestattet, wie z. B. die Hälfte, ein Drittel, oder alle seine Liegenschaften oder seine ganzen beweglichen Güter, oder einen bestimmten Teil aller seiner Liegenschaften oder seiner ganzen beweglichen Güter vermacht.

Jedes andere Vermächtnis ist nur ein Stückvermächtnis.

**1011.** Die Erbteilnehmer müssen die Auslieferung von den Erben verlangen, welchen das Gesetz einen Teil des Vermögens vorbehalten hat; in deren Ermangelung von den Erbnehmern und in Ermangelung dieser von den Erben, welche nach der in dem Titel «Erbschaft» bestimmten Ordnung berufen sind.

**1012.** Der Erbteilnehmer haftet wie der Erbnehmer für die Schulden und Lasten des Nachlasses des Erblassers persönlich nach dem Verhältnisse seines Anteiles und hypothekarisch für das Ganze.

**1013.** Hat der Erblasser nur über einen Teil des verfügbaren Vermögensteils verfügt

qu'il aura fait à titre universel, ce légataire sera tenu d'acquitter les legs particuliers par contribution avec les héritiers naturel.

### SECTION VI.

#### Des legs particuliers.

**1014.** Tout legs pur et simple donnera au légataire, du jour du décès du testateur, un droit à la chose léguée, droit transmissible à ses héritiers ou ayant cause.

Néanmoins le légataire particulier ne pourra se mettre en possession de la chose léguée, ni en prétendre les fruits ou intérêts, qu'à compter du jour de sa demande en délivrance, formée suivant l'ordre établi par l'article 1011, ou du jour auquel cette délivrance lui aurait été volontairement consentie.

**1015.** Les intérêts ou fruits de la chose léguée courront au profit du légataire, dès le jour du décès, et sans qu'il ait formé sa demande en justice:
1º Lorsque le testateur aura expressément déclaré sa volonté, à cet égard, dans le testament;
2º Lorsqu'une rente viagère ou une pension aura été léguée à titre d'aliments.

**1016.** Les frais de la demande en délivrance seront à la charge de la succession, sans néanmoins qu'il puisse en résulter de réduction de la réserve légale.

Les droits d'enregistrement seront dus par le légataire.

Le tout, s'il n'en a été autrement ordonné par le testament.

Chaque legs pourra être enregistré séparément, sans que cet enregistrement puisse profiter à aucun autre qu'au légataire ou à ses ayants cause.

**1017.** Les héritiers du testateur, ou autres débiteurs d'un legs, seront personnellement tenus de l'acquitter, chacun au prorata de la part et portion dont ils profiteront dans la succession.

Ils en seront tenus hypothécairement pour le tout, jusqu'à concurrence de la valeur des immeubles de la succession dont ils seront détenteurs.

**1018.** La chose léguée sera délivrée avec les accessoires nécessaires, et dans l'état où elle se trouvera au jour du décès du donateur.

**1019.** Lorsque celui qui a légué la propriété d'un immeuble, l'a ensuite augmentée par des acquisitions, ces acquisitions, fussent-elles contiguës, ne seront pas censées, sans une nouvelle disposition, faire partie du legs.

Il en sera autrement des embellissements, ou des constructions nouvelles faites sur le fonds légué, ou d'un enclos dont le testateur aurait augmenté l'enceinte.

---

und hat er dies mittels eines Erbteilvermächtnisses getan, so ist ein solcher Vermächtnisnehmer verpflichtet, die Stückvermächtnisse zusammen mit den gesetzlichen Erben, und zwar jeder nach Verhältnis, zu berichtigen.

### SECHSTER ABSCHNITT.

#### Stückvermächtnisse.

**1014.** Jedes einfache Vermächtnis gibt dem Vermächtnisnehmer von dem Todestage des Erblassers an ein Recht auf die vermachte Sache; dieses Recht geht auf seine Erben oder Rechtsnachfolger über.

Der Erbstücknehmer kann sich jedoch nicht eher in den Besitz der vermachten Sache setzen oder auf deren Früchte oder Zinsen Anspruch erheben als von dem Tage an, an welchem er nach der in Art. 1011 bestimmten Ordnung die Klage auf Auslieferung erhoben hat, oder an welchem ihm diese Auslieferung freiwillig zugestanden worden ist.

**1015.** Die Zinsen oder Früchte der vermachten Sache gebühren dem Vermächtnisnehmer von dem Todestage an und ohne daß er seine Klage bei Gericht eingereicht hat:
1. wenn der Erblasser in dieser Hinsicht seinen Willen in dem Testamente ausdrücklich erklärt hat;
2. wenn eine Leibrente oder ein Jahresgehalt zum Unterhalt vermacht worden ist.

**1016.** Die Kosten der Klage auf Auslieferung fallen der Erbschaft zur Last, ohne daß jedoch der gesetzliche Vorbehalt dadurch eine Verminderung erleiden darf.

Die Enregistrementsgebühren werden von dem Vermächtnisnehmer geschuldet.

Dies alles findet statt, wenn es nicht im Testamente anders angeordnet ist.

Jedes Vermächtnis kann für sich besonders enregistriert werden, ohne daß diese Enregistrierung anderen als dem Vermächtnisnehmer oder dessen Rechtsnachfolgern zum Vorteil gereichen könnte.

**1017.** Die Erben des Erblassers oder andere Schuldner eines Vermächtnisses haften für dessen Entrichtung persönlich und zwar ein jeder nach Verhältnis des Anteils, welchen er aus der Erbschaft zieht.

Sie haften hypothekarisch für das Ganze bis zu dem Betrage des Wertes der Liegenschaften der Erbschaft, in deren Besitz sie sich befinden.

**1018.** Die vermachte Sache ist mit dem notwendigen Zubehör und in dem Zustande, in welchem sie sich an dem Todestage des Erblassers befindet, auszuliefern.

**1019.** Hat derjenige, welcher das Eigentum einer Liegenschaft vermacht hat, dieselbe später durch Erwerbungen vergrößert, so sind diese Erwerbungen, selbst wenn sie auch angrenzen, ohne eine neue Verfügung nicht als Teile des Vermächtnisses anzusehen.

Anders verhält es sich mit Verschönerungen oder neuen Anlagen, welche auf dem vermachten Grundstücke angebracht worden sind, oder mit einem eingefriedigten Platze, dessen Umschließung der Erblasser erweitert hat.

**1020.** Si. avant le testament ou depuis, la chose léguée a été hypothéquée pour une dette de la succession, ou même pour la dette d'un tiers, ou si elle est grevée d'un usufruit, celui qui doit acquitter le legs n'est point tenu de la dégager, à moins qu'il n'ait été chargé de le faire par une disposition expresse du testateur.

**1021.** Lorsque le testateur aura légué la chose d'autrui, le legs sera nul, soit que le testateur ait connu ou non qu'elle ne lui appartenait pas.

**1022.** Lorsque le legs sera d'une chose indéterminée, l'héritier ne sera pas obligé de la donner de la meilleure qualité, et il ne pourra l'offrir de la plus mauvaise.

**1023.** Le legs fait au créancier ne sera pas censé en compensation de sa créance, ni le legs fait au domestique en compensation de ses gages.

**1024.** Le légataire à titre particulier ne sera point tenu des dettes de la succession, sauf la réduction du legs ainsi qu'il est dit ci-dessus, et sauf l'action hypothécaire des créanciers.

SECTION VII.

Des exécuteurs testamentaires.

**1025.** Le testateur pourra nommer un ou plusieurs exécuteurs testamentaires.

**1026.** Il pourra leur donner la saisine du tout, ou seulement d'une partie de son mobilier; mais elle ne pourra durer au delà de l'an et jour à compter de son décès.

S'il ne la leur a pas donnée, ils ne pourront l'exiger.

**1027.** L'héritier pourra faire cesser la saisine, en offrant de remettre aux exécuteurs testamentaires somme suffisante pour le payement des legs-mobiliers, ou en justifiant de ce payement.

**1028.** Celui qui ne peut s'obliger, ne peut pas être exécuteur testamentaire.

**1029.** La femme mariée ne pourra accepter l'exécution testamentaire qu'avec le consentement de son mari.

Si elle est séparée de biens, soit par contrat de mariage, soit par jugement, elle le pourra avec le consentement de son mari, ou, à son refus, autorisée par la justice, conformément à ce qui est prescrit par les articles 217 et 219, au titre *Du mariage.*

**1030.** Le mineur ne pourra être exécuteur testamentaire, même avec l'autorisation de son tuteur ou curateur.

**1031.** Les exécuteurs testamentaires feront apposer les scellés, s'il y a des héritiers mineurs, interdits ou absents.

**1020.** Wenn vor oder nach Errichtung des Testamentes die vermachte Sache für eine Schuld der Erbschaft oder auch für die Schuld eines Dritten zur Hypothek gestellt, oder wenn sie mit einem Nießbrauch belastet worden ist, so ist derjenige, welcher das Vermächtnis zu entrichten hat. nicht verpflichtet sie frei zu machen, sofern ihm dieses nicht durch eine ausdrückliche Verfügung des Erblassers auferlegt worden ist.

**1021.** Hat der Erblasser eine fremde Sache vermacht, so ist das Vermächtnis nichtig, der Erblasser mag gewußt haben oder nicht, daß ihm dieselbe nicht gehört.

**1022.** Besteht das Vermächtnis in einer nicht genau bestimmten Sache, so ist der Erbe nicht verpflichtet, sie von der besten Beschaffenheit zu geben, er darf sie aber auch nicht von der schlechtesten anbieten.

**1023.** Das einem Gläubiger gemachte Vermachtnis gilt nicht als zur Aufrechnung gegen seine Forderung und das dem Dienstboten gemachte nicht als zur Aufrechnung gegen seinen Lohn gegeben.

**1024.** Der Erbstücknehmer haftet nicht für die Schulden der Erbschaft, vorbehaltlich der Minderung, wie es oben angegeben ist, und vorbehaltlich der hypothekarischen Klage der Gläubiger.

SIEBENTER ABSCHNITT.

Testamentsvollstrecker.

**1025.** Der Erblasser kann einen oder mehrere Testamentsvollstrecker ernennen.

**1026.** Er kann ihnen das Besitzrecht an der Gesamtheit oder nur an einem Teile seiner beweglichen Güter einräumen: dasselbe kann jedoch nicht länger als Jahr und Tag von seinem Tode angerechnet dauern.

Hat er ihnen dasselbe nicht eingeräumt, so können sie es nicht fordern.

**1027.** Der Erbe kann diesem Besitzrecht ein Ende machen, indem er den Testamentsvollstreckerer eine zur Bezahlung der beweglichen Vermächtnisse hinreichende Summe anbietet, oder indem er deren Bezahlung nachweist.

**1028.** Wer keine Verbindlichkeiten eingehen kann, kann nicht Testamentsvollstrecker sein.

**1029.** Eine Ehefrau kann die Testamentsvollstreckung nur mit Einwilligung ihres Mannes übernehmen.

Lebt sie zufolge Ehevertrags oder Urteils in Gütertrennung, so kann sie mit Einwilligung ihres Mannes oder bei dessen Weigerung mit gerichtlicher Ermächtigung in Gemäßheit der in den Art. 217 und 219 im Titel «Ehe» enthaltenen Vorschriften.

**1030.** Ein Minderjähriger kann selbst mit Ermächtigung seines Vormundes oder Pflegers nicht Testamentsvollstrecker werden.

**1031.** Die Testamentsvollstrecker haben Siegel anlegen zu lassen, wenn unter den Erben Minderjährige, Entmündigte oder Abwesende sich befinden.

Ils feront faire, en présence de l'héritier présomptif, ou lui dûment appelé, l'inventaire des biens de la succession.

Ils provoqueront la vente du mobilier, à défaut de deniers suffisants pour acquitter les legs.

Ils veilleront à ce que le testament soit exécuté: et ils pourront, en cas de contestation sur son exécution, intervenir pour en soutenir la validité.

Ils devront, à l'expiration de l'année du décès du testateur, rendre compte de leur gestion.

1032. Les pouvoirs de l'exécuteur testamentaire ne passeront point à ses héritiers.

1033. S'il y a plusieurs exécuteurs testamentaires qui aient accepté, un seul pourra agir au défaut des autres; et ils seront solidairement responsables du compte du mobilier qui leur a été confié, à moins que le testateur n'ait divisé leurs fonctions. et que chacun d'eux ne se soit renfermé dans celle qui lui était attribuée.

1034. Les frais faits par l'exécution testamentaire pour l'apposition des scellés, l'inventaire, le compte et les autres frais relatifs à ses fonctions, seront à la charge de la succession.

SECTION VIII.

De la révocation des testaments, et de leur caducité.

1035. Les testaments ne pourront être révoqués, en tout ou en partie, que par un testament postérieur, ou par un acte devant notaires, portant déclaration du changement de volonté.

1036. Les testaments postérieurs qui ne révoqueront pas d'une manière expresse les précédents, n'annuleront, dans ceux-ci, que celles des dispositions y continues qui se trouveront incompatibles avec les nouvelles, ou qui seront contraires.

1037. La révocation faite dans un testament postérieur aura tout son effet, quoique ce nouvel acte reste sans exécution par l'incapacité de l'héritier institué ou du légataire, ou par leur refus de recueillir.

1038. Toute aliénation, celle même par vente avec faculté de rachat ou par échange, que fera le testateur de tout ou de partie de la chose léguée, emportera la révocation du legs pour tout ce qui a été aliéné, encore que l'aliénation postérieure soit nulle, et que l'objet soit rentré dans la main du testateur.

1039. Toute disposition testamentaire sera caduque, si celui en faveur de qui elle est faite. n'a pas survécu au testateur.

Code civil.

Sie haben in Gegenwart oder nach gehöriger Vorladung des vermutlichen Erben ein Inventar über die Güter der Erbschaft errichten zu lassen.

Sie haben den Verkauf der beweglichen Güter zu veranlassen, wenn zur Entrichtung der Vermächtnisse nicht bares Geld genug vorhanden ist.

Sie haben zur Vollstreckung des Testaments zu schreiten und sie können im Falle eines Rechtsstreits über die Vollstreckung desselben intervenieren, um seine Gültigkeit zu behaupten.

Sie müssen beim Ablaufe des Jahres nach dem Tode des Erblassers über ihre Verwaltung Rechnung ablegen.

1032. Die Vollmacht des Testamentsvollstreckers geht nicht auf seine Erben über.

1033. Sind mehrere Testamentsvollstrecker, welche angenommen haben, vorhanden, so kann einer allein in Ermangelung der übrigen handeln; sie sind samtverbindlich verantwortlich für die Rechnung der ihnen anvertrauten Habe, es sei denn, daß der Erblasser ihre Verrichtungen geteilt und ein jeder von ihnen sich auf diejenigen beschränkt hat, welche ihm zugewiesen war.

1034. Die von dem Testamentsvollstrecker aufgewandten Kosten für Anlegung von Siegeln, für das Inventar, für die Rechnung und die übrigen Kosten betreffs seiner Geschäftsführung fallen der Erbschaft zur Last.

ACHTER ABSCHNITT.

**Widerruf der Testamente und ihr Verfall.**

1035. Testamente können ganz oder zum Teile nur widerrufen werden durch ein späteres Testament oder durch eine notarielle Urkunde, welche eine Erklärung der Willensänderung enthält.

1036. Spätere Testamente, in welchen die vorhergehenden nicht ausdrücklich widerrufen sind, machen nur diejenigen der in diesen letzteren enthaltenen Verfügungen nichtig, welche mit den neuen unvereinbar sind, oder mit denselben in Widerspruch stehen.

1037. Der in einem späteren Testamente erfolgte Widerruf behält seine volle Wirkung, wenn auch diese neue Urkunde wegen der Unfähigkeit des eingesetzten Erben oder des Vermächtnisnehmers, oder weil diese die Annahme verweigern, ohne Vollziehung bleibt.

1038. Jede Veräußerung der ganzen vermachten Sache oder eines Teils derselben seitens des Erblassers, selbst eine solche mittels Verkaufs unter Vorbehalt des Rückkaufsrechts oder mittels Tausches, bewirkt den Widerruf des Vermächtnisses in Ansehung alles dessen, was veräußert worden ist, wenn auch die nachherige Veräußerung nichtig und die Sache in die Hände des Erblassers zurückgelangt sein sollte.

1039. Jede testamentarische Verfügung verfällt, wenn derjenige, zu dessen Vorteil sie getroffen ist, den Erblasser nicht überlebt hat.

10

1040. Toute disposition testamentaire faite sous une condition dépendante d'un événement incertain, et telle, que, dans l'intention du testateur, cette disposition ne doive être exécutée qu'autant que l'événement arrivera ou n'arrivera pas, sera caduque, si l'héritier institué ou le légataire décède avant l'accomplissement de la condition.

1041. La condition qui, dans l'intention du testateur, ne fait que suspendre l'exécution de la disposition, n'empêchera pas l'héritier institué, ou le légataire, d'avoir un droit acquis et transmissible à ses héritiers.

1042. Le legs sera caduc, si la chose léguée a totalement péri pendant la vie du testateur.

Il en sera de même, si elle a péri depuis sa mort, sans le fait et la faute de l'héritier, quoique celui-ci ait été mis en retard de la délivrer, lorsqu'elle eût également dû périr entre les mains du légataire.

1043. La disposition testamentaire sera caduque, lorsque l'héritier institué ou le légataire la répudiera, ou se trouvera incapable de la recueillir.

1044. Il y aura lieu à accroissement au profit des légataires, dans le cas où le legs sera fait à plusieurs conjointement.

Le legs sera réputé fait conjointement, lorsqu'il le sera par une seule et même disposition, et que le testateur n'aura pas assigné la part de chacun des colégataires dans la chose léguée.

1045. Il sera encore réputé fait conjointement, quand une chose qui n'est pas susceptible d'être divisée sans détérioriation, aura été donnée par le même acte à plusieurs personnes, même séparement.

1046. Les mêmes causes qui, suivant l'article 954 et les deux premières dispositions de l'article 955, autoriseront la demande en révocation de la donation entre vifs, seront admises pour la demande en révocation des dispositions testamentaires.

1047. Si cette demande est fondée sur une injure grave faite à la mémoire du testateur, elle doit être intentée dans l'année, à compter du jour du délit.


## CHAPITRE VI.

**Les dispositions permises en faveur des petits-enfants du donateur ou testateur, ou des enfants de ses frères et sœurs.**

1048. Les biens dont les pères et mères ont la faculté de disposer, pourront être par eux donnés, en tout ou en partie, à un ou plusieurs de leurs enfants, par actes entre vifs ou testamentaires, avec la charge de rendre

1040. Jede testamentarische Verfügung unter einer Bedingung, welche von einem ungewissen Ereignisse abhängt, und derartig ist, daß nach der Absicht des Erblassers seine Verfügung nur vollzogen werden soll, insofern das Ereignis eintreten oder nicht eintreten würde, verfällt, wenn der eingesetzte Erbe oder Vermächtnisnehmer vor der Erfüllung der Bedingung stirbt.

1041. Die Bedingung, welche nach der Absicht des Erblassers die Vollziehung seiner Verfügung nur aufschieben soll, verhindert nicht, daß der eingesetzte Erbe oder Vermächtnisnehmer ein bereits erworbenes und auf seine Erben übertragbares Recht hat.

1042. Ein Vermächtnis verfällt, wenn die vermachte Sache bei Lebzeiten des Erblassers gänzlich untergeht.

Dasselbe gilt in dem Falle, wenn sie nach seinem Tode ohne Zutun und Verschulden des Erben untergeht, sofern sie in den Händen des Vermächtnisnehmers ebenfalls hätte untergehen müssen und zwar selbst dann, wenn der Erbe bezüglich der Ablieferung in Verzug gesetzt war.

1043. Eine testamentarische Verfügung verfällt, wenn der eingesetzte Erbe oder der Vermächtnisnehmer sie ausschlägt oder unfähig ist, sie anzunehmen.

1044. Eine Anwachsung zu Gunsten der Vermächtnisnehmer tritt ein, wenn das Vermächtnis mehreren zusammen zugewendet ist.

Das Vermächtnis gilt mehreren zusammen zugewendet, wenn es in einer und derselben Verfügung ausgesetzt worden ist und der Erblasser nicht einem jeden der Mitvermächtnisnehmer seinen Teil an der vermachten Sache angewiesen hat.

1045. Es gilt ferner als mehreren zusammen zugewendet, wenn eine Sache, die sich ohne Verschlechterung nicht teilen läßt, in derselben Urkunde mehreren Personen, wenn auch einer jeden besonders, vermacht wurde.

1046. Dieselben Ursachen, welche nach dem Artikel 954 und den zwei ersten Bestimmungen des Artikels 955 die Klage auf Widerruf einer Schenkung unter Lebenden begründen, werden bei der Klage auf Widerruf testamentarischer Verfügung zugelassen.

1047. Gründet sich die Klage auf eine dem Andenken des Erblassers zugefügte schwere Beleidigung, so muß sie innerhalb eines Jahres von dem Tage des Vergehens an erhoben werden.


## SECHSTES KAPITEL.

**Verfügungen, welche zu Gunsten der Enkel des Schenkers oder Erblassers oder zu Gunsten der Kinder seiner Geschwister erlaubt sind.**

1048. Die Güter, über welche die Eltern zu verfügen das Recht haben, können von ihnen ganz oder teilweise durch Rechtsgeschäft unter Lebenden oder mittels Testamentes einem oder mehreren ihrer Kinder unter

ces biens aux enfants nés et à naître, au premier degré seulement, desdits donataires.

**1049.** Sera valable, en cas de mort sans enfants, la disposition que le défunt aura faite par acte entre vifs ou testamentaire, au profit d'un ou plusieurs de ses frères ou sœurs, de tout ou partie des biens qui ne sont point réservés par la loi dans sa succession, avec la charge de rendre ses biens aux enfants nés et à naître, au premier degré seulement, desdits frères ou sœurs donataires.

**1050.** Les dispositions permises par les deux articles précédents, ne seront valables qu'autant que la charge de restitution sera au profit de tous les enfants nés et à naître du grevé, sans exception ni préférence d'âge ou de sexe.

**1051.** Si, dans les cas ci-dessus, le grevé de restitution au profit de ses enfants, meurt, laissant des enfants au premier degré et des descendants d'un enfant prédécédé, ces derniers recueilleront, par représentation, la portion de l'enfant prédécédé.

**1052.** Si l'enfant, le frère ou la sœur auxquels des biens auraient été donnés par acte entre vifs, sans charge de restitution, acceptent une nouvelle libéralité faite par acte entre vifs ou testamentaire, sous la condition que les biens précédemment donnés demeureront grevés de cette charge, il ne leur est plus permis de diviser les deux dispositions faites à leur profit, et de renoncer à la seconde pour s'en tenir à la première, quand même ils offriraient de rendre les biens compris dans la seconde disposition.

**1053.** Les droits des appelés seront ouverts à l'époque où, par quelque cause que ce soit, la jouissance de l'enfant, du frère ou de la sœur, grevés de restitution, cessera : l'abandon anticipé de la jouissance au profit des appelés, ne pourra préjudicier aux créanciers du grevé antérieurs à l'abandon.

**1054.** Les femmes des grevés ne pourront avoir, sur les biens à rendre, de recours subsidiaire, en cas d'insuffisance des biens libres, que pour le capital des deniers dotaux, et dans le cas seulement où le testateur l'aurait expressément ordonné.

**1055.** Celui qui fera les dispositions autorisées par les articles précédents, pourra, par le même acte, ou par un acte postérieur, en

---

der Auflage geschenkt werden, daß die Beschenkten diese Güter an ihre schon geborenen und künftigen Kinder, jedoch nur im ersten Grade, hinterlassen sollen.

**1049.** Gültig ist auch im Falle des kinderlosen Absterbens die Verfügung, welche der Verstorbene durch Rechtsgeschäft unter Lebenden oder mittels Testamentes zu Gunsten eines oder mehrerer seiner Geschwister über alle die Güter oder über einen Teil der Güter, welche in seiner Erbschaft nicht dem gesetzlichen Vorbehalt unterworfen sind, unter der Auflage getroffen hat, daß die beschenkten Geschwister diese Güter an ihre schon geborenen und künftigen Kinder, jedoch nur im ersten Grade, hinterlassen sollen.

**1050.** Die zufolge der beiden vorstehenden Artikel gestatteten Verfügungen sind nur dann gültig, wenn die Auflage der Herausgabe zu Gunsten aller schon geborenen und künftigen Kinder des Beschwerten ohne Ausnahme und ohne Vorzug des Alters oder Geschlechtes getroffen ist.

**1051.** Stirbt in den obigen Fällen der mit der Herausgabe zum Vorteile seiner Kinder Beschwerte unter Hinterlassung von Kindern im ersten Grade und von Nachkommen eines vorher verstorbenen Kindes, so erhalten diese letzteren durch Erbvertretung den Anteil des vorher verstorbenen Kindes.

**1052.** Wenn das Kind, der Bruder oder die Schwester, welchen durch Rechtsgeschäft unter Lebenden Güter ohne die Auflage der Herausgabe geschenkt worden waren, eine neue freigebige Verfügung annehmen, welche durch Rechtsgeschäft unter Lebenden oder mittels Testaments unter der Bedingung errichtet ist, daß die früher geschenkten Güter mit jener Auflage beschwert sein sollen, so ist es ihnen nicht mehr gestattet, die beiden zu ihrem Vorteile geschehenen Verfügungen zu trennen und auf die zweite zu verzichten, um sich an die erste zu halten, selbst wenn sie sich erbieten würden, die unter der zweiten Verfügung begriffenen Güter wieder herauszugeben.

**1053.** Die Rechte der Berufenen werden in dem Zeitpunkte eröffnet, mit dem, aus welchem Grunde es auch sein mag, der Genuß des Kindes, des Bruders oder der Schwester, welche mit der Herausgabe beschwert sind, aufhört; eine zu Gunsten der Berufenen vor der Zeit erfolgende Aufgabe kann den schon vor dieser Aufgabe vorhandenen Gläubigern des Beschwerten nicht zum Nachteile gereichen.

**1054.** Die Ehefrauen der Beschwerten haben auf die der Herausgabe unterworfenen Güter im Falle der Unzulänglichkeit der freien Güter einen subsidiarischen Rückgriff nur in Ansehung des Kapitals ihrer zum Heiratsgute gehörigen Gelder und nur wenn der Erblasser es ausdrücklich angeordnet hat.

**1055.** Wer die in den vorstehenden Artikeln gestatteten Verfügungen trifft, kann in derselben oder in einer späteren, in öffent-

forme authentique, nommer un tuteur chargé de l'exécution de ces dispositions: ce tuteur ne pourra être dispensé que pour une des causes exprimées à la section 6 du chapitre 2 du titre *De la minorité, de la tutelle et de l'émancipation.*

1056. A défaut de ce tuteur, il en sera nommé un à la diligence du grevé, ou de son tuteur s'il est mineur, dans le délai d'un mois, à compter du jour du décès du donateur ou testateur, ou du jour que, depuis cette mort, l'acte contenant la disposition aura été connu.

1057. Le grevé qui n'aura pas satisfait à l'article précédent, sera déchu du bénéfice de la disposition; et dans ce cas, le droit pourra être déclaré ouvert au profit des appelés, à la diligence, soit des appelés s'ils sont majeurs, soit de leur tuteur ou curateur s'ils sont mineurs ou interdits, soit de tout parent des appelés majeurs, mineurs ou interdits, ou même d'office, à la diligence du procureur du Roi [*du procureur de la République*] près le tribunal de première instance du lieu où la succession est ouverte.

1058. Après le décès de celui qui aura disposé à la charge de restitution, il sera procédé, dans les formes ordinaires, à l'inventaire de tous les biens et effets qui composeront sa succession, excepté néanmoins le cas où il ne s'agirait que d'un legs particulier. Cet inventaire contiendra la prisée à juste prix des meubles et effets mobiliers.

1059. Il sera fait à la requête du grevé de restitution, et dans le délai fixé au titre *Des successions*, en présence du tuteur nommé pour l'exécution. Les frais seront pris sur les biens compris dans la disposition.

1060. Si l'inventaire n'a pas été fait à la requête du grevé dans le délai ci-dessus, il y sera procédé dans le mois suivant, à la diligence du tuteur nommé pour l'exécution, en présence du grevé ou de son tuteur.

1061. S'il n'a point été satisfait aux deux articles précédents, il sera procédé au même inventaire, à la diligence des personnes désignées en l'article 1057, en y appelant le grevé ou son tuteur, et le tuteur nommé pour l'exécution.

1062. Le grevé de restitution sera tenu de faire procéder à la vente, par affiches et enchères, de tous les meubles et effets compris dans la disposition, à l'exception néanmoins de ceux dont il est mention dans les deux articles suivants.

licher Form errichteten Urkunde einen mit der Vollziehung dieser Verfügungen betrauten Vormund ernennen; dieser Vormund kann davon nur aus einem der Gründe entbunden werden, welche in Abschnitt 6 des zweiten Kapitels in dem Titel «*Minderjährigkeit, Vormundschaft und Emanzipation*» angeführt sind.

1056. In Ermangelung dieses Vormundes ist ein solcher auf Betreiben des Beschwerten oder, wenn dieser minderjährig ist, auf Betreiben seines Vormundes binnen Monatsfrist zu ernennen, welche zu rechnen ist von dem Todestage des Schenkers oder Erblassers oder von dem Tage an, an welchem nach dessen Tode die die Verfügung enthaltende Urkunde bekannt geworden ist.

1057. Der Beschwerte, welcher dem vorstehenden Artikel nicht Genüge geleistet hat, geht des Vorteils aus der Verfügung verlustig; in diesem Falle kann das Recht zu Gunsten der Berufenen für eröffnet erklärt werden, sei es auf Betreiben der Berufenen, wenn sie großjährig sind, sei es auf das ihres Vormundes oder Pflegers, wenn sie minderjährig oder entmündigt sind, sei es auf das eines jeden Verwandten der Berufenen, mögen diese großjährig, minderjährig oder entmündigt sein, oder selbst von Amtswegen auf Betreiben des Prokurators des Königs [*des Prokurators der Republik*] des Gerichts erster Instanz des Ortes, wo die Erbschaft eröffnet ist.

1058. Nach dem Tode desjenigen, welcher unter der Auflage der Herausgabe verfügt hat, ist zur Aufnahme eines Inventars über alle zu seiner Erbschaft gehörigen Güter und Sachen in den üblichen Formen zu schreiten, mit Ausnahme des Falles jedoch, daß es sich um ein Stückvermächtnis handelt. Dieses Inventar soll eine Schätzung der Fahrnisstücke und sonstigen beweglichen Sachen nach deren wahrem Werte enthalten.

1059. Es ist zu errichten auf Anstehen des mit der Herausgabe Beschwerten und binnen der in dem Titel «*Erbschaft*» bestimmten Frist, in Gegenwart des zur Vollziehung ernannten Vormundes. Die Kosten sind aus den unter der Verfügung begriffenen Gütern zu nehmen.

1060. Ist das Inventar auf Betreiben des Beschwerten nicht in der obigen Frist errichtet worden, so ist in dem folgenden Monate dazu zu schreiten auf Anstehen des zur Vollziehung ernannten Vormundes im Beisein des Beschwerten oder seines Vormundes.

1061. Ist den beiden vorstehenden Artikeln nicht Genüge geleistet worden, so ist zu diesem Inventar zu schreiten auf Anstehen der in Artikel 1057 bezeichneten Personen, unter Beiladung des Beschwerten oder seines Vormundes und des zur Vollziehung ernannten Vormundes.

1062. Der mit der Herausgabe Beschwerte ist verpflichtet, alle unter der Verfügung begriffenen Fahrnisstücke und sonstigen beweglichen Werte, nach erfolgten Anschlägen öffentlich versteigern zu lassen, jedoch mit Ausnahme derjenigen, welche in den beiden folgenden Artikeln erwähnt sind.

**1063.** Les meubles meublants et autres choses mobilières qui auraient été compris dans la disposition, à la condition expresse de les conserver en nature, seront rendus dans l'état où ils se trouveront lors de la restitution.

**1064.** Les bestiaux et ustensiles servant à faire valoir les terres, seront censés compris dans les donations entre vifs ou testamentaires desdites terres; et le grevé sera seulement tenu de les faire priser et estimer, pour en rendre une égale valeur lors de la restitution.

**1065.** Il sera fait par le grevé, dans le délai de six mois, à compter du jour de la clôture de l'inventaire, un emploi des deniers comptants, de ceux provenant du prix des meubles et effets qui auront été vendus, et de ce qui aura été reçu des effets actifs.

Ce delai pourra être prolongé, s'il y a lieu.

**1066.** Le grevé sera pareillement tenu de faire emploi des deniers provenant des effets actifs qui seront recouvrés et des remboursements de rentes; et ce, dans trois mois au plus tard après qu'il aura reçu ces deniers.

**1067.** Cet emploi sera fait conformément à ce qui aura été ordonné par l'auteur de la disposition, s'il a désigné la nature des effets dans lesquels l'emploi doit être fait; sinon, il ne pourra l'être qu'en immeubles, ou avec privilège sur des immeubles.

**1068.** L'emploi ordonné par les articles précédents sera fait en présence et à la diligence du tuteur nommé pour l'exécution.

**1069.** Les dispositions par actes entre vifs ou testamentaires, à charge de restitution, seront, à la diligence, soit du grevé, soit du tuteur nommé pour l'exécution, rendues publiques; savoir, quant aux immeubles, par la transcription des actes sur les registres du bureau des hypothèques du lieu de la situation; et quant aux sommes colloquées avec privilège sur des immeubles, par l'inscription sur les biens affectés au privilège.

**1070.** Le défaut de transcription de l'acte contenant la disposition, pourra être opposé par les créanciers et tiers acquéreurs, même aux mineurs ou interdits, sauf le recours contre le grevé et contre le tuteur à l'exécution, et sans que les mineurs ou interdits puissent être restitués contre ce défaut de transcription, quand même le grevé et le tuteur se trouveraient insolvables.

**1063.** Das Hausgerät und die anderen beweglichen Sachen, die mit der ausdrücklichen Bedingung sie in Natur aufzubewahren, unter der Verfügung begriffen sind, sind in dem Zustande zurückzuliefern, in welchem sie sich zur Zeit der Herausgabe befinden.

**1064.** Das Vieh und die Gerätschaften, welche zur Bewirtschaftung der Feldgrundstücke dienen, gelten als mitbegriffen unter den diese Güter betreffenden Schenkungen unter Lebenden oder mittels Testament; der Beschwerte ist nur verpflichtet, sie schätzen zu lassen, um bei der Herausgabe einen gleichen Wert zu erstatten.

**1065.** Binnen sechs Monaten von dem Tage des Abschlusses des Inventars an gerechnet, hat der Beschenkte das bare Geld, den Erlös aus dem Verkaufe der Fahrnisstücke und sonstigen beweglichen Werte und das, was aus den ausstehenden Forderungen etwa eingegangen ist, wieder anzulegen.

Diese Frist kann gegebenenfalls verlängert werden.

**1066.** Der Beschwerte ist ferner verpflichtet, die Anlage der Gelder zu bewirken, welche durch Beitreibung der ausstehenden Forderungen und durch die Ablösung von Renten eingehen; und zwar längstens binnen drei Monaten nachdem er diese Gelder empfangen hat.

**1067.** Diese Anlage hat nach Maßgabe der Anordnung des Urhebers der Verfügung zu erfolgen, wenn derselbe die Art der Werte bezeichnet hat, in welcher die Anlage erfolgen soll, andernfalls kann sie nur in Liegenschaften oder mit Vorzugsrecht auf Liegenschaften geschehen.

**1068.** Die in den vorstehenden Artikeln vorgeschriebene Anlage hat in Gegenwart und auf Betreiben des zur Vollziehung ernannten Vormundes zu geschehen.

**1069.** Verfügungen, welche durch Rechtsgeschäft unter Lebenden oder mittels Testaments unter der Auflage der Herausgabe getroffen wurden, sind auf Betreiben des Beschwerten oder des zur Vollziehung ernannten Vormundes zu veröffentlichen, und zwar in Ansehung der Liegenschaften durch die Ueberschreibung der Urkunden in die Register des Hypothekenamtes des Ortes ihrer Lage und in Ansehung der mit Vorzugsrecht auf Liegenschaften angelegten Summen durch die Eintragung auf die mit dem Vorzugsrechte behafteten Güter.

**1070.** Auf die Unterlassung der Ueberschreibung der die Verfügung enthaltenden Urkunde können sich die Gläubiger und dritte Erwerber selbst gegen Minderjährige oder Entmündigte berufen, vorbehaltlich des Rückgriffes gegen den Beschwerten und den zur Vollziehung ernannten Vormund; die Minderjährigen oder Entmündigten können sich gegen die Unterlassung der Ueberschreibung selbst in dem Falle nicht wieder in den vorigen Stand einsetzen lassen, daß der Beschwerte und der Vormund zahlungsunfähig sein sollten.

1071. Le défaut de transcription ne pourra être suppléé ni regardé comme couvert par la connaissance que les créanciers ou les tiers acquéreurs pourraient avoir eue de la disposition par d'autres voies que celles de la transcription.

1072. Les donataires, les légataires, ni même les héritiers légitimes de celui qui aura fait la disposition, ni pareillement leurs donataires, légataires ou héritiers, ne pourront, en aucun cas, opposer aux appelés le défaut de transcription ou inscription.

1073. Le tuteur nommé pour l'exécution sera personnellement responsable, s'il ne s'est pas, en tout point, conformé aux règles ci-dessus établies pour constater les biens, pour la vente du mobilier, pour l'emploi des deniers, pour la transcription et l'inscription, et, en général, s'il n'a pas fait toutes les diligences nécessaires pour que la charge de restitution soit bien et fidèlement acquittée.

1074. Si le grevé est mineur, il ne pourra, dans le cas même de l'insolvabilité de son tuteur, être restitué contre l'inexécution des règles qui lui sont prescrites par les articles du présent chapitre.

### CHAPITRE VII.

#### Des partages faits par père, mère, ou autres ascendants, entre leurs descendants.

1075. Les père et mère et autres ascendants pourront faire, entre leurs enfants et descendants, la distribution et le partage de leurs biens.

1076. Ces partages pourront être faits par actes entre vifs ou testamentaires, avec les formalités, conditions et règles prescrites pour les donations entre vifs et testaments.

Les partages faits par actes entre vifs ne pourront avoir pour objet que les biens présents.

1077. Si tous les biens que l'ascendant laissera au jour de son décès n'ont pas été compris dans le partage, ceux de ces biens qui n'y auront pas été compris, seront partagés conformément à la loi.

1078. Si le partage n'est pas fait entre tous les enfants qui existeront à l'époque du décès et les descendants de ceux prédécédés, le partage sera nul pour le tout. Il en pourra être provoqué un nouveau dans la forme légale, soit par les enfants ou descendants qui n'y auront reçu aucune part, soit même par ceux entre qui le partage aurait été fait.

1079. Le partage fait par l'ascendant pourra être attaqué pour cause de lésion de plus du

---

1071. Der Mangel an Ueberschreibung kann dadurch, daß die Gläubiger oder dritten Erwerber etwa auf anderm Wege als durch die Ueberschreibung von der Verfügung Kenntnis erlangt haben, weder ergänzt noch als behoben angesehen werden.

1072. Die Schenknehmer, die Vermächtnisnehmer und selbst die gesetzlichen Erben desjenigen, der die Verfügung getroffen hat, und ebenso deren Schenknehmer und Vermächtnisnehmer oder Erben können sich in keinem Falle gegen die Berufenen auf den Mangel der Ueberschreibung oder Eintragung berufen.

1073. Der zur Vollziehung ernannte Vormund ist persönlich verantwortlich, wenn er sich nicht in allen Punkten nach den Regeln gerichtet hat, welche oben für die Feststellung des Vermögens, für den Verkauf der beweglichen Güter, für die Anlage der Gelder, für die Ueberschreibung und Eintragung aufgestellt sind, sowie überhaupt, wenn er nicht alle erforderlichen Schritte getan hat, damit die Auflage der Herausgabe gehörig und getreu erfüllt werde.

1074. Ist der Beschwerte minderjährig, so kann er, selbst im Falle der Zahlungsunfähigkeit seines Vormundes, gegen die Nichtbeobachtung der ihm in den Artikeln dieses Kapitels vorgeschriebenen Regeln nicht wieder in den vorigen Stand eingesetzt werden.

### SIEBENTES KAPITEL.

#### Teilungen, die seitens der Eltern oder anderen Aszendenten unter ihren Nachkommen vorgenommen werden.

1075. Eltern und andere Aszendenten können die Teilung ihres Vermögens unter ihren Kindern und Nachkommen vornehmen.

1076. Diese Teilungen können durch Rechtsgeschäfte unter Lebenden oder mittels Testaments vorgenommen werden unter Beobachtung der für die Schenkungen unter Lebenden und für die Testamente vorgeschriebenen Förmlichkeiten, Bedingungen und Regeln.

Teilungen, welche durch Rechtsgeschäft unter Lebenden erfolgen, können nur das gegenwärtige Vermögen umfassen.

1077. Wenn nicht alle Güter, welche der Aszendent an seinem Todestage hinterläßt, in der Teilung inbegriffen waren, so werden die Güter, welche nicht darin begriffen waren, dem Gesetze gemäß verteilt.

1078. Ist die Teilung nicht unter allen Kindern, die zur Zeit des Sterbefalles am Leben sind, und den Nachkommen der vorher verstorbenen vorgenommen, so ist die Teilung in Ansehung des Ganzen nichtig. Eine neue Teilung in der gesetzlichen Form kann sowohl von denjenigen Kindern und Nachkommen betrieben werden, welche keinen Teil angewiesen erhalten haben, als selbst von denjenigen, unter welchen die Teilung vorgenommen worden war.

1079. Die von einem Aszendenten gemachte Teilung kann wegen Verletzung um mehr al

quart: il pourra l'être aussi dans le cas où il résulterait du partage et des dispositions faites par préciput, que l'un des copartagés aurait un avantage plus grand que la loi ne le permet.

**1080.** L'enfant qui, pour une des causes exprimées en l'article précédent, attaquera le partage fait par l'ascendant, devra faire l'avance des frais de l'estimation; et il les supportera en définitif, ainsi que les dépens de la contestation, si la réclamation n'est pas fondée.

### CHAPITRE VIII.

#### Des donations faites par contrat de mariage aux époux, et aux enfants à naître du mariage.

**1081.** Toute donation entre vifs de biens présents, quoique faite par contrat de mariage aux époux, ou à l'un d'eux, sera soumise aux règles générales prescrites pour les donations faites à ce titre.

Elle ne pourra avoir lieu au profit des enfants à naître, si ce n'est dans le cas énoncés au chapitre 6 du présent titre.

**1082.** Les pères et mères, les autres ascendants, les parents collatéraux des époux, et même les étrangers, pourront, par contrat de mariage, disposer de tout ou partie des biens qu'ils laisseront au jour de leur décès, tant au profit desdits époux, qu'au profit des enfants à naître de leur mariage, dans le cas où le donateur survivrait à l'époux donataire.

Pareille donation, quoique faite au profit seulement des époux ou de l'un d'eux, sera toujours, dans ledit cas de survie du donateur, présumée faite au profit des enfants et descendants à naître du mariage.

**1083.** La donation, dans la forme portée au précédent article sera irrévocable, en ce sens seulement que le donateur ne pourra plus disposer, à titre gratuit, des objets compris dans la donation, si ce n'est pour sommes modiques, à titre de récompense ou autrement.

**1084.** La donation par contrat de mariage pourra être faite cumulativement des biens présents et à venir, en tout ou partie, à la charge qu'il sera annexé à l'acte un état des dettes et charges du donateur existantes au jour de la donation; auquel cas, il sera libre au donataire, lors du décès du donateur, de s'en tenir aux biens présents, en renonçant au surplus des biens du donateur.

**1085.** Si l'état dont est mention au précédent article n'a point été annexé à l'acte contenant donation des biens présents et à venir, le donataire sera obligé d'accepter ou de répudier cette donation pour le tout. En cas

ein Viertel angefochten werden; sie kann auch in dem Falle angefochten werden, wenn zufolge der Teilung und der als Vorempfang getroffenen Verfügungen einer der Teilnehmer einen größeren Vorteil erhalten würde, als das Gesetz erlaubt.

**1080.** Das Kind, welches aus einem der im vorstehenden Artikel angegebenen Grunde die von dem Aszendenten gemachte Teilung angreift, muß die Kosten der Schätzung vorschießen; es hat diese sowohl als die Kosten des Rechtsstreits endgültig zu tragen, wenn sein Anspruch nicht begründet ist.

### ACHTES KAPITEL.

#### Schenkungen durch Ehevertrag an die Ehegatten und die künftigen Kinder aus dieser Ehe.

**1081.** Jede Schenkung unter Lebenden über gegenwärtiges Vermögen, ist, wenn sie auch in einem Ehevertrage an beide Ehegatten oder an einen derselben erfolgt, den für die Schenkungen unter Lebenden vorgeschriebenen allgemeinen Regeln unterworfen.

Sie kann zu Gunsten der künftigen Kinder nur in den im sechsten Kapitel dieses Titels angegebenen Fällen stattfinden.

**1082.** Die Eltern, die übrigen Aszendenten, die Seitenverwandten der Ehegatten und selbst Fremde können in dem Ehevertrag über das Vermögen, welches sie am Todestage hinterlassen werden, ganz oder teilweise sowohl zu Gunsten der Ehegatten als auch für den Fall, daß der Schenker den beschenkten Ehegatten überleben würde, zu Gunsten der Kinder dieser Ehe verfügen.

Von einer solchen Schenkung wird, wenn sie auch nur zu Gunsten der beiden Ehegatten oder eines derselben errichtet worden ist, in dem erwähnten Falle des Ueberlebens des Schenkers stets vermutet, daß sie zu Gunsten der künftigen Kinder und Nachkommen aus dieser Ehe geschehen sei.

**1083.** Eine in der Form des vorstehenden Artikels gemachte Schenkung ist nur in dem Sinne unwiderruflich, daß der Schenker über die darin begriffenen Gegenstände nicht mehr unentgeltliche Verfügungen treffen kann, ausgenommen über geringe Summen behufs Belohnung oder in anderer Weise.

**1084.** Die in einem Ehevertrage gemachte Schenkung kann zugleich das gegenwärtige und zukünftige Vermögen ganz oder zum Teil in sich begreifen, jedoch mit der Bedingung, daß der Urkunde ein Verzeichnis der am Tage der Schenkung vorhandenen Schulden und Lasten des Schenkers beigefügt werden; in diesem Falle steht es dem Beschenkten frei, sich beim Tode des Schenkers an das gegenwärtige Vermögen zu halten unter Verzichtleistung auf das übrige Vermögen des Schenkers.

**1085.** Ist das in dem vorstehenden Artikel erwähnte Verzeichnis der Urkunde, welche eine Schenkung des gegenwärtigen und zukünftigen Vermögens enthält, nicht beigefügt worden, so muß der Beschenkte die Schenk-

d'acceptation, il ne pourra réclamer que les biens qui se trouveront existants au jour du décès du donateur, et il sera soumis au payement de toutes les dettes et charges de la succession.

1086. La donation par contrat de mariage en faveur des époux et des enfants à naître de leur mariage, pourra encore être faite, à condition de payer indistinctement toutes les dettes et charges de la succession du donateur, ou sous d'autres conditions dont l'exécution dépendrait de sa volonté, par quelque personne que la donation soit faite: le donataire sera tenu d'accomplir ces conditions, s'il n'aime mieux renoncer à la donation; et en cas que le donateur, par contrat de mariage, se soit réservé la liberté de disposer d'un effet compris dans la donation de ses biens présents, ou d'une somme fixe à prendre sur ces mêmes biens, l'effet ou la somme, s'il meurt sans en avoir disposé, seront censés compris dans la donation, et appartiendront au donataire ou à ses héritiers.

1087. Les donations faites par contrat de mariage ne pourront être attaquées, ni déclarées nulles, sous prétexte de défaut d'acceptation.

1088. Toute donation faite en faveur du mariage sera caduque, si le mariage ne s'ensuit pas.

1089. Les donations faites à l'un des époux, dans les termes des articles 1082, 1084 et 1086 ci-dessus, deviendront caduques, si le donateur survit à l'époux donataire et à sa postérité.

1090. Toutes donations faites aux époux par leur contrat de mariage, seront, lors de l'ouverture de la succession du donateur, réductibles à la portion dont la loi lui permettait de disposer.

CHAPITRE IX.

**Des dispositions entre époux, soit par contrat de mariage, soit pendant le mariage.**

1091. Les époux pourront, par contrat de mariage, se faire réciproquement, ou l'un des deux à l'autre, telle donation qu'ils jugeront à propos, sous les modifications ci-après exprimées.

1092. Toute donation entre vifs de biens présents, faite entre époux par contrat de mariage, ne sera point censée faite sous la condition de survie du donataire, si cette condition n'est formellement exprimée; et elle sera soumise à toutes les règles et formes ci-dessus prescrites pour ces sortes de donations.

---

ung entweder ganz annehmen oder ganz ausschlagen. Im Falle der Annahme kann er nur das am Todestage des Schenkers vorhandene Vermögen in Anspruch nehmen und ist er zur Bezahlung aller Schulden und Lasten der Erbschaft verpflichtet.

1086. Die Schenkung, welche in einem Ehevertrage zu Gunsten der Ehegatten und der künftigen Kinder aus deren Ehe gemacht wird, kann ferner unter der Bedingung geschehen, alle Schulden und Lasten der Erbschaft des Schenkers ohne Unterschied zu bezahlen, oder unter anderen Bedingungen, deren Erfüllung von seinem Willen abhängt, wer auch der Schenker sein mag; der Beschenkte muß diese Bedingungen erfüllen, wenn er nicht vorzieht, auf die Schenkung zu verzichten. Falls der mittels Ehevertrages Schenkende sich die Freiheit vorbehalten hat, über einen in der Schenkung seines gegenwärtigen Vermögens begriffenen Gegenstand oder über eine bestimmte aus diesem Vermögen zu bestreitende Summe zu verfügen, so wird der Gegenstand oder die Summe, wenn er, ohne darüber verfügt zu haben, stirbt, als in der Schenkung begriffen angesehen und gehört dem Beschenkten oder dessen Erben.

1087. Die mittels Ehevertrages errichteten Schenkungen können wegen des behaupteten Mangels der Annahme weder angegriffen noch für nichtig erklärt werden.

1088. Jede zu Gunsten einer Ehe gemachte Schenkung verfällt, wenn die Ehe nicht zustande kommt.

1089. Die an einen der Ehegatten nach den Bestimmungen der Artikel 1082, 1084 und 1086 gemachten Schenkungen verfallen, wenn der Schenker den beschenkten Ehegatten und dessen Nachkommenschaft überlebt.

1090. Alle den Ehegatten in ihrem Ehevertrage gemachten Schenkungen unterliegen bei Eröffnung der Erbschaft des Schenkers der Minderung auf den Teil, über welchen das Gesetz ihm zu verfügen erlaubte.

NEUNTES KAPITEL.

**Verfügungen unter Ehegatten in dem Ehevertrage oder während der Ehe.**

1091. Ehegatten können in dem Ehevertrage sich wechselseitig oder auch einer dem anderen jede beliebige Schenkung machen, unter den nachstehend angegebenen Einschränkungen.

1092. Jede Schenkung unter Lebenden über gegenwärtiges Vermögen, welche unter Ehegatten in einem Ehevertrage errichtet wird, gilt keineswegs als unter der Bedingung des Ueberlebens des Beschenkten gemacht, wenn nicht diese Bedingung förmlich ausgedrückt worden ist; dieselbe ist allen für diese Arten von Schenkungen oben vorgeschriebenen Regeln und Förmlichkeiten unterworfen.

1093. La donation de biens à venir, ou de biens présents et à venir, faite entre époux par contrat de mariage, soit simple, soit réciproque, sera soumise aux règles établies par le chapitre précédent, à l'égard des donations pareilles qui leur seront faites par un tiers ; sauf qu'elle ne sera point transmissible aux enfants issus du mariage, en cas de décès de l'époux donataire avant l'époux donateur.

1094. L'époux pourra, soit par contrat de mariage, soit pendant le mariage, pour le cas où il ne laisserait point d'enfants ni descendants, disposer en faveur de l'autre époux, en propriété, de tout ce dont il pourrait disposer en faveur d'un étranger.

Et pour le cas où l'époux donateur laisserait des enfants ou descendants, il pourra donner à l'autre époux, ou un quart en propriété et un autre quart un usufruit, ou la moitié de tous ses biens en usufruit seulement.

1095. Le mineur ne pourra, par contrat de mariage, donner à l'autre époux, soit par donation simple, soit par donation réciproque, qu'avec le consentement et l'assistance de ceux dont le consentement est requis pour la validité de son mariage ; et, avec ce consentement, il pourra donner tout ce que la loi permet à l'époux majeur de donner à l'autre conjoint.

1096. Toutes donations faites entre époux, pendant le mariage, quoique qualifiées entre vifs, seront toujours révocables.

La révocation pourra être faite par la femme, sans y être autorisée par le mari ni par justice.

Ces donations ne seront point révoquées par la survenance d'enfants.

1097. Les époux ne pourront, pendant le mariage, se faire, ni par acte entre vifs, ni par testament, aucune donation mutuelle et réciproque par un seul et même acte.

1098. L'homme ou la femme qui, ayant des enfants d'un autre lit, contractera un second ou subséquent mariage, ne pourra donner à son nouvel époux qu'une part d'enfant légitime le moins prenant, et sans que, dans aucun cas, ces donations puissent excéder le quart des biens.

1099. Les époux ne pourront se donner indirectement au delà de ce qui leur est permis par les dispositions ci-dessus.

Toute donation, ou déguisée, ou faite à personnes interposées, sera nulle.

1100. Seront réputées faites à personnes interposées, les donations de l'un des époux

---

1093. Eine unter Ehegatten im Ehevertrage gemachte Schenkung von zukünftigem Vermögen oder von gegenwärtigem und zukünftigem Vermögen, mag sie nur seitens eines der Ehegatten oder gegenseitig erfolgen, ist denselben Regeln unterworfen, welche in Ansehung derartiger von einem Dritten an sie gemachten Schenkungen in dem vorhergehenden Kapitel aufgestellt sind, jedoch mit der Einschränkung, daß sie, falls der beschenkte Ehegatte vor dem schenkenden Ehegatten verstirbt, auf die aus der Ehe entsprossenen Kinder nicht übergeht.

1094. Ein Ehegatte kann sowohl im Ehevertrage als während der Ehe für den Fall, daß er keine Kinder oder Nachkommen hinterlassen sollte, zu Gunsten des anderen Ehegatten dem Eigentume nach über alles dasjenige verfügen, worüber er zu Gunsten eines Fremden verfügen könnte.

Und für den Fall, daß der schenkende Ehegatte Kinder oder Nachkommen hinterlassen sollte, kann er dem andern Ehegatten entweder ein Viertel zu Eigentum oder ein anderes Viertel zum Nießbrauche oder die Hälfte seines ganzen Vermögens zum Nießbrauch allein zuwenden.

1095. Ein Minderjähriger kann mittels Ehevertrags dem anderen Ehegatten, mag die Schenkung nur von seiner Seite oder gegenseitig erfolgen, nur mit Einwilligung und unter Beistand derjenigen schenken, deren Einwilligung zur Gültigkeit seiner Ehe erforderlich ist; mit dieser Einwilligung kann er alles dasjenige schenken, was das Gesetz einem großjährigen Ehegatten dem anderen Gatten zu schenken gestattet.

1096. Alle unter Ehegatten während der Ehe gemachten Schenkungen sind jederzeit widerruflich, wenn sie auch als Schenkungen unter Lebenden bezeichnet worden sind.

Der Widerruf kann seitens der Frau geschehen, ohne daß sie dazu der Ermächtigung des Ehemannes oder des Gerichts bedarf.

Diese Schenkungen werden durch nachfolgende Geburt von Kindern nicht widerrufen.

1097. Ehegatten können während der Ehe weder durch Rechtsgeschäft unter Lebenden noch durch Testament einander gegenseitig eine Schenkung in einer und derselben Urkunde machen.

1098. Wer Kinder aus einer früheren Ehe hat und eine zweite oder weitere Ehe schließt, sei es der Mann oder die Frau, kann seinem neuen Ehegatten nur soviel schenken als der Anteil des am wenigsten empfangenden ehelichen Kindes beträgt; diese Schenkungen können in keinem Falle ein Viertel des Vermögens übersteigen.

1099. Ehegatten können einander auch nicht mittelbar mehr schenken, als ihnen nach den obigen Bestimmungen erlaubt ist.

Jede verschleierte oder an eine Zwischenperson gemachte Schenkung ist nichtig.

1100. Als an Zwischenpersonen gemacht gelten die Schenkungen, welche ein Ehegatte

aux enfants ou à l'un des enfants de l'autre époux issus d'un autre mariage, et celles faites par le donateur aux parents dont l'autre époux sera héritier présomptif au jour de la donation, encore que ce dernier n'ait point survécu à son parent donataire.

---

# TITRE TROISIÈME.

### Des contrats ou des obligations conventionnelles en général.

## CHAPITRE PREMIER.

### Dispositions préliminaires.

**1101.** Le contrat est une convention par laquelle une ou plusieurs personnes s'obligent, envers une ou plusieurs autres, à donner, à faire ou à ne pas faire quelque chose.

**1102.** Le contrat est *synallagmatique* ou *bilatéral* lorsque les contractants s'obligent réciproquement les uns envers les autres.

**1103.** Il est *unilatéral* lorsqu'une ou plusieurs personnes sont obligées envers une ou plusieurs autres, sans que de la part de ces dernières il y ait d'engagement.

**1104.** Il est *commutatif* lorsque chacune des parties s'engage à donner ou à faire une chose qui est regardée comme l'équivalent de ce qu'on lui donne, ou de ce qu'on fait pour elle.

Lorsque l'équivalent consiste dans la chance de gain ou de perte pour chacune des parties, d'après un événement incertain, le contrat est *aléatoire*.

**1105.** Le contrat de *bienfaisance* est celui dans lequel l'une des parties procure à l'autre un avantage purement gratuit.

**1106.** Le contrat à *titre onéreux* est celui qui assujettit chacune des parties à donner ou à faire quelque chose.

**1107.** Les contrats, soit qu'ils aient une dénomination propre, soit qu'ils n'en aient pas, sont soumis à des règles générales, qui sont l'objet du présent titre.

Les règles particulières à certains contrats sont établies sous les titres relatifs à chacun d'eux; et les règles particulières aux transactions commerciales sont établies par les lois relatives au commerce.

## CHAPITRE II.

### Des conditions essentielles pour la validité des conventions.

**1108.** Quatre conditions sont essentielles pour la validité d'une convention:
Le consentement de la partie qui s'oblige;

---

den aus einer anderen Ehe entsprossenen Kindern des anderen Ehegatten oder einem dieser Kinder macht, und diejenigen, welche der Schenker an Verwandte macht, deren vermutlicher Erbe der andere Ehegatte am Tage der Schenkung ist, selbst wenn dieser letztere seinen beschenkten Verwandten nicht überlebt haben sollte.

---

# DRITTER TITEL.

### Verträge oder vertragsmässige Verbindlichkeiten im Allgemeinen.

## ERSTES KAPITEL.

### Einleitende Bestimmungen.

**1101.** Ein Vertrag ist eine Uebereinkunft, durch welche eine oder mehrere Personen gegen eine oder mehrere andere sich verpflichten, etwas zu geben, zu tun oder zu unterlassen.

**1102.** Der Vertrag ist synallagmatisch oder zweiseitig, wenn die Vertragsschließenden sich wechselseitig gegen einander verpflichten.

**1103.** Er ist einseitig, wenn eine oder mehrere Personen einer oder mehreren anderen verpflichtet sind, ohne daß auf Seiten dieser letzteren eine Verbindlichkeit vorliegt.

**1104.** Er ist ein Tauschvertrag, wenn jeder Teil sich verpflichtet, etwas zu geben oder zu tun, was als Entgelt desjenigen betrachtet wird, das ihm gegeben oder für ihn getan wird.

Besteht das Entgelt in der Möglichkeit eines von einem ungewissen Ereignis abhängigen Gewinnes oder Verlustes für jeden Teil, so ist er ein Glücksvertrag.

**1105.** Ein wohltätiger Vertrag ist derjenige, in welchem ein Teil dem anderen einen rein unentgeltlichen Vorteil verschafft.

**1106.** Ein entgeltlicher Vertrag ist derjenige, welcher jeden Teil verpflichtet etwas zu geben oder zu tun.

**1107.** Die Verträge, mögen sie eine eigene Benennung haben oder nicht, sind allgemeinen Regeln unterworfen, die den Gegenstand dieses Titels bilden.

Die besonderen Regeln für gewisse Verträge sind in den auf einen jeden derselben bezüglichen Titeln enthalten; die besonderen Regeln für Handelsgeschäfte sind in den Handelsgesetzen enthalten.

## ZWEITES KAPITEL.

### Wesentliche Erfordernisse der Gültigkeit der Verträge.

**1108.** Vier Erfordernisse sind wesentlich für die Gültigkeit eines Vertrages:
Die Einwilligung des Teiles, welcher sich verpflichtet;

Sa capacité de contracter;
Un objet certain qui forme la matière de l'engagement;
Une cause licite dans l'obligation.

## SECTION PREMIÈRE.
### Du consentement.

1109. Il n'y a point de consentement valable, si le consentement n'a été donné que par erreur, ou s'il a été extorqué par violence ou surpris par dol.

1110. L'erreur n'est une cause de nullité de la convention que lorsqu'elle tombe sur la substance même de la chose qui en est l'objet.

Elle n'est point une cause de nullité, lorsqu'elle ne tombe que sur la personne avec laquelle on a intention de contracter, à moins que la considération de cette personne ne soit la cause principale de la convention.

1111. La violence exercée contre celui qui a contracté l'obligation, est une cause de nullité, encore qu'elle ait été exercée par un tiers autre que celui au profit duquel la convention a été faite.

1112. Il y a violence, lorsqu'elle est de nature à faire impression sur une personne raisonnable, et qu'elle peut lui inspirer la crainte d'exposer sa personne ou sa fortune à un mal considérable et présent.

On a égard, en cette matière, à l'âge, au sexe et à la condition des personnes.

1113. La violence est une cause de nullité du contrat, non seulement lorsqu'elle a été exercée sur la partie contractante, mais encore lorsqu'elle l'a été sur son époux ou sur son épouse, sur ses descendants ou ses ascendants.

1114. La seule crainte révérencielle envers le père, la mère, ou autre ascendant, sans qu'il y ait eu de violence exercée, ne suffit point pour annuler le contrat.

1115. Un contrat ne peut plus être attaqué pour cause de violence, si, depuis que la violence a cessé, ce contrat a été approuvé, soit expressément, soit tacitement, soit en laissant passer le temps de la restitution fixé par la loi.

1116. Le dol est une cause de nullité de la convention lorsque les manœuvres pratiquées par l'une des parties sont telles, qu'il est évident que, sans ces manœuvres, l'autre partie n'aurait pas contracté.

Il ne se présume pas, et doit être prouvé.

1117. La convention contractée par erreur, violence ou dol, n'est point nulle de plein droit; elle donne seulement lieu à une action en nullité ou en rescision, dans les cas et de la manière expliqués à la section 7 du chapitre 5 du présent titre.

Die Vertragsfähigkeit desselben; ein bestimmter Gegenstand, welcher den Inhalt der Verbindlichkeit bildet;
Ein erlaubter Grund der Verbindlichkeit.

## ERSTER ABSCHNITT.
### Einwilligung.

1109. Eine gültige Einwilligung ist nicht vorhanden, wenn dieselbe nur aus Irrtum gegeben oder durch Zwang abgenötigt, oder durch Betrug erschlichen wurde.

1110. Der Irrtum ist nur dann ein Grund der Nichtigkeit des Vertrages, wenn er sich auf das Wesen der Sache bezieht, welche den Gegenstand des Vertrages ausmacht.

Er ist kein Grund der Nichtigkeit, wenn er sich nur auf die Person bezieht, mit der man den Vertrag zu schließen die Absicht hat, sofern nicht die Rücksicht auf die Person der Hauptgrund des Vertragsschlusses ist.

1111. Der Zwang, welcher gegen denjenigen geübt wurde, der eine Verbindlichkeit einging, ist Nichtigkeitsgrund auch dann, wenn er von einem andern ausgeübt worden ist, als von demjenigen, zu dessen Gunsten der Vertrag geschlossen wurde.

1112. Es liegt Zwang vor, wenn er geeignet ist, auf einen verständigen Menschen Eindruck zu machen und wenn er ihm die Furcht einflößen kann, Person oder Vermögen einem beträchtlichen und gegenwärtigen Uebel auszusetzen.

In dieser Hinsicht ist Rücksicht zu nehmen auf Alter, Geschlecht und besondere Verhältnisse der Personen.

1113. Der Zwang ist Nichtigkeitsgrund des Vertrages nicht nur, wenn er gegen den vertragschließenden Teil selbst, sondern auch, wenn er gegen Ehegatten, Nachkommen oder Aszendenten desselben ausgeübt wurde.

1114. Die nur aus Ehrfurcht vor Vater, Mutter oder einem anderen Aszendenten hervorgerufene Furcht, ohne daß wirklich Zwang ausgeübt worden ist, genügt nicht um den Vertrag für nichtig zu erklären.

1115. Ein Vertrag kann wegen Zwanges nicht mehr angefochten werden, wenn er nach Aufhörung dieses Zwanges ausdrücklich oder stillschweigend oder dadurch genehmigt worden ist, daß man die gesetzliche Frist für die Wiedereinsetzung verstreichen ließ.

1116. Der Betrug ist Nichtigkeitsgrund des Vertrages, wenn die von dem einen Teil angewandten Kunstgriffe derartig sind, daß es offenbar ist, daß der andere Teil, ohne diese Kunstgriffe den Vertrag nicht geschlossen haben würde.

Er wird nicht vermutet, sondern muß bewiesen werden.

1117. Der infolge von Irrtum, Zwang oder Betrug geschlossene Vertrag ist nicht von Rechtswegen nichtig; er begründet nur eine Klage auf Nichtigkeit oder Wiederaufhebung in den in Abschnitt 7 des Kapitels V dieses Titels angeführten Fällen und in der daselbst angegebenen Art und Weise.

1118. La lésion ne vicie les conventions que dans certains contrats ou à l'égard de certaines personnes, ainsi qu'il sera expliqué en la même section.

1119. On ne peut, en général, s'engager, ni stipuler en son propre nom, que pour soi-même.

1120. Néanmoins on peut se porter fort pour un tiers, en promettant le fait de celui-ci; sauf l'indemnité contre celui qui s'est porté fort ou qui a promis de faire ratifier, si le tiers refuse de tenir l'engagement.

1121. On peut pareillement stipuler au profit d'un tiers, lorsque telle est la condition d'une stipulation que l'on fait pour soi-même ou d'une donation que l'on fait à un autre. Celui qui a fait cette stipulation ne peut la révoquer, si le tiers a déclaré vouloir en profiter.

1122. On est censé avoir stipulé pour soi et pour ses héritiers et ayants cause, à moins que le contraire ne soit exprimé ou ne résulte de la nature de la convention.

### SECTION II.

**De la capacité des parties contractantes.**

1123. Toute personne peut contracter, si elle n'en est pas déclarée incapable par la loi.

1124. Les incapables de contracter sont:
Les mineurs,
Les interdits,
Les femmes mariées, dans les cas exprimés par la loi,
Et généralement tous ceux à qui la loi a interdit certains contrats.

1125. Le mineur, l'interdit et la femme mariée ne peuvent attaquer, pour cause d'incapacité, leurs engagements, que dans les cas prévus par la loi.
Les personnes capables de s'engager ne peuvent opposer l'incapacité du mineur, de l'interdit ou de la femme mariée, avec qui elles ont contracté.

### SECTION III.

**De l'objet et de la matière des contrats.**

1126. Tout contrat a pour objet une chose qu'une partie s'oblige à donner, ou qu'une partie s'oblige à faire ou à ne pas faire.

1127. Le simple usage ou la simple possession d'une chose peut être, comme la chose même, l'objet du contrat.

1128. Il n'y a que les choses qui sont dans le commerce qui puissent être l'objet des conventions.

---

1118. Verletzung schadet der Gültigkeit der Vereinbarungen nur bei gewissen Verträgen oder in Ansehung gewisser Personen, wie in demselben Abschnitt auseinander gesetzt wird.

1119. Im eigenen Namen kann man regelmäßig nur für sich selbst Verbindlichkeiten eingehen oder Verabredungen treffen.

1120. Man kann jedoch für einen Dritten einstehen, indem man dessen Handlung verspricht; vorbehaltlich des Entschädigungsanspruches gegen denjenigen, welcher eingestanden ist oder die Bewirkung der Genehmigung versprochen hat, falls der Dritte sich weigert, die Verbindlichkeit einzuhalten.

1121. In gleicher Weise kann man zu Gunsten eines Dritten Verabredung treffen, wenn dies die Bedingung einer Verabredung ist, die man für sich selbst trifft, oder diejenige einer Schenkung, welche man einem andern macht. Wer eine solche Verabredung getroffen hat, kann sie nicht mehr widerrufen, wenn der Dritte erklärt hat, davon Gebrauch machen zu wollen.

1122. Es wird angenommen, daß man eine Verabredung für sich und für seine Erben und Rechtsnachfolger getroffen habe, sofern nicht das Gegenteil ausdrücklich bestimmt ist oder sich aus der Natur des Vertrages ergibt.

### ZWEITER ABSCHNITT.

**Fähigkeit der vertragschliessenden Teile.**

1123. Jede Person kann Verträge schließen, wenn sie nicht von dem Gesetze dazu für unfähig erklärt ist.

1124. Unfähig Verträge zu schließen sind:
die Minderjährigen,
die Entmündigten,
die Ehefrauen in den gesetzlich bestimmten Fällen,
und überhaupt alle diejenigen, welchen das Gesetz gewisse Verträge untersagt hat.

1125. Der Minderjährige, der Entmündigte und die Ehefrauen können ihre Verbindlichkeiten wegen Unfähigkeit nur in den gesetzlich vorgesehenen Fällen anfechten.
Die Personen, welche fähig sind, Verbindlichkeiten einzugehen, können sich auf die Unfähigkeit des Minderjährigen, des Entmündigten oder der Ehefrau, mit welchen sie Verträge geschlossen haben, nicht berufen.

### DRITTER ABSCHNITT.

**Gegenstand und Inhalt der Verträge.**

1126. Jeder Vertrag hat eine Sache zum Gegenstand, welche ein Teil zu geben, zu tun oder zu unterlassen sich verpflichtet.

1127. Der bloße Gebrauch oder der bloße Besitz einer Sache kann, wie die Sache selbst, Gegenstand eines Vertrages sein.

1128. Nur Sachen, welche im Verkehr sind, können Gegenstand eines Vertrages sein.

1129. Il faut que l'obligation ait pour objet une chose au moins déterminée quant à son espèce.

La quotité de la chose peut être incertaine, pourvu qu'elle puisse être déterminée.

1130. Les choses futures peuvent être l'objet d'une obligation.

On ne peut cependant renoncer à une succession non ouverte, ni faire aucune stipulation sur une pareille succession, même avec le consentement de celui de la succession duquel il s'agit.

### SECTION IV.

#### De la cause.

1131. L'obligation sans cause, ou sur une fausse cause, ou sur une cause illicite, ne peut avoir aucun effet.

1132. La convention n'est pas moins valable, quoique la cause n'en soit pas exprimée.

1133. La cause est illicite, quand elle est prohibée par la loi, quand elle est contraire aux bonnes mœurs ou à l'ordre public.

### CHAPITRE III.

#### De l'effet des obligations.

##### SECTION PREMIÈRE.

##### Dispositions générales.

1134. Les conventions légalement formées tiennent lieu de loi à ceux qui les ont faites.

Elles ne peuvent être révoquées que de leur consentement mutuel, ou pour les causes que la loi autorise.

Elles doivent être exécutées de bonne foi.

1135. Les conventions obligent non seulement à ce qui y est exprimé, mais encore à toutes les suites que l'équité, l'usage ou la loi donnent à l'obligation d'après sa nature.

##### SECTION II.

##### De l'obligation de donner.

1136. L'obligation de donner emporte celle de livrer la chose et de la conserver jusqu'à la livraison, à peine de dommages et intérêts envers le créancier.

1137. L'obligation de veiller à la conservation de la chose, soit que la convention n'ait pour objet que l'utilité de l'une des parties, soit qu'elle ait pour objet leur utilité commune, soumet celui qui en est chargé à y apporter tous les soins d'un bon père de famille.

Cette obligation est plus ou moins étendue relativement à certains contrats, dont les effets, à cet égard, sont expliqués sous les titres qui les concernent.

1129. Die Verbindlichkeit muß eine wenigstens ihrer Gattung nach bestimmte Sache zum Gegenstande haben.

Die Menge der Sache kann ungewiß sein, wenn sie nur bestimmbar ist.

1130. Zukünftige Sachen können Gegenstand einer Verbindlichkeit sein.

Man kann jedoch auf eine noch nicht eröffnete Erbschaft nicht verzichten und ebensowenig irgend eine Verabredung über einen solchen Nachlaß treffen, selbst nicht mit Einwilligung desjenigen, um dessen Erbschaft es sich handelt.

### VIERTER ABSCHNITT.

#### Grund der Verbindlichkeit.

1131. Eine Verbindlichkeit, die auf keinem Grunde oder auf einem falschen oder auf einem falschen oder unerlaubten Grunde beruht, ist wirkungslos.

1132. Der Vertrag ist deswegen nicht minder gültig, weil der Grund desselben nicht ausgedrückt ist.

1133. Der Grund ist unerlaubt, wenn er gesetzlich verboten, wenn er den guten Sitten oder der öffentlichen Ordnung zuwider ist.

### DRITTES KAPITEL.

#### Wirkung der Verbindlichkeiten.

##### ERSTER ABSCHNITT.

##### Allgemeine Bestimmungen.

1134. Gesetzmäßig zu Stande gekommene Verträge gelten als Gesetz für diejenigen, welche sie abgeschlossen haben.

Sie können nur mit deren gegenseitigen Einwilligung oder aus den gesetzlich zugelassenen Gründen widerrufen werden.

Sie müssen in gutem Glauben ausgeführt werden.

1135. Die Verträge verpflichten nicht nur zu dem, was darin ausdrücklich bestimmt ist, sondern auch zu allem, was nach Billigkeit, Gebrauch oder Gesetz aus der Verbindlichkeit ihrer Natur nach als Folge sich ergibt.

##### ZWEITER ABSCHNITT.

##### Verbindlichkeit etwas zu geben.

1136. Die Verbindlichkeit etwas zu geben schließt diejenige in sich, die Sache zu liefern und sie bis zur Lieferung aufzubewahren, bei Strafe des Schadensersatzes an den Gläubiger.

1137. Die Verbindlichkeit für die Aufbewahrung einer Sache zu sorgen verpflichtet denjenigen, dem sie obliegt, alle Sorgfalt eines ordentlichen Hausvaters darauf zu verwenden, mag der Vertrag nur den Nutzen des einen Teils oder den gemeinschaftlichen Nutzen beider Teile bezwecken.

Diese Verbindlichkeit ist mehr oder weniger ausgedehnt in Beziehung auf gewisse Verträge, deren Wirkungen in dieser Hinsicht in den sie betreffenden Titeln auseinandergesetzt sind.

**1138.** L'obligation de livrer la chose est parfaite par le seul consentement des parties contractantes.

Elle rend le créancier propriétaire et met la chose à ses risques dès l'instant où elle a dû être livrée, encore que la tradition n'en ait point été faite, à moins que le débiteur ne soit en demeure de la livrer; auquel cas la chose reste aux risques de ce dernier.

**1139.** Le débiteur est constitué en demeure, soit par une sommation ou par autre acte équivalent, soit par l'effet de la convention, lorsqu'elle porte que, sans qu'il soit besoin d'acte et par la seule échéance du terme, le débiteur sera en demeure.

**1140.** Les effets de l'obligation de donner ou de livrer un immeuble sont réglés au titre *De la vente* et au titre *Des privilèges et hypothèques.*

**1141.** Si la chose qu'on s'est obligé de donner ou de livrer à deux personnes successivement, est purement mobilière, celle des deux qui en a été mise en possession réelle est préférée et en demeure propriétaire, encore que son titre soit postérieur en date, pourvu toutefois que la possession soit de bonne foi.

### SECTION III.

#### De l'obligation de faire ou de ne pas faire.

**1142.** Toute obligation de faire ou de ne pas faire se résout en dommages et intérêts, en cas d'inexécution de la part du débiteur.

**1143.** Néanmoins le créancier a le droit de demander que ce qui aurait été fait par contravention à l'engagement, soit détruit; et il peut se faire autoriser à le détruire aux dépens du débiteur, sans préjudice des dommages et intérêts, s'il y a lieu.

**1144.** Le créancier peut aussi, en cas d'inexécution, être autorisé à faire exécuter lui-même l'obligation aux dépens du débiteur.

**1145.** Si l'obligation est de ne pas faire, celui qui y contrevient doit des dommages et intérêts par le seul fait de la contravention.

### SECTION IV.

#### Des dommages et intérêts résultant de l'inexécution de l'obligation.

**1146.** Les dommages et intérêts ne sont dus que lorsque le débiteur est en demeure de remplir son obligation, excepté néanmoins lorsque la chose que le débiteur s'était obligé de donner ou de faire ne pouvait être donnée

---

**1138.** Die Verbindlichkeit eine Sache zu liefern wird begründet durch die bloße Willensübereinstimmung der vertragschließenden Teile.

Sie macht den Gläubiger zum Eigentümer und überträgt auf ihn die Gefahr der Sache von dem Augenblicke an, in welchem sie geliefert werden sollte, wenn auch ihre Uebergabe noch nicht erfolgt ist, es sei denn, daß der Schuldner mit der Lieferung im Verzuge ist; in diesem Falle bleibt die Sache auf Gefahr dieses letzteren.

**1139.** Der Schuldner wird in Verzug gesetzt entweder durch eine förmliche Aufforderung oder durch einen andern gleichgeltenden Akt oder infolge des Vertrages selbst, wenn dieser bestimmt, daß der Schuldner, ohne daß ein Akt erforderlich sei, durch den bloßen Ablauf der Frist im Verzuge sein soll.

**1140.** Die Wirkungen der Verbindlichkeit eine Liegenschaft zu geben oder zu liefern werden in dem Titel «Kauf» und in dem Titel «Vorzugsrechte und Hypotheken» geregelt.

**1141.** Ist die Sache, welche zu geben oder zu überliefern man sich gegen zwei Personen nacheinander verpflichtet hat, eine bloß bewegliche, so hat diejenige von beiden Personen, welche in den wirklichen Besitz derselben gesetzt worden ist, den Vorzug und bleibt Eigentümer, wenn auch ihr Titel späteren Datums ist, vorausgesetzt, daß der Besitz in gutem Glauben erfolgt ist.

### DRITTER ABSCHNITT.

#### Verbindlichkeit etwas zu tun oder zu unterlassen.

**1142.** Jede Verbindlichkeit etwas zu tun oder zu unterlassen verwandelt sich im Falle der Nichterfüllung seitens des Schuldners in eine Verpflichtung zum Schadensersatze.

**1143.** Der Gläubiger hat nichtsdestoweniger das Recht zu verlangen, daß dasjenige, was der Verbindlichkeit zuwider hergestellt worden ist, beseitigt wird; auch kann er sich ermächtigen lassen, es selbst auf Kosten des Schuldners zu beseitigen, unbeschadet des etwaigen Schadensersatzes.

**1144.** Der Gläubiger kann auch im Falle der Nichterfüllung ermächtigt werden, die Verbindlichkeit auf Kosten des Schuldners selbst vollziehen zu lassen.

**1145.** Besteht die Verbindlichkeit aus einer Unterlassung, so schuldet der Zuwiderhandelnde Schadensersatz schon auf Grund der Zuwiderhandlung.

### VIERTER ABSCHNITT.

#### Schadensersatz wegen Nichterfüllung einer Verbindlichkeit.

**1146.** Der Schadensersatz wird erst dann geschuldet, wenn der Schuldner mit Erfüllung seiner Verbindlichkeit im Verzuge ist, ausgenommen wenn das, was der Schuldner zu geben oder zu tun sich verpflichtet hatte, nur

ou faite que dans un certain temps qu'il a laissé passer.

1147. Le débiteur est condamné, s'il y a lieu, au payement de dommages et intérêts, soit à raison de l'inexécution de l'obligation, soit à raison du retard dans l'exécution, toutes les fois qu'il ne justifie pas que l'inexécution provient d'une cause étrangère qui ne peut lui être imputée, encore qu'il n'y ait aucune mauvaise foi de sa part.

1148. Il n'y a lieu à aucuns dommages et intérêts lorsque, par suite d'une force majeure ou d'un cas fortuit, le débiteur a été empêché de donner ou de faire ce à quoi il était obligé, ou a fait ce qui lui était interdit.

1149. Les dommages et intérêts dus au créancier sont, en général, de la perte qu'il a faite et du gain dont il a été privé, sauf les exceptions et modifications ci-après.

1150. Le débiteur n'est tenu que des dommages et intérêts qui ont été prévus ou qu'on a pu prévoir lors du contrat, lorsque ce n'est point par son dol que l'obligation n'est point exécutée.

1151. Dans le cas même où l'inexécution de la convention résulte du dol du débiteur, les dommages et intérêts ne doivent comprendre, à l'égard de la perte éprouvée par le créancier et du gain dont il a été privé, que ce qui est une suite immédiate et directe de l'inexécution de la convention.

1152. Lorsque la convention porte que celui qui manquera de l'exécuter payera une certaine somme à titre de dommages-intérêts, il ne peut être alloué à l'autre partie une somme plus forte, ni moindre.

1153. Dans les obligations qui se bornent au payement d'une certaine somme, les dommages et intérêts résultant du retard dans l'exécution ne consistent jamais que dans la condamnation aux intérêts fixés par la loi; sauf les règles particulières au commerce et au cautionnement.

Ces dommages et intérêts sont dus sans que le créancier soit tenu de justifier d'aucune perte.

Il ne sont dus que du jour de la sommation de payer, excepté dans le cas où la loi les fait courir de plein droit.

Le créancier auquel son débiteur en retard a causé, par sa mauvaise foi, un préjudice indépendant de ce retard, peut obtenir des dommages et intérêts distincts des intérêts moratoires de la créance.

1154. Les intérêts échus des capitaux peuvent produire des intérêts, ou par une demande judiciaire, ou par une convention spéciale, pourvu que, soit dans la demande, soit dans la convention, il s'agisse d'intérêts dus au moins pour une année entière.

in einer bestimmten Zeit gegeben oder getan werden konnte und er diese hat verstreichen lassen.

1147. Der Schuldner wird, selbst wenn auf seiner Seite böser Glaube nicht vorhanden ist, zum Ersatze eines etwaigen Schadens wegen Nichterfüllung oder wegen verspäteter Erfüllung der Verbindlichkeit stets verurteilt, wenn er nicht beweist, daß die Nichterfüllung durch eine äußere, ihm nicht zuzurechnende Ursache bewirkt wurde.

1148. Schadensersatz findet nicht statt, wenn der Schuldner infolge höherer Gewalt oder eines Zufalls verhindert war, das zu geben oder zu tun, wozu er verpflichtet war, oder das getan hat, was ihm untersagt war.

1149. Der dem Gläubiger zu leistende Schadensersatz erstreckt sich in der Regel auf den erlittenen Verlust und den entgangenen Gewinn, vorbehaltlich der nachstehenden Ausnahmen und Einschränkungen.

1150. Der Schuldner haftet nur für den Schaden, welcher zur Zeit des Vertrages vorausgesehen wurde oder vorauszusehen war, sofern nicht die Nichterfüllung der Verbindlichkeit seiner Arglist zuzuschreiben ist.

1151. Selbst in dem Falle, daß die Nichterfüllung des Vertrages infolge Arglist des Schuldners eintrat, darf der Schadensersatz bezüglich des erlittenen Verlustes und des entgangenen Gewinnes des Gläubigers nur das umfassen, was eine unmittelbare und direkte Folge der Nichterfüllung des Vertrages ist.

1152. Bestimmt der Vertrag, daß derjenige, welcher ihn nicht erfüllen würde, eine bestimmte Summe als Schadensersatz zahlen soll, so darf dem andern Teile weder eine größere noch geringere Summe zugesprochen werden.

1153. Bei Verbindlichkeiten, die sich auf die Zahlung einer bestimmten Summe beschränken, besteht der Schadensersatz wegen verspäteter Erfüllung stets nur in der Verurteilung zu den gesetzlich bestimmten Zinsen, vorbehaltlich der besonderen Regeln bezüglich des Handels und der Bürgschaft.

Dieser Schadensersatz wird geschuldet, ohne daß der Gläubiger irgend einen Verlust nachzuweisen braucht.

Er wird erst vom Tage der Zahlungsaufforderung an geschuldet, ausgenommen in den Fällen, in denen der Zinsenlauf gesetzlich von Rechtswegen beginnt.

Der Gläubiger, dem sein im Verzug befindlichen Schuldner durch seinen schlechten Glauben ein von dieser Verspätung unabhängiger Schaden zufügt, kann Schadensersatz verlangen außer den Verzugszinsen der Forderung.

1154. Fällige Kapitalzinsen können wieder Zinsen tragen, entweder in Folge einer gerichtlichen Klage oder einer besonderen Uebereinkunft, vorausgesetzt, daß es sich bei der Klage sowohl als bei der Uebereinkunft um Zinsen handelt, welche wenigstens für ein ganzes Jahr geschuldet werden.

1155. Néanmoins les revenus échus, tels que fermages, loyers, arrérages de rentes perpétuelles ou viagères, produisent intérêt du jour de la demande ou de la convention.

La même règle s'applique aux restitutions de fruits et aux intérêts payés par un tiers aux créanciers en acquit du débiteur.

### SECTION V.

#### De l'interprétation des conventions.

1156. On doit dans les conventions rechercher quelle a été la commune intention des parties contractantes, plutôt que de s'arrêter au sens littéral des termes.

1157. Lorsqu'une clause est susceptible de deux sens, on doit plutôt l'entendre dans celui avec lequel elle peut avoir quelque effet, que dans le sens avec lequel elle n'en pourrait produire aucun.

1158. Les termes susceptibles de deux sens doivent être pris dans le sens qui convient le plus à la matière du contrat.

1159. Ce qui est ambigu s'interprète par ce qui est d'usage dans le pays où le contrat est passé.

1160. On doit suppléer dans le contrat les clauses qui y sont d'usage, quoiqu'elles n'y soient pas exprimées.

1161. Toutes les clauses des conventions s'interprètent les unes par les autres, en donnant à chacune le sens qui résulte de l'acte entier.

1162. Dans le doute, la convention s'interprète contre celui qui a stipulé et en faveur de celui qui a contracté l'obligation.

1163. Quelque généraux que soient les termes dans lesquels une convention est conçue, elle ne comprend que les choses sur lesquelles il paraît que les parties se sont proposé de contracter.

1164. Lorsque dans un contrat on a exprimé un cas pour l'explication de l'obligation, on n'est pas censé avoir voulu par là restreindre l'étendue que l'engagement reçoit de droit aux cas non exprimés.

### SECTION VI.

#### De l'effet des conventions à l'égard des tiers.

1165. Les conventions n'ont d'effet qu'entre les parties contractantes; elles ne nuisent point au tiers, et elles ne lui profitent que dans le cas prévu par l'article 1121.

1166. Néanmoins les créanciers peuvent exercer tous les droits et actions de leur débiteur, à l'exception de ceux qui sont exclusivement attachés à la personne.

1155. Fällige Einkünfte, wie Pachtgelder und Mietgelder, Gefälle von Erbrenten oder Leibrenten tragen jedoch Zinsen von dem Tage der Klage oder der Uebereinkunft an.

Dieselbe Regel findet auf die Erstattung von Früchten Anwendung sowie auf Zinsen, welche ein Dritter an den Gläubiger zur Entlastung des Schuldners gezahlt hat.

### FÜNFTER ABSCHNITT.

#### Auslegung der Verträge.

1156. Man soll bei Verträgen mehr erforschen, was die gemeinsame Absicht der vertragschließenden Teile gewesen ist, als an dem buchstäblichen Sinne des Ausdrucks haften.

1157. Wenn eine Bestimmung doppelsinnig ist, so muß man sie eher in dem Sinne auffassen, in welchem sie irgend eine Wirkung haben kann, als in demjenigen, in welchem sie gar keine hervorbringen könnte.

1158. Doppelsinnige Ausdrücke müssen in dem Sinne genommen werden, welcher dem Gegenstande des Vertrages am meisten entspricht.

1159. Was zweideutig ist, wird darnach ausgelegt, was in dem Lande gebräuchlich ist, wo der Vertrag geschlossen wurde.

1160. Man muß bei einem Vertrage die Bestimmungen, welche dabei gebräuchlich sind, ergänzen, wenn sie auch nicht darin ausgedrückt sind.

1161. Alle Bestimmungen eines Vertrages sind aus einander zu erklären, indem man einer jeden den Sinn beilegt, welcher sich aus dem ganzen Geschäfte ergibt.

1162. Im Zweifel ist der Vertrag gegen denjenigen auszulegen, der sich hat versprechen lassen und zu Gunsten dessen, der die Verbindlichkeit übernommen hat.

1163. Wie allgemein auch die Ausdrücke gehalten sind, in denen ein Vertrag abgefaßt ist, so erstreckt er sich doch nur auf diejenigen Sachen, über welche die Vertragschliessenden mutmaßlich übereinkommen wollten.

1164. Wenn man in einem Vertrage einen Fall zur Erläuterung der Verbindlichkeit ausdrücklich erwähnt hat, so ist nicht anzunehmen, als habe man dadurch den Umfang einschränken wollen, welchen die Verbindlichkeit bezüglich der nicht ausdrücklich erwähnten Fälle von Rechtswegen hat.

### SECHSTER ABSCHNITT.

#### Wirkung der Verträge in Ansehung Dritter.

1165. Verträge haben nur unter den vertragschließenden Parteien Wirkung; einem Dritten gereichen sie nicht zum Nachteile, und sie nützen ihm nur in dem durch den Art. 1121 vorgesehenen Falle.

1166. Die Gläubiger können jedoch alle Rechte und Klagen ihres Schuldners ausüben, mit Ausnahme derjenigen, welche ausschließlich an die Person geknüpft sind.

**1167.** Ils peuvent aussi, en leur nom personnel, attaquer les actes faits par leur débiteur en fraude de leurs droits.

Ils doivent néanmoins, quand à leurs droits énoncés au titre *Des successions* et au titre *Du contrat de mariage et des droits respectifs des époux*, se conformer aux règles qui y sont prescrites.

## CHAPITRE IV.

### Des diverses espèces d'obligations.

#### SECTION PREMIÈRE.

#### Des obligations conditionnelles.

§ 1. — De la condition en général, et de ses diverses espèces.

**1168.** L'obligation est conditionnelle lorsqu'on la fait dépendre d'un événement futur et incertain, soit en la suspendant jusqu'à ce que l'événement arrive, soit en la résiliant, selon que l'événement arrivera ou n'arrivera pas.

**1169.** La condition *casuelle* est celle qui dépend du hasard, et qui n'est nullement au pouvoir du créancier ni du débiteur.

**1170.** La condition *potestative* est celle qui fait dépendre l'exécution de la convention, d'un événement qu'il est au pouvoir de l'une ou de l'autre des parties contractantes de faire arriver ou d'empêcher.

**1171.** La condition *mixte* est celle qui dépend tout à la fois de la volonté d'une des parties contractantes, et de la volonté d'un tiers.

**1172.** Toute condition d'une chose impossible, ou contraire aux bonnes mœurs, ou prohibée par la loi, est nulle, et rend nulle la convention qui en dépend.

**1173.** La condition de ne pas faire une chose impossible ne rend pas nulle l'obligation contractée sous cette condition.

**1174.** Toute obligation est nulle lorsqu'elle a été contractée sous une condition potestative de la part de celui qui s'oblige.

**1175.** Toute condition doit être accomplie de la manière que les parties ont vraisemblablement voulu et entendu qu'elle le fût.

**1176.** Lorsqu'une obligation est contractée sous la condition qu'un événement arrivera dans un temps fixe, cette condition est censée défaillie lorsque le temps est expiré sans que l'événement soit arrivé. S'il n'y a point de temps fixe, la condition peut toujours être accomplie; et elle n'est censée défaillie que lorsqu'il est devenu certain que l'événement n'arrivera pas.

**1177.** Lorsqu'une obligation est contractée sous la condition qu'un événement n'arrivera pas dans un temps fixe, cette condition est accomplie lorsque ce temps est expiré sans que

Code civil.

**1167.** Sie können auch in ihrem eigenen Namen die Rechtshandlungen anfechten, welche ihr Schuldner zur Benachteiligung ihrer Rechte vorgenommen hat.

Was indessen ihre in dem Titel «Erbschaft» und in dem Titel «Ehevertrag und gegenseitige Rechte der Ehegatten» angegebenen Rechte betrifft, so müssen sie sich nach den daselbst vorgeschriebenen Regeln richten.

## VIERTES KAPITEL.

### Besondere Arten der Verbindlichkeiten.

#### ERSTER ABSCHNITT.

#### Bedingte Verbindlichkeiten.

§ 1. — Die Bedingung im Allgemeinen und deren verschiedene Arten.

**1168.** Die Verbindlichkeit ist bedingt, wenn man sie von einem künftigen ungewissen Ereignisse abhängig macht, indem man sie entweder in der Schwebe läßt, bis das Ereignis eintritt, oder sie wieder auflöst, je nachdem das Ereignis eintreten wird oder nicht.

**1169.** Die zufällige Bedingung ist diejenige, welche vom Zufalle abhängt und auf keine Weise in der Macht des Gläubigers oder des Schuldners steht.

**1170.** Die willkürliche Bedingung ist diejenige, welche die Erfüllung des Vertrages von einem Ereignis abhängig macht, dessen Herbeiführung oder Verminderung in der Macht der einen oder der andern der vertragschließenden Parteien steht.

**1171.** Die gemischte Bedingung ist diejenige, die zu gleicher Zeit von dem Willen einer der vertragschließenden Parteien und von dem Willen eines Dritten abhängt.

**1172.** Jede Bedingung, deren Gegenstand unmöglich, den guten Sitten zuwider oder gesetzlich verboten ist, ist nichtig und macht den davon abhängigen Vertrag nichtig.

**1173.** Die Bedingung, etwas Unmögliches nicht zu tun, macht die unter dieser Bedingung eingegangene Verbindlichkeit nicht nichtig.

**1174.** Jede Verbindlichkeit ist nichtig, welche unter einer auf Seiten des Verpflichteten willkürlichen Bedingung eingegangen ist.

**1175.** Jede Bedingung muß in der Weise erfüllt werden, wie es die Vertragschließenden mutmaßlich gewollt und verstanden haben.

**1176.** Ist eine Verbindlichkeit unter der Bedingung eingegangen, daß ein Ereignis zu einer bestimmten Zeit eintrete, so gilt diese Bedingung als nicht erfüllt, wenn die Zeit verstrichen ist, ohne daß das Ereignis eingetreten ist. Ist keine Zeit bestimmt, so kann die Bedingung zu jeder Zeit erfüllt werden und sie gilt nur dann als nicht erfüllt, wenn es gewiß geworden ist, daß das Ereignis nicht eintreten wird.

**1177.** Ist eine Verbindlichkeit unter der Bedingung eingegangen worden, daß ein Ereignis in einer bestimmten Zeit nicht eintrete, so ist diese Bedingung erfüllt, wenn die Zeit

l'événement soit arrivé: elle l'est également, si avant le terme il est certain que l'événement n'arrivera pas; et s'il n'y a pas de temps déterminé, elle n'est accomplie que lorsqu'il est certain que l'événement n'arrivera pas.

**1178.** La condition est réputée accomplie lorsque c'est le débiteur, obligé sous cette condition, qui en a empêché l'accomplissement.

**1179.** La condition accomplie a un effet rétroactif au jour auquel l'engagement a été contracté. Si le créancier est mort avant l'accomplissement de la condition, ses droits passent à son héritier.

**1180.** Le créancier peut, avant que la condition soit accomplie, exercer tous les actes conservatoires de son droit.

### § 2. — De la condition suspensive.

**1181.** L'obligation contractée sous une condition suspensive est celle qui dépend ou d'un événement futur et incertain, ou d'un événement actuellement arrivé, mais encore inconnu des parties.

Dans le premier cas, l'obligation ne peut être exécutée qu'après l'événement.

Dans le second cas, l'obligation a son effet du jour où elle a été contractée.

**1182.** Lorsque l'obligation a été contractée sous une condition suspensive, la chose qui fait la matière de la convention demeure aux risques du débiteur qui ne s'est obligé de la livrer que dans le cas de l'événement de la condition.

Si la chose est entièrement périe sans la faute du débiteur, l'obligation est éteinte.

Si la chose s'est détériorée sans la faute du débiteur, le créancier a le choix ou de résoudre l'obligation, ou d'exiger la chose dans l'état où elle se trouve, sans diminution du prix.

Si la chose s'est détériorée par la faute du débiteur, le créancier a le droit ou de résoudre l'obligation, ou d'exiger la chose dans l'état où elle se trouve, avec des dommages et intérêts.

### § 3. — De la condition résolutoire.

**1183.** La condition résolutoire est celle qui, lorsqu'elle s'accomplit, opère la révocation de l'obligation, et qui remet les choses au même état que si l'obligation n'avait pas existé.

Elle ne suspend point l'exécution de l'obligation; elle oblige seulement le créancier à

---

verstrichen ist, ohne daß das Ereignis eingetreten ist. Sie ist es ebenfalls, wenn es vor Ablauf der Zeit schon gewiß ist, daß das Ereignis nicht eintreten wird; ist keine Zeit bestimmt, so ist sie erst erfüllt, wenn es gewiß ist, daß das Ereignis nicht eintreten wird.

**1178.** Eine Bedingung wird als erfüllt angesehen, wenn der unter dieser Bedingung verpflichtete Schuldner ihre Erfüllung ververhindert hat.

**1179.** Eine erfüllte Bedingung hat rückwirkende Kraft bis auf den Tag, an welchem die Verbindlichkeit eingegangen ist. Ist der Gläubiger vor der Erfüllung der Bedingung gestorben, so gehen seine Rechte auf seine Erben über.

**1180.** Der Gläubiger kann vor Erfüllung der Bedingung alle zur Sicherung seines Rechts dienenden Handlungen vornehmen.

### § 2. Aufschiebende Bedingung.

**1181.** Eine unter einer aufschiebenden Bedingung eingegangene Verbindlichkeit ist diejenige, welche entweder von einem zukünftigen und ungewissen Ereignisse abhängt, oder von einem Ereignisse, welches zwar schon eingetreten, aber den Vertragschließenden noch unbekannt ist.

Im ersteren Falle kann die Verbindlichkeit erst nach eingetretenem Ereignisse vollzogen werden.

Im zweiten Falle hat die Verbindlichkeit ihre Wirkung von dem Tage an, an welchem sie eingegangen ist.

**1182.** Wenn die Verbindlichkeit unter einer aufschiebenden Bedingung eingegangen ist, so bleibt die Sache, welche Gegenstand des Vertrags ist, auf Gefahr des Schuldners, der sich zu deren Lieferung nur für den Fall des Eintritts der Bedingung verpflichtet hat.

Ist die Sache ohne Verschulden des Schuldners gänzlich untergegangen, so ist die Verbindlichkeit erloschen.

Hat sich die Sache ohne Verschulden des Schuldners verschlechtert, so hat der Gläubiger die Wahl, entweder den Vertrag aufzulösen oder ohne Minderung des Preises die Sache in dem Zustande zu fordern, in welchem sich dieselbe befindet.

Hat sich die Sache durch Verschulden des Schuldners verschlechtert, so hat der Gläubiger die Wahl, entweder den Vertrag aufzulösen oder die Sache in dem Zustande, in welchem sie sich befindet, nebst Schadensersatz zu fordern.

### § 3. Auflösende Bedingung.

**1183.** Die auflösende Bedingung ist diejenige, welche, wenn sie erfüllt wird, die Aufhebung der Verbindlichkeit bewirkt und Alles wieder in den nämlichen Zustand zurückversetzt, als wenn die Verbindlichkeit nicht vorhanden gewesen wäre.

Sie schiebt die Erfüllung der Verbindlichkeit keineswegs auf; sie verpflichtet nur den

restituer ce qu'il a reçu, dans le cas où l'évènement prévu par la condition arrive.

1184. La condition résolutoire est toujours sous-entendue dans les contrats synallagmatiques, pour le cas où l'une des deux parties ne satisfera point à son engagement.

Dans ce cas, le contrat n'est point résolu de plein droit. La partie envers laquelle l'engagement n'a point été exécuté, a le choix ou de forcer l'autre à l'exécution de la convention lorsqu'elle est possible, ou d'en demander la résolution avec dommages et intérêts.

La résolution doit être demandée en justice, et il peut être accordé au défendeur un délai selon les circonstances.

### SECTION II.

#### Des obligations à terme.

1185. Le terme diffère de la condition, en ce qu'il ne suspend point l'engagement, dont il retarde seulement l'exécution.

1186. Ce qui n'est dû qu'à terme, ne peut être exigé avant l'échéance du terme; mais ce qui a été payé d'avance, ne peut être répété.

1187. Le terme est toujours présumé stipulé en faveur du débiteur, à moins qu'il ne résulte de la stipulation, ou des circonstances, qu'il a été aussi convenu en faveur du créancier.

1188. Le débiteur ne peut plus réclamer le bénéfice du terme lorsqu'il a fait faillite, ou lorsque par son fait il a diminué les sûretés qu'il avait données par le contrat à son créancier.

### SECTION III.

#### Des obligations alternatives.

1189. Le débiteur d'une obligation alternative est libéré par la délivrance de l'une des deux choses qui étaient comprises dans l'obligation.

1190. Le choix appartient au débiteur, s'il n'a pas été expressément accordé au créancier.

1191. Le débiteur peut se libérer en délivrant l'une des deux choses promises; mais il ne peut pas forcer le créancier à recevoir une partie de l'une et une partie de l'autre.

1192. L'obligation est pure et simple, quoique contractée d'une manière alternative, si l'une des deux choses promises ne pouvait être le sujet de l'obligation.

1193. L'obligation alternative devient pure et simple, si l'une des choses promises périt et ne peut plus être livrée, même par la faute

Gläubiger dasjenige, was er erhalten hat, zurückzuerstatten für den Fall, daß das durch die Bedingung vorgesehene Ereignis eintritt.

1184. Die auflösende Bedingung ist stets als stillschweigend anzunehmen bei zweiseitigen Verträgen für den Fall, daß die eine der beiden Parteien ihrer Verbindlichkeit nicht nachkommen werde.

In diesem Falle wird der Vertrag nicht von Rechtswegen aufgelöst. Die Partei, gegen welche die Verbindlichkeit nicht erfüllt wurde, hat die Wahl, entweder die andere zur Erfüllung des Vertrags zu zwingen, falls dieselbe möglich ist, oder die Auflösung des Vertrages nebst Schadensersatz zu verlangen.

Die Auflösung muß bei Gericht verlangt werden und es kann dem Schuldner je nach den Umständen eine Frist gewährt werden.

### ZWEITER ABSCHNITT.

#### Verbindlichkeiten unter Befristung.

1185. Die Befristung unterscheidet sich von der Bedingung dadurch, daß sie nicht die Verbindlichkeit in der Schwebe läßt, sondern nur deren Erfüllung verzögert.

1186. Was nur unter Befristung geschuldet wird, kann vor Ablauf der Frist nicht eingefordert werden; das vorher Bezahlte kann jedoch nicht zurückgefordert werden.

1187. Die Befristung gilt immer als zu Gunsten des Schuldners verabredet, sofern sich nicht aus der Verabredung oder aus den Umständen ergibt, daß sie auch zu Gunsten des Gläubigers vereinbart worden ist.

1188. Der Schuldner kann den Vorteil der Befristung nicht mehr beanspruchen, wenn er in Konkurs geraten ist, oder wenn er durch sein Verhalten die Sicherheit vermindert hat, welche er seinem Gläubiger in dem Vertrage gegeben hatte.

### DRITTER ABSCHNITT.

#### Verbindlichkeiten nach Wahl.

1189. Der Schuldner einer Verbindlichkeit nach Wahl wird befreit durch Ueberlieferung einer der beiden Sachen, welche in der Verbindlichkeit begriffen waren.

1190. Die Wahl steht dem Schuldner zu, wenn sie nicht ausdrücklich dem Gläubiger eingeräumt worden ist.

1191. Der Schuldner kann sich befreien, indem er eine der beiden versprochenen Sachen überliefert; er kann jedoch den Gläubiger nicht zwingen, einen Teil von der einen Sache und einen Teil von der andern anzunehmen.

1192. Die Verbindlichkeit ist eine einfache, auch wenn sie nach Wahl eingegangen ist, wenn eine der beiden versprochenen Sachen nicht Gegenstand der Verbindlichkeit sein konnte.

1193. Die Verbindlichkeit nach Wahl wird zur einfachen, wenn die eine der beiden versprochenen Sachen untergeht und nicht

du débiteur. Le prix de cette chose ne peut pas être offert à sa place.

Si toutes deux sont péries, et que le débiteur soit en faute à l'égard de l'une d'elles, il doit payer le prix de celle qui a péri la dernière.

1194. Lorsque, dans le cas prévus par l'article précédent, le choix avait été déféré par la convention au créancier,

Ou l'une des choses seulement est périe; et alors, si c'est sans la faute du débiteur, le créancier doit avoir celle qui reste; si le débiteur est en faute, le créancier peut demander la chose qui reste, ou le prix de celle qui est périe;

Ou les deux choses sont péries; et alors si le débiteur est en faute à l'égard des deux, ou même à l'égard de l'une d'elles seulement, le créancier peut demander le prix de l'une ou de l'autre à son choix.

1195. Si les deux choses sont péries sans la faute du débiteur, et avant qu'il soit en demeure, l'obligation est éteinte, conformément à l'article 1302.

1196. Les mêmes principes s'appliquent au cas où il y a plus de deux choses comprises dans l'obligation alternative.

## SECTION IV.

### Des obligations solidaires.

#### § 1. — De la solidarité entre les créanciers.

1197. L'obligation est solidaire entre plusieurs créanciers lorsque le titre donne expressément à chacun d'eux le droit de demander le payement du total de la créance, et que le payement fait à l'un d'eux libère le débiteur, encore que le bénéfice de l'obligation soit partageable et divisible entre les divers créanciers.

1198. Il est au choix du débiteur de payer à l'un ou l'autre des créanciers solidaires, tant qu'il n'a pas été prévenu par les poursuites de l'un d'eux.

Néanmoins la remise qui n'est faite que par l'un des créanciers solidaires, ne libère le débiteur que pour la part de ce créancier.

1199. Tout acte qui interrompt la prescription à l'égard de l'un des créanciers solidaires, profite aux autres créanciers.

#### § 2. — De la solidarité de la part des débiteurs.

1200. Il y a solidarité de la part des débiteurs, lorsqu'ils sont obligés à une même chose, de manière que chacun puisse être contraint pour la totalité, et que le payement fait par un seul libère les autres envers le créancier.

mehr geliefert werden kann, sei es auch durch Verschulden des Schuldners. Der Preis dieser Sache kann statt ihrer nicht angeboten werden.

Sind alle beide untergegangen und trifft den Schuldner hinsichtlich einer derselben ein Verschulden, so muß er den Preis derjenigen zahlen, welche zuletzt untergegangen ist.

1194. War in den durch den vorstehenden Artikel vorgesehenen Fällen die Wahl durch den Vertrag dem Gläubiger überlassen worden, so ist

entweder nur eine von den Sachen untergegangen; alsdann muß, wenn es ohne Verschulden des Schuldners geschah, der Gläubiger die übrig gebliebene erhalten; wenn der Schuldner im Fehler ist, so kann der Gläubiger entweder die übrig gebliebene, oder den Preis der untergegangenen Sache verlangen;

oder beide Sachen sind untergegangen; alsdann kann, wenn den Schuldner hinsichtlich beider oder auch nur hinsichtlich einer derselben ein Verschulden trifft, der Gläubiger nach seiner Wahl den Preis der einen oder der andern fordern.

1195. Sind beide Sachen ohne Verschulden des Schuldners und, ehe er im Verzuge war untergegangen, so ist die Verbindlichkeit gemäß Artikel 1302 erloschen.

1196. Dieselben Grundsätze finden auf den Fall Anwendung, daß die Verbindlichkeit nach Wahl sich auf mehr als zwei Sachen erstreckt.

## VIERTER ABSCHNITT.

### Gesamtverbindlichkeiten.

#### § 1. Gesamtgläubiger.

1197. Ein Gesamtgläubigerverhältnis liegt vor, wenn der Titel einem jeden der Gläubiger ausdrücklich das Recht gibt, die Zahlung der ganzen Forderung zu verlangen und wenn die an einen derselben geleistete Zahlung den Schuldner befreit, wenn auch der Vorteil der Verbindlichkeit unter den verschiedenen Gläubigern teilbar sein sollte.

1198. Es steht in der Wahl des Schuldners, an den einen oder den andern Gesamtgläubiger zu zahlen, so lange nicht einer derselben gegen ihn vorgegangen ist.

Der Erlaß, welcher nur von einem Gesamtgläubiger gewährt wird, befreit jedoch den Schuldner nur für den Anteil dieses Gläubigers.

1199. Jede Handlung, welche hinsichtlich eines der Gesamtgläubiger die Verjährung unterbricht, wirkt auch zu Gunsten der übrigen Gläubigern.

#### § 2. — Gesamtschuldner.

1200. Ein Gesamtschuldnerverhältnis liegt vor, wenn die Schuldner zu einer und derselben Sache in der Weise verpflichtet sind, daß jeder gezwungen werden kann, das Ganze zu leisten, und die von einem erfolgte Zahlung die übrigen dem Gläubiger gegenüber befreit.

1201. L'obligation peut être solidaire quoique l'un des débiteurs soit obligé différemment de l'autre au payement de la même chose; par exemple, si l'un n'est obligé que conditionnellement, tandis que l'engagement de l'autre est pur et simple, ou si l'un a pris un terme qui n'est point accordé à l'autre.

1202. La solidarité ne se présume point; il faut qu'elle soit expressément stipulée.

Cette règle ne cesse que dans les cas où la solidarité a lieu de plein droit, en vertu d'une disposition de la loi.

1203. Le créancier d'une obligation contractée solidairement peut s'adresser à celui des débiteurs qu'il veut choisir, sans que celui-ci puisse lui opposer le bénéfice de division.

1204. Les poursuites faites contre l'un des débiteurs n'empêchent pas le créancier d'en exercer de pareilles contre les autres.

1205. Si la chose due a péri par la faute ou pendant la demeure de l'un ou de plusieurs des débiteurs solidaires, les autres codébiteurs ne sont point déchargés de l'obligation de payer le prix de la chose; mais ceux-ci ne sont point tenus des dommages et intérêts.

Le créancier peut seulement répéter les dommages et intérêts tant contre les débiteurs par la faute desquels la chose a péri, que contre ceux qui étaient en demeure.

1206. Les poursuites faites contre l'un des débiteurs solidaires interrompent la prescription à l'égard de tous.

1207. La demande d'intérêts formée contre l'un des débiteurs solidaires fait courir les intérêts à l'égard de tous.

1208. Le codébiteur solidaire poursuivi par le créancier peut opposer toutes les exceptions qui résultent de la nature de l'obligation, et toutes celles qui sont communes à tous les codébiteurs.

Il ne peut opposer les exceptions qui sont purement personnelles à quelques-uns des autres codébiteurs.

1209. Lorsque l'un des débiteurs devient héritier unique du créancier, ou lorsque le créancier devient l'unique héritier de l'un des débiteurs, la confusion n'éteint la créance solidaire que pour la part et portion du débiteur ou du créancier.

1210. Le créancier qui consent à la division de la dette à l'égard de l'un des codébiteurs, conserve son action solidaire contre les autres, mais sous la déduction de la part du débiteur qu'il a déchargé de la solidarité.

1211. Le créancier qui reçoit divisément la part de l'un des débiteurs, sans réserver

1201. Eine Gesamtverbindlichkeit kann vorliegen, auch wenn der eine Schuldner in anderer Weise als der andere zur Zahlung derselben Sache verpflichtet ist, z. B wenn der eine nur bedingt verpflichtet ist, während die Verbindlichkeit des andern unbedingt ist, oder wenn der eine sich eine Frist ausbedungen hat, welche dem anderen nicht gewährt worden ist.

1202. Die Gesamtverbindlichkeit wird nicht vermutet; sie muß ausdrücklich bedungen worden sein.
Diese Regel erleidet nur in dem Falle eine Ausnahme, wenn die Gesamtverbindlichkeit von Rechtswegen kraft einer gesetzlichen Bestimmung eintritt.

1203. Der Gläubiger einer Gesamtverpflichtung kann sich einen der Schuldner auswählen, ohne daß dieser ihm die Rechtswohltat der Teilung entgegensetzen kann.

1204. Die gegen einen Schuldner betriebenen Rechtsverfolgungen hindern den Gläubiger nicht, solche auch gegen die übrigen Schuldner einzuleiten.

1205. Ist die geschuldete Sache durch das Verschulden oder während des Verzuges eines oder mehrerer der Gesamtschuldner untergegangen, so werden die anderen Mitschuldner von der Verpflichtung, den Preis zu zahlen, nicht entbunden, sie haften jedoch nicht für Schadensersatz.
Der Gläubiger kann den Schadensersatz nur von den Schuldnern fordern, durch deren Verschulden die Sache untergegangen ist, sowie von denjenigen, welche im Verzuge waren.

1206. Die gegen einen Gesamtschuldner eingeleiteten Verfolgungen unterbrechen die Verjährung bezüglich aller.

1207. Die gegen einen Gesamtschuldner erhobene Klage auf Zinsen bewirkt den Zinsenlauf bezüglich aller.

1208. Der vom Gläubiger belangte Gesamtschuldner kann alle Einreden geltend machen, welche sich aus der Natur der Verbindlichkeit ergeben, sowie alle, welche ihm persönlich zustehen und diejenigen, welche allen Mitschuldnern gemeinschaftlich sind.
Er kann die Einreden nicht geltend machen, welche einigen der übrigen Mitschuldnern rein persönlich zustehen.

1209. Wird einer der Schuldner der einzige Erbe des Gläubigers oder der Gläubiger der einzige Erbe eines der Schuldner, so tilgt die Vereinigung die Gesamtschuld nur für den Teil und Anteil des betreffenden Schuldners oder Gläubigers.

1210. Der Gläubiger, welcher in die Teilung der Schuld hinsichtlich eines Mitschuldners willigt, behält seine Klage aus der Gesamtverbindlichkeit gegen die andern, jedoch unter Abzug des Anteils des Schuldners, welchen er aus der Gesamtverbindlichkeit entlassen hat.

1211. Der Gläubiger, welcher den Teil eines Schuldners getrennt annimmt, ohne sich

dans la quittance la solidarité ou ses droits en général, ne renonce à la solidarité qu'à l'égard de ce débiteur.

Le créancier n'est pas censé remettre la solidarité au débiteur lorsqu'il reçoit de lui une somme égale à la portion dont il est tenu, si la quittance ne porte pas c'est *pour sa part*.

Il en est de même de la simple demande formée contre l'un des codébiteurs *par sa part*, si celui-ci n'a pas acquiescé à la demande, ou s'il n'est pas intervenu un jugement de condamnation.

1212. Le créancier qui reçoit divisément et sans réserve la portion de l'un des codébiteurs dans les arrérages ou intérêts de la dette, ne perd la solidarité que pour les arrérages ou intérêts échus, et non pour ceux à échoir, ni pour le capital, à moins que le payement divisé n'ait été continué pendant dix ans consécutifs.

1213. L'obligation contractée solidairement envers le créancier se divise de plein droit entre les débiteurs, qui n'en sont tenus entre eux que chacun pour sa part et portion.

1214. Le codébiteur d'une dette solidaire, qui l'a payée en entier, ne peut répéter contre les autres que les part et portion de chacun d'eux.

Si l'un d'eux se trouve insolvable, la perte qu'occasionne son insolvabilité, se répartit, par contribution, entre tous les autres codébiteurs solvables et celui qui a fait le payement.

1215. Dans le cas où le créancier a renoncé à l'action solidaire envers l'un des débiteurs, si l'un ou plusieurs des autres codébiteurs deviennent insolvables, la portion des insolvables sera contributoirement répartie entre tous les débiteurs, même entre ceux précédemment déchargés de la solidarité par le créancier.

1216. Si l'affaire pour laquelle la dette a été contractée solidairement ne concernait que l'un des coobligés solidaires, celui-ci serait tenu de toute la dette vis-à-vis des autres codébiteurs, qui ne seraient considérés par rapport à lui que comme ses cautions.

### SECTION V.

#### Des obligations divisibles et indivisibles.

1217. L'obligation est divisible ou indivisible selon qu'elle a pour objet ou une chose qui dans sa livraison, ou un fait qui dans l'exécution, est ou n'est pas susceptible de division, soit matérielle, soit intellectuelle.

1218. L'obligation est indivisible, quoique la chose ou le fait qui en est l'objet soit di-

in der Quittung das Gesamtverhältnis oder überhaupt seine Rechte vorzubehalten, verzichtet nur hinsichtlich dieses Schuldners auf das Gesamtverhältnis.

Es ist nicht als Verzichtleistung des Gläubigers auf das Gesamtverhältnis gegenüber dem Schuldner anzusehen, wenn er von demselben eine Summe annimmt, welche den Anteil, wofür derselbe haftet, gleichkommt, sofern die Quittung nicht besagt, daß es für seinen Teil geschehe.

Dasselbe gilt von der einfachen Klage, welche gegen einen der Mitschuldner für dessen Teil erhoben worden ist, insofern nicht dieser die Klage anerkannt hat, oder eine verurteilende Entscheidung erfolgt ist.

1212. Der Gläubiger, welcher den Anteil eines Mitschuldners an fälligen Renten oder Zinsen der Schuld abgesondert und ohne Vorbehalt annimmt, verliert seine Rechte aus dem Gesamtverhältnis nur bezüglich der verfallenen Renten oder Zinsen, nicht aber hinsichtlich der noch fällig werdenden und ebensowenig hinsichtlich des Kapitals, es sei denn, daß die Teilzahlung zehn Jahre hintereinander fortwährend erfolgt ist.

1213. Eine gegen den Gläubiger samtverbindlich eingegangene Verbindlichkeit ist unter den Schuldnern von Rechtswegen geteilt; jeder haftet den andern gegenüber nur für seinen Anteil.

1214. Der Mitschuldner einer Gesamtschuld, welcher sie ganz bezahlt hat, kann von einem jeden der übrigen nur dessen Anteil zurückfordern.

Ist einer derselben zahlungsunfähig, so wird der aus dessen Zahlungsunfähigkeit entstehende Verlust unter die übrigen zahlungsfähigen Mitschuldner und denjenigen, welcher die Zahlung geleistet hat, verhältnismäßig verteilt.

1215. Falls der Gläubiger gegenüber einem der Schuldner auf seine Rechte aus der Gesamtverbindlichkeit verzichtet, wird, wenn einer oder mehrere der übrigen Mitschuldner zahlungsunfähig werden, der Anteil der Zahlungsunfähigen unter alle Schuldner verteilt, selbst unter diejenigen, welche vorher von dem Gläubiger der Gesamthaft entbunden worden sind.

1216. Ging das Geschäft, für welches die Schuld samtverbindlich eingegangen war, nur einen der Gesamtschuldner an, so haftet derselbe seinen Mitschuldnern gegenüber für die ganze Schuld und diese werden in Beziehung auf ihn nur als seine Bürgen betrachtet.

### FÜNFTER ABSCHNITT.

#### Teilbare und unteilbare Verbindlichkeiten

1217. Eine Verbindlichkeit ist teilbar oder unteilbar, je nachdem sie eine Sache zum Gegenstande hat, deren Lieferung, oder eine Handlung, deren Ausführung eine tatsächliche oder gedachte Teilung zuläßt oder nicht zuläßt.

1218. Eine Verbindlichkeit ist unteilbar, obschon die Sache oder die Handlung, welche

visible par sa nature, si le rapport sous lequel elle est considérée dans l'obligation ne la rend pas susceptible d'exécution . partielle.

1219. La solidarité stipulée ne donne point à l'obligation le caractère d'indivisibilité.

§ 1. — Des effets de l'obligation divisible.

1220. L'obligation qui est susceptible de division, doit être exécutée entre le créancier et le débiteur comme si elle était indivisible. La divisibilité n'a d'application qu'à l'égard de leurs héritiers, qui ne peuvent demander la dette ou qui ne sont tenus de la payer que pour les parts dont ils sont saisis ou dont ils sont tenus comme représentant le créancier ou le débiteur.

1221. Le principe établi dans l'article précédent reçoit exception à l'égard des héritiers du débiteur :

1º Dans le cas où la dette est hypothécaire;

2º Lorsqu'elle est d'un corps certain;

3º Lorsqu'il s'agit de la dette alternative de choses au choix du créancier, dont l'une est indivisible;

4º Lorsque l'un des héritiers est chargé seul, par le titre, de l'exécution de l'obligation;

5º Lorsqu'il résulte, soit de la nature de l'engagement, soit de la chose qui en fait l'objet, soit de la fin qu'on s'est proposée dans le contrat, que l'intention des contractants a été que la dette ne pût s'acquitter partiellement.

Dans les trois premiers cas, l'héritier qui possède la chose due ou le fonds hypothéqué à la dette, peut être poursuivi pour le tout sur la chose due ou sur le fonds hypothéqué, sauf le recours contre ses cohéritiers. Dans le quatrième cas, l'héritier seul chargé de la dette, et dans le cinquième cas, chaque héritier, peut aussi être poursuivi pour le tout; sauf son recours contre ses cohéritiers.

§ 2. — Des effets de l'obligation indivisible.

1222. Chacun de ceux qui ont contracté conjointement une dette indivisible, en est tenu pour le total, encore que l'obligation n'ait pas été contractée solidairement.

1223. Il en est de même à l'égard des héritiers de celui qui a contracté une pareille obligation.

1224. Chaque héritier du créancier peut exiger en totalité l'exécution de l'obligation indivisible.

den Gegenstand derselben bildet, ihrer Natur nach teilbar ist, wenn die Beziehung, unter welcher dieselbe in der Verbindlichkeit betrachtet wird, eine teilweise Erfüllung nicht zuläßt.

1219. Die Festsetzung eines Gesamtschuldverhältnisses verleiht einer Verbindlichkeit nicht die Eigenschaft der Unteilbarkeit.

§ 1. Wirkungen der teilbaren Verbindlichkeit.

1220. Eine Verbindlichkeit, welche sich teilen läßt, muß zwischen dem Gläubiger und zwischen dem Schuldner so erfüllt werden, als wenn sie unteilbar wäre.

Die Teilbarkeit kommt nur bezüglich ihrer Erben in Anwendung, welche nur für den Teil die Schuld fordern können oder zu zahlen verpflichtet sind, der ihnen als Rechtsnachfolger des Gläubigers oder des Schuldners zugefallen ist oder obliegt.

1221. Der in dem vorgehenden Artikel aufgestellte Grundsatz erhält hinsichtlich der Erben des Schuldners eine Ausnahme:

1. im Falle die Schuld eine hypothekarische ist;

2. wenn sie eine bestimmte Sache zum Gegenstande hat;

3. wenn bei einer Schuld nach Wahl der Gläubiger unter mehreren Sachen die Wahl hat und die eine Sache unteilbar ist;

4. wenn durch den Titel einem Erben allein die Erfüllung der Verbindlichkeit aufgelegt ist;

5. wenn es sich aus der Natur der Verbindlichkeit oder der den Gegenstand derselben bildenden Sache oder aus dem Zwecke, welchen man bei dem Vertrage verfolgt hat, ergibt, daß es die Absicht der Vertragschließenden war, es dürfe die Schuld nicht teilweise berichtigt werden.

In den drei ersten Fällen kann der Erbe, welcher die geschuldete Sache oder das für die Schuld hypothekarisch belastete Grundstück besitzt, hinsichtlich der geschuldeten Sache oder des belasteten Grundstücks aufs Ganze belangt werden, vorbehaltlich des Rückgriffs gegen seine Miterben. In dem vierten Fall kann ebenfalls der Erbe, welchem die Schuld allein auferlegt worden ist, und im fünften Falle jeder Erbe aufs Ganze belangt werden, vorbehaltlich des Rückgriffes gegen seine Miterben.

§ 2. Wirkungen der unteilbaren Verbindlichkeit.

1222. Ein jeder von denen, welche eine unteilbare Schuld zusammen übernommen haben, haftet für das Ganze, wenn selbst die Verbindlichkeit nicht samtverbindlich übernommen worden ist.

1223. Dasselbe gilt von den Erben desjenigen, der eine solche Verbindlichkeit übernommen hat.

1224. Jeder Erbe des Gläubigers kann die Erfüllung einer unteilbaren Verbindlichkeit ganz verlangen.

Il ne peut seul faire la remise de la totalité de la dette; il ne peut recevoir seul le prix au lieu de la chose. Si l'un des héritiers a seul remis la dette ou reçu le prix de la chose, son cohéritier ne peut demander la chose indivisible qu'en tenant compte de la portion du cohéritier qui a fait la remise ou qui a reçu le prix.

**1225.** L'héritier du débiteur, assigné pour la totalité de l'obligation, peut demander un délai pour mettre en cause ses cohéritiers, à moins que la dette ne soit de nature à ne pouvoir être acquittée que par l'héritier assigné, qui peut alors être condamné seul, sauf son recours en indemnité contre ses cohéritiers.

### SECTION VI.

#### Des obligations avec clauses pénales.

**1226.** La clause pénale est celle par laquelle une personne, pour assurer l'exécution d'une convention, s'engage à quelque chose en cas d'inexécution.

**1227.** La nullité de l'obligation principale entraîne celle de la clause pénale.

La nullité de celle-ci n'entraîne point celle de l'obligation principale.

**1228.** Le créancier, au lieu de demander la peine stipulée contre le débiteur qui est en demeure, peut poursuivre l'exécution de l'obligation principale.

**1229.** La clause pénale est la compensation des dommages et intérêts que le créancier souffre de l'inexécution de l'obligation principale.

Il ne peut demander en même temps le principal et la peine, à moins qu'elle n'ait été stipulée pour le simple retard.

**1230.** Soit que l'obligation primitive contienne, soit qu'elle ne contienne pas un terme dans lequel elle doive être accomplie, la peine n'est encourue que lorsque celui qui s'est obligé soit à livrer, soit à prendre, soit à faire, est en demeure.

**1231.** La peine peut être modifiée par le juge lorsque l'obligation principale a été exécutée en partie.

**1232.** Lorsque l'obligation primitive contractée avec une clause pénale est d'une chose indivisible, la peine est encourue par la contravention d'un seul des héritiers du débiteur, et elle peut être demandée, soit en totalité contre celui qui a fait la contravention, soit contre chacun des cohéritiers pour leur part et portion, et hypothécairement pour le tout, sauf leur recours contre celui qui a fait encourir la peine.

---

Einer allein kann nicht die ganze Schuld erlassen; einer allein kann nicht den Preis statt der Sache annehmen. Hat einer der Erben allein die Schuld erlassen, oder den Wert der Sache angenommen, so kann sein Miterbe die unteilbare Sache nur fordern, indem er den Anteil desjenigen Miterben sich anrechnen läßt, welcher den Erlaß bewilligt oder den Preis erhalten hat.

**1225.** Derjenige Erbe des Schuldners, welcher wegen der ganzen Verbindlichkeit belangt ist, kann eine Frist verlangen, um seine Miterben in den Prozeß hereinzuziehen, sofern nicht die Schuld von der Art ist, daß sie nur von dem belangten Miterben berichtigt werden kann; im letzteren Falle kann derselbe allein verurteilt werden, vorbehaltlich seines Rückgriffs auf Entschädigung gegen seine Miterben.

### SECHSTER ABSCHNITT.

#### Verbindlichkeiten mit Konventionalstrafen.

**1226.** Eine Vertragsstrafklausel ist eine solche, durch welche jemand zur Sicherung der Erfüllung eines Vertrags sich für den Fall der Nichterfüllung zu etwas verbindlich macht.

**1227.** Die Nichtigkeit der Hauptverbindlichkeit zieht die der Vertragsstrafklausel nach sich.

Die Nichtigkeit der letzteren zieht die der Hauptverbindlichkeit nicht nach sich.

**1228.** Der Gläubiger kann gegen den in Verzug befindlichen Schuldner anstatt der bedungenen Strafe die Erfüllung der Hauptverbindlichkeit in Anspruch nehmen.

**1229.** Die Vertragsstrafe dient als Ersatz des Schadens, welchen der Gläubiger durch die Nichterfüllung der Hauptverbindlichkeit erleidet.

Er kann nicht zugleich die Hauptsache und die Strafe fordern, sofern letztere nicht für die bloße Verspätung bedungen ist.

**1230.** Mag die ursprüngliche Verbindlichkeit eine Bestimmung über die Frist, in welcher sie erfüllt werden soll, enthalten oder nicht, so ist die Strafe erst verwirkt, wenn derjenige, welcher sich verpflichtet hat, etwas zu liefern oder in Empfang zu nehmen, oder zu tun, im Verzuge ist.

**1231.** Die Strafe kann vom Richter abgeändert werden, wenn die Hauptverbindlichkeit teilweise erfüllt worden ist.

**1232.** Hat die unter einer Vertragsstrafe eingegangene ursprüngliche Verbindlichkeit eine unteilbare Sache zum Gegenstande, so ist die Strafe schon durch die Zuwiderhandlung eines einzigen der Erben des Schuldners verwirkt: sie kann entweder von demjenigen, welcher die Zuwiderhandlung begangen hat, ganz gefordert werden oder von einem jeden der Miterben für seinen Teil und hypothekarisch für das Ganze, vorbehaltlich des Rückgriffes derselben gegen denjenigen, durch dessen Verhalten die Strafe verwirkt worden ist.

**1233.** Lorsque l'obligation primitive contractée sous une peine est divisible, la peine n'est encourue que par celui des héritiers du débiteur qui contrevient à cette obligation, et pour la part seulement dont il était tenu dans l'obligation principale, sans qu'il y ait d'action contre ceux qui l'ont exécutée.

Cette règle reçoit exception lorsque la clause pénale ayant été ajoutée dans l'intention que le payement ne pût se faire partiellement, un cohéritier a empêché l'exécution de l'obligation pour la totalité. En ce cas, la peine entière peut être exigée contre lui, et contre les autres cohéritiers pour leur portion seulement, sauf leur recours.

## CHAPITRE V.

### De l'extinction des obligations.

**1234.** Les obligations s'éteignent:
Par le payement,
Par la novation,
Par la remise volontaire,
Par la compensation,
Par la confusion,

Par la perte de la chose,
Par la nullité ou la rescision,
Par l'effet de la condition résolutoire, qui a été expliquée au chapitre précédent,

Et par la prescription, qui fera l'objet d'un titre particulier.

### SECTION PREMIÈRE.

#### Du payement.

§ 1. — Du payement en général.

**1235.** Tout payement suppose une dette: ce qui a été payé sans être dû, est sujet à répétition.
La répétition n'est pas admise à l'égard des obligations naturelles qui ont été volontairement acquittées.

**1236.** Une obligation peut être acquittée par toute personne qui y est intéressée, telle qu'un coobligé ou une caution.
L'obligation peut même être acquittée par un tiers qui n'y est point intéressé, pourvu que ce tiers agisse en son nom et en l'acquit du débiteur, ou que, s'il agit en son nom propre, il ne soit pas subrogé aux droits du créancier.

**1237.** L'obligation de faire ne peut être acquittée par un tiers contre le gré du créancier, lorsque ce dernier à intérêt qu'elle soit remplie par le débiteur lui-même.

**1238.** Pour payer valablement, il faut être propriétaire de la chose donnée en payement, et capable de l'aliéner.
Néanmoins le payement d'une somme en argent ou autre chose qui se consomme par

---

**1233.** Ist die unter Vertragsstrafe eingegangene ursprüngliche Verbindlichkeit teilbar, so wird die Strafe nur von demjenigen der Erben des Schuldners verwirkt, welcher dieser Verbindlichkeit zuwider handelt, und nur für den Teil, für den er bei der Hauptverbindlichkeit haftbar war; gegen diejenigen, welche erfüllt haben, findet eine Klage nicht statt.

Diese Regel erfährt eine Ausnahme, wenn die Vertragsstrafklausel in der Absicht beigefügt wurde, daß die Zahlung nicht teilweise erfolgen dürfe, und ein Miterbe die Erfüllung der Verbindlichkeit für das Ganze verhindert hat. In diesem Falle kann die Strafe von diesem Miterben ganz, und von den übrigen nur für ihren Anteil gefordert werden, vorbehaltlich ihres Rückgriffes.

## FÜNFTES KAPITEL.

### Erlöschen der Verbindlichkeiten.

**1234.** Die Verbindlichkeiten erlöschen:
durch Zahlung,
durch Novation,
durch freiwilligen Erlaß,
durch Aufrechnung,
durch Vereinigung des Schuldners und des Gläubigers in einer Person,
durch Untergang der Sache,
durch Nichtigkeit oder Wiederaufhebung,
durch die Wirkung der auflösenden Bedingung, welche im vorhergehenden Kapitel erklärt ist,
und durch Verjährung, welche Gegenstand eines besonderen Titels ist.

### ERSTER ABSCHNITT.

#### Zahlung.

§ 1. Zahlung im Allgemeinen.

**1235.** Jede Zahlung setzt eine Schuld voraus; was gezahlt worden ist, ohne geschuldet zu sein, unterliegt der Rückforderung.
Die Rückforderung ist nicht zulässig in Ansehung der natürlichen Verbindlichkeiten, welche freiwillig erfüllt worden sind.

**1236.** Eine Verbindlichkeit kann durch jeden erfüllt werden, der ein Interesse daran hat, wie ein Mitverpflichteter oder ein Bürge.
Die Verbindlichkeit kann selbst durch einen Dritten, welcher daran kein Interesse hat, erfüllt werden, vorausgesetzt, daß dieser Dritte im Namen und zur Entlastung des Schuldners handelt, oder daß, wenn er in eigenem Namen handelt, er nicht in die Rechte des Gläubigers eintritt.

**1237.** Die Verbindlichkeit etwas zu tun kann durch einen Dritten nicht gegen den Willen des Gläubigers erfüllt werden, wenn dieser ein Interesse daran hat, daß die Verbindlichkeit durch den Schuldner selbst erfüllt werde.

**1238.** Um gültig zu zahlen, muß man Eigentümer der in Zahlung gegebenen Sache und fähig sein, dieselbe zu veräußern.
Jedoch kann die Zahlung einer Geldsumme oder einer andern verbrauchbaren Sache gegen

l'usage, ne peut être répété contre le créancier qui l'a consommée de bonne foi, quoique le payement en ait été fait par celui qui n'en était pas propriétaire ou qui n'était pas capable de l'aliéner.

**1239.** Le payement doit être fait au créancier, ou à quelqu'un ayant pouvoir de lui, ou qui soit autorisé par justice ou par la loi à recevoir pour lui.

Le payement fait à celui qui n'aurait pas pouvoir de recevoir pour le créancier, est valable, si celui-ci le ratifie, ou s'il en a profité.

**1240.** Le payement fait de bonne foi à celui qui est en possession de la créance, est valable, encore que le possesseur en soit par la suite évincé.

**1241.** Le payement fait au créancier n'est point valable s'il était incapable de le recevoir, à moins que le débiteur ne prouve que la chose payée a tourné au profit du créancier.

**1242.** Le payement fait par le débiteur à son créancier, au préjudice d'une saisie ou d'une opposition, n'est pas valable à l'égard des créanciers saisissants ou opposants; ceux-ci peuvent, selon leur droit, le contraindre à payer de nouveau, sauf, en ce cas seulement, son recours contre le créancier.

**1243.** Le créancier ne peut être contraint de recevoir une autre chose que celle qui lui est due, quoique la valeur de la chose offerte soit égale ou même plus grande.

**1244.** Le débiteur ne peut point forcer le créancier à recevoir en partie le payement d'une dette, même divisible.

Les juges peuvent néanmoins, en considération de la position du débiteur, et en usant de ce pouvoir avec une grande réserve, accorder des délais modérés pour le payement, et surseoir à l'exécution des poursuites, toutes choses demeurant en état.

**1245.** Le débiteur d'un corps certain et déterminé est libéré par la remise de la chose en l'état où elle se trouve lors de la livraison, pourvu que les détériorations qui y sont survenues ne viennent point de son fait ou de sa faute, ni de celle des personnes dont il est responsable, ou qu'avant ces détériorations il ne fût pas en demeure.

**1246.** Si la dette est d'une chose qui ne soit déterminée que par son espèce, le débiteur ne sera pas tenu, pour être libéré, de la donner de la meilleure espèce; mais il ne pourra l'offrir de la plus mauvaise.

den Gläubiger, welcher sie in gutem Glauben verbraucht hat, nicht zurückgefordert werden, wenngleich die Zahlung durch jemanden erfolgt ist, der nicht Eigentümer der Sache oder nicht fähig war, dieselbe zu veräußern.

**1239.** Die Zahlung muß an den Gläubiger geschehen oder an jemanden, der von demselben Vollmacht hat oder gerichtlich oder gesetzlich ermächtigt ist, für ihn zu empfangen.

Die Zahlung, welche an jemanden erfolgt ist, der keine Vollmacht hat für den Gläubiger zu empfangen, ist gültig, wenn Letzterer sie genehmigt, oder wenn er Nutzen davon gezogen hat.

**1240.** Die Zahlung, welche in gutem Glauben an denjenigen geleistet worden ist, der sich in dem Besitze der Forderung befindet, ist gültig, selbst wenn diese dem Besitzer später enteignet wird.

**1241.** Die an den Gläubiger geschehene Zahlung ist nicht gültig, wenn derselbe unfähig war, sie in Empfang zu nehmen, es sei denn, daß der Schuldner beweist, daß die gezahlte Sache zu Nutzen des Gläubigers verwendet worden ist.

**1242.** Die Zahlung, welche der Schuldner an seinen Gläubiger zum Nachteile einer Pfändung oder eines Einspruches macht, ist nicht gültig in Ansehung der Gläubiger, welche die Pfändung oder den Einspruch bewirkt haben; diese können nach Maßgabe ihres Rechtes den Schuldner zwingen, von Neuem zu zahlen; in diesem Falle allein, bleibt ihm jedoch sein Rückgriff gegen den Gläubiger vorbehalten.

**1243.** Der Gläubiger kann nicht gezwungen werden eine andere Sache anzunehmen, als die, welche ihm geschuldet wird, wenngleich die angebotene Sache von gleichem oder selbst von höherem Werte ist.

**1244.** Der Schuldner kann den Gläubiger nicht zwingen, teilweise Zahlung einer Schuld anzunehmen, selbst wenn letztere teilbar ist.

Die Richter können jedoch in Berücksichtigung der Lage des Schuldners mäßige Zahlungsfristen gestatten und die Ausführung der eingeleiteten Verfolgung einstellen, wobei alles im bisherigen Zustande verbleibt. Von dieser Befugnis ist mit großer Zurückhaltung Gebrauch zu machen.

**1245.** Der Schuldner einer individuell bestimmten Sache wird durch Uebergabe der Sache in dem Zustande, in welchem sie sich zur Zeit der Lieferung befindet, befreit, vorausgesetzt nur, daß die an derselben eingetretenen Verschlechterungen weder durch sein Verhalten oder Verschulden, noch durch dasjenige von Personen, für welche er verantwortlich ist, erfolgt sind, oder daß er sich vor Eintritt der Verschlechterungen nicht im Verzuge befand.

**1246.** Hat die Schuld eine Sache zum Gegenstande, die nur ihrer Art nach bestimmt ist, so ist der Schuldner, um sich zu befreien, nicht verpflichtet, eine Sache von der besten Art zu geben; er darf aber auch keine von der schlechtesten anbieten.

**1247.** Le payement doit être exécuté dans le lieu désigné par la convention. Si le lieu n'y est pas désigné, le payement, lorsqu'il s'agit d'un corps certain et déterminé, doit être fait dans le lieu où était, au temps de l'obligation, la chose qui en fait l'objet.

Hors ces deux cas, le payement doit être fait au domicile du débiteur.

**1248.** Les frais du payement sont à la charge du débiteur.

§ 2. — Du payement avec subrogation.

**1249.** La subrogation dans les droits du créancier au profit d'une tierce personne qui le paye, est ou conventionnelle ou légale.

**1250.** Cette subrogation est conventionnelle:

1º Lorsque le créancier recevant son payement d'une tierce personne la subroge dans ses droits, actions, privilèges ou hypothèques contre le débiteur: cette subrogation doit être expresse et faite en même temps que le payement;

2º Lorsque le débiteur emprunte une somme à l'effet de payer sa dette, et de subroger le prêteur dans les droits du créancier. Il faut, pour que cette subrogation soit valable, que l'acte d'emprunt et la quittance soient passés devant notaires; que dans l'acte d'emprunt il soit déclaré que la somme a été empruntée pour faire le payement, et que dans la quittance il soit déclaré que le payement a été fait des deniers fournis à cet effet par le nouveau créancier. Cette subrogation s'opère sans le concours de la volonté du créancier.

**1251.** La subrogation a lieu de plein droit:

1º Au profit de celui qui, étant lui-même créancier, paye un autre créancier qui lui est préférable à raison de ses privilèges ou hypothèques;

2º Au profit de l'acquéreur d'un immeuble, qui emploie le prix de son acquisition au payement des créanciers auxquels cet héritage était hypothéqué;

3º Au profit de celui qui, étant tenu avec d'autres ou par d'autres au payement de la dette, avait intérêt de l'acquitter;

4º Au profit de l'héritier bénéficiaire qui a payé de ses deniers les dettes de la succession.

**1252.** La subrogation établie par les articles précédents a lieu tant contre les cautions que contre les débiteurs: elle ne peut nuire au créancier lorsqu'il n'a été payé qu'en partie; en ce cas, il peut exercer ses droits, pour ce qui lui reste dû, par préférence à celui dont il n'a reçu qu'un payement partiel.

---

**1247.** Die Zahlung muß an dem Orte erfolgen, welcher in dem Vertrage bestimmt ist. Ist in demselben kein Ort bestimmt, so muß die Zahlung, wenn es sich um eine bestimmte Sache handelt, an dem Orte geschehen, an welchem sich zur Zeit des Abschlusses des Vertrags die Sache, welche dessen Gegenstand bildet, befand.

Abgesehen von diesen beiden Fällen, muß die Zahlung am Wohnsitze des Schuldners erfolgen.

**1248.** Die Kosten der Zahlung sind zu Lasten des Schuldners.

§ 2. Zahlung mit Eintritt in die Rechte des Gläubigers.

**1249.** Der Eintritt in die Rechte des Gläubigers zum Vorteil eines Dritten, welcher denselben bezahlt, ist entweder vertragsmäßig oder gesetzlich.

**1250.** Dieser Eintritt ist vertragsmäßig:

1. wenn der Gläubiger, welcher seine Zahlung von einem Dritten empfängt, denselben in seine Rechte, Klagen, Vorzugsrechte oder Hypotheken gegen den Schuldner einsetzt; diese Einsetzung muß ausdrücklich und zu gleicher Zeit mit der Zahlung geschehen;

2. wenn der Schuldner eine Summe entleiht, um seine Schuld zu bezahlen und den Darlehnsgeber in die Rechte des Gläubigers einzusetzen.

Damit diese Einsetzung gültig sei, muß der Darlehensvertrag und die Quittung vor Notaren aufgenommen werden, es muß im Darlehensvertrag erklärt werden, daß die Summe entliehen worden sei, um die Zahlung zu leisten, und es muß in der Quittung erklärt werden, daß die Zahlung mit dem Gelde geschehen sei, welches der neue Gläubiger zu diesem Zwecke hergegeben hat. Diese Einsetzung erfolgt ohne Mitwirkung des Gläubigers.

**1251.** Der Eintritt findet von Rechtswegen statt:

1. zum Vorteile desjenigen, welcher selbst Gläubiger ist und einen andern Gläubiger bezahlt, der ihm wegen seiner Vorzugsrechte oder Hypotheken vorgeht;

2. zum Vorteile des Erwerbers einer Liegenschaft, welcher den Kaufpreis zur Befriedigung der Gläubiger verwendet, denen an diesem Grundstücke eine Hypothek zusteht;

3. zum Vorteil desjenigen, der, da er mit anderen oder für andere zur Zahlung der Schuld haftbar war, ein Interesse daran hatte, sie zu tilgen;

4. zum Vorteile des Benefizialerben, der mit seinem Gelde die Schulden der Erbschaft bezahlt hat.

**1252.** Der in den vorstehenden Artikeln bestimmte Eintritt in die Rechte des Gläubigers findet sowohl gegen die Bürgen als auch gegen den Schuldner statt. Er kann dem Gläubiger nicht zum Schaden gereichen, wenn er nur zum Teil bezahlt worden ist. In diesem Falle kann er wegen des Restes der Schuld seine Rechte vorzugsweise vor demjenigen geltend machen, von dem er nur teilweise Zahlung erhalten hat.

§ 3. De l'imputation des payements.

**1253.** Le débiteur de plusieurs dettes a .le droit de déclarer, lorsqu'il paye, quelle dette il entend acquitter.

**1254.** Le débiteur d'une dette qui porte intérêt ou produit des arrérages, ne peut point, sans le consentement du créancier, imputer le payement qu'il fait sur le capital par préférence aux arrérages ou intérêts: le payement fait sur le capital et intérêts, mais qui n'est point intégral, s'impute d'abord sur les intérêts.

**1255.** Lorsque le débiteur de diverses dettes a accepté une quittance par laquelle le créancier a imputé ce qu'il a reçu sur l'une de ces dettes spécialement, le débiteur ne peut plus demander l'imputation sur une dette différente, à moins qu'il n'y ait eu dol ou surprise de la part du créancier.

**1256.** Lorsque la quittance ne porte aucune imputation, le payement doit être imputé sur la dette que le débiteur avait pour lors le plus d'intérêt d'acquitter entre celles qui sont pareillement échues; sinon, sur la dette échue, quoique moins onéreuse que celles qui ne le sont point.

Si les dettes sont d'égale nature, l'imputation se fait sur la plus ancienne: toutes choses égales, elle se fait proportionnellement.

§ 4. — Des offres de payement, et de la consignation.

**1257.** Lorsque le créancier refuse de recevoir son payement, le débiteur peut lui faire des offres réelles, et au refus du créancier de les accepter, consigner la somme ou la chose offerte.

Les offres réelles suivies d'une consignation libèrent le débiteur; elles tiennent lieu à son égard de payement, lorsqu'elles sont valablement faites, et la chose ainsi consignée demeure aux risques du créancier.

**1258.** Pour que les offres réelles soient valables, il faut:

1⁰ Qu'elles soient faites au créancier ayant la capacité de recevoir, ou à celui qui a pouvoir de recevoir pour lui;

2⁰ Qu'elles soient faites par une personne capable de payer;

3⁰ Qu'elles soient de la totalité de la somme exigible, des arrérages ou intérêts dus, des frais liquidés, et d'une somme pour les frais non liquidés, sauf à la parfaire;

4⁰ Que le terme soit échu, s'il a été stipulé en faveur du créancier;

5⁰ Que la condition sous laquelle la dette a été contractée soit arrivée;

6⁰ Que les offres soient faites au lieu dont on est convenu pour le payement, et que, s'il

§ 3. Anrechnung der Zahlung.

**1253.** Der Schuldner mehrerer Schulden hat das Recht, bei der Zahlung zu erklären, welche Schuld er zu tilgen gedenkt.

**1254.** Der Schuldner einer Schuld, welche Zinsen trägt oder Renten bringt, kann nicht ohne Einwilligung des Gläubigers eine von ihm geleistete Zahlung auf das Kapital vor den Renten oder Zinsen anrechnen. Eine Zahlung, die auf Kapital und Zinsen geschieht, aber für beide nicht ausreichend ist, wird zuerst auf die Zinsen angerechnet.

**1255.** Hat der Schuldner verschiedener Schulden eine Quittung angenommen, in welcher der Gläubiger das Empfangene auf einen dieser Schuldposten besonders angerechnet hat, so kann der Schuldner nicht mehr verlangen, daß dasselbe auf eine andere Schuld angerechnet werde, es sei denn, daß seitens des Gläubigers Betrug oder Ueberlistung vorgelegen hat.

**1256.** Ist in der Quittung nichts über die Anrechnung gesagt, so muß bei mehreren gleichmäßig fälligen Schulden, die Zahlung auf diejenige angerechnet werden an deren Tilgung der Schuldner zur Zeit das größte Interesse hat; andernfalls auf die fällige Schuld, selbst wenn sie weniger lästig ist als die noch nicht fälligen.

Sind die Schulden von gleicher Beschaffenheit, so erfolgt die Anrechnung auf die älteste; sind alle Umstände gleich, so erfolgt die Anrechnung auf jede verhältnismäßig.

§ 4. Zahlungsanerbieten und Hinterlegung.

**1257.** Weigert sich der Gläubiger die Zahlung anzunehmen, so kann der Schuldner ihm ein Baranerbieten machen, und, wenn der Gläubiger die Annahme verweigert, die angebotene Summe oder Sache hinterlegen.

Das Baranerbieten mit darauf folgender Hinterlegung befreit den Schuldner; es gilt hinsichtlich seiner an Zahlungsstatt, wenn es in gültiger Weise gemacht ist, die so hinterlegte Sache steht auf Gefahr des Gläubigers.

**1258.** Zur Gültigkeit eines Baranerbietens ist erforderlich:

1. daß es dem zur Empfangnahme fähigen Gläubiger gemacht wird oder demjenigen, der zur Empfangnahme für ihn Vollmacht hat;

2. daß es durch eine zur Zahlung fähige Person gemacht wird;

3. daß es sich erstreckt auf den ganzen Betrag der fälligen Summe, auf die geschuldeten Renten oder Zinsen, auf die festgesetzten Kosten und auf eine Summe für die noch nicht festgesetzten Kosten, mit dem Vorbehalte, dieselbe zu ergänzen;

4. daß die Frist abgelaufen ist, wenn dieselbe zu Gunsten des Gläubigers bedungen worden ist;

5. daß die Bedingung eingetreten ist, unter welcher die Schuld eingegangen worden ist:

6. daß das Anerbieten an dem vereinbarten Zahlungsort, und, wenn keine besondere Ver-

n'a pas de convention spéciale sur le lieu du payement, elles soient faites ou à la personne du créancier, ou à son domicile, ou au domicile élu pour l'exécution de la convention;

7º Que les offres soient faites par un officier ministériel ayant caractère pour ces sortes d'actes.

1259. Il n'est pas nécessaire, pour la validité de la consignation, qu'elle ait été autorisée par le juge; il suffit:

1º Qu'elle ait été précédée d'une sommation signifiée au créancier, et contenant l'indication du jour, de l'heure et du lieu où la chose offerte sera déposée;

2º Que le débiteur se soit dessaisi de la chose offerte, en la remettant dans le dépôt indiqué par la loi pour recevoir les consignations, avec les intérêts jusqu'au jour du dépôt;

3º Qu'il y ait eu procès-verbal dressé par l'officier ministériel, de la nature des espèces offertes, du refus qu'a fait le créancier de les recevoir, ou de sa non-comparution, et enfin du dépôt;

4º Qu'en cas de non-comparution de la part du créancier, le procès-verbal du dépôt lui ait été signifié avec sommation de retirer la chose déposée.

1260. Les frais des offres réelles et de la consignation sont à la charge du créancier, si elles sont valables.

1261. Tant que la consignation n'a point été acceptée par le créancier, le débiteur peut la retirer; et s'il la retire, ses codébiteurs ou ses cautions ne sont point libérés.

1262. Lorsque le débiteur a lui-même obtenu un jugement passé en force de chose jugée, qui a déclaré ses offres et sa consignation bonnes et valables, il ne peut plus, même du consentement du créancier, retirer sa consignation au préjudice de ses codébiteurs ou de ses cautions.

1263. Le créancier qui a consenti que le débiteur retirât sa consignation après qu'elle a été déclarée valable par un jugement qui a acquis force de chose jugée, ne peut plus, pour le payement de sa créance, exercer les privilèges ou hypothèques qui y étaient attachés: il n'a plus d'hypothèque que du jour où l'acte par lequel il a consenti que la consignation fût retirée aura été revêtu des formes requises pour emporter l'hypothèque.

1264. Si la chose due est un corps certain qui doit être livré au lieu où il se trouve, le débiteur doit faire sommation au créancier de l'enlever, par acte notifié à sa personne ou à son domicile, ou au domicile élu pour l'exécution de la convention. Cette sommation faite, si le créancier n'enlève pas la chose,

einbarung über den Zahlungsort stattgefunden hat, dem Gläubiger in Person, oder an seinem Wohnsitze oder an dem für die Vollziehung des Vertrages gewählten Wohnsitze gemacht werde;

7. daß das Anerbieten durch einen öffentlichen Beamten erfolgt, welcher zur Vornahme derartiger Handlungen befugt ist.

1259. Eine gerichtliche Ermächtigung ist zur Gültigkeit der Hinterlegung nicht notwendig. es genügt:

1. daß eine dem Gläubiger zugestellte Aufforderung vorhergegangen ist, welche die Angabe von Tag, Stunde und Ort der Hinterlegung der angebotenen Sache enthält;

2. daß der Schuldner den Besitz der angebotenen Sache aufgegeben hat, indem er dieselbe, nebst den Zinsen bis zum Tage der Hinterlegung, der gesetzlich zur Annahme von Hinterlegungen bestimmten Stelle übergeben hat;

3. daß von dem öffentlichen Beamten eine Urkunde aufgenommen worden ist über die Art der angebotenen Gegenstände, die Weigerung des Gläubigers, sie anzunehmen oder dessen Nichterscheinen, und endlich über die erfolgte Hinterlegung;

4. daß in dem Falle des Nichterscheinens des Gläubigers demselben die Urkunde über die Hinterlegung mit der Aufforderung zugestellt worden ist, die hinterlegte Sache an sich zu nehmen.

1260. Die Kosten des Baranerbietens und der Hinterlegung hat der Gläubiger zu tragen, wenn letztere in gültiger Weise erfolgt sind.

1261. So lange der Gläubiger die hinterlegte Sache noch nicht angenommen hat, kann der Schuldner sie zurücknehmen; wenn er sie zurücknimmt, so sind seine Mitschuldner oder seine Bürgen nicht befreit.

1262. Hat der Schuldner selbst ein rechtskräftiges Urteil erwirkt, welches sein Anerbieten und die Hinterlegung für gut und gültig erklärt hat, so kann er selbst mit Einwilligung des Gläubigers die Hinterlegung nicht mehr zum Nachteile seiner Mitschuldner oder seiner Bürgen zurücknehmen.

1263. Der Gläubiger, welcher eingewilligt hat, daß der Schuldner die Hinterlegung zurücknehme. nachdem diese durch ein rechtskräftiges Urteil für gültig erklärt worden ist, kann zwecks Bezahlung seiner Forderung die Vorzugsrechte oder Hypotheken, welche mit derselben verbunden waren, nicht mehr geltend machen; er hat erst wieder von dem Tage an eine Hypothek, an dem die Urkunde, durch welche er die Zurücknahme der Hinterlegung bewilligte, mit den zur Begründung einer Hypothek erforderlichen Formen versehen worden ist.

1264. Ist die geschuldete Sache ein bestimmter Gegenstand, welcher an dem Orte geliefert werden muß, wo er sich befindet, so muß der Schuldner an den Gläubiger die Aufforderung ergehen lassen, sie abzuholen, und zwar durch eine demselben in Person oder an seinem Wohnsitze oder an dem für die Erfül-

et que le débiteur ait besoin du lieu dans lequel elle est placée, celui-ci pourra obtenir de la justice la permission de la mettre en dépôt dans quelque autre lieu.

#### § 5. — De la cession de biens.

**1265.** La cession de biens est l'abandon qu'un débiteur fait de tous ses biens à ses créanciers, lorsqu'il se trouve hors d'état de payer ses dettes.

**1266.** La cession de biens est volontaire ou judiciaire.

**1267.** La cession de biens volontaire est celle que les créanciers acceptent volontairement, et qui n'a d'effet que celui résultant des stipulations mêmes du contrat passé entre eux et le débiteur.

**1268.** La cession judiciaire est un bénéfice que la loi accorde au débiteur malheureux et de bonne foi, auquel il est permis, pour avoir la liberté de sa personne, de faire en justice l'abandon de tous ses biens à ses créanciers, nonobstant toute stipulation contraire.

**1269.** La cession judiciaire ne confère point la propriété aux créanciers; elle leur donne seulement le droit de faire vendre les biens à leur profit, et d'en percevoir les revenus jusqu'à la vente.

**1270.** Les créanciers ne peuvent refuser la cession judiciaire, si ce n'est dans les cas exceptés par la loi.

Elle opère la décharge de la contrainte par corps.

Au surplus, elle ne libère le débiteur que jusqu'à concurrence de la valeur des biens abandonnés; et dans le cas où ils auraient été insuffisants, s'il lui en survient d'autres, il est obligé de les abandonner jusqu'au parfait payement.

#### SECTION II.
#### De la novation.

**1271.** La novation s'opère de trois manières

1° Lorsque le débiteur contracte envers son créancier une nouvelle dette qui est substituée à l'ancienne, laquelle est éteinte;

2° Lorsqu'un nouveau débiteur est substitué à l'ancien qui est déchargé par le créancier;

3° Lorsque, par l'effet d'un nouvel engagement, un nouveau créancier est substitué à l'ancien, envers lequel le débiteur se trouve déchargé.

**1272.** La novation ne peut s'opérer qu'entre personnes capables de contracter.

**1273.** La novation ne se présume point; il faut que la volonté de l'opérer résulte clairement de l'acte.

---

lung des Vertrages gewählten Wohnsitze zugestellten Urkunde. Wenn der Gläubiger nach dieser Aufforderung die Sache nicht abholt und der Schuldner den Raum, wo sie lagert, benötigt, so kann dieser bei dem Gerichte die Erlaubnis auswirken, sie an einem anderen Orte zu hinterlegen.

#### § 5. Abtretung der Güter.

**1265.** Die Abtretung der Güter besteht darin, daß ein Schuldner, wenn er außer Stande ist, seine Schulden zu bezahlen, alle seine Güter seinen Gläubigern überläßt.

**1266.** Die Abtretung der Güter ist freiwillig oder gerichtlich.

**1267.** Die freiwillige Abtretung der Güter ist die, welche von den Gläubigern freiwillig angenommen wird, und die nur diejenige Wirkung hat, welche sich aus den Bestimmungen des zwischen ihnen und dem Schuldner abgeschlossenen Vertrages ergibt.

**1268.** Die gerichtliche Abtretung der Güter ist eine Wohltat, die das Gesetz dem unglücklichen und redlichen Schuldner gewährt, welchem zur Erhaltung seiner persönlichen Freiheit gestattet ist, ungeachtet jeder entgegenstehenden Verabredung, seine sämtlichen Güter vor Gericht seinen Gläubigern zu überlassen.

**1269.** Die gerichtliche Abtretung der Güter überträgt nicht das Eigentum auf die Gläubiger; sie gibt ihnen nur das Recht, die Güter zu ihrem Vorteile verkaufen zu lassen und bis zum Verkaufe die Einkünfte daraus zu beziehen.

**1270.** Die Gläubiger können die gerichtliche Abtretung der Güter nur in den durch das Gesetz angenommenen Fällen ablehnen.

Sie bewirkt die Befreiung von der Schuldhaft.

Im Uebrigen befreit sie den Schuldner nur bis zu dem Betrage des Wertes der abgetretenen Güter; falls sie unzureichend gewesen sind, ist er, wenn er für die Folge wieder zu Vermögen kommt, verpflichtet dasselbe bis zur vollständigen Zahlung herzugeben.

#### ZWEITER ABSCHNITT.
#### Novation.

**1271.** Eine Novation wird auf dreierlei Arten bewirkt:

1. wenn der Schuldner gegen seinen Gläubiger eine neue Schuld eingeht, die an die Stelle der alten tritt, welch letztere erlischt;

2. wenn ein neuer Schuldner an die Stelle des alten tritt, welcher dem Gläubiger frei gegeben wird;

3. wenn zufolge einer neuen Uebereinkunft ein neuer Gläubiger an die Stelle des alten tritt, dem gegenüber der Schuldner frei wird.

**1272.** Die Novation kann nur unter Personen stattfinden, welche fähig sind, Verträge zu schließen.

**1273.** Die Novation wird nicht vermutet; der Wille sie zu bewirken, muß sich klar aus der Handlung ergeben.

**1274.** La novation par la substitution d'un nouveau débiteur, peut s'opérer sans le concours du premier débiteur.

**1275.** La délégation par laquelle un débiteur donne au créancier un autre débiteur qui s'oblige envers le créancier, n'opère point de novation, si le créancier n'a expressément déclaré qu'il entendait décharger son débiteur qui a fait la délégation.

**1276.** Le créancier qui a déchargé le débiteur par qui a été faite la délégation, n'a point de recours contre ce débiteur, si le délégué devient insolvable, à moins que l'acte n'en contienne une réserve expresse, ou que le délégué ne fût déjà en faillite ouverte, ou tombé en déconfiture au moment de la délégation.

**1277.** La simple indication faite, par le débiteur, d'une personne qui doit payer à sa place, n'opère point novation.

Il en est de même de la simple indication faite, par le créancier, d'une personne qui doit recevoir pour lui.

**1278.** Les privilèges et hypothèques de l'ancienne créance ne passent point à celle qui lui est substituée, à moins que le créancier ne les ait expressément réservés.

**1279.** Lorsque la novation s'opère par la substitution d'un nouveau débiteur, les privilèges et hypothèques primitifs de la créance ne peuvent point passer sur les biens du nouveau débiteur.

**1280.** Lorsque la novation s'opère entre le créancier et l'un des débiteurs solidaires, les privilèges et hypothèques de l'ancienne créance ne peuvent être réservés que sur les biens de celui qui contracte la nouvelle dette.

**1281.** Par la novation faite entre le créancier et l'un des débiteurs solidaires, les codébiteurs sont libérés.

La novation opérée à l'égard du débiteur principal libère les cautions.

Néanmoins, si le créancier a exigé, dans le premier cas, l'accession des codébiteurs, ou, dans le second, celle des cautions, l'ancienne créance subsiste, si les codébiteurs ou les cautions refusent d'accéder au nouvel arrangement.

<h3 style="text-align:center">SECTION III.</h3>

De la remise de la dette.

**1282.** La remise volontaire du titre original sous signature privée, par le créancier au débiteur, fait preuve de la libération.

**1283.** La remise volontaire de la grosse du titre fait présumer la remise de la dette ou le payement, sans préjudice de la preuve contraire.

**1274.** Die Novation durch Eintritt eines neuen Schuldners kann ohne Mitwirkung des ersten Schuldners erfolgen.

**1275.** Die Delegation, durch welche ein Schuldner seinem Gläubiger einen andern Schuldner stellt, der sich dem Gläubiger gegenüber verpflichtet, bewirkt keine Novation, wenn nicht der Gläubiger ausdrücklich erklärt, daß er Willens sei, seinen Schuldner, welcher die Delegation gemacht hat, zu entbinden.

**1276.** Der Gläubiger, welcher den Schuldner entbunden hat, von dem die Delegation ausgeht, hat keinen Rückgriff gegen denselben, wenn der überwiesene Schuldner zahlungsunfähig wird, es sei denn, daß der Vertrag darüber einen ausdrücklichen Vorbehalt enthält, oder daß zur Zeit der Delegation gegen den Ueberwiesenen schon der Konkurs eröffnet oder derselbe in Vermögensverfall geraten ist.

**1277.** Die vom Schuldner ausgehende einfache Bezeichnung einer Person, welche an seiner Stelle zahlen soll, bewirkt keine Novation.

Dasselbe gilt von einer durch den Gläubiger geschehenen einfachen Bezeichnung einer Person, welche für ihn empfangen soll.

**1278.** Die Vorzugsrechte und Hypotheken der alten Forderung gehen nicht auf diejenige über, welche an deren Stelle getreten ist, es sei denn, daß der Gläubiger dieselben sich ausdrücklich vorbehalten hat.

**1279.** Wird die Novation durch Eintritt eines neuen Schuldners bewirkt, so können die ursprünglichen Vorzugsrechte und Hypotheken der Forderung auf die Güter des neuen Schuldners nicht übergehen.

**1280.** Kommt die Novation zwischen dem Gläubiger und einem der Gesamtschuldner zu Stande, so können die Vorzugsrechte und Hypotheken der alten Forderung nur an den Gütern desjenigen vorbehalten werden, welcher die neue Schuld eingeht.

**1281.** Durch die zwischen dem Gläubiger und einem der Gesamtschuldner erfolgte Novation werden die Mitschuldner befreit.

Die in Ansehung des Hauptschuldners bewirkte Novation befreit die Bürgen.

Hat jedoch der Gläubiger im ersten Falle den Beitritt der Mitschuldner, oder im zweiten Falle den der Bürgen verlangt, so bleibt die alte Forderung bestehen, wenn der Mitschuldner oder Bürge sich weigert, der neuen Uebereinkunft beizutreten.

<h3 style="text-align:center">DRITTER ABSCHNITT.</h3>

Erlass der Schuld.

**1282.** Die durch den Gläubiger an den Schuldner erfolgte freiwillige Rückgabe der Urschrift einer Urkunde unter Privatunterschrift beweist die Befreiung.

**1283.** Die freiwillige Rückgabe der vollstreckbaren Ausfertigung einer Urkunde begründet die Vermutung des Schulderlasses oder der Zahlung, vorbehaltlich des Gegenbeweises.

1284. La remise du titre original sous signature privée, ou de la grosse du titre, à l'un des débiteurs solidaires, a le même effet au profit de ses codébiteurs.

1285. La remise ou décharge conventionnelle au profit de l'un des codébiteurs solidaires, libère tous les autres, à moins que le créancier n'ait expressément réservé ses droits contre ces derniers.

Dans ce dernier cas, il ne peut plus répéter la dette que déduction faite de la part de celui auquel il a fait la remise.

1286. La remise de la chose donnée en nantissement ne suffit point pour faire présumer la remise de la dette.

1287. La remise ou décharge conventionnelle accordée au débiteur principal libère les cautions;

Celle accordée à la caution ne libère pas le débiteur principal;

Celle accordée à l'une des cautions ne libère pas les autres.

1288. Ce que le créancier a reçu d'une caution pour la décharge de son cautionnement, doit être imputé sur la dette, et tourner à la décharge du débiteur principal et des autres cautions.

## SECTION IV.

### De la compensation.

1289. Lorsque deux personnes se trouvent débitrices l'une envers l'autre, il s'opère entre elles une compensation qui éteint les deux dettes, de la manière et dans les cas ci-après exprimés.

1290. La compensation s'opère de plein droit par la seule force de la loi, même à l'insu des débiteurs; les deux dettes s'éteignent réciproquement, à l'instant où elles se trouvent exister à la fois, jusqu'à concurrence de leurs quotités respectives.

1291. La compensation n'a lieu qu'entre deux dettes qui ont également pour objet une somme d'argent, ou une certaine quantité de choses fongibles de la même espèce et qui sont également liquides et exigibles.

Les prestations en grains ou denrées, non contestées, et dont le prix est réglé par les mercuriales, peuvent se compenser avec des sommes liquides et exigibles.

1292. Le terme de grâce n'est point un obstacle à la compensation.

1293. La compensation a lieu, quelles que soient les causes de l'une ou l'autre des dettes, excepté dans le cas:

1° De la demande en restitution d'une chose dont le propriétaire a été injustement dépouillé;

2° De la demande en restitution d'un dépôt et du prêt à usage;

1284. Die Rückgabe der Urschrift einer Urkunde unter Privatunterschrift oder der vollstreckbaren Ausfertigung einer Urkunde an einen Gesamtschuldner hat dieselbe Wirkung zum Vorteile seiner Mitschuldner.

1285. Wenn der Erlaß oder die Befreiung zum Vorteile eines der Gesamtschuldner durch Vertrag erfolgt, so werden alle übrigen dadurch befreit, es sei denn, daß der Gläubiger sich seine Rechte gegen letztere ausdrücklich vorbehalten hat.

Letzteren Falles kann er die Schuld nur unter Abzug des Anteils desjenigen einfordern, welchem er den Erlaß bewilligt hat.

1286. Die Rückgabe der als Faustpfand gegebenen Sache genügt nicht, um die Vermutung des Erlasses der Schuld zu begründen.

1287. Der Erlaß oder die vertragliche Entlastung, welche dem Hauptschuldner gewährt wird, befreit die Bürgen.

Der dem Bürgen gewährte Erlaß befreit nicht den Hauptschuldner.

Der einem der Bürgen gewährte Erlaß befreit die übrigen nicht.

1288. Was der Gläubiger von einem Bürgen zur Befreiung von seiner Bürgschaft empfangen hat, muß auf die Schuld angerechnet werden und dem Hauptschuldner und den übrigen Bürgen zur Befreiung dienen.

## VIERTER ABSCHNITT.

### Aufrechnung.

1289. Sind zwei Personen sich gegenseitig etwas schuldig, so tritt unter ihnen eine Aufrechnung ein, welche beide Schulden in der Weise und in den Fällen, wie nachstehend angegeben, aufhebt.

1290. Die Aufrechnung tritt von Rechtswegen ein lediglich kraft des Gesetzes selbst ohne Wissen der Schuldner; in dem Augenblicke, in welchem beide Schulden zu gleicher Zeit vorhanden sind, heben sie sich gegenseitig auf, soweit ihre Beträge sich decken.

1291. Die Aufrechnung findet nur zwischen zwei Schulden statt, welche gleichmäßig eine Summe Geldes oder eine bestimmte Menge vertretbarer Sachen derselben Art zum Gegenstande haben, und die gleichmäßig flüssig und fällig sind.

Nicht bestrittene Leistungen an Getreide oder Waren, welche einen Marktpreis haben, können gegen flüssige und fällige Geldsummen aufgerechnet werden.

1292. Die Gnadenfrist steht der Aufrechnung nicht im Wege.

1293. Die Aufrechnung findet statt, welches auch der Grund beider Schulden sei, ausgenommen in dem Fall:

1. der Klage auf Herausgabe einer Sache, welche dem Eigentümer unrechtmäßig entzogen worden ist;

2. der Klage auf Zurückgabe einer hinterlegten oder zum Gebrauche geliehenen Sache;

3º D'une dette qui a pour cause des aliments déclarés insaisissables.

1294. La caution peut opposer la compensation de ce que le créancier doit au débiteur principal ;

Mais le débiteur principal ne peut opposer la compensation de ce que le créancier doit à la caution.

Le débiteur solidaire ne peut pareillement opposer la compensation de ce que le créancier doit à son codébiteur.

1295. Le débiteur qui a accepté purement et simplement la cession qu'un créancier a faite de ses droits à un tiers, ne peut plus opposer au cessionnaire la compensation qu'il eût pu, avant l'acceptation, opposer au cédant.

A l'égard de la cession qui n'a point été acceptée par le débiteur, mais qui lui a été signifiée, elle n'empêche que la compensation des créances postérieures à cette notification.

1296. Lorsque les deux dettes ne sont pas payables au même lieu, on n'en peut opposer la compensation qu'en faisant raison des frais de la remise.

1297. Lorsqu'il y a plusieurs dettes compensables dues par la même personne, on suit, pour la compensation, les règles établies pour l'imputation par l'article 1256.

1298. La compensation n'a pas lieu au préjudice des droits acquis à un tiers. Ainsi celui qui, étant débiteur, est devenu créancier depuis la saisie-arrêt faite par un tiers entre ses mains, ne peut, au préjudice du saisissant, opposer la compensation.

1299. Celui qui a payé une dette qui était, de droit, éteinte par la compensation, ne peut plus, en exerçant la créance dont il n'a point opposé la compensation, se prévaloir, au préjudice des tiers, des privilèges ou hypothèques qui y étaient attachés, à moins qu'il n'ait eu une juste cause d'ignorer la créance qui devait compenser sa dette.

## SECTION V.

### De la confusion.

1300. Lorsque les qualités de créancier et de débiteur se réunissent dans la même personne, il se fait une confusion de droit qui éteint les deux créances.

1301. La confusion qui s'opère dans la personne du débiteur principal, profite à ses cautions ;

Celle qui s'opère dans la personne de la caution, n'entraîne point l'extinction de l'obligation principale ;

Code civil.

3. einer Schuld, welche Unterhaltsleistungen zum Gegenstande hat, die der Pfändung nicht unterworfen sind.

1294. Der Bürge darf in Aufrechnung bringen, was der Gläubiger dem Hauptschuldner schuldig ist.

Dagegen darf der Hauptschuldner nicht aufrechnen, was der Gläubiger dem Bürgen schuldet.

Der Gesamtschuldner darf gleichfalls nicht das aufrechnen, was der Gläubiger dem Mitschuldner schuldig ist.

1295. Der Schuldner, welcher vorbehaltlos die seitens des Gläubigers erfolgte Abtretung seiner Rechte an einen Dritten angenommen hat, kann dem Cessionar die Aufrechnung nicht mehr entgegensetzen, welche er vor der Annahme dem Cedenten hätte entgegensetzen können.

Eine Abtretung, welche von dem Schuldner nicht angenommen, ihm aber zugestellt worden ist, hindert nur die Aufrechnung hinsichtlich der erst nach dieser Bekanntgabe entstandenen Forderungen.

1296. Sind beide Schulden nicht an dem nämlichen Orte zahlbar, so kann man die Aufrechnung nur unter Berechnung der Uebersendungskosten entgegensetzen.

1297. Hat dieselbe Person mehrere zur Aufrechnung geeignete Schulden, so werden für die Aufrechnung die im Art. 1256 für die Anrechnung aufgestellten Regeln befolgt.

1298. Die Aufrechnung findet zum Nachteile der erworbenen Rechte eines Dritten nicht statt. Derjenige also, der Schuldner war und erst nach der von einem Dritten bei ihm bewirkten Pfändung Gläubiger wurde, kann zum Nachteile dessen, der die Pfändung bewirkt hat, die Aufrechnung nicht entgegensetzen.

1299. Wer eine durch Aufrechnung von Rechtswegen erloschene Schuld bezahlt hat, und nun die Forderung geltend macht, wegen deren er die Aufrechnung nicht durchgeführt hat, kann die dieser Forderung zustehenden Vorzugsrechte und Hypotheken zum Nachteile Dritter nicht mehr geltend machen, es sei denn, daß er aus einem genügenden Grunde die Gegenforderung nicht gekannt hat, welche er zur Aufrechnung auf seine Schuld hätte benutzen sollen.

## FÜNFTER ABSCHNITT.

### Vereinigung des Gläubigers und des Schuldners in einer Person.

1300. Wenn die Eigenschaften des Gläubigers und des Schuldners in derselben Person zusammentreffen, so tritt von Rechtswegen eine Konfusion ein, welche das ganze Schuldverhältnis tilgt.

1301. Die in der Person des Hauptschuldners eintretende Konfusion nützt den Bürgen desselben.

Die in der Person des Bürgen eintretende zieht das Erlöschen der Hauptschuld nicht nach sich.

Celle qui s'opère dans la personne du créancier, ne profite à ses codébiteurs solidaires que pour la portion dont il était débiteur.

### SECTION VI.

#### De la perte de la chose due.

**1302.** Lorsque le corps certain et déterminé qui était l'objet de l'obligation, vient à périr, est mis hors du commerce, ou se perd de manière qu'on en ignore absolument l'existence, l'obligation est éteinte si la chose a péri ou a été perdue sans la faute du débiteur et avant qu'il fût en demeure.

Lors même que le débiteur est en demeure, et s'il ne s'est pas chargé des cas fortuits, l'obligation est éteinte dans le cas où la chose fût également périe chez le créancier si elle lui eût été livrée.

Le débiteur est tenu de prouver le cas fortuit qu'il allègue.

De quelque manière que la chose volée ait péri ou ait été perdue, sa perte ne dispense pas celui qui l'a soustraite, de la restitution du prix.

**1303.** Lorsque la chose est périe, mise hors du commerce ou perdue, sans la faute du débiteur, il est tenu, s'il y a quelques droits ou actions en indemnité par rapport à cette chose, de les céder à son créancier.

### SECTION VII.

#### De l'action en nullité ou en rescision des conventions.

**1304.** Dans tous les cas où l'action en nullité ou en rescision d'une convention n'est pas limitée à un moindre temps par une loi particulière, cette action dure dix ans.

Ce temps ne court, dans le cas de violence, que du jour où elle a cessé; dans le cas d'erreur ou de dol, du jour où ils ont été découverts; et pour les actes passés par les femmes mariées non autorisées, du jour de la dissolution du mariage.

Le temps ne court, à l'égard des actes faits par les interdits, que du jour où l'interdiction est levée; et à l'égard de ceux faits par les mineurs, que du jour de la majorité.

**1305.** La simple lésion donne lieu à la rescision en faveur du mineur non émancipé, contre toutes sortes de conventions; et en faveur du mineur émancipé, contre toutes conventions qui excèdent les bornes de sa capacité, ainsi qu'elle est déterminée au titre *De la minorité, de la tutelle et de l'émancipation.*

---

Die in der Person des Gläubigers eintretende nützt den samtverbindlichen Mitschuldnern nur für den Teil, für welchen ersterer Schuldner war.

### SECHSTER ABSCHNITT.

#### Untergang der geschuldeten Sache.

**1302.** Wenn eine individuell bestimmte Sache, die den Gegenstand der Verbindlichkeit bildete, untergeht, außer Verkehr gesetzt wird oder dergestalt verloren geht, daß man von ihrem Vorhandensein durchaus nichts weiß, so ist die Verbindlichkeit erloschen, wenn die Sache ohne Verschulden des Schuldners und ehe derselbe im Verzuge war, untergegangen oder verloren worden ist.

Selbst dann, wenn der Schuldner im Verzuge ist, jedoch die Haftung für Zufall nicht übernommen hat, ist die Verbindlichkeit erloschen, falls die Sache bei dem Gläubiger, wenn sie ihm überliefert worden wäre, ebenfalls untergegangen sein würde.

Der Schuldner muß den Zufall beweisen, auf den er sich beruft.

Auf welche Art auch eine gestohlene Sache untergegangen oder verloren sein mag, ihr Verlust befreit den, welcher sie entwendet hat, nicht von der Erstattung des Preises.

**1303.** Ist die Sache ohne Verschulden des Schuldners untergegangen, außer Verkehr gesetzt oder verloren gegangen, so ist derselbe verpflichtet, alle etwaigen Rechte und Klagen auf Entschädigung in Beziehung auf diese Sache seinem Gläubiger abzutreten.

### SIEBENTER ABSCHNITT.

#### Klage auf Nichtigkeit oder auf Aufhebung der Verträge.

**1304.** In allen Fällen, in denen die Klage auf Nichtigkeit oder Aufhebung eines Vertrages nicht durch ein besonderes Gesetz auf kürzere Zeit beschränkt ist, dauert diese Klage zehn Jahre.

Diese Zeit läuft im Falle des Zwanges erst von dem Tage an, da derselbe aufgehört hat; im Falle des Irrtums oder Betrugs, von dem Tage an, da diese entdeckt worden sind; und in Ansehung der Geschäfte, welche von Ehefrauen ohne Ermächtigung vorgenommen sind, von dem Tage der Auflösung der Ehe an.

Die Zeit läuft in Ansehung der vom Entmündigten vorgenommenen Geschäfte erst von dem Tage an, da die Entmündigung aufgehoben worden ist, und in Ansehung der von Minderjährigen vorgenommenen erst vom Tage der Volljährigkeit an.

**1305.** Die bloße Verletzung begründet die Wiederaufhebung zu Gunsten des nicht emanzipierten Minderjährigen bei allen Arten von Verträgen, und zu Gunsten des emanzipierten Minderjährigen bei allen Verträgen, welche außer den Grenzen seiner Fähigkeit liegen, so wie diese in dem Titel «Minderjährigkeit, Vormundschaft und Emanzipation» bestimmt ist.

1306. Le mineur n'est pas restituable pour cause de lésion, lorsqu'elle ne résulte que d'un événement casuel et imprévu.

1307. La simple déclaration de majorité, faite par le mineur, ne fait point obstacle à sa restitution.

1308. Le mineur commerçant, banquier ou artisan, n'est point restituable contre les engagements qu'il a pris à raison de son commerce ou de son art.

1309. Le mineur n'est point restituable contre les conventions portées en son contrat de mariage, lorsqu'elles ont été faites avec le consentement et l'assistance de ceux dont le consentement est requis pour la validité de son mariage.

1310. Il n'est point restituable contre les obligations résultant de son délit ou quasi-délit.

1311. Il n'est plus recevable à revenir contre l'engagement qu'il avait souscrit en minorité, lorsqu'il l'a ratifié en majorité, soit que cet engagement fût nul en sa forme, soit qu'il fût seulement sujet à restitution.

1312. Lorsque des mineurs, les interdits ou les femmes mariées sont admis, en ces qualités, à se faire restituer contre leurs engagements, le remboursement de ce qui aurait été, en conséquence de ces engagements, payé pendant la minorité, l'interdiction ou le mariage, ne peut en être exigé, à moins qu'il ne soit prouvé que ce qui a été payé a tourné à leur profit.

1313. Les majeurs ne sont restitués pour cause de lésion que dans les cas et sous les conditions spécialement exprimés dans le présent Code.

1314. Lorsque les formalités requises à l'égard des mineurs ou des interdits, soit pour aliénation d'immeubles, soit dans un partage de succession, ont été remplies, ils sont, relativement à ces actes, considérés comme s'ils les avaient faits en majorité ou avant l'interdiction.

## CHAPITRE VI.

### De la preuve des obligations, et de celle du payement.

1315. Celui qui réclame l'exécution d'une obligation doit la prouver.

Réciproquement, celui qui se prétend libéré, doit justifier le payement ou le fait qui a produit l'extinction de son obligation.

---

1306. Der Minderjährige kann wegen Verletzung nicht in den vorigen Stand wiedereingesetzt werden, wenn dieselbe die Folge eines zufälligen und unvorhergesehenen Ereignisses ist.

1307. Die einfache Erklärung des Minderjährigen, daß er großjährig sei, steht seiner Wiedereinsetzung in den vorigen Stand nicht im Wege.

1308. Ein Minderjähriger, welcher Handelsmann, Bankier oder Gewerbetreibender ist, kann gegen Verbindlichkeiten, welche er im Betriebe seines Handels oder Gewerbes übernommen hat, nicht wieder in den vorigen Stand eingesetzt werden.

1309. Ein Minderjähriger kann gegen die in seinem Ehevertrage enthaltenen Verabredungen nicht in den vorigen Stand wiedereingesetzt werden, wenn dieselben mit Einwilligung und unter dem Beistande derjenigen geschehen sind, deren Einwilligung zur Gültigkeit seiner Ehe erforderlich ist.

1310. Er kann gegen Verbindlichkeiten aus seinen Delikten oder Quasidelikten nicht in den vorigen Stand wiedereingesetzt werden.

1311. Er ist nicht berechtigt eine Verbindlichkeit anzufechten, welche er während seiner Minderjährigkeit unterzeichnet hatte, wenn er sie nach erlangter Großjährigkeit genehmigt hat, die Verbindlichkeit mag ihrer Form nach nichtig oder nur der Wiedereinsetzung in den vorigen Stand unterworfen gewesen sein.

1312. Werden Minderjährige, Entmündigte oder Ehefrauen in dieser Eigenschaft zur Wiedereinsetzung in den vorigen Stand gegen ihre Verbindlichkeiten zugelassen, so kann die Wiedererstattung desjenigen, was zufolge dieser Verbindlichkeiten während der Minderjährigkeit, der Entmündigung oder Ehe an sie gezahlt worden ist, von ihnen nicht verlangt werden, sofern nicht bewiesen wird, daß das Gezahlte zu ihrem Nutzen verwendet worden ist.

1313. Volljährige werden wegen Verletzung nur in den Fällen und unter den Bedingungen, welche in diesem Gesetzbuche ausdrücklich bestimmt sind, in den vorigen Stand wiedereingesetzt.

1314. Sind die Förmlichkeiten erfüllt, welche hinsichtlich der Minderjährigen oder Entmündigten bei einer Veräußerung von Liegenschaften oder bei Teilung einer Erbschaft erfordert werden, so werden jene Personen in Beziehung auf diese Geschäfte so angesehen, als wenn sie dieselben während ihrer Großjährigkeit oder vor der Entmündigung vorgenommen hätten.

## SECHSTES KAPITEL.

### Beweis der Verbindlichkeiten und der Zahlung.

1315. Wer die Erfüllung einer Verbindlichkeit fordert, muß diese beweisen.

Umgekehrt muß der, welcher befreit zu sein behauptet, die Zahlung oder die Tatsache nachweisen, welche die Erlöschung seiner Verbindlichkeit bewirkt hat.

1316. Les règles qui concernent la preuve littérale, la preuve testimoniale, les présomptions, l'aveu de la partie et le serment, sont expliquées dans les sections suivantes.

SECTION PREMIÈRE.

**De la preuve littérale.**

§ 1. — Du titre authentique.

1317. L'acte authentique est celui qui a été reçu par officiers publics ayant le droit d'instrumenter dans le lieu où l'acte a été rédigé, et avec les solennités requises.

1318. L'acte qui n'est point authentique par l'incompétence ou l'incapacité de l'officier, ou par un défaut de forme, vaut comme écriture privée, s'il a été signé des parties.

1319. L'acte authentique fait pleine foi de la convention qu'il renferme entre les parties contractantes et leurs héritiers ou ayants cause.

Néanmoins, en cas de plaintes en faux principal, l'exécution de l'acte argué de faux sera suspendue par la mise en accusation; et, en cas d'inscription de faux faite incidemment, les tribunaux pourront, suivant les circonstances, suspendre provisoirement l'exécution de l'acte.

1320. L'acte, soit authentique, soit sous seing privé, fait foi entre les parties, même de ce qui n'y est exprimé qu'en termes énonciatifs, pourvu que l'énonciation ait un rapport direct à la disposition. Les énonciations étrangères à la disposition ne peuvent servir que d'un commencement de preuve.

1321. Les contre-lettres ne peuvent avoir leur effet qu'entre les parties contractantes: elles n'ont point d'effet contre les tiers.

§ 2. — De l'acte sous seing privé.

1322. L'acte sous seing privé, reconnu par celui auquel on l'oppose, ou légalement tenu pour reconnu, a, entre ceux qui l'ont souscrit et entre leurs héritiers et ayants cause, la même foi que l'acte authentique.

1323. Celui auquel on oppose un acte sous seing privé, est obligé d'avouer ou de désavouer formellement son écriture ou sa signature.

Ses héritiers ou ayants cause peuvent se contenter de déclarer qu'ils ne connaissent point l'écriture ou la signature de leur auteur.

1324. Dans le cas où la partie désavoue son écriture ou sa signature, et dans le cas où ses héritiers ou ayants cause déclarent ne

---

1316. Die Regeln, welche den Urkundenbeweis, den Zeugenbeweis, die Vermutungen, das Geständnis der Parteien und den Eid betreffen, sind in den folgenden Abschnitten aufgestellt.

ERSTER ABSCHNITT.

**Urkundenbeweis.**

§ 1. Oeffentlicher Titel.

1317. Eine öffentliche Urkunde ist diejenige, welche unter Beachtung der erforderlichen Förmlichkeiten von öffentlichen Beamten aufgenommen worden ist, die an dem Orte ihrer Aufnahme die Befugnis zur Beurkundung haben.

1318. Eine Urkunde, die wegen der Unzuständigkeit oder Unfähigkeit des Beamten oder wegen eines Formmangels nicht öffentlich ist, gilt als Privaturkunde, wenn sie von den Parteien unterschrieben ist.

1319. Eine öffentliche Urkunde begründet unter den vertragschließenden Parteien und deren Erben oder Rechtsnachfolger vollen Beweis der darin enthaltenen Uebereinkunft.

Im Falle einer Hauptklage wegen Fälschung bleibt jedoch die Vollziehung der als gefälscht angefochtenen Urkunde durch die Versetzung in den Anklagezustand ausgesetzt; in dem Falle der Einschreibung zu einer Inzidentfälschungsklage können die Gerichte je nach Umständen die Vollziehung der Urkunde einstweilen aussetzen.

1320. Eine öffentliche Urkunde oder eine Urkunde unter Privatunterschrift beweist unter den Parteien selbst dasjenige, was darin nur erwähnungsweise ausgedrückt ist, vorausgesetzt daß die Erwähnung eine unmittelbare Beziehung auf die Verfügung hat. Erwähnungen, welche mit der Verfügung in keinem Zusammenhange stehen; können nur als Anfang eines Beweises dienen.

1321. Gegenscheine haben nur Wirkung unter den vertragschließenden Parteien; sie haben keine Wirkung gegen Dritte.

§ 2. Urkunde unter Privatunterschrift.

1322. Eine Urkunde unter Privatunterschrift, welche von demjenigen, dem man sie entgegensetzt, anerkannt ist, oder die gesetzlich für anerkannt gilt, hat unter denen, welche sie unterschrieben haben, und unter deren Erben und Rechtsnachfolgern dieselbe Beweiskraft, wie eine öffentliche Urkunde.

1323. Derjenige, dem eine Urkunde unter Privatunterschrift entgegengesetzt wird, ist verpflichtet, seine Handschrift oder seine Unterschrift ausdrücklich anzuerkennen oder abzustreiten.

Seine Erben oder Rechtsnachfolger können sich auf die Erklärung beschränken, daß sie die Handschrift oder die Unterschrift ihres Rechtsvorgängers nicht kennen.

1324. Falls eine Partei ihre Handschrift oder Unterschrift abstreitet, oder falls deren Erben oder Rechtsnachfolger erklären, daß

les point connaître, la vérification en est ordonnée en justice.

1325. Les actes sous seing privé qui contiennent des conventions synallagmatiques,
ne sont valables qu'autant qu'ils ont été faits
en autant d'originaux qu'il y a de parties
ayant un intérêt distinct.

Il suffit d'un original pour toutes les personnes ayant le même intérêt.

Chaque original doit contenir la mention
du nombre des originaux qui en ont été faits.

Néanmoins le défaut de mention que les
originaux ont été faits doubles, triples, etc.,
ne peut être opposé par celui qui a exécuté
de sa part la convention portée dans l'acte.

1326. Le billet ou la promesse sous seing
privé par lequel une seule partie s'engage
envers l'autre à lui payer une somme d'argent ou une chose appréciable, doit être écrit
en entier de la main de celui qui le souscrit;
ou du moins il faut qu'outre sa signature, il
ait écrit de sa main un *bon* ou un *approuvé*,
portant en toutes lettres la somme ou la
quantité de la chose.

Excepté dans le cas où l'acte émane de
marchands, artisans, laboureurs, vignerons,
gens de journée et de service.

1327. Lorsque la somme exprimée au corps
de l'acte est différente de celle exprimée au
*bon*, l'obligation est présumée n'être que de
la somme moindre, lors même que l'acte ainsi
que le *bon* sont écrits en entier de la main
de celui qui s'est obligé, à moins qu'il ne
soit prouvé de quel côté est l'erreur.

1328. Les actes sous seing privé n'ont de
date contre les tiers que du jour où ils ont
été enregistrés, du jour de la mort de celui
ou de l'un de ceux qui les ont souscrits, ou
du jour où leur substance est constatée dans
les actes dressés par des officiers publics,
tels que procès-verbaux de scellé ou d'inventaire.

1329. Les registres des marchands ne font
point, contre les personnes non marchandes,
preuve des fournitures qui y sont portées,
sauf ce qui sera dit à l'égard du serment.

1330. Les livres des marchands font preuve
contre eux; mais celui qui en veut tirer avantage, ne peut les diviser en ce qu'ils contiennent de contraire à sa prétention.

1331. Les registres et papiers domestiques
ne font point un titre pour celui qui les a
écrits. Ils font foi contre lui: 1⁰ dans tous
les cas où ils énoncent formellement un payement reçu; 2⁰ lorsqu'ils contiennent la mention expresse que la note a été faite pour

sie dieselben nicht kennen, so wird die Prüfung
vom Gerichte angeordnet.

1325. Urkunden unter Privatunterschrift,
welche zweiseitige Verträge enthalten, sind
nur gültig, wenn davon so viele Urschriften
aufgenommen sind, als Parteien vorhanden
sind, die ein verschiedenes Interesse haben.

Eine Urschrift ist hinreichend für alle Personen, welche dasselbe Interesse haben.

Jede Urschrift muß die Angabe der Anzahl
der aufgenommenen Urschriften enthalten.

Jedoch kann sich auf den Mangel der Angabe, daß die Urschriften zweifach, dreifach
usw. aufgenommen worden seien, derjenige
nicht berufen, der seinerseits den in der Urkunde enthaltenen Vertrag vollzogen hat.

1326. Ein Schein oder ein Versprechen unter Privatunterschrift, wodurch eine Partei
allein sich gegen die andere verpflichtet, ihr
eine Summe Geldes oder eine abschätzbare
Sache zu leisten, muß ganz von der Hand des
Unterzeichners geschrieben sein; oder es muß
wenigstens dieser, außer seiner Unterschrift,
mit eigener Hand ein «gut» oder «genehmigt»
geschrieben haben, wobei die Summe oder
die Menge der Sache ganz in Buchstaben geschrieben sein muß.

Ausgenommen sind die von Kaufleuten,
Handwerkern, Ackersleuten, Weinbauern, Taglöhnern oder Dienstboten ausgestellte Urkunden.

1327. Weicht die in der Urkunde selbst
ausgedrückte Summe von derjenigen ab, welche in dem «gut» ausgedrückt ist, so wird
vermutet, daß die Verbindlichkeit nur für die
geringere Summe bestehe, selbst wenn sowohl
die Urkunde, als das «gut» ganz von der Hand
desjenigen geschrieben ist, der sich verpflichtet
hat, es sei denn, daß bewiesen wird, auf welcher Seite der Irrtum liegt.

1328. Urkunden unter Privatunterschrift
haben gegen Dritte ein Datum erst vom Tage
ihrer Registrierung an oder von dem Todestage des oder eines der Unterzeichneten oder
von dem Tage an, an welchem ihr wesentlicher Inhalt in Urkunden, die von öffentlichen
Beamten aufgenommen worden sind, zum Beispiel in Protokollen über die Siegelung oder
Inventarisierung, festgestellt worden ist.

1329. Handelsbücher erbringen gegen Personen, die nicht Kaufleute sind, den Beweis
der darin eingetragenen Lieferungen nicht,
vorbehaltlich der Bestimmungen hinsichtlich
des Eides.

1330. Die Bücher der Kaufleute erbringen
den Beweis gegen sie; wer aber den Vorteil
daraus ziehen will, darf dasjenige, was in
denselben seinen Behauptungen entgegensteht,
von dem Uebrigen nicht trennen.

1331. Hausbücher und Familienpapiere bilden keinen Titel für den, welcher sie geschrieben hat. Sie erbringen Beweis gegen
ihn:

1. in allen Fällen, in denen sie den Empfang
einer Zahlung ausdrücklich verzeichnen;

suppléer le défaut du titre en faveur de celui au profit duquel ils énoncent une obligation.

**1332.** L'écriture mise par le créancier à la suite, en marge ou au dos d'un titre qui est toujours resté en sa possession, fait foi, quoique non signée ni datée par lui, lorsqu'elle tend à établir la libération du débiteur.

Il en est de même de l'écriture mise par le créancier au dos ou en marge, ou à la suite du double d'un titre ou d'une quittance, pourvu que ce double soit entre les mains du débiteur.

### § 3. — Des tailles.

**1333.** Les tailles corrélatives à leurs échantillons font foi entre les personnes qui sont dans l'usage de constater ainsi les fournitures qu'elles font ou reçoivent en détail.

### § 4. — Des copies des titres.

**1334.** Les copies, lorsque le titre original subsiste, ne font foi que de ce qui est contenu au titre, dont la représentation peut toujours être exigée.

**1335.** Lorsque le titre original n'existe plus, les copies font foi d'après les distinctions suivantes:

1° Les grosses ou premières expéditions font la même foi que l'original: il en est de même des copies qui ont été tirées par l'autorité du magistrat, parties présentes ou dûment appelées, ou de celles qui ont été tirées en présence des parties et de leur consentement réciproque.

2° Les copies qui, sans l'autorité du magistrat, ou sans le consentement des parties, et depuis la délivrance des grosses ou premières expéditions, auront été tirées sur la minute de l'acte par le notaire qui l'a reçu, ou par l'un de ses successeurs, ou par officiers publics qui, en cette qualité, sont dépositaires des minutes, peuvent, au cas de perte de l'original, faire foi quand elles sont anciennes:

Elles sont considérées comme anciennes quand elles ont plus de trente ans;

Si elles ont moins de trente ans, elles ne peuvent servir que de commencement de preuve par écrit.

3° Lorsque les copies tirées sur la minute d'un acte ne l'auront pas été par le notaire qui l'a reçu, ou par l'un de ses successeurs, ou par officiers publics qui, en cette qualité, sont dépositaires des minutes, elles ne pour-

2. wenn sie die ausdrückliche Erwähnung enthalten, daß die Aufzeichnung in der Absicht geschehen ist, um den Mangel eines Titels zu Gunsten desjenigen zu ersetzen, zu dessen Vorteil eine Verbindlichkeit darin ausgesprochen ist.

**1332.** Das, was von dem Gläubiger am Ende, an dem Rande oder auf der Rückseite eines Titels, welcher stets in seinem Besitze geblieben ist, geschrieben worden ist, liefert Beweis, auch wenn es von dem Gläubiger weder unterschrieben noch datiert worden ist, sofern es die Befreiung des Schuldners zu begründen bezweckt.

Das gleiche gilt von dem, was von dem Gläubiger auf der Rückseite, auf dem Rande oder am Ende des Duplikats eines Titels oder einer Quittung geschrieben worden ist, vorausgesetzt, daß dieses Duplikat sich in den Händen des Schuldners befindet.

### § 3. Kerbhölzer.

**1333.** Kerbhölzer, die mit ihren Gegenkerbhölzern übereinstimmen, begründen Beweis unter den Personen, welche die Lieferungen, die sie im Kleinen machen und empfangen, auf solche Weise zu beurkunden pflegen.

### § 4. Abschriften der Titel.

**1334.** Abschriften beweisen, so lange der Titel in Urschrift vorhanden ist, nur das, was in dem Titel enthalten ist; die Vorlegung desselben kann stets gefordert werden.

**1335.** Ist die Urschrift des Titels nicht mehr vorhanden, so beweisen die Abschriften nach folgenden Unterscheidungen:

1. Die vollstreckbaren Ausfertigungen oder die ersten Ausfertigungen haben dieselbe Beweiskraft wie die Urschrift; das gleiche gilt von Abschriften, die in Gegenwart oder nach gehöriger Vorladung der Parteien gerichtlich genommen worden sind, sowie von denjenigen, die in Gegenwart der Parteien und mit deren gegenseitiger Einwilligung genommen worden sind;

2. Abschriften, die nicht gerichtlich oder ohne Einwilligung der Parteien, jedoch nach Ablieferung der vollstreckbaren Ausfertigung oder der ersten Ausfertigung von dem Notar, welcher die Urkunde aufgenommen hat oder von einem seiner Nachfolger oder von öffentlichen Beamten, welche in dieser Eigenschaft die Urschriften in Verwahr haben, von der Urschrift genommen worden sind, können, falls die Urschrift verloren gegangen ist, Beweis begründen, wenn sie alt sind.

Sie werden als alt angesehen, wenn sie mehr als dreißig Jahre alt sind.

Sind sie weniger als dreißig Jahre alt, so können sie nur als Anfang eines schriftlichen Beweises dienen.

3. wenn die von der Urschrift einer Urkunde genommene Abschriften nicht von dem Notar, welcher dieselbe aufgenommen hat, oder von einem seiner Nachfolger oder von öffentlichen Beamten, welche in dieser Eigenschaft die

ront servir, quelle que soit leur ancienneté, que de commencement de preuve par écrit.

4° Les copies de copies pourront, suivant les circonstances, être considérées comme simples renseignements.

1336. La transcription d'un acte sur les registres publics ne pourra servir que de commencement de preuve par écrit; il faudra même pour cela:

1° Qu'il soit constant que toutes les minutes du notaire, de l'année dans laquelle l'acte paraît avoir été fait, soient perdues, ou que l'on prouve que la perte de la minute de cet acte a été faite par un accident particulier;

2° Qu'il existe un répertoire en règle du notaire, qui constate que l'acte a été fait à la même date.

Lorsqu'au moyen du concours de ces deux circonstances la preuve par témoins sera admise, il sera nécessaire que ceux qui ont été témoins de l'acte, s'ils existent encore, soient entendus.

§ 5. — Des actes récognitifs et confirmatifs.

1337. Les actes récognitifs ne dispensent point de la représentation du titre primordial, à moins que sa teneur n'y soit spécialement relatée.

Ce qu'ils contiennent de plus que le titre primordial, ou ce qui s'y trouve de différent, n'a aucun effet.

Néanmoins, s'il y avait plusieurs reconnaissances conformes, soutenues de la possession, et dont l'une eût trente ans de date, le créancier pourrait être dispensé de représenter le titre primordial.

1338. L'acte de confirmation ou ratification d'une obligation contre laquelle la loi admet l'action en nullité ou en rescision, n'est valable que lorsqu'on y trouve la substance de cette obligation, la mention du motif de l'action en rescision, et l'intention de réparer le vice sur lequel cette action est fondée.

A défaut d'acte de confirmation, ou ratification, il suffit que l'obligation soit exécutée volontairement après l'époque à laquelle l'obligation pouvait être valablement confirmée ou ratifiée

La confirmation, ratification, ou exécution volontaire dans les formes et à l'époque déterminées par la loi, emporte la renonciation aux moyens et exceptions que l'on pouvait opposer contre cet acte, sans préjudice néanmoins du droit des tiers.

1339. Le donateur ne peut réparer par aucun acte confirmatif les vices d'une donation entre vifs; nulle en la forme, il faut qu'elle soit refaite en la forme légale.

Urschrift in Verwahr haben, genommen worden sind, so können sie, so alt sie auch immer sein mögen, nur als Anfang eines schriftlichen Beweises dienen;

4. Abschriften von Abschriften können je nach den Umständen als einfache Auskunftsmittel betrachtet werden.

1336. Die Ueberschreibung einer Urkunde in die öffentlichen Register kann nur als Anfang eines schriftlichen Beweises dienen; und selbst hierzu ist erforderlich:

1. daß es feststeht, daß alle Urschriften des Notars aus dem Jahre, in welchem die Urkunde anscheinend errichtet ist, verloren gegangen sind, oder daß man beweist, daß die Urschrift jener Urkunde durch einen besonderen Zufall verloren gegangen ist;

2. daß ein ordnungsmäßiges Repertorium des Notars vorhanden ist, welches feststellt, daß die Urkunde unter demselben Datum errichtet worden ist.

Wird zufolge des Zusammentreffens dieser beiden Umstände der Zeugenbeweis zugelassen, so müssen notwendig diejenigen, welche Zeugen bei der Urkunde gewesen sind, vernommen werden, wenn sie noch am Leben sind.

§ 5. — Anerkennung und Bestätigungsurkunden.

1337. Anerkennungsurkunden entbinden nicht von der Vorlegung des ursprünglichen Titels, es sei denn, daß dessen Inhalt in dieselben besonders aufgenommen worden ist.

Was sie mehr enthalten als der ursprüngliche Titel, oder was sich in demselben Abweichendes findet, hat keine Wirkung.

Sind jedoch mehrere übereinstimmende Anerkennungen vorhanden, welche durch den Besitzstand unterstützt werden und unter welchen eine dreißig Jahre alt ist, so kann der Gläubiger von der Vorlegung des ursprünglichen Titels entbunden werden.

1338. Eine Urkunde oder die Bestätigung oder die Genehmigung einer Verbindlichkeit, gegen welche das Gesetz eine Klage auf Nichtigkeit oder Aufhebung zuläßt, ist nur dann gültig, wenn man den wesentlichen Inhalt dieser Verbindlichkeit, den Grund der Klage auf Aufhebung und die Absicht, den die Klage begründenden Fehler zu verbessern, darin ausgedrückt findet.

In Ermangelung einer Bestätigungs- oder Genehmigungsurkunde genügt es, wenn die Verbindlichkeit nach Eintritt des Zeitpunktes, in welchem sie gültig bestätigt oder genehmigt werden konnte, freiwillig erfüllt worden ist.

Die Bestätigung, Genehmigung oder freiwillige Erfüllung, welche in der vom Gesetze bestimmten Form und Zeit erfolgt, zieht den Verzicht auf die Angriffsmittel und Einreden nach sich, welche man dieser Urkunde entgegensetzen konnte, ohne Nachteil jedoch für die Rechte Dritter.

1339. Der Schenkgeber kann durch keine Bestätigungsurkunde die Mängel einer Schenkung unter Lebenden verbessern; der Form nach nichtig, muß sie in der gesetzlichen Form von Neuem errichtet werden.

**1340.** La confirmation ou ratification, ou exécution volontaire d'une donation par les héritiers ou ayants cause du donateur, après son décès, emporte leur renonciation à opposer soit les vices de forme, soit toute autre exception.

**1340.** Die Bestätigung, Genehmigung oder freiwillige Vollziehung einer Schenkung, welche durch die Erben oder Rechtsnachfolger des Schenkgebers nach dessen Tode erfolgt, bewirkt die Verzichtleistung derselben auf das Recht, sowohl die Mängel der Form, als jede andere Einrede geltend zu machen.

## SECTION II.

### De la preuve testimoniale.

**1341.** Il doit être passé acte devant notaires ou sous signature privée, de toutes choses excédant la somme ou valeur de cent cinquante francs, même pour dépôts volontaires; et il n'est reçu aucune preuve par témoins contre et outre le contenu aux actes, ni sur ce qui serait allégué avoir été dit avant, lors ou depuis les actes, encore qu'il s'agisse d'une somme ou valeur moindre de cent cinquante francs;

Le tout sans préjudice de ce qui est prescrit dans les lois relatives au commerce.

**1342.** La règle ci-dessus s'applique au cas où l'action contient, outre la demande du capital, une demande d'intérêts qui, réunis au capital, excèdent la somme de cent cinquante francs.

**1343.** Celui qui a formé une demande excédant cent cinquante francs, ne peut plus être admis à la preuve testimoniale, même en restreignant sa demande primitive.

**1344.** La preuve testimoniale, sur la demande d'une somme même moindre de cent cinquante francs, ne peut être admise lorsque cette somme est déclarée être le restant ou faire partie d'une créance plus forte qui n'est point prouvée par écrit.

**1345.** Si dans la même instance une partie fait plusieurs demandes dont il n'y ait point de titre par écrit, et que, jointes ensemble, elles excèdent la somme de cent cinquante francs, la preuve par témoins n'en peut être admise, encore que la partie allègue que ces créances proviennent de différentes causes, et qu'elles se soient formées en différents temps, si ce n'était que ces droits procédassent, par succession, donation ou autrement, de personnes différentes.

**1346.** Toutes les demandes, à quelque titre que ce soit, qui ne seront pas entièrement justifiées par écrit, seront formées par un même exploit, après lequel les autres demandes dont il n'y aura point de preuves par écrit ne seront pas reçues.

**1347.** Les règles ci-dessus reçoivent exception lorsqu'il existe un commencement de preuve par écrit.

## ZWEITER ABSCHNITT.

### Zeugenbeweis.

**1341.** Ueber alle Gegenstände, welche die Summe oder den Wert von einhundertfünfzig Franken überschreiten; selbst über freiwillige Hinterlegung, muß eine Urkunde vor Notaren oder unter Privatunterschrift aufgenommen werden; der Zeugenbeweis ist unzulässig sowohl gegen den Inhalt der Urkunde wie zur Ergänzung desselben, als auch über dasjenige, was angeblich vor, bei oder nach Aufnahme der Urkunden geredet worden sein soll, selbst wenn es sich um eine Summe oder einen Wert von unter einhundertfünfzig Franken handelt.

Die Vorschriften der Handelsgesetze werden dadurch nicht berührt.

**1342.** Die obige Regel gilt auch für den Fall, daß die Klage außer der Kapitalforderung eine Forderung an Zinsen enthält, welche mit dem Kapital zusammen die Summe von einhundertfünfzig Franken übersteigt.

**1343.** Wer Klage auf mehr als einhundertfünfzig Franken erhoben hat, kann zum Zeugenbeweis nicht mehr zugelassen werden, selbst wenn er seine ursprüngliche Forderung herabsetzt.

**1344.** Der Zeugenbeweis kann selbst bei einer Klage auf eine Summe von einhundertfünfzig Franken nicht zugelassen werden, wenn man erklärt hat, daß diese Summe der Rest oder ein Teil einer höheren Forderung sei, die nicht schriftlich bewiesen ist.

**1345.** Macht eine Partei in dem nämlichen Prozesse mehrere Ansprüche geltend, über welche kein schriftlicher Titel vorhanden ist und welche zusammen genommen die Summe von einhundertfünfzig Franken übersteigen, so darf der Beweis derselben durch Zeugen nicht zugelassen werden; selbst wenn die Partei behauptet, daß diese Forderungen auf verschiedenen Gründen beruhen und zu verschiedenen Zeiten entstanden sind, es sei denn, daß diese Rechte durch Erbschaft, Schenkung oder auf andere Weise von verschiedenen Personen herrühren.

**1346.** Alle Klagen, auf welchem Titel sie auch beruhen, die nicht ganz durch Schriften bewiesen werden können, sind durch eine und dieselbe Ladung zu erheben; nach dieser werden die übrigen Forderungen, über welche keine schriftlichen Beweise vorhanden sind, nicht mehr zugelassen.

**1347.** Die obigen Regeln erleiden eine Ausnahme, wenn der Anfang eines schriftlichen Beweises vorhanden ist.

On appelle ainsi tout acte par écrit qui est émané de celui contre lequel la demande est formée, ou de celui qu'il représente, et qui rend vraisemblable le fait allégué.

1348. Elles reçoivent encore exception toutes les fois qu'il n'a pas été possible au créancier de se procurer une preuve littérale de l'obligation qui a été contractée envers lui.

Cette seconde exception s'applique:

1º Aux obligations qui naissent des quasi-contrats et des délits ou quasi-délits;

2º Aux dépôts nécessaires faits en cas d'incendie, ruine, tumulte ou naufrage, et à ceux faits par les voyageurs en logeant dans une hôtellerie, le tout suivant la qualité des personnes et les circonstances du fait;

3º Aux obligations contractées en cas d'accidents imprévus, où l'on ne pourrait pas avoir fait des actes par écrit;

4º Au cas où le créancier a perdu le titre qui lui servait de preuve littérale, par suite d'un cas fortuit, imprévu et résultant d'une force majeure.

### SECTION III.

#### Des présomptions.

1349. Les présomptions sont des conséquences que la loi ou le magistrat tire d'un fait connu à un fait inconnu.

§ 1. — Des présomptions établies par la loi.

1350. La présomption légale est celle qui est attachée par une loi spéciale à certains actes ou à certains faits: tels sont:

1º Les actes que la loi déclare nuls, comme présumés faits en fraude de ses dispositions, d'après leur seule qualité;

2º Les cas dans lesquels la loi déclare la propriété ou la libération résulter de certaines circonstances déterminées;

3º L'autorité que la loi attribue à la chose jugée;

4º La force que la loi attache à l'aveu de la partie ou à son serment.

1351. L'autorité de la chose jugée n'a lieu qu'à l'égard de ce qui a fait l'objet du jugement. Il faut que la chose demandée soit la même; que la demande soit fondée sur la même cause; que la demande soit entre les mêmes parties, et formée par elles et contre elles en la même qualité.

1352. La présomption légale dispense de toute preuve celui au profit duquel elle existe.

Nulle preuve n'est admise contre la présomption de la loi, lorsque, sur le fondement de cette présomption, elle annulle certains actes ou dénie l'action en justice, à moins

So nennt man jedes Schriftstück, das von demjenigen, gegen welche die Klage gerichtet ist, oder von dessen Rechtsvorgänger herrührt und das die behauptete Tatsache wahrscheinlich macht.

1348. Sie erleiden ferner eine Ausnahme in allen Fällen, in denen es dem Gläubiger nicht möglich gewesen ist, sich einen schriftlichen Beweis der gegen ihn eingegangenen Verbindlichkeit zu verschaffen.

Diese zweite Ausnahme findet Anwendung:

1. auf Verbindlichkeiten, welche aus Quasiverträgen, aus Delikten oder Quasidelikten entstehen;

2. auf zur Notzeit erfolgte Hinterlegungen bei einer Feuersbrunst, bei dem Einsturz von Gebäuden, bei einem Aufruhr oder Schiffbruche, und auf diejenigen, welche von Reisenden, während sie in einem Gasthause wohnen, gemacht werden, alles nach der Eigenschaft der Personen und der Tatumstände;

3. auf Verbindlichkeiten, welche bei unvorhergegangenen Unfällen eingegangen worden sind, bei denen es nicht angängig war, schriftliche Urkunden aufzunehmen;

4. auf den Fall, daß der Gläubiger in Folge eines unvorhergesehenen und durch höhere Gewalt eingetretenen Zufalles den ihm zum schriftlichen Beweise dienenden Titel verloren hat.

### DRITTER ABSCHNITT.

#### Vermutungen.

1349. Vermutungen sind Schlüsse, welche das Gesetz oder der Richter aus einer bekannten Tatsache auf eine unbekannte zieht.

§ 1. — Gesetzliche Vermutungen.

1350. Die gesetzliche Vermutung ist diejenige, welche durch ein besonderes Gesetz an gewisse Handlungen oder Tatsachen geknüpft ist. Dergleichen sind:

1. Handlungen, welche das Gesetz für nichtig erklärt, weil sie schon allein wegen ihrer Beschaffenheit als zur Umgehung seiner Bestimmungen vorgenommen gelten;

2. die Fälle, in welchen das Gesetz erklärt, daß aus gewissen bestimmten Umständen das Eigentum oder eine Befreiung sich ergebe;

3. die Wirkung, welche das Gesetz dem rechtskräftigen Erkenntnisse beilegt;

4. die Kraft, welche das Gesetz dem Geständnis der Parteien oder dem Eid gibt.

1351. Die Wirkung des rechtskräftigen Erkenntnisses erstreckt sich nur auf das, was den Gegenstand des Urteils bildet. Es wird erfordert, daß der Gegenstand der Klage derselbe sei, daß die Klage unter denselben Parteien stattfinde und von ihnen und gegen sie in derselben Eigenschaft angestrengt werde.

1352. Die gesetzliche Vermutung befreit den, zu dessen Vorteil sie besteht, von jedem Beweise.

Gegen eine gesetzliche Vermutung wird kein Beweis zugelassen, wenn das Gesetz auf Grund dieser Vermutung gewisse Handlungen

qu'elle n'ait réservé la preuve contraire, et sauf ce qui sera dit sur le serment et l'aveu judiciaires.

für nichtig erklärt oder eine gerichtliche Klage versagt, sofern es nicht den Gegenbeweis vorbehalten hat, und vorbehaltlich dessen, was über den gerichtlichen Eid und das gerichtliche Geständnis bestimmt werden wird.

### § 2. — Des présomptions qui ne sont point établies par la loi.

1353. Les présomptions qui ne sont point établies par la loi, sont abandonnées aux lumières et à la prudence du magistrat, qui ne doit admettre que des présomptions graves, précises et concordantes, et dans les cas seulement où la loi admet les preuves testimoniales, à moins que l'acte ne soit attaqué pour cause de fraude ou de dol.

### § 2. — Vermutungen, welche nicht durch das Gesetz aufgestellt sind.

1353. Vermutungen, welche nicht durch das Gesetz aufgestellt sind, bleiben der Einsicht und der Klugheit des Richters überlassen, der nur triftige bestimmte und übereinstimmende Vermutungen und nur in den Fällen zulassen darf, in welchen das Gesetz den Zeugenbeweis zuläßt, es sei denn, daß die Handlung wegen Betrugs oder Arglist angefochten wird.

### SECTION IV.

#### De l'aveu de la partie.

1354. L'aveu qui est opposé à une partie, est ou extrajudiciaire ou judiciaire.

1355. L'allégation d'un aveu extrajudiciaire purement verbal est inutile toutes les fois qu'il s'agit d'une demande dont la preuve testimoniale ne serait point admissible.

1356. L'aveu judiciaire est la déclaration que fait en justice la partie ou son fondé de pouvoir spécial.

Il fait pleine foi contre celui qui l'a fait.

Il ne peut être divisé contre lui.

Il ne peut être révoqué, à moins qu'on ne prouve qu'il a été la suite d'une erreur de fait. Il ne pourrait être révoqué sous prétexte d'une erreur de droit.

### VIERTER ABSCHNITT.

#### Geständnis der Partei.

1354. Das Geständnis, welches einer Partei entgegengehalten wird, ist entweder ein außergerichtliches oder ein gerichtliches.

1355. Die Berufung auf ein außergerichtliches nur mündliches Geständnis ist ohne Nutzen, so oft es sich um eine Klage handelt, über welche der Zeugenbeweis nicht zulässig ist.

1356. Das gerichtliche Geständnis ist die Erklärung, welche eine Partei oder deren besonders bevollmächtigten Vertreter vor Gericht abgibt.

Es begründet vollen Beweis gegen denjenigen, welcher es gemacht hat.

Es kann gegen ihn nicht geteilt werden.

Es kann nicht widerrufen werden, es sei denn, daß man beweist, daß es die Folge eines Irrtums über Tatsachen war. Unter Berufung auf einen Rechtsirrtum kann es nicht widerrufen werden.

### SECTION V.

#### Du serment.

1357. Le serment judiciaire est de deux espèces:

1° Celui qu'une partie défère à l'autre pour en faire dépendre le jugement de la cause: il est appelé *décisoire*;

2° Celui qui est déféré d'office par le juge à l'une ou à l'autre des parties.

### FÜNFTER ABSCHNITT.

#### Eid.

1357. Es gibt zwei Arten des gerichtlichen Eides:

1. denjenigen, welchen eine Partei der andern zuschiebt, um die Entscheidung der Sache davon abhängig zu machen: er heißt Entscheidungseid;

2. denjenigen, welchen der Richter der einen oder der andern Partei von Amtswegen auferlegt.

### § 1. — Du serment décisoire.

1358. Le serment décisoire peut être déféré sur quelque espèce de contestation que ce soit.

1359. Il ne peut être déféré que sur un fait personnel à la partie à laquelle on le défère.

1360. Il peut être déféré en tout état de cause, et encore qu'il n'existe aucun commencement de preuve de la demande ou de l'exception sur laquelle il est provoqué.

### § 1. Entscheidungseid.

1358. Der Entscheidungseid kann über jedwede Art von Streitigkeiten zugeschoben werden.

1359. Er kann nur zugeschoben werden über eigene Handlungen derjenigen Partei, welcher er zugeschoben ist.

1360. Er kann in jeder Lage des Rechtsstreits zugeschoben werden, selbst wenn für die Klage oder die Einrede, über welche er beantragt wird, ein Anfang eines Beweises nicht vorhanden ist.

**1361.** Celui auquel le serment est déféré, qui le refuse ou ne consent pas à le référer à son adversaire, ou l'adversaire à qui il a été référé et qui le refuse, doit succomber dans sa demande ou dans son exception.

**1362.** Le serment ne peut être référé quand le fait qui en est l'objet n'est point celui des deux parties, mais est purement personnel à celui auquel le serment avait été déféré.

**1363.** Lorsque le serment déféré ou référé a été fait, l'adversaire n'est point recevable à en prouver la fausseté.

**1364.** La partie qui a déféré ou référé le serment, ne peut plus se rétracter lorsque l'adversaire a déclaré qu'il est prêt à faire ce serment.

**1365.** Le serment fait ne forme preuve qu'au profit de celui qui l'a déféré ou contre lui, et au profit de ses héritiers et ayants cause ou contre eux.

Néanmoins le serment déféré par l'un des créanciers solidaires au débiteur ne libère celui-ci que pour la part de ce créancier;

Le serment déféré au débiteur principal libère également les cautions;

Celui déféré à l'un des débiteurs solidaires profite aux codébiteurs;

Et celui déféré à la caution profite au débiteur principal.

Dans ces deux derniers cas, le serment du codébiteur solidaire ou de la caution ne profite aux autres codébiteurs ou au débiteur principal que lorsqu'il a été déféré sur la dette, et non sur le fait de la solidarité ou du cautionnement.

### § 2. — Du serment déféré d'office.

**1366.** Le juge peut déférer à l'une des parties le serment, ou pour en faire dépendre la décision de la cause, ou seulement pour déterminer le montant de la condamnation.

**1367.** Le juge ne peut déférer d'office le serment, soit sur la demande, soit sur l'exception qui y est opposée, que sous les deux conditions suivantes: il faut:

1° Que la demande ou l'exception ne soit pas pleinement justifiée;

2° Qu'elle ne soit pas totalement dénuée de preuves.

Hors ces deux cas, le juge doit ou adjuger ou rejeter purement et simplement la demande.

**1368.** Le serment déféré d'office par le juge à l'une des parties, ne peut être par elle référé à l'autre.

**1361.** Derjenige, welcher den ihm zugeschobenen Eid verweigert und denselben auch nicht seinem Gegner zurückschieben will, oder Gegner, welcher den ihm zugeschobenen Eid verweigert, muß mit seiner Klage oder Einrede unterliegen.

**1362.** Der Eid kann nicht zurückgeschoben werden, wenn die den Gegenstand desselben bildende Handlung nicht eine beiden Parteien gemeinschaftliche, sondern nur die rein persönliche Handlung derjenigen Partei ist, welcher der Eid zugeschoben worden ist.

**1363.** Ist der zugeschobene oder zurückgeschobene Eid geleistet, so ist der Beweis, daß falsch geschworen worden ist, seitens des Gegners unzulässig.

**1364.** Die Partei, welche den Eid zugeschoben oder zurückgeschoben hat, kann dies nicht mehr zurücknehmen, sobald der Gegner erklärt hat, daß er bereit sei, diesen Eid zu leisten.

**1365.** Der geleistete Eid beweist nur zum Vorteile desjenigen, der den Eid zugeschoben hat, oder gegen ihn, und zum Vorteile seiner Erben und Rechtsnachfolger oder gegen dieselben.

Jedoch befreit der von einem Gesamtgläubiger dem Schuldner zugeschobene Eid diesem nur für den Anteil jenes Gläubigers;

der dem Hauptschuldner zugeschobene Eid befreit auch die Bürgen;

der einem Gesamtschuldner zugeschobene Eid nützt den Mitschuldnern;

und der den Bürgen zugeschobene Eid nützt dem Hauptschuldner.

In den beiden letzteren Fällen nützt der Eid des einen der Gesamtschuldner oder des Bürgen den übrigen Mitschuldnern oder dem Hauptschuldner nur dann, wenn er über die Schuld selbst, nicht über die Tatsache der Gesamtverbindlichkeit oder der Bürgschaft zugeschoben worden ist.

### § 2. Von Amtswegen auferlegter Eid.

**1366.** Der Richter kann einer der Parteien den Eid auferlegen, entweder um die Entscheidung der Sache davon abhängig zu machen, oder um nur den Betrag des Gegenstandes der Verurteilung zu bestimmen.

**1367.** Der Richter kann sowohl über die Klage als über die derselben entgegengesetzte Einrede den Eid von Amtswegen nur unter den beiden nachstehenden Bedingungen auferlegen; es muß:

1. die Klage oder die Einrede nicht vollständig erwiesen sein;

2. dieselbe nicht gänzlich von Beweisen entblößt sein.

Abgesehen von diesen beiden Fällen muß der Richter die Klage unbedingt und schlechthin entweder zuerkennen oder abweisen.

**1368.** Der Eid, welchen der Richter einer der Parteien von Amtswegen auferlegt hat, kann von dieser nicht der anderen Partei zurückgeschoben werden.

**1369.** Le serment sur la valeur de la chose demandée, ne peut être déféré par le juge au demandeur que lorsqu'il est d'ailleurs impossible de constater autrement cette valeur.

Le juge doit même, en ce cas, déterminer la somme jusqu'à concurrence de laquelle le demandeur en sera cru sur son serment.

---

## TITRE QUATRIÈME.

### Des engagements qui se forment sans convention.

**1370.** Certains engagements se forment sans qu'il intervienne aucune convention, ni de la part de celui qui s'oblige, ni de la part de celui envers lequel il est obligé.

Les uns résultent de l'autorité seule de la loi; les autres naissent d'un fait personnel à celui qui se trouve obligé.

Les premiers sont les engagements formés involontairement, tels que ceux entre propriétaires voisins, ou ceux des tuteurs et des autres administrateurs qui ne peuvent refuser la fonction qui leur est déférée.

Les engagements qui naissent d'un fait personnel à celui qui se trouve obligé, résultent ou des quasi-contrats, ou des délits ou quasi-délits; ils font la matière du présent titre.

### CHAPITRE PREMIER.

#### Des quasi-contrats.

**1371.** Les quasi-contrats sont les faits purement volontaires de l'homme, dont il résulte un engagement quelconque envers un tiers, et quelquefois un engagement réciproque des deux parties.

**1372.** Lorsque volontairement on gère l'affaire d'autrui, soit que le propriétaire connaisse la gestion, soit qu'il l'ignore, celui qui gère contracte l'engagement tacite de continuer la gestion qu'il a commencée, et de l'achever jusqu'à ce que le propriétaire soit en état d'y pourvoir lui-même; il doit se charger également de toutes les dépendances de cette même affaire.

Il se soumet à toutes les obligations qui résulteraient d'un mandat exprès que lui aurait donné le propriétaire.

**1373.** Il est obligé de continuer sa gestion, encore que le maître vienne à mourir avant que l'affaire soit consommée, jusqu'à ce que l'héritier ait pu en prendre la direction.

**1374.** Il est tenu d'apporter à la gestion de l'affaire tous les soins d'un bon père de famille.

---

**1369.** Den Eid über den Wert einer eingeklagten Sache kann der Richter dem Kläger nur dann auferlegen, wenn es sonst unmöglich ist, diesen Wert auf andere Weise festzustellen.

Der Richter muß selbst in diesem Falle die Summe bestimmen, bis zu deren Betrag dem Kläger auf seinen Eid geglaubt werden soll.

---

## VIERTER TITEL.

### Nichtvertragliche Verbindlichkeiten.

**1370.** Gewisse Verbindlichkeiten entstehen ohne daß irgend ein Vertrag weder auf Seiten desjenigen, der sich verpflichtet, noch auf Seiten desjenigen, gegen welchen derselbe sich verpflichtet, eingegangen ist.

Die einen werden lediglich durch gesetzliche Bestimmungen begründet: die anderen entstehen aus einer persönlichen Handlung desjenigen, der verpflichtet wird.

Die ersteren sind die Verbindlichkeiten, welche ohne gewollt zu sein eintreten, zum Beispiele die Verbindlichkeiten zwischen benachbarten Eigentümern, oder die Verbindlichkeiten der Vormünder, und anderer Verwalter, welche das ihnen übertragene Amt nicht ablehnen können.

Die Verbindlichkeiten, welche aus einer persönlichen Handlung des Verpflichteten entstehen, entspringen entweder aus Quasiverträgen oder aus Delikten oder aus Quasidelikten; sie bilden den Gegenstand dieses Titels.

### ERSTES KAPITEL.

#### Quasiverträge.

**1371.** Quasiverträge sind rein freiwillige Handlungen eines Menschen, aus welchen irgend eine Verbindlichkeit gegen einen Dritten und zuweilen eine gegenseitige Verbindlichkeit beider Teile entspringt.

**1372.** Wer freiwillig die Geschäfte eines anderen führt, mag der Eigentümer von der Geschäftsführung Kenntnis haben oder nicht, geht stillschweigend die Verbindlichkeit ein, die angefangene Geschäftsführung fortzusetzen und sie zu vollenden, bis der Eigentümer im Stande ist, selbst dafür zu sorgen; er muß sich auch allem dem unterziehen, was sich weiter aus demselben Geschäfte ergibt.

Er unterwirft sich allen den Verpflichtungen, welche aus einer ihm von dem Eigentümer erteilten ausdrücklichen Vollmacht entspringen würden.

**1373.** Er ist verpflichtet, seine Geschäftsführung fortzusetzen, selbst wenn der Eigentümer vor Erledigung des Geschäftes stirbt, bis der Erbe die Leitung desselben übernehmen kann.

**1374.** Er ist verpflichtet, alle Sorgfalt eines ordentlichen Hausvaters auf die Führung des Geschäftes zu verwenden.

Néanmoins les circonstances qui l'ont conduit à se charger de l'affaire, peuvent autoriser le juge à modérer les dommages et intérêts qui résulteraient des fautes ou de la négligence du gérant.

**1375.** Le maître dont l'affaire a été bien administrée, doit remplir les engagements que le gérant a contractés en son nom, l'indemniser de tous les engagements personnels qu'il a pris, et lui rembourser toutes les dépenses utiles ou nécessaires qu'il a faites.

**1376.** Celui qui reçoit par erreur ou sciemment ce qui ne lui est pas dû, s'oblige à le restituer à celui de qui il l'a indûment reçu.

**1377.** Lorsqu'une personne qui, par erreur, se croyait débitrice, a acquitté une dette, elle a le droit de répétition contre le créancier.

Néanmoins ce droit cesse dans le cas où le créancier a supprimé son titre par suite du payement, sauf le recours de celui qui a payé contre le véritable débiteur.

**1378.** S'il y a eu mauvaise foi de la part de celui qui a reçu, il est tenu de restituer, tant le capital que les intérêts ou les fruits, du jour du payement.

**1379.** Si la chose indûment reçue est un immeuble ou un meuble corporel, celui qui l'a reçue s'oblige à la restituer en nature, si elle existe, ou sa valeur, si elle est périe ou détériorée par sa faute ; il est même garant de sa perte par cas fortuit, s'il l'a reçue de mauvaise foi.

**1380.** Si celui qui a reçu de bonne foi, a vendu la chose, il ne doit restituer que le prix de la vente.

**1381.** Celui auquel la chose est restituée, doit tenir compte, même au possesseur de mauvaise foi, de toutes les dépenses nécessaires et utiles qui ont été faites pour la conservation de la chose.

### CHAPITRE II.

#### Des délits et des quasi-délits.

**1382.** Tout fait quelconque de l'homme, qui cause à autrui un dommage, oblige celui par la faute duquel il est arrivé, à le réparer.

**1383.** Chacun est responsable du dommage qu'il a causé non seulement par son fait, mais encore par sa négligence ou par son imprudence.

**1384.** On est responsable non seulement du dommage que l'on cause par son propre fait,

Es können jedoch die Umstände, welche ihn bewogen haben, sich dem Geschäfte zu unterziehen, den Richter berechtigen, den Schadensersatz zu ermäßigen, welcher aus dem Verschulden oder der Nachlässigkeit des Geschäftsführers etwa entsteht.

**1375.** Der Eigentümer, dessen Geschäft gut geführt worden ist, muß die Verbindlichkeiten erfüllen, welche der Geschäftsführer in seinem Namen übernommen hat; er muß denselben für alle persönlichen Verpflichtungen schadlos halten, die derselbe eingegangen hat, und ihm alle nützlichen oder notwendigen Auslagen ersetzen, die er gemacht hat.

**1376.** Wer aus Irrtum oder wissentlich etwas empfängt, was ihm nicht geschuldet ist, ist verpflichtet es demjenigen zurückzugeben, von dem er es zu Unrecht empfangen hat.

**1377.** Hat jemand, der sich irrtümlich für den Schuldner hielt, eine Schuld getilgt, so hat er das Recht der Zurückforderung gegen den Gläubiger.

Dieses Recht fällt jedoch dann weg, wenn der Gläubiger infolge der Zahlung seinen Titel vernichtet hat, vorbehaltlich des Rückgriffes desjenigen, welcher gezahlt hat, gegen den wahren Schuldner.

**1378.** Lag auf Seiten des Empfängers böser Glaube vor, so ist er verpflichtet, sowohl das Kapital als die Zinsen oder die Früchte von dem Tage der Zahlung zu erstatten.

**1379.** Hat jemand eine Liegenschaft oder eine bewegliche körperliche Sache zu Unrecht empfangen, so ist derselbe verpflichtet, sie in Natur zurückzuerstatten, wenn sie noch vorhanden ist; oder ihren Wert, wenn sie durch sein Verschulden untergegangen oder verschlechtert ist; er haftet selbst für ihren zufälligen Untergang, wenn er sie in bösem Glauben empfangen hat.

**1380.** Hat derjenige, der eine Sache in gutem Glauben empfangen hat, dieselbe verkauft, so ist er nur verpflichtet, den Kaufpreis zu erstatten.

**1381.** Derjenige, dem die Sache zurückgegeben wird, muß selbst dem böswilligen Besitzer alle notwendigen und nützlichen Auslagen ersetzen, welche zur Erhaltung der Sache gemacht worden sind.

### ZWEITES KAPITEL.

#### Delikte und Quasidelikte.

**1382.** Jedwede Handlung eines Menschen, die einem anderen Schaden verursacht, verpflichtet denjenigen, durch dessen Verschulden derselbe eingetreten ist, ihn zu ersetzen.

**1383.** Jeder ist für den Schaden verantwortlich, den er nicht allein durch seine Handlung, sondern auch durch seine Nachlässigkeit oder seine Unvorsichtigkeit verursacht hat.

**1384.** Man ist nicht allein für den Schaden verantwortlich, den man durch seine eigene

mais encore de celui qui est causé par le fait des personnes dont on doit répondre, ou des choses que l'on a sous sa garde.

Le père. et la mère après le décès du mari, sont responsables du dommage causé par leurs enfants mineurs habitant avec eux.

Les maîtres et les commettants, du dommage causé par leurs domestiques et préposés dans les fonctions auxquelles ils les ont employés;

Les instituteurs et les artisans, du dommage causé par leurs élèves et apprentis pendant le temps qu'ils sont sous leur surveillance

La responsabilité ci-dessus a lieu, à moins que les père et mère, instituteurs et artisans, ne prouvent qu'ils n'ont pu empêcher le fait qui donne lieu à cette responsabilité.

Toutefois la responsabilité civile de l'Etat est substituée à celle des membres de l'enseignement public.

1385. Le propriétaire d'un animal, ou celui qui s'en sert, pendant qu'il est à son usage, est responsable du dommage que l'animal a causé, soit que l'animal fût sous sa garde, soit qu'il fût égaré ou échappé.

1386. Le propriétaire d'un bâtiment est responsable du dommage causé par sa ruine, lorsqu'elle est arrivée par une suite du défaut d'entretien ou par le vice de sa construction.

---

## TITRE CINQUIÈME.

### Du contrat de mariage et des droits respectifs des époux.

#### CHAPITRE PREMIER.

##### Dispositions générales.

1387. La loi ne régit l'association conjugale, quant aux biens, qu'à défaut de conventions spéciales, que les époux peuvent faire comme ils le jugent à propos, pourvu qu'elles ne soient pas contraires aux bonnes mœurs, et, en outre, sous les modifications qui suivent.

1388. Les époux ne peuvent déroger ni aux droits résultant de la puissance maritale sur la personne de la femme et des enfants, ou qui appartiennent au mari comme chef, ni aux droits conférés au survivant des époux par le titre *De la puissance paternelle* et par le titre *De la minorité, de la tutelle et de l'émancipation,* ni aux dispositions prohibitives du présent Code.

---

Handlung verursacht. sondern auch für denjenigen. der durch die Handlung von Personen verursacht wird, für welche man verantwortlich ist, oder durch Sachen, die man unter seiner Obhut hat.

Der Vater, und nach dem Tode des Mannes die Mutter, sind für den Schaden verantwortlich. welche ihre minderjährigen bei ihnen wohnenden Kinder verursacht haben;

Dienstherren und Auftraggeber für den Schaden, welchen ihre Dienstboten und Angestellten bei den ihnen übertragenen Verrichtungen verursacht haben:

Lehrer und Handwerker für den Schaden, welchen ihre Schüler und Lehrlinge während der Zeit, in welcher dieselben sich unter ihrer Aufsicht befanden, verursacht haben.

Diese Verantwortlichkeit tritt ein, sofern nicht die Eltern, Lehrer und Handwerker beweisen, daß sie die Handlung nicht verhindern konnten, für welche sie verantwortlich gemacht werden sollen.

Die zivilrechtliche Verantwortlichkeit des Staates jedoch tritt an die Stelle derjenigen der Mitglieder des öffentlichen Unterrichtswesens.

1385. Der Eigentümer eines Tieres oder derjenige, der sich desselben bedient während er es in seinem Gebrauche hat, ist für den Schaden verantwortlich, den das Tier verursacht hat, sei es daß das Tier sich unter seiner Aufsicht befunden hat, oder verirrt oder entlaufen gewesen ist.

1386. Der Eigentümer eines Gebäudes ist für den Schaden verantwortlich, welcher durch den Einsturz desselben verursacht wurde, wenn letzterer wegen Mangels der Unterhaltung oder wegen eines Fehlers in der Bauart erfolgt ist.

---

## FÜNFTER TITEL.

### Ehevertrag und gegenseitige Rechte der Ehegatten.

#### ERSTES KAPITEL.

##### Allgemeine Bestimmungen.

1387. Das Gesetz regelt die eheliche Genossenschaft in Bezug auf das Vermögen nur in Ermangelung besonderer Verabredungen, welche die Ehegatten nach ihrem Belieben treffen können, vorausgesetzt daß sie den guten Sitten nicht zuwider sind, und außerdem vorbehaltlich der nachfolgenden Beschränkungen.

1388. Die Ehegatten können weder die Rechte außer Wirkung setzen, welche sich aus der Gewalt des Mannes über die Person der Frau und der Kinder ergeben, oder dem Manne als Haupt der Familie zustehen, noch diejenigen Rechte, welche in dem Titel «Väterliche Gewalt» und in dem Titel «Minderjährigkeit, Vormundschaft und Emanzipation» dem Ueberlebenden der Ehegatten eingeräumt sind, noch

**1389.** Ils ne peuvent faire aucune convention ou renonciation dont l'objet serait de changer l'ordre légal des successions, soit par rapport à eux-mêmes dans la succession de leurs enfants ou descendants, soit par rapport à leurs enfants entre eux; sans préjudice des donations entre vifs ou testamentaires qui pourront avoir lieu selon les formes et dans les cas déterminés par le présent Code.

**1390.** Les époux ne peuvent plus stipuler d'une manière générale que leur association sera réglée par l'une des coutumes, lois ou statuts locaux qui régissaient ci-devant les diverses parties du territoire français, et qui sont abrogés par le présent Code.

**1391.** Ils peuvent cependant déclarer, d'une manière générale, qu'ils entendent se marier ou sous le régime de la communauté, ou sous le régime dotal.

Au premier cas, et sous le régime de la communauté, les droits des époux et de leurs héritiers seront réglés par les dispositions du chapitre 2 du présent titre.

Au deuxième cas, et sous le régime dotal, leurs droits seront réglés par les dispositions du chapitre 3.

Toutefois, si l'acte de célébration du mariage porte que les époux se sont mariés sans contrat, la femme sera réputée, à l'égard des tiers, capable de contracter dans les termes du droit commun, à moins que, dans l'acte qui contiendra son engagement, elle n'ait déclaré avoir fait un contrat de mariage.'

**1392.** La simple stipulation que la femme se constitue ou qu'il lui est constitué des biens en dot, ne suffit pas pour soumettre ces biens au régime dotal, s'il n'y a dans le contrat de mariage une déclaration expresse à cet égard.

La soumission au régime dotal ne résulte pas non plus de la simple déclaration faite par les époux, qu'ils se marient sans communauté, ou qu'ils seront séparés de biens.

**1393.** A défaut de stipulations spéciales qui dérogent au régime de la communauté ou le modifient, les règles établies dans la première partie du chapitre 2 formeront le droit commun de la France.

**1394.** Toutes conventions matrimoniales seront rédigées, avant le mariage, par acte devant notaire.

Le notaire donnera lecture aux parties du dernier alinéa de l'article 1391, ainsi que du dernier alinéa du présent article. Mention de cette lecture sera faite dans le contrat, à peine de 10 francs d'amende contre le notaire contrevenant.

die verbietenden Bestimmungen dieses Gesetzbuches.

**1389.** Sie können keinerlei Uebereinkunft oder Verzichtleistung eingehen, welche eine Abänderung der gesetzlichen Erbfolgeordnung zum Zwecke hat, sei es in Beziehung auf sie selbst bei der Erbfolge ihrer Kinder oder Nachkommen, oder in Beziehung auf ihre Kinder untereinander. Nicht davon berührt werden jedoch die Schenkungen unter Lebenden oder mittels Testaments, welche in den durch dieses Gesetzbuch bestimmten Fällen und Formen stattfinden können.

**1390.** Die Ehegatten können nicht mehr im Allgemeinen verabreden, daß ihre Genossenschaft nach einem der Gewohnheitsrechte, Gesetze oder örtlichen Statuten geregelt werden soll, welche vormals in den verschiedenen Teilen des französischen Gebietes galten und durch dieses Gesetzbuch aufgehoben sind.

**1391.** Sie können jedoch im Allgemeinen erklären, daß sie sich nach der Herrschaft der Gütergemeinschaft oder nach dem Dotalrecht zu verheiraten beabsichtigen.

Ersteren Falles und zwar bei der Herrschaft der Gütergemeinschaft, werden die Rechte der Ehegatten und der Erben derselben nach den Bestimmungen des zweiten Kapitels dieses Titels geregelt.

In dem zweiten Falle bei dem Dotalrecht, werden ihre Rechte nach den Bestimmungen des dritten Kapitels geregelt.

Wenn jedoch die Urkunde über die Eheschließung besagt, daß die Ehegatten sich ohne Vertrag verheiratet haben, so gilt die Ehefrau Dritten gegenüber für fähig nach Maßgabe des gemeinen Rechts Verträge zu schließen, sofern sie nicht in der Urkunde, welche ihre Verbindlichkeit enthält, erklärt hat, daß sie einen Ehevertrag geschlossen hat.

**1392.** Die einfache Verabredung, daß die Frau sich selbst, oder daß ein anderer ihr Güter zum Heiratsgute bestellt, ist nicht hinreichend, diese Güter dem Dotalrechte zu unterwerfen, wenn nicht der Ehevertrag eine ausdrückliche Erklärung darüber enthält.

Die Unterwerfung unter das Dotalrecht folgt ebensowenig aus der bloßen Erklärung der Ehegatten, daß sie sich ohne Gütergemeinschaft verheiraten, oder daß Gütertrennung zwischen ihnen bestehen solle.

**1393.** In Ermangelung besonderer Verabredungen, welche die Herrschaft der Gütergemeinschaft außer Anwendung setzen oder sie einschränken, bilden die in dem ersten Teile des zweiten Hauptstücks aufgestellten Grundsätze das gemeine Recht Frankreichs.

**1394.** Alle Eheberedungen sind vor der Eheschließung durch Urkunde vor dem Notar zu errichten.

Der Notar hat den Parteien den letzten Absatz des Artikels 1391 sowie den letzten Absatz dieses Artikels vorzulesen. Von dieser Vorlesung hat in dem Vertrage Erwähnung zu geschehen, bei einer Geldstrafe von zehn Franken gegen den zuwiderhandelnden Notar.

Le notaire délivrera aux parties, au moment de la signature du contrat, un certificat sur papier libre et sans frais, énonçant ses noms et lieu de résidence, les noms, prénoms, qualités et demeures des futurs époux, ainsi que la date du contrat. Ce certificat indiquera qu'il doit être remis à l'officier de l'état civil avant la célébration du mariage.

1395. Elles ne peuvent recevoir aucun changement après la célébration du mariage.

1396. Les changements qui y seraient faits avant cette célébration, doivent être constatés par acte passé dans la même forme que le contrat de mariage.

Nul changement ou contre-lettre n'est, au surplus, valable sans la présence et le consentement simultané de toutes les personnes qui ont été parties dans le contrat de mariage.

1397. Tous changements et contre-lettres, même revêtus des formes prescrites par l'article précédent, seront sans effet à l'égard des tiers, s'ils n'ont été rédigés à la suite de la minute du contrat de mariage; et le notaire ne pourra, à peine des dommages et intérêts des parties, et sous plus grande peine s'il y a lieu, délivrer ni grosses ni expéditions du contrat de mariage sans transcrire à la suite le changement ou la contre-lettre.

1398. Le mineur habile à contracter mariage est habile à consentir toutes les conventions dont ce contrat est susceptible; et les conventions et donations qu'il y a faites, sont valables, pourvu qu'il ait été assisté, dans le contrat, des personnes dont le consentement est nécessaire pour la validité du mariage.

## CHAPITRE II.

### Du régime en communauté.

1399. La communauté, soit légale, soit conventionnelle, commence du jour du mariage contracté devant l'officier de l'état civil: on ne peut stipuler qu'elle commencera à une autre époque.

## PREMIÈRE PARTIE.

### De la communauté légale.

1400. La communauté qui s'établit par la simple déclaration qu'on se marie sous le régime de la communauté, ou à défaut de contrat, est soumise aux règles expliquées dans les six sections qui suivent.

---

Der Notar hat den Parteien bei der Unterzeichnung des Vertrages auf ungestempeltem Papier und kostenfrei eine Bescheinigung auszuhändigen, welche seinen Namen und Amtssitz zu enthalten hat, sowie Familiennamen, Vornamen, Stand und Wohnort der künftigen Ehegatten, ferner das Datum des Vertrags. Diese Bescheinigung hat den Vermerk zu enthalten, daß sie dem Standesbeamten vor Abschließung der Ehe einzureichen ist.

1395. Dieselben können nach Abschließung der Ehe keinerlei Abänderungen erleiden.

1396. Abänderungen, welche daran etwa vor der Eheschließung vorgenommen werden, müssen durch eine in derselben Form wie der Ehevertrag aufgenommene Urkunde festgestellt werden.

Außerdem ist keinerlei Abänderung oder Gegenschein gültig, ohne die gleichzeitige Gegenwart und Einwilligung aller Personen, die in dem Ehevertrag beteiligt waren.

1397. Alle Abänderungen und Gegenscheine, selbst wenn sie in die in dem vorstehenden Artikel vorgeschriebenen Formen gekleidet sind, sind in Ansehung Dritter ohne Wirkung, wenn sie nicht auf der Urschrift des Ehevertrages am Schlusse derselben hinzugesetzt worden sind; der Notar darf bei Strafe des den Parteien zu leistenden Schadensersatzes, und gegebenenfalls bei noch härteren Strafen, keine vollstreckbaren oder sonstigen Ausfertigungen des Ehevertrags erteilen, ohne die Abänderung oder den Gegenschein an dem Schlusse mit aufzunehmen.

1398. Ein Minderjähriger, welcher fähig ist eine Ehe einzugehen, ist fähig in alle Beredungen einzuwilligen, welche in einem Ehevertrage stattfinden können; die darin von ihm getroffenen Beredungen und Schenkungen sind gültig, wenn er bei dem Vertrage im Beistande derjenigen Personen gehandelt hat, deren Einwilligung zur Gültigkeit der Ehe erforderlich ist.

## ZWEITES KAPITEL.

### Herrschaft der Gütergemeinschaft.

1399. Die Gütergemeinschaft, sowohl die gesetzliche als die vertragsmäßige, beginnt mit dem Tage der Eheschließung vor dem Standesbeamten; man kann nicht verabreden, daß sie zu einer andern Zeit anfangen solle.

## ERSTER TEIL.

### Gesetzliche Gütergemeinschaft.

1400. Die Gütergemeinschaft, welche auf Grund der bloßen Erklärung, daß man sich nach der Herrschaft der Gütergemeinschaft verheirate, oder in Ermangelung eines Vertrags eintritt, richtet sich nach den in den folgenden sechs Abschnitten aufgestellten Regeln.

## SECTION PREMIÈRE.

### De ce qui compose la communauté activement et passivement.

#### § 1. — De l'actif de la communauté.

**1401.** La communauté se compose activement:

1º De tout le mobilier que les époux possédaient au jour de la célébration du mariage, ensemble de tout le mobilier qui leur échoit pendant le mariage à titre de succession ou même de donation, si le donateur n'a exprimé le contraire;

2º De tous les fruits, revenus, intérêts et arrérages, de quelque nature qu'ils soient, échus ou perçus pendant le mariage, et provenant des biens qui appartenaient aux époux lors de sa célébration, ou de ceux qui leur sont échus pendant le mariage à quelque titre que ce soit;

3º De tous les immeubles qui sont acquis pendant le mariage.

**1402.** Tout immeuble est réputé acquêt de communauté, s'il n'est prouvé que l'un des époux en avait la propriété ou possession légale antérieurement au mariage, ou qu'il lui est échu depuis à titre de succession ou donation.

**1403.** Les coupes de bois et les produits des carrières et mines tombent dans la communauté pour tout ce qui en est considéré comme usufruit, d'après les règles expliquées au titre *De l'usufruit, de l'usage et de l'habitation*.

Si les coupes de bois qui, en suivant ces règles, pouvaient être faites durant la communauté, ne l'ont point été, il en sera dû récompense à l'époux non propriétaire du fonds ou à ses héritiers.

Si les carrières et mines ont été ouvertes pendant le mariage, les produits n'en tombent dans la communauté que sauf récompense ou indemnité à celui des époux à qui elle pourra être due.

**1404.** Les immeubles que les époux possèdent au jour de la célébration du mariage, ou qui leur échoient pendant son cours à titre de succession, n'entrent point en communauté.

Néanmoins, si l'un des époux avait acquis un immeuble depuis le contrat de mariage, contenant stipulation de communauté, et avant la célébration du mariage, l'immeuble acquis dans cet intervalle entrera dans la communauté, à moins que l'acquisition n'ait été faite en exécution de quelque clause du mariage, auquel cas elle serait réglée suivant la convention.

**1405.** Les donations d'immeubles qui ne sont faites pendant le mariage qu'à l'un des deux époux, ne tombent point en communauté, et appartiennent au donataire seul, à moins

Code civil.

## ERSTER ABSCHNITT.

### Vermögen und Schulden der Gütergemeinschaft.

#### § 1. Vermögen der Gütergemeinschaft.

**1401.** Das Vermögen der Gütergemeinschaft wird gebildet durch:

1. alle beweglichen Güter, welche die Ehegatten an dem Tage der Eheschließung besaßen, sowie sämtliche beweglichen Güter, welche denselben während der Ehe durch Erbschaft oder selbst durch Schenkung anfallen, wenn der Schenker nicht das Gegenteil ausdrücklich bestimmt hat;

2. alle während der Ehe anerfallenen oder gezogenen Früchte, Einkünfte, Zinsen und Renten jedweder Art, welche von den Gütern herrühren, die den Ehegatten bei der Eheschließung gehört haben oder ihnen während der Ehe aus irgend einem Rechtsgrund angefallen sind;

3. alle während der Ehe erworbenen Liegenschaften.

**1402.** Jede Liegenschaft wird als Erwerb der Gütergemeinschaft betrachtet, wenn nicht bewiesen wird, daß einer der Ehegatten das Eigentum oder den rechtmäßigen Besitz derselben schon vor der Ehe hatte, oder daß sie demselben nachher durch Erbschaft oder Schenkung angefallen ist.

**1403.** Die Holzschläge und die Erträgnisse der Steinbrüche und Bergwerke fallen insoweit in die Gütergemeinschaft, als sie nach den im Titel «Nießbrauch, Gebrauchsrecht und Wohnungsrecht» aufgestellten Regeln als Gegenstand des Nießbrauches angesehen werden.

Sind die Holzschläge, welche diesen Regeln zufolge während der Dauer der Gütergemeinschaft hätten erfolgen können, nicht gefällt, so wird dem Ehegatten, welcher nicht Eigentümer des Bodens ist, oder dessen Erben dafür Vergütung geschuldet.

Sind die Steinbrüche und Bergwerke während der Ehe eröffnet worden, so fällt der Ertrag derselben nur in die Gütergemeinschaft unter Vorbehalt der Vergütung oder Entschädigung für denjenigen Ehegatten, welchem solche etwa zusteht.

**1404.** Die Liegenschaften, welche die Ehegatten am Tage der Eheschließung schon besitzen, oder welche ihnen während der Ehe durch Erbschaft anfallen, fallen nicht in die Gütergemeinschaft.

Wenn jedoch einer der Ehegatten nach Eingehung des Ehevertrags, in welchem die Gütergemeinschaft verabredet worden ist, und vor Abschluß der Ehe eine Liegenschaft erworben hat, so fällt die in dieser Zwischenzeit erworbene Liegenschaft in die Gütergemeinschaft, es sei denn, daß die Erwerbung zur Erfüllung einer Bestimmung des Ehevertrags geschehen ist, in welchem Falle sie nach Maßgabe der Vereinbarung beurteilt wird.

**1405.** Schenkungen von Liegenschaften, welche während der Ehe nur einem der beiden Ehegatten gemacht werden, fallen nicht in die Gütergemeinscheft, sondern gehören

13

que la donation ne contienne expressément que la chose donnée appartiendra à la communauté.

**1406.** L'immeuble abandonné ou cédé par père, mère ou autre ascendant, à l'un des deux époux, soit pour le remplir de ce qu'il lui doit, soit à la charge de payer les dettes du donateur à des étrangers, n'entre point en communauté; sauf récompense ou indemnité.

**1407.** L'immeuble acquis pendant le mariage à titre d'échange contre l'immeuble appartenant à l'un des deux époux, n'entre point en communauté, et est subrogé aux lieu et place de celui qui a été aliéné; sauf la récompense s'il y a soulte.

**1408.** L'acquisition faite pendant le mariage, à titre de licitation ou autrement, de portion d'un immeuble dont l'un des époux était propriétaire par indivis, ne forme point un conquêt; sauf à indemniser la communauté de la somme qu'elle a fournie pour cette acquisition.

Dans le cas où le mari deviendrait seul, et en son nom personnel, acquéreur ou adjudicataire de portion ou de la totalité d'un immeuble appartenant par indivis à la femme, celle-ci, lors de la dissolution de la communauté, a le choix ou d'abandonner l'effet à la communauté, laquelle devient alors débitrice envers la femme de la portion appartenant à celle-ci dans le prix, ou de retirer l'immeuble, en remboursant à la communauté le prix d'acquisition.

§ 2. — Du passif de la communauté, et des actions qui en résultent contre la communauté.

**1409.** La communauté se compose passivement:

1º De toutes les dettes mobilières dont les époux étaient grevés au jour de la célébration de leur mariage, ou dont se trouvent chargées les successions qui leur échoient durant le mariage, sauf la récompense pour celles relatives aux immeubles propres à l'un ou à l'autre des époux;

2º Des dettes, tant en capitaux qu'arrérages ou intérêts, contractées par le mari pendant la communauté, ou par la femme du consentement du mari, sauf la récompense dans le cas où elle a lieu;

3º Des arrérages et intérêts seulement des rentes ou dettes passives qui sont personnelles aux deux époux;

4º Des réparations usufructuaires des immeubles qui n'entrent point en communauté;

dem Beschenkten allein, sofern nicht die Schenkung ausdrücklich bestimmt, daß die geschenkte Sache der Gütergemeinschaft gehöre.

**1406.** Eine Liegenschaft, welche der Vater, die Mutter oder ein anderer Aszendent einem der Ehegatten überlassen oder abgetreten hat, sei es um ihn wegen dessen, was er ihm schuldig ist, zu befriedigen, oder unter der Verpflichtung, die Schulden des Schenkers an Fremde zu bezahlen, fällt nicht in die Gütergemeinschaft, vorbehaltlich der Vergütung oder Entschädigung.

**1407.** Eine Liegenschaft, die während der Ehe durch Umtausch gegen eine einem der beiden Ehegatten gehörige Liegenschaft erworben worden ist, fällt nicht in die Gütergemeinschaft, sondern tritt an die Stelle der veräußerten, vorbehaltlich der Vergütung, wenn dabei eine Draufzahlung stattgefunden hat.

**1408.** Die während der Ehe durch Lizitation oder auf andere Weise gemachte Erwerbung eines Teiles einer Liegenschaft, in deren ungeteiltem Miteigentum sich einer der Ehegatten befand, bildet keine Errungenschaft, vorbehaltlich der Entschädigung der Gütergemeinschaft für die Summe, welche sie zu dieser Erwerbung hergegeben hat.

Hat der Ehemann allein und in seinem eigenen Namen eine Liegenschaft, welche der Frau in ungeteilter Gemeinschaft mit Andern gehörte, ganz oder zum Teil erworben oder angesteigert, so hat die Frau bei Auflösung der Gütergemeinschaft die Wahl, entweder die Sache der Gütergemeinschaft zu überlassen, welche alsdann der Frau gegenüber Schuldnerin des dieser an dem Preise gebührenden Anteils wird, oder die Liegenschaft gegen Erstattung des Erwerbspreises an die Gütergemeinschaft an sich zu nehmen.

§ 2. — Schulden der Gütergemeinschaft und Klagen, die dadurch gegen die Gütergemeinschaft begründet sind.

**1409.** Schulden der Gütergemeinschaft sind:

1. alle Mobiliarschulden, mit welchen die Ehegatten am Tage der Eheschließung beschwert waren, oder mit welchen die während der Ehe ihnen anerfallenden Erbschaften belastet sind, vorbehaltlich der Vergütung für diejenigen Schulden, welche sich auf eine dem einen oder dem anderen Ehegatten persönlich gehörende Liegenschaft beziehen;

2. die Schulden an Kapital sowohl als an Renten oder Zinsen, welche während der Gütergemeinschaft von dem Manne oder mit Einwilligung des Mannes von der Frau eingegangen worden sind, vorbehaltlich der Vergütung in den geeigneten Fällen;

3. Rentenzahlungen und Zinsen der Schulden, welche jedem der beiden Ehegatten persönlich zur Last fallen;

4. die einem Nießbrauche obliegenden Ausbesserungskosten der nicht in die Gütergemeinschaft fallenden Liegenschaften;

5° Des aliments des époux, de l'éducation et entretien des enfants, et de toute autre charge du mariage.

**1410.** La communauté n'est tenue des dettes mobilières contractées avant le mariage par la femme, qu'autant qu'elles résultent d'un acte authentique antérieur au mariage, ou ayant reçu avant la même époque une date certaine, soit par l'enregistrement, soit par le décès d'un ou plusieurs signataires dudit acte.

Le créancier de la femme, en vertu d'un acte n'ayant pas de date certaine avant le mariage, ne peut en poursuivre contre elle le payement que sur la nue propriété de ses immeubles personnels.

Le mari qui prétendrait avoir payé pour sa femme une dette de cette nature, n'en peut demander la récompense ni à sa femme, ni à ses héritiers.

**1411.** Les dettes des successions purement mobilières qui sont échues aux époux pendant le mariage, sont pour le tout à la charge de la communauté.

**1412.** Les dettes d'une succession purement immobilière qui échoit à l'un des époux pendant le mariage, ne sont point à la charge de la communauté; sauf le droit qu'ont les créanciers de poursuivre leur payement sur les immeubles de ladite succession.

Néanmoins, si la succession est échue au mari, les créanciers de la succession peuvent poursuivre leur payement, soit sur tous les biens propres au mari, soit même sur ceux de la communauté; sauf, dans ce second cas, la récompense due à la femme ou à ses héritiers.

**1413.** Si la succession purement immobilière est échue à la femme, et que celle-ci l'ait acceptée du consentement de son mari, les créanciers de la succession peuvent poursuivre leur payement sur tous les biens personnels de la femme; mais, si la succession n'a été acceptée par la femme que comme autorisée en justice au refus du mari, les créanciers, en cas d'insuffisance des immeubles de la succession, ne peuvent se pourvoir que sur la nue propriété des autres biens personnels de la femme.

**1414.** Lorsque la succession échue à l'un des époux est en partie mobilière et en partie immobilière, les dettes dont elle est grevée ne sont à la charge de la communauté que jusqu'à concurrence de la portion contributoire du mobilier dans les dettes, eu égard à la valeur de ce mobilier comparée à celle des immeubles.

Cette portion contributoire se règle d'après l'inventaire auquel le mari doit faire procéder, soit de son chef, si la succession le concerne personnellement, soit comme dirigeant et autorisant les actions de sa femme, s'il s'agit d'une succession à elle échue.

5. der Unterhalt der Ehegatten, die Kosten der Erziehung und Unterhaltung der Kinder und alle übrigen Lasten der Ehe.

**1410.** Die Gütergemeinschaft haftet für die vor der Ehe von der Frau eingegangenen Mobiliarschulden nur insoweit, als dieselben aus einer vor der Eheschließung errichteten öffentlichen Urkunde oder aus einer Urkunde sich ergeben, welche vor diesem Zeitpunkt durch Registrierung oder durch den Tod eines oder mehrerer der Unterzeichner der Urkunde ein sicheres Datum erlangt hat.

Wer auf Grund einer Urkunde, die nicht vor der Ehe ein sicheres Datum erlangt hat, Gläubiger der Frau ist, kann sich wegen der Bezahlung nur an das nackte Eigentum ihrer persönlichen Liegenschaften halten.

Der Mann, welcher eine Schuld dieser Art für seine Frau bezahlt zu haben behauptet, kann weder von seiner Frau noch von deren Erben dafür Vergütung fordern.

**1411.** Die Schulden einer bloß aus beweglichen Gütern bestehende Erbschaft, welche den Ehegatten während der Ehe anfällt, fallen ganz der Gütergemeinschaft zur Last.

**1412.** Die Schulden einer bloß aus Liegenschaften bestehenden Erbschaft, welche während der Ehe einem der Ehegatten anfällt, fallen der Gütergemeinschaft nicht zur Last; den Gläubigern bleibt das Recht vorbehalten, ihre Zahlung aus den Liegenschaften der Erbschaft einzutreiben.

Ist jedoch die Erbschaft dem Manne anerfallen, so können die Erbschaftsgläubiger ihre Zahlung sowohl aus den persönlichen Gütern des Mannes als auch aus denen der Gütergemeinschaft eintreiben, vorbehaltlich der der Frau oder deren Erben gebührenden Vergütung.

**1413.** Ist die bloß aus Liegenschaften bestehende Erbschaft der Frau angefallen und hat diese sie mit Einwilligung ihres Mannes angenommen, so können die Erbschaftsgläubiger ihre Zahlung aus allen persönlichen Gütern der Frau beitreiben; ist aber die Erbschaft von der Frau bei verweigerter Zustimmung des Mannes nur mit gerichtlicher Ermächtigung angenommen, so können die Gläubiger, wenn die zur Erbschaft gehörigen Liegenschaften unzureichend sind, sich nur an das nackte Eigentum der übrigen persönlichen Gütern der Frau halten.

**1414.** Besteht die einem Ehegatten anerfallene Erbschaft zum Teil aus beweglichen Gütern, zum Teil aus Liegenschaften, so fallen die darauf haftenden Schulden der Gütergemeinschaft nur bis zu dem Betrage des Anteils zur Last, für den die beweglichen Güter nach Verhältnis des Wertes dieser beweglichen Güter zu dem Werte der Liegenschaften wegen der Schulden haften.

Dieser Anteil wird nach dem Inventare bestimmt, welches der Mann errichten lassen muß, sei es in seinem eigenen Namen, wenn ihn die Erbschaft persönlich betrifft, sei es auf Grund der ihm zustehenden Leitung und Genehmigung der Handlungen seiner Frau, wenn es sich um eine der Frau angefallene Erbschaft handelt.

**1415.** A défaut d'inventaire, et dans tous les cas où ce défaut préjudice à la femme, elle ou ses héritiers peuvent, lors de la dissolution de la communauté, poursuivre les récompenses de droit, et même faire preuve, tant par titres et papiers domestiques que par témoins, et au besoin par la commune renommée, de la consistance et valeur du mobilier non inventorié.

Le mari n'est jamais recevable à faire cette preuve.

**1416.** Les dispositions de l'article 1414 ne font point obstacle à ce que les créanciers d'une succession en partie mobilière et en partie immobilière poursuivent leur payement sur les biens de la communauté, soit que la succession soit échue au mari, soit qu'elle soit échue à la femme lorsque celle-ci l'a acceptée du consentement de son mari; le tout sauf les récompenses respectives.

Il en est de même si la succession n'a été acceptée par la femme que comme autorisée en justice, et que néanmoins le mobilier en ait été confondu dans celui de la communauté sans un inventaire préalable.

**1417.** Si la succession n'a été acceptée par la femme que comme autorisée en justice au refus du mari, et s'il y a eu inventaire, les créanciers ne peuvent poursuivre leur payement que sur les biens tant mobiliers qu'immobiliers de ladite succession, et, en cas d'insuffisance, sur la nue propriété des autres biens personnels de la femme.

**1418.** Les règles établies par les articles 1411 et suivants régissent les dettes dépendantes d'une donation, comme celles résultant d'une succession.

**1419.** Les créanciers peuvent poursuivre le payement des dettes que la femme a contractées avec le consentement du mari, tant sur tous les biens de la communauté, que sur ceux du mari ou de la femme, sauf la récompense due à la communauté, ou à l'indemnité due au mari.

**1420.** Toute dette qui n'est contractée par la femme qu'en vertu de la procuration générale ou spéciale du mari, est à la charge de la communauté; et le créancier n'en peut poursuivre le payement ni contre la femme ni sur ses biens personnels.

**⬛SECTION II.⬛**

De l'administration de la communauté, et de l'effet des actes de l'un ou l'autre époux relativement à la société conjugale.

**1421.** Le mari administre seul les biens de la communauté.

Il peut les vendre, aliéner et hypothéquer sans le concours de la femme.

**1415.** In Ermangelung eines Inventars und in allen Fällen, in welchen dieser Mangel der Frau zum Nachteile gereicht, können diese oder deren Erben bei Auflösung der Gütergemeinschaft jede rechtlich begründete Vergütung in Anspruch nehmen, und sogar nicht bloß durch Urkunden und Familienpapiere, sondern auch durch Zeugen, und nötigenfalls durch die öffentliche Meinung den Beweis über den Bestand und den Wert der nicht inventarisierten beweglichen Güter führen.

Der Mann wird niemals zu diesem Beweise zugelassen.

**1416.** Durch die Bestimmungen des Art. 1414 werden die Gläubiger einer zum Teil aus beweglichen Gütern, zum Teil aus Liegenschaften bestehenden Erbschaft nicht gehindert, ihre Zahlung aus den Gütern der Gemeinschaft beizutreiben, ob nun die Erbschaft dem Manne oder der Frau angefallen ist, wenn nur letztere sie mit Einwilligung des Mannes angenommen hat; alles dieses vorbehaltlich der beiderseitigen Vergütungen.

Dasselbe gilt, wenn die Erbschaft von der Frau nur mit gerichtlicher Ermächtigung angenommen ist, die dazu gehörenden beweglichen Güter aber mit denjenigen der Gütergemeinschaft ohne vorgängige Inventarerrichtung vermischt worden sind.

**1417.** Ist die Erbschaft von der Frau wegen Verweigerung der ehemännlichen Einwilligung nur mit gerichtlicher Genehmigung angenommen und ist ein Inventar errichtet worden, so können die Gläubiger ihre Befriedigung nur an den beweglichen und unbeweglichen Gütern dieser Erbschaft, und falls dieselben nicht ausreichen, an dem nackten Eigentum der übrigen persönlichen Güter der Frau suchen.

**1418.** Die in Artikel 1411 und den folgenden Artikeln aufgestellten Regeln gelten für die einer Schenkung anhaftenden Schulden in derselben Weise wie für Erbschaftsschulden.

**1419.** Die Gläubiger können die Zahlung der Schulden, welche die Frau mit Einwilligung des Mannes gemacht hat, sowohl aus den Gütern der Gemeinschaft eintreiben, als aus denen des Mannes oder der Frau; die der Gütergemeinschaft gebührende Vergütung oder die dem Manne gebührende Entschädigung bleibt vorbehalten.

**1420.** Jede Schuld, welche die Frau lediglich auf Grund einer allgemeinen oder besonderen Vollmacht des Mannes gemacht hat, fällt der Gütergemeinschaft zur Last; der Gläubiger kann die Zahlung weder gegen die Frau noch aus deren persönlichen Gütern einfordern.

**ZWEITER ABSCHNITT.**

**Verwaltung der Gütergemeinschaft und Wirkungen der Handlungen des einen oder des anderen Ehegatten in Bezug auf das eheliche Gesellschaftsverhältnis.**

**1421.** Der Mann verwaltet allein das Vermögen der Gütergemeinschaft.

Er kann dasselbe ohne Mitwirkung der Frau verkaufen, veräußern oder zur Hypothek stellen

**1422.** Il ne peut disposer entre vifs à titre gratuit des immeubles de la communauté, ni de l'universalité ou d'une quotité du mobilier, si ce n'est pour l'établissement des enfants communs.

Il peut néanmoins disposer des effets mobiliers à titre gratuit et particulier, au profit de toutes personnes, pourvu qu'il ne s'en réserve pas l'usufruit.

**1423.** La donation testamentaire faite par le mari ne peut excéder sa part dans la communauté.

S'il a donné en cette forme un effet de la communauté, le donataire ne peut le réclamer en nature, qu'autant que l'effet, par l'événement du partage, tombe au lot des héritiers du mari: si l'effet ne tombe point au lot de ces héritiers, le légataire a la récompense de la valeur totale de l'effet donné, sur la part des héritiers du mari dans la communauté et sur les biens personnels de ce dernier.

**1424.** Les amendes encourues par le mari pour crime n'emportant pas *mort civile*, peuvent se poursuivre sur les biens de la communauté, sauf la récompense due à la femme; celles encourues par la femme ne peuvent s'exécuter que sur la nue propriété de ses biens personnels, tant que dure la communauté.

**1425.** *Abrogé par loi du 31 mai 1854.*

**1426.** Les actes faites par la femme sans le consentement du mari, et même avec l'autorisation de la justice, n'engagent point les biens de la communauté, si ce n'est lorsqu'elle contracte comme marchande publique et pour le fait de son commerce.

**1427.** La femme ne peut s'obliger ni engager les biens de la communauté, même pour tirer son mari de prison, ou pour l'établissement de ses enfants en cas d'absence du mari, qu'après y avoir été autorisée par justice.

**1428.** Le mari a l'administration de tous les biens personnels de la femme.

Il peut exercer seul toutes les actions mobilières et possessoires qui appartiennent à la femme.

Il ne peut aliéner les immeubles personnels de sa femme sans son consentement.

Il est responsable de tout dépérissement des biens personnels de sa femme, causé par défaut d'actes conservatoires.

**1429.** Les baux que le mari seul a faits des biens de sa femme pour un temps qui excède neuf ans, ne sont, en cas de dissolution de la communauté, obligatoires vis-à-vis de la femme ou de ses héritiers que pour le temps qui reste à courir soit de la première

**1422.** Er kann unter Lebenden weder über die Liegenschaften der Gütergemeinschaft noch über die Gesamtheit oder einen Teil der Fahrnis unentgeltlich verfügen, es sei denn zur Versorgung der gemeinschaftlichen Kinder.

Er kann unentgeltlich über einzelne bewegliche Sachen zum Vorteile eines jeden verfügen, vorausgesetzt, daß er sich den Nießbrauch an denselben nicht vorbehält.

**1423.** Eine testamentarische Schenkung des Mannes darf dessen Anteil an der Gütergemeinschaft nicht übersteigen.

Hat er in dieser Form eine Sache der Gütergemeinschaft verschenkt, so kann der Beschenkte sie nur insofern in Natur fördern, als sie bei der Teilung in das Los der Erben des Mannes fällt. Fällt die Sache nicht in das Los dieser Erben, so gebührt dem Vermächtnisnehmer die Vergütung des vollen Wertes der geschenkten Sache aus dem Anteile der Erben des Mannes an der Gütergemeinschaft und aus den persönlichen Gütern dieses Letzteren.

**1424.** Geldstrafen, die der Mann durch ein den bürgerlichen Tod nicht nach sich ziehendes Verbrechen verwirkt hat, können ans den Gütern der Gütergemeinschaft beigetrieben werden, vorbehaltlich der der Frau gebührenden Vergütung; die von der Frau verwirkten Geldstrafen können, so lange die Gütergemeinschaft dauert, nur aus dem nackten Eigentum ihrer persönlichen Güter eingetrieben werden.

**1425.** *Aufgehoben durch Gesetz vom 31. Mai 1854.*

**1426.** Für Rechtshandlungen, welche die Frau ohne Einwilligung ihres Mannes, wenngleich mit gerichtlicher Ermächtigung vornimmt, haften die Güter der Gemeinschaft nicht, ausgenommen wenn sie als öffentliche Handelsfrau und im Betriebe ihres Handelsgewerbes Verträge schließt.

**1427.** Die Frau kann, selbst um ihren Mann aus dem Gefängnis zu befreien oder um ihren Kindern im Falle der Abwesenheit des Mannes eine Versorgung zu verschaffen, sich weder verpflichten noch die Güter der Gemeinschaft belasten, bevor sie dazu gerichtlich ermächtigt worden ist.

**1428.** Der Mann hat die Verwaltung aller persönlicher Güter der Frau.

Er kann alle der Frau zustehenden Mobiliarklagen und Besitzklagen allein geltend machen.

Er kann die persönlichen Liegenschaften der Frau nicht ohne deren Einwilligung veräußern.

Er ist verantwortlich für jede durch Unterlassung fürsorglicher Maßregeln verursachte Verschlechterung der persönlichen Güter der Frau.

**1429.** Mietverträge, welche der Mann allein in Ansehung der Güter seiner Frau auf mehr als neun Jahre geschlossen hat, sind nach Auflösung der Gütergemeinschaft gegenüber der Frau und deren Erben nur für die Zeit verbindlich, welche entweder von der ersten

période de neuf ans, si les parties s'y trouvent encore, soit de la seconde, et ainsi de suite, de manière que le fermier n'ait que le droit d'achever la jouissance de la période de neuf ans où il se trouve.

1430. Les baux de neuf ans ou au-dessous que le mari seul a passés ou renouvelés des biens de sa femme, plus de trois ans avant l'expiration du bail courant s'il s'agit de biens ruraux, et plus de deux ans avant la même époque s'il s'agit de maisons, sont sans effet, à moins que leur exécution n'ait commencé avant la dissolution de la communauté.

1431. La femme qui s'oblige solidairement avec son mari pour les affaires de la communauté ou du mari, n'est réputée, à l'égard de celui-ci, s'être obligée que comme caution; elle doit être indemnisée de l'obligation qu'elle a contractée.

1432. Le mari qui garantit solidairement ou autrement la vente que sa femme a faite d'un immeuble personnel, a pareillement un recours contre elle, soit sur sa part dans la communauté, soit sur ses biens personnels, s'il est inquiété.

1433. S'il est vendu un immeuble appartenant à l'un des époux, de même que si l'on s'est rédimé en argent de services fonciers dus à des héritages propres à l'un d'eux, et que le prix en ait été versé dans la communauté, le tous sans remploi, il y a lieu au prélèvement de ce prix sur la communauté, au profit de l'époux qui était propriétaire, soit de l'immeuble vendu, soit des services rachetés.

1434. Le remploi est censé fait à l'égard du mari, toutes les fois que, lors d'une acquisition, il a déclaré qu'elle était faite des deniers provenus de l'aliénation de l'immeuble qui lui était personnel, et pour lui tenir lieu de remploi.

1435. La déclaration du mari que l'acquisition est faite des deniers provenus de l'immeuble vendu par la femme et pour lui servir de remploi, ne suffit point, si ce remploi n'a été formellement accepté par la femme: si elle ne l'a pas accepté, elle a simplement droit, lors de la dissolution de la communauté, à la récompense du prix de son immeuble vendu.

1436. La récompense du prix de l'immeuble appartenant au mari ne s'exerce que sur la masse de la communauté; celle du prix de

Periode von neun Jahren, wenn die Parteien sich noch darin befinden, oder von der zweiten Periode und so weiter noch übrig ist, und zwar in der Weise, daß der Mieter nur das Recht hat, den Genuß der neunjährigen Periode, in welcher er sich befindet, zu vollenden.

1430. Mietverträge auf neun oder weniger Jahre, welche der Mann allein in Ansehung der Güter seiner Frau, bei ländlichen Gütern früher als drei Jahre vor dem Ende des laufenden Mietvertrages, und bei Häusern früher als zwei Jahre vor demselben Zeitpunkte geschlossen oder erneuert hat, sind ohne Wirkung; es sei denn, daß deren Vollziehung vor Auflösung der Gütergemeinschaft ihren Anfang genommen hat.

1431. Die Frau, welche sich samtverbindlich mit ihrem Manne in Angelegenheiten der Gütergemeinschaft oder in denen des Mannes verpflichtet hat, gilt diesem gegenüber nur als Bürgin verpflichtet; sie muß für die von ihr eingegangenen Verbindlichkeit schadlos gehalten werden.

1432. Der Mann, welcher für einen von seiner Frau vorgenommenen Verkauf einer persönlichen Liegenschaft derselben samtverbindlich oder auf andere Weise die Gewährleistung übernimmt, hat, wenn er in Anspruch genommen wird, ebenfalls einen Rückgriff gegen sie, und zwar sowohl auf ihren Anteil an der Gütergemeinschaft als auf ihre persönlichen Güter.

1433. Wenn eine dem einen der Ehegatten gehörende Liegenschaft verkauft worden ist, desgleichen wenn Grunddienstbarkeiten, welche den Grundstücken eines der Ehegatten zustanden, mit Geld abgelöst worden sind und der Preis davon in die Gütergemeinschaft geflossen ist, ohne daß eine Wiederanlage desselben stattgefunden hat, so kann der Ehegatte, welchem die verkaufte Liegenschaft oder die abgelöste Dienstbarkeit gehörte, diesen Preis aus der Gütergemeinschaft vorwegnehmen.

1434. Die Wiederanlage gilt in Ansehung des Mannes als erfolgt, wenn er bei einer Erwerbung erklärt hat, daß dieselbe mit dem Gelde, welches aus der Veräußerung der ihm persönlich gehörenden Liegenschaft herrührt, und in der Absicht gemacht sei, um ihm als Wiederanlage zu dienen.

1435. Die Erklärung des Mannes, daß die Erwerbung mit dem Erlöse der von der Frau vorgenommenen Veräußerung einer Liegenschaft, und um ihr als Wiederanlage zu dienen, gemacht sei, ist nicht hinreichend, wenn diese Wiederanlage von der Frau nicht förmlich angenommen worden ist; hat sie dieselbe nicht angenommen, so hat sie bei Auflösung der Gütergemeinschaft nur ein Recht auf Erstattung des Preises ihrer verkauften Liegenschaft.

1436. Für die Erstattung des Preises einer dem Manne gehörenden Liegenschaft haftet nur die Gütergemeinschaftsmasse; für die Er-

l'immeuble appartenant à la femme s'exerce sur les biens personnels du mari, en cas d'insuffisance des biens de la communauté. Dans tous les cas, la récompense n'a lieu que sur le pied de la vente, quelque allégation qui soit fait touchant la valeur de l'immeuble aliéné.

**1437.** Toutes les fois qu'il est pris sur la communauté une somme soit pour acquitter les dettes ou charges personnelles à l'un des époux, telles que le prix ou partie du prix d'un immeuble à lui propre ou le rachat de services fonciers, soit pour le recouvrement, la conservation ou l'amélioration de ses biens personnels, et généralement toutes les fois que l'un des deux époux a tiré un profit personnel des biens de la communauté, il en doit la récompense.

**1438.** Si le père et la mère ont doté conjointement l'enfant commun, sans exprimer la portion pour laquelle ils entendaient y contribuer, ils sont censés avoir doté chacun pour moitié, soit que la dot ait été fournie ou promise en effets de la communauté, soit qu'elle l'ait été en biens personnels à l'un des deux époux.

Au second cas, l'époux dont l'immeuble ou l'effet personnel a été constitué en dot, a, sur les biens de l'autre, une action en indemnité pour la moitié de ladite dot, eu égard à la valeur de l'effet donné, au temps de la donation.

**1439.** La dot constituée par le mari seul à l'enfant commun, en effets de la communauté, est à la charge de la communauté; et, dans le cas où la communauté est acceptée par la femme, celle-ci doit supporter la moitié de la dot, à moins que le mari n'ait déclaré expressément qu'il s'en chargeait pour le tout, ou pour une portion plus forte que la moitié.

**1440.** La garantie de la dot est due par toute personne qui l'a constituée; et ses intérêts courent du jour du mariage, encore qu'il y ait terme pour le payement, s'il n'y a stipulation contraire.

SECTION III.

**De la dissolution de la communauté,<br>et de quelques-unes de ses suites.**

**1441.** La communauté se dissout: 1⁰ par la mort naturelle; 2⁰ *par la mort civile*; 3⁰ par le divorce; 4⁰ par la séparation de corps; 5⁰ par la séparation de biens.

---

stattung des Preises einer der Frau gehörenden Liegenschaft haften die persönlichen Güter des Mannes, sofern die Güter der Gemeinschaft unzulänglich sind. In allen Fällen tritt die Erstattung nur nach Maßgabe des Kaufvertrages ein, welche Behauptung auch immer hinsichtlich des Wertes der Liegenschaft aufgestellt werden möge.

**1437.** So oft aus der Gütergemeinschaft eine Summe genommen wird, sei es zur Tilgung der persönlichen Schulden oder Lasten eines Ehegatten, zum Beispiel des Preises einer persönlichen Liegenschaft desselben oder des Ablösungspreises von Grunddienstbarkeiten, sei es zur Wiedererlangung, Erhaltung oder Verbesserung der persönlichen Güter desselben, und überhaupt in allen Fällen, in denen einer der beiden Ehegatten einen persönlichen Vorteil aus den Gütern der Gemeinschaft gezogen hat, schuldet er Vergütung dafür.

**1438.** Haben der Vater und die Mutter zusammen einem gemeinschaftlichen Kinde ein Heiratsgut bestellt, ohne den Anteil anzugeben, für welchen sie dazu beitragen wollen, so wird angenommen, daß jedes von ihnen zur Hälfte das Heiratsgut gegeben habe, letzteres mag nun in Sachen der Gütergemeinschaft oder aus den persönlichen Gütern eines der beiden Ehegatten gegeben oder versprochen worden sein.

In dem zweiten Falle hat der Ehegatte, dessen persönliche Liegenschaft oder sonstige Sache zum Heiratsgute bestellt worden ist, einen Entschädigungsanspruch gegen das Vermögen des andern wegen der Hälfte dieses Heiratsgutes nach Maßgabe der Wertes, welchen die gegebene Sache zur Zeit der Schenkung hatte.

**1439.** Das Heiratsgut, welches der Mann allein einem gemeinschaftlichen Kinde aus Sachen der Gütergemeinschaft bestellt hat, fällt der Gütergemeinschft zur Last; falls die Gütergemeinschaft seitens der Frau angenommen ist, muß diese die Hälfte des Heiratsgutes tragen, sofern nicht der Mann ausdrücklich erklärt hat, daß er es ganz oder doch zu einem größeren Teile als zur Hälfte übernommen habe.

**1440.** Zur Gewährleistung für das Heiratsgut ist jeder, welcher dasselbe bestellt hat, verpflichtet: die Zinsen desselben laufen von dem Tage der Eheschließung an, selbst wenn für die Zahlung eine Frist festgesetzt ist, sofern nicht eine entgegenstehende Uebereinkunft getroffen ist.

DRITTER ABSCHNITT.

**Auflösung der Gütergemeinschaft und einige<br>Folgen derselben.**

**1441.** Die Gütergemeinschaft wird aufgelöst: 1. durch den leiblichen Tod; 2. *durch den bürgerlichen Tod*; 3. durch Ehescheidung; 4. durch Trennung von Tisch und Bett; 5. durch Gütertrennung.

**1442.** Le défaut d'inventaire après la mort naturelle *ou civile* de l'un des époux, ne donne pas lieu à la continuation de la communauté; sauf les poursuites des parties intéressées, relativement à la consistance des biens et effets communs, dont la preuve pourra être faite tant par titre que par la commune renommée.

S'il y a des enfants mineurs, le défaut d'inventaire fait perdre en outre à l'époux survivant la jouissance de leurs revenus; et le subrogé tuteur qui ne l'a point obligé à faire inventaire, est solidairement tenu avec lui de toutes les condamnations qui peuvent être prononcées au profit des mineurs.

**1443.** La séparation de biens ne peut être poursuivie qu'en justice par la femme dont la dot est mise en péril, et lorsque le désordre des affaires du mari donne lieu de craindre que les biens de celui-ci ne soient point suffisants pour remplir les droits et reprises de la femme.

Toute séparation volontaire est nulle.

**1444.** La séparation de biens, quoique prononcée en justice, est nulle si elle n'a point été exécutée par le payement réel des droits et reprises de la femme, effectué par acte authentique, jusqu'à concurrence des biens du mari, ou au moins par des poursuites commencées dans la quinzaine qui a suivi le jugement, et non interrompues depuis.

**1445.** Toute séparation de biens doit, avant son exécution, être rendue publique par l'affiche sur un tableau à ce destiné, dans la principale salle du tribunal de première instance, et de plus, si le mari est marchand, banquier ou commerçant, dans celle du tribunal de commerce du lieu de son domicile; et ce, à peine de nullité de l'exécution.

Le jugement qui prononce la séparation de biens, remonte, quant à ses effets, au jour de la demande.

**1446.** Les créanciers personnels de la femme ne peuvent, sans son consentement, demander la séparation de biens.

Néanmoins, en cas de faillite ou de déconfiture du mari, ils peuvent exercer les droits de leur débitrice jusqu'à concurrence du montant de leurs créances.

**1447.** Les créanciers du mari peuvent se pourvoir contre la séparation de biens prononcée et même exécutée en fraude de leurs droits; ils peuvent même intervenir dans l'instance sur la demande en séparation pour la contester.

**1448.** La femme qui a obtenu la séparation de biens, doit contribuer, proportionnellement à ses facultés et à celles du mari, tant aux

**1442.** Die Nichtaufnahme eines Inventars nach dem leiblichen oder bürgerlichen Tode eines der Ehegatten bewirkt nicht die Fortsetzung der Gütergemeinschaft; den Beteiligten bleiben ihre Ansprüche bezüglich des Bestandes der gemeinschaftlichen Güter und Sachen vorbehalten, worüber der Beweis sowohl durch Urkunden als die öffentliche Meinung geführt werden kann.

Sind minderjährige Kinder vorhanden, so zieht die Unterlassung der Errichtung des Inventars für den überlebenden Ehegatten außerdem den Verlust des Genusses ihrer Einkünfte nach sich; der Gegenvormund, welcher den überlebenden Ehegatten zur Aufnahme des Inventars nicht angehalten hat, haftet mit diesem samtverbindlich für alles, was etwa den Minderjährigen durch Urteil zugesprochen wird.

**1443.** Die Gütertrennung kann von der Frau nur vor Gericht erwirkt werden, wenn ihr Heiratsgut gefährdet ist, und wenn die Zerrüttung der Geschäfte des Mannes die Befürchtung begründet, daß seine Güter nicht hinreichen um die Frau wegen ihrer Rechte und Ersatzforderungen zu befriedigen.

Jede freiwillige Trennung ist nichtig.

**1444.** Die, wenngleich gerichtlich ausgesprochene Gütertrennung ist nichtig, wenn sie nicht durch die unter Errichtung einer öffentlichen Urkunde erfolgte wirkliche Befriedigung der Frau für ihre Ansprüche und Ersatzforderungen bis zum Belaufe des Vermögens des Mannes, oder wenigstens durch Vollstreckungshandlungen in Vollzug gesetzt worden ist, welche in den nächsten vierzehn Tagen nach dem Urteil begonnen und nachher nicht unterbrochen sind.

**1445.** Jede Gütertrennung muß vor ihrer Vollziehung durch Anschlag auf einer dazu bestimmten Tafel in dem Hauptsaale des Gerichts erster Instanz und außerdem, wenn der Mann ein Handelsmann, Bankier oder Kaufmann ist, in dem des Handelsgerichtes am Orte seines Wohnsitzes bekannt gemacht werden, und zwar bei Strafe der Nichtigkeit der Vollziehung.

Die Wirkung des die Gütertrennung aussprechenden Urteils geht auf den Tag der Klage zurück.

**1446.** Die persönlichen Gläubiger der Frau können die Gütertrennung nicht ohne deren Einwilligung beantragen.

Jedoch können sie im Falle des Konkurses oder des Vermögensverfalles des Mannes die Rechte ihrer Schuldnerin bis zum Betrage ihrer Forderungen geltend machen.

**1447.** Die Gläubiger des Mannes können die zur Beeinträchtigung ihrer Rechte ausgesprochene und selbst schon vollzogene Gütertrennung anfechten; sie können selbst in dem Verfahren über die Trennungsklage intervenieren, um gegen dieselbe Widerspruch zu erheben.

**1448.** Die Frau, welche die Gütertrennung erwirkt hat, muß im Verhältnis ihres Vermögens und desjenigen des Mannes sowohl

frais du ménage qu'à ceux d'éducation des enfants communs.

Elle doit supporter entièrement ces frais, s'il ne reste rien au mari.

1449. La femme séparée soit de corps et de biens, soit de biens seulement, en reprend la libre administration.

Elle peut disposer de son mobilier, et l'aliéner.

Elle ne peut aliéner ses immeubles sans le consentement du mari, ou sans être autorisée en justice à son refus.

1450. Le mari n'est point garant du défaut d'emploi ou de remploi du prix de l'immeuble que la femme séparée a aliéné sous l'autorisation de la justice, à moins qu'il n'ait concouru au contrat, ou qu'il ne soit prouvé que les deniers ont été reçus par lui, ou ont tourné à son profit.

Il est garant du défaut d'emploi ou de remploi, si la vente a été faite en sa présence et de son consentement: il ne l'est point de l'utilité de cet emploi.

1451. La communauté dissoute par la séparation soit de corps et de biens, soit de biens seulement, peut être rétablie du consentement des deux parties.

Elle ne peut l'être que par un acte passé devant notaires et avec minute, dont une expédition doit être affichée dans la forme de l'article 1445.

En ce cas, la communauté rétablie reprend son effet du jour du mariage; les choses sont remises au même état que s'il n'y avait point eu de séparation, sans préjudice néanmoins de l'exécution des actes qui, dans cet intervalle, ont pu être faits par la femme en conformité de l'article 1449.

Toute convention par laquelle les époux rétabliraient leur communauté sous des conditions différentes de celles qui la réglaient antérieurement, est nulle.

1452. La dissolution de communauté opérée par le divorce ou par la séparation soit de corps et de biens, soit de biens seulement, ne donne pas ouverture aux droits de survie de la femme; mais celle-ci conserve la faculté de les exercer lors de la mort naturelle *ou civile* de son mari.

SECTION IV.

De l'acceptation de la communauté, et de la renonciation qui peut y être faite, avec les conditions qui y sont relatives.

1453. Après la dissolution de la communauté, la femme ou ses héritiers et ayants

---

zu den Kosten der Haushaltung als zu denen der Erziehung der gemeinschaftlichen Kinder beitragen.

Sie muß diese Kosten ganz tragen, wenn dem Manne nichts übrig bleibt.

1449. Die Frau, welche von Tisch und Bett oder nur in Gütern getrennt ist, erhält die freie Verwaltung derselben zurück.

Sie kann über ihre beweglichen Güter verfügen und dieselben veräußern.

Sie kann ihre Liegenschaften nicht ohne Einwilligung des Mannes oder, bei dessen Verweigerung, nicht ohne gerichtliche Ermächtigung veräußern.

1450. Der Mann haftet nicht für die unterlassene Anlage oder Wiederanlage des Preises einer Liegenschaft, welche die in Gütern getrennte Frau mit gerichtlicher Genehmigung veräußert hat, es sei denn, daß er bei dem Vertrage mitgewirkt hat, oder daß bewiesen wird, daß das Geld von ihm in Empfang genommen oder zu seinem Nutzen verwendet worden sei.

Er haftet für die unterlassene Anlegung oder Wiederanlage, wenn der Verkauf in seiner Gegenwart und mit seiner Einwilligung erfolgt; er haftet nicht für die Nützlichkeit dieser Anlage.

1451. Die Gütergemeinschaft, welche durch die Trennung von Tisch und Bett und die Gütertrennung oder durch letztere allein aufgelöst worden ist, kann durch Einwilligung beider Teile wieder hergestellt werden.

Sie kann nur wieder hergestellt werden durch eine notarielle Urkunde, von welcher die Urschrift verwahrt bleibt und eine Ausfertigung in der durch den Art. 1445 bestimmten Form angeschlagen werden muß.

In diesem Falle wirkt die wiederhergestellte Gütergemeinschaft auf den Tag der Eheschließung zurück; alles wird in denselben Zustand zurückversetzt, als wenn keine Trennung stattgefunden hätte, die Vollziehung der Rechtsgeschäfte, welche die Frau in jener Zwischenzeit nach Maßgabe des Art. 1449 etwa vorgenommen hat, bleibt jedoch unberührt.

Jede Uebereinkunft, durch welche die Ehegatten ihre Gütergemeinschaft unter Bedingungen wieder herstellen, die von denen abweichen, unter welchen dieselbe früher bestanden hat, ist nichtig.

1452. Die durch Ehescheidung oder durch Trennung von Tisch und Bett und Gütertrennung, oder durch Gütertrennung allein bewirkte Auflösung der Gütergemeinschaft begründet nicht die Eröffnung der Rechte, welche der überlebenden Ehefrau zukommen; doch behält sie die Befugnis, dieselben bei dem leiblichen oder bürgerlichen Tode ihres Mannes auszuüben.

VIERTER ABSCHNITT.

Annahme der Gütergemeinschaft und Verzichtleistung auf dieselbe, nebst den darauf bezüglichen Bedingungen.

1453. Nach Auflösung der Gütergemeinschaft steht der Frau oder deren Erben und

cause ont la faculté de l'accepter ou d'y renoncer: toute convention contraire est nulle.

1454. La femme qui s'est immiscée dans les biens de la communauté, ne peut y renoncer.

Les actes purement administratifs ou conservatoires n'emportent point immixtion.

1455. La femme majeure qui a pris dans un acte la qualité de commune, ne peut plus y renoncer ni se faire restituer contre cette qualité, quand même elle l'aurait prise avant d'avoir fait inventaire, s'il n'y a eu dol de la part des héritiers du mari.

1456. La femme survivante qui veut conserver la faculté de renoncer à la communauté, doit, dans les trois mois du jour du décès du mari, faire faire un inventaire fidèle et exact de tous les biens de la communauté, contradictoirement avec les héritiers du mari, ou eux dûment appelés.

Cet inventaire doit être par elle affirmé sincère et véritable, lors de sa clôture, devant l'officier public qui l'a reçu.

1457. Dans les trois mois et quarante jours après le décès du mari, elle doit faire sa renonciation au greffe du tribunal de première instance dans l'arrondissement duquel le mari avait son domicile; cet acte doit être inscrit sur le registre établi pour recevoir les renonciations à succession.

1458. La veuve peut, suivant les circonstances, demander au tribunal de première instance une prorogation du délai prescrit par l'article précédent pour sa renonciation; cette prorogation est, s'il y a lieu, prononcée contradictoirement avec les héritiers du mari, ou eux dûment appelés.

1459. La veuve qui n'a point fait sa renonciation dans le délai ci-dessus prescrit, n'est pas déchue de la faculté de renoncer si elle ne s'est point immiscée et qu'elle ait fait inventaire; elle peut seulement être poursuivie comme commune jusqu'à ce qu'elle ait renoncé, et elle doit les frais faits contre elle jusqu'à sa renonciation.

Elle peut également être poursuivie après l'expiration des quarante jours depuis la clôture de l'inventaire, s'il a été clos avant les trois mois.

1460. La veuve qui a diverti ou recélé quelques effets de la communauté, est déclarée commune, nonobstant sa renonciation; il en est de même à l'égard de ses héritiers.

1461. Si la veuve meurt avant l'expiration des trois mois sans avoir fait ou ter-

Rechtsnachfolgern die Befugnis zu, dieselbe anzunehmen oder auf dieselbe zu verzichten; jede entgegenstehende Abmachung ist nichtig.

1454. Die Frau, welche sich in das Vermögen der Gütergemeinschaft eingemischt hat, kann auf dieselbe nicht verzichten.

Reine Verwaltungshandlungen und fürsorgliche Maßregeln enthalten keine Einmischung.

1455. Eine volljährige Frau, die sich bei einem Rechtsgeschäft die Eigenschaft als Teilhaberin der Gütergemeinschaft beigelegt hat, kann darauf nicht mehr verzichten, auch sich gegen diese Eigenschaft nicht wieder in den vorigen Stand einsetzen lassen, selbst wenn sie sich dieselbe vor Errichtung des Inventars beigelegt hat, es sei denn, daß seitens der Erben des Mannes ein Betrug stattfand.

1456. Die überlebende Frau, welche sich die Befugnis auf die Gütergemeinschaft zu verzichten erhalten will, muß innerhalb dreier Monate, von dem Todestage des Mannes an gerechnet, ein getreues und genaues Inventar über alle Güter der Gemeinschaft unter Zuziehung oder nach gehöriger Vorladung der Erben des Mannes aufnehmen lassen.

Sie muß beim Schlusse dieses Inventars vor dem öffentlichen Beamten, welcher dasselbe aufgenommen hat, bestätigen, daß es aufrichtig und der Wahrheit gemäß sei.

1457. Innerhalb dreier Monate und vierzig Tage nach dem Tode des Mannes muß sie auf der Gerichtsschreiberei des Gerichts erster Instanz, in dessen Bezirk der Mann seinen Wohnsitz hatte, ihre Verzichtleistung erklären; diese Urkunde muß in das zur Aufnahme der Verzichte auf Erbschaften bestimmte Register eingetragen werden.

1458. Die Witwe kann je nach den Umständen bei dem Gerichte erster Instanz eine Verlängerung der in dem vorstehenden Artikel für ihre Verzichtleistung vorgeschriebene Frist beantragen; diese Verlängerung wird unter Zuziehung oder nach gehöriger Vorladung der Erben des Mannes geeigneten Falles bewilligt.

1459. Die Witwe, welche innerhalb der oben vorgeschriebenen Frist ihre Verzichtleistung nicht erklärt hat, ist der Befugnis zu verzichten nicht verlustig, wenn sie sich nicht eingemischt und wenn sie ein Inventar errichtet hat; nur kann sie als Teilhaberin der Gütergemeinschaft belangt werden, bis sie verzichtet hat, und es fallen ihr die bis zu ihrer Verzichtleistung gegen sie aufgewendeten Kosten zur Last.

Sie kann ferner belangt werden nach dem Ablaufe der vierzig Tage seit dem Schlusse des Inventars, wenn dasselbe vor Ablauf der drei Monate geschlossen worden ist.

1460. Eine Witwe, welche Gegenstände der Gütergemeinschaft entwendet oder verheimlicht hat, wird ihres Verzichtes ungeachtet als Teilhaberin der Gütergemeinschaft erklärt; dasselbe gilt bezüglich ihrer Erben.

1461. Stirbt die Witwe vor dem Ablaufe der drei Monate ohne das Inventar errichtet

miné l'inventaire, les héritiers auront, pour faire ou pour terminer l'inventaire, un nouveau délai de trois mois, à compter du décès de la veuve, et de quarante jours pour délibérer, après la clôture de l'inventaire.

Si la veuve meurt ayant terminé l'inventaire, ses héritiers auront, pour délibérer, un nouveau délai de quarante jours à compter de son décès.

Ils peuvent, au surplus, renoncer à la communauté dans les formes établies ci-dessus; et les articles 1458 et 1459 leur sont applicables.

**1462.** *Abrogé par loi du 31 mai 1854.*

**1463.** La femme divorcée ou séparée de corps, qui n'a point, dans les trois mois et quarante jours après le divorce ou la séparation définitivement prononcés, accepté la communauté, est censée y avoir renoncé, à moins qu'étant encore dans le délai, elle n'en ait obtenu la prorogation en justice, contradictoirement avec le mari, ou lui dûment appelé.

**1464.** Les créanciers de la femme peuvent attaquer la renonciation qui aurait été faite par elle ou par ses héritiers en fraude de leurs créances, et accepter la communauté de leur chef.

**1465.** La veuve, soit qu'elle accepte, soit qu'elle renonce, a droit, pendant les trois mois et quarante jours qui lui sont accordés pour faire inventaire et délibérer, de prendre sa nourriture et celle de ses domestiques sur les provisions existantes, et, à défaut, par emprunt au compte de la masse commune, à la charge d'en user modérément.

Elle ne doit aucun loyer à raison de l'habitation qu'elle a pu faire, pendant ces délais, dans une maison dépendante de la communauté ou appartenant aux héritiers du mari; et si la maison qu'habitaient les époux à l'époque de la dissolution de la communauté, était tenue par eux à titre de loyer, la femme ne contribuera point, pendant les mêmes délais, au payement dudit loyer, lequel sera pris sur la masse.

**1466.** Dans le cas de dissolution de la communauté par la mort de la femme, ses héritiers peuvent renoncer à la communauté dans les délais et dans les formes que la loi prescrit à la femme survivante.

oder beendet zu haben, so haben ihre Erben zur Errichtung oder Beendigung desselben eine neue Frist von drei Monaten von dem Tode der Witwe an gerechnet, und nach dem Schlusse des Inventars eine Frist zur Ueberlegung von vierzig Tagen.

Stirbt die Witwe nach Beendigung des Inventars, so haben ihre Erben zur Ueberlegung eine neue Frist von vierzig Tagen, von dem Tode derselben an gerechnet.

Sie können überdies in den oben bestimmten Formen auf die Gütergemeinschaft verzichten; die Artikel 1458 und 1459 finden auf sie Anwendung.

**1462.** *Aufgehoben durch Gesetz vom 31. Mai 1854.*

**1463.** Die geschiedene oder die von Tisch und Bett getrennte Frau, welche nicht innerhalb dreier Monate und vierzig Tage nach endgültig ausgesprochener Ehescheidung oder Trennung die Gütergemeinschaft angenommen hat, wird so angesehen, als ob sie auf dieselbe verzichtet hätte, sofern sie nicht noch innerhalb der Frist vor Gericht eine Verlängerung derselben unter Zuziehung oder nach gehöriger Vorladung des Mannes erwirkt hat.

**1464.** Die Gläubiger der Frau können die zur Beeinträchtigung ihrer Forderungen von dieser oder deren Erben geschehene Verzichtleistung anfechten und in eigenem Namen die Gütergemeinschaft annehmen.

**1465.** Die Witwe, mag sie annehmen oder verzichten, ist berechtigt, während der ihr zur Anfertigung des Inventars und zur Ueberlegung eingeräumten drei Monate und vierzig Tage ihren und ihrer Dienstboten Unterhalt aus den vorhandenen Vorräten und, wenn keine solche vorhanden sind, mittels Darlehen auf Rechnung der gemeinschaftlichen Masse zu entnehmen, jedoch unter der Verpflichtung hiervon mit Mäßigung Gebrauch zu machen.

Sie schuldet während dieser Fristen keine Miete für eine etwaige Wohnung in einem zur Gütergemeinschaft oder den Erben des Mannes gehörenden Hause; wenn die Ehegatten das zur Zeit der Auflösung der Gütergemeinschaft von ihnen bewohnte Haus mietweise inne hatten, so braucht die Frau während derselben Fristen zur Bezahlung des Mietzinses nichts beizutragen, sondern dieser ist aus der Masse zu entnehmen.

**1466.** Im Falle der Auflösung der Gütergemeinschaft durch den Tod der Frau können die Erben derselben auf die Gütergemeinschaft in den Fristen und Formen verzichten welche das Gesetz für die überlebende Frau vorschreibt.

SECTION V.

**Du partage de la communauté
après l'acceptation.**

**1467.** Après l'acceptation de la communauté par la femme ou ses héritiers, l'actif se partage, et le passif est supporté de la manière ci-après déterminée.

FÜNFTER ABSCHNITT.

**Teilung der Gütergemeinschaft nach der
Annahme.**

**1467.** Nach Annahme der Gütergemeinschaft seitens der Frau oder deren Erben erfolgt die Teilung des Vermögens und die Uebernahme der Schulden in folgender Weise.

§ 1. — Du partage de l'actif.       § 1. Teilung des Vermögens.

**1468.** Les époux ou leurs héritiers rapportent à la masse des biens existants, tout ce dont ils sont débiteurs envers la communauté à titre de récompense ou d'indemnité, d'après les règles ci-dessus prescrites, à la section 2 de la première partie du présent chapitre.

**1468.** Die Ehegatten oder deren Erben werfen in die vorhandene Gütermasse alles wieder ein, was sie der Gütergemeinschaft nach den oben in Abschnitt zwei des ersten Teiles dieses Kapitels aufgestellten Regeln als Vergütung oder Entschädigung schuldig sind.

**1469.** Chaque époux ou son héritier rapporte également les sommes qui ont été tirées de la communauté, ou la valeur des biens que l'époux y a pris pour doter un enfant d'un autre lit, ou pour doter personnellement l'enfant commun.

**1469.** Jeder Ehegatte oder dessen Erbe wirft gleichfalls die aus der Gütergemeinschaft gezogenen Summen wieder ein, sowie den Wert der Sachen, welche der Ehegatte aus derselben genommen hat, um ein Kind aus einer andern Ehe, oder ein gemeinschaftliches Kind für seine Person mit einem Heiratsgute auszustatten.

**1470.** Sur la masse des biens, chaque époux ou son héritier prélève:

1º Ses biens personnels qui ne sont point entrés en communauté, s'ils existent en nature, ou ceux qui ont été acquis en remploi;

2º Le prix de ses immeubles qui ont été aliénés pendant la communauté, et dont il n'a point été fait remploi;

3º Les indemnités qui lui sont dues par la communauté.

**1470.** Jeder Ehegatte oder sein Erbe nimmt aus der Gütermasse vorweg:

1. seine nicht in die Gütergemeinschaft gefallenen persönlichen Güter, wenn sie in Natur vorhanden sind, oder diejenigen, welche als Wiederanlage erworben wurden;

2. den Preis seiner während der Gütergemeinschaft veräußerten Liegenschaften, wenn derselbe nicht wiederangelegt ist;

3. die ihm seitens der Gütergemeinschaft geschuldeten Entschädigungen.

**1471.** Les prélèvements de la femme s'exercent avant ceux du mari.

Ils s'exercent pour les biens qui n'existent plus en nature, d'abord sur l'argent comptant, ensuite sur le mobilier, et subsidiairement sur les immeubles de la communauté; dans ce dernier cas, le choix des immeubles est déféré à la femme et à ses héritiers.

**1471.** Die Vorwegnahmen der Frau erfolgen vor denen des Mannes.

Sie erfolgen in Anschung der in Natur nicht mehr vorhandenen Güter zuerst aus dem baren Gelde, alsdann aus den beweglichen Gütern und zuletzt aus den Liegenschaften der Gütergemeinschaft; in diesem letzten Falle steht die Wahl unter den Liegenschaften der Frau oder deren Erben zu.

**1472.** Le mari ne peut exercer ses reprises que sur les biens de la communauté.

La femme et ses héritiers, en cas d'insuffisance de la communauté, exercent leurs reprises sur les biens personnels du mari.

**1472.** Der Mann kann seine Ersatzforderungen nur auf das Vermögen der Gütergemeinschaft geltend machen.

Die Frau und deren Erben können ihre Ersatzforderungen im Falle der Unzulänglichkeit der Gütergemeinschaft auf die persönlichen Güter des Mannes geltend machen.

**1473.** Les remplois et récompenses dus par la communauté aux époux, et les récompenses et indemnités par eux dues à la communauté, emportent les intérêts de plein droit du jour de la dissolution de la communauté.

**1473.** Die zur Wiederanlage bestimmten Gelder und die Vergütungen, welche seitens der Gütergemeinschaft dem Ehegatten geschuldet wurden, und die Vergütungen und Entschädigungen, welche diese der Gütergemeinschaft schulden, tragen von Rechtswegen von dem Tage der Auflösung der Gütergemeinschaft an Zinsen.

**1474.** Après que tous les prélèvements des deux époux ont été exécutés sur la masse, le surplus se partage par moitié entre les époux ou ceux qui les représentent.

**1474.** Nachdem alle Vorwegnahmen beider Ehegatten aus der Masse stattgefunden haben, wird der Ueberrest unter den Ehegatten oder deren Rechtsnachfolger nach Hälften geteilt.

**1475.** Si les héritiers de la femme sont divisés, en sorte que l'un ait accepté la communauté à laquelle l'autre a renoncé, celui qui a accepté ne peut prendre que sa portion virile et héréditaire dans les biens qui échoient au lot de la femme.

Le surplus reste au mari, qui demeure chargé, envers l'héritier renonçant, des droits que la femme aurait pu exercer en cas de renonciation, mais jusqu'à concurrence seule-

**1475.** Sind die Erben der Frau nicht einig, so daß der eine die Gütergemeinschaft angenommen, der andere auf dieselbe verzichtet hat, so kann der, welcher angenommen hat, aus den Gütern, welche in das Los der Frau fallen, nur den ihm persönlich zustehenden Erbanteil nehmen.

Der Ueberrest verbleibt dem Manne, welcher dem verzichtenden Erben gegenüber für die Rechte, welche die Frau im Falle des Verzichts hätte ausüben können, haftbar bleibt;

ment de la portion virile héréditaire du renonçant.

1476. Au surplus, le partage de la communauté, pour tout ce qui concerne ses formes, la licitation des immeubles quand il y a lieu, les effets du partage, la garantie qui en résulte, et les soultes, est soumis à toutes les règles qui sont établies au titre *Des successions* pour les partages entre cohéritiers.

1477. Celui des époux qui aurait diverti ou recélé quelques effets de la communauté, est privé de sa portion dans lesdits effets.

1478. Après le partage consommé, si l'un des deux époux est créancier personnel de l'autre, comme lorsque le prix de son bien a été employé à payer une dette personnelle de l'autre époux, ou pour toute autre cause, il exerce sa créance sur la part qui est échue à celui-ci dans la communauté ou sur ses biens personnels.

1479. Les créances personnelles que les époux ont à exercer l'un contre l'autre, ne portent intérêt que du jour de la demande en justice.

1480. Les donations que l'un des époux a pu faire à l'autre, ne s'exécutent que sur la part du donateur dans la communauté, et sur ses biens personnels.

1481. Le deuil de la femme est aux frais des héritiers du mari prédécédé.

La valeur de ce deuil est réglée selon la fortune du mari.

Il est dû même à la femme qui renonce à la communauté.

§ 2. — Du passif de la communauté, et de la contribution aux dettes.

1482. Les dettes de la communauté sont pour moitié à la charge de chacun des époux ou de leurs héritiers: les frais de scellé, inventaire, vente de mobilier, liquidation, licitation et partage, font partie de ces dettes.

1483. La femme n'est tenue des dettes de la communauté, soit à l'égard du mari, soit à l'égard des créanciers, que jusqu'à concurrence de son émolument, pourvu qu'il y ait eu bon et fidèle inventaire, et en rendant compte tant du contenu de cet inventaire que de ce qui lui est échu par le partage.

1484. Le mari est tenu, pour la totalité, des dettes de la communauté par lui contractées; sauf son recours contre la femme ou ses héritiers pour la moitié desdites dettes.

---

dies jedoch nur bis zum Betrage des persönlichen Erbanteils des Verzichtenden.

1476. Im Uebrigen ist die Teilung der Gütergemeinschaft in allem, was die Förmlichkeiten derselben, die etwa statthabende Versteigerung der Liegenschaften, die Wirkungen der Teilung, die aus derselben entstehenden Verbindlichkeit zur Gewährleistung und die Ausgleichssummen, betrifft, allen für die Teilungen unter Miterben in dem Titel «Erbschaft» aufgestellten Regeln unterworfen.

1477. Der Ehegatte, welcher Sachen der Gütergemeinschaft entwendet oder verheimlicht hat, wird seines Anteils an diesen Sachen verlustig.

1478. Ist nach vollendeter Teilung einer der beiden Ehegatten persönlicher Gläubiger des andern, zum Beispiel weil der Preis seiner Sache zur Bezahlung einer persönlichen Schuld des andern Ehegatten verwendet worden ist, oder aus irgend einem andern Grunde, so kann er seine Forderung auf den Anteil, welcher jenem aus der Gütergemeinschaft zufällt oder auf dessen persönliche Güter geltend machen.

1479. Die persönlichen Forderungen, welche die Ehegatten an einander zu machen haben, tragen erst von dem Tage der gerichtlichen Klage an Zinsen.

1480. Schenkungen, welche ein Ehegatte dem andern etwa gemacht hat, können nur auf den Anteil des Schenkers an der Gütergemeinschaft und auf dessen persönliche Güter geltend gemacht werden.

1481. Die Trauerkosten der Frau fallen den Erben des verstorbenen Mannes zur Last.

Der Betrag dieser Trauerkosten richtet sich nach dem Vermögen des Mannes.

Sie werden der Frau selbst dann geschuldet, wenn sie auf die Gütergemeinschaft verzichtet.

§ 2. — Schulden der Gütergemeinschaft und Beitragspflicht zu den Schulden.

1482. Die Schulden der Gütergemeinschaft fallen jedem der Ehegatten oder deren Erben zur Last; die Kosten der Siegelanlage, des Inventars, des Verkaufes der beweglichen Güter, der Liquidation, der Lizitation und der Teilung bilden einen Teil dieser Schulden.

1483. Die Frau haftet für die Schulden der Gütergemeinschaft sowohl dem Manne als den Gläubigern gegenüber nur bis zum Betrage dessen, was sie aus derselben bezieht, vorausgesetzt, daß ein genaues und getreues Inventar gemacht worden ist, und daß sie sowohl über das in diesem Inventar Aufgeführte als über das, was ihr durch die Teilung zugefallen ist, Rechnung legt.

1484. Der Mann haftet für den ganzen Betrag der Schulden der Gütergemeinschaft, welche von ihm eingegangen worden sind, vorbehaltlich seines Rückgriffes gegen die Frau oder deren Erben wegen der Hälfte dieser Schulden.

**1485.** Il n'est tenu que pour moitié, de celles personnelles à la femme et qui étaient tombées à la charge de la communauté.

**1486.** La femme peut être poursuivie pour la totalité des dettes qui procèdent de son chef et étaient entrées dans la communauté, sauf son recours contre le mari ou son héritier, pour la moitié desdites dettes.

**1487.** La femme, même personnellement obligée pour une dette de communauté, ne peut être poursuivie que pour la moitié de cette dette, à moins que l'obligation ne soit solidaire.

**1488.** La femme qui a payé une dette de la communauté au delà de sa moitié, n'a point de répétition contre le créancier pour l'excédent, à moins que la quittance n'exprime que ce qu'elle a payé était pour sa moitié.

**1489.** Celui des deux époux qui, par l'effet de l'hypothèque exercée sur l'immeuble à lui échu en partage, se trouve poursuivi pour la totalité d'une dette de communauté, a de droit son recours pour la moitié de cette dette contre l'autre époux ou ses héritiers.

**1490.** Les dispositions précédentes ne font point obstacle à ce que, par le partage, l'un ou l'autre des copartageants soit chargé de payer une quotité de dettes autre que la moitié, même de les acquitter entièrement.

Toutes les fois que l'un des copartageants a payé des dettes de la communauté au delà de la portion dont il était tenu, il y a lieu au recours de celui qui a trop payé contre l'autre.

**1491.** Tout ce qui est dit ci-dessus à l'égard du mari ou de la femme, a lieu à l'égard des héritiers de l'un ou de l'autre; et ces héritiers exercent les mêmes droits et sont soumis aux mêmes actions que le conjoint qu'ils représentent.

SECTION VI.

De la renonciation à la communauté, et de ses effets.

**1492.** La femme qui renonce, perd toute espèce de droit sur les biens de la communauté, et même sur le mobilier qui y est entré de son chef.

Elle retire seulement les linges et hardes à son usage.

**1493.** La femme renonçante a le droit de reprendre:

1° Les immeubles à elle appartenant, lorsqu'ils existent en nature, ou l'immeuble qui a été acquis en remploi;

---

**1485.** Er haftet nur für die Hälfte der persönlichen Schulden der Frau, welche der Gütergemeinschaft zur Last gefallen sind.

**1486.** Die Frau kann für den ganzen Betrag der von ihrer Seite herrührenden Schulden, welche in die Gütergemeinschaft gefallen sind, belangt werden, vorbehaltlich ihres Rückgriffs gegen den Mann oder dessen Erben wegen der Hälfte dieser Schulden.

**1487.** Die Frau kann, selbst wenn sie für eine Schuld der Gütergemeinschaft persönlich verpflichtet ist, nur für die Hälfte dieser Schuld belangt werden, es sei denn, daß die Verpflichtung samtverbindlich abgeschlossen ist.

**1488.** Die Frau, welche von einer Schuld der Gütergemeinschaft mehr als die Hälfte gezahlt hat, hat wegen des Ueberschusses gegen den Gläubiger kein Rückforderungsrecht, sofern die Quittung nicht besagt, daß die Zahlung auf ihre Hälfte gemacht sei.

**1489.** Derjenige von beiden Ehegatten, welcher in Folge einer Hypothek, die auf eine in der Teilung ihm zugefallene Liegenschaft geltend gemacht wird, auf den ganzen Betrag einer Schuld der Gütergemeinschaft belangt wird, hat wegen der Hälfte dieser Schuld von Rechtswegen einen Rückgriff gegen den anderen Ehegatten oder dessen Erben.

**1490.** Die vorstehenden Bestimmungen hindern nicht, daß bei der Teilung dem einen oder dem andern der Teilenden die Verbindlichkeit auferlegt werde, einen anderen Teil der Schulden als die Hälfte zu bezahlen oder dieselbe ganz zu tilgen.

In allen Fällen, in welchen einer der Teilenden mehr als den ihm obliegenden Teil der Schulden der Gütergemeinschaft bezahlt hat, hat der, welcher zu viel gezahlt hat, einen Rückgriff gegen den andern.

**1491.** Alles, was oben bezüglich des Mannes oder der Frau bestimmt ist, gilt auch bezüglich der Erben des einen oder des andern; diesen Erben stehen dieselben Rechte zu und sie sind denselben Klagen unterworfen, wie der Ehegatte, der ihr Rechtsvorgänger ist.

SECHSTER ABSCHNITT.

Verzicht auf die Gütergemeinschaft und Wirkungen derselben.

**1492.** Die Frau, welche Verzicht leistet, verliert jedwedes Recht auf die Güter der Gemeinschaft und zwar selbst auf die von ihr in dieselbe eingebrachten beweglichen Güter.

Sie nimmt nur die Wäsche und die in ihrem Gebrauche befindlichen Kleidungsstücke zurück.

**1493.** Die verzichtende Frau hat das Recht zurückzunehmen:

1. die ihr gehörenden Liegenschaften, wenn sie noch in Natur vorhanden sind, oder die Liegenschaft, welche als Wiederanlage erworben worden ist;

2º Le prix de ses immeubles aliénés dont le remploi n'a pas été fait et accepté comme il est dit ci-dessus;

3º Toutes les indemnités qui peuvent lui être dues par la communauté.

1494. La femme renonçante est déchargée de toute contribution aux dettes de la communauté, tant à l'égard du mari qu'à l'égard des créanciers. Elle reste néanmoins tenue envers ceux-ci lorsqu'elle s'est obligée conjointement avec son mari, ou lorsque la dette, devenue dette de la communauté, provenait originairement de son chef; le tout sauf son recours contre le mari ou ses héritiers.

1495. Elle peut exercer toutes les actions et reprises ci-dessus détaillées, tant sur les biens de la communauté que sur les biens personnels du mari.

Ses héritiers le peuvent de même, sauf en ce qui concerne le prélèvement des linges et hardes, ainsi que le logement et la nourriture pendant le délai donné pour faire inventaire et délibérer; lesquels droits sont purement personnels à la femme survivante.

DISPOSITION
relative à la communauté légale, lorsque l'un des époux ou tous deux ont des enfants de précédents mariages.

1496. Tout ce qui est dit ci-dessus, sera observé même lorsque l'un des époux ou tous deux auront des enfants de précédents mariages.

Si toutefois la confusion du mobilier et des dettes opérait, au profit de l'un des époux, un avantage supérieur à celui qui est autorisé par l'article 1098, au titre *Des donations entre vifs et des testaments*, les enfants du premier lit de l'autre époux auront l'action en retranchement.

DEUXIÈME PARTIE.

**De la communauté conventionnelle, et des conventions qui peuvent modifier ou même exclure la communauté légale.**

1497. Les époux peuvent modifier la communauté légale par toute espèce de conventions non contraires aux articles 1387, 1388, 1389 et 1390.

Les principales modifications sont celles qui ont lieu en stipulant de l'une ou de l'autre des manières qui suivent; savoir:

1º Que la communauté n'embrassera que les acquêts;

2º Que le mobilier présent ou futur n'entrera point en communauté, ou n'y entrera que pour une partie;

3º Qu'on y comprendra tout ou partie des immeubles présents ou futurs, par la voie de l'ameublissement;

---

2. den Preis ihrer veräußerten Liegenschaften, dessen Wiederanlage nicht auf die oben bestimmte Weise erfolgt und angenommen worden ist;

3 alle Entschädigungen, welche ihr etwa seitens der Gütergemeinschaft geschuldet werden.

1494. Die verzichtende Ehefrau ist von jedem Beitrage zu den Schulden der Gütergemeinschaft sowohl dem Manne als den Gläubigern gegenüber befreit. Sie bleibt jedoch den letzteren gegenüber haftbar, wenn sie sich mit ihrem Manne gemeinschaftlich verpflichtet hat, oder wenn die in die Gütergemeinschaft gefallene Schuld ursprünglich von ihr herrührte; alles vorbehaltlich ihres Rückgriffes gegen den Mann oder dessen Erben.

1495. Sie kann alle oben näher angegebenen Klagen und Ersatzforderungen sowohl gegen die Güter der Gemeinschaft als gegen die persönlichen Güter des Mannes geltend machen.

Ihre Erben können es ebenfalls, mit Ausnahme der Vorwegnahme der Wäsche und der Kleidungsstücke, sowie des Anspruchs auf Wohnung und Nahrung während der zur Errichtung des Inventars und zur Ueberlegung gestatteten Frist; dieses sind rein persönliche Rechte der überlebenden Ehefrau.

BESTIMMUNG
hinsichtlich der gesetzlichen Gütergemeinschaft für den Fall, daß einer der Ehegatten oder beide Kinder aus früheren Ehen haben.

1496. Alle obigen Bestimmungen sind selbst dann zu beobachten, wenn einer der Ehegatten oder beide Ehegatten Kinder aus früheren Ehen haben.

Wenn jedoch die Vereinigung der beweglichen Güter und der Schulden in einer Person einem der Ehegatten einen größeren Vorteil verschaffen würde, als der Art. 1098 in dem Titel «Schenkungen unter Lebenden und Testamente» gestattet, so haben die Kinder erster Ehe des andern Ehegatten eine Klage auf Minderung.

ZWEITER TEIL.

**Vertragsmässige Gütergemeinschaft und Vereinbarungen, welche die gesetzliche Gütergemeinschaft abändern oder selbst ausschliessen können.**

1497. Die Ehegatten können die gesetzliche Gütergemeinschaft durch jede Art von Vereinbarungen, welche den Art. 1387, 1388, 1389 und 1390 nicht zuwider sind, abändern.

Die hauptsächlichsten Abänderungen sind diejenigen, welche durch eine oder die andere der nachfolgenden Vereinbarungen eintreten, nämlich:

1. daß die Gütergemeinschaft sich nur auf die Errungenschaft erstrecken solle;

2. daß die gegenwärtigen oder künftigen beweglichen Güter nicht oder nur zum Teil in die Gütergemeinschaft fallen sollen;

3. daß man die gegenwärtigen oder künftigen Liegenschaften ganz oder zum Teil auf dem Wege der Entliegenschaftlichung in dieselbe einschließen wolle;

4⁰ Que les époux payeront séparément leurs dettes antérieures au mariage ;

5⁰ Qu'en cas de renonciation, la femme pourra reprendre ses apports francs et quittes ;

6⁰ Que le survivant aura un préciput ;

7⁰ Que les époux auront des parts inégales ;

8⁰ Qu'il y aura entre eux communauté à titre universel.

### SECTION PREMIÈRE.

#### De la communauté réduite aux acquêts.

**1498.** Lorsque les époux stipulent qu'il n'y aura entre eux qu'une communauté d'acquêts, ils sont censés exclure de la communauté et les dettes de chacun d'eux actuelles et futures, et leur mobilier respectif présent et futur.

En ce cas, et après que chacun des époux a prélevé ses apports dûment justifiés, le partage se borne aux acquêts faits par les époux ensemble ou séparément durant le mariage, et provenant tant de l'industrie commune que des économies faites sur les fruits et revenus des biens des deux époux.

**1499.** Si le mobilier existant lors du mariage, ou échu depuis, n'a pas été constaté par inventaire ou état en bonne forme, il est réputé acquêt.

### SECTION II.

#### De la clause qui exclut de la communauté le mobilier en tout ou partie.

**1500.** Les époux peuvent exclure de leur communauté tout leur mobilier présent et futur.

Lorsqu'ils stipulent qu'ils en mettront réciproquement dans la communauté jusqu'à concurrence d'une somme ou d'une valeur déterminée, ils sont, par cela seul, censés se réserver le surplus.

**1501.** Cette clause rend l'époux débiteur envers la communauté, de la somme qu'il a promis d'y mettre, et l'oblige à justifier de cet apport.

**1502.** L'apport est suffisamment justifié, quant au mari, par la déclaration portée au contrat de mariage que son mobilier est de telle valeur.

Il est suffisamment justifié, à l'égard de la femme, par la quittance que le mari lui donne, ou à ceux qui l'ont dotée.

**1503.** Chaque époux a le droit de reprendre et de prélever, lors de la dissolution de la

---

4. daß jeder Ehegatte seine vorehelichen Schulden für sich besonders bezahlen solle ;

5. daß die Frau im Falle des Verzichtes ihr eingebrachtes Gut schuldenfrei zurücknehmen könne ;

6. daß der Ueberlebende einen Vorempfang erhalten solle ;

7. daß die Ehegatten ungleiche Anteile haben sollen ;

8. daß unter denselben die allgemeine Gütergemeinschaft herrschen solle.

### ERSTER ABSCHNITT.

#### Auf die Errungenschaft beschränkte Gütergemeinschaft.

**1498.** Wenn die Ehegatten verabreden, daß unter ihnen nur eine Gemeinschaft der Errungenschaft stattfinden solle, so wird angenommen, daß sie die gegenwärtigen und künftigen Schulden eines jeden von ihnen und ihre beiderseitigen gegenwärtigen und künftigen beweglichen Güter von der Gemeinschaft ausschließen.

In diesem Falle beschränkt sich, nachdem ein jeder der Ehegatten sein gehörig erwiesenes Einbringen vorweg genommen hat, die Teilung auf die Errungenschaften, welche die Ehegatten zusammen oder einzeln während der Ehe gemacht haben und welche sowohl aus der gemeinsamen Tätigkeit als aus Ersparnissen an den Früchten und Einkünften der Güter beider Ehegatten herrühren.

**1499.** Sind die bei Eingehung der Ehe vorhandenen oder seitdem anerfallenen beweglichen Güter nicht durch ein Inventar oder ein ordnungsmäßiges Verzeichnis festgestellt, so werden sie als Errungenschaft angesehen.

### ZWEITER ABSCHNITT.

#### Gänzlicher oder teilweiser Ausschluss der beweglichen Güter von der Gütergemeinschaft.

**1500.** Die Ehegatten können ihre gesamten gegenwärtigen und künftigen beweglichen Güter von der Gütergemeinschaft ausschließen.

Vereinbaren sie, daß sie davon gegenseitig bis zum Betrage einer bestimmten Summe oder eines bestimmten Wertes in die Gütergemeinschaft einbringen wollen, so wird deshalb allein schon angenommen, daß sie sich das übrige vorbehalten haben.

**1501.** Durch diese Klausel wird der Ehegatte für die Summe, welche er einzubringen versprochen hat, Schuldner der Gütergemeinschaft und verpflichtet nachzuweisen, daß dies Einbringen erfolgt ist.

**1502.** Das Einbringen des Mannes wird hinreichend durch die im Ehevertrage enthaltene Erklärung nachgewiesen, daß seine beweglichen Güter so und so viel wert sind.

Hinsichtlich der Frau wird es hinreichend nachgewiesen durch die Quittung, welche der Mann ihr oder denjenigen erteilt, welche sie ausgestattet haben.

**1503.** Jeder Ehegatte hat das Recht, bei Auflösung der Gütergemeinschaft denjenigen

communauté, la valeur de ce dont le mobilier qu'il a apporté lors du mariage, ou qui lui est échu depuis, excédait sa mise en communauté.

**1504.** Le mobilier qui échoit à chacun des époux pendant le mariage, doit être constaté par un inventaire.

A défaut d'inventaire du mobilier échu au mari, ou d'un titre propre à justifier de sa consistance et valeur, déduction faite des dettes, le mari ne peut en exercer la reprise.

Si le défaut d'inventaire porte sur un mobilier échu à la femme, celle-ci ou ses héritiers sont admis à faire preuve, soit par titres, soit par témoins, soit même par commune renommée, de la valeur de ce mobilier.

SECTION III.

De la clause d'ameublissement.

**1505.** Lorsque les époux ou l'un d'eux font entrer en communauté tout ou partie de leurs immeubles présents ou futurs, cette clause s'appelle *ameublissement*.

**1506.** L'ameublissement peut être déterminé ou indéterminé.

Il est déterminé quand l'époux a déclaré ameublir et mettre en communauté un tel immeuble en tout ou jusqu'à concurrence d'une certaine somme.

Il est indéterminé quand l'époux a simplement déclaré apporter en communauté ses immeubles, jusqu'à concurrence d'une certaine somme.

**1507.** L'effet de l'ameublissement déterminé est de rendre l'immeuble ou les immeubles qui en sont frappés, biens de la communauté comme les meubles mêmes.

Lorsque l'immeuble ou les immeubles de la femme sont ameublis en totalité, le mari en peut disposer comme des autres effets de la communauté, et les aliéner en totalité.

Si l'immeuble n'est ameubli que pour une certaine somme, le mari ne peut l'aliéner qu'avec le consentement de la femme; mais il peut l'hypothéquer sans son consentement, jusqu'à concurrence seulement de la portion ameublie.

**1508.** L'ameublissement indéterminé ne rend point la communauté propriétaire des immeubles qui en sont frappés; son effet se réduit à obliger l'époux qui l'a consenti, à comprendre dans la masse, lors de la dissolution de la communauté, quelques-uns de ses immeubles jusqu'à concurrence de la somme par lui promise.

Code civil.

Wert zurück und vorweg zu nehmen, um welchen die bei Eingehung der Ehe von ihm eingebrachten oder nachher ihm anerfallenen beweglichen Güter seine Einlage in die Gütergemeinschaft übersteigt.

**1504.** Die beweglichen Güter, welche einem jeden der Ehegatten während der Ehe anerfallen, müssen durch ein Inventar festgestellt werden.

In Ermangelung eines Inventars über die dem Manne anerfallenen beweglichen Güter oder einer Urkunde, welche Bestand und Wert derselben nach Abzug der Schulden zu beweisen geeignet ist, kann der Mann dieselben nicht zurücknehmen.

Betrifft der Mangel eines Inventars bewegliches Vermögen, welches der Frau anerfallen ist, so wird diese oder deren Erben zum Beweise des Wertes desselben sowohl durch Urkunden als durch Zeugen und selbst durch den gemeinsamen Ruf zugelassen.

DRITTER ABSCHNITT.

Vereinbarung der Entliegenschaftlichung

**1505.** Lassen die Ehegatten oder einer von ihnen, ihre gegenwärtigen oder künftigen Liegenschaften ganz oder zum Teil in die Gütergemeinschaft fallen, so nennt man diese Vereinbarung «Entliegenschaftlichung».

**1506.** Die Entliegenschaftlichung kann bestimmt oder unbestimmt sein.

Sie ist bestimmt, wenn der Ehegatte erklärt hat, daß er eine gewisse Liegenschaft ganz oder bis zum Betrage einer gewissen Summe entliegenschafte und in die Gütergemeinschaft einbringe.

Sie ist unbestimmt, wenn der Ehegatte bloß erklärt hat, daß er seine Liegenschaften bis zum Betrage einer gewissen Summe in die Gütergemeinschaft einbringe.

**1507.** Die Wirkung der bestimmten Entliegenschaftlichung besteht darin, daß die Liegenschaft oder die Liegenschaften, welche von derselben betroffen werden, ganz ebenso wie die Fahrnisstücke, Bestandteile der Gütergemeinschaft werden.

Ist eine Liegenschaft oder sind die Liegenschaften der Frau ganz entliegenschaftet worden, so kann der Mann darüber wie über andere Gegenstände der Gütergemeinschaft verfügen und sie ganz veräußern.

Ist die Liegenschaft nur bis zu einer gewissen Summe entliegenschaftet worden, so kann der Mann sie nur mit Einwilligung der Frau veräußern; aber er kann sie ohne deren Einwilligung, jedoch nur bis zum Betrage des entliegenschafteten Teiles, hypothekarisch belasten.

**1508.** Die unbestimmte Entliegenschaftlichung macht die Gütergemeinschaft nicht zur Eigentümerin der davon betroffenen Liegenschaften; ihre Wirkung beschränkt sich darauf, daß sie den sie bewilligenden Ehegatten verpflichtet, bei Auflösung der Gütergemeinschaft einige seiner Liegenschaften bis zum Betrage der von ihm versprochenen Summe in die Masse zu werfen.

14

Le mari ne peut, comme en l'article précédent, aliéner en tout ou en partie, sans le consentement de sa femme, les immeubles sur lesquels est établi l'ameublissement indéterminé; mais il peut les hypothéquer jusqu'à concurrence de cet ameublissement.

**1509.** L'époux qui a ameubli un héritage, a, lors du partage, la faculté de le retenir en le précomptant sur sa part pour le prix qu'il vaut alors; et ses héritiers ont le même droit.

### SECTION IV.

#### De la clause de séparation des dettes.

**1510.** La clause par laquelle les époux stipulent qu'ils payeront séparément leurs dettes personnelles, les oblige à se faire, lors de la dissolution de la communauté, respectivement raison des dettes qui sont justifiées avoir été acquittées par la communauté à la décharge de celui des époux qui en était débiteur.

Cette obligation est la même, soit qu'il y ait eu inventaire ou non: mais, si le mobilier apporté par les époux n'a pas été constaté par un inventaire ou état authentique antérieur au mariage, les créanciers de l'un et de l'autre des époux peuvent, sans avoir égard à aucune des distinctions qui seraient réclamées, poursuivre leur payement sur le mobilier non inventorié, comme sur tous les autres biens de la communauté.

Les créanciers ont le même droit sur le mobilier qui serait échu aux époux pendant la communauté, s'il n'a pas été pareillement constaté par un inventaire ou état authentique.

**1511.** Lorsque les époux apportent dans la communauté une somme certaine ou un corps certain, un tel apport emporte la convention tacite qu'il n'est point grevé de dettes antérieures au mariage; et il doit être fait raison par l'époux débiteur à l'autre, de toutes celles qui diminueraient l'apport promis.

**1512.** La clause de séparation des dettes n'empêche point que la communauté ne soit chargée des intérêts et arrérages qui ont couru depuis le mariage.

**1513.** Lorsque la communauté est poursuivie pour les dettes de l'un des époux, déclaré, par contrat, franc et quitte de toutes dettes antérieures au mariage, le conjoint a droit à une indemnité qui se prend soit sur la part de la communauté revenant à l'époux débiteur, soit sur les biens personnels dudit époux; et, en cas d'insuffisance, cette indemnité peut être poursuivie par voie de garantie

---

Der Mann kann nicht, wie im vorstehenden Artikel, die Liegenschaften, auf welche sich die unbestimmte Entliegenschaftlichung erstreckt, ganz oder teilweise ohne Einwilligung der Frau veräußern; er kann sie aber bis zum Betrage dieser Entliegenschaftlichung hypothekarisch belasten.

**1509.** Der Ehegatte, welcher ein Grundstück entliegenschaftet hat, kann bei der Teilung dasselbe für sich behalten, indem er es zu dem Werte, den es alsdann hat, auf seinen Anteil anrechnet; seine Erben haben dasselbe Recht.

### VIERTER ABSCHNITT.

#### Trennung der Schulden.

**1510.** Die Klausel, durch welche die Eheleute vereinbaren, daß ein jeder von ihnen seine persönlichen Schulden besonders bezahlen solle, verpflichtet sie, bei Auflösung der Gütergemeinschaft sich einander für diejenigen Schulden Vergütung zu leisten, welche erwiesenermaßen aus der Gütergemeinschaft zur Entlastung des Ehegatten, der sie schuldete, getilgt worden sind.

Diese Verpflichtung ist dieselbe, ob ein Inventar errichtet ist oder nicht; wenn aber die von den Ehegatten eingebrachten beweglichen Güter nicht vor der Ehe durch ein Inventar oder öffentliches Verzeichnis festgestellt worden sind, so können die Gläubiger des einen oder der anderen Ehegatten ohne Rücksicht auf irgend einen etwa geltend gemachten Unterschied sich wegen ihrer Zahlung sowohl an die nicht inventarisierten beweglichen Güter als an alle übrigen Gemeinschaftsgüter halten.

Die Gläubiger haben dasselbe Recht auf die den Ehegatten während der Gütergemeinschaft anerfallenen beweglichen Güter, wenn dieselben nicht durch ein Inventar oder ein öffentliches Verzeichnis festgestellt worden sind.

**1511.** Wenn die Ehegatten eine gewisse Summe oder eine bestimmte Sache in die Gütergemeinschaft einbringen, so enthält dieses Einbringen die stillschweigende Vereinbarung, daß der Gegenstand desselben nicht mit vorehelichen Schulden beschwert ist; und es muß der Ehegatte, welcher Schuldner ist, dem andern wegen aller der Schulden, welche das versprochene Einbringen mindern könnte, gerecht werden.

**1512.** Die Klausel der Schuldentrennung verhindert nicht, daß der Gütergemeinschaft die Zinsen und Renten zur Last fallen, welche seit Eingehung der Ehe laufen.

**1513.** Wird die Gütergemeinschaft wegen der Schulden eines Ehegatten verfolgt, bezüglich dessen in dem Ehevertrag erklärt worden ist, daß er von allen vorehelichen Schulden gänzlich frei sei, so hat der andere Ehegatte ein Recht auf Entschädigung, welche entnommen werden kann sowohl aus dem Anteile, der dem Ehegatten, welcher Schuldner war, aus der Gütergemeinschaft zufällt, als aus

contre le père, la mère, l'ascendant ou le tuteur qui l'auraient déclaré franc et quitte.

Cette garantie peut même être exercée par le mari durant la communauté, si la dette provient du chef de la femme; sauf, en ce cas, le remboursement dû par la femme ou ses héritiers aux garants, après la dissolution de la communauté.

### SECTION V.

**De la faculté accordée a la femme de reprendre son apport franc et quitte.**

**1514.** La femme peut stipuler qu'en cas de renonciation à la communauté, elle reprendra tout ou partie de ce qu'elle y aura apporté, soit lors du mariage, soit depuis; mais cette stipulation ne peut s'étendre au delà des choses formellement exprimées, ni au profit des personnes autres que celles désignées.

Ainsi la faculté de reprendre le mobilier que la femme a apporté lors du mariage, ne s'étend point à celui qui serait échu pendant le mariage.

Ainsi la faculté accordée à la femme ne s'étend point aux enfants; celle accordée à la femme et aux enfants ne s'étend point aux héritiers ascendants ou collatéraux.

Dans tous les cas, les rapports ne peuvent être repris que déduction faite des dettes personnelles à la femme, et que la communauté aurait acquittées.

### SECTION VI.

**Du préciput conventionnel.**

**1515.** La clause par laquelle l'époux survivant est autorisé à prélever, avant tout partage, une certaine somme ou une certaine quantité d'effets mobiliers en nature, ne donne droit à ce prélèvement, au profit de la femme survivante, que lorsqu'elle accepte la communauté, à moins que le contrat de mariage ne lui ait réservé ce droit, même en renonçant.

Hors le cas de cette réserve, le préciput ne s'exerce que sur la masse partageable, et non sur les biens personnels de l'époux prédécédé.

**1516.** Le préciput n'est point regardé comme un avantage sujet aux formalités des donations, mais comme une convention de mariage.

**1517.** La mort naturelle ou *civile* donne ouverture au préciput.

---

den persönlichen Gütern dieses Ehegatten; bei Unzulänglichkeit kann dieser Entschädigungsanspruch mittels einer Klage auf Gewährleistung gegen den Vater, die Mutter, den Aszendenten oder den Vormund, welche jenen für schuldenfrei erklärt haben, verfolgt werden.

Die Gewährleistung kann der Mann selbst während der Gütergemeinschaft geltend machen, wenn die Schuld von seiten der Frau herrührt; vorbehaltlich der Vergütung, welche in diesem Falle die Frau oder ihre Erben den Gewährleistenden nach Auflösung der Gütergemeinschaft schulden.

### FÜNFTER ABSCHNITT.

**Befugnis der Frau, ihr Einbringen schuldenfrei zurückzunehmen.**

**1514.** Die Frau kann sich ausbedingen, daß sie im Falle des Verzichts auf die Gütergemeinschaft das von ihr bei Eingehung der Ehe oder nachher Eingebrachte ganz oder zum Teil zurücknehmen könne; diese Verabredung kann aber nicht auf andere Sachen als diejenigen, welche dabei ausdrücklich aufgeführt sind, und ebensowenig auf andere Personen als diejenigen, welche darin bezeichnet sind, ausgedehnt werden.

Daher erstreckt sich die Befugnis der Frau, die bei Eingehung der Ehe von ihr eingebrachten beweglichen Güter zurückzunehmen, nicht auf diejenigen, die ihr etwa während der Ehe angefallen sind.

Daher erstreckt sich die der Frau eingeräumte Befugnis nicht auf die Kinder; die der Frau und den Kindern eingeräumte erstreckt sich nicht auf die Erben in der aufsteigenden oder Seitenlinie.

In allen Fällen kann das Einbringen nur nach Abzug der persönlichen Schulden der Frau, welche etwa aus der Gütergemeinschaft beglichen worden sind, zurückgenommen werden.

### SECHSTER ABSCHNITT.

**Vertragsmässiger Vorempfang.**

**1515.** Die Vereinbarung, durch welche der überlebende Ehegatte ermächtigt wird, vor aller Teilung eine bestimmte Summe oder eine bestimmte Menge beweglicher Sachen in Natur vorweg zu nehmen, begründet das Recht auf diese Vorwegnahme zu Gunsten der überlebenden Frau nur, wenn sie die Gütergemeinschaft annimmt; es sei denn, daß ihr der Ehevertrag dieses Recht selbst für den Fall des Verzichtes vorbehalten hätte.

Außer dem Falle dieses Vorbehalts kann die Vorwegnahme nur auf die zu verteilende Masse, nicht auf persönliche Güter des vorverstorbenen Ehegatten geltend gemacht werden.

**1516.** Die Vorwegnahme gilt nicht als eine den Förmlichkeiten der Schenkungen unterworfene Begünstigung, sondern als Teil einer Eheberedung.

**1517.** Der leibliche oder bürgerliche Tod eröffnet die Vorwegnahme.

**1518.** Lorsque la dissolution de la communauté s'opère par le divorce ou par la séparation de corps, il n'y a pas lieu à la délivrance actuelle du préciput; mais l'époux qui a obtenu soit le divorce, soit la séparation de corps, conserve ses droits au préciput en cas de survie. Si c'est la femme, la somme ou la chose qui constitue le préciput reste toujours provisoirement au mari, à la charge de donner caution.

**1519.** Les créanciers de la communauté ont toujours le droit de faire vendre les effets compris dans le préciput sauf le recours de l'époux, conformément à l'article 1515.

### SECTION VII.

**Des clauses par lesquelles on assigne à chacun des époux des parts inégales dans la communauté.**

**1520.** Les époux peuvent déroger au partage égal établi par la loi, soit en ne donnant à l'époux survivant ou à ses héritiers, dans la communauté, qu'une part moindre que la moitié, soit en ne lui donnant qu'une somme fixe pour tout droit de communauté, soit en stipulant que la communauté entière, en certains cas, appartiendra à l'époux survivant, ou à l'un d'eux seulement.

**1521.** Lorsqu'il a été stipulé que l'époux ou ses héritiers n'auront qu'une certaine part dans la communauté, comme le tiers ou le quart, l'époux ainsi réduit ou ses héritiers ne supportent les dettes de la communauté que proportionnellement à la part qu'ils prennent dans l'actif.

La convention est nulle si elle oblige l'époux ainsi réduit ou ses héritiers à supporter une plus forte part, ou si elle les dispense de supporter une part dans les dettes égale à celle qu'ils prennent dans l'actif.

**1522.** Lorsqu'il est stipulé que l'un des époux ou ses héritiers ne pourront prétendre qu'une certaine somme pour tout droit de communauté, la clause est un forfait qui oblige l'autre époux ou ses héritiers à payer la somme convenue, soit que la communauté soit bonne ou mauvaise, suffisante ou non pour acquitter la somme.

**1523.** Si la clause n'établit le forfait qu'à l'égard des héritiers de l'époux, celui-ci, dans le cas où il survit, a droit au partage légal par moitié.

**1524.** Le mari ou ses héritiers qui retiennent, en vertu de la clause énoncée en

**1518.** Wird die Gütergemeinschaft durch Ehescheidung oder durch Trennung von Tisch und Bett aufgelöst, so tritt keine sofortige Ueberlieferung des Vorempfangs ein; der Ehegatte, welcher die Ehescheidung oder die Trennung von Tisch und Bett erwirkt hat, behält jedoch für den Fall des Ueberlebens seine Rechte auf den Vorempfang. Ist es die Frau, so verbleibt die den Gegenstand des Vorempfangs bildende Summe oder Sache stets einstweilen dem Manne mit der Verpflichtung, Bürgschaft zu stellen.

**1519.** Die Gläubiger der Gütergemeinschaft haben stets das Recht, die unter dem Vorempfange begriffene Sachen verkaufen zu lassen, vorbehaltlich des Rückgriffes des Ehegatten in Gemäßheit des Art. 1515.

### SIEBENTER ABSCHNITT.

**Vereinbarungen, durch welche einem jeden der Ehegatten ungleiche Anteile an der Gütergemeinschaft angewiesen werden.**

**1520.** Die Ehegatten können die gesetzlich bestimmte gleichmäßige Teilung abändern, indem sie entweder dem überlebenden Ehegatten oder dessen Erben einen geringeren Teil als die Hälfte der Gütergemeinschaft anweisen, oder indem sie ihm für alle Ansprüche auf die Gütergemeinschaft nur eine bestimmte Summe anweisen, oder indem sie verabreden, daß in gewissen Fällen die ganze Gütergemeinschaft dem Ueberlebenden der Ehegatten oder nur einem von ihnen gehören solle.

**1521.** Wenn vereinbart worden ist, daß ein Ehegatte oder dessen Erben nur einen bestimmten Anteil an der Gütergemeinschaft, z. B. ein Drittel oder ein Viertel haben sollen, so haben der auf solche Weise beschränkte Ehegatte oder dessen Erben die Schulden der Gütergemeinschaft nur nach Verhältnis des Anteils zu tragen, welchen sie aus dem Vermögen derselben enthalten.

Die Vereinbarung ist nichtig, wenn sie den also beschränkten Ehegatten oder dessen Erben verpflichtet, einen größeren Anteil zu tragen, oder wenn sie dieselben davon entbindet, von den Schulden denjenigen Anteil zu tragen, welcher ihrer Beteiligung an dem Vermögen gleichkommt.

**1522.** Wenn vereinbart worden ist, daß einer der Ehegatten oder dessen Erben als ihr ganzes Recht an der Gütergemeinschaft nur eine gewisse Summe beanspruchen können, so enthält diese Vereinbarung einen Verding, welcher den anderen Ehegatten oder dessen Erben zur Zahlung der verabredeten Summe verpflichtet, ob die Gütergemeinschaft gut oder schlecht steht, oder zur Zahlung der Summe hinreichend ist oder nicht.

**1523.** Stellt diese Verabredung den Verding nur bezüglich der Erben des Ehegatten auf, so hat dieser, wenn er der Ueberlebende ist, ein Recht auf die gesetzliche Teilung nach Hälften.

**1524.** Der Mann oder dessen Erben, welche zufolge der in dem Art. 1520 erwähnten Ver-

l'article 1520. la totalité de la communauté, sont obligés d'en acquitter toutes les dettes.

Les créanciers n'ont. eu ce cas, aucune action contre la femme ni contre ses héritiers.

Si c'est la femme survivante qui a, moyennant une somme convenue, le droit de retenir toute la communauté contre les héritiers du mari, elle a le choix ou de leur payer cette somme, en demeurant obligée à toutes les dettes, ou de renoncer à la communauté, et d'en abandonner aux héritiers du mari les biens et les charges.

**1525.** Il est permis aux époux de stipuler que la totalité de la communauté appartiendra au survivant ou à l'un d'eux seulement, sauf aux héritiers de l'autre à faire la reprise des apports et capitaux tombés dans la communauté, du chef de leur auteur.

Cette stipulation n'est point réputée un avantage sujet aux règles relatives aux donations, soit quant au fond, soit quant à la forme, mais simplement une convention de mariage et entre associés.

### SECTION VIII.

#### De la communauté à titre universel.

**1526.** Les époux peuvent établir par leur contrat de mariage une communauté universelle de leurs biens tant meubles qu'immeubles, présents et à venir. ou de tous leurs biens présents seulement, ou de tous leurs biens à venir seulement.

#### Dispositions communes aux huit sections ci-dessus.

**1527.** Ce qui est dit aux huit sections ci-dessus, ne limite pas à leurs dispositions précises les stipulations dont est susceptible la communauté conventionnelle.

Les époux peuvent faire toutes autres conventions. ainsi qu'il est dit à l'article 1387, et sauf les modifications portées par les articles 1388, 1389 et 1390.

Néanmoins, dans le cas où il y aurait des enfants d'un précédent mariage, toute convention qui tendrait ses effets à donner à l'un des époux au delà de la portion réglée par l'article 1098, au titre *Des donations entre vifs et des testaments,* sera sans effet pour tous l'excédent de cette portion : mais les simples bénéfices résultant des travaux communs et des économies faites sur les revenus respectifs, quoique inégaux, des deux époux, ne sont pas considérés comme un avantage fait au préjudice des enfants du premier lit.

abredung die Gütergemeinschaft ganz behalten, sind verpflichtet, alle Schulden derselben zu bezahlen.

Die Gläubiger haben in diesem Falle keine Klage gegen die Frau oder deren Erben.

Ist es die überlebende Frau, welche gegen Entrichtung einer verabredeten Summe das Recht hat, die ganze Gütergemeinschaft gegenüber den Erben des Mannes zu behalten, so hat sie die Wahl, ihnen diese Summe zu bezahlen und alsdann für alle Schulden haftbar zu bleiben oder auf die Gütergemeinschaft zu verzichten und die Güter und Lasten den Erben des Mannes zu überlassen.

**1525.** Es ist den Ehegatten gestattet zu vereinbaren, daß die ganze Gütergemeinschaft dem Ueberlebenden oder einem von ihnen gehören solle, vorbehaltlich des Rechtes der Erben des andern auf Rücknahme der von Seiten ihres Erblassers eingebrachten Güter und Kapitalien, welche in die Gütergemeinschaft gefallen sind.

Diese Vereinbarung ist nicht als eine Begünstigung anzusehen, welche ihrem Inhalte oder ihrer Form nach den die Schenkungen betreffenden Regeln unterworfen wäre, sondern lediglich als Bestandteil einer Eheberedung und zwischen Gesellschafter.

### ACHTER ABSCHNITT.

#### Allgemeine Gütergemeinschaft.

**1526.** Die Ehegatten können durch ihren Ehevertrag eine allgemeine Gütergemeinschaft begründen bezüglich ihres beweglichen sowie unbeweglichen, gegenwärtigen und zukünftigen Vermögens, oder nur bezüglich ihres ganzen gegenwärtigen Vermögens. oder nur bezüglich ihres ganzen zukünftigen Vermögens.

#### Gemeinsame Bestimmungen betreffs obiger acht Abschnitte.

**1527.** Die Vereinbarungen, welche bei der vertragsmäßigen Gütergemeinschaft getroffen werden können, sind keineswegs gerade auf die in den obigen acht Abschnitten enthaltenen Bestimmungen beschränkt.

Die Ehegatten können jede andere Vereinbarung treffen, so wie dies in dem Art. 1387 bestimmt ist. und vorbehaltlich der in den Art. 1388, 1389 und 1390 enthaltenen Einschränkungen.

Es ist jedoch, wenn Kinder aus einer vorhergehenden Ehe vorhanden sind, jede Vereinbarung, deren Wirkung dahin gehen würde, dem einen der Ehegatten mehr als den in dem Art. 1098 in dem Titel «Schenkungen unter Lebenden und Testamente» bestimmten Teil zuzuwenden, bezüglich desjenigen Betrags unwirksam, um welchen jener Teil überschritten wird ; es gelten indessen diejenigen Vorteile, welche bloß durch die gemeinsame Arbeit oder durch Ersparungen aus den, wenn auch ungleichen, beiderseitigen Einkünften der Ehegatten gewonnen werden. nicht als eine zum Nachteile der Kinder erster Ehe geschehene Begünstigung.

1528. La communauté conventionnelle reste soumise aux règles de la communauté légale, pour tous les cas auxquels il n'y a pas été dérogé implicitement ou explicitement par le contrat.

### SECTION IX.
#### Des conventions exclusives de la communauté.

1529. Lorsque, sans se soumettre au régime dotal, les époux déclarent qu'ils se marient sans communauté, ou qu'ils seront séparés de biens, les effets de cette stipulation sont réglés comme il suit.

1. — De la clause portant que les époux se marient sans communauté.

1530. La clause portant que les époux se marient sans communauté, ne donne point à la femme le droit d'administrer ses biens, ni d'en percevoir les fruits: ces fruits sont censés apportés au mari pour soutenir les charges du mariage.

1531. Le mari conserve l'administration des biens meubles et immeubles de la femme, et, par suite, le droit de percevoir tout le mobilier qu'elle apporte en dot, ou qui lui échoit pendant le mariage, sauf la restitution qu'il en doit faire après la dissolution du mariage, ou après la séparation de biens qui serait prononcée par justice.

1532. Si, dans le mobilier apporté en dot par la femme, ou qui lui échoit pendant le mariage, il y a des choses dont on ne peut faire usage sans les consommer, il en doit être joint un état estimatif au contrat de mariage, ou il doit en être fait inventaire lors de l'échéance, et le mari en doit rendre le prix d'après l'estimation.

1533. Le mari est tenu de toutes les charges de l'usufruit.

1534. La clause énoncée au présent paragraphe ne fait point obstacle à ce qu'il soit convenu que la femme touchera annuellement, sur ses seules quittances, certaine portion de ses revenus pour son entretien et ses besoins personnels.

1535. Les immeubles constitués en dot, dans le cas du présent paragraphe, ne sont point inaliénables.

Néanmoins ils ne peuvent être aliénés sans le consentement du mari, et, à son refus, sans l'autorisation de la justice.

§ 2. — De la clause de séparation de biens.

1536. Lorsque les époux ont stipulé par leur contrat de mariage qu'ils seraient sé-

---

1528. Die vertragsmäßige Gütergemeinschaft bleibt den Regeln der gesetzlichen Gütergemeinschaft für alle die Fälle unterworfen, in welchen letztere nicht durch den Ehevertrag ausdrücklich oder folgerungsweise abgeändert worden ist.

### NEUNTER ABSCHNITT.
#### Verträge, welche die Gütergemeinschaft ausschliessen.

1529. Erklären die Ehegatten, ohne sich dem Dotalrecht zu unterwerfen, daß sie sich ohne Gütergemeinschaft verheiraten, oder daß sie in Gütern getrennt sein wollen, so richten sich die Wirkungen dieser Vereinbarung nach folgenden Regeln.

§. 1. — Vereinbarung, nach welcher sich die Eheleute ohne Gütergemeinschaft verheiraten.

1530. Die Vereinbarung, nach welcher die Ehegatten sich ohne Gütergemeinschaft verheiraten, gibt der Frau nicht das Recht, ihre Güter zu verwalten oder die Früchte derselben zu ziehen; diese Früchte gelten als dem Manne eingebracht, um die Lasten der Ehe zu bestreiten.

1531. Der Mann behält die Verwaltung der beweglichen und unbeweglichen Güter der Frau und demzufolge das Recht, sämtliche beweglichen Güter, welche sie als Heiratsgut einbringt, oder welche ihr während der Ehe anerfallen, in Empfang zu nehmen, vorbehaltlich der Wiedererstattung, zu welcher er nach Auflösung der Ehe oder nach gerichtlich ausgesprochener Gütertrennung verpflichtet ist.

1532. Befinden sich unter den beweglichen Gütern, welche die Frau als Heiratsgut einbringt, oder welche ihr während der Ehe anerfallen, Sachen, die man nicht gebrauchen kann, ohne sie zu verbrauchen, so muß ein Verzeichnis derselben mit Abschätzung dem Ehevertrag beigefügt oder bei dem Anfalle derselben ein Inventar darüber errichtet werden, und es muß der Mann den Preis derselben gemäß der Abschätzung zurückerstatten.

1533. Dem Manne liegen alle mit dem Nießbrauche verbundenen Lasten ob.

1534. Die in diesem Paragraphen angeführte Vereinbarung steht der Uebereinkunft nicht im Wege, daß die Frau für ihren Unterhalt und ihre persönlichen Bedürfnisse jährlich einen gewissen Teil ihrer Einkünfte gegen bloß von ihr ausgestellte Quittungen beziehen soll.

1535. Die in dem Falle dieses Paragraphen zum Heiratsgut bestellten Liegenschaften sind nicht unveräußerlich.

Sie können jedoch nicht ohne Einwilligung des Mannes, und bei dessen Weigerung nicht ohne Genehmigung des Gerichts veräußert werden.

§ 2. Gütertrennung.

1536. Wenn die Ehegatten in ihrem Ehevertrage vereinbart haben, daß sie in Gütern

parés de biens, la femme conserve l'entière administration de ses biens meubles et immeubles, et la jouissance libre de ses revenus.

**1537.** Chacun des époux contribue aux charges du mariage, suivant les conventions contenues en leur contrat; et, s'il n'en existe point à cet égard, la femme contribue à ces charges jusqu'à concurrence du tiers de ses revenus.

**1538.** Dans aucun cas, ni à la faveur d'aucune stipulation, la femme ne peut aliéner ses immeubles sans le consentement spécial de son mari, ou, à son refus, sans être autorisée par justice.

Toute autorisation générale d'aliéner les immeubles donnée à la femme, soit par contrat de mariage, soit depuis, est nulle.

**1539.** Lorsque la femme séparée a laissé la jouissance de ses biens à son mari, celui-ci n'est tenu, soit sur la demande que sa femme pourrait lui faire, soit à la dissolution du mariage, qu'à la représentation des fruits existants, et il n'est point comptable de ceux qui ont été consommés jusqu'alors.

## CHAPITRE III.

### Du régime dotal.

**1540.** La dot, sous ce régime comme sous celui du chapitre 2, est le bien que la femme apporte au mari pour supporter les charges du mariage.

**1541.** Tout ce que la femme se constitue ou qui lui est donné en contrat de mariage, est dotal, s'il n'y a stipulation contraire.

### SECTION PREMIÈRE.

#### De la constitution de dot.

**1542.** La constitution de dot peut frapper tous les biens présents et à venir de la femme, ou tous ses biens présents seulement, ou une partie de ses biens présents et à venir, ou même un objet individuel.

La constitution, en termes généraux, de tous les biens de la femme, ne comprend pas les biens à venir.

**1543.** La dot ne peut être constituée ni même augmentée pendant le mariage.

**1544.** Si les père et mère constituent conjointement une dot, sans distinguer la part de chacun, elle sera censée constituée par portions égales.

Si la dot est constituée par le père seul pour droits paternels et maternels, la mère, quoique présente au contrat, ne sera point engagée, et la dot demeurera en entier à la charge du père.

getrennt sein wollen, so behält die Frau die unbeschränkte Verwaltung ihrer beweglichen und unbeweglichen Güter und den freien Genuß ihrer Einkünfte.

**1537.** Ein jeder der beiden Ehegatten trägt nach der in ihrem Vertrage enthaltenen Vereinbarung zu den Lasten der Ehe bei; ist hierüber keine Vereinbarung getroffen, so trägt die Frau zu diesen Lasten bis zum Betrage eines Drittels ihrer Einkünfte bei.

**1538.** In keinem Fall, auch nicht auf Grund irgend einer Vereinbarung kann die Frau ohne besondere Einwilligung ihres Mannes oder bei dessen Weigerung ohne gerichtliche Ermächtigung ihre Liegenschaften veräußern.

Jede allgemeine Ermächtigung, welche der Frau zur Veräußerung ihrer Liegenschaften, sei es im Ehevertrag oder nachher erteilt wird, ist nichtig.

**1539.** Hat die in Gütertrennung stehende Frau den Genuß ihres Vermögens ihrem Manne überlassen, so ist dieser auf etwaiges Verlangen der Frau oder bei Auflösung der Ehe nur zur Herausgabe der vorhandenen Früchte verpflichtet; über die bis dahin verzehrten, braucht er keine Rechnung zu legen.

## DRITTES KAPITEL.

### Dotalrecht.

**1540.** Heiratsgut (Mitgift) ist unter diesem Recht sowie unter demjenigen des zweiten Kapitels dasjenige Vermögen, welches die Frau dem Manne einbringt, um die Lasten der Ehe zu bestreiten.

**1541.** Alles was in dem Ehevertrage die Frau sich bestellt oder ihr darin gegeben wird, ist Heiratsgut, wenn nicht eine entgegenstehende Vereinbarung getroffen ist.

### ERSTER ABSCHNITT.

#### Bestellung des Heiratsgutes (Mitgift).

**1542.** Die Bestellung des Heiratsgutes kann alle gegenwärtigen und zukünftigen Güter der Frau, oder nur alle ihre gegenwärtigen Güter, oder einen Teil ihrer gegenwärtigen und zukünftigen Güter, oder auch nur eine einzelne Sache zum Gegenstande haben.

Die in allgemeinen Ausdrücken geschehene Bestellung von allen Gütern der Frau umfaßt nicht die künftigen Güter.

**1543.** Das Heiratsgut kann während der Ehe weder bestellt, noch auch nur vergrößert werden.

**1544.** Wenn die Eltern zusammen ein Heiratsgut bestellen, ohne den Anteil eines jeden zu bestimmen, so gilt es als zu gleichen Teilen bestellt.

Wird das Heiratsgut von dem Vater allein für das väterliche und mütterliche Vermögen bestellt, so wird die Mutter, selbst wenn sie bei dem Vertrage zugegen ist, nicht verpflichtet; es bleibt das Heiratsgut ganz dem Vater zur Last.

**1545.** Si le survivant des père ou mère constitue une dot pour biens paternels et maternels, sans spécifier les portions, la dot se prendra d'abord sur les droits du futur époux dans les biens du conjoint prédécédé, et le surplus sur les biens du constituant.

**1546.** Quoique la fille dotée par ses père et mère ait des biens à elle propres dont ils jouissent, la dot sera prise sur les biens des constituants, s'il n'y a stipulation contraire.

**1547.** Ceux qui constituent une dot, sont tenus à la garantie des objets constitués.

**1548.** Les intérêts de la dot courent de plein droit, du jour du mariage, contre ceux qui l'ont promise, encore qu'il y ait terme pour le payement, s'il n'y a stipulation contraire.

### SECTION II.

**Des droits du mari sur les biens dotaux, et de l'inaliénabilité du fonds dotal.**

**1549.** Le mari seul a l'administration des biens dotaux pendant le mariage.

Il a seul le droit d'en poursuivre les débiteurs et détenteurs, d'en percevoir les fruits et les intérêts, et de recevoir le remboursement des capitaux.

Cependant il peut être convenu, par le contrat de mariage, que la femme touchera annuellement, sur ses seules quittances, une partie de ses revenues pour son entretien et ses besoins personnels.

**1550.** Le mari n'est pas tenu de fournir caution pour la réception de la dot, s'il n'y a pas été assujetti par le contrat de mariage.

**1551.** Si la dot ou partie de la dot consiste en objets mobiliers mis à prix par le contrat, sans déclaration que l'estimation n'en fait pas vente, le mari en devient propriétaire et n'est débiteur que du prix donné au mobilier.

**1552.** L'estimation donnée à l'immeuble constitué en dot n'en transporte point la propriété au mari, s'il n'y en a a déclaration expresse.

**1553.** L'immeuble acquis des deniers dotaux n'est pas dotal, si la condition de l'emploi n'a été stipulée par le contrat de mariage.

Il en est de même de l'immeuble donné en payement de la dot constituée en argent.

**1554.** Les immeubles constitués en dot ne peuvent être aliénés ou hypothéqués pendant

**1545.** Bestellt der überlebende Elternteil ein Heiratsgut für das väterliche und mütterliche Vermögen ohne die Anteile zu bestimmen, so wird das Heiratsgut zunächst aus dem Anteile des künftigen Ehegatten aus dem Vermögen des vorverstorbenen Elternteils entnommen und der Ueberrest aus dem Vermögen des Bestellenden.

**1546.** Obgleich die von ihren Eltern ausgestattete Tochter eigenes Vermögen hat, an welchem jene den Genuß haben, so wird doch das Heiratsgut aus dem Vermögen der Bestellenden entnommen, wenn nicht eine entgegenstehende Vereinbarung getroffen ist.

**1547.** Diejenigen, welche ein Heiratsgut bestellen, sind zur Gewährleistung für die bestellten Gegenstände verpflichtet.

**1548.** Die Zinsen aus dem Heiratsgut laufen gegen diejenigen, welche dasselbe versprochen haben, von Rechtswegen von dem Tage der Eheschließung an, selbst wenn für die Zahlung eine Frist bedungen ist; es sei denn daß eine entgegenstehende Uebereinkunft getroffen ist.

### ZWEITER ABSCHNITT.

**Rechte des Mannes an den Dotalgütern und Unveräusserlichkeit der Dotalgüter.**

**1549.** Der Mann allein hat während der Ehe die Verwaltung der Güter der Mitgift.

Er allein hat das Recht, betreffs derselben die Schuldner und Inhaber zu verfolgen, die Früchte und Zinsen daraus zu erheben und Kapitalien, welche zurückgezahlt werden, in Empfang zu nehmen.

Es kann indessen in dem Ehevertrage verabredet werden, daß die Frau für ihren Unterhalt und ihre persönlichen Bedürfnisse jährlich einen Teil ihrer Einkünfte gegen bloß von ihr ausgestellte Quittungen beziehen soll.

**1550.** Der Mann braucht keine Bürgschaft für den Empfang des Heiratsguts zu stellen, wenn er dazu nicht in dem Ehevertrage verpflichtet worden ist.

**1551.** Besteht das Heiratsgut oder ein Teil des Heiratsgutes aus beweglichen Gütern, deren Preis in dem Vertrage ohne die Erklärung veranschlagt worden ist, daß die Schätzung keinen Verkauf bewirken soll, so wird der Mann Eigentümer derselben und ist nur Schuldner für den den beweglichen Gütern beigelegten Preis.

**1552.** Die Abschätzung einer als Mitgift bestellten Liegenschaft überträgt nicht das Eigentum derselben auf den Mann, sofern nicht eine ausdrückliche Erklärung dahin abgegeben worden ist.

**1553.** Eine mit Dotalgeldern erworbene Liegenschaft gehört nicht zum Heiratsgute, wenn nicht die Bedingung der Anlegung in dem Ehevertrage enthalten ist.

Das gleiche gilt von einer Liegenschaft, welche an Zahlungsstatt für ein in Geld bestelltes Heiratsgut gegeben worden ist.

**1554.** Die zum Heiratsgute bestellten Liegenschaften können während der Ehe weder

le mariage, ni par le mari, ni par la femme, ni par les deux conjointement, sauf les exceptions qui suivent.

**1555.** La femme peut, avec l'autorisation de son mari, ou, sur son refus, avec permission de justice, donner ses biens dotaux pour l'établissement des enfants qu'elle aurait d'un mariage antérieur; mais, si elle n'est autorisée que par justice, elle doit réserver la jouissance à son mari.

**1556.** Elle peut aussi, avec l'autorisation de son mari, donner ses biens dotaux pour l'établissement de leurs enfants communs.

Lorsque la femme est âgée de plus de quarante cinq ans et que les époux n'ont ni enfants ni descendants vivants, elle peut, avec l'autorisation de son mari et celle de justice, donner ses biens dotaux pour des œuvres d'assistance et de bienfaisance publiques ou privées, ou pour des œuvres ayant plus spécialement pour objet le développement de la natalité, la protection de l'enfance et des orphelins de guerre. Dans le cas où le mari refuse son autorisation, celle de justice permettra à la femme de passer outre, mais alors la jouissance des biens donnés restera au mari.

**1557.** L'immeuble dotal peut être aliéné lorsque l'aliénation en a été permise par le contrat de mariage.

**1558.** L'immeuble dotal peut encore être aliéné avec permission de justice, et aux enchères, après trois affiches :

Pour tirer de prison le mari ou la femme ;

Pour fournir des aliments à la famille, dans les cas prévus par les articles 203, 205 et 206, au titre *Du mariage;*

Pour payer les dettes de la femme ou de ceux qui ont constitué la dot, lorsque ces dettes ont une date certaine antérieure au contrat de mariage;

Pour faire de grosses réparations indispensables pour la conservation de l'immeuble dotal;

Enfin lorsque cet immeuble se trouve indivis avec des tiers, et qu'il est reconnu impartageable.

Dans tous ces cas, l'excédent du prix de la vente au-dessus des besoins reconnus restera dotal, et il en sera fait emploi comme tel au profit de la femme.

**1559.** L'immeuble dotal peut être échangé, mais avec le consentement de la femme, contre un autre immeuble de même valeur, pour les quatre cinquièmes au moins, en justifiant de l'utilité de l'échange, en obtenant l'autorisation en justice, et d'après une estimation par experts nommés d'office par le tribunal.

Dans ce cas, l'immeuble reçu en échange sera dotal; l'excédent du prix, s'il y en a, le

von dem Ehemanne noch von der Frau, noch von beiden zusammen veräußert oder hypothekarisch belastet werden, vorbehaltlich der folgenden Ausnahmen.

**1555.** Die Frau kann mit Ermächtigung ihres Mannes, oder bei dessen Weigerung mit gerichtlicher Genehmigung, ihre Dotalgüter zur Versorgung ihrer aus einer früheren Ehe stammenden Kinder hergeben; doch muß sie, falls sie nur gerichtlich ermächtigt worden ist, den Genuß ihrem Manne vorbehalten.

**1556.** Sie kann auch mit Ermächtigung ihres Mannes ihre Dotalgüter zur Versorgung der gemeinschaftlichen Kinder hergeben.

Ist die Frau älter als fünfundvierzig Jahre und haben die Ehegatten weder Kinder noch lebende Abkömmlinge, so kann sie mit Ermächtigung des Mannes oder des Gerichts ihre Dotalgüter zu Werken öffentlicher oder privater Unterstützung und Wohltätigkeit hergeben oder zu Werken die besonders die Hebung der Geburten, den Schutz der Kinder und der Kriegswaisen zum Gegenstande haben. Im Falle der Verweigerung der Ermächtigung seitens des Mannes genügt die Ermächtigung des Gerichts, aber dann verbleibt dem Manne der Genuß an den verschenkten Gütern.

**1557.** Die Dotalliegenschaft kann veräußert werden, wenn deren Veräußerung in dem Ehevertrage erlaubt worden ist.

**1558.** Die Dotalliegenschaft kann ferner mit gerichtlicher Erlaubnis durch Versteigerung nach dreimaligem Anschlage veräußert werden:

Um den Mann oder die Frau aus dem Gefängnis zu befreien;

um in den durch die Art. 203, 205 und 206 in dem Titel «*Ehe*» vorgesehenen Fällen der Familie den Unterhalt zu verschaffen;

um die Schulden der Frau oder derjenigen, welche das Heiratsgut bestellt haben, zu bezahlen, wenn diese Schulden ein sicheres vor dem Ehevertrage liegendes Datum haben;

um Hauptausbesserungen vorzunehmen, welche zur Erhaltung der Dotalliegenschaft unumgänglich notwendig sind ;

endlich, wenn diese Liegenschaft in ungeteilter Gemeinschaft mit dritten Personen besessen wird und für unteilbar erkannt ist.

In allen diesen Fällen bleibt dasjenige, was von dem Kaufpreise die anerkannten Bedürfnisse übersteigt, Heiratsgut und ist als solches zum Vorteile der Frau anzulegen.

**1559.** Eine Dotalliegenschaft kann, jedoch nur mit Einwilligung der Frau gegen eine andere Liegenschaft, die ihr mindestens bis zu vier Fünfteln an Wert gleich kommt, vertauscht werden, wenn die Nützlichkeit des Tausches nachgewiesen und die gerichtliche Ermächtigung eingeholt worden ist; und zwar nach Maßgabe einer Schätzung durch Sachverständige, welche von dem Gerichte von Amtswegen ernannt werden.

In diesem Falle wird die eingetauschte Liegenschaft Heiratsgut; der etwaige Ueberschuß

sera aussi, et il en sera fait emploi comme tel au profit de la femme.

**1560.** Si, hors les cas d'exception qui viennent d'être expliqués, la femme ou le mari, ou tous les deux conjointement, aliènent le fonds dotal, la femme ou ses héritiers pourront faire révoquer l'aliénation après la dissolution du mariage, sans qu'on puisse leur opposer aucune prescription pendant sa durée : la femme aura le même droit après la séparation de biens.

Le mari lui-même pourra faire révoquer l'aliénation pendant le mariage, en demeurant néanmoins sujet aux dommages et intérêts de l'acheteur, s'il n'a pas déclaré dans le contrat que le bien vendu était dotal.

**1561.** Les immeubles dotaux non déclarés aliénables par le contrat de mariage, sont imprescriptibles pendant le mariage, à moins que la prescription n'ait commencé auparavant.

Ils deviennent néanmoins prescriptibles après la séparation de biens, quelle que soit l'époque à laquelle la prescription a commencé.

**1562.** Le mari est tenu, à l'égard des biens dotaux, de toutes les obligations de l'usufruitier.

Il est responsable de toutes prescriptions acquises et détériorations survenues par sa négligence.

**1563.** Si la dot est mise en péril, la femme peut poursuivre la séparation de biens, ainsi qu'il est dit aux articles 1443 et suivants.

SECTION III.

De la restitution de la dot.

**1564.** Si la dot consiste en immeubles, ou en meubles non estimés par le contrat de mariage, ou bien mis à prix, avec déclaration que l'estimation n'en ôte pas la propriété à la femme, le mari ou ses héritiers peuvent être contraints de la restituer sans délai, après la dissolution du mariage.

**1565.** Si elle consiste en une somme d'argent, ou en meubles mis à prix par le contrat, sans déclaration que l'estimation n'en rend pas le mari propriétaire, la restitution n'en peut être exigée qu'un an après la dissolution.

**1566.** Si les meubles dont la propriété reste à la femme ont dépéri par l'usage et sans la faute du mari, il ne sera tenu de rendre que ceux qui resteront et dans l'état où ils se trouveront.

---

des Preises wird ebenfalls Heiratsgut und ist als solches zum Vorteil der Frau wieder anzulegen.

**1560.** Wenn außer in den soeben angeführten Ausnahmefällen die Frau oder der Mann oder beide zusammen ein Dotalstück veräußern, so können die Frau oder deren Erben die Veräußerung nach Auflösung der Ehe widerrufen, ohne daß ihnen irgend eine während der Dauer der Ehe laufende Verjährung entgegengesetzt werden kann; die Frau hat dasselbe Recht nach erfolgter Gütertrennung.

Auch der Mann selbst kann die Veräußerung während der Ehe widerrufen; er bleibt jedoch dem Käufer gegenüber zum Schadensersatze verpflichtet, falls er nicht bei dem Vertrage erklärt hat, daß das verkaufte Grundstück Heiratsgut sei.

**1561.** Die Dotalliegenschaften, welche nicht in dem Ehevertrage für veräußerlich erklärt worden sind, sind während der Ehe der Verjährung nicht unterworfen, sofern die Verjährung nicht schon früher ihren Anfang genommen hat.

Nach erfolgter Gütertrennung unterliegen sie jedoch der Verjährung, zu welcher Zeit auch die Verjährung ihren Anfang genommen haben mag.

**1562.** In Ansehung der Dotalgüter liegen dem Manne alle Verpflichtungen eines Nießbrauchers ob.

Er ist für jede vollendete Verjährung und für jede Verschlechterung verantwortlich, welche in Folge seiner Nachlässigkeit stattgefunden hat.

**1563.** Wenn das Heiratsgut gefährdet ist, so kann die Frau die Gütertrennung erwirken, wie dies in den Artikeln 1443 und folgenden gesagt ist.

DRITTER ABSCHNITT.

**Wiederherausgabe der Mitgift.**

**1564.** Besteht das Heiratsgut in Liegenschaften oder in beweglichen Gütern, welche in dem Ehevertrage gar nicht oder unter der Erklärung geschätzt worden sind, daß die Schätzung das Eigentum an denselben der Frau nicht entziehen soll, so können der Mann oder dessen Erben gezwungen werden, dieselben nach Auflösung der Ehe unverzüglich herauszugeben.

**1565.** Besteht dasselbe in einer Geldsumme oder in beweglichen Gütern, welche in dem Ehevertrage ohne die Erklärung geschätzt worden sind, daß die Schätzung den Mann nicht zum Eigentümer machen solle, so kann die Herausgabe erst ein Jahr nach der Auflösung gefordert werden.

**1566.** Haben die beweglichen Güter, deren Eigentum der Frau verbleibt, durch den Gebrauch und ohne Verschulden des Mannes abgenommen, so ist er nur verpflichtet, die noch vorhandenen zurückzugeben, und zwar in dem Zustande, in dem sie sich befinden.

Et, néanmoins, la femme pourra, dans tous les cas, retirer les linges et hardes à son usage actuel, sauf à précompter leur valeur, lorsque ces linges et hardes auront été primitivement constitués avec estimation.

**1567.** Si la dot comprend des obligations ou constitutions de rente qui ont péri, ou souffert des retranchements qu'on ne puisse imputer à la négligence du mari, il n'en sera point tenu, et il en sera quitte en restituant les contrats.

**1568.** Si un usufruit a été constitué en dot, le mari ou ses héritiers ne sont obligés, à la dissolution du mariage, que de restituer le droit d'usufruit, et non les fruits échus durant le mariage.

**1569.** Si le mariage a duré dix ans depuis l'échéance des termes pris pour le payement de la dot, la femme ou ses héritiers pourront la répéter contre le mari après la dissolution du mariage, sans être tenus de prouver qu'il l'a reçue, à moins qu'il ne justifiât de diligences inutilement par lui faites pour s'en procurer le payement.

**1570.** Si le mariage est dissous par la mort de la femme, l'intérêt et les fruits de la dot à restituer courent de plein droit au profit de ses héritiers depuis le jour de la dissolution.

Si c'est par la mort du mari, la femme a le choix d'exiger les intérêts de sa dot pendant l'an du deuil, ou de se faire fournir des aliments pendant ledit temps aux dépens de la succession du mari; mais, dans les deux cas, l'habitation durant cette année, et les habits de deuil, doivent lui être fournis sur la succession, et sans imputation sur les intérêts à elle dus.

**1571.** A la dissolution du mariage, les fruits des immeubles dotaux se partagent entre le mari et la femme ou leurs héritiers, à proportion du temps qu'il a duré, pendant la dernière année.

L'année commence à partir du jour où le mariage a été célébré.

**1572.** La femme et ses héritiers n'ont point de privilège pour la répétition de la dot sur les créanciers antérieurs à elle en hypothèque.

**1573.** Si le mari était déjà insolvable, et n'avait ni art ni profession lorsque le père a constitué une dot à sa fille, celle-ci ne sera tenue de rapporter à la succession du père que l'action qu'elle a contre celle de son mari, pour s'en faire rembourser.

Es kann jedoch die Frau in allen Fällen die Wäsche und die Kleidungsstücke, welche sie zur Zeit in Gebrauch hat, zurücknehmen, vorbehaltlich der Verpflichtung, sich den Wert derselben in Abzug bringen zu lassen, wenn diese Wäsche und diese Kleidungsstücke mit beigefügter Schätzung bestellt worden sind.

**1567.** Wenn das Heiratsgut Schuldforderungen oder Renten in sich begreift, welche verloren gegangen sind oder Verminderungen erlitten haben, die man der Nachlässigkeit des Mannes nicht zuschreiben kann, so haftet er dafür nicht, und ist aller Verbindlichkeit wegen derselben entledigt, wenn er die Vertragsurkunden zurückgibt.

**1568.** Ist ein Nießbrauch zum Heiratsgute bestellt worden, so sind der Mann oder dessen Erben bei der Auflösung der Ehe nur verpflichtet, das Recht des Nießbrauchs, nicht aber die während der Ehe erfallenen Früchte zurückzuerstatten.

**1569.** Hat die Ehe zehn Jahre nach Ablauf der zur Bezahlung des Heiratsgutes bestimmten Frist bestanden, so kann die Frau oder deren Erben nach Auflösung der Ehe das Heiratsgut von dem Manne zurückfordern, ohne beweisen zu müssen, daß er dasselbe empfangen hat, es sei denn, daß der Mann nachweist, daß er vergeblich Schritte getan hat, um sich die Zahlung desselben zu verschaffen.

**1570.** Wird die Ehe durch den Tod der Frau aufgelöst, so laufen von dem Tage der Auflösung an von Rechtswegen die Zinsen und Früchte des zurückzugebenden Heiratsgutes zum Vorteile ihrer Erben.

Erfolgt die Auflösung durch den Tod des Mannes, so hat die Frau die Wahl, während des Trauerjahres die Zinsen ihres Heiratsgutes zu fordern oder sich während dieser Zeit auf Kosten der Erbschaft des Mannes den Unterhalt geben zu lassen; doch muß ihr in beiden Fällen die Wohnung während dieses Jahres und die Trauerkleider aus dem Nachlasse gestellt werden, und zwar ohne Anrechnung auf die ihr geschuldeten Zinsen.

**1571.** Bei Auflösung der Ehe werden die Früchte der Dotalliegenschaften zwischen den Ehegatten oder deren Erben nach dem Verhältnisse der Zeit geteilt, welche die Ehe in dem letzten Jahre bestanden hat.

Das Jahr beginnt mit dem Tage, an welchem die Ehe geschlossen worden ist.

**1572.** Die Frau und deren Erben haben wegen der Zurückforderung des Heiratsgutes kein Vorzugsrecht vor den Gläubigern, welche eine ältere Hypothek haben.

**1573.** War der Mann bereits zahlungsunfähig und trieb er weder Kunst noch Gewerbe zur Zeit, da der Vater seiner Tochter ein Heiratsgut bestellte, so braucht diese zur Erbschaft ihres Vaters nur das Klagerecht zurückzubringen, welches sie auf Vergütung gegen den Nachlaß ihres Mannes hat.

Mais si le mari n'est devenu insolvable que depuis le mariage, ou s'il avait un métier ou une profession qui lui tenait lieu de bien, la perte de la dot tombe uniquement sur la femme.

### SECTION IV.

#### Des biens paraphernaux.

**1574.** Tous les biens de la femme qui n'ont pas été constitués en dot sont paraphernaux.

**1575.** Si tous les biens de la femme sont paraphernaux, et s'il n'y a pas de convention dans le contrat pour lui faire supporter une portion des charges du mariage, la femme y contribue jusqu'à concurrence du tiers de ses revenus.

**1576.** La femme a l'administration et la jouissance de ses biens paraphernaux;

Mais elle ne peut les aliéner ni paraître en jugement à raison desdits biens, sans l'autorisation du mari, ou, à son refus, sans la permission de la justice.

**1577.** Si la femme donne sa procuration au mari pour administrer ses biens paraphernaux, avec charge de lui rendre compte des fruits, il sera tenu vis-à-vis d'elle comme tout mandataire.

**1578.** Si le mari a joui des biens paraphernaux de sa femme, sans mandat, et néanmoins sans opposition de sa part, il n'est tenu, à la dissolution du mariage, ou à la première demande de la femme, qu'à la représentation des fruits existants, et il n'est point comptable de ceux qui ont été consommés jusqu'alors.

**1579.** Si le mari a joui des biens paraphernaux malgré l'opposition constatée de la femme, il est comptable envers elle de tous les fruits tant existants que consommés.

**1580.** Le mari qui jouit des biens paraphernaux, est tenu de toutes les obligations de l'usufruitier.

#### Disposition particulière.

**1581.** En se soumettant au régime dotal, les époux peuvent néanmoins stipuler une société d'acquêts, et les effets de cette société sont réglés comme il est dit aux articles 1498 et 1499.

---

Ist aber der Mann erst nach der Eheschließung zahlungsunfähig geworden, oder trieb er ein Handwerk oder ein Gewerbe, welches bei ihm die Stelle des Vermögens ersetzte, so trifft der Verlust des Heiratsgutes die Frau allein.

### VIERTER ABSCHNITT.

#### Paraphernalgüter.

**1574.** Alle Güter der Frau, welche nicht als Mitgift bestellt worden sind, sind Paraphernalgüter.

**1575.** Sind alle Güter der Frau Paraphernalgüter und enthält der Ehevertrag keine Uebereinkunft, nach welcher sie einen Anteil an den Lasten der Ehe zu bestreiten hat, so trägt sie dazu bis zum Betrage eines Drittels ihrer Einkünfte bei.

**1576.** Die Frau hat die Verwaltung und den Genuß ihrer Paraphernalgüter.

Sie kann jedoch ohne Ermächtigung des Mannes oder bei dessen Weigerung ohne gerichtliche Erlaubnis, diese Güter weder veräußern noch wegen derselben vor Gericht stehen.

**1577.** Gibt die Frau dem Manne Vollmacht zur Verwaltung ihrer Paraphernalgüter unter der Verpflichtung, ihr über die Früchte Rechnung zu legen, so ist er ihr in derselben Weise wie jeder Bevollmächtigte verpflichtet.

**1578.** Hat der Mann die Paraphernalgüter der Frau zwar ohne Vollmacht aber auch ohne Widerspruch von ihrer Seite in Genuß gehabt, so ist er bei Auflösung der Ehe oder auf die erste Aufforderung der Frau hin nur zur Herausgabe der noch vorhandenen Früchte verpflichtet; über die bis dahin verzehrten braucht er keine Rechnung zu legen.

**1579.** Hat der Mann die Paraphernalgüter ungeachtet des erwiesenen Widerspruchs der Frau in Genuß gehabt, so ist er ihr gegenüber verpflichtet, über alle Früchte, sowohl die vorhandenen als die verzehrten, Rechnung abzulegen.

**1580.** Dem Manne, welcher den Genuß der Paraphernalgüter hat, liegen alle Verbindlichkeiten eines Nießbrauchers ob.

#### Besondere Bestimmungen.

**1581.** Die Ehegatten können, auch wenn sie sich dem Dotalrechte unterwerfen, dessen ungeachtet eine Errungenschaftsgemeinschaft vereinbaren; die Wirkungen dieser Gesellschaft richten sich nach den Bestimmungen der Art. 1498 und 1499.

# TITRE SIXIÈME.

### De la vente.

## CHAPITRE PREMIER.

### De la nature et de la forme de la vente.

**1582.** La vente est une convention par laquelle l'un s'oblige à livrer une chose, et l'autre à la payer.

Elle peut être faite par acte authentique ou sous seing privé.

**1583.** Elle est parfaite entre les parties, et la propriété est acquise de droit à l'acheteur à l'égard du vendeur, dès qu'on est convenu de la chose et du prix, quoique la chose n'ait pas encore été livrée, ni le prix payé.

**1584.** La vente peut être faite purement et simplement, ou sous une condition soit suspensive, soit résolutoire.

Elle peut aussi avoir pour objet deux ou plusieurs choses alternatives.

Dans tous ces cas, son effet est réglé par les principes généraux des conventions.

**1585.** Lorsque des marchandises ne sont pas vendus en bloc, mais au poids, au compte ou à la mesure, la vente n'est point parfaite, en ce sens que les choses vendues sont aux risques du vendeur jusqu'à ce qu'elles soient pesées, comptées ou mesurées; mais l'acheteur peut en demander ou la délivrance ou des dommages-intérêts, s'il y a lieu, en cas d'inexécution de l'engagement.

**1586.** Si, au contraire, les marchandises ont été vendues en bloc, la vente est parfaite, quoique les marchandises n'aient pas encore été pesées, comptées ou mesurées.

**1587.** A l'égard du vin, de l'huile, et des autres choses que l'on est dans l'usage de goûter avant d'en faire l'achat, il n'y a point de vente tant que l'acheteur ne les a pas goûtées et agréées.

**1588.** La vente faite à l'essai est toujours présumée faite sous une condition suspensive.

**1599.** La promesse de vente vaut vente, lorsqu'il y a consentement réciproque des deux parties sur la chose et sur le prix.

**1590.** Si la promesse de vendre a été faite avec des arrhes, chacun des contractants est maître de s'en départir, celui qui les a données, en les perdant, et celui qui les a reçues, en restituant le double.

**1591.** Le prix de la vente doit être déterminé et désigné par les parties.

**1592.** Il peut cependant être laissé à l'arbitrage d'un tiers: si le tiers ne veut ou ne

# SECHSTER TITEL.

### Kauf.

## ERSTES KAPITEL.

### Wesen und Form des Kaufes.

**1582.** Der Kauf ist ein Vertrag, durch welchen sich ein Teil verpflichtet eine Sache zu liefern, und der andere sie zu bezahlen.

Er kann mittels einer öffentlichen Urkunde oder mittels einer Urkunde unter Privatunterschrift geschlossen werden.

**1583.** Er ist unter den Parteien perfekt und es wird dem Verkäufer gegenüber das Eigentum von dem Käufer von Rechtswegen erworben, sobald man über die Sache und den Preis einig geworden ist, wenn auch die Sache noch nicht geliefert und der Preis noch nicht gezahlt ist.

**1584.** Der Kauf kann unbedingt geschlossen werden oder unter einer aufschiebenden oder auflösenden Bedingung.

Er kann auch zwei oder mehrere Sachen wechselweise zum Gegenstande haben.

In allen diesen Fällen richtet sich seine Wirkung nach den allgemeinen Grundsätzen über die Verträge.

**1585.** Werden Waren nicht in Bausch und Bogen, sondern nach Gewicht, Maß oder Zahl verkauft, so ist der Kauf insofern noch nicht völlig abgeschlossen, als der Verkäufer noch die Gefahr der verkauften Sachen trägt, bis sie gewogen, gezählt oder gemessen sind; es kann jedoch der Käufer entweder Lieferung oder gegebenen Falles Schadensersatz verlangen, wenn die Verbindlichkeit nicht erfüllt wird.

**1586.** Sind dagegen die Waren in Bausch und Bogen verkauft worden, so ist der Kauf vollständig abgeschlossen, wenn auch die Waren noch nicht gewogen, gezählt oder gemessen sind.

**1587.** In Beziehung auf Wein, Oel und andere Sachen, welche man vor dem Kaufe zu kosten pflegt, ist ein Kauf nicht vorhanden, so lange der Käufer sie nicht gekostet und gutgeheißen hat.

**1588.** Es wird stets vermutet, daß der Kauf auf Probe unter einer aufschiebenden Bedingung geschlossen sei.

**1589.** Das Kaufversprechen gilt als Kauf, wenn die gegenseitige Einwilligung beider Teile über die Sache und den Preis vorhanden ist.

**1590.** Wenn das Kaufversprechen unter Draufgabe gegeben ist, so ist jeder der Vertragschließenden berechtigt, davon abzustehen und zwar der Geber gegen Verlust derselben und der Empfänger gegen Herausgabe des doppelten Betrages.

**1591.** Der Kaufpreis muß von den Parteien bestimmt und bezeichnet werden.

**1592.** Er kann jedoch dem Gutachten eines Dritten überlassen werden; will oder kann

peut faire l'estimation, il n'y a point de vente.

**1593.** Les frais d'actes et autres accessoires à la vente sont à la charge de l'acheteur.

## CHAPITRE II.

### Qui peut acheter ou vendre.

**1594.** Tous ceux auxquels la loi ne l'interdit pas, peuvent acheter ou vendre.

**1595.** Le contrat de vente ne peut avoir lieu entre époux que dans les trois cas suivants :

1º Celui où l'un des deux époux cède des biens à l'autre, séparé judiciairement d'avec lui, en payement de ses droits;

2º Celui où la cession que le mari fait à sa femme, même non séparée, a une cause légitime, telle que le remploi de ses immeubles aliénés, ou de deniers à elle appartenant, si ces immeubles ou deniers ne tombent pas en communauté;

3º Celui où la femme cède des biens à son mari en payement d'une somme qu'elle lui aurait promise en dot, et lorsqu'il y a exclusion de communauté;

Sauf, dans ces trois cas, les droits des héritiers des parties contractantes, s'il y a avantage indirect.

**1596.** Ne peuvent se rendre adjudicataires, sous peine de nullité, ni par eux-mêmes, ni par personnes interposées:

Les tuteurs, des biens de ceux dont ils ont la tutelle;

Les mandataires, des biens qu'ils sont chargés de vendre;

Les administrateurs, de ceux des communes ou des établissements publics confiés à leurs soins;

Les officiers publics, des biens nationaux dont les ventes se font par leur ministère.

**1597.** Les juges, leurs suppléants, les magistrats remplissant le ministère public, les greffiers, huissiers, avoués, *défenseurs officieux* et notaires, ne peuvent devenir cessionnaires des procès, droits et actions litigieux qui sont de la compétence du tribunal dans le ressort duquel ils exercent leurs fonctions, à peine de nullité, et de dépens, dommages et intérêts.

## CHAPITRE III.

### Des choses qui peuvent être vendues.

**1598.** Tout ce qui est dans le commerce, peut être vendu, lorsque des lois particulières n'en ont pas prohibé l'aliénation.

**1599.** La vente de la chose d'autrui est nulle: elle peut donner lieu à des dommages-intérêts lorsque l'acheteur a ignoré que la chose fût à autrui.

---

der Dritte die Schätzung nicht vornehmen, so ist kein Kauf vorhanden.

**1593.** Die Kosten der Verbriefung und andere Nebenkosten des Kaufes sind zu Lasten des Käufers.

## ZWEITES KAPITEL.

### Wer kaufen oder verkaufen kann.

**1594.** Jeder, dem das Gesetz es nicht verbietet, kann kaufen oder verkaufen.

**1595.** Ein Kaufvertrag unter Ehegatten kann nur in folgenden drei Fällen stattfinden:

1. wenn einer der beiden Ehegatten dem andern nach gerichtlich ausgesprochener Trennung zur Befriedigung dessen Ansprüche Güter abtritt;

2. wenn die Abtretung, die seitens des Mannes an die Frau erfolgt, selbst wenn letztere nicht in Gütertrennung ist, einen rechtmäßigen Grund hat, wie z. B. die Wiederanlage ihrer veräußerten Liegenschaften oder ihr gehöriger Gelder, sofern diese Liegenschaften oder Gelder nicht in die Gütergemeinschaft fallen;

3. wenn die Frau ihrem Manne Güter an Zahlungsstatt auf eine Summe abtritt, welche sie demselben als Mitgift versprochen hatte, und die Gütergemeinschaft ausgeschlossen worden ist.

In diesen drei Fällen werden indessen die Rechte der Erben der vertragschließenden Teilen nicht berührt, wenn eine mittelbare Begünstigung vorliegt.

**1596.** Es können bei Strafe der Nichtigkeit weder selbst noch durch Zwischenpersonen bei dem Verkaufe erstehen:

Vormünder die Güter derjenigen, über welche sie die Vormundschaft führen;

Bevollmächtigte die Güter, deren Verkauf ihnen aufgetragen ist;

Verwalter die Güter der Gemeinden oder öffentlichen Anstalten, welche ihrer Fürsorge anvertraut sind;

öffentliche Beamte die Staatsgüter, deren Verkauf durch sie bewirkt wird.

**1597.** Richter, Ergänzungsrichter, Beamte der Staatsanwaltschaft, Gerichtsschreiber, Gerichtsvollzieher, Anwälte, amtliche Verteidiger und Notare können sich Prozesse, streitige Rechte und Klagen, welche zur Zuständigkeit des Gerichtes gehören, in dessen Bezirke sie ihr Amt ausüben, bei Strafe der Nichtigkeit, der Kosten und des Schadensersatzes nicht abtreten lassen.

## DRITTES KAPITEL.

### Sachen, welche verkauft werden können.

**1598.** Alles, was im Verkehr ist, kann verkauft werden, wenn nicht besondere Gesetze die Veräußerung verbieten.

**1599.** Der Verkauf einer fremden Sache ist nichtig; er kann einen Anspruch auf Schadensersatz begründen, wenn der Käufer nicht wußte, daß die Sache einem andern gehörte.

**1600.** On ne peut vendre la succession d'une personne vivante, même de son consentement.

**1601.** Si au moment de la vente la chose vendue était périe en totalité, la vente serait nulle.

Si une partie seulement de la chose est périe, il est au choix de l'acquéreur d'abandonner la vente, ou de demander la partie conservée, en faisant déterminer le prix par la ventilation.

## CHAPITRE IV.

### Des obligations du vendeur.

#### SECTION PREMIÈRE.

##### Dispositions générales.

**1602.** Le vendeur est tenu d'expliquer clairement ce à quoi il s'oblige.

Tout pacte obscur ou ambigu s'interprète contre le vendeur.

**1603.** Il y a deux obligations principales, celle de délivrer et celle de garantir la chose qu'il vend.

#### SECTION II.

##### De la délivrance.

**1604.** La délivrance est le transport de la chose vendue en la puissance et possession de l'acheteur.

**1605.** L'obligation de délivrer les immeubles est remplie de la part du vendeur lorsqu'il a remis les clefs, s'il s'agit d'un bâtiment, ou lorsqu'il a remis les titres de propriété.

**1606.** La délivrance des effets mobiliers s'opère:

Ou par la tradition réelle,

Ou par la remise des clefs des bâtiments qui les contiennent,

Ou même par le seul consentement des parties, si le transport ne peut pas s'en faire au moment de la vente, ou si l'acheteur les avait déjà en son pouvoir à un autre titre.

**1607.** La tradition des droits incorporels se fait, ou par la remise des titres, ou par l'usage que l'acquéreur en fait du consentement du vendeur.

**1608.** Les frais de la délivrance sont à la charge du vendeur, et ceux de l'enlèvement à la charge de l'acheteur, s'il n'y a eu stipulation contraire.

**1609.** La délivrance doit se faire au lieu où était, au temps de la vente, la chose qui en a fait l'objet, s'il n'en a été autrement convenu.

**1610.** Si le vendeur manque à faire la délivrance dans le temps convenu entre les par-

**1600.** Man kann die Erbschaft einer noch lebenden Person selbst nicht mit deren Einwilligung verkaufen.

**1601.** War in dem Augenblicke des Kaufes die verkaufte Sache ganz zu Grunde gegangen, so ist der Kauf nichtig.

War nur ein Teil der Sache zu Grunde gegangen, so hat der Erwerber die Wahl, entweder von dem Kauf zurückzutreten oder den übrig gebliebenen Teil zu verlangen, wobei der Preis durch Abschätzung nach Verhältnis zu bestimmen ist.

## VIERTES KAPITEL.

### Verpflichtungen des Verkäufers.

#### ERSTER ABSCHNITT.

##### Allgemeine Bestimmungen.

**1602.** Der Verkäufer ist gehalten, dasjenige, wozu er sich verpflichtet, deutlich auszudrücken.

Jede dunkle oder zweifelhafte Abmachung ist gegen den Verkäufer auszulegen.

**1603.** Es liegen demselben zwei Hauptverpflichtungen ob, die Verpflichtung die verkaufte Sache zu überliefern und die Verbindlichkeit für dieselbe Gewähr zu leisten.

#### ZWEITER ABSCHNITT.

##### Uebergabe.

**1604.** Die Uebergabe ist die Uebertragung der verkauften Sache in die Gewalt und in den Besitz des Käufers.

**1605.** Die Verpflichtung Liegenschaften zu übergeben ist seitens des Verkäufers erfüllt, wenn er die Schlüssel ausgehändigt hat, insofern es sich um ein Gebäude handelt, oder wenn er die Urkunden über das Eigentum ausgehändigt hat.

**1606.** Die Ueberlieferung beweglicher Sachen geschieht:

entweder durch wirkliche Uebergabe; oder durch Aushändigung der Schlüssel der Gebäude, in denen jene sich befinden; oder selbst durch die bloße Einwilligung der Parteien, wenn die Ueberlieferung zur Zeit des Kaufes nicht erfolgen kann, oder wenn der Käufer die Sachen schon aus einem andern Rechtsgrunde in seiner Gewalt hatte.

**1607.** Die Uebergabe unkörperlicher Rechte erfolgt entweder durch Aushändigung der Urkunden oder durch ihre seitens des Käufers mit Einwilligung des Verkäufers erfolgende Ausübung:

**1608.** Die Kosten der Ueberlieferung fallen dem Verkäufer, die der Abholung dem Käufer zur Last, wenn nicht eine entgegenstehende Uebereinkunft getroffen ist.

**1609.** Die Ueberlieferung muß an dem Orte erfolgen, wo zur Zeit des Kaufes die den Gegenstand desselben bildende Sache sich befand, wenn nichts anderes ausgemacht ist.

**1610.** Unterläßt der Verkäufer die Ueberlieferung in der unter den Parteien vereinbarten

ties, l'acquéreur pourra, à son choix, demander la résolution de la vente, ou sa mise en possession, si le retard ne vient que du fait du vendeur.

**1611.** Dans tous les cas, le vendeur doit être condamné aux dommages et intérêts, s'il résulte un préjudice pour l'acquéreur, du défaut de délivrance au terme convenu.

**1612.** Le vendeur n'est pas tenu de délivrer la chose, si l'acheteur n'en paye pas le prix, et que le vendeur ne lui ait pas accordé un délai pour le payement.

**1613.** Il ne sera non plus obligé à la délivrance, quand même il aurait accordé un délai pour le payement, si, depuis la vente, l'acheteur est tombé en faillite ou en état de déconfiture, en sorte que le vendeur se trouve en danger imminent de perdre le prix; à moins que l'acheteur ne lui donne caution de payer au terme.

**1614.** La chose doit être délivrée en l'état où elle se trouve au moment de la vente.

Depuis ce jour, tous les fruits appartiennent à l'acquéreur.

**1615.** L'obligation de délivrer la chose comprend ses accessoires et tout ce qui a été destiné à son usage perpétuel.

**1616.** Le vendeur est tenu de délivrer la contenance telle qu'elle est portée au contrat, sous les modifications ci-après exprimés.

**1617.** Si la vente d'un immeuble a été faite avec indication de la contenance, à raison de tant la mesure, le vendeur est obligé de délivrer à l'acquéreur, s'il l'exige, la quantité indiquée au contrat;

Et si la chose ne lui est pas possible, ou si l'acquéreur ne l'exige pas, le vendeur est obligé de souffrir une diminution proportionnelle du prix.

**1618.** Si, au contraire, dans le cas de l'article précédent, il se trouve une contenance plus grande que celle exprimée au contrat, l'acquéreur a le choix de fournir le supplément du prix, ou de se désister du contrat, si l'excédent est d'un vingtième au-dessus de la contenance déclarée.

**1619.** Dans tous les autres cas,
Soit que la vente soit faite d'un corps certain et limité,
Soit qu'elle ait pour objet des fonds distincts et séparés,
Soit qu'elle commence par la mesure, ou par la désignation de l'objet vendu suivie de la mesure,
L'expression de cette mesure ne donne lieu à aucun supplément de prix, en faveur du vendeur, pour l'excédent de mesure, ni en fa-

---

barten Zeit, so kann der Erwerber nach seiner Wahl entweder die Auflösung des Kaufes oder die Einsetzung in den Besitz, wenn die Verzögerung nur von dem Verkäufer herrührt, verlangen.

**1611.** Jedenfalls muß der Verkäufer zum Schadensersatze verurteilt werden, wenn durch die Unterlassung der Lieferung zur vereinbarten Zeit ein Nachteil für den Erwerber entsteht.

**1612.** Der Verkäufer ist nicht verpflichtet, die Sache zu übergeben, wenn der Käufer den Kaufpreis nicht zahlt und der Verkäufer ihm nicht eine Zahlungsfrist bewilligt hat.

**1613.** Er ist ferner, selbst wenn er eine Zahlungsfrist bewilligt hätte, zur Ueberlieferung nicht verpflichtet, sofern der Käufer nach Abschluß des Kaufes in Konkurs oder Vermögensverfall geraten ist, so daß dem Verkäufer die Gefahr droht, den Preis zu verlieren, es sei denn, daß der Käufer ihm Bürgschaft stellt, daß er zur festgesetzten Zeit zahlen werde.

**1614.** Die Sache ist in dem Zustande zu überliefern, in welchem sie sich in dem Augenblicke des Kaufes befindet.

Von diesem Tage an gehören alle Früchte dem Erwerber.

**1615.** Die Verbindlichkeit eine Sache zu überliefern erstreckt sich auf das Zubehör derselben und auf alles, was zu dem dauernden Gebrauche derselben bestimmt ist.

**1616.** Der Verkäufer ist verpflichtet das Maß, wie es in dem Vertrage bestimmt ist, zu überliefern, jedoch mit folgenden Einschränkungen.

**1617.** Ist ein Grundstück mit Angabe des Flächeninhalts und zwar für so und so viel das einzelne Maß verkauft worden, so ist der Verkäufer verpflichtet, dem Erwerber, wenn dieser es verlangt, den in dem Vertrage angegebenen Flächeninhalt zu überliefern; ist ihm dieses unmöglich oder verlangt es der Käufer nicht, so muß der Verkäufer sich eine verhältnismäßige Verminderung des Preises gefallen lassen.

**1618.** Ergibt sich hingegen im Falle des vorstehenden Artikels ein größerer Flächeninhalt als der im Vertrage angegebene, so hat der Erwerber die Wahl, entweder den Mehrpreis zu zahlen oder von dem Vertrage zurückzutreten, sofern der Unterschied den angegebenen Flächeninhalt um den zwanzigsten Teil übersteigt.

**1619.** In allen übrigen Fällen:
sei es, daß der Kauf über einen fest bestimmten Gegenstand abgeschlossen ist;
sei es, daß er verschiedene und abgetrennte Grundstücke zum Gegenstande hat;
sei es, daß in dem Vertrage zuerst das Maß, oder daß zuerst die verkaufte Sache und nachher das Maß angegeben ist;
begründet die Angabe dieses Maßes weder zum Vorteile des Verkäufers eine Erhöhung des Preises wegen des Uebermaßes, noch zum

veur de l'acquéreur, à aucune diminution du prix pour moindre mesure, qu'autant que la différence de la mesure réelle à celle exprimée au contrat est d'un vingtième en plus ou en moins, eu égard à la valeur de la totalité des objets vendus, s'il n'y a stipulation contraire.

**1620.** Dans le cas où, suivant l'article précédent, il y a lieu à augmentation de prix pour excédent de mesure, l'acquéreur a le choix ou de se désister du contrat ou de fournir le supplément du prix, et ce, avec les intérêts s'il a gardé l'immeuble.

**1621.** Dans tous les cas où l'acquéreur a le droit de se désister du contrat, le vendeur est tenu de lui restituer, outre le prix, s'il l'a reçu, les frais de ce contrat.

**1622.** L'action en supplément de prix de la part du vendeur, et celle en diminution de prix ou en résiliation du contrat de la part de l'acquéreur, doivent être intentées dans l'année, à compter du jour du contrat, à peine de déchéance.

**1623.** S'il a été vendu deux fonds par le même contrat, et pour un seul et même prix, avec désignation de la mesure de chacun, et qu'il se trouve moins de contenance en l'un et plus en l'autre, on fait compensation jusqu'à due concurrence; et l'action, soit en supplément, soit en diminution du prix, n'a lieu que suivant les règles ci-dessus établies.

**1624.** La question de savoir sur lequel, du vendeur ou de l'acquéreur, doit tomber la perte ou la détérioration de la chose vendue avant la livraison, est jugée d'après les règles prescrites au titre *Des contrats ou des obligations conventionnelles en général.*

SECTION III.

De la garantie.

**1625.** La garantie que le vendeur doit à l'acquéreur, a deux objets: le premier est la possession paisible de la chose vendue; le second, les défauts cachés de cette chose ou les vices rédhibitoires.

§ 1. — De la garantie en cas d'éviction.

**1626.** Quoique lors de la vente il n'ait été fait aucune stipulation sur la garantie, le vendeur est obligé de droit à garantir l'acquéreur de l'éviction qu'il souffre dans la totalité ou partie de l'objet vendu, ou des charges prétendues sur cet objet, et non déclarées lors de la vente.



---

Vorteile des Erwerbers eine Verminderung des Preises wegen des Mindermaßes, so lange nicht nach Maßgabe des Wertes sämtlicher erkauften Gegenstände, der Unterschied des wirklichen und des in dem Vertrage angegebenen Maßes den zwanzigsten Teil mehr oder weniger beträgt, es sei denn, daß eine entgegenstehende Vereinbarung getroffen worden ist.

**1620.** Falls nach dem vorstehenden Artikel eine Erhöhung des Preises für das Uebermaß stattfindet, so hat der Erwerber die Wahl, entweder von dem Vertrage zurückzutreten oder den Mehrpreis zu zahlen und zwar mit den Zinsen, falls er das Grundstück behalten hat.

**1621.** In allen Fällen, in denen der Erwerber das Recht hat von dem Vertrage zurückzutreten, ist der Verkäufer verpflichtet, demselben außerdem wenn er diesen empfangen hat, die Kosten des Vertrages zu erstatten.

**1622.** Die Klage auf Ergänzung des Preises seitens des Verkäufers und die auf Minderung des Preises oder auf Auflösung des Vertrages seitens des Erwerbers müssen bei Strafe des Verlustes binnen Jahresfrist, von dem Tage des Vertrages an, angestrengt werden.

**1623.** Sind zwei Grundstücke in demselben Vertrage und gegen einen Einheitspreis, jedoch mit Bestimmung des Maßes eines jeden, verkauft worden, und es findet sich bei dem einen ein geringerer, bei dem andern ein größerer Flächeninhalt, so tritt eine Ausgleichung bis zu dem rechtmäßigen Betrage ein, und es findet die Klage auf Ergänzung oder Minderung des Preises nur nach den oben aufgestellten Regeln statt.

**1624.** Die Frage, ob den Verkäufer oder den Erwerber der Verlust oder die Verschlechterung der verkauften Sache vor der Lieferung treffe, ist nach dem in dem Titel «Verträge oder vertragsmäßige Verbindlichkeiten im Allgemeinen» vorgeschriebenen Regeln zu beurteilen.

DRITTER ABSCHNITT.

Gewährleistung.

**1625.** Die Gewährleistung, zu welcher der Verkäufer dem Käufer verpflichtet ist, hat zwei Motive; das erste betrifft den ungestörten Besitz der verkauften Sache; das zweite die verborgenen Mängel dieser Sache oder die Wandelungsfehler.

§ 1. — Gewährleistung im Falle der Entwährung.

**1626.** Wenn auch bei dem Kaufe keine Bestimmung über die Gewährleistung getroffen ist, so ist dennoch der Verkäufer dem Käufer gegenüber von Rechtswegen zur Gewährleistung verpflichtet wegen der Entwährung, welche dieser in Ansehung des ganzen Kaufgegenstandes oder eines Teiles desselben erleidet, sowie wegen der auf diese Gegenstände

geltend gemachten und bei dem Kaufe nicht angegebenen Lasten.

1627. Les parties peuvent, par des conventions particulières, ajouter à cette obligation de droit ou en diminuer l'effet; elles peuvent même convenir que le vendeur ne sera soumis à aucune garantie.

1627. Die Parteien können durch besondere Vereinbarung den Umfang dieser gesetzlichen Verbindlichkeit ausdehnen oder deren Wirkung vermindern; sie können sogar vereinbaren, daß der Verkäufer gar keine Gewährleistung schulden soll.

1628. Quoiqu'il soit dit que le vendeur ne sera soumis à aucune garantie, il demeure cependant tenu de celle qui résulte d'un fait qui lui est personnel: toute convention contraire est nulle.

1628. Wenn auch verabredet worden ist, daß der Verkäufer gar keine Gewährleistung schulden soll, so bleibt er dennoch derjenigen unterworfen, welche aus seiner eigenen Handlung entspringt. Jede entgegenstehende Vereinbarung ist nichtig.

1629. Dans le même cas de stipulation de non-garantie, le vendeur, en cas d'éviction, est tenu à la restitution du prix, à moins que l'acquéreur n'ait connu lors de la vente le danger de l'éviction, ou qu'il n'ait acheté à ses périls et risques.

1629. In diesem Falle der vertragsmäßigen Ausschließung der Gewährleistung ist der Verkäufer im Falle der Entwährung zur Zurückerstattung des Preises verpflichtet, es sei denn, daß der Käufer bei Abschluß des Kaufes die Gefahr der Entwährung gekannt, oder auf seine eigene Gefahr hin gekauft hat.

1630. Lorsque la garantie a été promise, ou qu'il n'a rien été stipulé à ce sujet, si l'acquéreur est évincé, il a droit de demander contre le vendeur:

1630. Ist die Gewährleistung versprochen oder in dieser Beziehung nichts verabredet worden, so ist der Käufer berechtigt bei eintretender Entwährung von dem Verkäufer zu verlangen:

1º La restitution du prix;
2º Celle des fruits, lorsqu'il est obligé de les rendre au propriétaire qui l'évince;

3º Les frais faits sur la demande en garantie de l'acheteur, et ceux faits par le demandeur originaire;
4º Enfin les dommages et intérêts, ainsi que les frais et loyaux coûts du contrat.

1. die Zurückerstattung des Preises;
2. diejenigen der Früchte, wenn er verpflichtet ist, sie dem entwährenden Eigentümer herauszugeben;
3. die Kosten der Klage des Käufers auf Gewährleistung und diejenigen, welche der ursprüngliche Kläger gemacht hat;
4. endlich Schadensersatz sowie die Kosten und gesetzmäßigen Gebühren des Vertrags.

1631. Lorsqu'à l'époque de l'éviction, la chose vendue se trouve diminuée de valeur, ou considérablement détériorée, soit par la négligence de l'acheteur, soit par des accidents de force majeure, le vendeur n'en est pas moins tenu de restituer la totalité du prix.

1631. Ist zur Zeit der Entwährung die verkaufte Sache, sei es durch Nachlässigkeit des Käufers oder durch Zufälle höherer Gewalt, an Wert vermindert oder beträchtlich verschlechtert, so ist der Verkäufer nichtsdestoweniger verpflichtet den ganzen Preis zurückzuerstatten.

1632. Mais si l'acquéreur a tiré profit des dégradations par lui faites, le vendeur a droit de retenir sur le prix une somme égale à ce profit.

1632. Hat aber der Erwerber aus den von ihm herrührenden Verschlechterungen Vorteil gezogen, so ist der Verkäufer berechtigt, eine diesem Vorteile gleichkommende Summe von dem Kaufpreise zurück zu behalten.

1633. Si la chose vendue se trouve avoir augmenté de prix à l'époque de l'éviction, indépendamment même du fait de l'acquéreur, le vendeur est tenu de lui payer ce qu'elle vaut au-dessus du prix de la vente.

1633. Ist zur Zeit der Entwährung der Wert der verkauften Sache, wenn gleich ohne Zutun des Erwerbers, größer geworden, so ist der Verkäufer verpflichtet ihm das zu bezahlen, was sie mehr als der Kaufpreis wert ist.

1634. Le vendeur est tenu de rembourser ou de faire rembourser à l'acquéreur, par celui qui l'évince, toutes les réparations et améliorations utiles qu'il aura faites au fonds.

1634. Der Verkäufer ist verpflichtet, dem Erwerber alle von diesem an dem Grundstücke vorgenommenen Ausbesserungen und nützlichen Verbesserungen zu vergüten oder durch den Entwährer vergüten zu lassen.

1635. Si le vendeur avait vendu de mauvaise foi le fonds d'autrui, il sera obligé de rembourser à l'acquéreur toutes les dépenses, même voluptuaires ou d'agrément, que celui-ci aura faites au fonds.

1635. Hatte der Verkäufer ein fremdes Grundstück in bösem Glauben verkauft, so ist er verpflichtet, dem Erwerber alle auf dasselbe verwendeten Kosten, und zwar selbst die nur zum Vergnügen oder zur Annehmlichkeit dienenden, zu erstatten.

**1636.** Si l'acquéreur n'est évincé que d'une partie de la chose, et qu'elle soit de telle conséquence, relativement au tout, que l'acquéreur n'eût point acheté sans la partie dont il a été évincé, il peut faire résilier la vente.

**1637.** Si, dans le cas de l'éviction d'une partie du fonds vendu, la vente n'est pas résiliée, la valeur de la partie dont l'acquéreur se trouve évincé, lui est remboursée suivant l'estimation à l'époque de l'éviction, et non proportionnellement au prix total de la vente, soit que la chose vendue ait augmenté ou diminué de valeur.

**1638.** Si l'héritage vendu se trouve grevé, sans qu'il en ait été fait de déclaration, de servitudes non apparentes, et qu'elles soient de telle importance qu'il y ait lieu de présumer que l'acquéreur n'aurait pas acheté s'il en avait été instruit, il peut demander la résiliation du contrat, si mieux il n'aime se contenter d'une indemnité.

**1639.** Les autres questions auxquelles peuvent donner lieu des dommages et intérêts résultant pour l'acquéreur de l'inexécution de la vente, doivent être décidées suivant les règles générales établies au titre *Des contrats ou des obligations conventionnelles en général.*

**1640.** La garantie pour cause d'éviction cesse lorsque l'acquéreur s'est laissé condamner par un jugement en dernier ressort, ou dont l'appel n'est plus recevable, sans appeler son vendeur, si celui-ci prouve qu'il existait des moyens suffisants pour faire rejeter la demande.

§ 2. — De la garantie des défauts<br>de la chose vendue.

**1641.** Le vendeur est tenu de la garantie à raison des défauts cachés de la chose vendue qui la rendent impropre à l'usage auquel on la destine, ou qui diminuent tellement cet usage, que l'acheteur ne l'aurait pas acquise, ou n'en aurait donné qu'un moindre prix, s'il les avait connus.

**1642.** Le vendeur n'est pas tenu des vices apparents et dont l'acheteur a pu se convaincre lui-même.

**1643.** Il est tenu des vices cachés, quand même il ne les aurait pas connus, à moins que, dans ce cas, il n'ait stipulé qu'il ne sera obligé à aucune garantie.

**1644.** Dans le cas des articles 1641 et 1643, l'acheteur a le choix de rendre la chose et de se faire restituer le prix, ou de garder la chose et de se faire rendre une partie du prix, telle qu'elle sera arbitrée par experts.

---

**1636.** Wird dem Erwerber nur ein Teil der Sache entwährt und ist dieser Teil im Verhältnisse zum Ganzen von solcher Bedeutung, daß der Erwerber ohne den ihm entwährten Teil gar nicht gekauft haben würde, so kann er den Kauf auflösen lassen.

**1637.** Wird im Falle der Entwährung eines Teiles des verkauften Grundstückes der Kauf nicht aufgelöst, so ist der Wert des dem Erwerber entwährten Teiles demselben nach der Schätzung zur Zeit der Entwährung, nicht eher im Verhältnis zum ganzen Kaufpreise zu vergüten, die verkaufte Sache mag an Wert zugenommen oder abgenommen haben.

**1638.** Findet sich das verkaufte Grundstück mit nicht sichtbaren Dienstbarkeiten belastet, welche nicht angegeben worden sind, und sind diese von solcher Bedeutung, daß vermutet werden kann, der Käufer würde nicht gekauft haben, wenn er davon unterrichtet gewesen wäre, so kann er die Auflösung des Vertrages verlangen, sofern er es nicht vorzieht sich mit einer Entschädigung zu begnügen.

**1639.** Die übrigen Fragen, zu denen der aus der Nichterfüllung des Kaufes dem Erwerber erwachsenden Schaden Veranlassung geben kann, sind in dem Titel «Verträge oder vertragsmäßige Vereinbarungen im Allgemeinen» aufgestellt.

**1640.** Die Gewährleistung wegen Entwährung fällt weg, wenn der Erwerber sich durch ein Urteil letzter Instanz oder ein solches, gegen das die Berufung nicht mehr zulässig ist, hat verurteilen lassen, ohne seinen Verkäufer zu laden, falls dieser beweist, daß hinlängliche Verteidigungsmittel vorhanden waren, um die Abweisung der Klage zu bewirken.

§ 2. — Gewährleistung für die Mängel der<br>verkauften Sache.

**1641.** Der Verkäufer ist zur Gewährleistung für die verborgenen Mängel der verkauften Sache verpflichtet, welche dieselbe zum Gebrauche, wozu sie bestimmt ist, ungeeignet machen, oder welche ihre Brauchbarkeit so sehr vermindern, daß der Käufer sie nicht gekauft oder nur einen geringeren Preis dafür gegeben haben würde, wenn er diese Mängel gekannt hätte.

**1642.** Der Verkäufer haftet nicht für sichtbare Mängel, von welcher der Käufer sich selbst überzeugen konnte.

**1643.** Er haftet für die verborgenen Mängel, selbst wenn er sie nicht gekannt hätte, es sei denn, daß er in diesem Falle sich ausbedungen hat, daß er keine Gewährleistung schulde.

**1644.** In dem Falle der Art. 1641 und 1643 hat der Käufer die Wahl, entweder die Sache zurückzugeben und sich den Kaufpreis erstatten zu lassen, oder die Sache zu behalten und sich einen Teil des Preises, so wie er durch Sachverständige beurteilt wird, zurückgeben zu lassen.

**1645.** Si le vendeur connaissait les vices de la chose, il est tenu, outre la restitution du prix qu'il en a reçu, de tous les dommages et intérêts envers l'acheteur.

**1646.** Si le vendeur ignorait les vices de la chose, il ne sera tenu qu'à la restitution du prix, et a rembourser à l'acquéreur les frais occasionnés par la vente.

**1647.** Si la chose qui avait des vices a péri par suite de sa mauvaise qualité, la perte est pour le vendeur, qui sera tenu envers l'acheteur à la restitution du prix, et aux autres dédommagements expliqués dans les deux articles précédents.

Mais la perte arrivée par cas fortuit sera pour le compte de l'acheteur.

**1648.** L'action résultant des vices rédhibitoires doit être intentée par l'acquéreur, dans un bref délai, suivant la nature des vices rédhibitoires, et l'usage du lieu où la vente a été faite.

**1649.** Elle n'a pas lieu dans les ventes faites par autorité de justice.

### CHAPITRE V.

#### Des obligations de l'acheteur.

**1650.** La principale obligation de l'acheteur est de payer le prix au jour et au lieu réglés par la vente.

**1651.** S'il n'a rien été réglé à cet égard lors de la vente, l'acheteur doit payer au lieu et dans le temps où doit se faire la délivrance.

**1652.** L'acheteur doit l'intérêt du prix de la vente jusqu'au payement du capital, dans les trois cas suivants:

S'il a été ainsi conclu lors de la vente;

Si la chose vendue et livrée produit des fruits ou autres revenus;

Si l'acheteur a été sommé de payer.

Dans ce dernier cas, l'intérêt ne court que depuis la sommation.

**1653.** Si l'acheteur est troublé ou a juste sujet de craindre d'être troublé par une action, soit hypothécaire, soit en revendication, il peut suspendre le payement du prix jusqu'à ce que le vendeur ait fait cesser le trouble, si mieux n'aime celui-ci donner caution, ou à moins qu'il n'ait été stipulé que, nonobstant le trouble, l'acheteur payera.

**1654.** Si l'acheteur ne paye pas le prix, le vendeur peut demander la résolution de la vente.

**1655.** La résolution de la vente d'immeubles est prononcée de suite, si le vendeur est en danger de perdre la chose et le prix.

**1645.** Kannte der Verkäufer die Mängel der Sache, so ist er neben der Zurückerstattung des dafür erhaltenen Preises dem Käufer zum vollen Schadensersatze verpflichtet.

**1646.** Kannte der Verkäufer die Mängel der Sache nicht, so ist er nur verpflichtet, den Kaufpreis zurückzuerstatten und dem Käufer die durch den Kauf verursachten Kosten zu vergüten.

**1647.** Ist die mit Mängeln behaftete Sache in Folge ihrer schlechten Beschaffenheit untergegangen, so trifft der Verlust den Verkäufer, welcher dem Käufer zur Zurückerstattung des Kaufpreises und zu den übrigen in den beiden vorstehenden Artikeln angegebenen Entschädigungen verpflichtet ist.

**1648.** Die auf Wandelungsfehler gestützte Klage muß von dem Erwerber binnen einer kurzen Frist, je nach Beschaffenheit der Wandelungsfehler und den Ortsgebräuchen, wo der Kauf geschlossen wurde, angestrengt werden.

**1649.** Sie findet bei gerichtlichen Käufen nicht statt.

### FÜNFTES KAPITEL.

#### Verbindlichkeiten des Käufers.

**1650.** Die Hauptverpflichtung des Käufers ist diejenige, den Kaufpreis an dem durch den Kauf bestimmten Tage und Orte zu bezahlen.

**1651.** Ist bei Abschluß des Kaufes darüber nichts bestimmt worden, so muß der Käufer an dem Orte und zu der gleichen Zeit zahlen, da die Ueberlieferung erfolgen soll.

**1652.** Der Käufer schuldet von dem Kaufpreise bis zur Zahlung des Kapitals in folgenden drei Fällen Zinsen:

wenn dies bei dem Kaufe so vereinbart worden ist;

wenn die verkaufte und gelieferte Sache Früchte oder andere Einkünfte trägt;

wenn der Käufer zur Zahlung aufgefordert worden ist.

In diesem letzteren Falle laufen die Zinsen erst von der Aufforderung an.

**1653.** Wird der Käufer durch eine hypothekarische oder eine Eigentumsklage gestört, oder hat er begründete Ursache zu der Befürchtung, dadurch gestört zu werden, so kann er die Zahlung des Kaufpreises aussetzen, bis der Verkäufer das Aufhören der Störung erwirkt hat, wenn letzterer nicht vorzieht, Bürgschaft zu stellen; es sei denn, daß vereinbart wurde, daß der Käufer trotz der Störung zahlen solle.

**1654.** Wenn der Käufer den Kaufpreis nicht zahlt, so kann der Verkäufer auf Auflösung des Kaufes klagen.

**1655.** Die Auflösung eines Kaufes von Liegenschaften wird sofort ausgesprochen, wenn der Verkäufer in Gefahr ist, die Sache und den Kaufpreis zu verlieren.

Si ce danger n'existe pas, le juge peut accorder à l'acquéreur un délai plus ou moins long suivant les circonstances.

Ce délai passé sans que l'acquéreur ait payé, la résolution de la vente sera prononcée.

1656. S'il a été stipulé lors de la vente d'immeubles, que, faute du payement du prix dans le terme convenu, la vente serait résolue de plein droit, l'acquéreur peut néanmoins payer après l'expiration du délai, tant qu'il n'a pas été mis en demeure par une sommation : mais, après cette sommation, le juge ne peut pas lui accorder de délai.

1657. En matière de vente de denrées et effets mobiliers, la résolution de la vente aura lieu de plein droit et sans sommation, au profit du vendeur, après l'expiration du terme convenu pour le retirement.

## CHAPITRE VI.

### De la nullité et de la résolution de la vente.

1658. Indépendamment des causes de nullité ou de résolution déjà expliquées dans ce titre, et de celles qui sont communes à toutes les conventions, le contrat de vente peut être résolu par l'exercice de la faculté de rachat et par la vileté du prix.

### SECTION PREMIÈRE.

#### De la faculté de rachat.

1659. La faculté de rachat ou de réméré est un pacte par lequel le vendeur se réserve de reprendre la chose vendue, moyennant la restitution du prix principal, et le remboursement dont il est parlé à l'article 1673.

1660. La faculté de rachat ne peut être stipulée pour un terme excédant cinq années.

Si elle a été stipulée pour un terme plus long, elle est réduite à ce terme.

1661. Le terme fixé est de rigueur, et ne peut être prolongé par le juge.

1662. Faute par le vendeur d'avoir exercé son action de réméré dans le terme prescrit, l'acquéreur demeure propriétaire irrévocable.

1663. Le délai court contre toutes personnes, même contre le mineur, sauf, s'il y a lieu, le recours contre qui de droit.

1664. Le vendeur à pacte de rachat peut exercer son action contre un second acquéreur, quand même la faculté de réméré n'aurait pas été déclarée dans le second contrat.

Ist diese Gefahr nicht vorhanden, so kann der Richter nach Beschaffenheit der Umstände dem Käufer eine mehr oder weniger lange Frist gewähren.

Ist diese Frist abgelaufen, ohne daß der Käufer bezahlt hat, so ist die Auflösung des Kaufes auszusprechen.

1656. Ist bei dem Kaufe von Liegenschaften bedungen worden, daß der Kauf mangels Zahlung des Kaufpreises zu der bestimmten Zeit von Rechtswegen aufgelöst sein soll, so kann der Käufer gleichwohl nach dem Ablaufe der Frist zahlen so lange er nicht durch eine Aufforderung in Verzug gesetzt ist; nach dieser Aufforderung jedoch kann der Richter ihm keine Frist bewilligen.

1657. Bei dem Kaufe von Lebensmitteln und beweglichen Sachen tritt die Auflösung des Kaufes nach Ablauf des zur Empfangnahme vereinbarten Termins zum Vorteile des Verkäufers schon von Rechtswegen und ohne Aufforderung ein.

## SECHSTES KAPITEL.

### Nichtigkeit und Auflösung des Kaufes.

1658. Abgesehen von den in diesem Titel schon angeführten Gründen der Nichtigkeit oder der Auflösung und von denjenigen, welche allen Verträgen gemeinsam sind, kann der Kaufvertrag aufgelöst werden durch Ausübung des Rückkaufrechts und wegen Niedrigkeit des Kaufpreises.

### ERSTER ABSCHNITT.

#### Rückkaufsrecht.

1659. Das Rückkaufsrecht oder Wiederkaufsrecht ist eine Vereinbarung, durch welche der Verkäufer sich vorbehält, gegen Wiedererstattung des Hauptpreises und gegen die in dem Artikel 1673 angegebene Vergütung, die verkaufte Sache zurückzunehmen.

1660. Des Rückkaufsrecht kann nicht auf eine längere Zeit als auf fünf Jahre bedungen werden.

Ist es auf eine längere Zeit ausbedungen, so wird es auf letztere Zeit beschränkt.

1661. Die festgesetzte Zeit ist unwiderleglich und kann von dem Richter nicht verlängert werden.

1662. Hat der Verkäufer seine Klage auf Rückkauf binnen der bestimmten Frist nicht geltend gemacht, so bleibt der Erwerber unwiderruflicher Eigentümer.

1663. Die Frist läuft gegen alle Personen, selbst gegen Minderjährige; der Rückgriff bleibt im geeigneten Falle gegen wen Rechtens vorbehalten.

1664. Der Verkäufer mit Rückkaufsrecht kann seine Klage gegen einen zweiten Erwerber geltend machen, selbst wenn in dem zweiten Vertrage das Rückkaufsrecht nicht erwähnt ist.

1665. L'acquéreur à pacte de rachat exerce tous les droits de son vendeur ; il peut prescrire tant contre le véritable maître que contre ceux qui prétendraient des droits ou hypothèques sur la chose vendue.

1666. Il peut opposer le bénéfice de la discussion aux créanciers de son vendeur.

1667. Si l'acquéreur à pacte de réméré d'une partie indivise d'un héritage, s'est rendu adjudicataire de la totalité sur une licitation provoquée contre lui, il peut obliger le vendeur à retirer le tout lorsque celui-ci veut user du pacte.

1668. Si plusieurs ont vendu conjointement, et par un seul contrat, un héritage commun entre eux, chacun ne peut exercer l'action en réméré que pour la part qu'il y avait.

1669. Il en est de même, si celui qui a vendu seul un héritage a laissé plusieurs héritiers.

Chacun de ces cohéritiers ne peut user de la faculté de rachat que pour la part qu'il prend dans la succession.

1670. Mais, dans le cas des deux articles précédents, l'acquéreur peut exiger que tous les covendeurs ou tous les cohéritiers soient mis en cause, afin de se concilier entre eux pour la reprise de l'héritage entier ; et, s'ils ne se concilient pas, il sera renvoyé de la demande.

1671. Si la vente d'un héritage appartenant à plusieurs n'a pas été faite conjointement et de tout l'héritage ensemble, et que chacun n'ait vendu que la part qu'il y avait, ils peuvent exercer séparément l'action en réméré sur la portion qui leur appartenait ;

Et l'acquéreur ne peut forcer celui qui l'exercera de cette manière, à retirer le tout.

1672. Si l'acquéreur a laissé plusieurs héritiers, l'action en réméré ne peut être exercée contre chacun d'eux que pour sa part, dans le cas où elle est encore indivise, et dans celui où la chose vendue a été partagée entre eux.

Mais s'il y a eu partage de l'hérédité, et que la chose vendue soit échue au lot de l'un des héritiers, l'action en réméré peut être intentée contre lui pour le tout.

1673. Le vendeur qui use du pacte de rachat, doit rembourser non seulement le prix principal, mais encore les frais et loyaux coûts de la vente, les réparations nécessaires, et celles qui ont augmenté la valeur du fonds, jusqu'à concurrence de cette augmentation. Il ne peut entrer en possession qu'après avoir satisfait à toutes ces obligations.

1665. Der Erwerber mit Rückkaufsrecht übt alle Rechte seines Verkäufers aus; er kann sowohl gegen den wahren Eigentümer als gegen diejenigen eine Verjährung begründen, welche Rechte oder Hypotheken an der verkauften Sache beanspruchen.

1666. Er kann den Gläubigern seines Verkäufers die Rechtswohltat der Vorausklage entgegenhalten.

1667. Hat derjenige, welcher unter Wiederkaufsrecht einen nicht abgetrennten Teil eines in ungeteilter Gemeinschaft stehenden Grundstücks erworben hat, das Ganze in einer gegen ihn veranlaßten Versteigerung erstanden so kann er den Verkäufer zwingen, das Ganze zurückzunehmen, wenn derselbe von jener Bestimmung Gebrauch machen will.

1668. Wenn Mehrere ein unter ihnen gemeinschaftliches Grundstück zusammen und in einem und demselben Vertrage verkauft haben, so kann ein Jeder die Klage auf Wiederkauf nur für seinen Anteil, welchen er daran hatte, geltend machen.

1669. Das Gleiche gilt, wenn der, welcher allein ein Grundstück verkauft hat, mehrere Erben hinterlassen hat.

Ein jeder dieser Miterben kann von dem Rückkaufsrechte nur für den Anteil Gebrauch machen, welchen er an der Erbschaft hat.

1670. In den Fällen der beiden vorstehenden Artikel kann jedoch der Erwerber verlangen, daß alle Mitkäufer oder alle Miterben in den Prozeß genommen werden, um sich untereinander über die Zurücknahme des ganzen Grundstücks zu vereinbaren; wenn sie sich nicht einigen, so ist die Klage abzuweisen.

1671. Ist der Verkauf eines Mehreren gehörigen Grundstücks nicht von ihnen zusammen und nicht über das ganze Grundstück auf einmal abgeschlossen worden, sondern hat ein Jeder nur den Teil, welchen er daran hatte, verkauft, so können sie die Klage auf Wiederkauf in Ansehung des Teiles, welcher ihnen zugehörte, getrennt geltend machen; der Erwerber kann denjenigen, welcher sie auf diese Weise anstrengt, nicht zwingen, das Ganze zu nehmen.

1672. Hat der Erwerber mehrere Erben hinterlassen, so kann die Klage auf Wiederkauf gegen einen jeden derselben nur für seinen Anteil angestrengt werden, mag die verkaufte Sache noch ungeteilt oder unter ihnen geteilt sein.

Hat aber eine Teilung der Erbschaft stattgefunden und ist die verkaufte Sache in das Los eines der Erben gefallen, so kann die Klage auf Wiederkauf gegen diesen wegen des Ganzen erhoben werden.

1673. Der Verkäufer, welcher von dem Rückkaufsrecht Gebrauch macht, muß nicht allein den ursprünglichen Preis erstatten, sondern auch die Kosten und gesetzlichen Gebühren des Kaufes, sodann die notwendigen Ausbesserungen und diejenigen, welche den Wert des Grundstückes erhöht haben, und zwar bis zu dem Betrage dieser Erhöhung.

Lorsque le vendeur rentre dans son héritage par l'effet du pacte de rachat, il le reprend exempt de toutes les charges et hypothèques dont l'acquéreur l'aurait grevé: il est tenu d'exécuter les baux faits sans fraude par l'acquéreur.

## SECTION II.

### De la rescision de la vente pour cause de lésion.

**1674.** Si le vendeur a été lésé de plus de sept douzièmes dans le prix d'un immeuble, il a le droit de demander la rescision de la vente, quand même il aurait expressément renoncé dans le contrat à la faculté de demander cette rescision, et qu'il aurait déclaré donner la plus-value.

**1675.** Pour savoir s'il y a lésion de plus de sept-douzièmes, il faut estimer l'immeuble suivant son état et sa valeur au moment de la vente.

**1676.** La demande n'est plus recevable après l'expiration de deux années, à compter du jour de la vente.

Ce délai court contre les femmes mariées, et contre les absents, les interdits, et les mineurs venant du chef d'un majeur qui a vendu.

Ce délai court aussi et n'est pas suspendu pendant la durée du temps stipulé pour le pacte du rachat.

**1677.** La preuve de la lésion ne pourra être admise que par jugement, et dans le cas seulement, où les faits articulés seraient assez vraisemblables et assez graves pour faire présumer la lésion.

**1678.** Cette preuve ne pourra se faire que par un rapport de trois experts, qui seront tenus de dresser un seul procès-verbal commun, et de ne former qu'un seul avis à la pluralité des voix.

**1679.** S'il y a des avis différents, le procès-verbal en contiendra les motifs, sans qu'il soit permis de faire connaitre de quel avis chaque expert a été.

**1680.** Les trois experts seront nommés d'office, à moins que les parties ne se soient accordées pour les nommer tous les trois conjointement.

**1681.** Dans les cas où l'action en rescision est admise, l'acquéreur a le choix ou de rendre la chose en retirant le prix qu'il en a payé, ou de garder le fonds en payant le supplément du juste prix, sous la déduction du dixième du prix total.

Er kann nicht eher in den Besitz eintreten, als bis er allen diesen Verbindlichkeiten nachgekommen ist.

Wenn der Verkäufer in Folge des Rückkaufsrechtes in sein Grundstück wieder eintritt, so erhält er dasselbe frei von allen Lasten und Hypotheken zurück, mit denen des Erwerber es etwa belastet hat. Er ist verpflichtet, die von dem Erwerber ohne Betrug geschlossenen Mietverträge zu erfüllen.

## ZWEITER ABSCHNITT.

### Wiederaufhebung des Verkaufs wegen Verletzung.

**1674.** Ist der Verkäufer um mehr als sieben Zwölftel bei dem Preis einer Liegenschaft benachteiligt worden, so hat er das Recht die Wiederaufhebung des Kaufes zu verlangen, selbst wenn er in dem Vertrage ausdrücklich auf die Befugnis, diese Wiederaufhebung zu verlangen, verzichtet, und wenn er erklärt hatte, den Mehrwert schenken zu wollen.

**1675.** Um zu ermitteln, ob eine Benachteiligung über sieben Zwölftel vorhanden sei, muß man die Liegenschaft nach ihrem Zustande und Werte zur Zeit des Verkaufes schätzen.

**1676.** Die Klage ist nach Ablauf von zwei Jahren von dem Tage des Kaufes an nicht mehr zulässig.

Diese Frist läuft gegen Ehefrauen und gegen Abwesende, sowie gegen Entmündigte und Minderjährige, welche in die Rechte eines Volljährigen, der verkauft hat, getreten sind.

Diese Frist läuft auch während der Dauer der für das Rückkaufsrecht ausbedungenen Zeit und ruht keineswegs während derselben.

**1677.** Der Beweis der Benachteiligung kann nur durch ein Urteil und nur in dem Falle zugelassen werden, wenn die zu Beweis gestellten Tatsachen wahrscheinlich und erheblich genug sind, um die Benachteiligung vermuten zu lassen.

**1678.** Dieser Beweis kann nur durch einen Bericht von drei Sachverständigen geführt werden, welche verpflichtet sind, nur ein gemeinschaftliches Protokoll aufzunehmen und nur ein einziges Gutachten nach Mehrheit der Stimmen abzugeben.

**1679.** Gehen die Ansichten auseinander, so muß das Protokoll die Gründe derselben enthalten; es ist jedoch nicht erlaubt, erkennen zu lassen, welcher Meinung jeder einzelne Sachverständige gewesen ist.

**1680.** Die drei Sachverständigen sind von Amtswegen zu ernennen, es sei denn, daß die Parteien sich dahin geeinigt haben, sie alle drei gemeinschaftlich zu ernennen.

**1681.** Falls die Klage auf Wiederaufhebung zugelassen wird, hat der Käufer die Wahl, entweder die Sache zurückzugeben gegen Rückempfang des bezahlten Preises oder das Grundstück zu behalten gegen Zahlung des an dem richtigen Preise noch fehlenden Betrages mit Abzug eines Zehntels des ganzen Preises.

Le tiers possesseur a le même droit, sauf sa garantie contre son vendeur.

1682. Si l'acquéreur préfère garder la chose en fournissant le supplément réglé par l'article précédent, il doit l'intérêt du supplément, du jour de la demande en rescision.

S'il préfère la rendre et recevoir le prix, il rend les fruits du jour de la demande.

L'intérêt du prix qu'il a payé, lui est aussi compté du jour de la même demande, ou du jour du payement, s'il n'a touché aucuns fruits.

1683. La rescision pour lésion n'a pas lieu en faveur de l'acheteur.

1684. Elle n'a pas lieu en toutes ventes qui, d'après la loi, ne peuvent être faites que d'autorité de justice.

1685. Les règles expliquées dans la section précédente pour les cas où plusieurs ont vendu conjointement ou séparément, et pour celui où le vendeur ou l'acheteur a laissé plusieurs héritiers, sont pareillement observées pour l'exercice de l'action en rescision.

## CHAPITRE VII.

### De la licitation.

1686. Si une chose commune à plusieurs ne peut être partagée commodément et sans perte;

Ou si, dans un partage fait de gré à gré de biens communs, il s'en trouve quelques-uns qu'aucun des copartageants ne puisse ou ne veuille prendre;

La vente s'en fait aux enchères, et le prix en est partagé entre les copropriétaires.

1687. Chacun des copropriétaires est le maître de demander que les étrangers soient appelés à la licitation: ils sont nécessairement appelés, lorsqu'un des copropriétaires est mineur.

1688. Le mode et les formalités à observer pour la licitation sont expliquées au titre *Des successions* et au Code de procédure.

## CHAPITRE VIII.

### Du transport des créances et autres droits incorporels.

1689. Dans le transport d'une créance, d'un droit ou d'une action sur un tiers, la délivrance s'opère entre le cédant et le cessionnaire par la remise du titre.

Der dritte Besitzer hat das nämliche Recht, vorbehaltlich seines Anspruchs auf Gewährleistung gegen seinen Verkäufer.

1682. Zieht der Erwerber es vor, gegen Zahlung der in dem vorstehenden Artikel bestimmten Ergänzungssumme die Sache zu behalten, so schuldet er die Zinsen dieser Summe von dem Tage der Klage auf Aufhebung an.

Zieht er es vor, die Sache zurückzugeben und den Preis zurückzuempfangen, so hat er die Früchte von dem Tage der Klage an zu erstatten.

Die Zinsen des von ihm bezahlten Kaufpreises werden ihm gleichfalls von dem Tage eben dieser Klage an gutgeschrieben, oder, wenn er gar keine Früchte gezogen hat, von dem Tage der Zahlung an.

1683. Zum Vorteil des Käufers findet die Wiederaufhebung wegen Benachteiligung nicht statt.

1684. Sie findet bei allen Verkäufen nicht statt, welche den Gesetzen nach nur gerichtlich geschehen können.

1685. Die Regeln, welche in dem vorgehenden Abschnitte sowohl für die Fälle, daß mehrere zusammen oder einzeln verkauft haben, als auch für den Fall aufgestellt sind, daß der Verkäufer oder der Käufer mehrere Erben hinterlassen hat, gelten auch für die Ausübung der Wiederaufhebungsklage.

## SIEBENTES KAPITEL.

### Teilungsversteigerung.

1686. Wenn eine mehreren gemeinschaftliche Sache nicht restlos und ohne Verlust geteilt werden kann;

oder wenn bei einer mit allseitiger Einwilligung vorgenommenen Teilung gemeinschaftlicher Güter sich darunter einige befinden, die keiner der Teilenden nehmen kann oder will, so erfolgt der Verkauf im Wege der Versteigerung durch Meistgebot, und wird der Kaufpreis unter den Miteigentümern geteilt.

1687. Ein jeder der Miteigentümer ist berechtigt zu verlangen, daß Fremde zu der Versteigerung eingeladen werden.

Sie müssen unbedingt eingeladen werden, wenn einer der Miteigentümer minderjährig ist.

1688. Das Verfahren und die bei der Versteigerung zu beobachtenden Förmlichkeiten sind in dem Titel «Erbschaft» und in der Prozeßordnung angegeben.

## ACHTES KAPITEL.

### Uebertragung der Forderung und andere unkörperlichen Rechte.

1689. Bei dem Uebertrage einer Forderung eines Rechtes oder einer Klage gegen einen Dritten erfolgt die Uebergabe zwischen dem Cedenten dem Cessionar durch Aushändigung der Urkunde.

1690. Le cessionnaire n'est saisi à l'égard des tiers que par la signification du transport faite au débiteur.

Néanmoins le cessionnaire peut être également saisi par l'acceptation du transport faite par le débiteur dans un acte authentique.

1691. Si, avant que le cédant ou le cessionnaire eût signifié le transport au débiteur, celui-ci avait payé le cédant, il sera valablement libéré.

1692. La vente ou cession d'une créance comprend les accessoires de la créance, tels que caution, privilège et hypothèque.

1693. Celui qui vend une créance ou autre droit incorporel, doit en garantir l'existence au temps du transport, quoiqu'il soit fait sans garantie.

1694. Il ne répond de la solvabilité du débiteur que lorsqu'il s'y est engagé, et jusqu'à concurrence seulement du prix qu'il a retiré de la créance.

1695. Lorsqu'il a promis la garantie de la solvabilité du débiteur, cette promesse ne s'entend que de la solvabilité actuelle, et ne s'étend pas au temps à venir, si le cédant ne l'a expressément stipulé.

1696. Celui qui vend une hérédité sans en spécifier en détail les objets, n'est tenu de garantir que sa qualité d'héritier.

1697. S'il avait déjà profité des fruits de quelque fonds, ou reçu le montant de quelque créance appartenant à cette hérédité, ou vendu quelques effets de la succession, il est tenu de les rembourser à l'acquéreur, s'il ne les a expressément réservés lors de la vente.

1698. L'acquéreur doit de son côté rembourser au vendeur ce que celui-ci a payé pour les dettes et charges de la succession, et lui faire raison de tout ce dont il était créancier, s'il n'y a stipulation contraire.

1699. Celui contre lequel on a cédé un droit litigieux peut s'en faire tenir quitte par le cessionnaire, en lui remboursant le prix réel de la cession avec les frais et loyaux coûts, et avec les intérêts à compter du jour où le cessionnaire a payé le prix de la cession à lui faite.

1700. La chose est censée litigieuse dès qu'il y a procès et contestation sur le fond du droit.

---

1690. Der Cessionar ist Dritten gegenüber noch nicht in den Besitz gesetzt, bevor die Zustellung der Uebertragung an den Schuldner erfolgt ist.

Es kann jedoch der Cessionar auch durch die seitens des Schuldners in einer öffentlichen Urkunde erfolgte Annahme der Uebertragung in Besitz gesetzt werden.

1691. Wenn der Schuldner, ehe ihm der Cedent oder der Cessionar den Uebertrag zugestellt hatte, den Cedenten bezahlt hat, so ist er rechtsgültig befreit.

1692. Der Verkauf oder die Cession einer Forderung erstreckt sich auf das Zubehör derselben, wie Bürgschaften, Vorzugsrechte und Hypotheken.

1693. Wer eine Forderung oder ein anderes unkörperliches Recht verkauft, muß für deren Bestehen zur Zeit des Uebertrags Gewähr leisten, auch wenn letzterer ohne Gewährleistung erfolgt ist.

1694. Er haftet für die Zahlungsfähigkeit des Schuldners nur dann, wenn er sich dazu verpflichtet hat, und nur bis zu dem Betrage des Preises, welchen er für die Forderung empfangen hat.

1695. Hat er für die Zahlungsfähigkeit des Schuldners Gewährleistung versprochen, so ist dieses Versprechen nur auf die gegenwärtige Zahlungsfähigkeit zu beziehen, er erstreckt sich aber nicht auf die Zukunft, sofern der Cedent dieses nicht ausdrücklich versprochen hat.

1696. Wer eine Erbschaft verkauft, ohne die Gegenstände derselben einzeln anzugeben, schuldet nur für seine Eigenschaft als Erbe Gewährleistung.

1697. Hatte er schon Früchte von irgend einem Grunstücke gezogen, das zu dieser Erbschaft gehört, oder hat er den Betrag einer dazu gehörigen Forderung in Empfang genommen, oder irgend welche Sachen aus dem Nachlasse verkauft, so ist er verpflichtet, sie dem Erwerber zu vergüten, wenn er sie bei dem Verkaufe nicht ausdrücklich vorbehalten hat.

1698. Der Erwerber muß seinerseits dem Verkäufer dasjenige erstatten, was dieser für die Schulden und Lasten der Erbschaft bezahlt hat, und ihm alles vergüten, was derselbe als Gläubiger zu fordern hatte, sofern nicht eine entgegenstehende Vereinbarung getroffen ist.

1699. Derjenige, gegen welchen ein streitiges Recht cediert worden ist, kann sich seiner Verbindlichkeit gegen den Cessionar dadurch entledigen, daß er ihm den wirklichen Preis der Cession nebst Kosten und gesetzlichen Gebühren und Zinsen von dem Tage an vergütet, an welchem der Cessionar den Preis für die an ihn geschehene Cession bezahlt hat.

1700. Die Sache gilt als streitig, sobald über das Recht selbst ein Prozeß besteht und bestritten wird.

**1701.** La disposition portée en l'article 1699 cesse:

1º Dans le cas où la cession a été faite à un cohéritier ou copropriétaire du droit cédé;

2º Lorsqu'elle a été faite à un créancier en payement de ce qui lui est dû:

3º Lorsqu'elle a été faite au possesseur de l'héritage sujet au droit litigieux.

---

# TITRE SEPTIÈME.

### De l'échange.

**1702.** L'échange est un contrat par lequel les parties se donnent respectivement une chose pour une autre.

**1703.** L'échange s'opère par le seul consentement, de la même manière que la vente.

**1704.** Si l'un des copermutants a déjà reçu la chose à lui donnée en échange, et qu'il prouve ensuite que l'autre contractant n'est pas propriétaire de cette chose, il ne peut pas être forcé à livrer celle qu'il a promise en contre-échange, mais seulement a rendre celle qu'il a reçue.

**1705.** Le copermutant qui est évincé de la chose qu'il a reçue en échange, a le choix de conclure à des dommages et intérêts, ou de répéter sa chose.

**1706.** La rescision pour cause de lésion n'a pas lieu dans le contrat d'échange.

**1707.** Toutes les autres règles prescrites pour le contrat de vente s'appliquent d'ailleurs à l'échange.

---

# TITRE HUITIÈME.

### Du contrat de louage.

### CHAPITRE PREMIER.

#### Dispositions générales.

**1708.** Il y a deux sortes de contrats de louage:
Celui des choses,
Et celui d'ouvrage.

**1709.** Le louage des choses est un contrat par lequel l'une des parties s'oblige à faire jouir l'autre d'une chose pendant un certain temps, et moyennant un certain prix que celle-ci s'oblige de lui payer.

**1710.** Le louage d'ouvrage est un contrat par lequel l'une des parties s'engage à faire

---

**1701.** Die in dem Art. 1699 enthaltene Bestimmung findet keine Anwendung;

1. falls die Cession an einen Miterben oder an einen Miteigentümer des cedierten Rechtes erfolgt ist;

2. wenn sie an einen Gläubiger an Zahlungsstatt für das, was ihm geschuldet wird, erfolgt ist;

3. wenn sie an den Besitzer des den Gegenstand des streitigen Rechtes ausmachenden Grundstücks erfolgt ist.

---

# SIEBENTER TITEL.

### Tausch.

**1702.** Der Tausch ist ein Vertrag, durch welchen die Parteien sich gegenseitig eine Sache gegen eine andere geben.

**1703.** Der Tausch kommt in derselben Weise wie der Kauf durch bloße Einwilligung zu Stande.

**1704.** Wenn einer der Tauschenden die ihm zum Austausch gegebene Sache schon empfangen hat und er nachher beweist, daß die andere Partei nicht Eigentümer dieser Sache war, so kann er nicht gezwungen werden, diejenige, welche er zum Umtausch versprochen hat, zu liefern, sondern nur die empfangene zurückzufordern.

**1705.** Der Tauschende, welchem die durch den Tausch erhaltene Sache entwährt worden ist, hat die Wahl, entweder Schadensersatz zu verlangen oder seine Sache zurückzufordern.

**1706.** Die Wiederaufhebung wegen Benachteiligung findet bei dem Tauschvertrage nicht statt.

**1707.** Alle übrigen für den Kaufvertrag vorgeschriebenen Regeln finden auch auf den Tausch Anwendung.

---

# ACHTER TITEL.

### Mietvertrag.

### ERSTES KAPITEL.

#### Allgemeine Bestimmungen.

**1708.** Es gibt zwei Arten des Mietvertrages:

die Sachmiete
und die Dienstmiete.

**1709.** Die Sachmiete ist ein Vertrag, durch welchen die eine der Parteien sich verpflichtet, der anderen auf eine bestimmte Zeit und gegen einen bestimmten Preis, den letztere zu zahlen verspricht, den Genuß einer Sache zu verschaffen.

**1710.** Die Dienstmiete ist ein Vertrag, durch welchen die eine der Parteien sich ver-

quelque chose pour l'autre, moyennant un prix convenu entre elles.

1711. Ces deux genres de louage se subdivisent encore en plusieurs espèces particulières:

On appelle *bail à loyer*, le louage des maisons et celui des meubles;

*Bail à ferme*, celui des héritages ruraux;

*Loyer*, le louage du travail ou du service;

*Bail à cheptel*, celui des animaux dont le profit se partage entre le propriétaire et celui à qui il les confie.

Les *devis, marché* ou *prix fait*, pour l'entreprise d'un ouvrage moyennant un prix déterminé, sont aussi un louage, lorsque la matière est fournie par celui pour qui l'ouvrage se fait.

Ces trois dernières espèces ont des règles particulières.

1712. Les baux des biens nationaux, des biens des communes et des établissements publics, sont soumis à des règlements particuliers.

### CHAPITRE II.

#### Du louage des choses.

1713. On peut louer toutes sortes de biens meubles ou immeubles.

##### SECTION PREMIÈRE.

**Des règles communes aux baux des maisons et des biens ruraux.**

1714. On peut louer ou par écrit, ou verbalement.

1715. Si le bail fait sans écrit n'a encore reçu aucune exécution, et que l'une des parties le nie, la preuve ne peut être reçue par témoins, quelque modique qu'en soit le prix, et quoiqu'on allègue qu'il y a eu des arrhes données.

Le serment peut seulement être déféré à celui qui nie le bail.

1716. Lorsqu'il y aura contestation sur le prix du bail verbal dont l'exécution a commencé, et qu'il n'existera point de quittance, le propriétaire en sera cru sur son serment, si mieux n'aime le locataire demander l'estimation par experts; auquel cas les frais de l'expertise restent à sa charge, si l'estimation excède le prix qu'il a déclaré.

1717. Le preneur a le droit de sous-louer, et même de céder son bail à un autre, si cette faculté ne lui a pas été interdite.

Elle peut être interdite pour le tout ou partie.

Cette clause est toujours de rigueur.

pflichtet, gegen einen unter ihnen vereinbarten Preis für die andere etwas zu tun.

1711. Diese beiden Arten des Mietvertrages werden noch weiter in mehrere besondere Unterarten geteilt.

Man nennt Miete den Mietvertrag über Häuser und Fahrnis:

Pacht, den über ländliche Grundstücke;

Dienstmiete den Mietvertrag über Arbeit oder Dienste;

Viehpacht den über Vieh, dessen Nutzen zwischen dem Eigentümer und dem, welchem er dasselbe anvertraut, geteilt wird.

Die Verträge nach einem Anschlag, Akkord oder bedungenen Preis bei Unternehmungen eines Werkes gegen einen bestimmten Preis sind ebenfalls Mietverträge, wenn der Stoff von demjenigen geliefert wird, für den das Werk angefertigt wird.

Für diese letzteren drei Unterarten gelten besondere Regeln.

1712. Die Verpachtungen der Staatsgüter, der Güter der Gemeinden und der öffentlichen Anstalten sind besonderen Verordnungen unterworfen.

### ZWEITES KAPITEL.

#### Sachmiete.

1713. Man kann alle Arten beweglicher Güter vermieten.

##### ERSTER ABSCHNITT.

**Gemeinsame Regeln für die Miete von Häusern und von ländlichen Grundstücken**

1714. Man kann schriftlich oder mündlich mieten.

1715. Hat der nicht schriftlich abgeschlossene Mietvertrag noch gar keine Vollziehung erhalten und wird er von der einen Partei abgeleugnet, so kann der Beweis nicht durch Zeugen geführt werden, wie gering auch der Mietpreis sein mag, und wenn man sich auch darauf beruft, daß eine Draufgabe stattgefunden hat.

Der Eid kann nur demjenigen zugeschoben werden, welcher den Mietvertrag ableugnet.

1716. Besteht Streit über den Preis eines mündlich abgeschlossenen Mietvertrages, dessen Vollziehung schon begonnen hat, und ist keine Quittung vorhanden, so muß dem Eigentümer in dieser Beziehung auf seinen Eid geglaubt werden, wenn der Mieter es nicht vorzieht, die Abschätzung durch Sachverständige zu beantragen; letzteren Falles bleiben ihm die Kosten des Gutachtens der Sachverständigen zur Last, wenn die Schätzung den von ihm angegebenen Preis übersteigt.

1717. Der Mieter hat das Recht zur Untervermietung und selbst zur Abtretung seines Mietvertrages an einen anderen, wenn ihm dieses nicht untersagt ist.

Es kann ihm ganz oder zum Teil untersagt werden.

Diese Bedingung ist immer unerläßlich.

**1718.** Les articles du titre *Du contrat de mariage et des droits respectifs des époux*, relatif aux baux des biens des femmes mariées, sont applicables aux baux des biens des mineurs.

**1719.** Le bailleur est obligé, par la nature du contrat, et sans qu'il soit besoin d'aucune stipulation particulière :

1⁰ De délivrer au preneur la chose louée ;

2⁰ D'entretenir cette chose en état de servir à l'usage pour lequel elle a été louée ;

3⁰ D'en faire jouir paisiblement le preneur pendant la durée du bail.

**1720.** Le bailleur est tenu de délivrer la chose en bon état de réparations de toute espèce.

Il doit y faire, pendant la durée du bail, toutes les réparations qui peuvent devenir nécessaires, autres que les locatives.

**1721.** Il est dû garantie au preneur pour tous les vices ou défauts de la chose louée qui en empêchent l'usage, quand même le bailleur ne les aurait pas connus lors du bail.

S'il résulte de ces vices ou défauts quelque perte pour le preneur, le bailleur est tenu de l'indemniser.

**1722.** Si, pendant la durée du bail, la chose louée est détruite en totalité par cas fortuit, le bail est résilié de plein droit ; si elle n'est détruite qu'en partie, le preneur peut, suivant les circonstances, demander ou une diminution du prix, ou la résiliation même du bail. Dans l'un et l'autre cas, il n'y a lieu à aucun dédommagement.

**1723.** Le bailleur ne peut, pendant la durée du bail, changer la forme de la chose louée.

**1724.** Si, durant le bail, la chose louée a besoin de réparations urgentes et qui ne puissent être différées jusqu'à sa fin, le preneur doit les souffrir, quelque incommodité qu'elles lui causent, et quoiqu'il soit privé, pendant qu'elles se font, d'une partie de la chose louée.

Mais, si ces réparations durent plus de quarante jours, le prix du bail sera diminué à proportion du temps et de la partie de la chose louée dont il aura été privé.

Si les réparations sont de telle nature qu'elles rendent inhabitable ce qui est nécessaire au logement du preneur et de sa famille, celui-ci pourra faire résilier le bail.

**1725.** Le bailleur n'est pas tenu de garantir le preneur du trouble que des tiers

**1718.** Die Artikel des Titels «Ehevertrag und Rechte der Ehegatten unter einander», welche die Verpachtung der Güter der Ehefrauen betreffen, finden auf die Verpachtung der Güter der Minderjährigen Anwendung.

**1719.** Der Vermieter ist nach der Natur des Vertrages und ohne daß es einer besonderen Vereinbarung bedürfte, verpflichtet:

1. dem Mieter die vermietete Sache zu überliefern;

2. diese Sache in solchem Zustande zu erhalten, daß sie zu dem Gebrauche dienen kann, zu welchem sie vermietet ist;

3. dem Mieter den ungestörten Genuß derselben während der Dauer des Mietvertrages zu verschaffen.

**1720.** Der Mieter ist verpflichtet, die Sache bezüglich der Ausbesserungen jeder Art in gutem Zustande zu überliefern.

Er muß während der Dauer des Mietvertrages alle Ausbesserungen daran vornehmen, welche etwa notwendig werden, mit Ausnahme der dem Mieter obliegenden.

**1721.** Dem Mieter steht Gewährleistung zu für alle Fehler oder Mängel der vermieteten Sache, welche den Gebrauch derselben verhindern, selbst wenn der Vermieter sie zur Zeit der Vermietung nicht gekannt haben sollte.

Entsteht aus diesen Fehlern oder Mängeln irgend ein Verlust für den Mieter, so ist der Vermieter verpflichtet, denselben zu entschädigen.

**1722.** Wird während der Dauer der Miete die vermietete Sache ganz durch Zufall zerstört, so ist der Mietvertrag von Rechtswegen aufgelöst; wird sie nur zum Teil zerstört, so kann der Mieter je nach den Umständen entweder eine Minderung des Preises oder selbst die Auflösung des Mietvertrages verlangen. In dem einen wie in dem andern Falle erfolgt keine Entschädigung.

**1723.** Der Vermieter darf die Gestalt der vermieteten Sache während der Dauer der Miete nicht verändern.

**1724.** Wenn während der Mietzeit die vermietete Sache dringender Ausbesserungen bedarf, welche nicht bis zum Ablaufe der Miete aufgeschoben werden können, so muß der Mieter sich dieselben gefallen lassen, welche Unbequemlichkeiten sie ihm auch verursachen können, und selbst wenn ihm während der Zeit ihrer Vornahme ein Teil der gemieteten Sache entzogen wird.

Nehmen aber diese Ausbesserungen länger als vierzig Tage in Anspruch, so wird der Mietpreis im Verhältnis zur Zeit und zu dem ihm entzogenen Teile der gemieteten Sache vermindert.

Sind die Ausbesserungen von der Art, daß sie die Räume, welche dem Mieter und seiner Familie zur Wohnung notwendig sind, unbewohnbar machen, so kann dieser den Mietvertrag auflösen lassen.

**1725.** Der Vermieter ist nicht verpflichtet, dem Mieter für diejenige Störung seines Ge-

apportent par voies de fait à sa jouissance, sans prétendre d'ailleurs aucun droit sur la chose louée; sauf au preneur à les poursuivre en son nom personnel.

1726. Si, au contraire, le locataire ou le fermier ont été troublés dans leur jouissance par suite d'une action concernant la propriété du fonds, ils ont droit à une diminution proportionnée sur le prix du bail à loyer ou à ferme, pourvu que le trouble et l'empêchement aient été dénoncés au propriétaire.

1727. Si ceux qui ont commis les voies de fait, prétendent avoir quelque droit sur la chose louée, ou si le preneur est lui-même cité en justice pour se voir condamner au délaissement de la totalité ou de partie de cette chose, ou à souffrir l'exercice de quelque servitude, il doit appeler le bailleur en garantie, et doit être mis hors d'instance, s'il l'exige, en nommant le bailleur pour lequel il possède.

1728. Le preneur est tenu de deux obligations principales :

1º D'user de la chose louée en bon père de famille, et suivant la destination qui lui a été donnée par le bail, ou suivant celle présumée d'après les circonstances, à défaut de convention ;

2º De payer le prix du bail aux termes convenus.

1729. Si le preneur emploie la chose louée à un autre usage que celui auquel elle a été destinée, ou dont il puisse résulter un dommage pour le bailleur, celui-ci peut, suivant les circonstances, faire résilier le bail.

1730. S'il a été fait un état des lieux entre le bailleur et le preneur, celui-ci doit rendre la chose telle qu'il l'a reçue, suivant cet état, excepté ce qui a péri ou a été dégradé par vétusté ou force majeure.

1731. S'il n'a pas été fait d'état des lieux, le preneur est présumé les avoir reçus en bon état de réparations locatives, et doit les rendre tels, sauf la preuve contraire.

1732. Il répond des dégradations ou des pertes qui arrivent pendant sa jouissance, à moins qu'il ne prouve qu'elles ont eu lieu sans sa faute.

1733. Il répond de l'incendie à moins qu'il ne prouve :

Que l'incendie est arrivé par cas fortuit ou force majeure, ou par vice de construction,

---

nusses Gewähr zu leisten, welche ihm Dritte, ohne daß sie übrigens irgend ein Recht an der gemieteten Sache beanspruchen, durch Tätlichkeiten verursachen; dem Mieter bleibt sein Recht vorbehalten, dieselben in seinem eigenen Namen zu verfolgen.

1726. Wenn dagegen der Mieter oder der Pächter in Folge einer das Eigentum des Grundstückes betreffenden Klage in seinem Genusse gestört worden ist, so hat er ein Recht auf verhältnismäßige Minderung des Miet- oder Pachtzinses, sofern die Störung und die Verhinderung dem Eigentümer angezeigt worden sind.

1727. Behaupten diejenigen, welche die Tätlichkeiten begangen haben, irgend ein Recht an der vermieteten Sache zu haben, oder wird der Mieter selber vor Gericht geladen, um sich verurteilen zu lassen, die ganze Sache oder einen Teil derselben zu räumen oder die Ausübung irgend einer Dienstbarkeit zu dulden, so muß er den Vermieter zur Gewährleistung beiladen und muß auf sein Verlangen aus dem Rechtsstreite entlassen werden, wenn er den Vermieter, für welchen er besitzt, benennt.

1728. Dem Mieter liegen zwei Hauptverbindlichkeiten ob:

1. die gemietete Sache als ein ordentlicher Hausvater und nach der Bestimmung zu gebrauchen, welche ihr in dem Mietvertrage gegeben worden ist, oder nach derjenigen, die in Ermangelung einer Uebereinkunft nach den Umständen zu vermuten ist;

2. den Mietpreis zu den bestimmten Fristen zu zahlen.

1729. Macht der Mieter von der gemieteten Sache einen andern Gebrauch, als zu welchem sie bestimmt wurde, oder einen solchen, aus dem ein Schaden für den Vermieter entstehen kann, so kann dieser je nach den Umständen den Mietvertrag auflösen lassen.

1730. Ist zwischen dem Vermieter und dem Mieter eine Beschreibung der Oertlichkeiten aufgenommen worden, so muß letzterer die Sache so zurückgeben, wie er sie zufolge dieser Beschreibung empfangen hat, mit Ausnahme dessen, was durch Alter oder höhere Gewalt zu Grunde gegangen oder verschlechtert worden ist.

1731. Ist keine Beschreibung der Oertlichkeiten aufgenommen worden, so wird vermutet, daß der Mieter die Sache in gutem Zustande bezüglich der dem Mieter obliegenden Ausbesserungen empfangen hat, und er muß sie in solchem Zustande zurückgeben; der Gegenbeweis bleibt vorbehalten.

1732. Er haftet für die Verschlechterungen oder Verluste, welche während seines Genusses eintreten, sofern er nicht beweist, daß sie ohne sein Verschulden stattgefunden haben.

1733. Er haftet für Brandschaden, sofern er nicht beweist: daß der Brand durch Zufall oder höhere Gewalt oder durch einen Fehler der Bauart entstanden ist; oder daß

Ou que le feu a été communiqué par une maison voisine.

1734. S'il y a plusieurs locataires, tous sont responsables de l'incendie, proportionnellement à la valeur locative de la partie de l'immeuble qu'ils occupent;

A moins qu'ils ne prouvent que l'incendie a commencé dans l'habitation de l'un d'eux, auquel cas celui-là seul en est tenu;

Ou que quelques-uns ne prouvent que l'incendie n'a pu commencer chez eux, auquel cas ceux-là n'en sont pas tenu.

1735. Le preneur est tenu des dégradations et des pertes qui arrivent par le fait des personnes de la maison ou de ses sous-locataires.

1736. Si le bail a été fait sans écrit, l'une des parties ne pourra donner congé à l'autre qu'en observant les délais fixés par l'usage des lieux.

1737. Le bail cesse de plein droit à l'expiration du terme fixé, lorsqu'il a été fait par écrit, sans qu'il soit nécessaire de donner congé.

1738. Si, à l'expiration des baux écrits, le preneur reste et est laissé en possession, il s'opère un nouveau bail dont l'effet est réglé par l'article relatif aux locations faites sans écrit.

1739. Lorsqu'il y a un congé signifié, le preneur, quoiqu'il ait continué sa jouissance, ne peut invoquer la tacite réconduction.

1740. Dans le cas des deux articles précédents, la caution donnée pour le bail ne s'étend pas aux obligations résultant de la prolongation.

1741. Le contrat de louage se résout par la perte de la chose louée, et par le défaut respectif du bailleur et du preneur, de remplir leurs engagements.

1742. Le contrat de louage n'est point résolu par la mort du bailleur, ni par celle du preneur.

1743. Si le bailleur vend la chose louée, l'acquéreur ne peut expulser le fermier ou le locataire qui a un bail authenthique ou dont la date est certaine, à moins qu'il ne se soit réservé ce droit par le contrat de bail.

1744. S'il a été convenu, lors du bail, qu'en cas de vente l'acquéreur pourrait expulser le fermier ou locataire, et qu'il n'ait été fait aucune stipulation sur les dommages et intérêts, le bailleur est tenu d'indemniser le fermier ou le locataire de la manière suivante.

1745. S'il s'agit d'une maison, appartement ou boutique, le bailleur paye, à titre de dommages et intérêts, au locataire évincé, une somme égale au prix du loyer, pendant

das Feuer von einem benachbarten Hause übergesprungen ist.

1734. Sind mehrere Mieter vorhanden, so sind alle für den Brandschaden verantwortlich im Verhältnisse zum Mietswerte des von ihnen bewohnten Teiles des Gebäudes; sofern sie nicht beweisen, daß der Brand in der Wohnung eines von ihnen ausgebrochen ist, in welchem Falle dieser allein dafür haftet; oder sofern nicht einzelne beweisen, daß der Brand bei ihnen nicht hat ausbrechen können, in welchem Falle diese dafür nicht haften.

1735. Der Mieter haftet für die Verschlechterung und Verluste, welche durch Handlungen der Personen seines Hauses oder seiner Untermieter eintreten.

1736. Ist der Mietvertrag nicht schriftlich abgeschlossen worden, so kann ein Teil dem andern nur unter Beobachtung der durch den Ortsgebrauch bestimmten Fristen aufkündigen.

1737. Der Mietvertrag endigt von Rechtswegen mit Ablauf der bestimmten Zeit, wenn er schriftlich abgefaßt worden ist, ohne daß es einer Aufkündigung bedarf.

1738. Wenn der Mieter nach Ablauf eines schriftlichen Mietsvertrages in dem Besitze bleibt und darin gelassen wird, so entsteht eine neue Miete, deren Wirkung sich nach dem Artikel richtet, welcher die nicht schriftlich abgeschlossenen Mietverträge betrifft.

1739. Ist eine Kündigung zugestellt worden, so kann der Mieter, wenn er auch seinen Genuß fortgesetzt hat, sich auf die stillschweigende Wiedervermietung nicht berufen.

1740. In dem Falle der beiden vorstehenden Artikel erstreckt sich die für den Mietvertrag geleistete Bürgschaft nicht auf die aus der Verlängerung entstehenden Verpflichtungen.

1741. Der Mietvertrag wird aufgelöst durch den Untergang der gemieteten Sache und durch die Nichterfüllung der Verbindlichkeiten seitens des Vermieters und des Mieters.

1742. Der Mietvertrag wird weder durch den Tod des Vermieters noch durch den des Mieters aufgelöst.

1743. Verkauft der Vermieter die vermietete Sache, so kann der Erwerber den Pächter oder Mieter, welcher einen in öffentlicher Form errichteten oder einem mit einem sicheren Datum versehenen Mietvertrag hat, nicht austreiben, sofern er sich dieses Recht nicht in dem Mietvertrage vorbehalten hat.

1744. Ist bei Abschluß der Miete vereinbart worden, daß im Falle eines Verkaufes der Erwerber den Pächter oder Mieter austreiben könne, aber wegen der Entschädigung keine Vereinbarung getroffen worden, so ist der Vermieter gehalten, den Pächter oder Mieter auf folgende Weise zu entschädigen.

1745. Handelt es sich um ein Haus, eine Wohnung oder einen Laden, so zahlt der Vermieter dem entwährten Mieter als Entschädigung eine Summe, welche dem Mietzinse für

le temps qui, suivant l'usage des lieux, est accordé entre le congé et la sortie.

**1746.** S'il s'agit de biens ruraux, l'indemnité que le bailleur doit payer au fermier est du tiers du prix du bail pour tout le temps qui reste à courir.

**1747.** L'indemnité se réglera par experts, s'il s'agit de manufactures, usines, ou autres établissements qui exigent de grandes avances.

**1748.** L'acquéreur qui veut user de la faculté réservée par le bail, d'expulser le fermier ou locataire en cas de vente, est, en outre, tenu d'avertir le locataire au temps d'avance usité dans le lieu pour les congés.

Il doit aussi avertir le fermier de biens ruraux, au moins un an à l'avance.

**1749.** Les fermiers ou les locataires ne peuvent être expulsés qu'ils ne soient payés par le bailleur, ou, à son défaut, par le nouvel acquéreur, des dommages et intérêts ci-dessus expliqués.

**1750.** Si le bail n'est pas fait par acte authentique, ou n'a point de date certaine, l'acquéreur n'est tenu d'aucuns dommages et intérêts.

**1751.** L'acquéreur à pacte de rachat ne peut user de la faculté d'expulser le preneur, jusqu'à ce que, par l'expiration du délai fixé pour le réméré, il devienne propriétaire incommutable.

SECTION II.

**Des règles particulières aux baux à loyer.**

**1752.** Le locataire qui ne garnit pas la maison de meubles suffisants, peut être expulsé, à moins qu'il ne donne des sûretés capables de répondre du loyer.

**1753.** Le sous-locataire n'est tenu envers le propriétaire que jusqu'à concurrence du prix de sa sous-location dont il peut être débiteur au moment de la saisie, et sans qu'il puisse opposer des payements faits par anticipation.

Les payements faits par le sous-locataire, soit en vertu d'une stipulation portée en son bail, soit en conséquence de l'usage des lieux, ne sont pas réputés faits par anticipation.

**1754.** Les réparations locatives ou de menu entretien dont le locataire est tenu, s'il n'y a clause contraire, sont celles désignées comme telles par l'usage des lieux, et, entre autres, les réparations à faire:

Aux âtres, contre-cœurs, chambranles et tablettes de cheminées;

Au recrépiment du bas des murailles des appartements et autres lieux d'habitation, à la hauteur d'un mètre;

die Zeit entspricht, welche nach dem Ortsgebrauche zwischen der Aufkündigung und der Räumung gewährt wird.

**1746.** Handelt es sich um ländliche Güter, so beträgt die Entschädigung, welche der Verpächter dem Pächter zahlen muß, ein Drittel des Pachtgeldes für die noch nicht abgelaufene Pachtzeit.

**1747.** Die Entschädigung wird durch Sachverständige bestimmt, wenn es sich um Fabriken, Werke oder andere Betriebsanlagen handelt, welche große Vorschüsse erfordern.

**1748.** Der Erwerber, welcher von der in dem Mietvertrage vorbehaltenen Befugnis, den Pächter oder Mieter in dem Falle eines Verkaufes auszutreiben, Gebrauch machen will, ist außerdem verpflichtet, den Mieter so lange vorher zu benachrichtigen, als es an dem Orte bei Kündigungen gebräuchlich ist.

**1749.** Der Pächter oder Mieter können nicht ausgetrieben werden, bevor ihnen von dem Vermieter oder in dessen Ermangelung von dem neuen Erwerber der oben bestimmte Schadensersatz gezahlt worden ist.

**1750.** Ist der Mietvertrag nicht in einer öffentlichen Urkunde errichtet, oder hat derselbe kein sicheres Datum, so haftet der Erwerber für keinen Schadensersatz.

**1751.** Der Erwerber unter Rückkaufsrecht kann von der Befugnis den Mieter auszutreiben nicht eher Gebrauch machen, als bis er durch den Ablauf der für das Wiederkaufsrecht bestimmten Zeit unwiderruflicher Eigentümer geworden ist.

ZWEITER ABSCHNITT.

**Besondere Regeln für die Mietverträge.**

**1752.** Ein Mieter, welcher das Haus nicht mit hinreichendem Mobiliar versieht, kann ausgetrieben werden, sofern er nicht genügende Sicherheit für den Mietzins stellt.

**1753.** Der Untermieter haftet dem Eigentümer nur bis zum Betrage seines Untermietzinses, welchen er im Augenblicke der Pfändung etwa schuldig ist; er kann sich jedoch auf im Voraus gemachte Zahlungen nicht berufen.

Die Zahlungen, welche der Untermieter auf Grund einer in seinem Mietvertrage enthaltenen Vereinbarung oder dem Ortsgebrauche gemäß geleistet hat, gelten nicht als im Voraus gemacht.

**1754.** Dem Mieter obliegende oder kleinere Verbesserungen zur Instandsetzung, zu welchen in Ermangelung einer entgegenstehenden Uebereinkunft der Mieter verpflichtet ist, sind diejenigen, welche durch den Ortsgebrauch als solche bezeichnet werden und unter anderen die Ausbesserungen: an den Herden, der Hinterwand, dem Gesims und dem Getäfel der Kamine; an dem Verputze des unteren Teiles der Mauern in den Zimmern und sonstigen Wohnungsräumen bis zur Höhe eines Meters;

Aux pavés et carreaux des chambres, lorsqu'il y en a seulement quelques-uns de cassés ;

Aux vitres, à moins qu'elles ne soient cassées par la grèle, ou autres accidents extraordinaires et de force majeure, dont le locataire ne peut être tenu ;

Aux portes, croisées, planches de cloison ou de fermeture de boutiques, gonds, targettes et serrures.

1755. Aucune des réparations réputées locatives n'est à la charge des locataires, quand elles ne sont occasionnées que par vétusté ou force majeure.

1756. Le curement des puits et celui des fosses d'aisances sont à la charge du bailleur, s'il n'y a clause contraire.

1757. Le bail des meubles fournis pour garnir une maison entière, un corps de logis entier, une boutique, ou tous autres appartements, est censé fait pour la durée ordinaire des baux de maison, corps de logis, boutiques ou autres appartements, selon l'usage des lieux.

1758. Le bail d'un appartement meublé est censé fait à l'année, quand il a été fait à tant par an ;

Au mois, quand il a été fait à tant par mois ;

Au jour, quand il a été fait à tant par jour.

Si rien ne constate que le bail soit fait à tant par an, par mois ou par jour, la location est censée faite suivant l'usage des lieux.

1759. Si le locataire d'une maison ou d'un appartement continue sa jouissance après l'expiration du bail par écrit, sans opposition de la part du bailleur, il sera censé les occuper aux mêmes conditions, pour le terme fixé par l'usage des lieux, et ne pourra plus en sortir ni en être expulsé qu'après un congé donné suivant le délai fixé par l'usage des lieux.

1760. En cas de résiliation par la faute du locataire, celui-ci est tenu de payer le prix du bail pendant le temps nécessaire à la relocation, sans préjudice des dommages et intérêts qui ont pu résulter de l'abus.

1761. Le bailleur ne peut résoudre la location, encore qu'il déclare vouloir occuper par lui-même la maison louée, s'il n'y a eu convention contraire.

1762. S'il a été convenu, dans le contrat de louage, que le bailleur pourrait venir occuper la maison, il est tenu de signifier d'avance un congé aux époques déterminées par l'usage des lieux.

---

an den Steinplatten und Fliesen in den Zimmern, wenn davon nur einzelne zerbrochen sind;

an den Fensterscheiben, sofern dieselben nicht durch den Hagel oder andere außerordentliche und durch höhere Gewalt eingetretene Zufälle, für welche der Mieter nicht einstehen kann, zerbrochen worden sind;

an den Türen, Fensterrahmen und den Brettern, welche zu Verschlägen oder zum Verschließen der Kramläden dienen, an den Türangeln, Riegeln und Schlössern.

1755. Keine der Ausbesserungen, welche als dem Mieter obliegend angesehen werden, fällt demselben zur Last, wenn nur Alter und höhere Gewalt sie veranlaßt hat.

1756. Die Reinigung der Brunnen und Abortgruben fällt dem Vermieter zur Last, wenn nicht eine entgegenstehende Vereinbarung getroffen ist.

1757. Die Miete von Mobiliar, um damit ein ganzes Haus, eine ganze Wohnung, einen Laden oder irgend sonstige Wohnräume auszustatten, gilt als auf die Dauer abgeschlossen, welche nach dem Ortsgebrauche die gewöhnliche für Mietverträge über Häuser, ganze Wohnungen, Läden oder andere Wohnräume ist.

1758. Die Miete einer möblierten Wohnung gilt als auf ein Jahr abgeschlossen, wenn sie für so und so viel jährlich geschlossen worden ist;

auf einen Monat, wenn sie für so und so viel monatlich geschlossen worden ist;

auf einen Tag, wenn sie für so und so viel täglich geschlossen worden ist.

Steht gar nicht fest, daß der Mietvertrag für so und so viel jährlich, monatlich oder täglich geschlossen ist, so gilt die Miete als dem Ortsgebrauche gemäß abgeschlossen.

1759. Setzt der Mieter eines Hauses oder eines Wohnraumes nach dem Ablaufe des schriftlichen Mietvertrages seinen Genuß ohne Widerspruch seitens des Vermieters fort, so wird angenommen, daß er diese Räumlichkeiten unter denselben Bedingungen auf die durch den Ortsgebrauch bestimmte Zeit inne habe, und er kann fortan erst nach einer unter Beobachtung der durch Ortsgebrauch bestimmten Frist erfolgten Kündigung ausziehen oder ausgetrieben werden.

1760. Im Falle der Auflösung des Vertrages durch Verschulden des Mieters ist dieser verpflichtet, den Mietzins während der zur Wiedervermietung erforderlichen Zeit zu zahlen, unbeschadet des Ersatzes des aus dem Mißbrauche der Sache etwa entstandenen Schadens.

1761. Der Vermieter kann den Mietvertrag nicht auflösen, selbst wenn er erklärt, das vermietete Haus selbst beziehen zu wollen, sofern nicht eine entgegenstehende Vereinbarung getroffen worden ist.

1762. Ist in dem Mietvertrage vereinbart worden, daß der Vermieter das Haus selbst beziehen dürfe, so ist er verpflichtet, vorher zu der durch den Ortsgebrauch bestimmten Zeit eine Kündigung zuzustellen.

## SECTION III.

**Des règles particulières aux baux à ferme.**

## DRITTER ABSCHNITT.

**Besondere Regeln für den Pachtvertrag.**

**1763.** Celui qui cultive sous la condition d'un partage de fruits avec le bailleur, ne peut ni sous-louer ni céder, si la faculté ne lui en a été expressément accordée par le bail.

**1763.** Wer unter der Bedingung bebaut, daß die Früchte mit dem Verpächter geteilt werden sollen, kann weder weiter verpachten, noch sein Recht abtreten, wenn ihm diese Befugnis in dem Pachtvertrage nicht ausdrücklich eingeräumt worden ist.

**1764.** En cas de contravention, le propriétaire a droit de rentrer en jouissance, et le preneur est condamné aux dommages-intérêts résultant de l'inexécution du bail.

**1764.** Im Falle der Zuwiderhandlung hat der Eigentümer das Recht in den Genuß wieder einzutreten, und der Pächter wird zum Ersatze des aus der Nichterfüllung des Pachtvertrages entstandenen Schadens verurteilt.

**1765.** Si, dans un bail à ferme, on donne aux fonds une contenance moindre ou plus grande que celle qu'ils ont réellement, il n'y a lieu à augmentation ou diminution de prix pour le fermier, que dans les cas et suivant les règles exprimées au titre *De la vente.*

**1765.** Gibt man in dem Pachtvertrage den Grundstücken einen geringeren oder größeren Flächeninhalt als der wirkliche, so findet eine Erhöhung oder Minderung des Pachtzinses nur in den Fällen und nach den Regeln statt, welche in dem Titel «Kauf» angegeben sind.

**1766.** Si le preneur d'un héritage rural ne le garnit pas des bestiaux et des ustensiles nécessaires à son exploitation, s'il abandonne la culture, s'il ne cultive pas en bon père de famille, s'il emploie la chose louée à un autre usage que celui auquel elle a été destinée, ou, en général, s'il n'exécute pas les clauses du bail, et qu'il en résulte un dommage pour le bailleur, celui-ci peut, suivant les circonstances, faire résilier le bail.

**1766.** Wenn der Pächter eines Landgutes dasselbe nicht mit dem zur Bestellung erforderlichen Vieh und Gerät versieht, wenn er den Anbau unterläßt, wenn er nicht als ein ordentlicher Hausvater baut, wenn er von der gepachteten Sache einen andern Gebrauch macht als zu welchem sie bestimmt wurde, oder überhaupt, wenn er die Bestimmungen des Pachtvertrages nicht erfüllt und daraus für den Verpächter ein Schaden erwächst, so kann dieser, je nach Umständen, den Pachtvertrag auflösen lassen.

En cas de résiliation provenant du fait du preneur, celui-ci est tenu des dommages et intérêts, ainsi qu'il est dit en l'article 1764.

Im Falle der Auflösung durch Verschulden des Pächters haftet dieser für Schadensersatz, so wie es in dem Art. 1764 bestimmt ist.

**1767.** Tout preneur de bien rural est tenu d'engranger dans les lieux à ce destinés d'après le bail.

**1767.** Jeder Pächter eines ländlichen Grundstücks ist verpflichtet, an den in dem Pachtvertrage dazu bestimmten Orten einzuscheuern.

**1768.** Le preneur d'un bien rural est tenu, sous peine de tous dépens, dommages et intérêts, d'avertir le propriétaire des usurpations qui peuvent être commises sur les fonds.

**1768.** Der Pächter eines ländlichen Grundstückes ist bei Strafe des Ersatzes der Kosten und des Schadens verpflichtet, den Eigentümer von den Eingriffen zu benachrichtigen, welche etwa auf das Grundstück begangen werden.

Cet avertissement doit être donné dans le même délai que celui qui est réglé en cas d'assignation suivant la distance des lieux.

Die Benachrichtigung muß in derselben Frist erfolgen, wie diejenige, welche für Vorladungen je nach Entfernung der Orte bestimmt ist.

**1769.** Si le bail est fait pour plusieurs années, et que, pendant la durée du bail, la totalité ou la moitié d'une récolte au moins soit enlevée par des cas fortuits, le fermier peut demander une remise du prix de sa location, à moins qu'il ne soit indemnisé par les récoltes précédentes.

**1769.** Ist der Pachtvertrag auf mehrere Jahre geschlossen und geht während der Dauer der Pacht eine Ernte ganz oder wenigstens zur Hälfte durch Unfall zu Grunde, so kann der Pächter einen Nachlaß an seinen Pachtzins verlangen, es sei denn, daß er durch die vorhergehenden Ernten entschädigt ist.

S'il n'est pas indemnisé, l'estimation de la remise ne peut avoir lieu qu'à la fin du bail, auquel temps il se fait une compensation de toutes les années de jouissance;

Ist er durch solche nicht entschädigt, so kann die Bestimmung des Nachlasses erst am Ende der Pacht erfolgen, zu welcher Zeit eine Aufrechnung bezüglich sämtlicher Pachtjahre vorgenommen wird;

Et cependant le juge peut provisoirement dispenser le preneur de payer une partie du prix en raison de la perte soufferte.

Indessen kann der Richter den Pächter von der Zahlung eines Teiles des Pachtzinses nach Maßgabe des erlittenen Verlustes einstweilen entbinden.

**1770.** Si le bail n'est que d'une année, et que la perte soit de la totalité des fruits, ou au moins de la moitié, le preneur sera déchargé d'une partie proportionnelle du prix de la location.

**1770.** Ist der Pachtvertrag nur auf ein Jahr geschlossen und erstreckt sich der Verlust auf alle Früchte oder wenigstens auf die Hälfte, so ist dem Pächter ein verhältnismäßiger Teil des Pachtzinses zu erlassen.

Code civil.

Il ne pourra prétendre aucune remise, si la perte est moindre de moitié.

1771. Le fermier ne peut obtenir de remise, lorsque la perte des fruits arrive après qu'ils sont séparés de la terre, à moins que le bail ne donne au propriétaire une quotité de la récolte en nature; auquel cas le propriétaire doit supporter sa part de la perte, pourvu que le preneur ne fût pas en demeure de lui délivrer sa portion de récolte.

Le fermier ne peut également demander une remise, lorsque la cause du dommage était existante et connue à l'époque où le bail a été passé.

1772. Le preneur peut être chargé des cas fortuits par une stipulation expresse.

1773. Cette stipulation ne s'entend que des cas fortuits ordinaires, tels que grêle, feu du ciel, gelée ou coulure.

Elle ne s'entend pas des cas fortuits extraordinaires, tels que les ravages de la guerre, ou une inondation, auxquels le pays n'est pas ordinairement sujet, à moins que le preneur n'ait été chargé de tous les cas fortuits prévus ou imprévus.

1774. Le bail, sans écrit, d'un fonds rural, est censé fait pour le temps qui est nécessaire afin que le preneur recueille tous les fruits de l'héritage affermé.

Ainsi le bail à ferme d'un pré, d'une vigne, et de toute autre fonds dont les fruits se recueillent en entier dans le cours de l'année, est censé fait pour un an.

Le bail des terres labourables, lorsqu'elles se divisent par soles ou saisons, est censé fait pour autant d'années qu'il y a de soles.

1775. Le bail des héritages ruraux, quoique fait sans écrit, cesse de plein droit à l'expiration du temps pour lequel il est censé fait, selon l'article précédent.

1776. Si, à l'expiration des baux ruraux écrits, le preneur reste et est laissé en possession, il s'opère un nouveau bail dont l'effet est réglé par l'article 1774.

1777. Le fermier sortant doit laisser à celui qui lui succède dans la culture, les logements convenables et autres facilités pour les travaux de l'année suivante; et réciproquement, le fermier entrant doit procurer à celui qui sort les logements convenables et autres facilités pour la consommation des fourrages, et pour les récoltes restant à faire.

Dans l'un et l'autre cas, on doit se conformer à l'usage des lieux.

1778. Le fermier sortant doit aussi laisser les pailles et engrais de l'année, s'il les a reçus lors de son entrée en jouissance; et

Er kann keinen Nachlaß fordern, wenn der Verlust weniger als die Hälfte beträgt.

1771. Der Pächter kann keinen Nachlaß erlangen, wenn der Verlust der Früchte eintritt, nachdem sie von dem Boden getrennt sind, es sei denn, daß der Pachtvertrag dem Eigentümer einen so und sovielsten Anteil an der Ernte in Natur gewährt: in diesem Falle hat der Eigentümer seinen Teil an dem Verluste zu tragen, vorausgesetzt, daß der Pächter nicht im Verzuge war, ihm seinen Anteil an der Ernte zu liefern.

Der Pächter kann gleichfalls keinen Nachlaß verlangen, wenn die Ursache des Schadens zur Zeit des Abschlusses des Pachtvertrages schon vorhanden und bekannt war.

1772. Der Pächter kann durch ausdrückliche Vereinbarung verpflichtet werden die Zufälle zu tragen.

1773. Diese Vereinbarung ist nur für die gewöhnlichen Zufälle, als Hagel, Blitz, Frost, Vertrocknen der Weintrauben zu beziehen.

Sie ist auf außerordentliche Zufälle, als Kriegsverwüstungen oder Ueberschwemmungen, denen das Land für gewöhnlich nicht ausgesetzt ist, nicht zu beziehen, sofern nicht der Pächter alle Zufälle, vorauszusehende oder nicht vorauszusehende, übernommen hat.

1774. Ein nicht schriftlich abgeschlossener Pachtvertrag eines ländlichen Grundstücks gilt als auf diejenige Zeit erfolgt, welche der Pächter bedarf um alle Früchte des Pachtgutes zu ernten.

So gilt die Verpachtung einer Wiese, eines Weinberges und jedes anderen Grundstückes, dessen Früchte ganz im Laufe des Jahres geerntet werden, als auf ein Jahr abgeschlossen.

Die Pachtung von Ackerland, welche nach Fluren oder Jahreszeiten geschlossen gilt, gilt als auf soviele Jahre abgeschlossen als Fluren vorhanden sind.

1775. Die Pachtung ländlicher Grundstücke hört, auch wenn sie nicht schriftlich geschlossen ist, von Rechtswegen mit Ablauf der Zeit auf, für welche sie gemäß vorstehendem Artikel als geschlossen gilt.

1776. Wenn nach Ablauf eines schriftlichen Pachtvertrages der Pächter in dem Besitze bleibt und darin gelassen wird, so entsteht eine neue Pacht, dessen Wirkung nach dem Art. 1774 bestimmt wird.

1777. Der ausziehende Pächter muß demjenigen, welcher ihm in der Bewirtschaftung folgt, eine entsprechende Wohnung und sonstige Erleichterungen für die Arbeiten des folgenden Jahres gewähren; anderseits muß der antretende Pächter dem abziehenden eine entsprechende Wohnung und sonstige Erleichterungen verschaffen, um das Viehfutter zu verbrauchen und die noch übrige Ernte einbringen zu können.

In dem einen wie in dem andern Falle muß man sich nach dem Ortsgebrauche richten.

1778. Der ausziehende Pächter muß auch das Stroh und den Dünger des letzten Jahres zurücklassen, wenn er solche bei seinem An-

quand même il ne les aurait pas reçus, le propriétaire pourra les retenir suivant l'estimation.

## CHAPITRE III.

### Du louage d'ouvrage et d'industrie.

**1779.** Il y a trois espèces principales de louage d'ouvrage et d'industrie:

1º Le louage des gens de travail qui s'engagent au service de quelqu'un;

2º Celui des voituriers, tant par terre que par eau, qui se chargent du transport des personnes ou des marchandises;

3º Celui des entrepreneurs d'ouvrages par suite de devis ou marchés.

#### SECTION PREMIÉRE.

##### Du louage des domestiques et ouvriers.

**1780.** On ne peut engager ses services qu'à temps, ou pour une entreprise déterminée.

Le louage de service, fait sans détermination de durée, peut toujours cesser par la volonté d'une des parties contractantes.

Néanmoins, la résiliation du contrat par la volonté d'un seul des contractants peut donner lieu à des dommages-intérêts.

Pour la fixation de l'indemnité à allouer, le cas échéant, il est tenu compte des usages, de la nature des services engagés, du temps écoulé, des retenues opérées et des versements effectués en vue d'une pension de retraite, et, en général, de toutes les circonstances qui peuvent justifier l'existence et déterminer l'étendue du préjudice causé.

Les parties ne peuvent renoncer à l'avance au droit éventuel de demander des dommages-intérêts en vertu des dispositions ci-dessus.

Les contestations auxquelles pourra donner lieu l'application des paragraphes précédents, lorsqu'elles seront portées devant les tribunaux civils et devant les cours d'appel, seront instruites comme affaires sommaires et jugées d'urgence.

**1781.** *Abrogé par loi du 2 août 1868.*

#### SECTION II.

##### Des voituriers par terre et par eau.

**1782.** Les voituriers par terre et par eau sont assujettis, pour la garde et la conservation des choses qui lui sont confiées, aux mêmes obligations que les aubergistes, dont il est parlé au titre *Du dépôt et du séquestre.*

**1783.** Ils répondent non seulement de ce qu'ils ont déjà reçu dans leur bâtiment ou voiture, mais encore de ce qui leur a été remis sur le port ou dans l'entrepôt, pour être placé dans leur bâtiment ou voiture.

tritte des Genusses erhalten hat; selbst wenn er sie nicht erhalten hatte, kann der Eigentümer sie nach dem Schätzungspreise zurückbehalten.

## DRITTES KAPITEL.

### Dienstmiete.

**1779.** Es gibt drei Hauptarten der Dienstmiete:

1. den Mietvertrag mit Handarbeitern, die sich zu jemandes Diensten verdingen;

2. den Mietvertrag mit Frachtführern zu Lande und zu Wasser, welche den Transport von Personen oder Waren übernehmen;

3. den Mietvertrag mit Unternehmern von Arbeiten nach einem Anschlage oder Akkorde.

#### ERSTER ABSCHNITT.

##### Miete von Dienstboten und Arbeitern.

**1780.** Man kann seine Dienste nur auf bestimmte Zeit oder auf eine bestimmte Unternehmung verdingen.

Die Dienstmiete ohne Zeitbestimmung kann jeder Zeit durch den Willen einer der Vertragschließenden aufhören.

Jedoch kann die Auflösung des Vertrags durch den Willen eines der Vertragschließenden allein zu Schadensersatz führen.

Zur Festsetzung des gegebenen Falls zu zahlenden Schadensersatzes wird den Gebräuchen, der Natur der eingegangenen Dienste, der verflossenen Zeit, der im Hinblick auf die Pension gemachten Abzüge oder Einzahlungen, und allgemein aller Umstände Rechnung getragen, die das Bestehen des verursachten Schadens beweisen und dessen Umfang bestimmen können.

Die Parteien können nicht im Voraus auf das eventuelle Recht, gemäß vorstehender Bestimmung Schadensersatz zu verlangen, verzichten.

Die Streitigkeiten, zu welchen die Anwendung vorstehender Paragraphen Anlaß geben können, werden, wenn sie vor die Zivilgerichte und vor die Berufungsgerichte kommen, im summarischen Verfahren behandelt und schnellstens entschieden.

**1781.** *Aufgehoben durch Gesetz vom 2. August 1868.*

#### ZWEITER ABSCHNITT.

##### Frachtführer zu Lande und zu Wasser.

**1782.** Die Frachtführer zu Lande und zu Wasser sind bezüglich der Obhut und Bewahrung der ihnen anvertrauten Sachen denselben Verpflichtungen unterworfen wie die Gastwirte, von denen in dem Titel «Hinterlegungs-Vertrag und Sequestration» gesprochen wird.

**1783.** Sie haften nicht nur für dasjenige, was sie in ihr Schiff oder Fuhrwerk schon aufgenommen haben, sondern auch für dasjenige, was ihnen im Hafen oder im Lagerhause zur Verladung in ihr Schiff oder Fuhrwerk übergeben worden ist.

**1784.** Ils sont responsables de la perte et des avaries des choses qui leur sont confiées, à moins qu'ils ne prouvent qu'elles ont été perdues et avariées par cas fortuit ou force majeure.

**1785.** Les entrepreneurs de voitures publiques par terre et par eau, et ceux des roulages publics, doivent tenir registre de l'argent, des effets et des paquets dont ils se chargent.

**1786.** Les entrepreneurs et directeurs de voitures et roulages publics, les maîtres de barques et navires, sont en outre assujettis à des règlements particuliers, qui font la loi entre eux et les autres citoyens.

### SECTION III.

#### Des devis et des marchés.

**1787.** Lorsqu'on charge quelqu'un de faire un ouvrage, on peut convenir qu'il fournira seulement son travail ou son industrie, ou bien qu'il fournira aussi la matière.

**1788.** Si, dans le cas où l'ouvrier fournit la matière, la chose vient à périr, de quelque manière que ce soit, avant d'être livrée, la perte en est pour l'ouvrier, à moins que le maître ne fût en demeure de recevoir la chose.

**1789.** Dans le cas où l'ouvrier fournit seulement son travail ou son industrie, si la chose vient à périr, l'ouvrier n'est tenu que de sa faute.

**1790.** Si, dans le cas de l'article précédent, la chose vient à périr, quoique sans aucune faute de la part de l'ouvrier, avant que l'ouvrage ait été reçu et sans que le maître fût en demeure de le vérifier, l'ouvrier n'a point de salaire à réclamer, à moins que la chose n'ait péri par le vice de la matière.

**1791.** S'il s'agit d'un ouvrage à plusieurs pièces ou à la mesure, la vérification peut s'en faire par parties: elle est censée faite pour toutes les parties payées, si le maître paye l'ouvrier en proportion de l'ouvrage fait.

**1792.** Si l'édifice construit à prix fait, périt en tout ou en partie par le vice de la construction, même par le vice du sol, les architecte et entrepreneur en sont responsables pendant dix ans.

**1793.** Lorsqu'un architecte ou un entrepreneur s'est chargé de la reconstruction à forfait d'un bâtiment, d'après un plan arrêté et convenu avec le propriétaire du sol, il ne peut demander aucune augmentation de prix, ni sous le prétexte de l'augmentation de la main-d'œuvre ou des matériaux, ni sous celui de changements ou d'augmentations faits sur ce plan, si ces changements ou augmen-

**1784.** Sie haften für den Verlust und die Beschädigung der ihnen anvertrauten Sachen, sofern sie nicht beweisen, daß dieselben durch Zufall oder höhere Gewalt verloren gegangen oder beschädigt worden sind.

**1785.** Die Unternehmer öffentlicher Fahrzeuge zu Lande und zu Wasser und diejenigen der öffentlichen Frachtfuhrwerke müssen über die Gelder, Gepäckstücke und Frachtstücke, welche sie übernehmen, ein Register führen.

**1786.** Die Unternehmer und Leiter öffentlicher Fahrzeuge und Frachtfuhrwerke sowie die Schiffer sind überdies besonderen Verordnungen unterworfen, welche die gesetzliche Regel für ihre Beziehungen zu den übrigen Bürgern bilden.

### DRITTER ABSCHNITT.

#### Werkvertrag nach Kostenanschlag und Akkord.

**1787.** Wird jemanden die Anfertigung eines Werkes übertragen, so kann vereinbart werden, daß er nur Arbeit oder Gewerbefleiß leisten, oder daß er zugleich den Stoff liefern solle.

**1788.** Geht in dem Falle, daß der Arbeiter den Stoff liefert, die Sache vor der Ablieferung, auf welche Art es auch sei, zu Grunde, so trifft der Verlust den Arbeiter, sofern nicht der Besteller bei Abnahme der Sache im Verzuge war.

**1789.** Falls der Arbeiter nur Arbeit oder Gewerbefleiß zu leisten hat, ist derselbe, wenn die Sache zu Grunde geht, nur für sein Verschulden verantwortlich.

**1790.** Wenn in dem Falle des vorstehenden Artikels die Sache, obgleich ohne jedes Verschulden des Arbeiters, ehe das Werk abgenommen worden und ohne daß der Besteller rücksichtlich der Prüfung desselben im Verzuge war, zu Grunde geht, so hat der Arbeiter keinen Anspruch auf Lohn, es sei denn, daß die Sache durch einen Fehler des Stoffes zu Grunde gegangen ist.

**1791.** Handelt es sich um ein Werk, das nach einzelnen Stücken oder nach Maß zu fertigen ist, so kann die Prüfung teilweise erfolgen; es wird angenommen, daß sie in Ansehung aller bezahlten Teile erfolgt sei, wenn der Besteller den Arbeiter nach Verhältnis der verfertigten Arbeiten bezahlt.

**1792.** Wenn ein für einen bedungenen Preis aufgeführtes Gebäude durch Mängel der Bauart oder selbst durch Mängel des Bodens ganz oder teilweise zu Grunde geht, so sind der Baumeister und der Unternehmer dafür auf zehn Jahre haftbar.

**1793.** Hat ein Baumeister oder ein Unternehmer die Aufführung eines Gebäudes in Bausch und Bogen nach einem festgesetzten und mit dem Eigentümer des Bodens verabredeten Plane übernommen, so kann er keinerlei Erhöhung des Preises fordern, weder unter Berufung auf eine Preissteigerung des Arbeitslohnes oder der Materialien, noch unter Berufung auf an dem Plane erfolgte Aenderungen

tations n'ont pas été autorisés par écrit, et le prix convenu avec le propriétaire.

1794. Le maître peut résilier, par sa simple volonté, le marché à forfait, quoique l'ouvrage soit déjà commencé, en dédommageant l'entrepreneur de toutes ses dépenses, de tous ses travaux, et de tout ce qu'il aurait pu gagner dans cette entreprise.

1795. Le contrat de louage d'ouvrage est dissous par la mort de l'ouvrier, de l'architecte ou entrepreneur.

1796. Mais le propriétaire est tenu de payer en proportion du prix porté par la convention, à leur succession, la valeur des ouvrages faits et celle des matériaux préparés, lors seulement que ces travaux ou ces matériaux peuvent lui être utiles.

1797. L'entrepreneur répond du fait des personnes qu'il emploie.

1798. Les maçons, charpentiers et autres ouvriers qui ont été employés à la construction d'un bâtiment ou d'autres ouvrages faits à l'entreprise, n'ont d'action contre celui pour lequel les ouvrages ont été faits, que jusqu'à concurrence de ce dont il se trouve débiteur envers l'entrepreneur, au moment où leur action est intentée.

1799. Les maçons, charpentiers, serruriers et autres ouvriers qui font directement des marchés à prix fait, sont astreints aux règles prescrites dans la présente section; ils sont entrepreneurs dans la partie qu'ils traitent.

## CHAPITRE IV.

### Du bail à cheptel.

#### SECTION PREMIÈRE.

#### Dispositions générales.

1800. Le bail à cheptel est un contrat par lequel l'une des parties donne à l'autre un fonds de bétail pour le garder, le nourrir et le soigner, sous les conditions convenues entre elles.

1801. Il y a plusieurs sortes de cheptels:
Le cheptel simple ou ordinaire,
Le cheptel à moitié,
Le cheptel donné au fermier ou au colon partiaire.
Il y a encore une quatrième espèce de contrat improprement appelée *cheptel*.

1802. On peut donner à cheptel toute espèce d'animaux susceptibles de croît ou de profit pour l'agriculture ou le commerce.

1803. A défaut de conventions particulières, ces contrats se règlent par les principes qui suivent.

und Zusätze, wenn nicht diese Aenderungen oder Zusätze schriftlich genehmigt sind und der Preis mit dem Eigentümer vereinbart worden ist.

1794. Der Besteller kann nach Gutdünken einen in Bausch und Bogen geschlossenen Werkvertrag auflösen, wenn auch das Werk schon angefangen ist, sofern er den Unternehmer für alle seine Auslagen, für alle seine Arbeiten und für alles, was er bei diesem Unternehmen hätte verdienen können, entschädigt.

1795. Der Mietvertrag über eine Arbeit wird durch den Tod des Arbeiters, des Baumeisters oder des Unternehmers aufgelöst.

1796. Der Besteller ist jedoch verpflichtet, an dem Nachlaß derselben den Wert der angefertigten Arbeiten und den Wert der zur Verwendung zugerichteten Materialien nach Verhältnis des im Vertrage bestimmten Preises zu bezahlen, jedoch nur dann, wenn ihm diese Arbeiten oder diese Materialien von Nutzen sein können.

1797. Der Unternehmer haftet für die Handlungen der Personen, welche er beschäftigt.

1798. Maurer, Zimmerleute und andere Arbeiter, welche bei Errichtung eines Gebäudes oder anderer in Auftrag gegebenen Werke verwendet worden sind, haben gegen denjenigen, für welchen die Arbeiten gemacht wurden, nur bis zum Betrage dessen ein Klagerecht, was derselbe dem Unternehmer zur Zeit der Erhebung ihrer Klage schuldig ist.

1799. Maurer, Zimmerleute und andere Arbeiter, welche selbständig Werkverträge zu einem bedungenen Preise schließen, sind an die in diesem Abschnitte vorgeschriebenen Regeln gebunden; sie sind Unternehmer für den Teil der Arbeit, den sie ausführen.

## VIERTES KAPITEL.

### Viehpacht.

#### ERSTER ABSCHNITT.

#### Allgemeine Bestimmungen.

1800. Die Viehpacht ist ein Vertrag, durch welchen der eine Teil dem andern einen Bestand an Vieh zur Obhut, Fütterung und Wartung unter den zwischen ihnen vereinbarten Bedingungen übergibt.

1801. Es gibt mehrere Arten der Viehpacht:
die einfache oder gewöhnliche Viehpacht;
die Viehpacht zur Hälfte;
die dem Gutspächter oder Teilpächter gegebene Viehpacht.
Es gibt noch eine vierte Art dieses Vertrags, die nur uneigentlich Viehpacht genannt wird.

1802. Man kann jede Art von Vieh, welches des Nachwuchses fähig oder für den Ackerbau oder den Handel nützlich ist, in Viehpacht geben.

1803. Mangels besonderer Vereinbarungen werden diese Verträge nach folgenden Grundsätzen geregelt.

## SECTION II.
### Du cheptel simple.

**1804.** Le bail à cheptel simple est un contrat par lequel on donne à un autre des bestiaux à garder, nourrir et soigner, à condition que le preneur profitera de la moitié du croît, et qu'il supportera aussi la moitié de la perte.

**1805.** L'estimation donnée au cheptel dans le bail n'en transporte pas la propriété au preneur; elle n'a d'autre objet que de fixer la perte ou le profit qui pourra se trouver à l'expiration du bail.

**1806.** Le preneur doit les soins d'un bon père de famille à la conservation du cheptel.

**1807.** Il n'est tenu du cas fortuit que lorsqu'il a été précédé de quelque faute de sa part, sans laquelle la perte ne serait pas arrivée.

**1808.** En cas de contestation, le preneur est tenu de prouver le cas fortuit, et le bailleur est tenu de prouver la faute qu'il impute au preneur.

**1809.** Le preneur qui est déchargé par le cas fortuit, est toujours tenu de rendre compte des peaux de bêtes.

**1810.** Si le cheptel périt en entier sans la faute du preneur, la perte en est pour le bailleur.

S'il n'en périt qu'une partie, la perte est supportée en commun, d'après le prix de l'estimation originaire, et celui de l'estimation à l'expiration du cheptel.

**1811.** On ne peut stipuler :

Que le preneur supportera la perte totale du cheptel, quoique arrivée par cas fortuit et sans sa faute,

Ou qu'il supportera, dans la perte, une part plus grande que dans le profit,

Ou que le bailleur prélèvera, à la fin du bail, quelque chose de plus que le cheptel qu'il a fourni.

Toute convention semblable est nulle.

Le preneur profite seul des laitages, du fumier et du travail des animaux donnés à cheptel.

La laine et le croît se partagent.

**1812.** Le preneur ne peut disposer d'aucune bête du troupeau, soit du fonds, soit du croît, sans le consentement du bailleur, qui ne peut lui-même en disposer sans le consentement du preneur.

**1813.** Lorsque le cheptel est donné au fermier d'autri, il doit être notifié au propriétaire de qui ce fermier tient; sans quoi il peut le saisir et le faire vendre pour ce que son fermier lui doit.

## ZWEITER ABSCHNITT.
### Einfache Viehpacht.

**1804.** Die einfache Viehpacht ist ein Vertrag, durch welchen man einem anderen Vieh zur Obhut, Fütterung und Wartung unter der Bedingung übergibt, daß der Pächter die Hälfte des Nachwuchses erhalten, und auch den Verlust zur Hälfte tragen soll.

**1805.** Die im Pachtvertrage enthaltene Abschätzung des Viehes überträgt nicht das Eigentum desselben auf den Pächter; sie hat nur den Zweck, den Verlust oder den Gewinn zu bestimmen, der sich am Ende der Pachtzeit ergibt.

**1806.** Der Pächter hat für die Erhaltung des Viehes die Sorgfalt eines ordentlichen Hausvaters aufzuwenden.

**1807.** Er haftet für den Zufall nur, wenn demselben seinerseits ein Verschulden vorausging, ohne welches der Verlust nicht eingetreten wäre.

**1808.** Im Falle von Streitigkeiten, hat der Pächter den Zufall zu beweisen und der Verpächter das Verschulden, das er dem Pächter zuschreibt.

**1809.** Der Pächter, der durch den Zufall entlastet wird, ist stets verpflichtet über Häute der Tiere Rechnung zu legen.

**1810.** Geht alles Vieh ohne Verschulden des Pächters zu Grunde, so trifft der Verlust den Verpächter.

Geht nur ein Teil zu Grunde, so wird der Verlust gemeinschaftlich getragen nach Maßgabe des Preises der ursprünglichen Abschätzung und desjenigen der bei Ablauf des Pachtvertrages erfolgenden Abschätzung.

**1811.** Man kann nicht ausbedingen :

daß der Pächter den ganzen Verlust des Viehes tragen soll, auch wenn er durch Zufall und ohne sein Verschulden eintreten sollte;

oder daß er einen größeren Anteil an dem Verluste tragen soll als denjenigen, welchen er an dem Gewinne hat;

oder daß der Verpächter am Ende der Pachtung irgend etwas mehr als das von ihm überlieferte Vieh vorweg nehmen soll.

Jede derartige Vereinbarung ist nichtig.

Der Pächter zieht allein den Nutzen von der Milch, dem Dünger und der Arbeit des ihm in Pacht gegebenen Viehes.

Die Wolle und der Nachwuchs werden geteilt.

**1812.** Der Pächter kann über kein Stück Vieh aus der Herde, mag es zum Hauptstamme oder zum Nachwuchse gehören, ohne Einwilligung des Verpächters verfügen, der auch seinerseits ohne Einwilligung des Pächters darüber nicht verfügen kann.

**1813.** Wird das Vieh dem Gutspächter eines andern in Pacht gegeben, so muß dies dem Eigentümer, von welchem derselbe das Gut gepachtet hat, angezeigt werden; andernfalls kann letzterer das Vieh für das, was sein Gutspächter ihm schuldet, pfänden und verkaufen lassen.

**1814.** Le preneur ne pourra tondre sans en prévenir le bailleur.

**1815.** S'il n'y a pas de temps fixé par la convention pour la durée du cheptel, il est censé fait pour trois ans.

**1816.** Le bailleur peut en demander plus tôt la résolution, si le preneur ne remplit pas ses obligations.

**1817.** A la fin du bail, ou lors de sa résolution, il se fait une nouvelle estimation du cheptel.

Le bailleur peut prélever des bêtes de chaque espèce, jusqu'à concurrence de la première estimation; l'excédent se partage.

S'il n'existe pas assez de bêtes pour remplir la première estimation, le bailleur prend ce qui reste, et les parties se font raison de la perte.

### SECTION III.

#### Du cheptel à moitié.

**1818.** Le cheptel à moitié est une société dans laquelle chacun des contractants fournit la moitié des bestiaux, qui demeurent communs pour le profit ou pour la perte.

**1819.** Le preneur profite seul, comme dans le cheptel simple, des laitages, du fumier et des travaux des bêtes.

Le bailleur n'a droit qu'à la moitié des laines et du croît.

Toute convention contraire est nulle, à moins que le bailleur ne soit propriétaire de la métairie, dont le preneur est fermier ou colon partiaire.

**1820.** Toutes les autres règles du cheptel simple s'appliquent au cheptel à moitié.

### SECTION IV.

#### Du cheptel donné par le propriétaire à son fermier ou colon partiaire.

##### § 1. — Du cheptel donné au fermier.

**1821.** Ce cheptel (aussi appelé *cheptel de fer*) est celui par lequel le propriétaire d'une métairie la donne à ferme, à la charge qu'à l'expiration du bail, le fermier laissera des bestiaux d'une valeur égale au prix de l'estimation de ceux qu'il aura reçus.

**1822.** L'estimation du cheptel donné au fermier ne lui en transfère pas la propriété, mais néanmoins le met à ses risques.

**1823.** Tous les profits appartiennent au fermier pendant la durée de son bail, s'il n'y a convention contraire.

**1824.** Dans les cheptels donnés au fermier, le fumier n'est point dans les profits person-

---

**1814.** Der Pächter darf keine Schur vornehmen, ohne den Verpächter vorher davon zu benachrichtigen.

**1815.** Ist in dem Vertrage über die Dauer der Viehpacht keine Bestimmung getroffen, so gilt derselbe als auf die Dauer von drei Jahren eingegangen.

**1816.** Der Verpächter kann die Auflösung desselben schon früher verlangen, wenn der Pächter seinen Verpflichtungen nicht nachkommt.

**1817.** Bei Beendigung der Pachtung oder bei Auflösung derselben wird eine neue Abschätzung des Viehes vorgenommen.

Der Verpächter kann Vieh von jeder Gattung bis zum Betrage der ersten Schätzung vorwegnehmen; der Ueberschuß wird geteilt.

Ist nicht soviel Vieh vorhanden, daß der Betrag der ersten Schätzung erreicht wird, so nimmt der Verpächter das noch übrige und die Parteien verantworten den Verlust.

### DRITTER ABSCHNITT

#### Viehpacht zur Hälfte.

**1818.** Die Viehpacht zur Hälfte ist eine Gesellschaft, in die jeder der Vertragschliessenden die Hälfte des Viehes liefert, welches auf Gewinn oder Verlust gemeinschaftlich bleibt.

**1819.** Der Pächter zieht wie bei der einfachen Viehpacht allein den Nutzen von der Milch, dem Dünger und der Arbeit des Viehes.

Der Verpächter hat nur ein Recht auf die Hälfte der Wolle und des Nachwuchses.

Jede entgegenstehende Vereinbarung ist nichtig, wenn nicht der Verpächter zugleich Eigentümer der Meierei ist, von welcher der Viehpächter Pächter oder Teilpächter ist.

**1820.** Alle übrigen für die einfache Viehpacht geltenden Regeln sind auch auf die Viehpacht zur Hälfte anwendbar.

### VIERTER ABSCHNITT.

#### Viehpacht, welche von dem Eigentümer seinem Gutspächter oder Teilpächter gewährt wird.

##### § 1. Die dem Gutspächter gegebene Viehpacht.

**1821.** Diese Viehpacht (auch eiserne Viehpacht genannt) ist diejenige, durch welche der Eigentümer einer Meierei dieselbe unter der Bedingung in Pacht gibt, daß der Pächter am Ende der Pachtzeit Vieh von einem Werte zurücklassen soll, der dem Abschätzungspreise des von ihm empfangenen gleichkommt.

**1822.** Die Schätzung des dem Gutspächter eingestellten Viehes macht ihn nicht zum Eigentümer desselben; sie überträgt jedoch auf ihn die Gefahr.

**1823.** Aller Nutzen während der Pachtdauer gebührt dem Gutspächter, wenn nicht entgegenstehende Vereinbarung getroffen ist.

**1824.** Bei der einem Gutspächter überlassenen Viehpacht gehört der Dünger nicht un-

nels des preneurs, mais appartient à la métairie, à l'exploitation de laquelle il doit être uniquement employé.

**1825.** La perte, même totale et par cas fortuit, est en entier pour le fermier, s'il n'y a convention contraire.

**1826.** A la fin du bail, le fermier ne peut retenir le cheptel en en payant l'estimation originaire; il doit en laisser un de valeur pareille à celui qu'il a reçu.

S'il y a du déficit, il doit le payer; et c'est seulement l'excédent qui lui appartient.

§ 2. — Du cheptel donné au colon partiaire.

**1827.** Si le cheptel périt en entier sans la faute du colon, la perte est pour le bailleur.

**1828.** On peut stipuler que le colon délaissera au bailleur sa part de la toison à un prix inférieur à la valeur ordinaire;

Que le bailleur aura une plus grande part du profit;
Qu'il aura la moitié des laitages;
Mais on ne peut pas stipuler que le colon sera tenu de toute la perte.

**1829.** Ce cheptel finit avec le bail à métairie.

**1830.** Il est d'ailleurs soumis à toutes les règles du cheptel simple.

### SECTION V.

Du contrat improprement appelé cheptel.

**1831.** Lorsqu'une ou plusieurs vaches sont données pour les loger et les nourrir, le bailleur en conserve la propriété: il a seulement le profit des veaux qui en naissent.

---

# TITRE NEUVIÈME.

## Du contrat de société.

### CHAPITRE PREMIER.

#### Dispositions générales.

**1832.** La société est un contrat par lequel deux ou plusieurs personnes conviennent de mettre quelque chose en commun, dans la vue de partager le bénéfice qui pourra en résulter.

**1833.** Toute société doit avoir un objet licite, et être contractée pour l'intérêt commun des parties.
Chaque associé doit y apporter ou de l'argent, ou d'autres biens, ou son industrie.

---

ter die dem Viehpächter für seine Person zustehenden Nutzungen; sondern er gehört lediglich der Meierei und muß einzig und allein zu deren Bewirtschaftung verwendet werden.

**1825.** Der Verlust, und zwar selbst der gänzliche und zufällige, trifft ganz den Pächter, wenn nicht eine entgegenstehende Vereinbarung getroffen worden ist.

**1826.** Bei Beendigung der Pacht kann der Pächter das Vieh nicht gegen Bezahlung des ursprünglichen Schätzungspreises zurückbehalten; er muß Vieh von gleichem Werte wie das von ihm empfangene zurücklassen.

Ist ein Abgang vorhanden, so muß er denselben bezahlen; nur der Ueberschuß gehört ihm.

§ 2. Dem Teilpächter überlassene Viehpacht.

**1827.** Geht das Vieh ohne Verschulden des Teilpächters ganz zu Grunde, so trifft der Verlust den Verpächter.

**1828.** Man kann vereinbaren:
daß der Teilpächter seinen Anteil an der Scherwolle dem Verpächter zu einem Preise überlassen soll, der geringer als der gewöhnliche Wert ist;
daß der Verpächter einen größeren Anteil am Gewinne haben soll;
daß er die Hälfte der Milch erhalten soll; aber man kann nicht ausbedingen, daß der Teilpächter den ganzen Verlust tragen soll.

**1829.** Diese Viehpacht endet mit der Pacht der Meierei.

**1830.** Sie ist im Uebrigen allen für die einfache Viehpacht geltenden Regeln unterworfen.

### FÜNFTER ABSCHNITT.

Vertrag, welcher ungeeigneter Weise Viehpacht genannt wird.

**1831.** Wenn eine oder mehrere Kühe zur Einstellung und Fütterung übergeben werden, so behält der Verpächter das Eigentum daran; es stehen ihm lediglich die von denselben geworfenen Kälber zu.

---

# NEUNTER TITEL.

## Gesellschaftsvertrag.

### ERSTES KAPITEL.

#### Allgemeine Bestimmungen.

**1832.** Der Gesellschaftsvertrag ist ein Vertrag, durch welchen zwei oder mehrere Personen vereinbaren, etwas in eine Gemeinschaft zu geben in der Absicht den Gewinn zu teilen, der etwa daraus entstehen wird.

**1833.** Jede Gesellschaft muß einen erlaubten Zweck haben und im gemeinschaftlichen Interesse der Parteien eingegangen sein.
Jeder Gesellschafter muß in dieselbe entweder Geld oder andere Güter oder seine Erwerbstätigkeit einbringen.

**1834.** Toutes sociétés doivent être rédigées par écrit, lorsque leur objet est d'une valeur de plus de cent cinquante francs.

La preuve testimoniale n'est point admise contre et outre le contenu en l'acte de société, ni sur ce qui serait allégué avoir été dit avant, lors et depuis cet acte, encore qu'il s'agisse d'une somme ou valeur moindre de cent cinquante francs.

## CHAPITRE II.

### De diverses espèces de sociétés.

**1835.** Les sociétés sont universelles ou particulières.

#### SECTION PREMIÈRE.

##### Des sociétés universelles.

**1836.** On distingue deux sortes de sociétés universelles, la société de tous biens présents, et la société universelle de gains.

**1837.** La société de tous biens présents est celle par laquelle les parties mettent en commun tous les biens meubles et immeubles qu'elles possèdent actuellement, et les profits qu'elles pourront en tirer.

Elles peuvent aussi y comprendre toute autre espèce de gains; mais les biens qui pourraient leur avenir par succession, donation ou legs, n'entrent dans cette société que pour la jouissance: toute stipulation tendant à y faire entrer la propriété de ces biens est prohibée, sauf entre époux, et conformément à ce qui est réglé à leur égard.

**1838.** La société universelle de gains renferme tout ce que les parties acquerront par leur industrie, à quelque titre que ce soit, pendant le cours de la société: les meubles que chacun des associés possède au temps du contrat, y sont aussi compris; mais leurs immeubles personnels n'y entrent que pour la jouissance seulement.

**1839.** La simple convention de société universelle, faite sans autre explication, n'emporte que la société universelle de gains.

**1840.** Nulle société universelle ne peut avoir lieu qu'entre personnes respectivement capables de se donner ou de recevoir l'une de l'autre, et auxquelles il n'est point défendu de s'avantager au préjudice d'autres personnes.

#### SECTION II.

##### De la société particulière.

**1841.** La société particulière est celle qui ne s'applique qu'à certaines choses détermi-

---

**1834.** Alle Gesellschaftsverträge müssen schriftlich abgefaßt werden, wenn ihr Gegenstand den Wert von hundertfünfzig Franken übersteigt.

Der Zeugenbeweis ist unzulässig sowohl gegen den Inhalt der Gesellschaftsurkunde wie zur Ergänzung derselben, als auch über dasjenige, was vor, bei oder nach Aufnahme dieser Urkunde geredet worden sein soll, selbst wenn es sich um weniger als einhundertfünfzig Franken handelt.

## ZWEITES KAPITEL.

### Verschiedene Arten der Gesellschaften.

**1835.** Die Gesellschaften sind allgemeine oder besondere.

#### ERSTER ABSCHNITT.

##### Allgemeine Gesellschaften.

**1836.** Man unterscheidet zwei Arten von allgemeinen Gesellschaften, die Gesellschaft des gesamten gegenwärtigen Vermögens und die allgemeine Gesellschaft des Gewinnes.

**1837.** Die Gesellschaft des gesamten gegenwärtigen Vermögens ist diejenige, durch welche die Parteien alle beweglichen und unbeweglichen Güter, die sie zur Zeit besitzen und den Gewinn, welchen sie daraus ziehen können, in die Gemeinschaft geben.

Sie können auch jede andere Art von Gewinn darunter begreifen; die Güter, welche sie etwa noch durch Erbschaft, Schenkung oder Vermächtnis erwerben, fallen jedoch nur in Ansehung des Genusses in diese Gesellschaft; jede Uebereinkunft, welche dahin zielt, daß auch das Eigentum dieser Güter in die Gesellschaft fallen soll, ist verboten, ausgenommen unter Ehegatten, nach Maßgabe der dieselben betreffenden Vorschriften.

**1838.** Die allgemeine Gesellschaft des Gewinnes umfaßt alles, was die Parteien während des Bestehens der Gesellschaft durch ihre Tätigkeit, unter welchem Titel es auch sein mag, erwerben; die Fahrnis, welche ein jeder Gesellschafter zur Zeit des Vertrages besitzt, ist ebenfalls inbegriffen; ihre persönlichen Liegenschaften fallen jedoch nur in Ansehung des Genusses in dieselbe.

**1839.** Die einfache Vereinbarung einer allgemeinen Gesellschaft, welche ohne weitere Erklärung geschieht, hat nur eine allgemeine Gesellschaft in Ansehung des Gewinnes zur Folge.

**1840.** Eine allgemeine Gesellschaft kann nur unter Personen stattfinden, welche fähig sind, einander zu geben oder von einander zu empfangen, und denen es nicht verboten ist, sich zum Nachteile anderer Personen einen Vorteil zuzuwenden.

#### ZWEITER ABSCHNITT.

##### Die besondere Gesellschaft.

**1841.** Eine besondere Gesellschaft ist diejenige, welche sich nur auf individuell be-

nées, ou à leur usage, ou aux fruits à en percevoir.

**1842.** Le contrat par lequel plusieurs personnes s'associent, soit pour une entreprise désignée, soit pour l'exercice de quelque métier ou profession, est aussi une société particulière.

## CHAPITRE III.

### Des engagements des associés entre eux et à l'égard des tiers.

#### SECTION PREMIÈRE.

#### Des engagements des associés entre eux.

**1843.** La société commence à l'instant même du contrat, s'il ne désigne une autre époque.

**1844.** S'il n'y a pas de convention sur la durée de la société, elle est censée contractée pour toute la vie des associés, sous la modification portée en l'article 1869; ou, s'il s'agit d'une affaire dont la durée soit limitée, pour le temps que doit durer cette affaire.

**1845.** Chaque associé est débiteur envers la société, de tout ce qu'il a promis d'y apporter.

Lorsque cet apport consiste en un corps certain, est que la société en est évincée, l'associé en est garant envers la société, de la même manière qu'un vendeur l'est envers son acheteur.

**1846.** L'associé qui devait apporter une somme dans la société, et qui ne l'a point fait, devient, de plein droit et sans demande, débiteur des intérêts de cette somme, à compter du jour où elle devait être payée.

Il en est de même à l'égard des sommes qu'il a prises dans la caisse sociale, à compter du jour où il les en à tirées pour son profit particulier ;

Le tout sans préjudice de plus amples dommages-intérêts, s'il y a lieu.

**1847.** Les associés qui se sont soumis à apporter leur industrie à la société, lui doivent compte de tous les gains qu'ils ont faits par l'espèce d'industrie qui est l'objet de cette société.

**1848.** Lorsque l'un des associés est, pour son compte particulier, créancier d'une somme exigible envers une personne qui se trouve aussi devoir à la société une somme également exigible, l'imputation de ce qu'il reçoit de ce débiteur doit se faire sur la créance de la société et sur la sienne dans la proportion des deux créances, encore qu'il eût par sa quittance dirigé l'imputation intégrale sur sa

stimmte Sachen oder auf deren Gebrauch, oder auf die daraus zu ziehenden Früchte erstreckt.

**1842.** Ein Vertrag, durch welchen sich mehrere Personen zu einer bestimmten Unternehmung oder zum Betriebe eines Handwerkes oder Gewerbes vereinigen, ist gleichfalls eine besondere Gesellschaft.

## DRITTES KAPITEL.

### Verbindlichkeiten der Gesellschafter unter sich und gegenüber Dritten.

#### ERSTER ABSCHNITT.

#### Verbindlichkeiten der Gesellschafter unter sich.

**1843.** Die Gesellschaft beginnt mit dem Augenblicke des Vertrags, wenn in demselben nicht ein anderer Zeitpunkt bestimmt ist.

**1844.** Ist keine Vereinbarung über die Dauer der Gesellschaft getroffen worden, so ist anzunehmen, daß dieselbe, unter der in Artikel 1869 enthaltenen Einschränkung, auf die ganze Lebenszeit der Gesellschafter geschlossen worden ist, oder, wenn es sich um eine Angelegenheit von beschränkter Dauer handelt, auf die ganze Zeit, welche diese Angelegenheit dauern soll.

**1845.** Jeder Gesellschafter ist der Gesellschaft gegenüber Schuldner hinsichtlich alles dessen, was er in dieselbe einzubringen versprochen hat.

Besteht diese Einlage in einer individuell bestimmten Sache und wird dieselbe der Gesellschaft entwährt, so ist der Gesellschafter der Gesellschaft in derselben Weise wie ein Verkäufer seinem Käufer zur Gewährleistung verpflichtet.

**1846.** Der Gesellschafter, welcher eine Summe in die Gesellschaft einzubringen hatte und es nicht getan hat, schuldet von Rechtswegen und ohne Klage Zinsen für die Summe von dem Tage an, an dem sie hätte gezahlt werden sollen.

Dasselbe gilt von den Summen, welche er aus der Gesellschaftskasse entnommen hat, von dem Tage an, an welchem er sie zu seinem persönlichen Vorteile daraus gezogen hat.

Alles dieses unbeschadet eines etwaigen weiteren Schadensersatzes.

**1847.** Die Gesellschafter, welche sich verpflichtet haben ihre Erwerbstätigkeit in die Gesellschaft einzubringen, müssen derselben Rechnung geben von jedem Gewinn, den sie durch diejenige Art der Erwerbstätigkeit gemacht haben, welche den Gegenstand der Gesellschaft bildet.

**1848.** Wenn einer der Gesellschafter für seine persönliche Rechnung eine fällige Summe von einer Person zu fordern hat, die zugleich der Gesellschaft eine ebenfalls fällige Summe schuldet, so muß dasjenige, was er von diesem Schuldner empfängt, auf die Forderung der Gesellschaft und auf die seinige nach Verhältnis des Betrages der beiden Forderungen angerechnet werden, sollte er auch

créance particulière; mais s'il a exprimé dans sa quittance que l'imputation serait faite en entier sur la créance de la société, cette stipulation sera exécutée.

1849. Lorsqu'un des associés a reçu sa part entière de la créance commune, et que le débiteur est depuis devenu insolvable, cet associé est tenu de rapporter à la masse commune ce qu'il a reçu, encore qu'il eût spécialement donné quittance *pour sa part*.

1850. Chaque associé est tenu envers la société, des dommages qu'il lui a causés par sa faute, sans pouvoir compenser avec ces dommages les profits que son industrie lui aurait procurés dans d'autres affaires.

1851. Si les choses dont la jouissance seulement a été mise dans la société sont des corps certains et déterminés, qui ne se consomment point par l'usage, elles sont aux risques de l'associé propriétaire.

Si ces choses se consomment, si elles se détériorent en les gardant, si elles ont été destinées à être vendues, ou si elles ont été mises dans la société sur une estimation portée par un inventaire, elles sont aux risques de la société.

Si la chose a été estimée, l'associé ne peut répéter que le montant de son estimation.

1852. Un associé a action contre la société, non seulement à raison des sommes qu'il a déboursées pour elle, mais encore à raison des obligations qu'il a contractées de bonne foi pour les affaires de la société, et des risques inséparables de sa gestion.

1853. Lorsque l'acte de société ne détermine point la part de chaque associé dans les bénéfices ou pertes, la part de chacun est en proportion de sa mise dans le fonds de la société.

A l'égard de celui qui n'a apporté que son industrie, sa part dans les bénéfices ou dans les pertes est réglée comme si sa mise eût été égale à celle de l'associé qui a le moins apporté.

1854. Si les associés sont convenus de s'en rapporter à l'un d'eux ou à un tiers pour le règlement des parts, ce règlement ne peut être attaqué s'il n'est évidemment contraire à l'équité.

Nulle réclamation n'est admise à ce sujet, s'il s'est écoulé plus de trois mois depuis que la partie qui se prétend lésée a eu connaissance du règlement, ou si ce règlement a

in seiner Quittung die Anrechnung des Ganzen auf seine persönliche Forderung vorgenommen haben; wenn er dagegen in seiner Quittung erklärt hat, daß das Ganze auf die Forderung der Gesellschaft angerechnet werden solle, so ist diese Verabredung auszuführen.

1849. Wenn einer der Gesellschafter seinen ganzen Anteil an einer gemeinschaftlichen Forderung empfangen hat, und der Schuldner in der Folge zahlungsunfähig geworden ist, so ist dieser Gesellschafter verpflichtet das Empfangene in die gemeinschaftliche Masse zurückzubringen, auch wenn er die Quittung ausdrücklich für seinen Anteil ausgestellt hatte.

1850. Jeder Gesellschafter haftet der Gesellschaft für den Schaden, welchen er ihr durch sein Verschulden verursacht hat; gegen diesen Schaden darf er die Gewinne nicht aufrechnen, welche er ihr in anderen Geschäften durch seine Tätigkeit verschafft hat.

1851. Bestehen die Gegenstände, welche nur in Ansehung des Genusses in die Gesellschaft eingebracht worden sind, in individuell bestimmten Sachen, die durch den Gebrauch nicht verbraucht werden, so trägt der Gesellschafter, welcher Eigentümer derselben ist, die Gefahr.

Wenn diese Gegenstände verbrauchbar sind, wenn sie durch Aufbewahrung verschlechtert werden, wenn sie zum Verkaufe bestimmt sind, oder wenn sie nach einer in einem Inventar enthaltenen Schätzung in die Gesellschaft eingebracht worden sind, so trägt die Gesellschaft die Gefahr.

Ist die Sache geschätzt worden, so kann der Gesellschafter nur den Betrag der Schätzung zurückfordern.

1852. Ein Gesellschafter hat gegen die Gesellschaft ein Klagerecht, nicht nur wegen der Summen, welche er für dieselbe aufgewendet hat, sondern auch wegen der Verbindlichkeiten, die er in Angelegenheiten der Gesellschaft in gutem Glauben eingegangen hat, und wegen der Gefahren, die mit seiner Geschäftsführung notwendig verbunden sind.

1853. Bestimmt der Gesellschaftsvertrag den Anteil eines jeden Gesellschafters an dem Gewinne oder dem Verlust, so wird der Anteil eines jeden nach Verhältnis seiner Einlage in das Gesellschaftsvermögen bestimmt.

Hinsichtlich dessen, welcher nur seine Erwerbstätigkeit eingebracht hat, wird der Anteil an dem Gewinne oder dem Verluste so berechnet, als wenn seine Einlage gleich der desjenigen Gesellschafters gewesen wäre, welcher am wenigsten eingebracht hat.

1854. Sind die Gesellschafter übereingekommen, einem unter ihnen oder einem Dritten die Feststellung der Anteile zu überlassen, so kann diese Feststellung nicht angefochten werden, wenn sie nicht augenscheinlich der Billigkeit zuwider ist.

Keine Beschwerde ist hiergegen zulässig, wenn mehr als drei Monate verflossen sind, seitdem der angeblich verletzte Teil Kenntnis von der Feststellung erlangt hat, oder wenn

reçu de sa part un commencement d'exécution.

**1855.** La convention qui donnerait à l'un des associés la totalité des bénéfices, est nulle.

Il en est de même de la stipulation qui affranchirait de toute contribution aux pertes, les sommes ou effets mis dans le fonds de la société par un ou plusieurs des associés.

**1856.** L'associé chargé de l'administration par une clause spéciale du contrat de société, peut faire, nonobstant l'opposition des autres associés, tous les actes qui dépendent de son administration, pourvu que ce soit sans fraude.

Ce pouvoir ne peut être révoqué sans cause légitime, tant que la société dure; mais s'il n'a été donné que par acte postérieur au contrat de société, il est révocable comme un simple mandat.

**1857.** Lorsque plusieurs associés sont chargés d'administrer, sans que leurs fonctions soient déterminées, ou sans qu'il ait été exprimé que l'un ne pourrait agir sans l'autre, ils peuvent faire chacun séparément tous les actes de cette administration.

**1858.** S'il a été stipulé que l'un des administrateurs ne pourra rien faire sans l'autre, un seul ne peut, sans une nouvelle convention, agir en l'absence de l'autre, lors même que celui-ci serait dans l'impossibilité actuelle de concourir aux actes d'administration.

**1859.** A défaut de stipulations spéciales sur le mode d'administration, l'on suit les règles suivantes:

1⁰ Les associés sont censés s'être donné réciproquement le pouvoir d'administrer l'un pour l'autre. Ce que chacun fait, est valable même pour la part de ses associés, sans qu'il ait pris leur consentement; sauf le droit qu'ont ces derniers, ou l'un d'eux, de s'opposer à l'opération avant qu'elle soit conclue;

2⁰ Chaque associé peut se servir des choses appartenant à la société, pourvu qu'il les emploie à leur destination fixée par l'usage, et qu'il ne s'en serve pas contre l'intérêt de la société, ou de manière à empêcher ses associés d'en user selon leur droit;

3⁰ Chaque associé a le droit d'obliger ses associés à faire avec lui les dépenses qui sont nécessaires pour la conservation des choses de la société;

4⁰ L'un des associés ne peut faire d'innovations sur les immeubles dépendant de la

---

er seinerseits schon begonnen hat die Feststellung zu vollziehen.

**1855.** Die Vereinbarung einem Gesellschafter den ganzen Gewinn zuzuweisen, ist nichtig.

Das gleiche gilt von der Vereinbarung, nach welcher die von einem oder von mehreren der Gesellschafter in das Gesellschaftsvermögen eingebrachten Summen oder Sachen von jedem Beitrage zu dem Verluste befreit sein sollen.

**1856.** Der Gesellschafter, welcher durch eine besondere Klausel des Gesellschaftsvertrages mit der Verwaltung betraut worden ist, kann ungeachtet des Wiederspruchs der übrigen Gesellschafter alle Handlungen vornehmen, die zu seiner Verwaltung gehören, vorausgesetzt, daß dieses ohne Betrug geschieht.

Diese Ermächtigung kann, solange die Gesellschaft besteht, ohne rechtmäßige Ursache nicht widerrufen werden; ist sie aber erst nach Eingehung des Gesellschaftsvertrages erteilt worden, so ist sie widerruflich wie eine gewöhnliche Vollmacht.

**1857.** Sind mehrere Gesellschafter mit der Verwaltung betraut, ohne daß ihre Verrichtungen bezeichnet worden sind, oder ohne daß ausdrücklich festgesetzt worden ist, daß einer ohne den andern nicht handeln könne, so kann jeder von ihnen allein alle Handlungen dieser Verwaltung vornehmen.

**1858.** Ist vereinbart worden, daß ein Verwalter ohne den andern nichts unternehmen kann, so kann ohne neue Vereinbarung einer allein in Abwesenheit des andern nicht handeln, selbst wenn dieser zur Zeit außer Stande sein sollte, bei den Verwaltungshandlungen mitzuwirken.

**1859.** In Ermangelung besonderer Vereinbarungen über die Art der Verwaltung sind folgende Regeln zu beobachten:

1. es wird angenommen, daß die Gesellschafter sich wechselseitig die Ermächtigung erteilt haben, einer für den anderen zu verwalten. Was ein jeder tut, ist selbst für den Anteil der übrigen Gesellschafter gültig, auch wenn er ihre Einwilligung nicht eingeholt hat; es bleibt das Recht vorbehalten, welches diesen letzteren oder einem derselben zusteht, sich dem Geschäfte zu widersetzen, bevor es abgeschlossen ist;

2. jeder Gesellschafter kann sich der Sachen bedienen, welche der Gesellschaft gehören, vorausgesetzt, daß er dieselben zu ihrer durch den Gebrauch festgesetzten Bestimmung verwendet, und daß er sich derselben nicht gegen das Interesse der Gesellschaft oder in einer Weise bedient, welche seine Gesellschafter verhindert, ihrem Rechte gemäß sie zu gebrauchen;

3. jeder Gesellschafter hat das Recht die übrigen Gesellschafter zu nötigen, mit ihm die Ausgaben zu bestreiten, welche zur Erhaltung der Sachen der Gesellschaft notwendig sind;

4. ein Gesellschafter kann ohne Genehmigung der übrigen an den Liegenschaften keine

société, même quand il les soutiendrait avantageuses à cette société, si les autres associés n'y consentent.

1860. L'associé qui n'est point administrateur, ne peut aliéner ni engager les choses même mobilières qui dépendent de la société.

1861. Chaque associé peut, sans le consentement de ses associés, s'associer une tierce personne relativement à la part qu'il a dans la société: il ne peut pas, sans ce consentement, l'associer à la société, lors même qu'il en aurait l'administration.

## SECTION II.
### Des engagements des associés à l'égard des tiers.

1862. Dans les sociétés autres que celles de commerce, les associés ne sont pas tenus solidairement des dettes sociales, et l'un des associés ne peut obliger les autres si ceux-ci ne lui en ont conféré le pouvoir.

1863. Les associés sont tenus envers le créancier avec lequel ils ont contracté, chacun pour une somme et part égales, encore que la part de l'un d'eux dans la société fût moindre, si l'acte n'a pas spécialement restreint l'obligation de celui-ci sur le pied de cette dernière part.

1864. La stipulation que l'obligation est contractée pour le compte de la société, ne lie que l'associé contractant et non les autres, à moins que ceux-ci ne lui aient donné pouvoir, ou que la chose n'ait tourné au profit de la société.

## CHAPITRE IV.
### Des différentes manières dont finit la société.

1865. La société finit:
1º Par l'expiration du temps par lequel elle a été contractée;
2º Par l'extinction de la chose, ou la consommation de la négociation;
3º Par la mort naturelle de quelqu'un des associés;
4º Par *la mort civile*, l'interdiction ou la déconfiture de l'un d'eux;

5º Par la volonté qu'un seul ou plusieurs expriment de n'être plus de la société.

1866. La prorogation d'une société à temps limité ne peut être prouvée que par un écrit révêtu des mêmes formes que le contrat de société.

1867. Lorsque l'un des associés a promis de mettre en commun la propriété d'une chose, la perte survenue avant que la mise en soit

---

Neuerungen vornehmen, selbst wenn er behaupten sollte, daß dieselben der Gesellschaft vorteilhaft seien.

1860. Der Gesellschafter, der nicht Verwalter ist, kann die der Gesellschaft gehörenden Sachen, selbst die beweglichen, weder veräußern noch verpfänden.

1861. Jeder Gesellschafter kann ohne Einwilligung der übrigen Gesellschafter an seinem Anteile, den er in der Gesellschaft hat, einen Dritten beteiligen; er kann ihn jedoch ohne ihre Einwilligung nicht in die Gesellschaft aufnehmen, selbst wenn er die Verwaltung derselben führen sollte.

## ZWEITER ABSCHNITT.
### Verbindlichkeiten der Gesellschafter gegen Dritte.

1862. Bei keiner Gesellschaft, außer bei Handelsgesellschaften, haften die Gesellschafter sämtverbindlich für die Gesellschaftsschulden, und es kann ein Gesellschafter die übrigen nicht verpflichten, wenn diese ihm dazu die Ermächtigung nicht erteilt haben.

1863. Die Gesellschafter haften gegenüber dem Gläubiger, mit welchem sie einen Vertrag geschlossen haben, zu gleichen Summen und Teilen, selbst wenn der Anteil eines derselben an der Gesellschaft geringer sein sollte; es sei denn, daß bei dem Geschäfte die Verpflichtung dieses letzteren auf das Verhältnis seines Gesellschaftsanteiles ausdrücklich beschränkt worden ist.

1864. Die Vereinbarung, daß eine Verbindlichkeit für Rechnung der Gesellschaft eingegangen werde, bindet nur den das Geschäft schließenden Gesellschafter, nicht aber die übrigen, es sei denn, daß diese ihm Vollmacht gegeben haben, oder daß die Sache der Gesellschaft zu gute gekommen ist.

## VIERTES KAPITEL.
### Verschiedene Arten der Beendigung der Gesellschaft.

1865. Die Gesellschaft endigt:
1. durch Ablauf der Zeit, für welche sie eingegangen ist;
2. durch den Untergang der Sache oder durch die Vollendung des Geschäftes;
3. durch den leiblichen Tod eines der Gesellschafter;
4. durch den bürgerlichen Tod, die Entmündigung oder den Vermögensverfall eines derselben;
5. durch die Willenserklärung eines oder mehrerer, daß sie nicht mehr in der Gesellschaft bleiben wollen.

1866. Die Verlängerung einer auf bestimmte Dauer eingegangene Gesellschaft kann nur durch eine Schrift bewiesen werden, die in denselben Formen wie der Gesellschaftsvertrag gehalten ist.

1867. Hat einer der Gesellschafter versprochen, das Eigentum einer Sache in die Gemeinschaft einzubringen, so bewirkt der vor

.éffectuée, opère sa dissolution de la société par rapport à tous les associés.

La société est également dissoute dans tous les cas par la perte de la chose, lorsque la jouissance seule a été mise en commun, et que la propriété en est restée dans la main de l'associé,

Mais la société n'est pas rompue par la perte de la chose dont la propriété a déjà été apportée à la société.

1868. S'il a été stipulé qu'en cas de mort de l'un des associés, la société continuerait avec son héritier, ou seulement entre les associés survivants, ces dispositions seront suivies: au second cas, l'héritier du décédé n'a droit qu'au partage de la société, eu égard à la situation de cette société lors du décès, et ne participe aux droits ultérieurs qu'autant qu'ils sont une suite nécessaire de ce qui s'est fait avant la mort de l'associé auquel il succède.

1869. La dissolution de la société par la volonté de l'une des parties ne s'applique qu'aux sociétés dont la durée est illimitée, et s'opère par une renonciation notifiée à tous les associés, pourvu que cette renonciation soit de bonne foi, et non faite à contre-temps.

1870. La renonciation n'est pas de bonne foi lorsque l'associé renonce pour s'approprier à lui seul le profit que les associés s'étaient proposé de retirer en commun.

Elle est faite à contre-temps lorsque les choses ne sont plus entières, et qu'il importe à la société que sa dissolution soit différée.

1871. La dissolution des sociétés à terme ne peut être demandée par l'un des associés avant le terme convenu, qu'autant qu'il y en a de justes motifs, comme lorsqu'un autre associé manque à ses engagements, ou qu'une infirmité habituelle le rend inhabile aux affaires de la société, ou autres cas semblables, dont la légitimité et la gravité sont laissés à l'arbitrage des juges.

1872. Les règles concernant le partage des successions, la forme de ce partage, et les obligations qui en résultent entre les cohéritiers s'appliquent aux partages entre associés.

Disposition relative aux sociétés de commerce.

1873. Les dispositions du présent titre ne s'appliquent aux sociétés de commerce que dans les points qui n'ont rien de contraire aux lois et usages du commerce.

Bewerkstelligung des Einbringens' eingetretene Untergang der Sache die Auflösung der Gesellschaft in Ansehung aller Gesellschaften.

Auf gleiche Weise wird die Gesellschaft durch den Untergang der Sache in allen Fällen aufgelöst, in denen nur der Genuß derselben in die Gemeinschaft eingebracht worden und das Eigentum in den Händen des Gesellschafters geblieben war.

Die Gesellschaft wird aber nicht aufgelöst durch den Untergang der Sache, deren Eigentum bereits in die Gesellschaft eingebracht worden war.

1868. Ist vereinbart worden, daß nach dem Tode eines der Gesellschafter die Gesellschaft mit seinem Erben oder nur unter den überlebenden Gesellschaftern fortgesetzt werden soll, so sind diese Vereinbarungen einzuhalten. Letzteren Falles hat der Erbe des Verstorbenen nur ein Recht auf Teilung der Gesellschaft nach Maßgabe der Lage der Gesellschaft zur Zeit des Todes; und er hat an den weiteren Rechten nur insofern einen Anteil, als sie eine notwendige Folge dessen sind, was vor dem Tode des Gesellschafters geschehen ist, welchen er beerbt.

1869. Die Auflösung der Gesellschaft durch den Willen eines der Mitglieder findet nur bei Gesellschaften von unbestimmter Dauer statt; sie wird durch einen Verzicht bewirkt, welcher allen Gesellschaftern zugestellt wird, vorausgesetzt daß dieser Verzicht in gutem Glauben und nicht zur Unzeit geschieht.

1870. Der Verzicht geschieht nicht in gutem Glauben, wenn der Gesellschafter verzichtet, um sich allein einen Gewinn anzueignen, welchen die Gesellschafter gemeinsam zu machen beabsichtigten.

Es geschieht zur Unzeit, wenn sich die Sachen nicht mehr in dem vorigen Stande befinden und die Gesellschaft ein Interesse daran hat, daß ihre Auflösung verschoben wird.

1871. Die Auflösung einer auf bestimmte Zeit eingegangenen Gesellschaft kann von einem der Gesellschafter vor der vereinbarten Zeit nur verlangt werden, sofern hierfür rechtmäßige Gründe vorhanden sind, wie z. B. wenn ein anderer Gesellschafter seinen Verbindlichkeiten nicht nachkommt, oder wenn eine anhaltende Krankheit ihn zu den Geschäften der Gesellschaft unfähig macht oder in anderen ähnlichen Fällen, deren Rechtmäßigkeit und Erheblichkeit dem richterlichen Ermessen überlassen bleibt.

1872. Die Regeln, welche sich auf die Teilung der Erbschaften, auf die Form dieser Teilung und auf die Verpflichtungen beziehen, welche aus derselben unter den Miterben entstehen, gelten auch für die Teilungen unter Gesellschaftern.

Bestimmung betreffend die Handelsgesellschaften.

1873. Die Bestimmungen dieses Titels finden auf Handelsgesellschaften nur in denjenigen Punkten Anwendung, welche mit den Gesetzen und Gebräuchen des Handels nicht in Widerspruch stehen.

## TITRE DIXIÈME.

### Du prêt.

**1874.** Il y a deux sortes de prêts :
Celui des choses dont on peut user sans les détruire,
Et celui des choses qui se consomment par l'usage qu'on en fait.

La première espèce s'appelle *prêt à usage*, ou *commodat* ;
La deuxième s'appelle *prêt de consommation*, ou simplement *prêt*.

### CHAPITRE PREMIER.

#### Du prêt à usage ou commodat.

##### SECTION PREMIÈRE.

###### De la nature du prêt à usage.

**1875.** Le prêt à usage ou commodat est un contrat par lequel l'une des parties livre une chose à l'autre pour s'en servir, à la charge par le preneur de la rendre après s'en être servi.

**1876.** Ce prêt est essentiellement gratuit.

**1877.** Le prêteur demeure propriétaire de la chose prêtée.

**1878.** Tout ce qui est dans le commerce, et ne se consomme pas par l'usage, peut être l'objet de cette convention.

**1879.** Les engagements qui se forment par le commodat, passent aux héritiers de celui qui prête, et aux héritiers de celui qui emprunte.
Mais si l'on n'a prêté qu'en considération de l'emprunteur, et à lui personnellement, alors ses héritiers ne peuvent continuer de jouir de la chose prêtée.

##### SECTION II.

###### Des engagements de l'emprunteur.

**1880.** L'emprunteur est tenu de veiller, en bon père de famille, à la garde et à la conservation de la chose prêtée. Il ne peut s'en servir qu'à l'usage déterminé par sa nature ou par la convention ; le tout à peine de dommages-intérêts, s'il y a lieu.

**1881.** Si l'emprunteur emploie la chose à un autre usage, ou pour un temps plus long qu'il ne le devrait, il sera tenu de la perte arrivée, même par cas fortuit.

**1882.** Si la chose prêtée périt par cas fortuit dont l'emprunteur aurait pu la garantir en employant la sienne propre, ou si, ne pouvant conserver que l'une des deux, il a préféré la sienne, il est tenu de la perte de l'autre.

## ZEHNTER TITEL.

### Leihe.

**1874.** Es gibt zwei Arten des Leihvertrags:
denjenigen über Sachen, die man gebrauchen kann, ohne sie zu zerstören,
und denjenigen über Sachen, die durch den Gebrauch, welchen man davon macht, verbraucht werden.
Die erste Art wird Leihvertrag zum Gebrauch oder Kommodat genannt.
Die zweite Art wird Leihvertrag zum Verbrauch oder einfach Darlehen genannt.

### ERSTES HAUPTSTÜCK.

#### Leihvertrag zum Gebrauch oder Kommodat.

##### ERSTER ABSCHNITT.

###### Natur des Leihvertrags zum Gebrauch.

**1875.** Der Leihvertrag zum Gebrauch oder das Kommodat ist ein Vertrag, durch welchen ein Teil dem andern eine Sache zum Gebrauche unter der Bedingung überliefert, daß der Empfänger sie nach gemachtem Gebrauche zurückgeben soll.

**1876.** Dieser Leihvertrag ist seinem Wesen nach unentgeltlich.

**1877.** Der Verleiher bleibt Eigentümer der geliehenen Sache.

**1878.** Alles, was im Verkehr steht, und durch den Gebrauch nicht verbraucht wird, kann Gegenstand dieses Vertrages sein.

**1879.** Die aus diesem Leihvertrage entstehenden Verbindlichkeiten gehen auf die Erben des Verleihers und auf die Erben des Entleihers über.
Hat man indessen nur mit Rücksicht auf den Entleiher und nur ihm für seine Person geliehen, so können seine Erben den Gebrauch der geliehenen Sache nicht fortsetzen.

##### ZWEITER ABSCHNITT.

###### Verpflichtungen des Entleihers.

**1880.** Der Entleiher ist verpflichtet, für die Aufbewahrung und Erhaltung der geliehenen Sache wie ein ordentlicher Hausvater zu sorgen. Er darf sich derselben nur zu dem Gebrauch bedienen, welcher durch ihre Natur oder durch den Vertrag bestimmt ist; alles dies bei Strafe etwaigen Schadensersatzes.

**1881.** Benutzt der Entleiher die Sache zu einem anderen Gebrauche oder längere Zeit, als er berechtigt war, so haftet er für den Untergang der Sache, selbst wenn derselbe in Folge eines Zufalles eingetreten ist.

**1882.** Geht die geliehene Sache durch einen Zufall unter, vor dem der Entleiher sie hätte schützen können, wenn er seine eigene Sache gebraucht hätte; oder hat er, wenn er nur eine von beiden erhalten konnte, die seinige vorgezogen, so haftet er für den Untergang der anderen.

1883. Si la chose a été estimée en la prêtant, la perte qui arrive, même par cas fortuit, est pour l'emprunteur, s'il n'y a convention contraire.

1884. Si la chose se détériore par le seul effet de l'usage pour lequel elle a été empruntée, et sans aucune faute de la part de l'emprunteur, il n'est pas tenu de la détérioration.

1885. L'emprunteur ne peut pas retenir la chose par compensation de ce que le prêteur lui doit.

1886. Si, pour user de la chose, l'emprunteur a fait quelque dépense, il ne peut pas la répéter.

1887. Si plusieurs ont conjointement emprunté la même chose, ils en sont solidairement responsables envers le prêteur.

### SECTION III.
#### Des engagements de celui qui prête à usage.

1888. Le prêteur ne peut retirer la chose prêtée qu'après le terme convenu, ou, à défaut de convention, qu'après qu'elle a servi à l'usage pour lequel elle a été empruntée.

1889. Néanmoins, si, pendant ce délai, ou avant que le besoin de l'emprunteur ait cessé, il survient au prêteur un besoin pressant et imprévu de sa chose, le juge peut, suivant les circonstances, obliger l'emprunteur à la lui rendre.

1890. Si, pendant la durée du prêt, l'emprunteur a été obligé, pour la conservation de la chose, à quelque dépense extraordinaire, nécessaire, et tellement urgente qu'il n'ait pas pu en prévenir le prêteur, celui-ci sera tenu de la lui rembourser.

1891. Lorsque la chose prêtée a des défauts tels, qu'elle puisse causer du préjudice à celui qui s'en sert, le prêteur est responsable, s'il connaissait les défauts et n'en a pas averti l'emprunteur.

### CHAPITRE II.
#### Du prêt de consommation, ou simple prêt.

##### SECTION PREMIÈRE.

De la nature du prêt de consommation.

1892. Le prêt de consommation est un contrat par lequel l'une des parties livre à l'autre une certaine quantité de choses qui se consomment par l'usage, à la charge par cette dernière de lui en rendre autant de même espèce et qualité.

1883. Ist die Sache bei der Verleihung abgeschätzt worden, so trifft der Untergang, selbst der zufällige, den Entleiher, wenn nicht eine entgegenstehende Uebereinkunft getroffen worden ist.

1884. Verschlechtert sich die Sache bloß in Folge des Gebrauches, zu welchem sie geliehen worden ist, und ohne irgend ein Verschulden des Entleihers, so haftet er nicht für die Verschlechterung.

1885. Der Entleiher kann die Sache nicht zwecks Aufrechnung gegen das, was ihm der Verleiher schuldig ist, zurückbehalten.

1886. Hat der Entleiher, um die Sache zu gebrauchen, Kosten aufgewendet, so kann er dieselben nicht zurückfordern.

1887. Haben mehrere zusammen dieselbe Sache geliehen, so sind sie dafür dem Verleiher gegenüber samtverbindlich verantwortlich.

### DRITTER ABSCHNITT.
#### Verpflichtungen des Verleihers.

1888. Der Verleiher kann die verliehene Sache erst nach Ablauf der vereinbarten Zeit oder in Ermangelung einer Vereinbarung erst dann zurücknehmen, wenn sie zu dem Gebrauche gedient hat, zu welchem sie entliehen worden ist.

1889. Wenn jedoch während dieser Frist, oder ehe für den Entleiher die Notwendigkeit des Bedarfs aufgehört hat, der Verleiher aus dringenden und unvorhergesehenen Gründen die Sache zu eigenem Gebrauche bedarf, so kann der Richter je nach den Umständen den Entleiher für verpflichtet erklären, sie jenem zurückzugeben.

1890. Wenn der Entleiher während der Dauer des Leihvertrages behufs Erhaltung der Sache zu einer außerordentlichen und notwendigen Ausgabe von solcher Dringlichkeit gezwungen war, daß er den Verleiher davon nicht vorher benachrichtigen konnte, so ist dieser verpflichtet, ihm dieselbe zu erstatten.

1891. Hat die geliehene Sache solche Mängel, daß sie dem, welcher sich derselben bedient, Schaden verursachen kann, so ist der Verleiher verantwortlich, wenn er die Mängel kannte und den Entleiher davon nicht benachrichtigt hat.

### ZWEITES KAPITEL.
#### Leihe zum Verbrauch oder einfache Darlehen.

##### ERSTER ABSCHNITT.

Natur des Darlehens.

1892. Das Darlehen ist ein Vertrag, durch welchen ein Teil dem andern eine gewisse Menge von Sachen, welche durch den Gebrauch verbraucht werden, mit der Verpflichtung überliefert, daß letzterer ihm ebensoviel von derselben Art und Beschaffenheit zurückerstatten soll.

**1893.** Par l'effet de ce prêt, l'emprunteur devient le propriétaire de la chose prêtée; et c'est pour lui qu'elle périt, de quelque manière que cette perte arrive.

**1894.** On ne peut pas donner à titre de prêt de consommation, des choses qui, quoique de même espèce, diffèrent dans l'individu, comme les animaux: alors c'est un prêt à usage.

**1895.** L'obligation qui résulte d'un prêt en argent, n'est toujours que de la somme numérique énoncée au contrat.

S'il y a eu augmentation ou diminution d'espèces avant l'époque du payement, le débiteur doit rendre la somme numérique prêtée, et ne doit rendre que cette somme dans les espèces ayant cours au moment du payement.

**1896.** La règle portée en l'article précédent n'a pas lieu, si le prêt a été fait en lingots.

**1897.** Si ce sont des lingots ou des denrées qui ont été prêtés, quelle que soit l'augmentation ou la diminution de leur prix, le débiteur doit toujours rendre la même quantité et qualité, et ne doit rendre que cela.

### SECTION II.

**Des obligations du prêteur.**

**1898.** Dans le prêt de consommation, le prêteur est tenu de la responsabilité établie par l'article 1891 pour le prêt à usage.

**1899.** Le prêteur ne peut pas redemander les choses prêtées, avant le terme convenu.

**1900.** S'il n'a pas été fixé de terme pour la restitution, le juge peut accorder à l'emprunteur un délai suivant les circonstances.

**1901.** S'il a été seulement convenu que l'emprunteur payerait quand il le pourrait, ou quand il en aurait les moyens, le juge lui fixera un terme de payement suivant les circonstances.

### SECTION III.

**Des engagements de l'emprunteur.**

**1902.** L'emprunteur est tenu de rendre les choses prêtées, en même quantité et qualité, et au terme convenu.

**1903.** S'il est dans l'impossibilité d'y satisfaire, il est tenu d'en payer la valeur eu égard au temps et au lieu où la chose devait être rendue d'après la convention.

Si ce temps et ce lieu n'ont pas été réglés, le payement se fait au prix du temps et du lieu où l'emprunt a été fait.

Code civil.

**1893.** Durch das Darlehen wird der Empfänger Eigentümer der dargeliehenen Sache; ihn allein trifft den Untergang derselben, auf welche Art er auch erfolgen mag.

**1894.** Sachen die, obgleich von derselben Art, doch individuell verschieden sind, wie z. B. Tiere, kann man nicht zum Darlehen geben; in diesem Falle liegt ein Leihvertrag zum Gebrauch vor.

**1895.** Die Verpflichtung, welche aus einem Gelddarlehen entsteht, hat stets nur die im Vertrage ausgedrückte Summe nach ihrem Nennwerte zum Gegenstande.

Sind vor dem Zeitpunkte der Zahlung die Geldsorten mehrwertig oder minderwertig geworden, so muß der Schuldner die dargeliehene Summe nach ihrem Nennwerte zurückzahlen und er braucht diese Summe nur in denjenigen Geldsorten zurückzubezahlen, welche zur Zeit der Zahlung im Umlaufe sind.

**1896.** Die in dem vorstehenden Artikel aufgestellte Regel findet nicht Anwendung, wenn das Darlehen in Barren gegeben ist.

**1897.** Sind Barren oder Lebensmittel geliehen worden, so muß der Schuldner stets solche in gleicher Menge und Beschaffenheit zurückgeben, um wieviel auch der Preis derselben gestiegen oder gefallen sein mag, und er braucht nur dieses zurückgeben.

### ZWEITER ABSCHNITT.

**Verbindlichkeiten des Darleihers.**

**1898.** Bei dem Darlehen trifft den Darleiher diejenige Verantwortlichkeit, welche in dem Art. 1891 für den Leihvertrag zum Gebrauch bestimmt ist.

**1899.** Der Darleiher kann die dargeliehenen Sachen nicht vor der vereinbarten Zeit zurückfordern.

**1900.** Ist für die Zurückgabe keine Zeit bestimmt worden, so kann der Richter dem Darlehensnehmer eine Frist nach Lage der Umstände bewilligen.

**1901.** Ist nur vereinbart worden, daß der Darlehensnehmer zahlen solle, wann er dazu im Stande ist oder wann er die Mittel dazu haben würde, so hat der Richter ihm nach Lage der Umstände eine Zahlungsfrist zu bestimmen.

### DRITTER ABSCHNITT.

**Verpflichtungen des Darlehensnehmers.**

**1902.** Der Darlehensnehmer ist verpflichtet, die dargeliehene Sache in derselben Menge und Beschaffenheit und zu der vereinbarten Zeit zurückzugeben.

**1903.** Ist er außer Stande dieser Verbindlichkeit nachzukommen, so ist er verpflichtet, den Wert der Sache mit Rücksicht auf die Zeit und den Ort, zu welcher und an welchem dieselbe dem Vertrage gemäß zurückgegeben werden sollte, zu bezahlen.

Sind Zeit und Ort nicht bestimmt worden, so geschieht die Zahlung nach dem Preise der Zeit und des Ortes der Darlehensaufnahme.

**1904.** Si l'emprunteur ne rend pas les choses prêtées ou leur valeur au terme convenu, il en doit l'intérêt du jour de la sommation ou de la demande en justice.

## CHAPITRE III.

### Du prêt à intérêt.

**1905.** Il est permis de stipuler des intérêts pour simple prêt, soit d'argent, soit de denrées, ou autres choses mobilières.

**1906.** L'emprunteur qui a payé des intérêts qui n'étaient pas stipulés, ne peut ni les répéter ni les imputer sur le capital.

**1907.** L'intérêt est légal ou conventionnel. L'intérêt légal est fixé par la loi. L'intérêt conventionnel peut excéder celui de la loi, toutes les fois que la loi ne le prohibe pas.

Le taux de l'intérêt conventionnel doit être fixé par écrit.

**1908.** La quittance du capital donnée sans réserve des intérêts, en fait présumer le payement, et en opère la libération.

**1909.** On peut stipuler un intérêt moyennant un capital que le prêteur s'interdit d'exiger.

Dans ce cas, le prêt prend le nom de *constitution de rente*.

**1910.** Cette rente peut être constituée de deux manières, en perpétuel ou en viager.

**1911.** La rente constituée en perpétuel est essentiellement rachetable.

Les parties peuvent seulement convenir que le rachat ne sera pas fait avant un délai qui ne pourra excéder dix ans, ou sans avoir averti le créancier au terme d'avance qu'elles auront déterminé.

**1912.** Le débiteur d'une rente constituée en perpétuel peut être contraint au rachat:

1º S'il cesse de remplir ses obligations pendant deux années;

2º S'il manque à fournir au prêteur les sûretés promises par le contrat.

**1913.** Le capital de la rente constituée en perpétuel devient aussi exigible en cas de faillite ou de déconfiture du débiteur.

**1914.** Les règles concernant les rentes viagères sont établies au titre *Des contrats aléatoires*.

**1904.** Wenn der Darlehensnehmer die dargeliehene Sache oder deren Wert zur vereinbarten Zeit nicht zurückgibt, so schuldet er dafür Zinsen vom Tage der Zahlungsaufforderung oder der gerichtlichen Klage an

## DRITTES KAPITEL.

### Zinsbares Darlehen.

**1905.** Es ist erlaubt für Darlehen in Geld, Lebensmitteln oder in anderen beweglichen Sachen, Zinsen auszumachen.

**1906.** Der Darlehensnehmer, welcher Zinsen gezahlt hat, die nicht vereinbart waren, kann dieselben weder zurückfordern noch auf das Kapital anrechnen.

**1907.** Die Zinsen sind gesetzliche oder vertragsmäßige. Die gesetzlichen Zinsen werden durch das Gesetz bestimmt. Die vertragsmäßigen Zinsen können die gesetzlichen in allen Fällen übersteigen, in denen es das Gesetz nicht verbietet.

Die Höhe der vertragsmäßigen Zinsen muß schriftlich bestimmt werden.

**1908.** Die Quittung, die über das Kapital ohne Vorbehalt der Zinsen erteilt ist, begründet die Vermutung, daß dieselben bezahlt seien und bewirkt die Befreiung von denselben.

**1909.** Es können Zinsen von einem Kapital ausbedungen werden, auf dessen Rückforderung der Darleiher verzichtet.

In diesem Falle heißt das Darlehen Bestellung einer Rente.

**1910.** Diese Rente kann auf zweierlei Weise bestellt werden, für immer oder auf Lebenszeit.

**1911.** Die für immer bestellte Rente ist ihrem Wesen nach rückkaufbar.

Die Parteien können nur übereinkommen, daß der Rückkauf nicht vor Ablauf einer Frist ausgeübt werde, welche jedoch zehn Jahre nicht übersteigen darf, oder daß derselbe nicht erfolgen dürfe, bevor dem Gläubiger in einer durch den Vertrag bestimmten Zeit Nachricht gegeben worden ist.

**1912.** Der Schuldner einer für immer bestellten Rente kann zum Rückkauf gezwungeen werden:

1. wenn er zwei Jahre lang seinen Verbindlichkeiten nicht nachgekommen ist;

2. wenn er dem Darleiher die in dem Vertrage versprochene Sicherheit nicht leistet.

**1913.** Das Kapital einer für immer bestellten Rente wird gleichfalls einforderbar im Falle des Konkurses oder des Vermögensverfalles des Schuldners.

**1914.** Die Regeln, welche die Leibrenten betreffen, werden in dem Titel «Glücksverträge» aufgestellt.

## TITRE ONZIÈME.

### Du dépôt et du séquestre.

#### CHAPITRE PREMIER.

#### Du dépôt en général, et de ses diverses espèces.

**1915.** Le dépôt, en général, est un acte par lequel on reçoit la chose d'autrui, à la charge de la garder et de la restituer en nature.

**1916.** Il y a deux espèces de dépôts: le dépôt proprement dit, et le séquestre.

#### CHAPITRE II.

#### Du dépôt proprement dit.

##### SECTION PREMIÈRE.

##### De la nature et de l'essence du contrat de dépôt.

**1917.** Le dépôt proprement dit est un contrat essentiellement gratuit.

**1918.** Il ne peut avoir pour objet que des choses mobilières.

**1919.** Il n'est parfait que par la tradition réelle ou feinte de la chose déposée.

La tradition feinte suffit, quand le dépositaire se trouve déjà nanti, à quelque autre titre, de la chose que l'on consent à lui laisser à titre de dépôt.

**1920.** Le dépôt est volontaire ou nécessaire.

##### SECTION II.

##### Du dépôt volontaire.

**1921.** Le dépôt volontaire se forme par le consentement réciproque de la personne qui fait le dépôt et de celle qui le reçoit.

**1922.** Le dépôt volontaire ne peut régulièrement être fait que par le propriétaire de la chose déposée, ou de son consentement exprès ou tacite.

**1923.** Le dépôt volontaire doit être prouvé par écrit. La preuve testimoniale n'en est point reçue pour valeur excédant cent cinquante francs.

**1924.** Lorsque le dépôt, étant au-dessus de cent cinquante francs, n'est point prouvé par écrit, celui qui est attaqué comme dépositaire, en est cru sur sa déclaration, soit pour le fait même du dépôt, soit pour la chose qui en faisait l'objet, soit pour le fait de sa restitution.

## ELFTER TITEL.

### Hinterlegung und Zwangshinterlegung.

#### ERSTES KAPITEL.

#### Hinterlegung im Allgemeinen und deren verschiedene Arten.

**1915.** Die Hinterlegung im Allgemeinen ist eine Handlung, durch welche man eine fremde Sache unter der Verpflichtung in Empfang nimmt, dieselbe zu bewahren und in Natur zurückzugeben.

**1916.** Es gibt zwei Arten von Hinterlegungen: die Hinterlegung im eigentlichen Sinne und die Zwangshinterlegung.

#### ZWEITES KAPITEL.

#### Hinterlegung im eigentlichen Sinne,

##### ERSTER ABSCHNITT.

##### Natur und Wesen des Hinterlegungsvertrags.

**1917.** Die Hinterlegung im eigentlichen Sinne ist ein seiner Natur nach unentgeltlicher Vertrag.

**1918.** Sie kann nur bewegliche Sachen zum Gegenstande haben.

**1919.** Sie ist erst mit der wirklichen oder als geschehen angenommenen Uebergabe der hinterlegten Sache vollständig abgeschlossen.

Die als geschehen angenommene Uebergabe ist hinreichend, wenn der Hinterlegungsempfänger sich schon unter irgend einem andern Titel im Besitze der Sache befindet, welche man ihm unter dem Titel der Hinterlegung lassen will.

**1920.** Die Hinterlegung ist freiwillig oder notwendig.

##### ZWEITER ABSCHNITT.

##### Freiwillige Hinterlegung.

**1921.** Die freiwillige Hinterlegung entsteht durch die gegenseitige Einwilligung desjenigen, welcher die Sache hinterlegt und desjenigen, welcher sie übernimmt.

**1922.** Die freiwillige Hinterlegung kann in der Regel nur durch den Eigentümer der hinterlegten Sache oder mit dessen ausdrücklicher oder stillschweigender Einwilligung geschehen.

**1923.** Die freiwillige Hinterlegung muß schriftlich bewiesen werden. Der Zeugenbeweis ist nicht zulässig bei Werten über einhundertfünfzig Franken.

**1924.** Wird eine Hinterlegung, deren Gegenstand über einhundertundfünfzig Franken beträgt, nicht schriftlich bewiesen, so wird demjenigen, welcher als Empfänger in Anspruch genommen wird, auf seine Versicherung hin geglaubt sowohl in Ansehung der Tatsache der Hinterlegung selbst als in Ansehung der Sache, welche den Gegenstand der Hinterlegung bildet, wie auch in Ansehung der Tatsache der Zurückgabe.

**1925.** Le dépôt volontaire ne peut avoir lieu qu'entre personnes capables de contracter.

Néanmoins, si une personne capable de contracter accepte le dépôt fait par une personne incapable, elle est tenue de toutes les obligations d'un véritable dépositaire; elle peut être poursuivie par le tuteur ou administrateur de la personne qui a fait le dépôt.

**1926.** Si le dépôt a été fait par une personne capable à une personne qui ne l'est pas, la personne qui a fait le dépôt n'a que l'action en revendication de la chose déposée, tant qu'elle existe dans la main du dépositaire, ou une action en restitution jusqu'à concurrence de ce qui a tourné au profit de ce dernier.

### SECTION III.

#### Des obligations du dépositaire.

**1927.** Le dépositaire doit apporter, dans la garde de la chose déposée, les mêmes soins qu'il apporte dans la garde des choses qui lui appartiennent.

**1928.** La disposition de l'article précédent doit être appliquée avec plus de rigueur: 1º si le dépositaire s'est offert lui-même pour recevoir le dépôt; 2º s'il a stipulé un salaire pour la garde du dépôt; 3º si le dépôt a été fait uniquement pour l'intérêt du dépositaire; 4º s'il a été convenu expressément que le dépositaire répondrait de toute espèce de faute.

**1929.** Le dépositaire n'est tenu, en aucun cas, des accidents de force majeure, à moins qu'il n'ait été mis en demeure de restituer la chose déposée.

**1930.** Il ne peut se servir de la chose déposée, sans la permission expresse ou présumée du déposant.

**1931.** Il ne doit point chercher à connaître quelles sont les choses qui lui ont été déposées, si elles lui ont été confiées dans un coffre fermé ou sous une enveloppe cachetée.

**1932.** Le dépositaire doit rendre indentiquement la chose même qu'il a reçue.

Ainsi, le dépôt des sommes monnayées doit être rendu dans les mêmes espèces qu'il a été fait, soit dans le cas d'augmentation, soit dans le cas de diminution de leur valeur.

**1933.** Le dépositaire n'est tenu de rendre la chose déposée que dans l'état où elle se trouve au moment de la restitution. Les détériorations qui ne sont pas survenues par son fait, sont à la charge du déposant.

**1934.** Le dépositaire auquel la chose a été enlevée par une force majeure, et qui a reçu

**1925.** Eine freiwillige Hinterlegung kann nur unter Personen stattfinden, welche fähig sind Verträge zu schließen.

Wenn jedoch eine vertragsfähige Person die von einer nicht vertragsfähigen geschehene Hinterlegung annimmt, so liegen ihr alle Verpflichtungen eines wirklichen Hinterlegungsempfängers ob; sie kann von dem Vormunde oder Verwalter der Person, welche die Hinterlegung vorgenommen hat, belangt werden.

**1926.** Ist die Hinterlegung seitens einer vertragsfähigen Person bei einer nicht vertragsfähigen erfolgt, so hat der Hinterleger nur die Klage auf Rückgabe seiner hinterlegten Sache, solange diese sich in den Händen des Empfängers befindet, oder eine Klage auf Ersatz dessen, was zu Nutzen des Letzteren verwendet wurde.

### DRITTER ABSCHNITT.

#### Verbindlichkeiten des Verwahrers.

**1927.** Der Verwahrer muß bei der Bewahrung der hinterlegten Sache dieselbe Sorgfalt anwenden, welche er bei der Bewahrung seiner eigenen Sache anwendet.

**1928.** Die Bestimmung des vorstehenden Artikels muß mit größerer Strenge angewendet werden: 1. wenn der Verwahrer sich selbst zur Uebernahme der Sache angeboten hat; 2. wenn er sich für die Bewahrung der hinterlegten Sache eine Vergütung ausbedungen hat; 3. wenn die Hinterlegung allein im Interesse des Verwahrers geschehen ist; 4. wenn ausdrücklich vereinbart worden ist, daß der Verwahrer für jede Art Verschulden verantwortlich sein solle.

**1929.** In keinem Falle haftet der Verwahrer für durch höhere Gewalt eintretende Zufälle, es sei denn, daß er hinsichtlich der Zurückgabe der hinterlegten Sache in Verzug gesetzt worden ist.

**1930.** Er darf die hinterlegte Sache ohne die ausdrückliche oder zu vermutende Genehmigung des Hinterlegers nicht gebrauchen.

**1931.** Er darf nicht nachforschen, was es für Sachen sind, die bei ihm hinterlegt wurden, wenn dieselben ihm in einem verschlossenen Kasten oder in einem versiegelten Umschlage anvertraut worden sind.

**1932.** Der Verwahrer muß genau dieselbe Sache zurückgeben, welche er empfangen hat.

So muß gemünztes Geld, welches hinterlegt worden ist, in denselben Stücken zurückgegeben werden, in welchen die Hinterlegung geschah; ob ihr Wert gestiegen oder gefallen ist.

**1933.** Der Verwahrer braucht die hinterlegte Sache nur in dem Zustande zurückzugeben, in welchen dieselbe sich in dem Augenblicke der Zurückgabe befindet, Verschlechterungen, die nicht durch sein Verhalten eingetreten sind, treffen den Hinterleger.

**1934.** Der Verwahrer, dem die Sache durch höhere Gewalt abhanden gekommen ist, und

un prix ou quelque chose à la place, doit restituer ce qu'il a reçu en échange.

**1935.** L'héritier du dépositaire, qui a vendu de bonne foi la chose dont il ignorait le dépôt, n'est tenu que de rendre le prix qu'il a reçu, ou de céder son action contre l'acheteur, s'il n'a pas touché le prix.

**1936.** Si la chose déposée a produit des fruits qui aient été perçus par le dépositaire, il est obligé de les restituer. Il ne doit aucun intérêt de l'argent déposé, si ce n'est dû jour où il a été mis en demeure de faire la restitution.

**1937.** Le dépositaire ne doit restituer la chose déposée, qu'à celui qui la lui a confiée, ou à celui au nom duquel le dépôt a été fait, ou à celui qui a été indiqué pour le recevoir.

**1938.** Il ne peut pas exiger de celui qui a fait le dépôt, la preuve qu'il était propriétaire, de la chose déposée.

Néanmoins, s'il découvre que la chose a été volée, et quel en est le véritable propriétaire, il doit dénoncer à celui-ci le dépôt qui lui a été fait, avec sommation de le réclamer dans un délai déterminé et suffisant. Si celui auquel la dénonciation a été faite, néglige de réclamer le dépôt, le dépositaire est valablement déchargé par la tradition qu'il en fait à celui duquel il l'a reçu.

**1939.** En cas de mort naturelle *ou civile* de la personne qui a fait le dépôt, la chose déposée ne peut être rendue qu'à son héritier.

S'il y a plusieurs héritiers, elle doit être rendue à chacun d'eux pour leur part et portion.

Si la chose déposée est indivisible, les héritiers doivent s'accorder entre eux pour la recevoir.

**1940.** Si la personne qui a fait le dépôt, a changé d'état: par exemple, si la femme, libre au moment où le dépôt a été fait, s'est mariée depuis et se trouve en puissance de mari; si le majeur déposant se trouve frappé d'interdiction; dans tous ces cas et autres de même nature, le dépôt ne peut être restitué qu'à celui qui a l'administration des droits et des biens du déposant.

**1941.** Si le dépôt a été fait par un tuteur, par un mari ou par un administrateur, dans l'une de ces qualités, il ne peut être restitué qu'à la personne que ce tuteur, ce mari ou cet administrateur représentaient, si leur gestion ou leur administration est finie.

---

der einen Preis oder sonst etwas dafür empfangen hat, muß das zurückgeben, was er statt derselben erhalten hat.

**1935.** Der Erbe des Verwahrers der in gutem Glauben ohne Kenntnis der Hinterlegung die Sache verkauft hat, ist nur verpflichtet, den empfangenen Kaufpreis herauszugeben oder seine Klage gegen den Käufer abzutreten, wenn er den Kaufpreis noch nicht erhalten hat.

**1936.** Hat die hinterlegte Sache Früchte hervorgebracht, welche der Verwahrer gezogen hat, so ist dieser verpflichtet, dieselben zu erstatten. Er schuldet von dem hinterlegten Gelde keine Zinsen, außer von dem Tage an, da er wegen der Zurückerstattung in Verzug gesetzt worden ist.

**1937.** Der Verwahrer darf die hinterlegte Sache nur an denjenigen wieder herausgeben, welcher sie ihm anvertraut hat, oder an denjenigen, in dessen Namen die Hinterlegung erfolgt ist, oder an denjenigen, der zur Empfangnahme derselben bezeichnet worden ist.

**1938.** Er kann von demjenigen, welcher die Hinterlegung vorgenommen hat, nicht der Beweis verlangen, daß derselbe Eigentümer der hinterlegten Sache sei.

Wenn er jedoch entdeckt, daß die Sache gestohlen worden und wer der wahre Eigentümer ist, so muß er diesem von der bei ihm geschehenen Hinterlegung Anzeige machen, mit der Aufforderung, die Sache binnen einer bestimmten ausreichenden Frist in Anspruch zu nehmen. Versäumt derjenige, welchem diese Anzeige gemacht worden ist, die hinterlegte Sache in Anspruch zu nehmen, so wird der Empfänger durch die Uebergabe derselben an den, von welchem er sie empfangen hat, in gültiger Weise befreit.

**1939.** Im Falle des leiblichen oder bürgerlichen Todes des Hinterlegers darf die hinterlegte Sache nur an dessen Erben zurückgegeben werden.

Sind mehrere Erben vorhanden, so muß sie einem jeden für dessen Anteil zurückgegeben werden.

Ist die hinterlegte Sache unteilbar, so müssen die Erben sich unter einander über die Empfangnahme derselben einigen.

**1940.** Wenn der Hinterleger seinen Stand verändert hat, z. B. wenn eine Frau, welche in dem Augenblick der Hinterlegung noch ledig war, sich nachher verheiratet und alsdann unter der Gewalt des Ehemannes steht; oder wenn ein volljähriger Hinterleger entmündigt worden ist, so kann in allen diesen und ähnlichen Fällen die hinterlegte Sache nur demjenigen zurückgegeben werden, welcher die Verwaltung der Rechte und Güter des Hinterlegers führt.

**1941.** Ist die Hinterlegung von einem Vormunde, einem Ehemanne oder einem Verwalter in einer dieser Eigenschaften geschehen, so kann die Sache nur der Person, welche dieser Vormund, Ehemann oder Verwalter vertreten hat, zurückgegeben werden, falls

**1942.** Si le contrat de dépôt ne désigne le lieu dans lequel la restitution doit être faite, le dépositaire est tenu d'y porter la chose déposée. S'il y a des frais de transport, ils sont à la charge du déposant.

**1943.** Si le contrat ne désigne point le lieu de la restitution, elle doit être faite dans le lieu même du dépôt.

**1944.** Le dépôt doit être remis au déposant aussitôt qu'il le réclame, lors même que le contrat aurait fixé un délai déterminé pour la restitution; à moins qu'il n'existe, entre les mains du dépositaire, une saisie-arrêt ou une opposition à la restitution et au déplacement de la chose déposée.

**1945.** Le dépositaire infidèle n'est point admis au bénéfice de cession.

**1946.** Toutes les obligations du dépositaire cessent, s'il vient à découvrir et à prouver qu'il est lui-même propriétaire de la chose déposée.

### SECTION IV.
**Des obligations de la personne par laquelle le dépôt a été fait.**

**1947.** La personne qui a fait le dépôt, est tenue de rembourser au dépositaire les dépenses qu'il a faites pour la conservation de la chose déposée, et de l'indemniser de toutes les pertes que le dépôt peut lui avoir occasionnées.

**1948.** Le dépositaire peut retenir le dépôt jusqu'à l'entier payement de ce qui lui est dû à raison du dépôt.

### SECTION V.
**Du dépôt nécessaire.**

**1949.** Le dépôt nécessaire est celui qui a été forcé par quelque accident, tel qu'un incendie, une ruine, un pillage, un naufrage ou autre événement imprévu.

**1950.** La preuve par témoins peut être reçue pour le dépôt nécessaire, même quand il s'agit d'une valeur au-dessus de cent cinquante francs.

**1951.** Le dépôt nécessaire est d'ailleurs régi par toutes les règles précédemment énoncées.

**1952.** Les aubergistes ou hôteliers sont responsables, comme dépositaires, des effets apportés par le voyageur qui loge chez eux; le dépôt de ces sortes d'effets doit être regardé comme un dépôt nécessaire.

**1953.** Ils sont responsables du vol ou du dommage des effets du voyageur, soit que le

die Geschäftsführung oder Verwaltung jener beendigt ist.

**1942.** Ist in dem Hinterlegungsvertrage der Ort bestimmt, wo die Zurückgabe geschehen soll, so ist der Verwahrer verpflichtet, die hinterlegte Sache dorthin zu bringen. Verursacht der Transport Kosten, so fallen diese dem Hinterleger zur Last.

**1943.** Ist in dem Vertrage der Ort der Zurückgabe nicht bestimmt, so muß diese an dem Orte der Hinterlegung geschehen.

**1944.** Die hinterlegte Sache muß dem Hinterleger sobald er es verlangt zurückgegeben werden, selbst wenn in dem Vertrage eine bestimmte Zeit für die Zurückgabe festgesetzt ist; es sei denn, daß zu Händen des Verwahrers eine Pfändung oder ein Einspruch gegen die Zurückgabe der hinterlegten Sache oder gegen die Wegschaffung derselben an einem andern Ort erfolgt ist.

**1945.** Der ungetreue Verwahrer wird zu der Rechtswohltat der Güterabtretung nicht zugelassen.

**1946.** Alle Verpflichtungen des Verwahrers hören auf, wenn er entdeckt und bewiesen hat, daß er selbst Eigentümer der hinterlegten Sache ist.

### VIERTER ABSCHNITT.
**Verbindlichkeiten des Hinterlegers.**

**1947.** Der Hinterleger ist verpflichtet, dem Verwahrer die auf die Erhaltung der hinterlegten Sache verwendeten Kosten zu ersetzen und denselben für alle Verluste zu entschädigen, den ihm die hinterlegte Sache etwa verursacht hat.

**1948.** Der Verwahrer kann bis zu seiner völligen Befriedigung für das, was ihm wegen der Hinterlegung geschuldet wird, die hinterlegte Sache zurückbehalten.

### FÜNFTER ABSCHNITT.
**Nothinterlegung.**

**1949.** Eine Nothinterlegung ist diejenige, zu welcher man durch irgend einen Unfall, z. B. durch Feuersbrunst, Einsturz, Plünderung, Schiffbruch oder irgend ein anderes unvorhergesehenes Ereignis genötigt worden ist.

**1950.** Bei einer Nothinterlegung ist der Zeugenbeweis zulässig selbst bei einem Werte von über einhundertfünfzig Franken.

**1951.** Die Nothinterlegung unterliegt im Uebrigen allen vorstehend angegebenen Regeln.

**1952.** Wirte und Gastwirte sind als Verwahrer für die Sachen verantwortlich, welche die bei ihnen wohnenden Reisenden mitbringen. Die Hinterlegung solcher Sachen gilt als Nothinterlegung.

**1953.** Sie sind für den Diebstahl oder die Beschädigung der Sachen der Reisenden ver-

vol ait été fait ou que le dommage ait été causé par les domestiques et préposés de l'hôtellerie, ou par des étrangers allant et venant dans l'hôtellerie.

Cette responsabilité est limitée à mille francs (1,000 fr.), pour les espèces monnayées, les valeurs, les titres, les bijoux et les objets de toute nature non déposés réellement entre les mains des aubergistes ou hôteliers.

1954. Ils ne sont pas responsables des vols faits avec force armée ou autre force majeure.

## CHAPITRE III.

### Du séquestre.

#### SECTION PREMIÈRE.

##### Des diverses espèces de séquestre.

1955. Le séquestre est ou conventionnel ou judiciaire.

#### SECTION II.

##### Du séquestre conventionnel.

1956. Le séquestre conventionnel est le dépôt fait par une ou plusieurs personnes, d'une chose contentieuse, entre les mains d'un tiers qui s'oblige de la rendre, après la contestation terminée, à la personne qui sera jugée devoir l'obtenir.

1957. Le séquestre peut n'être pas gratuit.

1958. Lorsqu'il est gratuit, il est soumis aux règles du dépôt proprement dit, sauf les différences ci-après énoncées.

1959. Le séquestre peut avoir pour objet, non seulement des effets mobiliers, mais même des immeubles.

1960. Le dépositaire chargé du séquestre ne peut être déchargé avant la contestation terminée, que du consentement de toutes les parties intéressées, ou pour une cause jugée légitime.

#### SECTION III.

##### Du séquestre ou dépôt judiciaire.

1961. La justice peut ordonner le séquestre:

1º Des meubles saisis sur un débiteur;

2º D'un immeuble ou d'une chose mobilière dont la propriété ou la possession est litigieuse entre deux ou plusieurs personnes;

3º Des choses qu'un débiteur offre pour sa libération.

1962. L'établissement d'un gardien judiciaire produit, entre le saisissant et le gar-

---

antwortlich, sowohl wenn durch Dienstboten oder Angestellte des Gasthofes, als auch wenn durch Fremde, die in dem Gasthofe aus- und eingehen, der Diebstahl begangen oder Schaden verursacht worden ist.

Diese Haftung ist auf tausend Franken (1000 fr.) beschränkt hinsichtlich gemünzten Geldes, Werte, Wertpapiere, Schmucksachen und Gegenstände aller Art, die in Wirklichkeit nicht in die Hände des Wirtes oder Gastwirtes hinterlegt worden sind.

1954. Sie haften nicht für Diebstähle, die mit Waffengewalt oder sonst durch höhere Gewalt verübt worden sind.

## DRITTES KAPITEL.

### Zwangshinterlegung.

#### ERSTER ABSCHNITT.

##### Verschiedene Arten der Zwangshinterlegung.

1955. Die Zwangshinterlegung ist entweder eine vertragsmäßige oder eine gerichtliche.

#### ZWEITER ABSCHNITT.

##### Vertragsmässige Zwangshinterlegung.

1956. Die vertragsmäßige Zwangshinterlegung ist die von einer oder mehreren Personen vorgenommene Hinterlegung einer in einem Rechtsstreite befangenen Sache in die Hände eines Dritten, welcher sich verpflichtet, dieselbe nach beendigtem Rechtsstreite an den zurückzugeben, welchem sie zuerkannt wird.

1957. Die Zwangshinterlegung kann auch entgeltlich geschehen.

1958. Geschieht sie unentgeltlich, so ist sie den Regeln der Hinterlegung im eigentlichen Sinne unterworfen, vorbehaltlich der nachstehend angeführten Abweichungen.

1959. Die Zwangshinterlegung kann nicht nur bewegliche Sachen, sondern auch Liegenschaften zum Gegenstande haben.

1960. Der mit der Zwangshinterlegung beauftragte Verwahrer kann vor Beendigung des Rechtsstreites nur mit Einwilligung sämtlicher Beteiligter oder wegen einer durch Urteil als rechtmäßig erklärten Ursache seiner Verbindlichkeit enthoben werden.

#### DRITTER ABSCHNITT.

##### Gerichtliche Zwangshinterlegung.

1961. Das Gericht kann die Zwangshinterlegung anordnen:

1. der bei einem Schuldner gepfändeten beweglichen Sachen;

2. einer Liegenschaft oder einer beweglichen Sache, deren Eigentum oder Besitz unter zwei oder mehreren Personen streitig ist;

3. der Sachen, welche der Schuldner behufs seiner Befreiung anbietet.

1962. Die Bestellung eines gerichtlichen Hüters begründet zwischen dem, welcher die

dien, des obligations réciproques. Le gardien doit apporter, pour la conservation des effets saisis. les soins d'un bon père de famille.

Il doit les représenter, soit à la décharge du saisissant pour la vente, soit à la partie contre laquelle les exécutions ont été faites, en cas de mainlevée de la saisie.

L'obligation du saisissant consiste à payer au gardien le salaire fixé par la loi.

1963. Le séquestre judiciaire est donné, soit à une personne dont les parties intéressées sont convenues entre elles, soit à une personne nommée d'office par le juge.

Dans l'un et l'autre cas, celui auquel la chose a été confiée, est soumis à toutes les obligations qu'emporte le séquestre conventionnel.

---

## TITRE DOUZIÈME.

### Des contrats aléatoires.

1964. Le contrat aléatoire est une convention réciproque, dont les effets, quant aux avantages et aux pertes, soit pour toutes les parties, soit pour l'une ou plusieurs d'entre elles, dépendent d'un événement incertain. Tels sont:
Le contrat d'assurance.
Le prêt à grosse aventure,
Le jeu et le pari,
Le contrat de rente viagère,
Les deux premiers sont régis par les lois maritimes.

### CHAPITRE PREMIER.

#### Du jeu et du pari.

1965. La loi n'accorde aucune action pour une dette du jeu ou pour le payement d'un pari.

1966. Les jeux propres à exercer au fait des armes, les courses à pied ou à cheval, les courses de chariot, le jeu de paume et autres jeux de même nature qui tiennent à l'adresse et à l'exercice du corps, sont exceptés de la disposition précédente.

Néanmoins, le tribunal peut rejeter la demande, quand la somme lui paraît excessive.

1967. Dans aucun cas, le perdant ne peut répéter ce qu'il a volontairement payé, à moins qu'il n'y ait eu, de la part du gagnant, dol, supercherie ou escroquerie.

---

Pfändung bewirkt hat und dem Hüter gegenseitiger Verbindlichkeiten; der Hüter muß für die Erhaltung der gepfändeten Sachen wie ein ordentlicher Hausvater Sorge tragen.

Er muß sie wieder abliefern entweder zur Entlastung desjenigen, der die Pfändung erwirkt hat, zwecks Verkaufes, oder an den, gegen welchen die Zwangsvollstreckung erfolgt ist, falls die Pfändung wieder aufgehoben wird.

Die Verbindlichkeit dessen, der die Pfändung erwirkt hat, besteht in der Zahlung der gesetzlich bestimmten Gebühren an den Hüter.

1963. Die gerichtliche Zwangshinterlegung wird entweder einer Person übertragen, über welche die Beteiligten sich geeinigt haben, oder einer Person, die der Richter von Amtswegen ernannt hat.

In beiden Fällen ist derjenige, dem die Sache anvertraut worden ist, allen Verpflichtungen unterworfen, welche die vertragsmäßige Zwangshinterlegung begründet.

---

## ZWÖLFTER TITEL.

### Glücksverträge.

1964. Ein Glücksvertrag ist eine gegenseitige Vereinbarung, deren Wirkungen in Ansehung des Gewinnes oder Verlustes entweder für alle Parteien oder für eine oder mehrere derselben von einem ungewissen Ereignisse abhängen. Dergleichen sind:
der Versicherungsvertrag,
der Bodmereivertrag,
Spiel und Wette,
der Leibrentenvertrag.

Die beiden ersten stehen unter den Regeln des Seerechtes.

### ERSTES KAPITEL.

#### Spiel und Wette.

1965. Das Gesetz gewährt keine Klage wegen einer Spielschuld oder auf Zahlung einer Wette.

1966. Spiele, welche geeignet sind den Gebrauch der Waffen zu üben, Wettrennen zu Fuß oder zu Pferde, Wagenrennen, das Ballspiel und andere gleichartige Spiele, bei denen es auf körperliche Gewandtheit und Uebung ankommt, sind von der vorhergehenden Bestimmung ausgenommen.

Das Gericht kann jedoch die Klage abweisen, wenn ihm die Summe übermäßig erscheint.

1967. In keinem Falle kann es der verlierende Teil zurückfordern, was er freiwillig bezahlt hat, es sei denn, daß von Seiten des Gewinnenden Arglist, Betrug oder Prellerei vorliegt.

## CHAPITRE II.

### Du contrat de rente viagère.

#### SECTION PREMIÈRE.

**Des conditions requises pour la validité du contrat.**

1968. La rente viagère peut être constituée à titre onéreux, moyennant une somme d'argent, ou pour une chose mobilière appréciable, ou pour un immeuble.

1969. Elle peut être aussi constituée, à titre purement gratuit, par donation entre vifs ou par testament. Elle doit être alors revêtue des formes requises par la loi.

1970. Dans le cas de l'article précédent, la rente viagère est réductible, si elle excède ce dont il est permis de disposer: elle est nulle, si elle est au profit d'une personne incapable de recevoir.

1971. La rente viagère peut être constituée, soit sur la tête de celui qui en fournit le prix, soit sur la tête d'un tiers. qui n'a aucun droit d'en jouir.

1972. Elle peut être constituée sur une ou plusieurs têtes.

1973. Elle peut être constituée au profit d'un tiers, quoique le prix en soit fourni par une autre personne.

Dans ce dernier cas, quoiqu'elle ait les caractères d'une libéralité, elle n'est point assujettie aux formes requises pour les donations; sauf le cas de réduction et de nullité énoncés dans l'article 1970.

1974. Tout contrat de rente viagère créé sur la tête d'une personne qui était morte au jour du contrat, ne produit aucun effet.

1975. Il en est de même du contrat par lequel la rente a été créée sur la tête d'une personne atteinte de la maladie dont elle est décédée dans les vingt jours de la date du contrat.

1976. La rente viagère peut être constituée au taux qu'il plaît aux parties contractantes de fixer.

#### SECTION II.

**Des effets du contrat entre les parties contractantes.**

1977. Celui au profit duquel la rente viagère a été constituée moyennant un prix, peut demander la résiliation du contrat. si le constituant ne lui donne pas les sûretés stipulées pour son exécution.

1978. Le seul défaut de payement des arrérages de la rente n'autorise point celui en faveur de qui elle est constituée, à demander le remboursement du capital, ou à rentrer

## ZWEITES KAPITEL.

### Leibrentenvertrag.

#### ERSTER ABSCHNITT.

**Erfordernisse der Gültigkeit des Vertrags.**

1968. Eine Leibrente kann entgeltlich gegen eine Summe Geldes oder gegen eine ihrem Werte nach abschätzbare bewegliche Sache oder gegen eine Liegenschaft bestellt werden.

1969. Sie kann auch durchaus unentgeltlich durch Schenkung unter Lebenden oder durch Testament bestellt werden. Sie muß alsdann mit den von dem Gesetze erforderten Formen versehen sein.

1970. In dem Falle des vorstehenden Artikels ist die Leibrente der Minderung unterworfen, wenn sie das übersteigt, worüber zu verfügen erlaubt ist; sie ist nichtig, wenn sie zum Vorteile einer Person errichtet wird, welche unfähig ist zu empfangen.

1971. Die Leibrente kann auf den Kopf desjenigen bestellt werden, welcher den Preis dafür gibt, oder auf den Kopf eines Dritten, welcher auf den Genuß derselben kein Recht hat.

1972. Sie kann auf den Kopf einer oder mehrerer Personen bestellt werden.

1973. Sie kann zum Vorteile eines Dritten bestellt werden, wenn auch ein anderer den Preis dafür gibt.

Letzteren Falles ist dieselbe, obgleich sie die Merkmale einer Freigebigkeit trägt, den für Schenkungen erforderlichen Formen nicht unterworfen, vorbehaltlich der Fälle der Minderung und der Nichtigkeit, welche in dem Art. 1970 erwähnt sind.

1974. Jeder Leibrentenvertrag, der auf eine Person gestellt worden ist, die am Tage des Vertrages bereits gestorben war, ist ohne alle Wirkung.

1975. Das Gleiche gilt von dem Vertrage, durch welchen die Rente auf den Kopf einer Person gestellt worden ist, die schon von der Krankheit befallen war, an welcher sie innerhalb zwanzig Tagen nach dem Vertrage gestorben ist.

1976. Die Leibrente kann zu jedem Rentenfuße bestellt werden. welchen die vertragschließenden Teile nach Gutdünken festsetzen.

#### ZWEITER ABSCHNITT.

**Wirkungen des Vertrages unter den vertragschliessenden Parteien.**

1977. Derjenige, zu dessen Gunsten eine Leibrente gegen einen Preis bestellt worden ist, kann die Auflösung des Vertrages verlangen, wenn der Besteller ihm nicht die für die Erfüllung des Vertrages ausbedungene Sicherheit stellt.

1978. Die bloße Nichtzahlung der Termine einer Rente gibt demjenigen, zu dessen Vorteil dieselbe bestellt worden ist, nicht das Recht, die Zurückerstattung des Kapitals zu

dans le fonds par lui aliéné: il n'a que le droit de saisir et de faire vendre les biens de son débiteur, et de faire ordonner ou consentir, sur le produit de la vente, l'emploi d'une somme suffisante pour le service des arrérages.

**1979.** Le constituant ne peut se libérer du payement de la rente, en offrant de rembourser le capital, et en renonçant à la répétition des arrérages payés; il est tenu de servir la rente pendant toute la vie de la personne ou des personnes sur la tête desquelles la rente a été constituée, quelle que soit la durée de la vie de ces personnes, et quelque onéreux qu'ait pu devenir le service de la rente.

**1980.** La rente viagère n'est acquise au propriétaire que dans la proportion du nombre de jours qu'il a vécu.

Néanmoins, s'il a été convenu qu'elle serait payée d'avance, le terme qui a dû être payé, est acquis du jour où le payement a dû en être fait.

**1981.** La rente viagère ne peut être stipulée insaisissable, que lorsqu'elle a été constituée à titre gratuit.

**1982.** *Abrogé par la loi du 31 mai 1854.*

**1983.** Le propriétaire d'une rente viagère n'en peut demander les arrérages qu'en justifiant de son existence, ou de celle de la personne sur la tête de laquelle elle a été constituée.

## TITRE TREIZIÈME.

### Du mandat.

#### CHAPITRE PREMIER.

**De la nature et de la forme du mandat.**

**1984.** Le mandat ou procuration est un acte par lequel une personne donne à une autre le pouvoir de faire quelque chose pour le mandat et en son nom.

Le contrat ne se forme que par l'acceptation du mandataire.

**1985.** Le mandat peut être donné ou par acte public, ou par écrit sous seing privé, même par lettre. Il peut aussi être donné verbalement; mais la preuve testimoniale n'en est reçue que conformément au titre *Des contrats ou des obligations conventionnelles en général.*

---

verlangen oder in den Besitz des von ihm veräußerten Grundstücks wieder einzutreten; er hat nur das Recht, die Zwangsvollstreckung in die Güter seines Schuldners und den Verkauf derselben zu betreiben und die Anordnung oder die Zustimmung dazu zu erwirken, daß aus dem Erlöse des Verkaufes eine Summe angelegt werde, welche zur Leistung der Rententermine ausreicht.

**1979.** Der Besteller kann sich von der Zahlung der Rente dadurch nicht befreien, daß er sich zur Wiedererstattung des Kapitals erbietet und auf die Rückforderung der bezahlten Termine verzichtet; er ist verpflichtet, die Rente während der ganzen Lebenszeit der Person oder der Personen, auf deren Kopf die Rente bestellt worden ist, zu entrichten, wie lang auch die Lebensdauer dieser Personen sein und wie lästig auch die Zahlung der Rente geworden sein mag.

**1980.** Die Leibrente wird von dem Eigentümer nach Verhältnis der Zahl der Tage erworben, welche er gelebt hat.

Ist jedoch vereinbart worden, daß zum Voraus bezahlt werden sollte, so erwirkt er das Recht auf den Termin, der gezahlt werden sollte, von dem Tage an, an welchem die Zahlung hätte erfolgen müssen.

**1981.** Es kann nur vereinbart werden, daß eine Leibrente der Pfändung nicht unterworfen sein soll, wenn sie unentgeltlich bestellt wird.

**1982.** *Aufgehoben durch Gesetz vom 31. Mai 1854.*

**1983.** Der Eigentümer einer Leibrente kann deren Termine nur fordern, wenn er nachweist, daß er oder die Person noch am Leben ist, auf deren Kopf die Rente bestellt worden ist.

## DREIZEHNTER TITEL.

### Vollmacht.

#### ERSTES KAPITEL.

**Natur und Form der Vollmacht.**

**1984.** Die Vollmacht oder der Auftrag ist eine Rechtshandlung, durch welche jemand einem anderen die Ermächtigung erteilt etwas für ihn, den Vollmachtgeber, und in seinem Namen zu tun.

Der Vertrag kommt erst durch die Annahme des Bevollmächtigten zu Stande.

**1985.** Die Vollmacht kann entweder durch eine öffentliche Urkunde oder durch ein Schriftstück unter Privatunterschrift, selbst durch einen Brief erteilt werden. Sie kann auch mündlich erteilt werden; jedoch ist der Zeugenbeweis darüber nur zulässig in Gemäßheit des Titels «Verträge und vertragsmäßige Verpflichtungen im Allgemeinen».

L'acceptation du mandat peut n'être que tacite, et résulter de l'exécution qui lui a été donnée par le mandataire.

1986. Le mandat est gratuit, s'il n'y a convention contraire.

1987. Il est ou spécial et pour une affaire ou certaines affaires seulement, ou général et pour toutes les affaires du mandat.

1988. Le mandat conçu en termes généraux n'embrasse que les actes d'administra- on.

S'il s'agit d'aliéner ou hypothéquer, ou de quelque autre acte de propriété, le mandat doit être exprès.

1989. Le mandataire ne peut rien faire au delà de ce qui est porté dans son mandat; le pouvoir de transiger ne renferme pas celui de compromettre.

1990. Les femmes et les mineurs émancipés peuvent être choisis pour mandataires; mais le mandant n'a d'action contre le mandataire mineur que d'après les règles générales relatives aux obligations des mineurs, et contre la femme mariée et qui a accepté le mandat sans autorisation de son mari, que d'après les règles établies au titre *Du contrat de mariage et des droits respectifs des époux*.

## CHAPITRE II.

### Des obligations du mandataire.

1991. Le mandataire est tenu d'accomplir le mandat tant qu'il en demeure chargé, et répond des dommages-intérêts qui pourraient résulter de son inexécution.

Il est tenu de même d'achever la chose commencée au décès du mandant, s'il y a péril en la demeure.

1992. Le mandataire répond non seulement du dol, mais encore des fautes qu'il commet dans sa gestion.

Néanmoins la responsabilité relative aux fautes est appliquée moins rigoureusement à celui dont le mandat est gratuit qu'à celui qui reçoit un salaire.

1993. Tout mandataire est tenu de rendre compte de sa gestion, et de faire raison au mandant de tout ce qu'il a reçu en vertu de sa procuration, quand même ce qu'il aurait reçu n'eût point été dû au mandant.

1994. Le mandataire répond de celui qu'il s'est substitué dans la gestion: 1° quand il n'a pas reçu le pouvoir de se substituer quelqu'un; 2° quand ce pouvoir lui a été conféré sans désignation d'une personne, et que celle

---

Die Annahme der Vollmacht kann auch stillschweigend geschehen und sich aus der Ausführung der Vollmacht seitens des Bevollmächtigten ergeben.

1986. Die Vollmacht ist unentgeltlich, wenn nicht eine entgegenstehende Vereinbarung getroffen worden ist.

1987. Sie ist entweder eine besondere, für ein Geschäft oder für gewisse Geschäfte, oder eine allgemeine für alle Geschäfte des Vollmachtgebers.

1988. Die in allgemeinen Ausdrücken gefaßte Vollmacht erstreckt sich nur auf Verwaltungshandlungen.

Handelt es sich um eine Veräußerung, eine Hypothekenbestellung oder um eine sonstige Eigentumshandlung, so muß die Vollmacht ausdrücklich darauf gerichtet sein.

1989. Der Bevollmächtigte darf über die Grenzen seiner Vollmacht hinaus nichts vornehmen; die Ermächtigung zum Abschlusse eines Vergleichs umfaßt nicht diejenige einen Schiedsvertrag zu schließen.

1990. Frauen und emanzipierte Minderjährige können zu Bevollmächtigten bestellt werden; der Vollmachtgeber hat jedoch gegen den minderjährigen Bevollmächtigten nur nach den allgemeinen Regeln über die Verbindlichkeiten der Minderjährigen eine Klage, und gegen eine Ehefrau, welche die Vollmacht ohne Ermächtigung ihres Ehemannes angenommen hat, nur nach den Regeln, welche in dem Titel «Ehevertrag und Rechte der Ehegatten gegeneinander» aufgestellt sind.

## ZWEITES KAPITEL.

### Verpflichtungen des Bevollmächtigten.

1991. Der Bevollmächtigte ist verpflichtet, die Vollmacht, so lange er damit beauftragt ist, auszuführen und haftet für den Ersatz des aus der Nichtausführung etwa entstehenden Schadens.

Er ist ferner verpflichtet, ein beim Tode des Vollmachtgebers angefangenes Geschäft zu Ende zu führen, falls Gefahr im Verzuge ist.

1992. Der Bevollmächtigte haftet nicht nur für Arglist, sondern auch für ein Versehen, welches ihm bei seiner Geschäftsführung unterläuft.

Jedoch wird die Verantwortlichkeit für Versehen bei demjenigen, dessen Vollmacht unentgeltlich ist, minder streng genommen als bei dem, der eine Bezahlung erhält.

1993. Jeder Bevollmächtigte ist verpflichtet, über seine Geschäftsführung Rechnung zu legen und dem Vollmachtgeber alles zu erstatten, was er auf Grund seiner Vollmacht empfangen hat, selbst wenn das Empfangene dem Vollmachtgeber nicht geschuldet war.

1994. Der Bevollmächtigte haftet für den, durch welchen er sich in der Geschäftsführung hat vertreten lassen: 1. wenn er nicht ermächtigt war, sich durch einen andern vertreten zu lassen; 2. wenn ihm diese Er-

dont il a fait choix était notoirement incapable ou insolvable.

Dans tous les cas, le mandant peut agir directement contre la personne que le mandataire s'est substituée.

1995. Quand il y a plusieurs fondés de pouvoirs ou mandataires établis par le même acte, il n'y a de solidarité entre eux qu'autant qu'elle est exprimée.

1996. Le mandataire doit l'intérêt des sommes qu'il a employées à son usage, à dater de cet emploi; et de celles dont il est reliquataire, à compter du jour qu'il est mis en demeure.

1997. Le mandataire qui a donné à la partie avec laquelle il contracte en cette qualité, une suffisante connaissance de ses pouvoirs, n'est tenu d'aucune garantie pour ce qui a été fait au delà, s'il ne s'y est personnellement soumis.

## CHAPITRE III.
### Des obligations du mandant.

1998. Le mandant est tenu d'exécuter les engagements contractés par le mandataire, conformément au pouvoir qui lui a été donné.

Il n'est tenu de ce qui a pu être fait au delà, qu'autant qu'il l'a ratifié expressément ou tacitement.

1999. Le mandant doit rembourser au mandataire, les avances et frais que celui-ci a faits pour l'exécution du mandat, et lui payer ses salaires lorsqu'il en a été promis.

S'il n'y a aucune faute imputable au mandataire, le mandant ne peut se dispenser de faire ces remboursement et payement, lors même que l'affaire n'aurait pas réussi, ni faire réduire le montant des frais et avances sous le prétexte qu'ils pouvaient être moindres.

2000. Le mandant doit aussi indemniser le mandataire des pertes que celui-ci a essuyées à l'occasion de sa gestion, sans imprudence qui lui soit imputable.

2001. L'intérêt des avances faites par le mandataire lui est dû par le mandant, à dater du jour des avances constatées.

2002. Lorsque le mandataire a été constitué par plusieurs personnes pour une affaire commune, chacune d'elles est tenue solidairement envers lui de tous les effets du mandat.

mächtigung ohne Angabe einer Person gegeben worden ist, und diejenige, welche er gewählt hat, offenkundig unfähig oder zahlungsunfähig ist.

In allen Fällen kann der Vollmachtgeber sich unmittelbar an die Person halten, durch welche der Bevollmächtigte sich hat vertreten lassen.

1995. Sind in derselben Urkunde mehrere Beauftragte oder Bevollmächtigte bestellt worden, so besteht unter ihnen insofern nur eine Samtverbindlichkeit als dieselbe ausdrücklich bestimmt worden ist.

1996. Der Bevollmächtigte muß die Summe, welche er zu seinem Gebrauche verwendet hat, von dem Tage dieser Verwendung an bezahlen; und diejenige, welche er aus seiner Rechnung schuldig bleibt, von dem Tage an, da er in Verzug gesetzt worden ist.

1997. Wenn der Bevollmächtigte der Partei, mit welcher er in dieser Eigenschaft einen Vertrag schließt, eine ausreichende Kenntnis von seiner Vollmacht gegeben hat, so ist er wegen dessen, was über dieselbe hinaus geschehen ist, zu keiner Gewährleistung verpflichtet, sofern er eine solche nicht für seine Person übernommen hat.

## DRITTES KAPITEL.
### Verbindlichkeiten des Vollmachtgebers.

1998. Der Vollmachtgeber ist verpflichtet, die Verbindlichkeiten zu erfüllen, welche der Bevollmächtigte dem ihm erteilten Auftrage gemäß eingegangen hat.

Er ist wegen dessen, was etwa über deren Inhalt hinaus geschehen ist, nur insofern verpflichtet, als er es ausdrücklich oder stillschweigend genehmigt hat.

1999. Der Vollmachtgeber muß dem Bevollmächtigten die Vorschüsse und Kosten ersetzen, welche derselbe bei Ausführung der Vollmacht ausgelegt hat, und ihm seine Belohnung zahlen, wenn eine solche versprochen war.

Liegt kein Verschulden des Bevollmächtigten vor, so kann der Vollmachtgeber sich von der Leistung dieses Ersatzes und dieser Zahlung selbst dann nicht befreien, wenn das Geschäft ohne Erfolg war, und ebensowenig die Kosten und Vorschüsse unter dem Vorwande herabsetzen lassen, dieselben hätten geringer sein können.

2000. Der Bevollmächtigte muß ferner den Bevollmächtigten für den Verlust entschädigen, den derselbe bei Gelegenheit seiner Geschäftsführung ohne eine ihm zuzuschreibende Unvorsichtigkeit erlitten hat.

2001. Der Vollmachtgeber schuldet dem Bevollmächtigten Zinsen für dessen Vorschüsse von dem Tage an, an welchem letztere erwiesenermaßen geleistet worden sind.

2002. Ist der Bevollmächtigte von mehreren Personen für ein gemeinschaftliches Geschäft bestellt worden, so haften alle ihm gegenüber samtverbindlich für alle Folgen der Vollmacht.

<table>
<tr><td>

## CHAPITRE IV.

**Des différentes manières
dont le mandat finit.**

**2003.** Le mandat finit:
Par la révocation du mandataire.
Par la renonciation de celui-ci au mandat,

Par la mort naturelle *ou civile*, l'interdiction ou la déconfiture, soit du mandat, soit du mandataire.

**2004.** Le mandant peut révoquer sa procuration quand bon lui semble, et contraindre, s'il y a lieu, le mandataire à lui remettre, soit l'écrit sous seing privé qui la contient, soit l'original de la procuration, si elle a été délivrée en brevet, soit l'expédition, s'il en a été gardé minute.

**2005.** La révocation notifiée au seul mandataire ne peut être opposée aux tiers qui ont traité dans l'ignorance de cette révocation, sauf au mandant son recours contre le mandataire.

**2006.** La constitution d'un nouveau mandataire pour la même affaire, vaut révocation du premier, à compter du jour où elle a été notifiée à celui-ci.

**2007.** Le mandataire peut renoncer au mandat, en notifiant au mandant sa renonciation.
Néanmoins, si cette renonciation préjudicie au mandant, il devra en être indemnisé par le mandataire, à moins que celui-ci ne se trouve dans l'impossibilité de continuer le mandat sans en éprouver lui-même un préjudice considérable.

**2008.** Si le mandataire ignore la mort du mandant ou l'une des autres causes qui font cesser le mandat, ce qu'il a fait dans cette ignorance est valide.

**2009.** Dans les cas ci-dessus, les engagements du mandataire sont exécutés à l'égard des tiers qui sont de bonne foi.

**2010.** En cas de mort du mandataire, ses héritiers doivent en donner avis au mandant, et pourvoir, en attendant, à ce que les circonstances exigent pour l'intérêt de celui-ci.

</td><td>

## VIERTES KAPITEL.

**Die verschiedenen Arten des Erlöschens
der Vollmacht.**

**2003.** Die Vollmacht endigt:
durch Widerruf der Vollmacht;
durch Verzicht des Bevollmächtigten auf die Vollmacht;
durch den leiblichen oder bürgerlichen Tod, Entmündigung oder Vermögensverfall sowohl des Vollmachtgebers als des Bevollmächtigten.

**2004.** Der Vollmachtgeber kann seine Vollmacht widerrufen, wenn es ihm gutdünkt und den Bevollmächtigten nach Lage der Sache zwingen, ihm entweder die unter Privatunterschrift erteilte Vollmacht zurückgeben, oder die Urschrift der Vollmacht, wenn sie als solche ausgehändigt worden ist, oder die Ausfertigung, wenn die Urschrift zurückbehalten worden ist.

**2005.** Ein nur dem Bevollmächtigten angezeigter Widerruf kann Dritten nicht entgegengesetzt werden, welche ohne Kenntnis von diesem Widerrufe ein Geschäft geschlossen haben, vorbehaltlich des Rückgriffes des Vollmachtgebers gegen den Bevollmächtigten.

**2006.** Die Bestellung eines neuen Bevollmächtigten für dasselbe Geschäft gilt dem ersten gegenüber als Widerruf von dem Tage an, da sie diesem angezeigt worden ist.

**2007.** Der Bevollmächtigte kann auf die Vollmacht verzichten, indem er seinen Verzicht dem Vollmachtgeber anzeigt.
Falls jedoch dieser Verzicht dem Vollmachtgeber Schaden verursacht, muß ihm dieser von dem Bevollmächtigten ersetzt werden; es sei denn, daß dieser letztere außer Stande ist, die Vollmacht weiter auszuführen, ohne selbst dadurch einen beträchtlichen Schaden zu haben.

**2008.** Wenn der Bevollmächtigte keine Kenntnis von dem Tode des Vollmachtgebers oder von einem der anderen Beendigungsgründe der Vollmacht hat, so ist das, was er in dieser Unkenntnis vorgenommen hat, gültig.

**2009.** In den vorstehenden Fällen sind die von dem Bevollmächtigten eingegangenen Verbindlichkeiten Dritten gegenüber, welche in gutem Glauben sind, zu erfüllen.

**2010.** Im Falle des Todes des Bevollmächtigten müssen die Erben desselben den Vollmachtgeber benachrichtigen und einstweilen dasjenige besorgen, was die Umstände für das Interesse des letzteren erfordern.

</td></tr>
</table>

# TITRE QUATORZIÈME.

## Du cautionnement.

### CHAPITRE PREMIER.

#### De la nature et de l'étendue du cautionnement.

**2011.** Celui qui se rend caution d'une obligation, se soumet envers le créancier à satisfaire à cette obligation, si le débiteur n'y satisfait pas lui-même.

**2012.** Le cautionnement ne peut exister que sur une obligation valable.

On peut néanmoins cautionner une obligation, encore qu'elle pût être annulée par une exception purement personnelle à l'obligé; par exemple, dans le cas de minorité.

**2013.** Le cautionnement ne peut excéder ce qui est dû par le débiteur, ni être contracté sous des conditions plus onéreuses.

Il peut être contracté pour une partie de la dette seulement, et sous des conditions moins onéreuses.

Le cautionnement qui excède la dette, ou qui est contracté sous des conditions plus onéreuses, n'est point nul: il est seulement réductible à la mesure de l'obligation principale.

**2014.** On peut se rendre caution sans ordre de celui pour lequel on s'oblige, et même à son insu.

On peut aussi se rendre caution, non seulement du débiteur principal, mais encore de celui qui l'a cautionné.

**2015.** Le cautionnement ne se présume point; il doit être exprès, et on ne peut pas l'étendre au delà des limites dans lesquelles il a été contracté.

**2016.** Le cautionnement indéfini d'une obligation principale s'étend à tous les accessoires de la dette, même aux frais de la première demande, et à tous ceux postérieurs à la dénonciation qui en est faite à la caution.

**2017.** Les engagements de cautions passent à leurs héritiers, *à l'exception de la contrainte par corps*, si l'engagement était tel que la caution y fût obligée.

**2018.** Le débiteur obligé à fournir une caution doit en présenter une qui ait la capacité de contracter, qui ait un bien suffisant pour répondre de l'objet de l'obligation, et dont le domicile soit dans le ressort de la cour royale [*la cour d'appel*] où elle doit être donnée.

**2019.** La solvabilité d'une caution ne s'estime qu'eu égard à ses propriétés foncières, excepté en matière de commerce, ou lorsque la dette est modique.

# VIERZEHNTER TITEL.

## Bürgschaft.

### ERSTES KAPITEL.

#### Natur und Umfang der Bürgschaft.

**2011.** Wer sich für eine Verbindlichkeit verbürgt, verpflichtet sich dem Gläubiger gegenüber, diese Verbindlichkeit zu erfüllen für den Fall, daß der Schuldner selbst sie nicht erfüllt.

**2012.** Die Bürgschaft kann nur für eine gültige Verbindlichkeit stattfinden.

Man kann sich für eine Verbindlichkeit verbürgen, auch wenn dieselbe durch eine dem Verpflichteten bloß für seine Person zustehenden Einrede nichtig gemacht werden kann, zum Beispiele im Falle der Minderjährigkeit.

**2013.** Die Bürgschaft kann das nicht übersteigen, was von dem Schuldner geschuldet ist, noch kann sie unter lästigeren Bedingungen eingegangen werden.

Sie kann indessen für einen Teil der Schuld und unter minder lästigen Bedingungen eingegangen werden.

Die Bürgschaft, welche auf mehr als die Schuld sich erstreckt, oder welche unter lästigeren Bedingungen eingegangen wurde, ist nicht nichtig; sie ist nur der Minderung bis auf das Maß der Hauptschuld unterworfen.

**2014.** Man kann sich ohne Auftrag desjenigen, für welchen man sich verpflichtet, und selbst ohne dessen Wissen verbürgen.

Man kann sich nicht nur für den Hauptschuldner verbürgen, sondern auch für denjenigen, welcher sich für diesen verbürgt hat.

**2015.** Die Bürgschaft wird nicht vermutet; sie muß ausdrücklich erfolgen und darf nicht über die Grenzen ausgedehnt werden, innerhalb deren sie übernommen worden ist.

**2016.** Die nicht beschränkte Bürgschaft für eine Hauptverbindlichkeit erstreckt sich auf allen Zubehör der Schuld, selbst auf die Kosten der ersten Klage und auf alle die, welche nach deren Anzeige an den Bürgen entstanden sind.

**2017.** Die Verbindlichkeiten der Bürgen gehen auf deren Erben über, mit Ausnahme der Schuldhaft, wenn die Verbindlichkeit eine derartige war, daß der Bürge der Schuldhaft unterworfen war.

**2018.** Der Schuldner, der verpflichtet ist, einen Bürgen zu stellen, muß einen solchen anbieten, der vertragsfähig ist und der ein Vermögen besitzt, welches hinreichend ist, um für den Gegenstand der Verbindlichkeit Sicherheit zu leisten, und dessen Wohnsitz in dem Bezirke des Appellationshofes, in welchem die Bürgschaft gestellt werden soll, liegen muß.

**2019.** Die Zahlungsfähigkeit eines Bürgen wird nur mit Rücksicht auf sein Grundeigentum beurteilt, ausgenommen in Handelssachen oder bei kleinen Schulden.

On n'a point égard aux immeubles litigieux, ou dont la discussion deviendrait trop difficile par l'éloignement de leur situation.

**2020.** Lorsque la caution reçue par le créancier, volontairement ou en justice, est ensuite devenue insolvable, il doit en être donné une autre.

Cette règle reçoit exception dans le cas seulement où la caution n'a été donnée qu'en vertu d'une convention par laquelle le créancier a exigé une telle personne pour caution.

## CHAPITRE II.

### De l'effet du cautionnement.

#### SECTION PREMIÈRE.

##### De l'effet du cautionnement entre le créancier et la caution.

**2021.** La caution n'est obligée envers le créancier à le payer qu'à défaut du débiteur, qui doit être préalablement discuté dans ses biens, à moins que la caution n'ait renoncé au bénéfice de discussion, ou à moins qu'elle ne se soit obligée solidairement avec le débiteur; auquel cas l'effet de son engagement se règle par les principes qui ont été établis pour les dettes solidaires.

**2022.** Le créancier n'est obligé de discuter le débiteur principal que lorsque la caution le requiert, sur les premières poursuites dirigées contre elle.

**2023.** La caution qui requiert la discussion, doit indiquer au créancier les biens du débiteur principal, et avancer les deniers suffisants pour faire la discussion.

Elle ne doit indiquer ni des biens du débiteur principal situés hors de l'arrondissement de la cour royale [*la cour d'appel*], du lieu où le payement doit être fait, ni des biens litigieux, ni ceux hypothéqués à la dette qui ne sont plus en la possession du débiteur.

**2024.** Toutes les fois que la caution a fait l'indication de biens autorisée par l'article précédent, et qu'elle a fourni les deniers suffisants pour la discussion, le créancier est, jusqu'à concurrence des biens indiqués, responsable, à l'égard de la caution, de l'insolvabilité du débiteur principal survenue par le défaut de poursuites.

**2025.** Lorsque plusieurs personnes se sont rendues cautions d'un même débiteur pour une même dette, elles sont obligées chacune à toute la dette.

**2026.** Néanmoins chacune d'elles peut, à moins qu'elle n'ait renoncé au bénéfice de division, exiger que le créancier divise préalablement son action, et la réduise à la part et portion de chaque caution.

---

Liegenschaften, welche streitig sind, oder in welche wegen ihrer entfernten Lage die Vollstreckung zu schwierig sein würde, kommen nicht in Betracht.

**2020.** Ist der Bürge, welchen der Gläubiger freiwillig oder bei Gericht angenommen hat, in der Folge zahlungsunfähig geworden, so muß ein anderer Bürge gestellt werden.

Die Regel erleidet nur in dem Falle eine Ausnahme, daß der Bürge zufolge eines Vertrages gestellt worden ist, in welchem der Gläubiger eine bestimmte Person zum Bürgen verlangt hat.

## ZWEITES KAPITEL.

### Wirkung der Bürgschaft.

#### ERSTER ABSCHNITT.

##### Wirkung der Bürgschaft zwischen dem Gläubiger und dem Bürgen.

**2021.** Der Bürge ist dem Gläubiger gegenüber zur Zahlung nur im Falle der Nichtzahlung seitens des Schuldners verpflichtet, welch letzterer vorher in seinem Vermögen ausgeklagt werden muß; es sei denn, daß der Bürge auf die Rechtswohltat der Vorausklage verzichtet oder sich mit dem Schuldner samtverbindlich verpflichtet hat; in diesem Falle richtet sich die Wirkung seiner Verbindlichkeit nach den Grundsätzen, welche für die Gesamtschuldverhältnisse gelten.

**2022.** Der Gläubiger ist nur dann verpflichtet den Hauptschuldner vorher auszuklagen, wenn der Bürge es auf die ersten gegen ihn gerichtlich eingeleiteten Verfolgungen verlangt.

**2023.** Der Bürge, welcher die Vorausklage verlangt, muß dem Gläubiger die Güter des Hauptschuldners angeben und einen genügenden Kostenvorschuß geben, um die Vorausklage zu bewirken.

Er darf ihm weder Güter des Hauptschuldners angeben, welche außerhalb des Bezirkes des Appellhofes liegen, wo die Zahlung erfolgen muß, noch im Streite befangene Güter, noch solche, die für die Schuld hypothekarisch belastet und nicht mehr im Besitze des Schuldners sind.

**2024.** Sobald der Bürge die durch den vorstehenden Artikel genehmigte Angabe betreffs der Güter gemacht und für die Vorausklage einen genügenden Kostenvorschuß geleistet hat, ist der Gläubiger bis zum Betrage der angegebenen Güter dem Bürgen gegenüber für die Zahlungsunfähigkeit des Hauptschuldners verantwortlich, welche zufolge der Unterlassung der gerichtlichen Verfolgung eintritt.

**2025.** Haben sich mehrere Personen zu Bürgen des nämlichen Schuldners für eine und dieselbe Schuld bestellt, so ist eine jede von ihnen für die ganze Schuld verpflichtet.

**2026.** Es kann jedoch eine jede von ihnen, sofern sie nicht auf die Rechtswohltat der Teilung verzichtet hat, verlangen, daß der Gläubiger zuerst seine Klage teile und sie auf den Anteil eines jeden Bürgen beschränke

Lorsque, dans le temps où une des cautions a fait prononcer la division, il y en avait d'insolvables, cette caution est tenue proportionnellement de ces insolvabilités; mais elle ne peut plus être recherchée à raison des insolvabilités survenues depuis la division.

**2027.** Si le créancier a divisé lui-même et volontairement son action, il ne peut revenir contre cette division. quoiqu'il y eût, même antérieurement au temps où il l'a ainsi consentie, des cautions insolvables.

SECTION II.

**De l'effet du cautionnement entre le débiteur et la caution.**

**2028.** La caution qui a payé, a son recours contre le débiteur principal, soit que le cautionnement ait été donné au su ou à l'insu du débiteur.

Ce recours a lieu tant pour le principal que pour les intérêts et les frais; néanmoins la caution n'a de recours que pour les frais par elle faits depuis qu'elle a dénoncé au débiteur principal les poursuites dirigées contre elle.

Elle a aussi recours pour les dommages et intérêts, s'il y a lieu.

**2029.** La caution qui a payé la dette, est subrogée à tous les droits qu'avait le créancier contre le débiteur.

**2030.** Lorsqu'il y avait plusieurs débiteurs principaux solidaires d'une même dette, la caution qui les a tous cautionnés, a, contre chacun d'eux, le recours pour la répétition du total de ce qu'elle a payé.

**2031.** La caution qui a payé une première fois, n'a point de recours contre le débiteur principal qui a payé une seconde fois, lorsqu'elle ne l'a point averti du payement par elle fait; sauf son action en répétition contre le créancier.

Lorsque la caution aura payé sans être poursuivie et sans avoir averti le débiteur principal, elle n'aura point de recours contre lui dans le cas où, au moment du payement, ce débiteur aurait eu des moyens pour faire déclarer la dette éteinte; sauf son action en répétition contre le créancier.

**2032.** La caution, même avant d'avoir payé, peut agir contre le débiteur, pour être par lui indemnisée:

1º Lorsqu'elle est poursuivie en justice pour le payement;

2º Lorsque le débiteur a fait faillite, ou est en déconfiture;

3º Lorsque le débiteur s'est obligé de lui rapporter sa décharge dans un certain temps;

Wenn zu der Zeit, da auf Antrag eines Bürgen die Teilung ausgesprochen worden ist, sich unter ihnen Zahlungsunfähige befanden, so haftet jener Bürge für diese Zahlungsunfähigkeit verhältnismäßig; er kann jedoch wegen einer Zahlungsunfähigkeit nicht mehr in Anspruch genommen werden, welche nach der Teilung eingetreten ist.

**2027.** Hat der Gläubiger selbst und freiwillig seine Klage geteilt, so kann er von dieser Teilung nicht wieder abgehen, selbst wenn schon vor der Zeit, als er dieselbe auf diese Weise bewilligte, sich Zahlungsunfähige unter den Bürgen befanden.

ZWEITER ABSCHNITT.

**Wirkung der Bürgschaft zwischen Schuldner und Bürge.**

**2028.** Dem Bürgen, welcher Zahlung geleistet hat, steht der Rückgriff gegen den Hauptschuldner zu, die Bürgschaft mag mit oder ohne Wissen des Schuldners geleistet worden sein.

Dieser Rückgriff findet sowohl wegen des Kapitals als auch wegen der Zinsen und Kosten statt; jedoch hat der Bürge nur wegen derjenigen Kosten einen Rückgriff, welche er aufgewendet hat, nachdem er dem Hauptschuldner die gegen ihn eingeleiteten Verfolgungen angezeigt hat.

Er hat auch einen Rückgriff wegen eines etwa erlittenen Schadens.

**2029.** Der Bürge, welcher die Schuld bezahlt hat, tritt in alle Rechte ein, welche der Gläubiger gegen den Schuldner hatte.

**2030.** Waren mehrere samtverbindliche Hauptschuldner einer und derselben Schuld vorhanden, so hat der Bürge, welcher sich für sie alle verbürgt hat, gegen jeden derselben den Rückgriff wegen Rückzahlung des Ganzen, was er bezahlt hat.

**2031.** Der Bürge, welcher zuerst die Schuld bezahlte, hat keinen Rückgriff gegen den Hauptschuldner, der sie nochmals bezahlt hat, wenn er denselben von der geschehenen Zahlung nicht benachrichtigt hat; seine Klage auf Rückzahlung gegen den Gläubiger bleibt vorbehalten.

Hat der Bürge bezahlt, ohne verfolgt worden zu sein und ohne den Hauptschuldner benachrichtigt zu haben, so hat er gegen den Schuldner keinen Rückgriff, falls diesem in dem Augenblicke der Zahlung Verteidigungsmittel zu Gebote gestanden hätten, um die Schuld für erloschen erklären zu lassen; seine Klage auf Rückzahlung gegen den Gläubiger bleibt vorbehalten.

**2032.** Der Bürge kann, selbst ehe er Zahlung geleistet hat, gegen den Schuldner auf Schadloshaltung klagen:

1. wenn er wegen der Zahlung gerichtlich verfolgt wird;

2. wenn der Schuldner in Konkurs geraten ist oder sich in Vermögensverfall befindet;

3. wenn der Schuldner sich verpflichtet hat, ihm in einer bestimmten Frist seine Entlastung zu verschaffen;

4º Lorsque la dette est devenue exigible par l'échéance du terme sous lequel elle avait été contractée;

5º Au bout de dix années, lorsque l'obligation principale n'a point de terme fixe d'échéance, à moins que l'obligation principale, telle qu'une tutelle, ne soit pas de nature à pouvoir être éteinte avant un temps déterminé.

### SECTION III.
#### De l'effet du cautionnement entre les cofidéjusseurs.

**2033.** Lorsque plusieurs personnes ont cautionné un même débiteur pour une même dette, la caution qui a acquitté la dette, a recours contre les autres cautions, chacune par sa part et portion;

Mais ce recours n'a lieu que lorsque la caution a payé dans l'un des cas énoncés en l'article précédent.

### CHAPITRE III.
#### De l'extinction du cautionnement.

**2034.** L'obligation qui résulte du cautionnement, s'éteint par les mêmes causes que les autres obligations.

**2035.** La confusion qui s'opère dans la personne du débiteur principal et de sa caution, lorsqu'ils deviennent héritiers l'un de l'autre, n'éteint point l'action du créancier contre celui qui s'est rendu caution de la caution.

**2036.** La caution peut opposer au créancier toutes les exceptions qui appartiennent au débiteur principal, et qui sont inhérentes à la dette;
Mais elle ne peut opposer les exceptions qui sont purement personnelles au débiteur.

**2037.** La caution est déchargée, lorsque la subrogation aux droits, hypothèques et privilèges du créancier, ne peut plus, par le fait de ce créancier, s'opérer en faveur de la caution.

**2038.** L'acceptation volontaire que le créancier a faite d'un immeuble ou d'un effet quelconque en payement de la dette principale, décharge la caution, encore que le créancier vienne à en être évincé.

**2039.** La simple prorogation de terme, accordée par le créancier au débiteur principal, ne décharge point la caution, qui peut, en ce cas, poursuivre le débiteur pour le forcer au payement.

### CHAPITRE IV.
#### De la caution légale et de la caution judiciaire.

**2040.** Toutes les fois qu'une personne est obligée, par la loi ou par une condamnation, à fournir une caution, la caution offerte doit

Code civil.

---

4. wenn die Schuld durch Eintritt des Termins, unter welchem sie eingegangen, fällig geworden ist;

5. Nach Ablauf von zehn Jahren, wenn die Hauptschuld keinen bestimmten Verfalltag hat, es sei denn, daß die Hauptschuld, wie z. B. eine Vormundschaft, ihrer Natur nach nicht vor einer bestimmten Zeit erlöschen kann.

### DRITTER ABSCHNITT.
#### Wirkung der Bürgschaft unter den Mitbürgen.

**2033.** Wenn mehrere Personen sich für denselben Schuldner wegen derselben Schuld verbürgt haben, so hat der Bürge, welcher die Schuld bezahlt hat, einen Rückgriff gegen die übrigen Bürgen und zwar gegen jeden für dessen Anteil.
Dieser Rückgriff findet jedoch nur statt, wenn der Bürge in einem der in dem vorstehenden Artikel angegebenen Fälle bezahlt hat.

### DRITTES KAPITEL.
#### Erlöschen der Bürgschaft.

**2034.** Die aus einer Bürgschaft entstehende Verbindlichkeit erlischt aus denselben Gründen wie die übrigen Verbindlichkeiten.

**2035.** Die Konfusion, welche in der Person des Hauptschuldners und seines Bürgen eintritt, wenn der eine Erbe des andern wird, hebt die Klage des Gläubigers gegen den Bürgen des Bürgen nicht auf.

**2036.** Der Bürge kann dem Gläubiger alle die Einreden entgegensetzen, welche dem Hauptschuldner zustehen und der Schuld anhaften.
Er kann jedoch diejenigen Einreden nicht entgegensetzen, welche dem Schuldner nur für seine Person zustehen.

**2037.** Der Bürge wird befreit, wenn die Einsetzung des Bürgen in die Rechte, Hypotheken und Vorzugsrechte des Gläubigers in Folge einer Handlung dieses Gläubigers nicht mehr stattfinden kann.

**2038.** Die freiwillige Annahme einer Liegenschaft oder irgend einer Sache an Zahlungsstatt für die Hauptschuld durch den Gläubiger befreit den Bürgen, selbst wenn die Sache dem Gläubiger wieder entwährt wird.

**2039.** Eine bloße Verlängerung der Zahlungsfrist, welche der Gläubiger dem Hauptschuldner bewilligt, befreit den Bürgen nicht, welcher in diesem Falle den Schuldner belangen kann, um ihn zur Zahlung zu zwingen.

### VIERTES KAPITEL.
#### Gesetzliche und gerichtliche Bürgschaft.

**2040.** So oft jemand auf Grund des Gesetzes oder auf Grund einer Verurteilung verpflichtet ist, einen Bürgen zu stellen, muß der ange-

remplir les conditions prescrites par les articles 2018 et 2019.

Lorsqu'il s'agit d'un cautionnement judiciaire, la caution doit, en outre, être susceptible de contrainte par corps.

**2041.** Celui qui ne peut pas trouver une caution, est reçu à donner à sa place un gage en nantissement suffisant.

**2042.** La caution judiciaire ne peut point demander la discussion du débiteur principal.

**2043.** Celui qui a simplement cautionné la caution judiciaire, ne peut demander la discussion du débiteur principal et de la caution.

---

# TITRE QUINZIÈME.

## Des transactions.

**2044.** La transaction est un contrat par lequel les parties terminent une contestation née, ou préviennent une contestation à naître.

Ce contrat doit être rédigé par écrit.

**2045.** Pour transiger, il faut avoir la capacité de disposer des objets compris dans la transaction.

Le tuteur ne peut transiger pour le mineur ou l'interdit que conformément à l'article 467 au titre *De la minorité, de la tutelle et de l'émancipation;* et il ne peut transiger avec le mineur devenu majeur, sur le compte de tutelle, que conformément à l'article 472 au même titre.

Les communes et établissements publics ne peuvent transiger qu'avec l'autorisation expresse du *Roi.*

**2046.** On peut transiger sur l'intérêt civil qui résulte d'un délit.

La transaction n'empêche pas la poursuite du ministère public.

**2047.** On peut ajouter à une transaction la stipulation d'une peine contre celui qui manquera de l'exécuter.

**2048.** Les transactions se renferment dans leur objet: la renonciation qui y est faite à tous droits, actions et prétentions, ne s'entend que de ce qui est relatif au différend qui y a donné lieu.

**2049.** Les transactions ne règlent que les différends qui s'y trouvent compris, soit que les parties aient manifesté leur intention par des expressions spéciales ou générales, soit que l'on reconnaisse cette intention par une suite nécessaire de ce qui est exprimé.

**2050.** Si celui qui avait transigé sur un droit qu'il avait de son chef, acquiert ensuite

botene Bürge den in den Artikeln 2018 und 2019 vorgeschriebenen Bedingungen entsprechen.

Handelt es sich um eine gerichtliche Bürgschaft, so muß der Bürge außerdem eine der Schuldhaft unterworfene Person sein.

**2041.** Derjenige, welcher keinen Bürgen finden kann, darf an dessen Stelle ein ausreichendes Faustpfand geben.

**2042.** Der gerichtliche Bürge kann die Vorausklage gegen den Hauptschuldner nicht verlangen.

**2043.** Wer sich für einen gerichtlichen Bürgen schlechthin verbürgt hat, kann die Vorausklage des Hauptschuldners und des Bürgen nicht verlangen.

---

# FÜNFZEHNTER TITEL.

## Vergleich.

**2044.** Der Vergleich ist ein Vertrag, durch welchen die Parteien einen schon entstandenen Rechtsstreit beendigen oder einem bevorstehenden Rechtsstreite vorbeugen.

Dieser Vertrag muß schriftlich abgefaßt sein.

**2045.** Um einen Vergleich zu schließen, ist die Fähigkeit erforderlich, über die in dem Vergleiche begriffenen Gegenstände zu verfügen.

Ein Vormund kann im Namen des Minderjährigen oder Entmündigten nur in Gemäßheit des Artikels 467 in dem Titel «Minderjährigkeit, Vormundschaft und Emanzipation» Vergleiche schließen; mit den volljährig gewordenen Minderjährigen kann er über die Vormundschaftsrechnung nur in Gemäßheit des Artikels 472 in demselben Titel einen Vergleich abschließen.

Gemeinden und öffentliche Anstalten können nur mit ausdrücklicher Genehmigung des Königs (?) Vergleiche schließen.

**2046.** Man kann sich über den aus einem Vergehen entstandenen zivilrechtlichen Anspruch vergleichen.

Der Vergleich steht der Verfolgung seitens der Staatsanwaltschaft nicht im Wege.

**2047.** Man kann einem Vergleich die Festsetzung einer Strafe beifügen, welche denjenigen treffen soll, der den Vergleich nicht erfüllt.

**2048.** Der Vergleich erstreckt sich nur auf seinen Gegenstand: die in demselben erfolgte Verzichtleistung auf alle Rechte, Klagen und Ansprüche ist nur von der Streitigkeit zu verstehen, die den Vergleich veranlaßt.

**2049.** Vergleiche schlichten nur die Streitigkeiten, welche darunter begriffen sind, die Absicht der Parteien mag durch besondere oder allgemeine Ausdrücke kundgegeben, oder durch einen notwendigen Schluß aus dem ausdrücklich ausgesprochenen erkenntlich sein.

**2050.** Wer sich über einen ihm kraft eigenen Rechtes zustehenden Anspruch verglichen hat

un droit semblable du chef d'une autre personne, il n'est point, quant au droit nouvellement acquis, lié par la transaction antérieure.

2051. La transaction faite par l'un des intéressés ne lie point les autres intéressés, et ne peut être opposée par eux.

2052. Les transactions ont entre les parties, l'autorité de la chose jugée en dernier ressort.
Elles ne peuvent être attaquées pour cause d'erreur de droit, ni pour cause de lésion.

2053. Néanmoins une transaction peut être rescindée, lorsqu'il y a erreur dans la personne ou sur l'objet de la contestation.

Elle peut l'être dans tous les cas où il y a dol ou violence.

2054. Il y a également lieu à l'action en rescision contre une transaction, lorsqu'elle a été faite en exécution d'un titre nul, à moins que les parties n'aient expressément traité sur la nullité.

2055. La transaction faite sur pièces qui depuis ont été reconnues fausses, est entièrement nulle.

2056. La transaction sur un procès terminé par un jugement passé en force de chose jugée, dont les parties ou l'une d'elles n'avaient point connaissance, est nulle.
Si le jugement ignoré des parties était susceptible d'appel, la transaction sera valable.

2057. Lorsque les parties ont transigé généralement sur toutes les affaires qu'elles pouvaient avoir ensemble, les titres qui leur étaient alors inconnus, et qui auraient été postérieurement découverts, ne sont point une cause de rescision, à moins qu'ils n'aient été retenus par le fait de l'une des parties;

Mais la transaction serait nulle si elle n'avait qu'un objet sur lequel il serait constaté, par des titres nouvellement découverts, que l'une des parties n'avait aucun droit.

2058. L'erreur de calcul dans une transaction doit être réparée.

und in der Folge einen gleichen Anspruch aus der Person eines anderen erwirbt, ist in Ansehung des neu erworbenen Anspruchs durch den vorhergegangenen Vergleich nicht gebunden.

2051. Der von einem der Beteiligten geschlossene Vergleich bindet die übrigen Beteiligten nicht; ebensowenig können sie sich darauf berufen.

2052. Vergleiche haben unter den Parteien die Kraft eines rechtskräftigen Urteils.

Sie können weder wegen eines Rechtsirrtums noch wegen Verletzung angefochten werden.

2053. Ein Vergleich kann jedoch wieder aufgehoben werden, wenn ein Irrtum in der Person oder über den Gegenstand des Streites stattgefunden hat.
Er kann in allen Fällen wieder aufgehoben werden, in denen Betrug oder Zwang stattgefunden hat.

2054. Die Klage auf Wiederaufhebung eines Vergleichs findet ebenfalls statt, wenn derselbe in Vollziehung eines nichtigen Titels geschlossen worden ist, es sei denn, daß die Parteien sich ausdrücklich über die Nichtigkeit verglichen haben.

2055. Der Vergleich, der auf Grund von Urkunden geschlossen worden ist, die in der Folge als falsch erkannt worden sind, ist seinem ganzen Inhalte nach nichtig.

2056. Der Vergleich über einen Prozeß, der durch ein rechtskräftiges Urteil schon entschieden war, von welchem die Partei oder eine Partei keine Kenntnis hatte, ist nichtig.
War das den Parteien unbekannte Urteil der Berufung unterworfen, so ist der Vergleich gültig.

2057. Haben sich die Parteien über alle Angelegenheiten, die sie mit einander haben können, im Allgemeinen verglichen, so sind die Titel, welche ihnen damals unbekannt waren und die späterhin entdeckt werden, kein Grund zur Wiederaufhebung, es sei denn, daß dieselben von einer der Parteien zurückgehalten worden sind.
Der Vergleich ist jedoch nichtig, wenn er nur einen Gegenstand betraf, in Ansehung dessen durch neu entdeckte Titel festgestellt wird, daß eine der Parteien gar kein Recht darauf hatte.

2058. Ein Rechnungsfehler in einem Vergleiche muß berichtigt werden.

## TITRE SEIZIÈME.

### De la contrainte par corps en matière civile.

2059 à 2070. *Abrogés par loi du 22 juillet 1867.*

## SECHZEHNTER TITEL.

### Schuldhaft.

2059—2070. *Aufgehoben durch Gesetz vom 22. Juli 1867.*

## TITRE DIX-SEPTIÈME.

### Du nantissement.

**2071.** Le nantissement est un contrat par lequel un débiteur remet une chose à son créancier pour sûreté de la dette.

**2072.** Le nantissement d'une chose mobilière s'appelle *gage*.

Celui d'une chose immobilière s'appelle *antichrèse*.

### CHAPITRE PREMIER.

#### Du gage.

**2073.** Le gage confère au créancier le droit de se faire payer sur la chose qui en est l'objet, par privilège et préférence aux autres créanciers.

**2074.** Ce privilège n'a lieu qu'autant qu'il y a un acte public ou sous seing privé, dûment enregistré, contenant la déclaration de la somme due, ainsi que l'espèce et la nature des choses remises en gage, ou un état annexé de leurs qualité, poids et mesure.

La rédaction de l'acte par écrit et son enregistrement ne sont néanmoins prescrits qu'en matière excédant la valeur de cent cinquante francs.

**2075.** Le privilège énoncé en l'article précédent ne s'établit sur les meubles incorporels, tels que les créances mobilières, que par acte public ou sous seing privé, aussi enregistré, et signifié au débiteur de la créance donnée en gage.

**2076.** Dans tous les cas, le privilège ne subsiste sur le gage qu'autant que ce gage a été mis et est resté en la possession du créancier, ou d'un tiers convenu entre les parties.

**2077.** Le gage peut être donné par un tiers pour le débiteur.

**2078.** Le créancier ne peut, à défaut de payement, disposer du gage; sauf à lui à faire ordonner en justice que ce gage lui demeurera en payement et jusqu'à due concurrence, d'après une estimation faite par experts, ou qu'il sera vendu aux enchères.

Toute clause qui autoriserait le créancier à s'approprier le gage ou à en disposer sans les formalités ci-dessus, est nulle.

**2079.** Jusqu'à l'expropriation du débiteur, il reste propriétaire du gage,

## SIEBENZEHNTER TITEL.

### Pfandvertrag.

**2071.** Der Pfandvertrag ist ein Vertrag, durch welchen ein Schuldner seinem Gläubiger als Sicherheit für die Schuld eine Sache überliefert.

**2072.** Der Pfandvertrag über eine bewegliche Sache heißt Faustpfand. Derjenige über eine unbewegliche heißt Nutzpfand.

### ERSTES KAPITEL.

#### Faustpfand.

**2073.** Das Faustpfand gibt dem Gläubiger das Recht, sich aus der Sache, welche den Gegenstand desselben ausmacht, mit Vorzugsrecht und Vorrang vor den übrigen Gläubigern seine Bezahlung zu verschaffen.

**2074.** Dieses Vorzugsrecht besteht nur insofern als eine öffentliche oder eine gehörig registrierte Urkunde unter Privatunterschrift vorhanden ist, welche den Betrag der geschuldeten Summen sowie die Art und Beschaffenheit der verpfändeten Sachen angibt, oder der ein Verzeichnis über Beschaffenheit, Gewicht und Maß dieser Sachen beigefügt ist.

Die Aufnahme einer schriftlichen Urkunde und deren Registrierung ist jedoch nur erforderlich, wenn es sich um einen Gegenstand im Werte von über einhundertfünfzig Franken handelt.

**2075.** Das in dem vorstehenden Artikel erwähnte Vorzugsrecht wird hinsichtlich unkörperlicher beweglicher Sachen, wie Forderungen, welche sich auf bewegliche Sachen beziehen, nur durch eine öffentliche oder durch eine ebenfalls registrierte Urkunde unter Privatunterschrift begründet, welche dem Schuldner der zum Faustpfande bestellten Forderung zugestellt worden ist.

**2076.** In allen Fällen besteht das Vorzugsrecht an dem Faustpfande nur dann, wenn das Faustpfand in dem Besitz des Gläubigers oder eines von den Parteien bestimmten Dritten gekommen und darin verblieben ist.

**2077.** Ein Faustpfand kann von einem Dritten für den Schuldner gegeben werden:

**2078.** Erfolgt keine Zahlung, so kann der Gläubiger über das Faustpfand nicht verfügen; es steht ihm jedoch das Recht zu, die gerichtliche Anordnung zu erwirken, daß ihm dieses Faustpfand nach einer von Sachverständigen vorgenommenen Abschätzung bis zum Betrage der Schuld an Zahlungsstatt verbleiben, oder daß es öffentlich versteigert werden soll.

Jede Bestimmung, welche den Gläubiger ermächtigt, sich das Faustpfand anzueignen oder ohne Beachtung der obigen Förmlichkeiten darüber zu verfügen, ist nichtig.

**2079.** Bis zum etwaigen Zwangsverkauf verbleibt der Schuldner Eigentümer des Faust-

qui n'est, dans la main du créancier, qu'un dépôt assurant le privilège de celui-ci.

2080. Le créancier répond, selon les règles établies au titre *Des contrats ou des obligations conventionnelles en général*, de la perte ou détérioration du gage qui serait survenue par sa négligence.

De son côté, le débiteur doit tenir compte au créancier des dépenses utiles et nécessaires que celui-ci a faites pour la conservation du gage.

2081. S'il s'agit d'une créance donnée en gage, et que cette créance porte intérêts, le créancier impute ces intérêts sur ceux qui peuvent lui être dus.

Si la dette pour sûreté de laquelle la créance a été donnée en gage, ne porte point elle-même intérêts, l'imputation se fait sur le capital de la dette.

2082. Le débiteur ne peut, à moins que le détenteur du gage n'en abuse, en réclamer la restitution qu'après avoir entièrement payé, tant en principal qu'intérêts et frais, la dette pour sûreté de laquelle le gage a été donné.

S'il existait de la part du même débiteur, envers le même créancier, une autre dette contractée postérieurement à la mise en gage, et devenue exigible avant le payement de la première dette, le créancier ne pourra être tenu de se dessaisir du gage avant d'être entièrement payé de l'une et de l'autre dette, lors même qu'il n'y aurait eu aucune stipulation pour affecter le gage au payement de la seconde.

2083. Le gage est indivisible nonobstant la divisibilité de la dette entre les héritiers du débiteur ou ceux du créancier.

L'héritier du débiteur, qui a payé sa portion de la dette, ne peut demander la restitution de sa portion dans le gage, tant que la dette n'est pas entièrement acquittée.

Réciproquement, l'héritier du créancier, qui a reçu sa portion de la dette, ne peut remettre le gage au préjudice de ceux de ses cohéritiers qui ne sont pas payés.

2084. Les dispositions ci-dessus ne sont applicables ni aux matières de commerce, ni aux maisons de prêt sur gage autorisées, et à l'égard desquelles on suit les lois et règlements qui les concernent.

### CHAPITRE II.

#### De l'antichrèse.

2085. L'antichrèse ne s'établit que par écrit.

Le créancier n'acquiert par ce contrat que la faculté de percevoir les fruits de l'immeuble,

pfandes, welches in den Händen des Gläubigers nur eine hinterlegte Sache ist, die demselben sein Vorzugsrecht sichert.

2080. Der Gläubiger haftet nach den in dem Titel «Verträge oder vertragsmäßige Verbindlichkeiten im Allgemeinen» aufgestellten Regeln für den Verlust oder die Verschlechterung des Faustpfandes, welche in Folge seiner Nachlässigkeit eintritt.

Seinerseits muß der Schuldner dem Gläubiger die nützlichen und notwendigen Ausgaben ersetzen, welche dieser für die Erhaltung des Faustpfandes gemacht hat.

2081. Handelt es sich um eine zum Faustpfande bestellte Forderung und trägt diese Forderung Zinsen, so rechnet der Gläubiger die Zinsen auf diejenigen an, welche ihm etwa geschuldet werden.

Trägt die Schuld, zu deren Sicherung die Forderung zum Faustpfande bestellt worden ist, keine Zinsen, so erfolgt die Anrechnung auf das Kapital der Schuld.

2082. Der Schuldner kann, sofern der Inhaber des Faustpfandes dasselbe nicht mißbraucht, dessen Zurückgabe nicht eher beanspruchen, als nachdem er die Schuld, zu deren Sicherung das Faustpfand bestellt worden ist, an Kapital, Zinsen und Kosten vollständig getilgt hat.

Besteht auf Seiten desselben Schuldners gegen denselben Gläubiger eine andere Schuld, welche nach der Bestellung des Faustpfandes eingegangen und vor der Zahlung der ersten Schuld fällig geworden ist, so kann der Gläubiger nicht angehalten werden, das Faustpfand herauszugeben, bevor er wegen beider Forderungen vollständig befriedigt ist, selbst wenn nicht ausbedungen worden ist, daß das Faustpfand für die Zahlung der zweiten Forderung haften solle.

2083. Das Faustpfand ist unteilbar, ungeachtet der Teilbarkeit der Schuld unter den Erben des Schuldners oder denen des Gläubigers.

Der Erbe des Schuldners, welcher seinen Anteil an der Schuld bezahlt hat, kann die Zurückgabe seines Anteiles an dem Faustpfande nicht erlangen, so lange die Schuld nicht ganz getilgt ist.

Andererseits kann auch der Erbe des Gläubigers, welcher seinen Anteil an der Forderung empfangen hat, zum Nachteil derjenigen seiner Miterben, welche nicht befriedigt sind, das Faustpfand nicht zurückgeben.

2084. Obige Bestimmungen finden auf Handelssachen, sowie auf öffentliche Pfandhäuser keine Anwendung; bezüglich derselben sind die sie betreffenden Gesetze und Verordnungen zu befolgen.

### ZWEITES KAPITEL.

#### Nutzpfand.

2085. Das Nutzpfand kann nur schriftlich bestellt werden.

Der Gläubiger erhält durch diesen Vertrag nur die Befugnis, die Früchte der Liegenschaft

à la charge de les imputer annuellement sur les intérêts, s'il lui en est dû, et ensuite sur le capital de sa créance.

2086. Le créancier est tenu, s'il n'en est autrement convenu, de payer les contributions et les charges annuelles de l'immeuble qu'il tient en antichrèse.

Il doit également, sous peine de dommages et intérêts, pourvoir à l'entretien et aux réparations utiles et nécessaires de l'immeuble, sauf à prélever sur les fruits toutes-les dépenses relatives à ces divers objets.

2087. Le débiteur ne peut, avant l'entier acquittement de la dette, réclamer la jouissance de l'immeuble qu'il a remis en antichrèse.

Mais le créancier qui veut se décharger des obligations exprimées en l'article précédent, peut toujours, à moins qu'il n'ait renoncé à ce droit, contraindre le débiteur à reprendre la jouissance de son immeuble.

2088. Le créancier ne devient point propriétaire de l'immeuble par le seul défaut de payement au terme convenu; toute clause contraire est nulle; en ce cas, il peut poursuivre l'expropriation de son débiteur par les voies légales.

2089. Lorsque les parties ont stipulé que les fruits se compenseront avec les intérêts, ou totalement, ou jusqu'à une certaine concurrence, cette convention s'exécute comme toute autre qui n'est point prohibée par les lois.

2090. Les dispositions des articles 2077 et 2083 s'appliquent à l'antichrèse comme au gage.

2091. Tout ce qui est statué au présent chapitre ne préjudicie point aux droits que des tiers pourraient avoir sur le fonds de l'immeuble remis à titre d'antichrèse.

Si le créancier, muni à ce titre, a d'ailleurs, sur le fonds, des privilèges ou hypothèques légalement établis et conservés, il les exerce à son ordre et comme tout autre créancier.

---

# TITRE DIX-HUITIÈME.

## Des privilèges et hypothèques.

### CHAPITRE PREMIER.

#### Dispositions générales.

2092. Quiconque s'est obligé personnellement, est tenu de remplir son engagement

---

zu ziehen, unter der Verpflichtung sie alljährlich auf die Zinsen, wenn ihm solche geschuldet sind, und sodann auf das Kapital seiner Forderung anzurechnen.

2086. Der Gläubiger ist, wenn keine andere Vereinbarung getroffen ist, verpflichtet, die Steuern und jährlichen Lasten des Grundstücks, welches er zum Nutzpfande besitzt, zu bezahlen.
Er muß auch bei Strafe des Schadensersatzes, für die Unterhaltung, sowie die nützlichen und notwendigen Ausbesserungen der Liegenschaft sorgen; er kann jedoch alle Ausgaben, welche diese verschiedenen Gegenstände betreffen, aus den Früchten vorwegnehmen.

2087. Der Schuldner kann vor der völligen Tilgung der Schuld den Genuß an der Liegenschaft, welche er zum Nutzpfande bestellt hat, nicht in Anspruch nehmen.
Der Gläubiger dagegen kann, wenn er sich von dem im vorstehenden Artikel angegebenen Verbindlichkeiten befreien will, jederzeit, sofern er nicht auf dieses Recht verzichtet hat, den Schuldner zwingen, in den Genuß seiner Liegenschaft wieder einzutreten.

2088. Der Gläubiger wird nicht Eigentümer der Liegenschaft durch das bloße Ausbleiben der Zahlung zu der verabredeten Frist; jede entgegenstehende Bestimmung ist nichtig; in diesem Falle kann er gegen seinen Schuldner auf dem gesetzlichen Wege den Zwangsverkauf erwirken.

2089. Wenn die Parteien verabredet haben, daß die Früchte gegen die Zinsen entweder ganz oder bis zu einem gewissen Betrage aufgerechnet werden sollen, so ist diese Vereinbarung wie jede andere durch die Gesetze nicht verbotene zu vollziehen.

2090. Die Bestimmungen der Art. 2077 und 2083 finden auf das Nutzpfand ebenso wie auf das Faustpfand Anwendung.

2091. Alles, was in diesem Hauptstücke bestimmt worden ist, gereicht den Rechten nicht zum Nachteile, welche dritten Personen etwa an dem Grund und Boden einer unter dem Titel des Nutzpfandes überlieferten Liegenschaft zustehen.
Wenn dem mit einem derartigen Titel versehenen Gläubiger außerdem an dem Grundstücke Vorzugsrechte oder Hypotheken zustehen, welche gesetzlich bestellt und gewahrt worden sind, so übt er dieselben nach Maßgabe seines Ranges wie jeder andere Gläubiger aus.

---

# ACHTZEHNTER TITEL.

## Vorzugsrechte und Hypotheken.

### ERSTES KAPITEL.

#### Allgemeine Bestimmungen.

2092. Wer sich persönlich verpflichtet hat, haftet für die Erfüllung seiner Verbindlichkeit

sur tous ses biens mobiliers et immobiliers, présents et à venir. —

**2093.** Les biens du débiteur sont le gage commun de ses créanciers; et le prix s'en distribue entre eux par contribution, à moins qu'il n'y ait entre les créanciers des causes légitimes de préférence.

**2094.** Les causes légitimes de préférence sont les privilèges et hypothèques.

## CHAPITRE II.

### Des privilèges.

**2095.** Le privilège est un droit que la qualité de la créance donne à un créancier d'être préféré aux autres créanciers, même hypothécaires.

**2096.** Entre les créanciers privilégiés, la préférence se règle par les différentes qualités des privilèges.

**2097.** Les créanciers privilégiés qui sont dans le même rang, sont payés par concurrence.

**2098.** Le privilège, à raison des droits du trésor royal [*public*], et l'ordre dans lequel il s'exerce, sont réglés par les lois qui les concernent.

Le trésor royal [*public*] ne peut cependant obtenir de privilège au préjudice des droits antérieurement acquis à des tiers.

**2099.** Les privilèges peuvent être sur les meubles ou sur les immeubles.

### SECTION PREMIÈRE.

#### Des privilèges sur les meubles.

**2100.** Les privilèges sont ou généraux, ou particuliers sur certains meubles.

##### § 1. — Des privilèges généraux sur les meubles.

**2101.** Les créances privilégiées sur la généralité des meubles sont celles ci-après exprimées, et s'exercent dans l'ordre suivant;

1⁰ Les frais de justice;
2⁰ Les frais funéraires;
3⁰ Les frais quelconques de la dernière maladie, quelle qu'en ait été la terminaison, concurremment entre ceux à qui ils sont dus;
4⁰ Les salaires des gens de service pour l'année échue et ce qui est dû de l'année courante, les sommes pour lesquelles un privilège est établi à l'article 549 du Code de commerce et les appointements de tous ceux qui louent leurs services pour les six derniers mois.

---

mit seinem ganzen gegenwärtigen und zukünftigen, beweglichen und unbeweglichen Vermögen.

**2093.** Das Vermögen des Schuldners ist das gemeinschaftliche Unterpfand seiner Gläubiger; der Erlös aus dem Verkaufe desselben wird unter sich nach Verhältnis verteilt, sofern nicht unter den Gläubigern gesetzmäßige Gründe eines Vorranges vorhanden sind.

**2094.** Die gesetzmäßigen Gründe eines Vorranges sind die Vorzugsrechte und Hypotheken.

## ZWEITES KAPITEL.

### Vorzugsrechte.

**2095.** Das Vorzugsrecht ist ein durch die Eigenschaft der Forderung dem Gläubiger gegebenes Recht auf den Vorrang vor den übrigen, selbst den Hypothekargläubigern.

**2096.** Unter den vorzugsberechtigten Gläubigern richtet sich der Vorrang nach der verschiedenen Beschaffenheit der Vorzugsrechte.

**2097.** Gläubiger mit Vorzugsrechten von gleichem Range werden nach Verhältnis ihrer Forderungen bezahlt.

**2098.** Das Vorzugsrecht wegen der Ansprüche des Staatsschatzes und die Rangordnung, in welcher es geltend gemacht wird, ist nach den dieselben betreffenden Gesetzen zu beurteilen.

Der Staatsschatz kann jedoch zum Nachteile der Rechte, welche dritte Personen vorher erworben haben, kein Vorzugsrecht erlangen.

**2099.** Die Vorzugsrechte können sich auf bewegliche Sachen oder auf Liegenschaften erstrecken.

### ERSTER ABSCHNITT.

#### Vorzugsrechte an beweglichen Sachen.

**2100.** Die Vorzugsrechte sind entweder allgemeine oder besondere, die sich nur auf bestimmte bewegliche Sachen erstrecken.

##### § 1. Allgemeine Vorzugsrechte an beweglichen Sachen.

**2101.** Forderungen mit Vorzugsrecht an der Gesamtheit der beweglichen Sachen sind die nachstehend aufgeführten; sie werden in der nachfolgenden Rangordnung geltend gemacht:

1. die Gerichtskosten;
2. die Leichenkosten;
3. Kosten irgend welcher Art der letzten Krankheit nach Verhältnis der einem jeden geschuldeten Beträge;
4. der Lohn der in Diensten stehenden Personen für das abgelaufene Jahr und das, was ihnen für das laufende Jahr geschuldet wird, die Beträge für die ein Vorzugsrecht im Artikel 549 des Handelsgesetzbuches festgestellt ist und die Gehälter aller jener, die ihre Dienste leihen für die sechs letzten Monate;

5° Les fournitures de subsistances faites au débiteur et à sa famille; savoir, pendant les six derniers mois, par les marchands en détail, tels que boulangers, bouchers et autres; et pendant la dernière année, par les maîtres de pension et marchands en gros;

6° La créance de la victime de l'accident ou de ses ayants droit relative aux frais médicaux, pharmaceutiques et funéraires, ainsi qu'aux indemnités allouées à la suite de l'incapacité temporaire de travail, *est garantie par le privilège de l'article 2101 du Code civil et y sera inscrite sous le n° 6.*

### § 2. — Des privilèges sur certains meubles.

2102. Les créances privilégiées sur certains meubles sont:

1° Les loyers et fermages des immeubles, sur les fruits de la récolte de l'année, et sur le prix de tout ce qui garnit la maison louée ou la ferme, et de tout ce qui sert à l'exploitation de la ferme; savoir, pour tout ce qui est échu, et pour tout ce qui est à échoir, si les baux sont authentiques, ou si, étant sous signature privée, ils ont une date certaine; et, dans ces deux cas, les autres créanciers ont le droit de relouer la maison ou la ferme pour le restant du bail, et de faire leur profit des baux ou fermages, à la charge toutefois de payer au propriétaire tout ce qui lui serait encore dû;

Et, à défaut de baux authentiques, ou lorsque étant sous signature privée ils n'ont pas une date certaine, pour une année à partir de l'expiration de l'année courante;

Le même privilège a lieu pour les réparations locatives, et pour tout ce qui concerne l'exécution du bail;

Néanmoins les sommes dues pour les semences ou pour les frais de la récolte de l'année, sont payées sur le prix de la récolte, et celles dues pour ustensiles, sur le prix de ces ustensiles, par préférence au propriétaire, dans l'un et l'autre cas;

Le propriétaire peut saisir les meubles qui garnissent sa maison ou sa ferme, lorsqu'ils ont été déplacés sans son consentement, et il conserve sur eux son privilège, pourvu qu'il ait fait la revendication; savoir, lorsqu'il s'agit du mobilier qui garnissait une ferme, dans le délai de quarante jours; et dans celui de quinzaine, s'il s'agit des meubles garnissant une maison;

2° La créance sur le gage dont le créancier est saisi;

---

5. Lieferungen von Lebensbedürfnissen, welche an den Schuldner und dessen Familie in den letzten sechs Monaten von Kleinhändlern, als Bäcker, Metzger und dergleichen, und in dem letzten Jahre von Kostgebern und Großhändlern gemacht worden sind;

6. Die Forderung des Opfers eines Unfalles oder seiner Rechtsnachfolger hinsichtlich der Aerzte-, Apotheker- und Leichenbegängniskosten und hinsichtlich der infolge vorübergehender Arbeitsunfähigkeit zugesprochenen Entschädigungen.

### § 2. Vorzugsrechte an bestimmten beweglichen Sachen.

2102. Forderungen mit Vorzugsrecht an bestimmten beweglichen Sachen sind:

1. die Miet- und Pachtgelder von Liegenschaften an dem Ertrage der Ernte des letzten Jahres und an dem Preise von allem, was zur Ausstattung in das gemietete Haus oder das Pachtgut eingebracht worden ist, und von allem, was zur Bewirtschaftung des Pachtgutes dient, und zwar für alles, was fällig ist und was noch fällig wird, wenn die Mietverträge in öffentlicher Urkunde errichtet sind, oder wenn sie bei Abschluß unter Privatunterschrift ein sicheres Datum haben; in diesen beiden Fällen haben die übrigen Gläubiger das Recht, das Haus oder das Pachtgut für die übrige Mietzeit weiter zu vermieten und den Vorteil aus den Miet- und Pachtverträgen zu ziehen; jedoch unter der Verpflichtung, dem Eigentümer alles zu bezahlen, was demselben etwa noch geschuldet wird;

und, wenn keine Mietverträge in öffentlicher Urkunde vorhanden sind, oder wenn sie bei Abschluß unter Privatunterschrift kein sicheres Datum haben, für ein Jahr, von dem Ende des laufenden Jahres angerechnet;

dasselbe Vorzugsrecht findet statt wegen der dem Mieter obliegenden Ausbesserungen und wegen alles dessen, was die Vollziehung des Mietvertrages betrifft;

Die Summen jedoch, welche für die Aussaat und für die Kosten der Ernte des Jahres noch geschuldet werden, sind aus dem Preise der Ernte, und diejenigen, welche für Gerätschaften noch geschuldet werden, sind aus dem Preise dieser Gerätschaften, in dem einen wie in dem andern Falle mit Vorrang vor dem Eigentümer zu zahlen;

der Eigentümer kann die beweglichen Sachen, mit welchen sein Haus oder Pachtgut ausgestattet worden ist, mit Beschlag legen, wenn sie ohne seine Einwilligung fortgeschafft worden sind, und er bewahrt sein Vorzugsrecht an denselben, vorausgesetzt, daß er, wenn es sich um bewegliche Sachen handelt, mit welchen ein Pachtgut ausgestattet war, in einer Frist von vierzig Tagen, und wenn es sich um bewegliche Sachen handelt, mit welchem ein Haus ausgestattet war, in einer Frist von fünfzehn Tagen die Klage auf Herausgabe anstrengt;

2. die Forderung an dem für dieselbe bestellten Faustpfande, welches der Gläubiger in Händen hat;

3° Les frais faits pour la conservation de la chose;

4° Le prix d'effets mobiliers non payés, s'ils sont encore en la possession du débiteur, soit qu'il ait acheté à terme ou sans terme;

Si la vente a été faite sans terme, le vendeur peut même revendiquer ces effets tant qu'ils sont en la possession de l'acheteur, et en empêcher la revente, pourvu que la revendication soit faite dans la huitaine de la livraison, et que les effets se trouvent dans le même état dans lequel cette livraison a été faite;

Le privilège du vendeur ne s'exerce toutefois qu'après celui du propriétaire de la maison ou de la ferme, à moins qu'il ne soit prouvé que le propriétaire avait connaissance que les meubles et autres objets garnissant sa maison ou sa ferme n'appartenaient pas au locataire;

Il n'est rien innové aux lois et usages du commerce sur la revendication;

5° Les fournitures d'un aubergiste, sur les effets du voyageur qui ont été transportés dans son auberge;

6° Les frais de voiture et les dépenses accessoires, sur la chose voiturée;

7° Les créances résultant d'abus et prévarications commis par les fonctionnaires publics dans l'exercice de leurs fonctions, sur les fonds de leur cautionnement, et sur les intérêts qui en peuvent être dus.

8° Les créances nées d'un accident au profit des tiers lésés par cet accident ou de leurs ayants droit sur l'indemnité dont l'assureur de la responsabilité civile se reconnaît ou a été judiciairement reconnu débiteur à raison de la convention d'assurance.

Aucun payement fait à l'assuré ne sera libératoire tant que les créanciers privilégiés n'auront pas été désintéressés.

SECTION II.

**Des privilèges sur les immeubles.**

**2103.** Les créanciers privilégiés sur les immeubles sont:

1° Le vendeur, sur l'immeuble vendu, pour le payement du prix;

S'il y a plusieurs ventes successives dont le prix soit dû en tout ou en partie, le premier vendeur est préféré au second, le deuxième au troisième, et ainsi de suite.

2° Ceux qui ont fourni les deniers pour l'acquisition d'un immeuble, pourvu qu'il soit authentiquement constaté, par l'acte d'emprunt, que la somme était destinée à cet emploi, et, par la quittance du vendeur, que ce payement a été fait des deniers empruntés;

3. die auf die Erhaltung der Sache verwendeten Kosten;

4. Der Kaufpreis unbezahlter beweglicher Sachen, wenn sie noch im Besitze des Schuldners sind, derselbe mag sie mit oder ohne Zahlungsfrist gekauft haben.

Ist der Kauf ohne Zahlungsfrist erfolgt, so kann der Verkäufer diese Sachen, so lange sie im Besitze des Käufers sind, sogar zurückfordern und deren weiteren Verkauf verhindern, vorausgesetzt, daß die Zurückforderung in Zeit von acht Tagen nach der Lieferung geschieht und daß die Sachen sich in demselben Zustande befinden, in dem sie geliefert worden sind;

das Vorzugsrecht des Verkäufers steht jedoch dem des Eigentümers des Hauses oder Pachtgutes nach, sofern nicht etwa bewiesen wird, daß der Eigentümer Kenntnis davon gehabt habe, daß die Fahrnisstücke und andere Gegenstände, mit welchen sein Haus oder Pachtgut ausgestattet war, dem Mieter nicht gehören.

Die Handelsgesetze und Handelsgebräuche bezüglich der Zurückforderung bleiben unberührt.

5. die Lieferungen eines Gastwirtes an den Sachen des Reisenden, welche in sein Gasthaus gebracht worden sind.

6. Die Frachtkosten und die damit verbundenen Nebenkosten an dem Frachtgute.

7. Forderungen, welche durch die von öffentlichen Beamten bei der Ausübung ihres Amtes begangenen Mißbräuche und pflichtwidrigen Handlungen entstehen, an dem Kapitale der von denselben gestellten Kaution und an den Zinsen, welche ihnen etwa dafür geschuldet werden.

8. Die Forderungen aus einem Unfalle zu Gunsten Dritter, die durch diesen Unfall verletzt worden sind oder deren Rechtsnachfolger an der Entschädigung, die der zivilrechtlich haftbare Versicherer anerkannt hat oder als deren Schuldner er auf Grund des Versicherungsvertrages gerichtlich erklärt ist.

Keine Zahlung an den Versicherten entlastet den Versicherer solange nicht die bevorzugten Gläubiger befriedigt sind.

ZWEITER ABSCHNITT.

**Vorzugsrechte an Liegenschaften.**

**2103.** Gläubiger, welche ein Vorzugsrecht an Liegenschaften haben, sind:

1. der Verkäufer an der verkauften Liegenschaft wegen Zahlung des Kaufpreises.

Ist eine Liegenschaft mehrmals nacheinander verkauft worden und ist der Preis ganz oder zum Teile noch geschuldet, so geht der erste Verkäufer dem zweiten vor, der zweite dem dritten und so weiter.

2. diejenigen, welche zu dem Erwerb einer Liegenschaft das Geld geliefert haben, vorausgesetzt, daß durch die Darlehensurkunde in öffentlicher Form festgestellt worden ist, daß die Summe zu dieser Verwendung bestimmt war, und durch Quittung des Verkäufers, daß die Zahlung mit dem geliehenen Gelde erfolgt ist;

3⁰ Les cohéritiers, sur les immeubles de la succession, pour la garantie des partages faits entre eux, et des soulte ou retour de lots ;

4⁰ Les architectes, entrepreneurs, maçons et autres ouvriers employés pour édifier, reconstruire ou réparer des bâtiments, canaux, ou autres ouvrages quelconques, pourvu néanmoins que, par un expert nommé d'office par le tribunal de première instance dans le ressort duquel les bâtiments sont situés, il ait été dressé préalablement un procès-verbal, à l'effet de constater l'état des lieux relativement aux ouvrages que le propriétaire déclarera avoir dessein de faire, et que les ouvrages aient été, dans les six mois au plus tard de leur perfection, reçus par un expert également nommé d'office ;

Mais le montant du privilège ne peut excéder les valeurs constatées par le second procès-verbal, et il se réduit à la plus-value existante à l'époque de l'aliénation de l'immeuble et résultant des travaux qui y ont été faits ;

5⁰ Ceux qui ont prêté les deniers pour payer ou rembourser les ouvriers, jouissent du même privilège, pourvu que cet emploi soit authentiquement constaté par l'acte d'emprunt, et par la quittance des ouvriers, ainsi qu'il a été dit ci-dessus pour ceux qui ont prêté les deniers pour l'acquisition d'un immeuble.

### SECTION III.

**Des privilèges qui s'étendent sur les meubles et les immeubles.**

**2104.** Les privilèges qui s'étendent sur les meubles et les immeubles sont ceux énoncés en l'article 2101.

**2105.** Lorsqu'à défaut de mobilier les privilégiés énoncés en l'article précédent se présentent pour être payés sur le prix d'un immeuble en concurrence avec les créanciers privilégiés sur l'immeuble, les payements se font dans l'ordre qui suit :

1⁰ Les frais de justice et autres énoncés en l'article 2101 ;

2⁰ Les créances désignées en l'article 2103

### SECTION IV.

**Comment se conservent les privilèges.**

**2106.** Entre les créanciers, les privilèges ne produisent d'effet à l'égard des immeubles qu'autant qu'ils sont rendus publics par inscription sur les registres du conservateur des hypothèques, de la manière déterminée par

3. die Miterben an den Liegenschaften der Erbschaft wegen der Gewährleistung für die unter ihnen vorgenommenen Teilungen und für die Draufzahlungen und Herauszahlungen zur Ausgleichung der Lose;

4. die Baumeister, Unternehmer, Maurer und andere Arbeiter, welche angestellt worden sind, um Gebäude, Kanäle oder andere Werke irgend einer Art zu errichten, wieder herzustellen oder auszubessern, vorausgesetzt jedoch, daß ein von dem Gerichte erster Instanz, in dessen Bezirke die Gebäude belegen sind, von Amtswegen ernannter Sachverständiger vorher ein Protokoll aufgenommen hat, um den Zustand der Oertlichkeiten in Bezug auf die Arbeiten festzustellen, deren Ausführung der Eigentümer zu beabsichtigen erklärt, und daß die Arbeiten spätestens in sechs Monaten nach Vollendung derselben durch einen gleichfalls von Amtswegen ernannten Sachverständigen abgenommen worden sind;

der Betrag, für den das Vorzugsrecht besteht, kann jedoch nicht über den durch das zweite Protokoll festgestellten Wert hinausgehen, und dasselbe erstreckt sich nur auf den zur Zeit der Veräußerung der Liegenschaft vorhandenen, durch die vorgenommenen Arbeiten sich ergebenden Mehrwert;

5. diejenigen, welche das Geld geliehen haben, um die Arbeiter zu bezahlen oder ihnen ihre Auslagen zu erstatten, haben das nämliche Vorzugsrecht, vorausgesetzt, daß diese Verwendung durch die Darlehensurkunde und durch die Quittung der Arbeiter in öffentlicher Form festgestellt ist, so wie es oben hinsichtlich derer bestimmt worden ist, welche das Geld zur Erwerbung einer Liegenschaft geliehen haben.

### DRITTER ABSCHNITT.

**Vorzugsrechte, welche sich auf die beweglichen Sachen und die Liegenschaften erstrecken.**

**2104.** Die Vorzugsrechte, welche sich auf die beweglichen Sachen und die Liegenschaften erstrecken, sind diejenigen, welche im Artikel 2101 aufgeführt sind.

**2105.** Wenn in Ermangelung von beweglichen Sachen die in dem vorstehenden Artikel erwähnten vorzugsberechtigten Gläubiger sich melden, um aus dem Preise einer Liegenschaft zusammen mit den Gläubigern befriedigt zu werden, welche an der Liegenschaft ein Vorzugsrecht haben, so erfolgen die Zahlungen in folgender Rangordnung:

1. die Gerichtskosten, und die sonstigen in dem Artikel 2101 aufgeführten Forderungen;

2. die in dem Artikel 2103 genannten Forderungen.

### VIERTER ABSCHNITT.

**Wie die Vorzugsrechte bewahrt werden.**

**2106.** Unter den Gläubigern haben die Vorzugsrechte in Beziehung auf Liegenschaften nur insofern Wirkung, als sie durch Eintragung in die Register des Hypothekenbewahrers auf die in dem Gesetze bestimmten Weise zur

la loi, et à compter de la date de cette inscription, sous les seules exceptions qui suivent.

2107. Sont exceptées de la formalité de
l'inscription les créances énoncées en l'article
2101.

2108. Le vendeur privilégié conserve son
privilège par la transcription du titre qui a
transféré la propriété à l'acquereur, et qui
constate que la totalité ou partie du prix lui
est due: à l'effet de quoi la transcription du
contrat faite par l'acquéreur vaudra inscription pour le vendeur et pour le prêteur qui
lui aura fourni les deniers payés, et qui sera
subrogé aux droits du vendeur par le même
contrat; sera néanmoins le conservateur des
hypothèques tenu, sous peine de tous dommages et intérêts envers les tiers, de faire
d'office l'inscription sur un bordereau de même
nature que ceux indiqués à l'article 2148 ci-
après, des créances résultant de l'acte translatif de propriété, tant en faveur du vendeur
qu'en faveur des prêteurs, qui pourront aussi
faire faire, si elle ne l'a été, la transcription
du contrat de vente, à l'effet d'acquérir l'inscription de ce qui leur est dû sur le prix.

2109. Le cohéritier ou copartageant conserve son privilège sur les biens de chaque
lot ou sur le bien licité, pour les soulte et
retour des lots, ou pour le prix de la licitation, par l'inscription faite à sa diligence,
dans soixante jours, à dater de l'acte de partage ou de l'adjudication par licitation; durant lequel temps aucune hypothèque ne peut
avoir lieu sur le bien chargé de soulte ou
adjugé par licitation, au préjudice du créancier de la soulte ou du prix.

2110. Les architectes, entrepreneurs, maçons et autres ouvriers employés pour édifier, reconstruire ou réparer des bâtiments,
canaux, ou autres ouvrages, et ceux qui ont,
pour les payer et rembourser, prêté les deniers dont l'emploi a été constaté, conservent,
par la double inscription faite, 1º du procès-
verbal qui constate l'état des lieux, 2º du
procès-verbal de réception, leur privilège à
la date de l'inscription du premier procès-
verbal.

2111. Les créanciers et légataires qui demandent la séparation du patrimoine du défunt, conformément à l'article 878, au titre
*Des successions*, conservent, à l'égard des cré-

öffentlichen Kenntnis gebracht worden sind,
und nur von dem Tage dieser Eintragung an
gerechnet: hiervon gibt es nur die nachstehenden Ausnahmen.

2107. Von der Förmlichkeit der Eintragung
sind ausgenommen die in dem Artikel 2101
aufgeführten Forderungen.

2108. Der vorzugsberechtigte Verkäufer
wahrt sein Vorzugsrecht durch die Ueberschreibung des Titels, durch welchen das Eigentum auf den Erwerber übertragen und
festgestellt wird, daß ihm der Kaufpreis noch
ganz oder zum Teil geschuldet ist. Zu diesem Zwecke gilt die von dem Erwerber bewirkte Ueberschreibung des Vertrages als
Eintragung für den Verkäufer und für den
Darleiher, welcher letzterem das gezahlte
Geld geliefert hat und durch denselben Vertrag in die Rechte des Verkäufers eingesetzt
worden ist; der Hypothekenbewahrer ist jedoch bei Strafe des vollen Schadensersatzes
gegen Dritte verpflichtet, die Eintragung der
Forderungen, welche sich aus der Eigentums-
übertragungsurkunde zum Vorteile des Verkäufers sowohl als der Darleiher ergeben in
ein Bordereau derselben Art, wie die in nachstehendem Artikel 2148 angegebenen von Amtswegen vorzunehmen; ist die Ueberschreibung
des Kaufvertrages nicht geschehen, so können
diese Personen sie ebenfalls vornehmen lassen,
um die Eintragung dessen zu erlangen, was
ihnen von dem Kaufpreise noch geschuldet
wird.

2109. Der Mieter oder der an einer Teilung
Teilnehmende bewahrt sein Vorzugsrecht an
den Gütern eines jeden Loses oder an dem
versteigerten Gute wegen der Draufzahlung
oder Herauszahlungen zur Ausgleichung der
Lose oder wegen des Steigpreises durch die
Eintragung, welche innerhalb sechzig Tagen
von dem Teilungsakte oder dem Zuschlage
bei der Teilungsversteigerung an gerechnet,
auf sein Betreiben erfolgt. Während dieser
Zeit kann an dem mit der Herauszahlung
beschwerten oder in der Versteigerung zuge-
schlagenen Gute keine Hypothek zum Nachteile dessen begründet werden, der die Herauszahlung oder den Preis zu fordern hat.

2110. Baumeister, Unternehmer, Maurer
und andere Arbeiter, welche beschäftigt worden sind, um Gebäude, Kanäle oder andere
Werke zu errichten, wieder herzustellen oder
auszubessern, und diejenigen, welche zur Bezahlung jener Personen oder zur Erstattung
der Auslagen derselben das Geld geliehen
haben, dessen Verwendung festgestellt worden
ist, wahren ihr Vorzugsrecht durch die doppelte Eintragung:

1. des Protokolles, welches den Zustand der
Oertlichkeiten feststellt, und

2. des Protokolles über die Aufnahme, von
dem Tage an, an welchem das erste Protokoll eingetragen worden ist.

2111. Die Gläubiger und Vermächtnisnehmer, welche in Gemäßheit des Artikels 878
in dem Titel «Erbschaften» die Absonderung
des Vermögens des Erblassers verlangen,

anciers des héritiers ou représentants du défunt, leur privilège sur les immeubles de la succession, par les inscriptions faites sur chacun de ces biens, dans les six mois à compter de l'ouverture de la succession.

Avant l'expiration de ce délai, aucune hypothèque ne peut être établie avec effet sur ces biens par les héritiers ou représentants au préjudice de ces créanciers ou légataires.

2112. Les cessionnaires de ces diverses créances privilégiés exercent tous les mêmes droits que les cédants, en leur lieu et place.

2113. Toutes créances privilégiées soumises à la formalité de l'inscription, à l'égard desquelles les conditions ci-dessus prescrites pour conserver le privilège n'ont pas été accomplies, ne cessent pas néanmoins d'être hypothécaires; mais l'hypothèque ne date, à l'égard des tiers, que de l'époque des inscriptions qui auront dû être faites ainsi qu'il sera ci-après expliqué.

## CHAPITRE III.

### Des hypothèques.

2114. L'hypothèque est un droit réel sur les immeubles affectés à l'acquittement d'une obligation.

Elle est, de sa nature, indivisible, et subsiste en entier sur tous les immeubles affectés, sur chacun et sur chaque portion de ces immeubles.

Elle les suit dans quelques mains qu'ils passent.

2115. L'hypothèque n'a lieu que dans les cas et suivant les formes autorisés par la loi.

2116. Elle est ou légale, ou judiciaire, ou conventionnelle.

2117. L'hypothèque légale est celle qui résulte de la loi.

L'hypothèque judiciaire est celle qui résulte des jugements ou actes judiciaires.

L'hypothèque conventionnelle est celle qui dépend des conventions, et de la forme extérieure des actes et des contrats.

2118. Sont seuls susceptibles d'hypothèques:

1° Les biens immobiliers qui sont dans le commerce, et leurs accessoires réputés immeubles;

2° L'usufruit des mêmes biens et accessoires pendant le temps de sa durée.

2119. Les meubles n'ont pas de suite par hypothèque.

2120. Il n'est rien innové par le présent Code aux dispositions des lois maritimes concernant les navires et bâtiments de mer.

---

wahren gegenüber den Gläubigern der Erben oder Rechtsnachfolger des Erblassers ihr Vorzugsrecht an den Liegenschaften der Erbschaft durch die in den ersten sechs Monaten nach Eröffnung der Erbschaft auf jedes dieser Güter bewirkte Eintragung.

Vor Ablauf dieser Frist kann seitens der Erben oder Rechtsnachfolger zum Nachteile jener Gläubiger oder Vermächtnisnehmer keine wirksame Hypothek an diesen Gütern bestellt werden.

2112. Die Cessionare dieser verschiedenen vorzugsberechtigten Forderungen üben dieselben Rechte wie die Cedenten an derer Stelle und in deren Range aus.

2113. Alle vorzugsberechtigten, der Förmlichkeit der Eintragung unterworfenen Forderungen, hinsichtlich deren die zur Wahrung des Vorzugsrechtes oben vorgeschriebenen Bedingungen nicht erfüllt sind, bleiben dessen ungeachtet hypothekarische Forderungen; die Hypothek datiert jedoch Dritten gegenüber erst von der Zeit der Eintragung an, welche in der nachstehenden Weise erfolgen muß.

## DRITTES KAPITEL.

### Hypotheken.

2114. Die Hypothek ist ein dingliches Recht an den für die Erfüllung einer Verbindlichkeit belasteten Liegenschaften.

Sie ist ihrem Wesen nach unteilbar und ruht ganz auf allen belasteten Liegenschaften und zwar auf einer jeden und auf jedem Teile dieser Liegenschaften.

Sie folgt ihnen, in welche Hände sie auch übergehen mögen.

2115. Die Hypothek besteht nur in den Fällen und nach den Formen, welche das Gesetz bestimmt.

2116. Sie ist entweder eine gesetzliche oder eine gerichtliche oder eine vertragsmäßige.

2117. Die gesetzliche Hypothek ist diejenige, welche durch Gesetz begründet wird.

Die gerichtliche Hypothek ist diejenige, welche durch Urteile oder gerichtliche Urkunden begründet wird.

Die vertragsmäßige Hypothek ist diejenige, welche von Vereinbarungen und der äußeren Form der Rechtsgeschäfte und Verträge abhängt.

2118. Es können nur mit Hypotheken belastet werden:

1. unbewegliche Güter, die im Verkehr sind und deren für unbeweglich geltendes Zubehör;

2. der Nießbrauch an solchen Gütern und deren Zubehör, während der Dauer seines Bestehens.

2119. Es gibt keine Hypothek an beweglichen Sachen.

2120. Durch dieses Gesetz werden die Bestimmungen des Seerechts, welche die Seeschiffe und Seefahrzeuge betreffen, nicht berührt.

## SECTION PREMIÈRE.
### Des hypothèques légales.

**2121.** Les droits et créances auxquels l'hypothèque légale est attribuée, sont:

Ceux des femmes mariées, sur les biens de leur mari;

Ceux des mineurs et interdits, sur les biens de leur tuteur;

Ceux de l'Etat, des communes et des établissements publics, sur les biens des receveurs et administrateurs comptables.

**2122.** Le créancier qui a une hypothèque légale peut exercer son droit sur tous les immeubles appartenant à son débiteur, et sur ceux qui pourront lui appartenir dans la suite, sous les modifications qui seront ci-après exprimées.

## SECTION II.
### Des hypothèques judiciaires.

**2123.** L'hypothèque judiciaire résulte des jugements, soit contradictoires, soit par défaut, définitifs ou provisoires, en faveur de celui qui les a obtenus. Elle résulte aussi des reconnaissances ou vérifications, faites en jugement, des signatures apposées à un acte obligatoire sous seing privé.

Elle peut s'exercer sur les immeubles actuels du débiteur et sur ceux qu'il pourra acquérir, sauf aussi les modifications qui seront ci-après exprimées.

Les décisions arbitrales n'emportent hypothèque qu'autant qu'elles sont revêtues de l'ordonnance judiciaire d'exécution.

L'hypothèque ne peut pareillement résulter des jugements rendus en pays étranger, qu'autant qu'ils ont été déclarés exécutoires par un tribunal français; sans préjudice des dispositions contraires qui peuvent être dans les lois politiques ou dans les traités.

## SECTION III.
### Des hypothèques conventionnelles.

**2124.** Les hypothèques conventionnelles ne peuvent être consenties que par ceux qui ont la capacité d'aliéner les immeubles qu'ils y soumettent.

**2125.** Ceux qui n'ont sur l'immeuble qu'un droit suspendu par une condition, ou résoluble dans certains cas, ou sujet à rescision, ne peuvent consentir qu'une hypothèque soumise aux mêmes conditions ou à la même rescision.

Sauf en ce qui concerne l'hypothèque consentie par tous les copropriétaires d'un immeuble indivis, laquelle conservera exception-

## ERSTER ABSCHNITT.
### Gesetzliche Hypotheken.

**2121.** Die Rechte und Forderungen, denen die gesetzliche Hypothek zugeschrieben ist, sind:

die der Ehefrauen an den Gütern ihrer Ehemänner;

die der Minderjährigen und Entmündigten an den Gütern ihrer Vormünder;

die des Staates, der Gemeinden und öffentlichen Anstalten an den Gütern der rechnungspflichtigen Einnehmern und Verwalter.

**2122.** Der Gläubiger, welcher eine gesetzliche Hypothek hat, kann sein Recht auf alle Liegenschaften ausüben, welche seinem Schuldner gehören, sowie auf diejenigen, die demselben etwa in der Folge gehören, jedoch nach Maßgabe der unten angegebenen Einschränkungen.

## ZWEITER ABSCHNITT.
### Gerichtliche Hypotheken.

**2123.** Die gerichtliche Hypothek wird durch ein Urteil zu Gunsten desjenigen begründet, welcher es erwirkt hat, sei es ein kontradiktorisches oder ein Versäumnisurteil, mag es eine entgültige oder vorläufige Entscheidung enthalten. Sie wird ferner durch ein Urteil begründet, durch welches eine unter einer privaten Schuldurkunde befindliche Unterschrift für anerkannt oder für echt erklärt wird.

Sie kann ausgeübt werden auf die gegenwärtigen Liegenschaften des Schuldners und auf diejenigen, welche er noch erwirbt, jedoch ebenfalls nach Maßgabe der weiter unten angegebenen Einschränkungen.

Aus einem Schiedsspruche entsteht nur dann eine Hypothek, wenn derselbe mit dem gerichtlichen Vollstreckungsbefehle versehen ist.

Eine Hypothek kann gleichfalls durch Urteile, welche im Auslande ergangen sind, nur insoweit begründet werden, als sie von einem französischen Gerichte für vollstreckbar erklärt worden sind; etwaige in den Staatsgesetzen oder den Staatsverträgen enthaltene entgegenstehende Bestimmungen werden dadurch nicht berührt.

## DRITTER ABSCHNITT.
### Vertragsmässige Hypotheken.

**2124.** Vertragsmäßige Hypotheken können nur von denjenigen bestellt werden, welche die Fähigkeit zur Veräußerung der Liegenschaften besitzen, die sie damit belasten.

**2125.** Wer an einer Liegenschaft nur ein Recht unter aufschiebender Bedingung oder nur ein Recht hat, das in gewissen Fällen auflösbar oder der Wiederaufhebung unterworfen ist, kann nur eine Hypothek bestellen, welche von denselben Bedingungen abhängig ist oder derselben Wiederaufhebung unterliegt.

Ausgenommen jene Hypothek, welche von allen Miteigentümern eines ungeteilten Grundstücks bestellt ist, welche ausnahmsweise ihre

nellement son effet, quel que soit ultérieurement le résultat de la licitation ou du partage.

2126. Les biens des mineurs, des interdits, et ceux des absents, tant que la possession n'en est déférée que provisoirement, ne peuvent être hypothéqués que pour les causes et dans les formes établies par la loi ou en vertu de jugements.

2127. L'hypothèque conventionnelle ne peut être consentie que par acte passé en forme authentique devant deux notaires, ou devant un notaire et deux témoins.

2128. Les contrats passés en pays étranger ne peuvent donner d'hypothèque sur les biens de France, s'il n'y a des dispositions contraires à ce principe dans les lois politiques ou dans les traités.

2129. Il n'y a d'hypothèque conventionnelle valable que celle qui, soit dans le titre authentique constitutif de la créance, soit dans un acte authentique postérieur, déclare spécialement la nature et la situation de chacun des immeubles actuellement appartenant au débiteur, sur lesquels il consent l'hypothèque de la créance. Chacun de tous ses biens présents peut être nominativement soumis à l'hypothèque.

Les biens à venir ne peuvent pas être hypothéqués.

2130. Néanmoins, si les biens présents et libres du débiteur sont insuffisants pour la sûreté de la créance, il peut, en exprimant cette insuffisance, consentir que chacun des biens qu'il acquerra par la suite y demeure affecté à mesure des acquisitions.

2131. Pareillement, en cas que l'immeuble ou les immeubles présents, assujettis à l'hypothèque, eussent péri, ou éprouvé des dégradations, de manière qu'ils fussent devenus insuffisants pour la sûreté du créancier, celui-ci pourra ou poursuivre dès à présent son remboursement, ou obtenir un supplément d'hypothèque.

2132. L'hypothèque conventionnelle n'est valable qu'autant que la somme pour laquelle elle est consentie est certaine et déterminée par l'acte; si la créance résultant de l'obligation est conditionnelle pour son existence, ou indéterminée dans sa valeur, le créancier ne pourra requérir l'inscription dont il sera parlé ci-après, que jusqu'à concurrence d'une valeur estimative par lui déclarée expressément, et que le débiteur aura droit de faire réduire, s'il y a lieu.

2133. L'hypothèque acquise s'étend à toutes les améliorations survenues à l'immeuble hypothéqué.

---

Wirkung beibehält, welches auch später das Ergebnis der Teilungsversteigerung oder der Teilung sein möge.

2126. Die Güter der Minderjährigen, der Entmündigten und der Abwesenden, solange an ihnen nur der einstweilige Besitz eingeräumt ist, können nur aus den Ursachen und in den Formen, die das Gesetz festsetzt, oder auf Grund eines Urteils zur Hypothek gestellt werden.

2127. Eine vertragsmäßige Hypothek kann nur durch eine vor zwei Notaren oder vor einem Notar und zwei Zeugen in öffentlicher Form aufgenommene Urkunde bestellt werden.

2128. Im Auslande errichtete Verträge können an in Frankreich gelegenen Gütern keine Hypothek begründen, wenn nicht die Staatsgesetze oder Staatsverträge diesem Grundsatze entgegenstehende Bestimmungen enthalten.

2129. Eine vertragsmäßige Hypothek ist nur dann gültig, wenn entweder der die Forderung begründende in öffentlicher Form errichtete Titel oder eine spätere öffentliche Urkunde die Beschaffenheit und die Lage einer jedem dem Schuldner gegenwärtig gehörigen Liegenschaft, an welcher er die Hypothek für die Forderung bestellt, besonders angibt. Jede der dem Schuldner gegenwärtig gehörenden Liegenschaften kann namentlich der Hypothek unterworfen werden.

Künftige Güter können nicht zur Hypothek gestellt werden.

2130. Wenn indessen die gegenwärtigen und unbelasteten Güter des Schuldners zur Sicherung der Forderung unzulänglich sind, so kann derselbe, unter Aufführung dieser Unzulänglichkeit, einwilligen, daß ein jedes der Güter, die er in der Folge erwerben wird, so wie er es erwerbe, für die Forderung haften solle.

2131. Wenn eine oder mehrere gegenwärtige, der Hypothek unterworfenen Liegenschaften untergegangen sind oder Verschlechterungen erlitten haben, so daß sie zur Sicherung des Gläubigers unzulänglich geworden sind, so kann letzterer ebenfalls entweder sogleich seine Befriedigung fordern oder eine Ergänzung der Hypothek verlangen.

2132. Eine vertragsmäßige Hypothek ist nur dann gültig, wenn die Summe, für welche sie bestellt worden, gewiß und in der Urkunde bestimmt ist. Ist die Forderung, welche sich aus der Schuldurkunde ergibt, ihrem Dasein nach bedingt, oder ihrem Werte nach unbestimmt, so kann der Gläubiger die Eintragung, von welcher nachher die Rede sein wird, nur bis zum Betrage eines Anschlagswertes nachsuchen, welchen er ausdrücklich anzugeben hat, und den der Schuldner geeigneten Falles mindern lassen kann.

2133. Eine erworbene Hypothek erstreckt sich auf alle an dem belasteten Grundstück erfolgenden Verbesserungen.

## SECTION IV.

### Du rang que les hypothèques ont entre elles.

2134. Entre les créanciers, l'hypothèque, soit légale, soit judiciaire, soit conventionnelle, n'a de rang que du jour de l'inscription prise par le créancier sur les registres du conservateur, dans la forme et de la manière prescrites par la loi, sauf les exceptions portées en l'article suivant.

2135. L'hypothèque existe, indépendamment de toute inscription:

1º Au profit des mineurs et interdits, sur les immeubles appartenant à leur tuteur, à raison de sa gestion, du jour de l'acceptation de la tutelle;

2º Au profit des femmes, pour raison de leurs dot et conventions matrimoniales, sur les immeubles de leur mari, et à compter du jour du mariage.

La femme n'a hypothèque pour les sommes dotales qui proviennent de successions à elle échues, ou de donations à elle faites pendant le mariage, qu'à compter de l'ouverture des successions ou du jour que les donations ont eu leur effet.

Elle n'a hypothèque pour l'indemnité des dettes qu'elle a contractées avec son mari, et pour le remploi de ses propres aliénés, qu'à compter du jour de l'obligation ou de la vente.

Dans aucun cas, la disposition du présent article ne pourra préjudicier aux droits acquis à des tiers avant la publication du présent titre.

2136. Sont toutefois les maris et les tuteurs tenus de rendre publiques les hypothèques dont leurs biens sont grevés et, à cet effet, de requérir eux-mêmes, sans aucun délai, inscription aux bureaux à ce établis sur les immeubles à eux appartenant, et sur ceux qui pourront leur appartenir par la suite.

Les maris et les tuteurs qui, ayant manqué de requérir et de faire faire les inscriptions ordonnées par le présent article, auraient consenti ou laissé prendre des privilèges ou des hypothèques sur leurs immeubles, sans déclarer expressément que lesdits immeubles étaient affectés à l'hypothèque légale des femmes et des mineurs, seront réputés stellionataires, *et, comme tels, contraignables par corps.*

2137. Les subrogés tuteurs seront tenus, sous leur responsabilité personnelle, et sous peine de tous dommages et intérêts de veiller à ce que les inscriptions soient prises sans délai sur les biens du tuteur, pour raison de sa gestion, même de faire faire lesdites inscriptions.

## VIERTER ABSCHNITT.

### Rangordnung der Hypotheken untereinander.

2134. Unter den Gläubigern hat die Hypothek, mag sie eine gesetzliche, gerichtliche oder vertragsmäßige sein, erst Rang von dem Tage an, an welchem der Gläubiger die Eintragung in die Register des Hypothekenbewahrers in der in dem Gesetze vorgeschriebenen Form und Weise bewirkt hat, vorbehaltlich der in dem folgenden Artikel enthaltenen Ausnahmen.

2135. Die Hypothek besteht unabhängig von jeder Eintragung:

1. zu Gunsten der Minderjährigen und Entmündigten an den ihrem Vormunde gehörenden Liegenschaften wegen der Forderungen aus der Geschäftsführung desselben von dem Tage an, da er die Vormundschaft angenommen hat;

2. zu Gunsten der Ehefrauen wegen ihres Heiratsgutes und ihrer Eheberedungen an den Liegenschaften ihres Mannes, und zwar von dem Tage der Eheschließung an.

Die Frau hat wegen der zum Heiratsgut gehörenden Gelder, welche aus Erbschaften oder Schenkungen herrühren, die ihr während der Ehe angefallen oder gemacht worden sind, erst von dem Tage an eine Hypothek, da die Erbschaften eröffnet worden sind oder die Schenkungen Wirkung erlangt haben.

Sie hat wegen der Vergütung für die mit ihrem Manne gemachten Schulden und wegen der Wiederanlegung ihrer veräußerten Sondergüter erst eine Hypothek von dem Tage der Verbindlichkeit oder des Verkaufes an.

In keinem Falle kann die Bestimmung dieses Artikels den Rechten zum Nachteile gelangen, welche Dritte vor der Verkündigung dieses Titels erworben haben.

2136. Die Ehemänner und Vormünder sind jedoch verpflichtet, die auf ihren Gütern haftenden Hypotheken zur öffentlichen Kenntnis zu bringen und zu diesem Zwecke die Eintragung auf die Liegenschaften, welche ihnen gehören, und auf diejenigen, welche ihnen in der Folge etwa gehören, auf dem hierzu errichteten Amte unverzüglich selbst nachzusuchen.

Ehemänner und Vormünder, welche die in diesem Artikel vorgeschriebenen Eintragungen nachzusuchen und bewirken zu lassen versäumt haben und Vorzugsrechte oder Hypotheken an ihren Liegenschaften bestellen oder von andern nehmen lassen, ohne ausdrücklich zu erklären, daß auf diesen Liegenschaften die gesetzliche Hypothek der Frauen oder der Minderjährigen hafte, sind als des Trughandels schuldig anzusehen *und als solche der Schuldhaft unterworfen.*

2137. Die Gegenvormünder sind unter persönlicher Verantwortung und bei Strafe des Schadensersatzes verpflichtet, darauf zu achten, daß die Eintragungen auf die Güter des Vormundes wegen der Geschäftsführung desselben unverzüglich geschehen; sie sind sogar verpflichtet, diese Eintragungen bewirken zu lassen.

2138. A défaut par les maris, tuteurs, subrogés tuteurs, de faire faire les inscriptions ordonnées par les articles précédents, elles seront requises par le procureur du Roi [*le procureur de la République*] près le tribunal de première instance du domicile des maris et tuteurs, ou du lieu de la situation des biens.

2139. Pourront les parents, soit du mari, soit de la femme, et les parents du mineur, ou, à défaut de parents, ses amis requérir lesdites inscriptions; elles pourront aussi être requises par la femme et par les mineurs.

2140. Lorsque, dans le contrat de mariage, les parties majeures seront convenues qu'il ne sera pris d'inscription que sur un ou certains immeubles du mari, les immeubles qui ne seraient pas indiqués pour l'inscription resteront libres et affranchis de l'hypothèque pour la dot de la femme et pour ses reprises et conventions matrimoniales. Il ne pourra pas être convenu qu'il ne sera pris aucune inscription.

2141. Il en sera de même pour les immeubles du tuteur, lorsque les parents, en conseil de famille, auront été d'avis qu'il ne soit pris d'inscription que sur certains immeubles.

2142. Dans le cas des deux articles précédents, le mari, le tuteur et le subrogé tuteur, ne seront tenus de requérir inscription que sur les immeubles indiqués.

2143. Lorsque l'hypothèque n'aura pas été restreinte par l'acte de nomination du tuteur, celui-ci pourra, dans le cas où l'hypothèque générale sur ses immeubles excéderait notoirement les sûretés suffisantes pour sa gestion, demander que cette hypothèque soit restreinte aux immeubles suffisants pour opérer une pleine garantie en faveur du mineur.

La demande sera formée contre le subrogé tuteur, et elle devra être précédée d'un avis de famille.

2144. Pourra pareillement le mari, du consentement de sa femme, et après avoir pris l'avis des quatre plus proches parents d'icelle, réunis en assemblée de famille, demander que l'hypothèque générale sur tous les immeubles, pour raison de la dot, des reprises et conventions matrimoniales, soit restreinte aux immeubles suffisants pour la conservation entière des droits de la femme.

2145. Les jugements sur les demandes des maris et des tuteurs ne seront rendus qu'après avoir entendu le procureur du Roi [*le procureur de la République*], et contradictoirement avec lui.

2138. Wenn die Ehemänner, Vormünder und Gegenvormünder die in den vorstehenden Artikeln vorgeschriebenen Eintragungen bewirken zu lassen versäumen, so sind dieselben vom Prokurator des Königs (*Prokurator der Republik*) bei dem Gericht erster Instanz des Wohnsitzes der Ehemänner und Vormünder oder von demjenigen des Ortes, wo die Liegenschaften gelegen sind, zu erwirken.

2139. Die Verwandten des Mannes oder der Frau und die Verwandten des Minderjährigen oder in deren Ermangelung dessen Freunde können die erwähnten Eintragungen beantragen; dieselben können auch von der Frau und von dem Minderjährigen nachgesucht werden.

2140. Haben in dem Ehevertrage die volljährigen Parteien vereinbart, daß die Eintragung nur auf eine oder auf einzelne Liegenschaften des Mannes erfolgen solle, so bleiben die Liegenschaften, welche für die Eintragung nicht bestimmt worden sind, völlig frei von der Hypothek wegen des Heiratsgutes der Frau und wegen deren Ersatzforderungen und Eheberedungen. Es kann nicht ausbedungen werden, daß gar keine Eintragung stattfinden solle.

2141. Das Gleiche gilt von den Liegenschaften des Vormundes, wenn die Verwandten in dem Familienrate beschlossen haben, daß die Eintragung nur auf einzelne Liegenschaften erfolgen solle.

2142. In dem Falle der beiden vorstehenden Artikel sind der Ehemann, der Vormund und der Gegenvormund nur verpflichtet, die Eintragung auf die bezeichneten Liegenschaften nachzusuchen.

2143. Wenn die Hypothek nicht in der Ernennungsurkunde des Vormundes eingeschränkt worden ist, so kann dieser, falls die allgemeine Hypothek an seinen Liegenschaften offenkundig mehr als eine ausreichende Sicherheit wegen seiner Geschäftsführung bietet, verlangen, daß diese Hypothek auf so viele Liegenschaften beschränkt werde, als zur vollständigen Sicherstellung des Minderjährigen hinreichen.

Die Klage muß gegen den Gegenvormund gerichtet werden und derselben muß ein Gutachten des Familienrates vorausgehen.

2144. In gleicher Weise kann der Mann mit Einwilligung seiner Frau und nach Einholung eines Gutachtens der vier nächsten zu einer Familienberatung versammelten Verwandten der letzteren beantragen, daß die allgemeine Hypothek an allen seinen Liegenschaften wegen des Heiratsgutes, der Ersatzforderungen und der Eheberedungen auf so viele Liegenschaften beschränkt werde, als zur vollständigen Wahrung der Rechte der Frau hinreichen.

2145. Die Urteile, welche auf die Klagen der Ehemänner und Vormünder ergehen, dürfen nur nach Anhörung des Prokurators des Königs (*Prokurators der Republik*) und kontradiktorisch mit demselben erlassen werden.

Dans le cas où le tribunal prononcera la réduction de l'hypothèque à certains immeubles, les inscriptions prises sur tous les autres seront rayées.

## CHAPITRE IV.

### Du mode de l'inscription des privilèges et hypothèques.

**2146.** Les inscriptions se font au bureau de conservation des hypothèques dans l'arrondissement duquel sont situés les biens soumis au privilège ou à l'hypothèque. Elles ne produisent aucun effet si elles sont prises dans le délai pendant lequel les actes faits avant l'ouverture des faillites sont déclarés nuls.

Il en est de même entre les créanciers d'une succession, si l'inscription n'a été faite par l'un d'eux que depuis l'ouverture, et dans le cas où la succession n'est acceptée que par bénéfice d'inventaire.

**2147.** Tous les créanciers inscrits le même jour exercent en concurrence une hypothèque de la même date, sans distinction entre l'inscription du matin et celle du soir, quand cette différence serait marquée par le conservateur.

**2148.** Pour opérer l'inscription, le créancier représente, soit par lui-même, soit par un tiers, au conservateur des hypothèques, l'original ou une expédition authentique du jugement ou de l'acte qui donne naissance au privilège ou à l'hypothèque. Peuvent être requises toutefois, sans communication de titres, les inscriptions de réparations de patrimoines établies par l'article 2111 et les inscriptions d'hypothèques légales.

Il y joint deux bordereaux absolument conformes, dont un décret déterminera l'aspect extérieur, ainsi que le type et le coût du papier fourni par l'administration aux frais des requérants sur lequel ils seront soit manuscrits, soit imprimés, à peine de rejet obligatoire pour le conservateur. Les deux bordereaux sont également, à peine de rejet, signés par le requérant ou son représentant et certifiés exactement collationés.

Au cas où l'inscrivant ne se serait pas servi du modèle type, le conservateur sera néanmoins tenu de prendre l'inscription, qui sera valable. Mais il mettra l'inscrivant en demeure, par un simple avis recommandé, d'avoir à substituer aux bordereaux, irréguliers en la forme, des bordereaux réglementaires, dans la quinzaine de la date d'avis, sous peine d'une amende de cent (100) francs au profit du Trésor.

Spricht das Gericht die Minderung der Hypothek auf einzelne Liegenschaften aus, so sind die auf alle übrigen erfolgten Eintragungen zu löschen.

## VIERTES KAPITEL.

### Art und Weise der Eintragung der Vorzugsrechte und Hypotheken.

**2146.** Die Eintragungen erfolgen auf dem Hypothekenamte desjenigen Bezirkes, in welchem die dem Vorzugsrechte oder der Hypothek unterworfenen Güter gelegen sind. Sie sind unwirksam, wenn sie in dem Zeitraum erfolgten, während dessen die vor Eröffnung eines Konkurses vorgenommenen Rechtshandlungen für nichtig erklärt sind.

Das Gleiche gilt unter den Gläubigern einer Erbschaft, wenn einer derselben erst nach deren Eröffnung die Eintragung bewirkt hat und die Erbschaft nur unter der Rechtswohltat des Inventars angenommen worden ist.

**2147.** Alle an demselben Tage eingetragenen Gläubiger haben zusammen eine Hypothek von demselben Datum ohne Unterschied zwischen der Eintragung, welche am Morgen, und derjenigen, welche am Abend geschehen ist, selbst wenn der Hypothekenbewahrer diesen Unterschied vermerkt haben sollte.

**2148.** Um die Eintragung zu bewirken, hat der Gläubiger entweder in Person oder durch einen Dritten dem Hypothekenbewahrer die ihm ausgehändigte Urschrift oder eine beglaubigte Ausfertigung des Urteils oder der Urkunde, welche das Vorzugsrecht oder die Hypothek begründen, einzureichen. Die Einschreibungen der Absönderung des Vermögens, die durch Artikel 2111 bestimmt sind und die Einschreibungen der gesetzlichen Hypotheken können jedoch ohne Mitteilung der Titel beantragt werden.

Er hat zwei unbedingt gleichlautende Eintragungsgesuche (bordereaux) beizufügen, deren äußere Beschaffenheit durch Dekret bestimmt wird ebenso die Art und der Preis des von der Verwaltung auf Kosten der Ersuchenden gelieferten Papieres, auf welches die Einschreibungsgesuche handschriftlich oder gedruckt vorzunehmen sind bei Strafe der obligatorischen Zurückweisung für den Hypothekenbewahrer. Die beiden Bordereaux sind bei Strafe der Zurückweisung gleichmäßig von dem Antragsteller oder seinem Vertreter zu unterzeichnen und müssen die Bescheinigung enthalten, daß sie richtig kollationniert sind.

Falls der Einschreibende sich nicht des vorgeschriebenen Musters bedient haben sollte, so hat der Hypothekenbewahrer trotzdem die Einschreibung vorzunehmen, die gültig ist. Aber er setzt den Einschreibenden durch eine gewöhnliche eingeschriebene Benachrichtigung in Verzug, die in der Form unregelmäßigen Bordereaux durch vorschriftsmäßige Bordereaux innerhalb fünfzehn Tagen vom Datum der Benachrichtigung ab, zu ersetzen bei Strafe einer Geldbuße von hundert Franken (100 fr.) zu Gunsten der Staatskasse.

Chacun des bordereaux contient exclusivement:

1° Les noms, prénoms, domicile du créancier, sa profession s'il en a une; s'il s'agit d'une société, la raison sociale et le siège, et l'élection d'un domicile dans un lieu quelconque du ressort du tribunal civil de première instance de la situation des biens;

2° Tous les noms et prénoms du débiteur, dans l'ordre de l'état civil, son domicile, la date et lieu de naissance, sa profession, s'il en a une connue, et s'il s'agit d'une société, la raison sociale et le siège. L'indication des prénoms du débiteur, dans l'ordre de l'état civil, de la date et lieu de naissance, n'est pas applicable aux inscriptions d'hypothèque judiciaire;

3° La date et la nature du titre qui a donné naissance au privilège ou à l'hypothèque; et, au cas où le requérant est légalement dispensé de la représentation d'un titre, les bordereaux énoncent la cause et la nature de la créance;

4° Le capital de la créance, ses accessoires et l'époque d'exigibilité. Sauf dispense légale, le requérant doit évaluer les rentes, prestations, droits indéterminés; et, si les droits sont éventuels ou conditionnels, indiquer sommairement l'événement ou la condition dont dépend l'existence de la créance;

5° L'indication de l'espèce et de la situation des biens sur lesquels il entend conserver son privilège ou son hypothèque, et, en outre, l'indication des numéros et sections du cadastre. Lorsque des immeubles compris sous un même numéro cadastral feront l'objet d'un lotissement ou d'un partage ou licitation amiable ou judiciaire, il sera annexé au contrat ou au cahier des charges un plan de morcellement à l'échelle du plan cadastral, certifié par les parties, ainsi que, le cas échéant, le procès-verbal de bornage, ces pièces étant, dans tous les cas, affranchies des droits de timbre et dispensées d'enregistrement. L'inscription prise en vertu du titre devra énoncer les nouveaux numéros correspondant aux divisions du plan de morcellement.

La disposition du paragraphe précédent n'est pas nécessaire dans le cas des hypothèques légales ou judiciaires; à défaut de convention, une seule inscription, pour ces hypothèques, frappe tous les immeubles compris dans l'arrondissement du bureau.

L'omission dans les bordereaux d'une ou de plusieurs des énonciations prescrites tant par le présent article que par l'article 2153 ci-après n'entraînera nullité de l'inscription que lorsqu'il en résultera un préjudice au détriment des tiers.

La nullité ne pourra être demandée que par ceux auxquels l'omission ou l'irrégularité

Jedes der Bordereaux hat nur zu enthalten:

1. Name, Vornamen, Wohnort des Gläubigers, seinen Beruf, falls er einen hat; handelt es sich um eine Gesellschaft, deren Firma und Sitz, und die Erwählung eines Wohnsitzes an irgend einem Orte in dem Bezirke des Zivilgerichts erster Instanz des Ortes wo die Güter gelegen sind;

2. alle Namen und Vornamen des Schuldners in der Reihenfolge des Standesamtes, seinen Wohnsitz, Datum und Ort der Geburt, seinen Beruf, wenn er einen bekannten hat, und wenn es sich um eine Gesellschaft handelt, deren Firma und Sitz. Die Angaben der Vornamen des Schuldners in der Reihenfolge des Standesamtes, des Datums und Ortes der Geburt ist zur Einschreibung gerichtlicher Hypotheken nicht erforderlich;

3. Datum und Natur des Titels, der das Vorzugsrecht oder die Hypothek begründet; und in dem Falle, in dem der Antragsteller von der Vorlage eines Titels gesetzlich entbunden ist, haben die Bordereaux Grund und Natur der Forderung anzugeben;

4. die Hauptsumme der Forderung, die Nebenforderungen und die Zeit der Fälligkeit. Ausgenommen, bei gesetzlicher Befreiung, hat der Antragsteller die Renten, Leistungen, unbestimmten Rechte zu veranschlagen; und wenn die Rechte eventuelle oder bedingte sind, hat er summarisch das Ereignis oder die Bedingung, von denen das Bestehen der Forderung abhängt, anzugeben;

5. die Angabe der Art und der Lage der Grundstücke, die er mit seinem Vorzugsrechte oder seiner Hypothek belasten will, und außerdem, die Angabe der Nummern und Sectionen des Katasters. Bilden die unter einer Katasternummer eingetragenen Grundstücke Gegenstand einer Loseinteilung oder einer Teilung oder einer freiwilligen oder gerichtlichen Teilungsversteigerung, so ist dem Vertrag oder dem Lastenheft ein von den Parteien bescheinigter Teilungsplan im Maßstabe des Katasterplanes beizufügen, ebenso, vorkommendenfalls, das Vermarkungsprotokoll; diese Schriftstücke sind in allen Fällen von Stempelgebühren und Registrierung befreit. Die auf Grund des Titels vorgenommene Einschreibung soll die neuen, den Einteilungen des Teilungsplanes entsprechenden Nummern angeben.

Die Beobachtung dieser Bestimmung des vorhergehenden Paragraphen ist bei gesetzlichen oder gerichtlichen Hypotheken nicht erforderlich; mangels einer besonderen Vereinbarung erstreckt sich bei diesen Hypotheken eine einzige Eintragung auf alle in dem Bezirke des Amtes gelegenen Liegenschaften.

Die Unterlassung in den Bordereaux einer oder mehrerer durch gegenwärtigen Artikel und dem nachfolgenden Art. 2153 vorgeschriebenen Angaben zieht die Nichtigkeit der Einschreibung nur dann nach sich, wenn daraus ein Nachteil zum Schaden Dritter entsteht.

Die Nichtigkeit kann nur von denjenigen verlangt werden, denen die Unterlassung oder

porterait préjudice, et les tribunaux pourront selon la nature et l'étendue du préjudice, annuler l'inscription ou en réduire l'effet.

2149. Les inscriptions à faire sur les biens d'une personne décédée, pourront être faites sur la simple désignation du défunt, ainsi qu'il est dit au n⁰ 2 de l'article précédent.

2150. Le conservateur fait mention, sur le registre prescrit par l'article 2200 ci-après, du dépôt des bordereaux et remet au requérant tant le titre ou l'expédition du titre que l'un des bordereaux, au pied duquel il mentionne la date du dépôt, le volume et le numéro sous lesquels le bordereau destiné aux archives a été classé.

La date de l'inscription est déterminée par la mention portée sur le registre des dépôts.

Les bordereaux destinés aux archives seront reliés sans déplacement par les soins et aux frais des conservateurs.

2151. Le créancier privilégié dont le titre a été inscrit ou transcrit, ou le créancier hypothécaire inscrit pour un capital produisant intérêts ou arrérages, a le droit d'être colloqué pour trois années seulement au même rang que le principal, sans préjudice des inscriptions particulières à prendre, portant hypothèque à compter de leur date pour les intérêts et arrérages autres que ceux conservés par la transcription ou l'inscription primitive.

2152. Il est loisible à celui qui a requis une inscription ainsi qu'à ses représentants ou cessionnaires par acte authentique de changer au bureau des hypothèques le domicile par lui élu dans cette inscription, à la charge d'en choisir et indiquer un autre dans le ressort du tribunal civil de première instance de la situation des biens.

2153. Les droits d'hypothèque purement légale de l'Etat, des communes et des établissements publics sur les biens des comptables, ceux des mineurs ou interdits sur les tuteurs, des femmes mariées sur leurs époux, seront inscrits sur le dépôt de deux bordereaux établis conformément aux prescriptions du deuxième alinéa de l'article 2148, à peine de rejet obligatoire.

Chacun des bordereaux contient exclusivement:
1⁰ Les nom, prénoms, domicile du créancier, sa profession s'il en a une, et l'élection d'un domicile pour lui dans un lieu quelconque du ressort du tribunal civil de première instance de la situation des biens;

Unregelmäßigkeit zum Schaden gereicht und die Gerichte können je nach der Natur und dem Umfange des Schadens die Einschreibung für nichtig erklären oder ihre Wirkung einschränken.

2149. Eintragungen, welche auf die Güter einer verstorbenen Person vorzunehmen sind, können unter der bloßen Bezeichnung des Verstorbenen erfolgen, so wie dies unter Nr. 2 des vorstehenden Artikels bestimmt ist.

2150. Der Hypothekenbewahrer vermerkt in dem durch nachstehenden Art. 2200 vorgeschriebenen Register die Hinterlegung der Bordereaux und gibt dem Gesuchsteller sowohl den Titel oder die Ausfertigung des Titels als auch einer der Bordereaux zurück, am Schlusse desselben er das Datum der Hinterlegung, den Band und die Nummer vermerkt, unter welchen das für das Archiv bestimmte Bordereau eingetragen ist.

Das Einschreibungsdatum ist bestimmt durch den im Hinterlegungsregister eingetragenen Vermerk.

Die für die Archive bestimmten Bordereaux sind an Ort und Stelle auf Anordnung des Hypothekenbewahrers und auf dessen Kosten zu heften.

2151. Der vorzugsberechtigte Gläubiger, dessen Titel eingeschrieben oder überschrieben worden ist, oder der Hypothekargläubiger, der für ein Zinsen oder Renten tragendes Kapital eingeschrieben ist, hat nur für drei Jahre ein Recht auf Anweisung im gleichen Range wie die Hauptforderung. Die besonderen Eintragungen, welche er wegen anderer, als der durch die erste Einschreibung oder Ueberschreibung gewährten Zinsen und Rückstände nehmen kann, bleiben vorbehalten; dieselben begründen eine Hypothek von dem Tage ihres Datums an.

2152. Es steht demjenigen, welcher eine Einschreibung beantragt hat, oder seinen Vertretern oder Cessionaren frei, durch öffentliche Urkunde beim Hypothekenamt den von ihm bei dieser Einschreibung gewählten Wohnsitz zu ändern mit der Verpflichtung im Bezirke des Gerichts erster Instanz bes Ortes der Güter einen andern zu erwählen und anzugeben.

2153. Die nur auf dem Gesetze beruhenden Hypothekenrechte des Staates, der Gemeinden und der öffentlichen Anstalten auf die Güter der rechnungspflichtigen Beamten; diejenigen der Minderjährigen oder Entmündigten gegen die Vormünder, der verheirateten Frauen gegen ihre Männer werden auf die Hinterlegung zweier Bordereaux hin eingeschrieben, die, bei Strafe der obligatorischen Abweisung, in Gemäßheit der Vorschriften des zweiten Absatzes des Art. 2148 aufzustellen sind.

Jedes der Bordereaux hat nur zu enthalten:

1. Name, Vornamen, Wohnsitz des Gläubigers, sein Beruf, falls er einen hat, und die Erwählung eines Wohnsitzes für ihn in irgend einem Orte des Bezirks des Gerichts erster Instanz des Ortes, wo die Güter gelegen sind;

2⁰ L'indication du débiteur, telle qu'elle est prescrite par l'article 2148, n⁰ 2 ;

3⁰ La nature des droits à conserver et le montant de la valeur quant aux objets déterminés, sans être tenu de le fixer quant à ceux qui sont conditionnels, éventuels ou indéterminés.

2154. Les inscriptions conservent l'hypothèque et le privilège pendant dix années, à compter du jour de leur date; leur effet cesse, si ces inscriptions n'ont été renouvelées avant l'expiration de ce délai.

2155. Les frais des inscriptions sont à la charge du débiteur, s'il n'y a stipulation contraire; l'avance en est faite par l'inscrivant, si ce n'est quant aux hypothèques légales, pour l'inscription desquelles le conservateur a son recours contre le débiteur. Les frais de la transcription, qui peut être requise par le vendeur, sont à la charge de l'acquéreur.

2156. Les actions auxquelles les inscriptions peuvent donner lieu contre les créanciers, seront intentées devant le tribunal compétent, par exploits faits à leur personne, ou au dernier des domiciles élus sur le registre, et ce, nonobstant le décès soit des créanciers, soit de ceux chez lesquels ils auront fait élection de domicile.

CHAPITRE V.

**De la radiation et réduction des inscriptions.**

2157. Les inscriptions sont rayées du consentement des parties intéressées et ayant capacité à cet effet, ou en vertu d'un jugement en dernier ressort ou passé en force de chose jugée.

2158. Dans l'un et l'autre cas, ceux qui requièrent la radiation déposent au bureau du conservateur l'expédition de l'acte authentique portant consentement, ou celle du jugement.

2159. La radiation non consentie est demandée au tribunal dans le ressort duquel l'inscription a été faite, si ce n'est lorsque cette inscription a eu lieu pour sûreté d'une condamnation éventuelle ou indéterminée, sur l'exécution ou liquidation de laquelle le débiteur et le créancier prétendu sont en instance ou doivent être jugés dans un autre tribunal; auquel cas la demande en radiation doit y être portée ou renvoyée.

Cependant la convention faite par le créancier et le débiteur, de porter, en cas de contestation, la demande à un tribunal qu'ils auraient désigné, recevra son exécution entre eux.

2160. La radiation doit être ordonnée par les tribunaux, lorsque l'inscription a été faite

2. die Bezeichnung des Schuldners, so wie sie im Art. 2148 Nr. 2 vorgeschrieben ist;

3. die Art der zu wahrenden Rechte und den Betrag ihres Wertes, wenn die Gegenstände bestimmt sind; bei bedingten, eventuellen oder unbestimmten Rechten ist die Festsetzung desselben nicht erforderlich.

2154. Die Eintragung wahrt die Hypothek und das Vorzugsrecht auf zehn Jahre von dem Tage ihres Datums an gerechnet; sie verliert ihre Wirkung, wenn sie nicht vor Ablauf dieser Frist erneuert worden ist.

2155. Die Kosten der Eintragung fallen dem Schuldner zur Last, wenn nicht eine entgegenstehende Vereinbarung getroffen worden ist; sie sind von demjenigen, welcher die Eintragung nachsucht, vorzuschießen, ausgenommen bei gesetzlichen Hypotheken, wegen deren Eintragung dem Hypothekenbewahrer ein Rückgriff gegen den Schuldner zusteht. Die Kosten einer vom Verkäufer beantragten Ueberschreibung fallen dem Erwerber zur Last.

2156. Die Klage gegen die Gläubiger, zu welchen die Eintragungen etwa Veranlassung geben, sind bei dem zuständigen Gerichte durch Gerichtsvollzieherurkunde zu erheben, welche ihnen in Person oder an dem im Hypothekenregister gewählten Wohnsitze zuzustellen ist, und zwar dieses selbst dann, wenn die Gläubiger oder diejenigen, bei welchen sie ihren Wohnsitz gewählt hatten, inzwischen gestorben sein sollten.

FÜNFTES KAPITEL.

**Löschung und Minderung der Einschreibungen.**

2157. Die Eintragungen werden gelöscht auf Grund der Bewilligung der Beteiligten, welche die dazu erforderliche Fähigkeit besitzen, oder kraft eines in letzter Instanz ergangenen oder rechtskräftig gewordenen Urteils.

2158. In dem einen und dem andern Falle hinterlegen diejenigen, welche die Löschung beantragen, die Ausfertigung der öffentlichen Bewilligungsurkunde oder des Urteils auf dem Hypothekenamte.

2159. Wird die Löschung nicht bewilligt, so ist dieselbe beim Gericht zu beantragen, in dessen Bezirk die Eintragung geschehen ist; ausgenommen, wenn die Eintragung zur Sicherung einer eventuellen oder unbestimmten Verurteilung stattgefunden hat, über deren Vollstreckung oder Feststellung der Schuldner und der angebliche Gläubiger bei einem andern Gerichte in Prozeß befindlich sind oder den Prozeß anstrengen müssen; in diesem Falle muß die Klage auf Löschung bei diesem Gerichte erhoben oder an dasselbe verwiesen werden.

Eine zwischen dem Gläubiger und dem Schuldner getroffene Vereinbarung, daß im Falle eines Streites die Klage bei einem von ihnen bestimmten Gerichte erhoben werden solle, ist jedoch unter ihnen einzuhalten.

2160. Auf Löschung muß von den Gerichten erkannt werden, wenn die Eintragung er-

sans être fondée ni sur la loi, ni sur un titre, ou lorsqu'elle l'a été en vertu d'un titre soit irrégulier, soit éteint ou soldé, ou lorsque les droits de privilège ou d'hypothèque sont effacés par les voies légales.

2161. Toutes les fois que les inscriptions prises par un créancier qui, d'après la loi, aurait droit d'en prendre sur les biens présents ou sur les biens à venir d'un débiteur, sans limitation convenue, seront portées sur plus de domaines différents qu'il n'est nécessaire à la sûreté des créances, l'action en réduction des inscriptions, ou en radiation d'une partie en ce qui excède la proportion convenable, est ouverte au débiteur. On y suit les règles de compétence établies dans l'article 2159.

La disposition du présent article ne s'applique pas aux hypothèques conventionnelles.

2162. Sont réputées excessives les inscriptions qui frappent sur plusieurs domaines, lorsque la valeur d'un seul ou de quelques-uns d'entre eux excède de plus d'un tiers en fonds libres le montant des créances en capital et accessoires légaux.

2163. Peuvent aussi être réduites comme excessives, les inscriptions prises d'après l'évaluation faite par le créancier, des créances qui, en ce qui concerne l'hypothèque à établir pour leur sûreté, n'ont pas été réglées par la convention, et qui, par leur nature, sont conditionnelles, éventuelles ou indéterminées.

2164. L'excès, dans ce cas, est arbitré par les juges, d'après les circonstances, les probabilités des chances et les présomptions de fait, de manière à concilier les droits vraisemblables du créancier avec l'intérêt du crédit raisonnable à conserver au débiteur, sans préjudice des nouvelles inscriptions à prendre avec hypothèque du jour de leur date, lorsque l'événement aura porté les créances indéterminées à une somme plus forte.

2165. La valeur des immeubles dont la comparaison est à faire avec celle des créances et le tiers en sus, est déterminée par quinze fois la valeur du revenu déclaré par la matrice du rôle de la contribution foncière, ou indiqué par la cote de contribution sur le rôle, selon la proportion qui existe dans les communes de la situation entre cette matrice ou cette cote et le revenu, pour les immeubles non sujets à dépérissement, et dix fois cette valeur pour ceux qui y sont sujets. Pourront néanmoins les juges s'aider, en outre,

folgt ist, ohne daß sie auf das Gesetz oder auf einen Titel gegründet war; oder wenn sie auf Grund eines unregelmäßigen, erloschenen oder quittierten Titels erfolgt ist, oder wenn die Vorzugsrechte oder Hypothekenrechte aus einem gesetzlichen Grunde erloschen sind.

2161. So oft ein Gläubiger, welcher gesetzlich berechtigt ist, auf die gegenwärtigen oder auf die zukünftigen Güter des Schuldners eine Eintragung zu erwirken, diese Eintragung, ohne daß eine Beschränkung durch Vereinbarung stattgefunden hat, auf verschiedene Besitzungen, und zwar auf mehr als zur Sicherung der Forderung notwendig ist, erwirkt hat, so steht dem Schuldner eine Klage zu auf Minderung der Eintragungen oder auf Löschung eines Teiles derselben, insoweit das billige Maß überschritten worden ist.

In Bezug auf die Zuständigkeit sind hierbei die im Artikel 2159 aufgestellten Bestimmungen zu befolgen.

Die Bestimmung des gegenwärtigen Artikels findet auf vertragsmäßige Hypotheken keine Anwendung.

2162. Als übermäßig gelten Eintragungen, welche auf mehrere Besitzungen genommen sind, wenn der Wert einer einzigen oder einiger derselben an freiem Eigentum den Betrag der Forderung an Kapital und gesetzlichen Nebenforderungen um mehr als ein Dritel übersteigt.

2163. Als übermäßig können ferner die gemäß einer von dem Gläubiger gemachten Schätzung bewirkten Eintragungen von Forderungen gemindert werden, welche in Ansehung der zu ihrer Sicherheit zu bestellenden Hypothek durch den Vertrag nicht bestimmt worden und ihrer Natur nach bedingt, eventuell oder unbestimmt sind.

2164. Das Uebermaß ist in diesem Falle durch richterliches Ermessen nach den Umständen, nach der Wahrscheinlichkeit des künftigen Ausganges und nach den tatsächlichen Vermutungen in der Art zu bestimmen, daß ein Ausgleich zwischen den wahrscheinlichen Ansprüchen des Gläubigers und dem Interesse dem Schuldner einen billigen Kredit zu erhalten, getroffen wird; dem Gläubiger bleibt dabei unbenommen, neue Eintragungen vornehmen zu lassen, wenn es sich herausstellt, daß die unbestimmten Forderungen eine größere Summe betragen, und begründen erstere alsdann eine Hypothek von dem Tage ihres Datums an.

2165. Der Wert der Liegenschaften, der mit dem um ein Drittel zu vermehrenden Betrage der Forderungen zu vergleichen ist, wird bei Liegenschaften, welche keiner Entwertung ausgesetzt sind, nach dem fünfzehnten, und bei Liegenschaften, welche einer Entwertung ausgesetzt sind, nach dem zehnfachen Werte des Ertrags bestimmt, welcher in der Mutterrolle der Grundsteuer angegeben ist, oder aus dem Steueransatze auf der Heberolle nach dem in den Gemeinden, wo die Güter gelegen sind, zwischen dieser

dès éclaircissements qui peuvent résulter des baux non suspects, des procès-verbaux d'estimation qui ont pu être dressés précédemment à des époques rapprochées, et autres actes semblables, et évaluer le revenu au taux moyen entre les résultats de ces divers renseignements.

## CHAPITRE VI.

### De l'effet des privilèges et hypothèques contre les tiers détenteurs.

2166. Les créanciers ayant privilège ou hypothèque inscrite sur un immeuble, le suivent en quelques mains qu'il passe, pour être colloqués et payés suivant l'ordre de leurs créances ou inscriptions.

2167. Si le tiers détenteur ne remplit pas les formalités qui seront ci-après établies, pour purger sa propriété, il demeure, par l'effet seul des inscriptions, obligé comme détenteur à toutes les dettes hypothécaires, et jouit des termes et délais accordés au débiteur originaire.

2168. Le tiers détenteur est tenu, dans le même cas, ou de payer tous les intérêts et capitaux exigibles, à quelque somme qu'ils puissent monter, ou de délaisser l'immeuble hypothéqué, sans aucune réserve.

2169. Faute par le tiers détenteur de satisfaire pleinement à l'une de ces obligations, chaque créancier hypothécaire a droit de faire vendre sur lui l'immeuble hypothéqué, trente jours après commandement fait au débiteur originaire, et sommation faite au tiers détenteur de payer la dette exigible ou de délaisser l'héritage.

2170. Néanmoins le tiers détenteur qui n'est pas personnellement obligé à la dette, peut s'opposer à la vente de l'héritage hypothéqué qui lui a été transmis, s'il s'est demeuré d'autres immeubles hypothéqués à la même dette dans la possession du principal ou des principaux obligés, et en requérir la discussion préalable selon la forme réglée au titre *Du cautionnement:* pendant cette discussion, il est sursis à la vente de l'héritage hypothéqué.

2171. L'exception de discussion ne peut être opposée au créancier privilégié ou ayant hypothèque spéciale sur l'immeuble.

2172. Quant au délaissement par hypothèque, il peut être fait par tous les tiers détenteurs qui ne sont pas personnellement obligés à la dette, et qui ont la capacité d'aliéner.

Mutterrolle oder diesem Steueransatze und dem Ertrage bestehenden Verhältnisse sich ergibt. Die Richter können jedoch außerdem diejenigen Aufklärungen, welche unverdächtige Mietverträge, vor nicht langer Zeit aufgenommene Schätzungsprotokolle und andere ähnliche Urkunden etwa darbieten, zu Hilfe nehmen und die Erträgnisse nach dem aus diesen verschiedenen Auskünften sich ergebenden Durchschnitte abschätzen.

## SECHSTES KAPITEL.

### Wirkung der Vorzugsrechte und Hypotheken gegen Drittbesitzer.

2166. Die Gläubiger, welche ein Vorzugsrecht oder eine Hypothek haben, die auf eine Liegenschaft eingetragen ist, können sich an letztere halten, in wessen Hände sie auch übergehen mag, um nach der Rangordnung ihrer Forderungen oder Eintragungen angewiesen und befriedigt zu werden.

2167. Wenn der Drittbesitzer die unten bestimmten Förmlichkeiten behufs Reinigung seines Eigentums nicht erfüllt, so bleibt er kraft der bloßen Eintragungen als Besitzer für alle hypotkekarischen Schulden verpflichtet und kommen ihm die Termine und Fristen, welche dem ursprünglichen Schuldner bewilligt worden sind, zugute.

2168. Der Drittbesitzer ist in diesem Falle verpflichtet, entweder alle fälligen Zinsen und Kapitalien, auf welche Summe sich dieselben auch belaufen mögen, zu bezahlen, oder die zur Hypothek gestellten Liegenschaft ohne irgend einen Vorbehalt aufzugeben.

2169. Kommt der Drittbesitzer einer dieser Verbindlichkeiten nicht vollständig nach, so hat jeder Hypothekargläubiger das Recht, die zur Hypothek gestellte Liegenschaft gegen ihn verkaufen zu lassen, nachdem er dem ursprünglichen Schuldner dreißig Tage vorher einen Zahlungsbefehl, sowie dem Drittbesitzer eine Aufforderung hat zustellen lassen, die fällige Schuld zu bezahlen oder das Grundstück aufzugeben.

2170. Der Drittbesitzer kann jedoch, wenn er zur Zahlung der Schuld nicht persönlich verpflichtet ist, gegen den Verkauf des zur Hypothek gestellten Grundstücks, welches auf ihn übergegangen ist, Einspruch erheben, falls in dem Besitze des ursprünglichen oder der ursprünglichen Schuldner andere für dieselbe Schuld zur Hypothek gestellte Liegenschaften verblieben sind; und die Vorausklage derselben nach der in dem Titel «Bürgschaft» bestimmten Form beantragen; während dieser Vorausklage bleibt der Verkauf des zur Hypothek gestellten Grundstückes ausgesetzt.

2171. Die Einrede der Vorausklage kann einem Gläubiger nicht entgegengesetzt werden, der an der Liegenschaft ein Vorzugsrecht oder eine besondere Hypothek hat.

2172. Das Aufgeben wegen der Hypotheken kann von jedem Drittbesitzer geschehen, welcher für die Schuld nicht persönlich verpflichtet und fähig ist, Veräußerungen vorzunehmen.

2173. Il peut l'être même après que le tiers détenteur a reconnu l'obligation ou subi condamnation en cette qualité seulement: le délaissement n'empêche pas que, jusqu'à l'adjudication, le tiers détenteur ne puisse reprendre l'immeuble en payant toute la dette et les frais.

2174. Le délaissement par hypothèque se fait au greffe du tribunal de la situation des biens; et il en est donné acte par ce tribunal.

Sur la pétition du plus diligent des intéressés, il est créé à l'immeuble délaissé un curateur sur lequel la vente de l'immeuble est poursuivie dans les formes prescrites pour les expropriations.

2175. Les détériorations qui procèdent du fait ou de la négligence du tiers détenteur, au préjudice des créanciers hypothécaires ou privilégiés, donnent lieu contre lui à une action en indemnité; mais il ne peut répéter ses impenses et améliorations que jusqu'à concurrence de la plus-value résultant de l'amélioration.

2176. Les fruits de l'immeuble hypothéqué ne sont dus par le tiers détenteur qu'à compter du jour de la sommation de payer ou de délaisser, et, si les poursuites commencées ont été abandonnées pendant trois ans, à compter de la nouvelle sommation qui sera faite.

2177. Les servitudes et droits réels que le tiers détenteur avait sur l'immeuble avant sa possession, renaissent après le délaissement ou après l'adjudication faite sur lui.

Ses créanciers personnels, après tous ceux qui sont inscrits sur les précédents propriétaires, exercent leur hypothèque à leur rang, sur le bien délaissé ou adjugé.

2178. Le tiers détenteur qui a payé la dette hypothécaire, ou délaissé l'immeuble hypothéqué, ou subi l'expropriation de cet immeuble, a le recours en garantie, tel que de droit, contre le débiteur principal.

2179. Le tiers détenteur qui veut purger sa propriété en payant le prix, observe les formalités qui sont établies dans le chapitre 8 du présent titre.

## CHAPITRE VII.

### De l'extinction des privilèges et hypothèques.

2180. Les privilèges et hypothèques s'éteignent:

1º Par l'extinction de l'obligation principal:

2º Par la renonciation du créancier à l'hypothèque:

---

2173. Es kann selbst dann noch geschehen, wenn der Drittbesitzer bloß als solcher die Verbindlichkeit anerkannt hat oder verurteilt worden ist. Das Aufgeben hindert den Drittbesitzer nicht, die Liegenschaften bis zum Zuschlage gegen Zahlung der ganzen Schuld und der Kosten zurückzunehmen.

2174. Das Aufgeben wegen der Hypothek hat auf der Gerichtsschreiberei des Gerichts der gelegenen Sache zu erfolgen, und dieses Gericht hat darüber Urkunde zu erteilen.

Auf Antrag des zuerst betreibenden Gläubigers ist für die aufgegebene Liegenschaft ein Pfleger zu bestellen, gegen welchen der Verkauf der Liegenschaft unter den für den Zwangsverkauf vorgeschriebenen Formen zu betreiben ist.

2175. Verschlechterungen, welche durch eine Handlung oder Nachlässigkeit des Drittbesitzers zum Nachteile der hypothekarischen oder vorzugsberechtigten Gläubiger verursacht worden sind, begründen gegen denselben eine Entschädigungsklage; dieser hingegen kann seine Verwendungen und Verbesserungen nur bis zum Betrage des aus der Verbesserung entstandenen Mehrwertes zurückfordern.

2176. Die Früchte der zur Hypothek gestellten Liegenschaft hat der Drittbesitzer nur von dem Tage an zu erstatten, an welchem die Aufforderung zu zahlen oder das Grundstück aufzugeben erlassen ist, und, wenn die eingeleiteten Verfolgungen drei Jahre hindurch nicht weiter betrieben worden sind, von dem Tage einer neuen Aufforderung an.

2177. Grunddienstbarkeiten und dingliche Rechte, welche dem Drittbesitzer vor seinem Besitze an der Liegenschaft zustanden, leben nach dem Aufgeben derselben oder nach dem gegen ihn erfolgten Zuschlage wieder auf.

Seine persönlichen Gläubiger können ihre Hypothek auf das aufgegebene oder zugeschlagene Gut ihrer Rangordnung nach geltend machen, jedoch erst nach allen denjenigen, welche eine Eintragung gegen den vorhergehenden Eigentümer erwirkt haben.

2178. Der Drittbesitzer, welcher die hypothekarische Schuld bezahlt, oder die zur Hypothek gestellte Liegenschaft aufgegeben, oder den Zwangsverkauf derselben erlitten hat, hat gegen den ursprünglichen Schuldner den Rückgriff auf Gewährleistung wie Rechtens.

2179. Der Drittbesitzer, welcher bei Zahlung des Kaufpreises sein Eigentum von Vorzugsrechten und Hypotheken reinigen will, hat die im achten Kapitel dieses Titels vorgeschriebenen Förmlichkeiten zu beobachten.

## SIEBENTES KAPITEL.

### Erlöschen der Vorzugsrechte und Hypotheken.

2180. Die Vorzugsrechte und Hypotheken erlöschen:

1. durch das Erlöschen der Hauptschuld;

2. durch Verzicht des Gläubigers auf die Hypothek;

3° Par l'accomplissement des formalités et conditions prescrites aux tiers détenteurs pour purger les biens par eux acquis;

4° Par la prescription.

La prescription est acquise au débiteur, quant aux biens qui sont dans ses mains, par le temps fixé pour la prescription des actions qui donnent l'hypothèque ou le privilège.

Quant aux biens qui sont dans la main d'un tiers détenteur, elle lui est acquise par le temps réglé pour la prescription de la propriété à son profit: dans le cas où la prescription suppose un titre, elle ne commence à courir que du jour où il a été transcrit sur les registres du conservateur.

Les inscriptions prises par le créancier n'interrompent pas le cours de la prescription établie par la loi en faveur du débiteur ou du tiers détenteur.

## CHAPITRE VIII.

### Du mode de purger les propriétés des privilèges et hypothèques.

2181. Les contrats translatifs de la propriété d'immeubles ou droits réels immobiliers, que les tiers détenteurs voudront purger de privilèges ou hypothèques, seront transcrits en entier par le conservateur des hypothèques dans l'arrondissement duquel les biens sont situés.

Cette transcription se fera sur un registre à ce destiné, et le conservateur sera tenu d'en donner reconnaissance au requérant.

2182. La simple transcription des titres translatifs de propriété sur le registre du conservateur, ne purge pas les hypothèques et privilèges établis sur l'immeuble.

Le vendeur ne transmet à l'acquéreur que la propriété et les droits qu'il avait lui-même sur la chose vendue: il les transmet sous l'affectation des mêmes privilèges et hypothèques dont il était chargé.

2183. Si le nouveau propriétaire veut se garantir de l'effet des poursuites autorisées dans le chapitre 6 du présent titre, il est tenu, soit avant les poursuites, soit dans le mois, au plus tard, à compter de la première sommation qui lui est faite, de notifier aux créanciers, aux domiciles par eux élus dans leurs inscriptions.

1° Extrait de son titre, contenant seulement la date et la qualité de l'acte, le nom et la désignation précise du vendeur ou du donateur, la nature et la situation de la chose vendue ou donnée; et, s'il s'agit d'un corps de biens, la dénomination générale seulement du

3. durch Erfüllen der Förmlichkeiten und Bedingungen, welche Drittbesitzern vorgeschrieben sind, um die von ihnen erworbenen Güter zu reinigen;

4. durch Verjährung.

Die Verjährung wird zum Vorteile des Schuldners in Ansehung der Güter, die in seinen Händen sind, durch Ablauf der Zeit begründet, welche für die Verjährung der Ansprüche festgesetzt ist, auf Grund deren die Hypothek oder das Vorzugsrecht besteht.

In Ansehung der Güter, die in den Händen eines Drittbesitzers sind, wird sie für diesen durch Ablauf der Zeit begründet, welche für die Verjährung des Eigentums zu seinem Vorteile vorgeschrieben ist; falls die Verjährung einen Titel voraussetzt, läuft sie erst von dem Tage an, an welchem derselbe in die Register des Hypothekenbewahrers überschrieben worden ist.

Die von dem Gläubiger bewirkten Eintragungen unterbrechen den Lauf der Verjährung nicht, welche das Gesetz zu Gunsten des Schuldners oder des Drittbesitzers gewährt.

## ACHTES KAPITEL.

### Hypothekenreinigungsverfahren.

2181. Verträge, durch welche das Eigentum von Liegenschaften oder von dinglichen Rechten an Liegenschaften übertragen wird, die der Drittbesitzer von Vorzugsrechten und Hypotheken reinigen will, sind von dem Hypothekenbewahrer, in dessen Bezirk die Güter gelegen sind, ihrem ganzen Inhalte nach zu überschreiben. Diese Ueberschreibung geschieht in ein dazu bestimmtes Register; der Hypothekenbewahrer ist verpflichtet, dem Gesuchsteller darüber eine Bescheinigung zu erteilen.

2182. Durch die bloße Ueberschreibung der das Eigentum übertragenden Titel in das Register des Hypothekenbewahrers wird die Liegenschaft von den darauf lastenden Hypotheken und Vorzugsrechten nicht gereinigt.

Der Verkäufer überträgt auf den Käufer nur das Eigentum und die Rechte, welche er selbst an der verkauften Sache hatte. Die Uebertragung erfolgt mit denselben Vorzugsrechten und Hypotheken, welche ihm selbst zur Last fielen.

2183. Will der neue Eigentümer sich gegen die Wirkungen der im sechsten Kapitel dieses Titels gestatteten Verfolgungen sicherstellen, so muß er entweder vor den Verfolgungen, der spätestens innerhalb eines Monats von der ersten an ihn gerichteten Aufforderung an gerechnet, den Gläubigern an dem Wohnsitze, welchen sie in ihren Eintragungen gewählt haben, zustellen lassen:

1. einen Auszug seines Titels, welcher nur das Datum und die Eigenschaft der Urkunde, den Namen und die genaue Bezeichnung des Verkäufers oder des Schenkers, die Art und die Lage der verkauften oder geschenkten Sache, und, wenn es sich um eine aus meh-

domaine et des arrondissements dans lesquels il est situé, le prix et les charges faisant partie du prix de la vente, ou l'évaluation de la chose, si elle a été donnée;

2⁰ Extrait de la transcription de l'acte de vente;

3⁰ Un tableau sur trois colonnes, dont la première contiendra la date des hypothèques et celle des inscriptions; la seconde, le nom des créanciers; la troisième, le montant des créances inscrites.

**2184.** L'acquéreur ou le donataire déclarera, par le même acte, qu'il est prêt à acquitter, sur-le-champ, les dettes et charges hypothécaires, jusqu'à concurrence seulement du prix, sans distinction des dettes exigibles ou non exigibles.

**2185.** Lorsque le nouveau propriétaire a fait cette notification dans le délai fixé, tout créancier dont le titre est inscrit, peut requérir la mise de l'immeuble aux enchères et adjudications publiques; à la charge:

1⁰ Que cette réquisition sera signifiée au nouveau propriétaire dans quarante jours, au plus tard, de la notification faite à la requête de ce dernier, en y ajoutant un jour par cinq myriamètres de distance entre le domicile élu et le domicile réel de chaque créancier requérant;

2⁰ Qu'elle contiendra soumission du requérant, de porter ou faire porter le prix à un dixième en sus de celui qui aura été stipulé dans le contrat, ou déclaré par le nouveau propriétaire;

3⁰ Que la même signification sera faite dans le même délai au précédent propriétaire, débiteur principal;

4⁰ Que l'original et les copies de ces exploits seront signés par le créancier requérant, ou par son fondé de procuration expresse, lequel, en ce cas, est tenu de donner copie de sa procuration;

5⁰ Qu'il offrira de donner caution jusqu'à concurrence du prix et des charges.

Le tout à peine de nullité.

**2186.** A défaut, par les créanciers, d'avoir requis la mise aux enchères dans le délai et les formes prescrites, la valeur de l'immeuble demeure définitivement fixée au prix stipulé dans le contrat, ou déclaré par le nouveau propriétaire, lequel est, en conséquence, libéré de tout privilège et hypothèque, en payant ledit prix aux créanciers qui seront en ordre de recevoir, ou en le consignant.

**2187.** En cas de revente sur enchères, elle aura lieu suivant les formes établies pour les

reren Grundstücken bestehende Besitzung handelt, nur die allgemeine Benennung des Gutes und der Bezirke, in welchen dasselbe liegt, den Kaufpreis und die Lasten, welche einen Teil des Kaufpreises ausmachen, oder wenn die Sache geschenkt worden ist, die Schätzung derselben zu enthalten braucht;

2. einen Auszug aus der Ueberschreibung der Verkaufsurkunde;

3. eine aus drei Spalten bestehende Tabelle, von welchen die erste das Datum der Hypotheken und dasjenige der Eintragungen, die zweite die Namen der Gläubiger und die dritte den Betrag der eingetragenen Forderungen zu enthalten hat.

**2184.** Der Käufer oder der Schenknehmer hat in derselben Urkunde zu erklären, daß er bereit sei, sofort die hypothekarischen Schulden und Lasten, ohne Unterschied zwischen fälligen oder nicht fälligen Schulden, jedoch nur bis zum Betrage des Kaufpreises abzutragen.

**2185.** Hat der neue Eigentümer in der bestimmten Frist diese Zustellung gemacht, so kann jeder Gläubiger, dessen Titel eingetragen ist, darauf antragen, daß die Liegenschaft öffentlich zur Versteigerung ausgesetzt und zugeschlagen werde unter der Verpflichtung:

1. daß dieser Antrag dem neuen Eigentümer zugestellt werde spätestens in vierzig Tagen von der auf Anstehen dieses letzteren geschehenen Zustellung an gerechnet, nebst einer Zusatzfrist von einem Tage für je fünf Myriameter Entfernung zwischen dem gewählten und dem wirklichen Wohnsitze eines jeden beantragenden Gläubigers;

2. daß derselbe das Angebot des Antragstellers enthalte, ein Zehntel mehr als den in dem Vertrage ausbedungenen oder von dem neuen Eigentümer angegebenen Preis zu bieten, oder zu bewirken, daß er geboten werde;

3. daß dieselbe Zustellung in derselben Frist an den vorhergehenden Eigentümer, den ursprünglichen Schuldner, erfolge;

4. daß die Urschrift und die Abschriften dieser Zustellung von dem beantragenden Gläubiger unterzeichnet seien oder von dessen hierzu mit ausdrücklicher Vollmacht versehenen Vertreter, welcher in diesem Falle verpflichtet ist, eine Abschrift seiner Vollmacht mitzuteilen;

5. daß er sich erbiete, bis zum Betrage des Preises und der Lasten Bürgschaft zu stellen.

Alles bei Strafe der Nichtigkeit.

**2186.** Haben die Gläubiger in der vorgeschriebenen Frist und Form die Versteigerung nicht beantragt, so bleibt der Wert der Liegenschaft endgültig auf den Preis festgesetzt, welcher in dem Vertrage bedungen oder von dem neuen Eigentümer angegeben worden ist; letzterer wird demzufolge von allen Vorzugsrechten und Hypotheken befreit, wenn er den gedachten Preis den Gläubigern zahlt, welche denselben der Rangordnung nach zu empfangen haben, oder wenn er denselben hinterlegt.

**2187.** Im Falle des Wiederverkaufs durch Versteigerung hat derselbe entweder auf Be-

expropriations forcées, à la diligence soit du créancier qui l'aura requise, soit du nouveau propriétaire.

Le poursuivant énoncera dans les affiches le prix stipulé dans le contrat, ou déclaré, et la somme en sus à laquelle le créancier s'est obligé de la porter ou faire porter.

2188. L'adjudicataire est tenu, au delà du prix de son adjudication, de restituer à l'acquéreur ou au donataire dépossédé les frais et loyaux coûts de son contrat, ceux de la transcription sur les registres du conservateur, ceux de notification, et ceux faits par lui pour parvenir à la revente.

2189. L'acquéreur ou le donataire qui conserve l'immeuble mis aux enchères, en se rendant dernier enchérisseur, n'est pas tenu de faire transcrire le jugement d'adjudication.

2190. Le désistement du créancier requérant la mise aux enchères, ne peut, même quand le créancier payerait le montant de la soumission, empêcher l'adjudication publique, si ce n'est du consentement exprès de tous les autres créanciers hypothécaires.

2191. L'acquéreur qui se sera rendu adjudicataire aura son recours tel que de droit contre le vendeur, pour le remboursement de ce qui excède le prix stipulé par son titre, et pour l'intérêt de cet excédent, à compter du jour de chaque payement.

2192. Dans le cas où le titre du nouveau propriétaire comprendrait des immeubles et des meubles, ou plusieurs immeubles, les uns hypothéqués, les autres non hypothéqués, situés dans le même ou dans divers arrondissements de bureaux, aliénés pour un seul et même prix, ou pour des prix distincts, et séparés, soumis ou non à la même exploitation, le prix de chaque immeuble frappé d'inscriptions particulières et séparées, sera déclaré dans la notification du nouveau propriétaire, par ventilation, s'il y a lieu, du prix total exprimé dans le titre.

Le créancier surenchérisseur ne pourra, en aucun cas, être contraint d'étendre sa soumission ni sur le mobilier, ni sur d'autres immeubles que ceux qui sont hypothéqués à sa créance et situés dans le même arrondissement; sauf le recours du nouveau propriétaire contre ses auteurs, pour l'indemnité du dommage qu'il éprouverait, soit de la division des objets de son acquisition, soit de celle des exploitations.

treiben des denselben beantragenden Gläubigers oder des neuen Eigentümers nach den für den Zwangsverkauf vorgeschriebenen Formen stattzufinden.

Der betreibende Teil hat in den Anschlagszetteln den Preis anzugeben, welcher in dem Vertrage bedungen oder welcher angegeben worden ist; sowie die Summen, welche darüber hinaus der Gläubiger zu bieten oder bieten zu lassen sich verpflichtet hat.

2188. Der Ansteigerer ist verpflichtet, außer dem Preise des Zuschlags dem aus dem Besitze gesetzten Käufer oder Schenknehmer die Kosten und gesetzmäßigen Auslagen für dessen Vertrag, die der Ueberschreibung in die Register des Hypothekenbewahrers, die der Zustellung und diejenigen zu erstatten, welche derselbe verwendet hat, um zu dem neuen Verkaufe zu gelangen.

2189. Wenn der Käufer oder Schenknehmer die zur Versteigerung gebrachte Liegenschaft behält, indem er Meistbietender geblieben ist, so ist er nicht verpflichtet, das den Zuschlag enthaltende Urteil überschreiben zu lassen.

2190. Die Zurücknahme des Antrags seitens des Gläubigers, welcher die Versteigerung beantragt hat, kann, selbst wenn der Gläubiger die von ihm angebotene Summe bezahlen würde, den öffentlichen Zuschlag nicht verhindern, es sei denn, daß alle übrigen Hypothekargläubiger ausdrücklich einwilligen.

2191. Der Käufer, welcher den Zuschlag erhalten hat, hat seinen Rückgriff wie Rechtens gegen den Verkäufer auf Erstattung desjenigen, was den in seinem Titel bedungenen Preis übersteigt, und auf die Zinsen dieses Mehrbetrages von dem Tage einer jeden Zahlung an gerechnet.

2192. Falls der Titel des neuen Eigentümers sich auf Liegenschaften und Fahrnis zugleich oder auf mehrere Liegenschaften erstreckt, welche zum Teil mit Hypotheken belastet sind und zum Teil nicht, mögen dieselben in dem Bezirke desselben Hypothekenamtes oder in verschiedenen Bezirken gelegen, mögen sie für einen und denselben Preis, oder für verschiedene und abgesonderte Preise veräußert sein, mögen sie unter einheitlicher Bewirtschaftung stehen oder nicht, so ist der Preis eines jeden Grundstückes, auf welchem verschiedene und abgesonderte Eintragungen lasten, in der von dem neuen Eigentümer ausgehenden Zustellung anzugeben, und zwar gegebenen Falls nach einer Abschätzung auf Grund des in dem Titel bestimmten Gesamtpreises.

Der Gläubiger, welcher das Uebergebot macht, kann in keinem Falle angehalten werden, sein Gebot auch auf fahrende Habe oder andere Liegenschaften als auf diejenigen auszudehnen, welche für seine Forderung zur Hypothek gestellt und in demselben Bezirke gelegen sind; dem neuen Eigentümer bleibt jedoch der Rückgriff gegen seine Rechtsvorgänger wegen Ersatzes des Schadens, welchen er durch die Teilung der Gegenstände seiner Erwerbung oder durch die Teilung der Bewirtschaftung etwa erleidet, vorbehalten.

<table>
<tr><td>

## CHAPITRE IX.

**Du mode de purger les hypothèques, quand il n'existe pas d'inscription sur les biens des maris et des tuteurs.**

2193. Pourront les acquéreurs d'immeubles appartenant à des maris ou à des tuteurs, lorsqu'il n'existera pas d'inscription sur lesdits immeubles à raison de la gestion du tuteur, ou des dot, reprises et conventions matrimoniales de la femme, purger les hypothèques qui existeraient sur les biens par eux acquis.

2194. A cet effet, ils déposeront copie dûment collationnée du contrat translatif de propriété au greffe du tribunal civil du lieu de la situation des biens, et ils certifieront par acte signifié, tant à la femme ou au subrogétuteur, qu'au procureur du Roi [*au procureur de la République*] près le tribunal, le dépôt qu'ils auront fait. Extrait de ce contrat, contenant sa date, les noms, prénoms, professions et domiciles des contractants, la désignation de la nature et de la situation des biens, le prix et les autres charges de la vente, sera et restera affiché pendant deux mois dans l'auditoire du tribunal; pendant lequel temps, les femmes, les maris, tuteurs, subrogés tuteurs, mineurs, interdits, parents ou amis, et le procureur du Roi [*le procureur de la République*], seront reçus à requérir s'il y a lieu, et à faire faire au bureau du conservateur des hypothèques, des inscriptions sur l'immeuble aliéné, qui auront le même effet que si elles avaient été prises le jour du contrat de mariage, ou le jour de l'entrée en gestion du tuteur; sans préjudice des poursuites qui pourraient avoir lieu contre les maris et les tuteurs, ainsi qu'il a été dit ci-dessus, pour hypothèques par eux consenties au profit de tierces personnes sans leur avoir déclaré que les immeubles étaient déjà grevés d'hypothèques, en raison du mariage ou de la tutelle.

2195. Si, dans le cours des deux mois de l'exposition du contrat, il n'a pas été fait d'inscription du chef des femmes, mineurs ou interdits, sur les immeubles vendus, ils passent à l'acquéreur sans aucune charge, à raison des dot, reprises et conventions matrimoniales de la femme, ou de la gestion du tuteur, et sauf le recours, s'il y a lieu, contre le mari et le tuteur.

S'il a été pris des inscriptions du chef desdites femmes, mineurs, ou interdits, et s'il existe des créanciers antérieurs qui absorbent

</td><td>

## NEUNTES KAPITEL.

**Hypothekenreinigungsverfahren, falls auf die Güter der Ehemänner und der Vormünder keine Eintragung genommen ist.**

2193. Die Erwerber von Liegenschaften, welche Ehemännern oder Vormündern gehören, können die von ihnen erworbenen Güter von den darauf lastenden Hypotheken reinigen, wenn wegen der vormundschaftlichen Verwaltung, oder wegen des Heiratsgutes, der Ersatzforderungen und der Eheberedungen der Frau auf die erwähnten Liegenschaften keine Eintragung genommen ist.

2194. Zu diesem Zwecke haben sie eine gehörig beglaubigte Abschrift des Vertrages, durch welchen das Eigentum übertragen ist, auf der Gerichtsschreiberei des Zivilgerichtes des Ortes, wo die Güter gelegen sind, zu hinterlegen, und durch eine, sowohl der Ehefrau oder dem Gegenvormunde, als dem Prokurator des Königs (*Prokurator der Republik*) bei dem Gerichte zugestellte Urkunde die von ihnen geschehene Hinterlegung nachzuweisen. Ein Auszug dieses Vertrages, welcher dessen Datum, die Familiennamen und Vornamen, das Gewerbe und den Wohnsitz der vertragschließenden Teile, die Bezeichnung der Art und Lage der Güter, den Preis und die sonstigen Lasten des Verkaufes zu enthalten hat, muß in dem Sitzungssaale des Zivilgerichts angeschlagen werden und zwei Monate hindurch angeschlagen bleiben; während dieser Zeit sind die Ehefrauen, Ehemänner, Vormünder, Gegenvormünder, Minderjährigen, Entmündigten, Verwandten oder Freunde, sowie der Prokurator des Königs (*der Prokurator der Republik*) befugt, gegebenen Falles auf dem Hypothekenamte auf die veräußerte Liegenschaft Eintragungen zu beantragen und zu erwirken, welche dieselbe Wirkung haben, als wenn sie an dem Tage der Eheschließung oder an dem Tage der angetretenen vormundschaftlichen Verwaltung vorgenommen wären; dadurch werden die Verfolgungen nicht berührt, welche nach den früher behandelten Bestimmungen gegen die Ehemänner und die Vormünder stattfinden können, wenn sie zum Vorteile dritter Personen Hypotheken bestellt haben, ohne denselben erklärt zu haben, daß die Liegenschaften schon wegen der Ehe oder der Vormundschaft mit Hypotheken belastet seien.

2195. Ist im Laufe der zwei Monate, binnen welchen der Vertrag angeschlagen war, auf den Namen der Ehefrauen, Minderjährigen oder Entmündigten keine Eintragung auf die verkauften Liegenschaften erfolgt, so gehen diese auf den Erwerber über, und zwar frei von jeder Haftung wegen des Heiratsgutes, der Ersatzforderungen und Eheberedungen der Frau oder wegen der Geschäftsführung des Vormundes; der etwaige Rückgriff gegen den Ehemann und den Vormund bleibt jedoch vorbehalten.

Sind auf den Namen der erwähnten Ehefrauen, Minderjährigen oder Entmündigten Eintragungen erfolgt, und ältere Gläubiger vor-

</td></tr>
</table>

le prix en totalité ou en partie, l'acquéreur est libéré du prix ou de la portion du prix par lui payé aux créanciers placés en ordre utile; et les inscriptions du chef des femmes, mineurs ou interdits, seront rayées, ou en totalité, ou jusqu'à due concurrence.

Si les inscriptions du chef des femmes, mineurs ou interdits, sont les plus anciennes, l'acquéreur ne pourra faire aucun payement du prix au préjudice desdites inscriptions, qui auront toujours, ainsi qu'il a été dit ci-dessus, la date du contrat de mariage, ou de l'entrée en gestion du tuteur; et, dans ce cas, les inscriptions des autres créanciers qui ne viennent pas en ordre utile, seront rayées.

## CHAPITRE X.

### De la publicité des registres, et de la responsabilité des conservateurs.

2196. Les conservateurs des hypothèques sont tenus de délivrer à tous ceux qui le requièrent, copie des actes transcrits sur leurs registres et celle des inscriptions subsistantes, ou certificat qu'il n'en existe aucune.

2197. Ils sont responsables du préjudice résultant:

1º De l'omission, sur leurs registres, des transcriptions d'actes de mutation, et des inscriptions requises en leurs bureaux;

2º Du défaut de mention, dans leurs certificats, d'une ou de plusieurs des inscriptions existantes, à moins, dans ce dernier cas, que l'erreur ne provînt de désignations insuffisantes qui ne pourraient leur être imputées.

2198. L'immeuble à l'égard duquel le conservateur aurait omis dans ses certificats une ou plusieurs des charges inscrites, en demeure, sauf la responsabilité du conservateur, affranchi dans les mains du nouveau possesseur, pourvu qu'il ait requis le certificat depuis la transcription de son titre; sans préjudice néanmoins du droit des créanciers de se faire colloquer suivant l'ordre qui leur appartient, tant que le prix n'a pas été payé par l'acquéreur, ou tant que l'ordre fait entre les créanciers n'a pas été homologué.

2199. Dans aucun cas, les conservateurs ne peuvent refuser ni retarder la transcription des actes de mutation, l'inscription des droits hypothécaires, ni la délivrance des certificats requis, sous peine des dommages et intérêts des parties; à l'effet de quoi, procès-

---

handen, welche den Preis ganz oder zum Teil beanspruchen können, so wird der Erwerber für den Preis oder für denjenigen Teil des Preises befreit, den er den in einem zur Befriedigung gelangenden Range angewiesenen Gläubigern gezahlt hat; die Eintragungen auf den Namen der Ehefrauen, Minderjährigen oder Entmündigten sind ihrem ganzen oder verhältnismäßigen Betrage nach zu löschen.

Wenn die auf den Namen der Ehefrauen, Minderjährigen oder Entmündigten genommenen Eintragungen die ältesten sind, so darf der Erwerber keine Zahlung des Preises zum Nachteile dieser Eintragungen machen, denen stets, wie oben bestimmt ist, das Datum der Eheschließung oder des Antritts der vormundschaftlichen Geschäftsführung zukommt; in diesem Falle sind die Eintragungen der übrigen Gläubiger zu löschen, welche nicht in einem zur Befriedigung gelangenden Range Anweisung erhalten.

## ZEHNTES KAPITEL.

### Oeffentlichkeit der Register und Verantwortlichkeit der Hypothekenbewahrer.

2196. Die Hypothekenbewahrer sind verpflichtet, einem jeden, welcher es verlangt, Abschrift von den in ihre Register überschriebenen Urkunden, sowie von den vorhandenen Eintragungen oder eine Bescheinigung, daß solche nicht vorhanden sind, zu erteilen.

2197. Sie sind für den Nachteil verantwortlich, der daraus entsteht:

1. daß sie unterlassen haben, in ihre Register Urkunden über Eigentumsveränderungen zu überschreiben oder Eintragungen vorzunehmen, die auf ihrem Hypothekenamte nachgesucht worden sind;

2. daß in ihren Bescheinigungen einer oder mehrerer wirklich vorhandenen Eintragungen keine Erwähnung geschehen ist, es sei denn, daß in diesem letzteren Falle der Irrtum durch eine ungenügende Bezeichnung entstanden ist, welche ihnen nicht zur Last gelegt werden kann.

2198. Eine Liegenschaft, bezüglich derer der Hypothekenbewahrer eine oder mehrere eingetragene Lasten in seinen Bescheinigungen ausgelassen hat, bleibt von denselben, vorbehaltlich der Verantwortlichkeit des Hypothekenbewahrers, in den Händen des neuen Besitzers befreit, vorausgesetzt, daß dieser die Bescheinigung nach der Ueberschreibung seines Titels nachgesucht hat; das Recht der Gläubiger, sich nach der ihnen zustehenden Rangordnung anweisen zu lassen, so lange der Preis von dem Erwerber noch nicht bezahlt, oder die unter den Gläubigern aufgestellte Rangordnung noch nicht gerichtlich bestätigt worden ist, wird dadurch nicht berührt.

2199. In keinem Falle dürfen die Hypothekenbewahrer die Ueberschreibung der Urkunden über Eigentumsveränderungen, die Eintragung der Hypothekenrechte oder die Erteilung der verlangten Bescheinigungen verweigern oder verzögern, bei Strafe des den

verbaux des refus ou retardement seront, à
la diligence des requérants, dressés sur-le-
champ, soit par un juge de paix, soit par un
huissier audiencier du tribunal, soit par un
autre huissier ou un notaire assisté de deux
témoins.

2200. Néanmoins les conservateurs seront
tenus d'avoir un registre sur lequel ils ins-
criront, jour par jour et par ordre numérique,
les remises qui leur seront faites d'actes de
mutation et de saisie immobilière, pour être
transcrits, de bordereaux, pour être inscrits,
d'actes, expéditions ou extraits d'actes contenant subrogation ou antériorité et de jugements prononçant la résolution, la nullité ou
la rescision d'actes transcrits, pour être mentionnés.

Ils donneront aux requérants, par chaque
acte ou par chaque bordereau à transcrire,
à inscrire ou à mentionner, une reconnaissance sur papier timbré, qui rappellera le
numéro du registre sur lequel la remise aura
été inscrite, et ils ne pourront transcrire les
actes de mutation et de saisie immobilière,
ni inscrire les bordereaux ou mentionner les
actes contenant subrogation ou antériorité,
et les jugements portant résolution, nullité
ou rescision d'actes transcrits sur les registres
à ce destinés, qu'à la date ou dans l'ordre
des remises qui leur auront été faites.

Le registre prescrit par le présent article
sera tenu double, et l'un des doubles sera
déposé sans frais, et dans les trente jours qui
suivront la clôture, au greffe du tribunal civil d'un arrondissement autre que celui où
réside le conservateur.

Le tribunal au greffe duquel sera déposé le
double du registre de dépôt sera désigné par
une ordonnance du président de la cour dans
le ressort de laquelle se trouve la conservation; cette ordonnance sera rendue sur les
réquisitions du procureur général.

2201. Tous les registres des conservateurs
sont en papier timbré, cotés et parafés à
chaque page par première et dernière, par
l'un des juges du tribunal dans le ressort duquel le bureau est établi. Les registres seront
arrêtés chaque jour comme ceux d'enregistrement des actes.

2202. Les conservateurs sont tenus de se
conformer, dans l'exercice de leurs fonctions,
à toutes les dispositions du présent chapitre,
à peine d'une amende de deux cents à mille
francs pour la première contravention, et de
destitution pour la seconde; sans préjudice

---

Beteiligten zu leistenden Schadensersatzes;
zu diesem Zwecke ist auf Betreiben der Gesuchsteller auf der Stelle ein Protokoll über
die Verweigerung oder Verzögerung entweder
von einem Friedensrichter oder von einem
Gerichtsvollzieher des Sitzungsdienstes des
Gerichts oder von einem andern Gerichtsvollzieher oder von einem Notar unter Zuziehung zweier Zeugen aufzunehmen.

2200. Gleichwohl haben die Hypothekenbewahrer ein Register zu führen, in welches
sie Tag für Tag und unter fortlaufender
Nummer die ihnen zwecks Ueberschreibung
ausgehändigten Urkunden über Eigentumsveränderungen und Immobiliarpfändung; die
Bordereaux zur Einschreibung; die Urkunden,
Ausfertigungen und Auszüge aus Urkunden
enthaltend Subrogation oder Vorrangseinräumung und aus Urteilen, die die Auflösung,
Nichtigkeit oder Anfechtung überschriebener
Urkunden aussprechen, zwecks Vermerks, eingetragen werden.

Sie haben den Gesuchstellern für jede zu
überschreibende, einzuschreibende oder zu ver-
merkende Urkunde oder Bordereaux einen
Empfangsschein auf Stempelpapier auszustellen, in welchem die Nummer des die Eintragung enthaltenden Registers anzugeben ist;
und sie dürfen nur die Urkunden über Eigen-
tumsveränderung und über Immobiliarpfändung überschreiben, die Bordereaux ein-
schreiben und die Urkunden über Subrogation
oder Vorrangseinräumung und die Urteile
über Aufhebung, Nichtigkeit oder Anfechtung
überschriebener Urkunden vermerken in die
dazu bestimmten Register unter dem Datum
und in der Reihenfolge des Einlaufs.

Das in gegenwärtigem Artikel vorgeschriebene Register ist doppelt zu führen und eines
dieser Register ist ohne Kosten und innerhalb
dreißig Tagen nach seiner Schließung bei der
Gerichtsschreiberei des Zivilgerichtes eines
anderen Kreises als dem, in welchem der Hypothekenbewahrer seinen Amtssitz hat, zu
hinterlegen.

Das Gericht, bei dessen Gerichtsschreiberei
das zweite Register zu hinterlegen ist, wird
durch einen Beschluß des Präsidenten des
Appellationsgerichtshofes bestimmt, in dessen
Bezirk sich das Hypothekenamt befindet;
dieser Beschuß wird auf Antrag des General-
prokurators erlassen.

2201. Alle Register der Hypothekenbewahrer
werden auf Stempelpapier geführt und von
einem Richter des Gerichts erster Instanz, in
dessen Bezirk das Amt sich befindet, auf jeder
Seite unter Bezeichnung der ersten und letzten
Seite mit Seitenzahl und Handzug versehen.
Die Register sind mit jedem Tage abzuschließen, wie die über die Registrierung der Urkunden.

2202. Die Hypothekenbewahrer sind verpflichtet sich bei ihren Amtsverrichtungen
nach allen Vorschriften dieses Kapitels zu
richten, bei einer Geldstrafe von zweihundert
bis tausend Franken für die erste, und bei
Strafe der Amtsentsetzung für die zweite Zu-

des dommages et intérêts des parties, lesquels seront payés avant l'amende.

2203. Les mentions de dépôts, les inscriptions et transcriptions, sont faites sur les registres, de suite, sans aucun blanc ni interligne, à peine, contre le conservateur, de mille à deux mille francs d'amende, et des dommages et intérêts des parties, payables aussi par préférence à l'amende.

---

## TITRE DIX-NEUVIÈME.

### De l'expropriation forcée et des ordres entre les créanciers.

#### CHAPITRE PREMIER.

##### De l'expropriation forcée.

2204. Le créancier peut poursuivre l'expropriation: 1⁰ des biens immobiliers et de leurs accessoires réputés immeubles appartenant en propriété à son débiteur; 2⁰ de l'usufruit appartenant au débiteur sur les biens de même nature.

2205. Néanmoins, la part indivise d'un cohéritier dans les immeubles d'une succession ne peut être mise en vente par ses créanciers personnels, avant le partage ou la licitation qu'ils peuvent provoquer s'ils le jugent convenable, ou dans lesquels ils ont le droit d'intervenir conformément à l'article 882, au titre *Des successions*.

2206. Les immeubles d'un mineur, même émancipé, ou d'un interdit, ne peuvent être mis en vente avant la discussion du mobilier.

2207. La discussion du mobilier n'est pas requise avant l'expropriation des immeubles possédés par indivis entre un majeur et un mineur ou interdit, si la dette leur est commune, ni dans le cas où les poursuites ont été commencées contre un majeur, ou avant l'interdiction.

2208. L'expropriation des immeubles qui font partie de la communauté, se poursuit contre le mari débiteur, seul, quoique la femme soit obligée à la dette.

Celle des immeubles de la femme qui ne sont point entrés en communauté, se poursuit contre le mari et la femme, laquelle, au refus du mari de procéder avec elle, ou si le mari est mineur, peut être autorisée en justice.

widerhandlung, unbeschadet des den Beteiligten zu leistenden Schadensersatzes; die Zahlung des letzteren geht derjenigen der Geldstrafe vor.

2203. Die Erwähnung der Hinterlegungen, die Eintragungen und Ueberschreibungen haben in den Registern in fortlaufender Reihe zu geschehen, ohne jeden leeren Zwischenraum und es darf nichts zwischen die Zeilen geschrieben werden, bei einer Geldstrafe gegen den Hypothekenbewahrer von tausend bis zweitausend Franken und Schadensersatz für die Parteien, der ebenfalls mit Vorzug vor der Geldstrafe zu leisten ist.

---

## NEUNZEHNTER TITEL.

### Zwangsverkauf und Rangordnung unter den Gläubigern.

#### ERSTES KAPITEL.

##### Zwangsverkauf.

2204. Der Gläubiger kann den Zwangsverkauf betreiben: 1. der unbeweglichen Güter und dessen als unbeweglich geltenden Zubehör, welche im Eigentum seines Schuldners stehen; 2. des dem Schuldner an Gütern derselben Art zustehenden Nießbrauchs.

2205. Die persönlichen Gläubiger eines Miterben können jedoch den Anteil, welcher demselben an den Liegenschaften einer Erbschaft in ungeteilter Gemeinschaft zusteht, nicht zum Verkaufe bringen, ehe die Teilung oder die Versteigerung erfolgt ist; diese letzteren können sie beantragen, wenn sie es für gut befinden, oder sie sind berechtigt, bei denselben zu intervenieren in Gemäßheit des Artikels 882 im Titel «Erbschaft».

2206. Die Liegenschaften eines Minderjährigen, selbst eines emanzipierten, oder eines Entmündigten, können vor Vorausklagung der fahrenden Habe nicht zum Verkauf gebracht werden.

2207. Die Vorausklagung der fahrenden Habe ist vor dem Zwangsverkaufe von Liegenschaften, welche ein Großjähriger oder ein Minderjähriger oder Entmündigter in ungeteilter Gemeinschaft besitzen, nicht erforderlich, falls die Schuld unter ihnen gemeinschaftlich ist; desgleichen nicht in dem Falle, daß die Verfolgungen anfänglich gegen einen Volljährigen oder vor der Entmündigung betrieben worden sind.

2208. Der Zwangsverkauf von Liegenschaften, welche zur ehelichen Gütergemeinschaft gehören, wird gegen den Mann, welcher Schuldner ist, allein betrieben, selbst wenn die Frau für die Schuld verpflichtet ist.

Der Zwangsverkauf von Liegenschaften der Frau, welche nicht in die Gütergemeinschaft gefallen sind, wird gegen den Mann und die Frau betrieben; letztere kann, wenn der Mann sich weigert, den Prozeß mit ihr gemeinschaft-

En cas de minorité du mari et de la femme, ou de minorité de la femme seule, si son mari majeur refuse de procéder avec elle, il est nommé par le tribunal un tuteur à la femme, contre lequel la poursuite est exercée.

**2209.** Le créancier ne peut poursuivre la vente des immeubles qui ne lui sont pas hypothéqués, que dans le cas d'insuffisance des biens qui lui sont hypothéqués.

**2210.** La vente forcée des biens situés dans différents arrondissements ne peut être provoquée que successivement, à moins qu'ils ne fassent partie d'une seule et même exploitation.

Elle est suivie dans le tribunal dans le ressort duquel se trouve le chef-lieu de l'exploitation, ou à défaut de chef-lieu, la partie de biens qui présente le plus grand revenu, d'après la matrice du rôle.

**2211.** Si les biens hypothéqués au créancier, et les biens non hypothéqués, ou les biens situés dans divers arrondissements, font partie d'une seule et même exploitation, la vente des uns et des autres est poursuivie ensemble, si le débiteur le requiert; et ventilation se fait du prix de l'adjudication, s'il y a lieu.

**2212.** Si le débiteur justifie, par baux authentiques, que le revenu net et libre de ses immeubles pendant une année, suffit pour le payement de la dette en capital, intérêts et frais, et s'il en offre la délégation au créancier, la poursuite peut être suspendue par les juges, sauf à être reprise s'il survient quelque opposition ou obstacle au payement.

**2213.** La vente forcée des immeubles ne peut être poursuivie qu'en vertu d'un titre authentique et exécutoire, pour une dette certaine et liquide. Si la dette est en espèces non liquidées, la poursuite est valable; mais l'adjudication ne pourra être faite qu'après la liquidation.

**2214.** Le cessionnaire d'un titre exécutoire ne peut poursuivre l'expropriation qu'après que la signification du transport a été faite au débiteur.

**2215.** La poursuite peut avoir lieu en vertu d'un jugement provisoire ou définitif, exécutoire par provision, nonobstant appel; mais l'adjudication ne peut se faire qu'après un jugement définitif en dernier ressort, ou passé en force de chose jugée.

lich zu führen, oder wenn der Mann minderjährig ist, gerichtlich ermächtigt werden.

Im Falle der Minderjährigkeit des Mannes und der Frau, oder wenn im Falle der Minderjährigkeit der Frau allein ihr großjähriger Mann sich weigert, gemeinschaftlich mit ihr den Prozeß zu führen, wird der Frau von dem Gerichte ein Vormund bestellt, gegen welchen das Verfahren gerichtet wird.

**2209.** Der Gläubiger kann den Verkauf von Liegenschaften, welche ihm nicht zur Hypothek gestellt sind, nur in dem Falle betreiben, daß die Güter, welche belastet sind, unzureichend sind.

**2210.** Güter die in verschiedenen Bezirken gelegen sind, können nur nacheinander zum Zwangsverkaufe gebracht werden, es sei denn, daß dieselben unter einer und derselben Bewirtschaftung stehen.

Derselbe ist bei dem Gerichte zu betreiben, in dessen Bezirke der Hauptsitz der Bewirtschaftung oder in Ermangelung eines solchen Hauptsitzes der Teil der Güter gelegen ist, welcher nach der Mutterrolle den größten Ertrag liefert.

**2211.** Wenn die dem Gläubiger zur Hypothek gestellten Güter und die nicht zur Hypothek gestellten Güter, oder wenn die in verschiedenen Bezirken belegenen Güter unter einer und derselben Bewirtschaftung stehen, so werden die einen und die andern zusammen zum Verkaufe gebracht, falls der Schuldner dies beantragt, gegebenenfalls ist eine verhältnismäßige Abschätzung nach Maßgabe des Zuschlagpreises vorzunehmen.

**2212.** Wenn der Schuldner durch Mietverträge in öffentlicher Form nachweist, daß der reine und freie Ertrag seiner Liegenschaften in einem Jahre zur Bezahlung der Schuld an Hauptsumme, Zinsen und Kosten hinreicht, und wenn er dessen Ueberweisung an den Gläubiger anbietet, so können die Richter das Verfahren unterbrechen, vorbehaltlich der Wiederaufnahme desselben, wenn gegen die Zahlung ein Einspruch erhoben wird oder ein Hindernis eintritt.

**2213.** Der Zwangsverkauf von Liegenschaften kann nur auf Grund eines vollstreckbaren, in öffentlicher Form errichteten Titels wegen einer gewissen und unbestrittenen Schuld betrieben werden. Ist der Betrag der Schuld umstritten, so ist das Verfahren gültig, aber der Zuschlag kann erst nach der Festsetzung erfolgen.

**2214.** Der Cessionar eines vollstreckbaren Titels kann den Zwangsverkauf nicht eher betreiben, als nachdem die Zustellung der Cession an den Schuldner erfolgt ist.

**2215.** Das Verfahren kann auf Grund eines eine vorläufige oder endgültige Entscheidung enthaltenden Urteils, welches der Berufung ungeachtet vorläufig vollstreckbar ist, stattfinden; der Zuschlag aber kann erst nach einem eine endgültige Entscheidung treffenden Urteile erfolgen, welches in letzter Instanz ergangen oder rechtskräftig geworden ist.

| | |
|---|---|
| La poursuite ne peut s'exercer en vertu de jugements rendus par défaut durant le délai de l'opposition. | Das Verfahren kann auf Grund eines Versäumnisurteils während der Einspruchsfrist nicht betrieben werden. |

**2216.** La poursuite ne peut être annulée sous prétexte que le créancier l'aurait commencée pour une somme plus forte que celle qui lui est due.

**2216.** Das Verfahren kann nicht unter dem Vorwande für nichtig erklärt werden, daß der Gläubiger dasselbe wegen einer größeren Summe als die ihm geschuldete eingeleitet habe.

**2217.** Toute poursuite en expropriation d'immeubles doit être précédée d'un commandement de payer, fait, à la diligence et requête du créancier, à la personne du débiteur ou à son domicile, par le ministère d'un huissier.

**2217.** Jedem auf den Zwangsverkauf von Liegenschaften gerichteten Verfahren muß ein Zahlungsbefehl vorhergehen, welcher auf Betreiben und Anstehen des Gläubigers dem Schuldner in Person oder in seinem Wohnsitze durch einen Gerichtsvollzieher zuzustellen ist.

Les formes du commandement et celles de la poursuite sur l'expropriation sont réglées par les lois sur la procédure.

Die Formen des Zahlungsbefehls und des den Zwangsverkauf betreffenden Verfahrens werden durch die Prozeßgesetze bestimmt.

## CHAPITRE II.
### De l'ordre et de la distribution du prix entre les créanciers.

## ZWEITES KAPITEL.
### Rangordnung der Gläubiger und Verteilung des Preises unter dieselben.

**2218.** L'ordre de la distribution du prix des immeubles, et la manière d'y procéder, sont réglées par les lois sur la procédure.

**2218.** Die Rangordnung der Gläubiger und die Verteilung des Preises der Liegenschaften, sowie das hierbei zu beobachtende Verfahren werden durch die Prozeßgesetze bestimmt.

## TITRE VINGTIÈME.
### De la prescription.
## CHAPITRE PREMIER.
#### Dispositions générales.

## ZWANZIGSTER TITEL.
### Verjährung.
## ERSTES KAPITEL.
#### Allgemeine Bestimmungen.

**2219.** La prescription est un moyen d'acquérir ou de se libérer par un certain laps de temps, et sous les conditions déterminées par la loi.

**2219.** Die Verjährung ist ein Mittel, durch den Ablauf einer gewissen Zeit und unter den durch das Gesetz bestimmten Bedingungen zu erwerben oder von einer Verbindlichkeit sich zu befreien.

**2220.** On ne peut, d'avance, renoncer à la prescription : on peut renoncer à la prescription acquise.

**2220.** Man kann nicht im Voraus auf die Verjährung verzichten; man kann auf die erworbene Verjährung verzichten.

**2221.** La renonciation à la prescription est expresse ou tacite : la renonciation tacite résulte d'un fait qui suppose l'abandon du droit acquis.

**2221.** Der Verzicht auf die Verjährung ist ein ausdrücklicher oder ein stillschweigender; der stillschweigende Verzicht ergibt sich aus einer Handlung, welche das Aufgeben des erworbenen Rechtes zur Voraussetzung hat.

**2222.** Celui qui ne peut aliéner, ne peut renoncer à la prescription acquise.

**2222.** Wer nicht veräußern kann, kann nicht auf eine erworbene Verjährung verzichten.

**2223.** Les juges ne peuvent pas suppléer d'office le moyen résultant de la prescription.

**2223.** Der Richter darf das aus der Verjährung sich ergebende Verteidigungsmittel nicht von Amtswegen ergänzen.

**2224.** La prescription peut être opposée en tout état de cause, même devant la cour royale [*la cour d'appel*], à moins que la partie qui n'aurait pas opposé le moyen de la prescription ne doive, par les circonstances, être présumée y avoir renoncé.

**2224.** Die Verjährung kann in jeder Lage der Sache, selbst vor dem Appellationsgerichtshofe entgegengesetzt werden, sofern nicht nach den Umständen vermutet werden muß, daß die Partei, welche die Verjährung nicht entgegengesetzt hat, auf dieselbe verzichtet habe.

2225. Les créanciers, ou toute autre personne ayant intérêt à ce que la prescription soit acquise, peuvent l'opposer, encore que le débiteur ou le propriétaire y renonce.

2226. On ne peut prescrire le domaine des choses qui ne sont point dans le commerce.

2227. L'État, les établissements publics et les communes sont soumis aux mêmes prescriptions que les particuliers, et peuvent également les opposer.

## CHAPITRE II.

### De la possession.

2228. La possession est la détention ou la jouissance d'une chose ou d'un droit que nous tenons ou que nous exerçons par nous-mêmes, ou par un autre qui la tient ou qui l'exerce en notre nom.

2229. Pour pouvoir prescrire, il faut une possession continue et non interrompue, paisible, publique, non équivoque, et à titre de propriétaire.

2230. On est toujours présumé posséder pour soi, et à titre de propriétaire, s'il n'est prouvé qu'on a commencé à posséder pour un autre.

2231. Quand on a commencé à posséder pour autrui, on est toujours présumé posséder au même titre, s'il n'y a preuve du contraire.

2232. Les actes de pure faculté et ceux de simple tolérance ne peuvent fonder ni possession ni prescription.

2233. Les actes de violence ne peuvent fonder non plus une possession capable d'opérer la prescription.

La possession utile ne commence que lorsque la violence a cessé.

2234. Le possesseur actuel qui prouve avoir possédé anciennement, est présumé avoir possédé dans le temps intermédiaire, sauf la preuve contraire.

2235. Pour compléter la prescription, on peut joindre à sa possession celle de son auteur, de quelque manière qu'on lui ait succédé, soit à titre universel ou particulier, soit à titre lucratif ou onéreux.

## CHAPITRE III.

### Des causes qui empêchent la prescription.

2236. Ceux qui possèdent pour autrui, ne prescrivent jamais, par quelque laps de temps que ce soit.

Ainsi, le fermier, le dépositaire, l'usufruitier, et tous autres qui détiennent précairement la chose du propriétaire, ne peuvent la prescrire.

Code civil.

---

2225. Die Gläubiger, oder jeder andere, der ein Interesse an der Vollendung der Verjährung hat, können dieselbe entgegensetzen, auch wenn der Schuldner oder der Eigentümer auf dieselbe verzichtet.

2226. Das Eigentum an Sachen, die nicht im Verkehr sind, kann nicht durch Verjährung erworben werden.

2227. Der Staat, die öffentlichen Anstalten und die Gemeinden sind der gleichen Verjährung wie die Privatpersonen unterworfen und können sie in gleicher Weise entgegensetzen.

## ZWEITES KAPITEL.

### Besitz.

2228. Der Besitz ist die Innehabung oder der Genuß einer Sache oder eines Rechtes, welche wir in der Gewalt haben oder welches wir ausüben, entweder in eigener Person oder durch einen anderen, der in unserm Namen die Sache inne hat oder das Recht ausübt.

2229. Um durch Verjährung zu erwerben ist ein ständiger und ununterbrochener, ruhiger, öffentlicher, unzweideutiger Besitz als Eigentümer erforderlich.

2230. Es wird stets vermutet, daß man für sich selbst und als Eigentümer besitzt, wenn nicht bewiesen wird, daß man begonnen hat für einen anderen zu besitzen.

2231. Wenn man begonnen hat für einen anderen zu besitzen, so wird stets vermutet, daß man unter demselben Titel besitze, wenn nicht der Gegenbeweis geführt wird.

2232. Handlungen der freien Willkür und jene einfacher Duldung können weder Besitz noch Verjährung begründen.

2233. Gewaltsame Handlungen können ebensowenig einen zur Verjährung geeigneten Besitz begründen.

Der hierzu nötige Besitz beginnt erst, wenn die Gewalt aufgehört hat.

2234. Der gegenwärtige Besitzer, welcher beweist, daß er ehedem besessen habe, hat die Vermutung für sich, daß er in der Zwischenzeit besessen habe, vorbehaltlich des Gegenbeweises.

2235. Um die Verjährung zu vollenden, kann man zu seinem Besitze den seines Rechtsvorgängers hinzurechnen, auf welche Weise man auch dessen Nachfolger geworden sein mag, sei er durch Gesamtnachfolge oder Sondernachfolge, unter einem unentgeltlichen oder unter einem entgeltlichen Titel.

## DRITTES KAPITEL.

### Gründe, welche die Verjährung unterbrechen.

2236. Wer für einen andern besitzt, erwirbt niemals durch Verjährung wie lange er auch besitzen mag.

So können der Pächter, der Hinterlegungsempfänger, der Nießbraucher und alle anderen, welche die Sache des Eigentümers bloß auf Grund fremden Rechtes inne haben, dieselbe nicht durch Verjährung erwerben.

20

**2237.** Les héritiers de ceux qui tenaient la chose à quelqu'un des titres désignés par l'article précédent, ne peuvent non plus prescrire.

**2238.** Néanmoins, les personnes énoncées dans les articles 2236 et 2237 peuvent prescrire, si le titre de leur possession se trouve interverti, soit par une cause venant d'un tiers, soit par la contradiction qu'elles ont opposée au droit du propriétaire.

**2239.** Ceux à qui les fermiers, dépositaires et autres détenteurs précaires ont transmis la chose par un titre translatif de propriété, peuvent la prescrire.

**2240.** On ne peut pas prescrire contre son titre, en ce sens que l'on ne peut point se changer à soi-même la cause et le principe de sa possession.

**2241.** On peut prescrire contre son titre, en ce sens que l'on prescrit la libération de l'obligation que l'on a contractée.

### CHAPITRE IV.

**Des causes qui interrompent ou qui suspendent le cours de la prescription.**

#### SECTION PREMIÈRE.

**Des causes qui interrompent la prescription**

**2242.** La prescription peut être interrompue ou naturellement ou civilement.

**2243.** Il y a interruption naturelle, lorsque le possesseur est privé, pendant plus d'un an, de la jouissance de la chose, soit par l'ancien propriétaire, soit même par un tiers.

**2244.** Une citation en justice, un commandement ou une saisie, signifiés à celui qu'on veut empêcher de prescrire, forment l'interruption civile.

**2245.** La citation en conciliation devant le bureau de paix, interrompt la prescription, du jour de sa date, lorsqu'elle est suivie d'une assignation en justice donnée dans les délais de droit.

**2246.** La citation en justice, donnée même devant un juge incompétent, interrompt la prescription.

**2247.** Si l'assignation est nulle par défaut de forme,

Si le demandeur se désiste de sa demande,

S'il laisse périmer l'instance,

Ou si la demande est rejetée,

L'interruption est regardée comme non avenue.

**2248.** La prescription est interrompue par la reconnaissance que le débiteur ou le pos-

**2237.** Die Erben derjenigen, welche die Sache unter einem der in dem vorstehenden Artikel angegebenen Titel inne hatten, können ebensowenig durch Verjährung erwerben.

**2238.** Die in den Artikeln 2236 und 2237 erwähnten Personen können jedoch durch Verjährung erwerben, wenn entweder aus einer Ursache, die von einem Dritten herrührt, oder durch den Widerspruch, welchen sie dem Rechte des Eigentümers entgegengesetzt haben, der Titel ihres Besitzes sich verändert hat.

**2239.** Diejenigen, auf welche die Pächter, Hinterlegungsempfänger oder andere widerrufliche Inhaber eine Sache unter einem zur Bewirkung des Ueberganges des Eigentums geeigneten Titel übertragen haben, können dieselbe durch Verjährung erwerben.

**2240.** Gegen seinen Titel kann man insofern nicht durch Verjährung erwerben, als man sich den Grund und den Ursprung seines Besitzes nicht selbst umwandeln kann.

**2241.** Gegen seinen Titel kann man insofern die Verjährung vollenden, als dadurch die Befreiung von einer eingegangenen Verbindlichkeit begründet werden kann.

### VIERTES KAPITEL.

**Gründe, die den Lauf der Verjährung unterbrechen oder ihn ruhen lassen.**

#### ERSTER ABSCHNITT.

**Gründe, die den Lauf der Verjährung unterbrechen.**

**2242.** Die Unterbrechung der Verjährung kann entweder eine natürliche oder eine bürgerliche sein.

**2243.** Eine natürliche Unterbrechung ist vorhanden, wenn der Genuß der Sache dem Besitzer, sei es durch den alten Eigentümer, oder selbst durch einen Dritten, auf länger als ein Jahr entzogen worden ist.

**2244.** Eine Vorladung vor Gericht, ein Zahlungsbefehl oder eine Beschlagnahme, welche demjenigen zugestellt worden sind, den man an der Verjährung verhindern will, bewirken die bürgerliche Unterbrechung.

**2245.** Die Ladung zum Sühneversuch vor das Friedensgericht unterbricht die Verjährung von dem Tage ihres Datums an, wenn auf dieselbe in den gesetzlichen Fristen eine Ladung vor Gericht erfolgt.

**2246.** Die Ladung vor Gericht unterbricht die Verjährung, selbst wenn sie vor einen unzuständigen Richter erfolgt.

**2247.** Ist die Ladung wegen eines Mangels in der Form nichtig,

nimmt der Kläger die Klage zurück,

läßt er die Instanz durch Fristversäumnis verlieren,

oder wird seine Klage abgewiesen,

so wird die Unterbrechung als nicht erfolgt angesehen.

**2248.** Die Verjährung wird dadurch unterbrochen, daß der Schuldner oder der Besitzer

sesseur fait du droit de celui contre lequel il prescrivait.

2249. L'interpellation faite, conformément aux articles ci-dessus, à l'un des débiteurs solidaires, ou sa reconnaissance, interrompt la prescription contre tous les autres, même contre leurs héritiers.

L'interpellation faite à l'un des héritiers d'un débiteur solidaire, ou la reconnaissance de cet héritier, n'interrompt pas la prescription à l'égard des autres cohéritiers, quand même la créance serait hypothécaire, si l'obligation n'est indivisible.

Cette interpellation ou cette reconnaissance n'interrompt la prescription, à l'égard des autres codébiteurs, que pour la part dont cet héritier est tenu.

Pour interrompre la prescription pour le tout, à l'égard des autres codébiteurs, il faut l'interpellation faite à tous les héritiers du débiteur décédé, ou la reconnaissance de tous ces héritiers.

2250. L'interpellation faite au débiteur principal, ou sa reconnaissance, interrompt la prescription contre la caution.

### SECTION II.

#### Des causes qui suspendent le cours de la prescription.

2251. La prescription court contre toutes personnes, à moins qu'elles ne soient dans quelque exception établie par une loi.

2252. La prescription ne court pas contre les mineurs et les interdits, sauf ce qui est dit à l'article 2278, et à l'exception des autres cas déterminés par la loi.

2253. Elle ne court point entre époux.

2254. La prescription court contre la femme mariée, encore qu'elle ne soit point séparée par contrat de mariage ou en justice, à l'égard des biens dont le mari a l'administration, sauf son recours contre le mari.

2255. Néanmoins elle ne court point, pendant le mariage, à l'égard de l'aliénation d'un fonds constitué selon le régime dotal, conformément à l'article 1561, au titre *Du contrat de mariage et des droits respectifs des époux.*

2256. La prescription est pareillement suspendue pendant le mariage:

1° Dans le cas où l'action de la femme ne pourrait être exercée qu'après une option à faire sur l'acceptation ou la renonciation à la communauté;

2° Dans le cas où le mari, ayant vendu le bien propre de la femme sans son consentement, est garant de la vente, et dans tous les autres cas où l'action de la femme réfléchirait contre le mari.

das Recht desjenigen anerkennt, gegen welchen die Verjährung lief.

2249. Die in Gemäßheit der vorstehenden Artikel an einen der Gesamtschuldner ergangene Zahlungsaufforderung oder die Anerkennung von seiten desselben unterbricht die Verjährung gegen alle übrigen, selbst gegen deren Erben.

Die an einen der Erben eines Gesamtschuldners ergangene Zahlungsaufforderung, oder die Anerkennung von seiten dieses Erben unterbricht die Verjährung nicht gegenüber den übrigen Miterben, selbst wenn die Forderung eine hypothekarische ist, es sei denn, daß die Verbindlichkeit unteilbar ist.

Diese Aufforderung oder Anerkennung unterbricht die Verjährung gegenüber den übrigen Mitschuldnern nur für den Anteil, für welchen dieser Erbe haftet.

Gegenüber den Mitschuldnern bedarf es zur Unterbrechung der Verjährung bezüglich des Ganzen einer an alle Erben des verstorbenen Schuldners gerichteten Aufforderung oder einer Anerkennung seitens aller dieser Erben.

2250. Eine an den Hauptschuldner gerichtete Zahlungsaufforderung oder die Anerkennung von seiten desselben unterbricht die Verjährung gegenüber dem Bürgen.

### ZWEITER ABSCHNITT.

#### Gründe, die den Lauf der Verjährung ruhen machen.

2251. Die Verjährung läuft gegen einen jeden, für den nicht eine gesetzliche Ausnahme besteht.

2252. Die Verjährung läuft nicht gegen Minderjährige und Entmündigte, vorbehaltlich der Bestimmung des Artikels 2278 und mit Ausnahme der übrigen gesetzlich bestimmten Fälle.

2253. Sie läuft nicht unter Ehegatten.

2254. Die Verjährung läuft gegen eine Ehefrau, auch wenn sie nicht durch Ehevertrag oder zufolge Urteils in Gütertrennung steht, in Ansehung der Güter, deren Verwaltung der Ehemann führt, vorbehaltlich ihres Rückgriffes gegen den Ehemann.

2255. Sie läuft jedoch während der Ehe nicht in Ansehung der Veräußerung eines nach dem Dotalsystem bestellten Grundstücks, in Gemäßheit des Artikels 1561 in dem Titel «Ehevertrag und Rechte der Ehegatten gegeneinander».

2256. In gleicher Weise ruht die Verjährung während der Ehe:

1. in dem Falle, daß die Klage der Frau erst nach getroffener Wahl über Annahme oder Ausschlagung der Gütergemeinschaft angestellt werden kann;

2. in dem Falle, daß der Mann, welcher ein Sondergut der Frau ohne deren Zustimmung veräußert hat, für den Verkauf Gewähr leisten muß, und in allen anderen Fällen, in denen die Klage der Frau in ihren Folgen auf den Mann zurückwirken würde.

2257. La prescription ne court point:

A l'égard d'une créance qui dépend d'une condition, jusqu'à ce que la condition arrive:

A l'égard d'une action en garantie, jusqu'à ce que l'éviction ait lieu;

A l'égard d'une créance à jour fixe, jusqu'à ce que ce jour soit arrivé.

2258. La prescription ne court pas contre l'héritier bénéficiaire, à l'égard des créances qu'il a contre la succession.

Elle court contre une succession vacante, quoique non pourvue de curateur.

2259. Elle court encore pendant les trois mois pour faire inventaire, et les quarante jours pour délibérer.

## CHAPITRE V.

### Du temps requis pour prescrire.

#### SECTION PREMIÈRE.

#### Dispositions générales.

2260. La prescription se compte par jours, et non par heures.

2261. Elle est acquise lorsque le dernier jour du terme est accompli.

#### SECTION II.

#### De la prescription trentenaire.

2262. Toutes les actions, tant réelles que personnelles, sont prescrites par trente ans, sans que celui qui allègue cette prescription soit obligé d'en rapporter un titre, ou qu'on puisse lui opposer l'exception déduite de la mauvaise foi.

2263. Après vingt-huit ans de la date du dernier titre, le débiteur d'une rente peut être contraint à fournir à ses frais un titre nouveau à son créancier ou à ses ayants cause.

2264. Les règles de la prescription sur d'autres objets que ceux mentionnés dans le présent titre, sont expliquées dans les titres qui leur sont propres.

#### SECTION III.

#### De la prescription par dix et vingt ans.

2265. Celui qui acquiert de bonne foi et par juste titre un immeuble, en prescrit la propriété par dix ans, si le véritable propriétaire habite dans le ressort de la cour royale [*la cour d'appel*] dans l'étendue de laquelle l'immeuble est situé; et par vingt ans, s'il est domicilié hors dudit ressort.

2266. Si le véritable propriétaire a eu son domicile en différents temps, dans le ressort et hors du ressort, il faut, pour compléter la prescription, ajouter à ce qui manque aux dix ans de présence, un nombre d'années d'absence double de celui qui manque, pour compléter les dix ans de présence.

2257. Die Verjährung läuft nicht:

bezüglich einer Forderung, welche von einer Bedingung abhängt, bis zum Eintritte der Bedingung;

bezüglich einer Klage auf Gewährleistung, bis die Entwährung erfolgt ist;

bezüglich einer an einem bestimmten Termine fälligen Forderung, bis zum Eintritte dieses Termins.

2258. Die Verjährung läuft nicht gegen den Benefizialerben wegen der Forderungen, welche er gegen die Erbschaft hat.

Sie läuft gegen eine ledige Erbschaft, auch wenn für dieselbe kein Pfleger bestellt ist.

2259. Sie läuft auch während der drei Monate, welche zur Inventarerrichtung, und während der vierzig Tage, welche zur Ueberlegung gelassen sind.

## FÜNFTES KAPITEL.

### Verjährungsfristen.

#### ERSTER ABSCHNITT.

#### Allgemeine Bestimmungen.

2260. Die Verjährung wird nach Tagen und nicht nach Stunden berechnet.

2261. Sie ist vollendet, wenn der letzte Tag der Frist abgelaufen ist.

#### ZWEITER ABSCHNITT.

#### Dreissigjährige Verjährung.

2262. Alle Klagen, sowohl dingliche als persönliche verjähren in dreißig Jahren; derjenige, welcher sich auf diese Verjährung beruft, ist nicht verpflichtet einen Titel anzugeben und es kann ihm nicht die Einrede des bösen Glaubens entgegengesetzt werden.

2263. Nach achtundzwanzig Jahren, von dem Datum des letzten Titels an gerechnet, kann der Schuldner einer Rente angehalten werden, auf seine Kosten seinem Gläubiger oder dessen Rechtsnachfolgern einen neuen Titel auszustellen.

2264. Die Regeln über die Verjährung bezüglich anderer als der in diesem Titel erwähnten Materien sind in den dieselben betreffenden Titeln aufgestellt.

#### DRITTER ABSCHNITT.

#### Zehn- und zwanzigjährige Verjährung.

2265. Wer in gutem Glauben und unter rechtmäßigem Titel eine Liegenschaft erwirbt, erlangt das Eigentum an derselben durch Verjährung in zehn Jahren, wenn der wirkliche Eigentümer in dem Bezirke des Appellationsgerichtshofes wohnt, innerhalb dessen die Liegenschaft gelegen ist, und in zwanzig Jahren, wenn er seinen Wohnsitz außerhalb dieses Bezirks hat.

2266. Hat der Eigentümer zu verschiedenen Zeiten seinen Wohnsitz bald innerhalb, bald außerhalb des Gerichtsbezirkes gehabt, so muß man, um die Verjährung zu vollenden, zu den nicht erreichten zehn Jahren der Gegenwart doppelt soviel Jahre der Abwesenheit hinzurechnen, als daran fehlen, um die zehn Jahre der Gegenwart vollzählig zu machen.

2267. Le titre nul par défaut de forme, ne peut servir de base à la prescription de dix et vingt ans.

2268. La bonne foi est toujours présumée, et c'est à celui qui allègue la mauvaise foi à la prouver.

2269. Il suffit que la bonne foi ait existé au moment de l'acquisition.

2270. Après dix ans, l'architecte et les entrepreneurs sont déchargés de la garantie des gros ouvrages qu'ils ont faits ou dirigés.

## SECTION IV.

### De quelques prescriptions particulières.

2271. L'action des maîtres et instituteurs des sciences et arts, pour les leçons qu'ils donnent au mois ;

Celle des hôteliers et traiteurs, à raison du logement et de la nourriture qu'ils fournissent ;

Celle des ouvriers et gens de travail, pour le payement de leurs journées, fournitures et salaires ;

Se prescrivent par six mois.

2272. L'action des huissiers, pour le salaire des actes qu'ils signifient, et des commissions qu'ils exécutent ;

Celle des maîtres de pension, pour le prix de pension de leurs élèves ; et des autres maîtres, pour le prix de l'apprentissage ;

Celle des domestiques qui se louent à l'année, pour le payement de leur salaire,

Se prescrivent par un an.

L'action des médecins, chirurgiens, chirurgiens-dentistes, sages-femmes et pharmaciens, pour leurs visites, opérations et médicaments, se prescrit par deux ans.

L'action des marchands pour les marchandises qu'ils vendent aux particuliers non marchands se prescrit par deux ans.

2273. L'action des avoués, pour le paiement de leurs frais et salaires, se prescrit par deux ans, à compter du jugement des procès, ou de la conciliation des parties, ou depuis la révocation desdits avoués. A l'égard des affaires non terminées, ils ne peuvent former de demandes pour leurs frais et salaires qui remonteraient à plus de cinq ans.

2274. La prescription, dans les cas ci-dessus, a lieu, quoiqu'il y ait eu continuation de fournitures, livraisons, services et travaux.

Elle ne cesse de courir que lorsqu'il y a eu compte arrêté, cédule ou obligation, ou citation en justice non périmée.

2275. Néanmoins, ceux auxquels ces prescriptions seront opposées, peuvent déférer le serment à ceux qui les opposent, sur la question de savoir si la chose a été réellement payée.

Le serment pourra être déféré aux veuves et héritiers, ou aux tuteurs de ces derniers,

---

2267. Ein wegen Formmangels nichtiger Titel kann der zehnjährigen Verjährung nicht zur Grundlage dienen.

2268. Der gute Glaube wird stets vermutet; derjenige, welcher sich auf den bösen Glauben beruft, hat denselben zu beweisen.

2269. Es genügt, daß der gute Glaube im Augenblicke der Erwerbung vorhanden war.

2270. Nach zehn Jahren sind Baumeister und Bauunternehmer von der Gewährleistung wegen der Hauptbauten befreit, welche sie errichtet oder geleitet haben.

## VIERTER ABSCHNITT.

### Einzelne besondere Verjährungen.

2271. Die Klage der Lehrer der Wissenschaften und Künste wegen der Unterrichtsstunden, welche sie monatsweise geben;

die der Gastwirte und Speisewirte wegen der Wohnung und Nahrung, die sie liefern;

die der Arbeiter und Tagelöhner wegen Bezahlung ihres Tagelohnes, ihrer Lieferungen und ihres Arbeitslohnes, verjähren in sechs Monaten.

2272. Die Klage der Gerichtsvollzieher wegen der Gebühren der Urkunden, welche sie zustellen, und der Aufträge, die sie ausführen;

die der Pensionslehrer wegen des Pensionspreises ihrer Schüler, und der anderen Lehrer wegen des Lehrpreises;

die der fürs Jahr verdungenen Dienstboten wegen der Zahlung ihres Lohnes, verjähren in einem Jahre.

Die Klage der Aerzte, Wundärzte, Zahnärzte, Hebammen und Apotheker wegen ihrer Besuche, Operationen und Medikamenten, verjährt in zwei Jahren.

Die Klage der Kaufleute für die Waren, die sie an Privatpersonen, die Nichtkaufleute sind, verkaufen, verjährt in zwei Jahren.

2273. Die Klage der Anwälte auf Zahlung ihrer Auslagen und Gebühren verjährt in zwei Jahren nach Aburteilung der Sache oder nach Vergleich der Parteien oder nach Kündigung ihrer Vollmacht. In Ansehung der nicht beendigten Sachen können sie wegen ihrer Auslagen und Gebühren, die länger als fünf Jahre rückständig sind, keine Klage anstrengen.

2274. Die in obigen Fällen bestimmte Verjährung tritt ein, obgleich die Anschaffungen, Lieferungen, Dienste und Arbeiten fortgedauert haben.

Sie hört erst auf zu laufen mit dem Abschlusse einer Rechnung, der Ausstellung einer Handschrift oder Schuldverschreibung oder einer Vorladung vor Gericht, die ihre Wirkung nicht verloren hat.

2275. Es können jedoch diejenigen, welchen diese Verjährungen entgegengesetzt werden, denen, welche dieselben entgegensetzen, den Eid über die Frage zuschieben, ob die Sache wirklich bezahlt worden sei.

Der Eid kann den Witwen und Erben, oder wenn diese letzteren minderjährig sind, deren

s'ils sont mineurs, pour qu'ils aient à déclarer s'ils ne savent pas que la chose soit due.

**2276.** Les juges et avoués sont déchargés des pièces cinq ans après le jugement des procès.

Les huissiers, après deux ans, depuis l'exécution de la commission, ou la signification des actes dont ils étaient chargés, en sont pareillement déchargés.

**2277.** Les arrérages de rentes perpétuelles et viagères;

Ceux des pensions alimentaires;

Les loyers des maisons, et le prix de ferme des biens ruraux;

Les intérêts des sommes prêtées, et généralement tout ce qui est payable par année, ou à des termes périodiques plus courts.

Se prescrivent par cinq ans.

**2278.** Les prescriptions dont il s'agit dans les articles de la présente section, courent contre les mineurs et les interdits; sauf leur recours contre leurs tuteurs.

**2279.** En fait de meubles, la possession vaut titre.

Néanmoins celui qui a perdu ou auquel il a été volé une chose, peut la revendiquer pendant trois ans, à compter du jour de la perte ou du vol, contre celui dans les mains duquel il la trouve; sauf à celui-ci son recours contre celui duquel il la tient.

**2280.** Si le possesseur actuel de la chose volée ou perdue l'a achetée dans une foire ou dans un marché, ou dans une vente publique, ou d'un marchand vendant des choses pareilles, le propriétaire originaire ne peut se la faire rendre qu'en remboursant au possesseur le prix qu'elle lui a coûté.

Le bailleur qui revendique, en vertu de l'article 2102, les meubles déplacés sans son consentement et qui ont été achetés dans les mêmes conditions, doit également rembourser à l'acheteur le prix qu'ils lui ont coûté.

**2281.** Les prescriptions commencées à l'époque de la publication du présent titre seront réglées conformément aux lois anciennes.

Néanmoins les prescriptions alors commencées, et pour lesquelles il faudrait encore, suivant les anciennes lois, plus de trente ans à compter de la même époque, seront accomplies par ce laps de trente ans.

Vormündern zugeschoben werden, um sie zur Erklärung darüber zu zwingen, ob sie nicht wissen, daß die Sache geschuldet sei,

**2276.** Die Richter und Anwälte sind fünf Jahre nach der Entscheidung der Prozesse für die Prozeßschriften nicht mehr verantwortlich.

Die Gerichtsvollzieher sind nach zwei Jahren, von der Vollziehung des Auftrages, oder von der ihnen aufgetragenen Zustellung der Urkunden an gerechnet, für dieselben ebenfalls nicht mehr verantwortlich.

**2277.** Die Gefälle von Erbrenten und Leibrenten;

die Gefälle von Unterhaltsgeldern;

die Mietzinsen von Häusern und der Pachtzins von ländlichen Grundstücken;

Zinsen von Darlehen, und überhaupt alles, was jährlich oder in kürzeren periodischen Terminen zahlbar ist, verjähren in fünf Jahren.

**2278.** Die Verjährungen, um welche es sich in den Artikeln dieses Abschnittes handelt, laufen gegen Minderjährige und Entmündigte, vorbehaltlich ihres Rückgriffes gegen ihre Vormünder.

**2279.** Bei beweglichen Sachen gilt der Besitz als Titel.

Wer eine Sache verloren hat, oder wem sie gestohlen ist, kann dieselbe jedoch während dreier Jahre, von dem Tage des Verlustes oder des Diebstahls an gerechnet, von demjenigen zurückfordern, in dessen Händen er sie findet; letzterem bleibt der Rückgriff gegen denjenigen, von welchem er sie erhalten hat, vorbehalten.

**2280.** Hat der gegenwärtige Besitzer der gestohlenen oder verlorenen Sache dieselbe auf einer Messe, einem Markte oder bei einem öffentlichen Verkaufe, oder von einem Kaufmanne, der mit dergleichen Sache handelt, gekauft, so kann der ursprüngliche Eigentümer die Herausgabe derselben nur gegen Erstattung des Preises fordern, welchen sie den Besitzer gekostet hat.

Der Vermieter, der in Gemäßheit des Artikels 2102 die ohne seine Einwilligung weggeschaffte fahrende Habe beansprucht und die unter denselben Bedingungen gekauft worden ist, soll ebenfalls dem Käufer den Preis zurückerstatten, den dieser bezahlt hat.

**2281.** Verjährungen, die zur Zeit die Verkündigung dieses Titels begonnen hatten, sind nach den bisherigen Gesetzen zu beurteilen.

Jedoch sollen die alsdann schon begonnenen Verjährungen, für welche nach den bisherigen Gesetzen noch mehr als dreißig Jahre, von demselben Zeitpunkte an gerechnet, erforderlich sein würden, durch den Ablauf von dreißig Jahre vollendet werden.

# TABLE ALPHABÉTIQUE.

Abandon Art. 656. 699. 802.
1053. 1265. 1406.
Abeilles Art. 524.
Abréviation Art. 42.
Abrogation Art. 1390.
Absence Art. 112—114. 115
—119. 120. 121. 122. 123.
124. 125. 126. 127. 128. 129.
130. 131. 132. 133. 134. 135.
136. 137. 138. 139. 140. 817.
838. 839. 1031. 2126.
Abus Art. 618. 1760. 2082.
Acceptation Art. 774 s. 789.
932 s. 1081. 1087. 1261.
1485. 1439. 1453. 1475. 1515.
1690.
Accession Art. 546. 547—577.
712.
Accessoires Art. 1018. 1615.
1692. 2016. 2204.
Accident Art. 87 s. 90 s. 99.
624. 1848. 1929.
Accouchement Art. 55. 56.
Accroissement Art. 786. 876.
1044. 1045.
Accusation Art. 727. 1319.
Acheteur Art. 1602 s. 1650 s.
1683.
Acte authentique Art. 1317 s.
1334. 1335.
— confirmatif Art. 1338 s.
— conservatoir Art. 779.
1180. 1454 s.
— de décès Art. 77 s.
— de l'état civil Art. 34 s.
— de mariage Art. 63 s. 156.
194.
— de mise en demeure Art.
1139.
— de naissance Art. 55 s.
— de notoriété Art. 71 s. 155.
— frauduleux Art. 622. 788.
1053. 1167. 1464. 2225.
— interruptif de la prescription Art. 1199. 2244 s.
2248 s.
— notarié Art. 1341.
— récognitif Art. 1337.
— respectueux Art. 76. 151.
154. 155. 158.
— sous seing privé Art.
1323 s. 1332 s. 1341.

Actif de la communauté Art.
1401. 1467 s.
Action Art. 14. 15. 99. 112 s.
180. 198 s. 204. 215. 218.
306. 319. 438 s. 442. 464.
475. 482. 499. 509. 513. 526.
529. 559. 797 s. 817. 818.
870 s. 883. 1108. 1109 s.
1127. 1128. 1143 s. 1166.
1184. 1200. 1293. 1 04 s.
1428. 1549. 1872. 2156.
2262 s.
— paulienne Art. 1167. 1464.
— résolutoire Art. 1184.
Adjudication Art. 1596. 1597.
2213.
Administrateur Art. 112.
450 s. 479. 509. 1370. 1421.
1428. 1549. 1576. 1856 s.
1859.
— public Art. 940. 1596.
Administration Art. 312. 537 s.
— du domaine Art. 767 s.
— légale du père Art. 389.
Adoption Art. 343—370.
— rémunératoire Art. 345.
— testamentaire Art. 366.
Adultère Art. 229. 230. 306.
308. 309.
Adultérin (enfant) Art. 331.
335. 342. 762.
Affichage Art. 358. 452. 459.
770. 796. 805. 1445. 1451.
1558. 2187.
Affiliation Art. 21.
Affirmation Art. 1456. 1781.
Age. Art. 34. 144. 145. 148.
185. 343. 361. 364. 433. 488.
620. 720. 903 s. 1112.
Agent diplomatique Art. 48.
73. 170. 171.
Alambic Art. 524.
Aléatoire (contrat) Art. 1104.
1964.
Aliénation Art. 128. 457 s.
484. 499. 509. 513. 537. 595.
780. 791. 952. 958 s. 1038.
1130. 1389. 1421. 1449.
1507 s. 1535. 1538. 1554 s.
1576. 1988.
Aliments Art. 205 s. 349. 364.
367. 378. 385. 955. 1015.
1409. 1558. 1570.
Alluvion Art. 556. 558. 596.

Altération Art. 51. 52.
Ameublissement Art. 1497.
1505 s.
Ambiguïté Art. 1159. 1602.
Aménagement Art. 590.
Amende Art. 50. 53. 156. 192.
418. 1424 s. 2202.
Ami Art. 409.
Anatocisme Art. 1154.
Animaux Art. 522. 524. 547.
615 s. 1385.
Antichrèse Art. 2071. 2072.
2085—2091.
Apothicaire Art. 2101. 2272.
Appel Art. 99. 178. 357.
448.
Apports Art. 1498. 1514. 1845.
Apposition de scellés Art.
769. 810. 819. 820 s. 1031.
1328.
Apprentis Art. 1384.
Apprentissage Art. 852. 2271.
Approbation Art. 1115.
Approuvé Art. 1326. 1327.
Appui Art. 662.
Aqueduc Art. 689.
Arbres Art. 553. 590 s. 671.
672. 673.
Architecte Art. 1792—1797.
2103. 2110. 2270.
Argent Art. 533. 586. 587.
869. 1291.
Armées Art. 59. 80. 87. 428.
533. 852. 981.
Arrérage Art. 584. 588. 1155.
1212. 1254 s. 1401. 1409.
1512. 2277.
Arrêté de compte Art. 2248.
2274.
Arrhes Art. 1590. 1715.
Artisan Art. 570 s. 1308. 1326.
1384.
Arts et Métiers Art. 764.
Ascendant Art. 142. 150 s.
155. 161. 176. 179. 182.
205 s. 402. 733. 746 s. 915 s.
1075 s. 1513.
Assassinat Art. 727.
Assistance (époux) Art. 212.
Association Art. 853. 1387.
Associé Art. 529. 1844.
Assurance Art. 1964.
Atres Art. 674. 1754.
Atterrissement Art. 556—560.

# ALPHABETISCHES VERZEICHNIS.

# BIBLIOTHECA ROMANICA.

DIRECTION { F. ED. SCHNEEGANS, Strasbourg
PAUL HEITZ, Strasbourg

## LISTE DES COLLABORATEURS:

C. Appel, Breslau
C. Battisti, Vienne
F. Beck, Bamberg
Aug. Becker, Leipsick
Corbière, Strasbourg
A. Coster, Chartres
J. Cuervo, Paris
G. Courtillier, Mulhouse
S. Debenedetti, Turin
L. Dorez
F. Dosdat, Rombas
J. Friedolsheim, Strasbourg
Th. Gerold, Strasbourg
G. Gigli, Voghera
H. Gillot, Strasbourg
† G. Grœber, Strasbourg
Hæmel, Wurzbourg
H. Hauvette, Paris
B. Heller, Budapest
E. Hœpffner, Strasbourg
† F. Holle, Berlin
L. Jordan, Munich

E. Kohler, Strasbourg
M. Lœpelmann, Berlin
F. Luitz, Düsseldorf
C. Michaëlis de Vasconcellos, Porto
M. Mignon
P. Nalli, Palerme
F. Neri, Siracuse
J. J. Olivier, Venise
C. Orlando, Rome
R. Palmarochi, Florence
A. Paris, Metz
P. Savj-Lopez, Naples
R. Schmidbauer, Augsbourg
F. Ed. Schneegans, Strasbourg
E. Sicardi, Caserta
L. Sorrento, Catania
G. Tecchio, Spezia
C. This, Ribeauvillé
H. Vaganay, Lyon
B. Wiese, Halle
W. Wurzbach, Vienne

Paraît depuis 1905. — Le prix de chaque numéro est de 1 fr. 50.

## Bibliothèque française

Balzac, Eugénie Grandet. — Introduction par H. Gillot. 81/83.
—, Le Cabinet des Antiques. — Intr. par H. Gillot. 96/98.
Beaumarchais. Le Barbier de Séville. Intr. par G. Grœber. 23/24.
Bernardin de Saint-Pierre, Paul et Virginie. — Intr. par A. Paris. 117/118.
Boileau, Art poétique. — Intr. par E. Hœpffner. 84.
—, Le Lutrin. — Intr. par E. Hœpffner. 101.
Chansons populaires des XVème et XVIème siècles avec leurs mélodies. Intr. par Th. Gérold. 190/192.
Chateaubriand, Atala. — Intr. par F. Ed. Schneegans. 64/65.
—, René. — Intr. par F. Ed. Schneegans. 161.
Choix de poésies politiques et satiriques du temps de la Fronde. Intr. par M. Lœpelmann. 237/238.
Corneille, Le Cid. — Intr. p. G. Grœber. 3.
—, Horace. — Intr. par C. This. 29.
—, Cinna. — Intr. par C. This. 50.
—, Polyeucte. — Intr. par C. This. 80.
—, Le Menteur. — Intr. par C. This. 92.

Corneille, L'illusion comique. — Intr. par F. Ed. Schneegans. 270/271.
Dancourt et Saint-Yon, Le Chevalier à la mode. — Intr. par J. J. Olivier. 262/263.
Descartes, Discours de la méthode. — Intr. par G. Grœber. 4.
Diderot, Le Paradoxe sur le Comédien. — Le Neveu de Rameau. — Intr. par F. Luitz. 179/182.
Florian, Les Arlequinades. — Intr. par J. J. Olivier. 286/287.
Guérin, Maurice de, Journal, Lettres, Poèmes, Fragments. — Intr. par F. Ed. Schneegans. 132/136.
La Bruyère, Caractères. — Intr. par F. Ed. Schneegans. 102/107.
Lamartine, Méditations. — Intr. par F. Ed. Schneegans. 75 77.
La petite Bovrgeoize, Poème satirique de l'an 1610. — Intr. par M. Lœpelmann. 205.
Marie de France, Les Lais. I—IV. 274/275.
—, —, Les Lais. V—XII. — (Avec glossaire.) Intr. par E. Hœpffner. 277/278.
Marot, Clément, Psautier Huguenot avec mélodies. — Intr. par Th. Gérold. 252/254.

Molière. Le Misanthrope. — Intr. par G. Grœber. 1.

—, Les Femmes savantes. — Intr. par G. Grœber. 2.

—, L'Avare. — Intr. par C. This. 46.

—, Tartuffe. — Intr. par G. Grœber. 119.

—, L'école des femmes. — La critique de l'école des femmes. — L'impromptu de Versailles. — Remerciement au roi. — Intr. par F. Ed. Schneegans. 225/227.

—, Le Malade imaginaire. — Intr. par F. Dosdat. 228/229.

—, Les Fâcheux. — Intr. par F. Ed. Schneegans. 231.

—, Le Bourgeois gentilhomme. — Intr. par C. This. 249/250.

—, Monsieur de Pourceaugnac. — Intr. par F. Ed. Schneegans. 255.

—, L'amour médecin. — Intr. par F. Ed. Schneegans. 256.

Musset, Alfred de, Comédies et Proverbes. — (La Nuit vénitienne. — André del Sarto. — Les Caprices de Marianne. — Fantasio. — On ne badine pas avec l'amour.) — Intr. par H. Gillot. 26/28.

—, Poésies (1828—1833). — Intr. par H. Gillot. 55/58.

—, Barberine. — Lorenzaccio. — Intr. par H. Gillot. 165/167.

Palissy, Bernard, Recepte veritable. — Intr. par F. Ed. Schneegans. 279/281.

Pascal, Blaise, Les Provinciales. — Intr. par Ph. Aug. Becker. 67/70.

Pathelin, Farce de Maistre. — Intr. par F. Ed. Schneegans. 60/61. (Edition avec 3 illustr. 4 fr. 50.)

Prévost, Manon Lescaut. — Intr. par H. Gillot. 32/34.

Racine, Athalie. — Intr. par G. Grœber. 11.

—, Phèdre. — Intr. par J. Friedolsheim. 127.

—, Andromaque. — Intr. par F. Dosdat. 230.

—, Esther. — Intr. par F. Dosdat. 251.

Restif de la Bretonne, L'an 2000. — Intr. par G. Grœber. 9.

Roland, Chanson de. — Intr. par G. Grœber. 53/54.

Ronsard, P. de, Odes. —

— — — Ier livre. 188/189.

— — — IIe livre. 193.

— — — IIIe livre. 198/199.

— — — IVe livre. 200.

— — — Ve livre. 203/204.

Intr. par H. Vaganay.

Rousseau, Les Rêveries du promeneur solitaire. — Intr. par F. Ed. Schneegans. 159/160.

Scribe, Le verre d'eau. — Intr. par W. de Wurzbach. 125/126.

— et Legouvé, Les doigts de Fée. — Intr. par W. de Wurzbach. 201/202.

Stendhal (Henri Beyle), Le Rouge et le Noir. — Intr. par H. Gillot. 168/174.

Tillier, Mon oncle Benjamin. — Intr. par G. Grœber. 18/20.

—, Belle-Plante et Cornélius. — Intr. par G. Grœber. 112/114.

d'Urfé, Honoré, L'Astrée. Ire partie. Livres I—IV. 257/259.

—, —, Livres V—VIII. 264/267.

—, —, IX—XII. 282/285.

Intr. par H. Vaganay.

de Vigny, Alfred, Chatterton. — Intr. par F. Ed. Schneegans. 268/269.

Villon, Maître François, Oeuvres. — Intr. par F. Ed. Schneegans. 35/36.

Voltaire, Zadig ou la Destinée. — Intr. par B. Heller. 87/88.

—, Tancrède. — Intr. par L. Jordan. 175/176.

________

# Biblioteca italiana.

Ariosto. Orlando furioso. Canto I—XI. — Intr. par C. Orlando. 220/224.

Beccaria, C., Dei delitti e delle pene. — Intr. par R. Palmarochi. 128/129.

Boccaccio. Decameron.

Prima giornata. 7.

—, —, Seconda giornata. 21/22.

—, —, Terza giornata. 48/49.

—, —, Quarta giornata. 59.

—, —, Quinta giornata. 66.

—, —, Giornata sesta e settima. 85/86.

—, —, Giornata ottava. 89/90.

—, —, Giornata nona. 93.

—, —, Giornata decima. 99/100.

Intr. par G. Grœber.

Boccaccio. La Fiammetta. — Intr. par G. Gigli. 120/122.

—, Il Filostrato. — Intr. par P. Savj-Lopez. 146/148.

—, Il Corbaccio o il laberinto d'amore. — Intr. par L. Sorrento. 157/158.

Brunetto, Latino, Il Tesoretto e il Favolello. — Intr. par B. Wiese. 94/95.

Bruno, G., Candelaio. — Intr. par E. Sicardi. 162/164.

Dante, Divina Commedia.

—, —, I: Inferno. 5/6.

—, —, II: Purgatorio. 16/17.

—, —, III: Paradiso. 30/31.

Intr. par G. Grœber.

—, La Vita Nova. — Intr. par F. Beck. 40.

Foscolo, Ugo, Poesie Giovanili. — Poesie liriche et satiriche originali. — Intr. par G. Tecchio. 178.

—, Ultime lettere di Jacopo Ortis. — Intr. par G. Tecchio. 211/212.

—, Dei Sepolcri. — Le Grazie. — Intr. par G. Tecchio. 213.

Goldoni, La Locandiera. — Intr. par R. Schmidbauer. 109.

SCHÆFFER, CHARLES. Dictionnaire Juridique ⟨Gerichtssprache⟩ français-allemand et allemand-français.                frs.   2.—
— — Dictionnaire des principaux termes de tous les codes et lois usuelles françaises ⟨français-allemand et allemand-français⟩.   3.—
SCHMIDT, CHARLES. Historisches Wörterbuch der elsässischen Mundart.                35.—
— — Herrade de Landsberg.                8.—
— — Wörterbuch der Straßburger Mundart.                10.—
— — Petit supplément au Dictionnaire de Du Cange.                3.50
DURRENBERGER, R. La circulation monétaire dans les pays occupés aux cours de la guerre par les empires centraux.                20.—

## Quelques écrits et pièces de théâtre en idiôme strasbourgeois.

ARNOLD, J. G. D. D'r Pfingstmondaa. Lustspiel in Straßburger Mundart. Mit Arnolds Leben und Schriften von E. Martin.                1.—
HART, MARIE. Drei G'schichtlen us de sechziger Johr. — Unseri Schwowevetter. — Unseri Pariser. — 's End vom Stillewe.                —.60
HORSCH, D. G. AD. D'r Unkel. Comédie-Bouffe in eim Akt.   1.—
— D'r Hüsherr. Lustspiel in eim Akt.                1.—
— E Mann fur mini Nièce. Comédie-Bouffe in eim Akt.   1.—
— Neui Hosse. Comédie-Bouffe in eim Akt.                1.—
— Zwei Stroßburjer Komedie. ⟨2. Serie.⟩ E Surprise. E kleins Komedie in eim Akt. E Stariker! Schwank in eim Akt freij noch e-me andere Stück.                1.—
KURTZ, J. D'Chreschtkendelsuecher. A Wyhnachtsmarle in 3 Belder.   2.50
LASCH, G. D'r Büechhalter. Volksstück in drei Szenen. ⟨Nach dem gleichnamigen Gedicht von Ch. Hackenschmidt bearbeitet.⟩                —.50
— D'r Babbler. Volksstück in drei Szenen.                —.50
— D'nei Zit. Volksstück in fünf Szenen.                —.50
LÈVRE, JOS. D'r Polizeygard, oder 's trürig Dienschtjubiläum. E luschtigs Steckel en eim Akt.                1.—
MEYER, L. D' g'stohlene Gäns. Lustspiel in einem Aufzug.   1.—
OBERLE, PH. s'Paulettel. Elsässische Operette in drey Akte. Müsik von Aloyse Braun.                2.80
— Süzi, s'Ziginnermaidel. Elsässisches Singspiel in drey Akte. Müsik von Aloyse Braun.                2.80
RIFF, JEAN. Bieje — awer nit breche! Charakterstück in eim Uffzug.                1.—
— Telegraphie ohni Droht. Originalschwank in eim Uffzug.   1.—
— D'r Pfetter vum Land od'r e Kindtauf mit Hindernisse. Original-Komödie in eim Uffzug.                2.—
— D'r erscht Box. Schwank in eim Uffzug.                1.—
— Buewestreich. Lustspiel in eim Uffzug.                2.—
STROSSBURJER DITSCH in vier Jahrhunderten. 1687-1905. Mit 11 Illustrationen.                1.—
WEISS, M. Erzählunge in Stroßburjer Mundart. Mit 1 Illustr.                —.80